面向学科领域的网络信息资源深度聚合与服务研究

孙建军 等 著

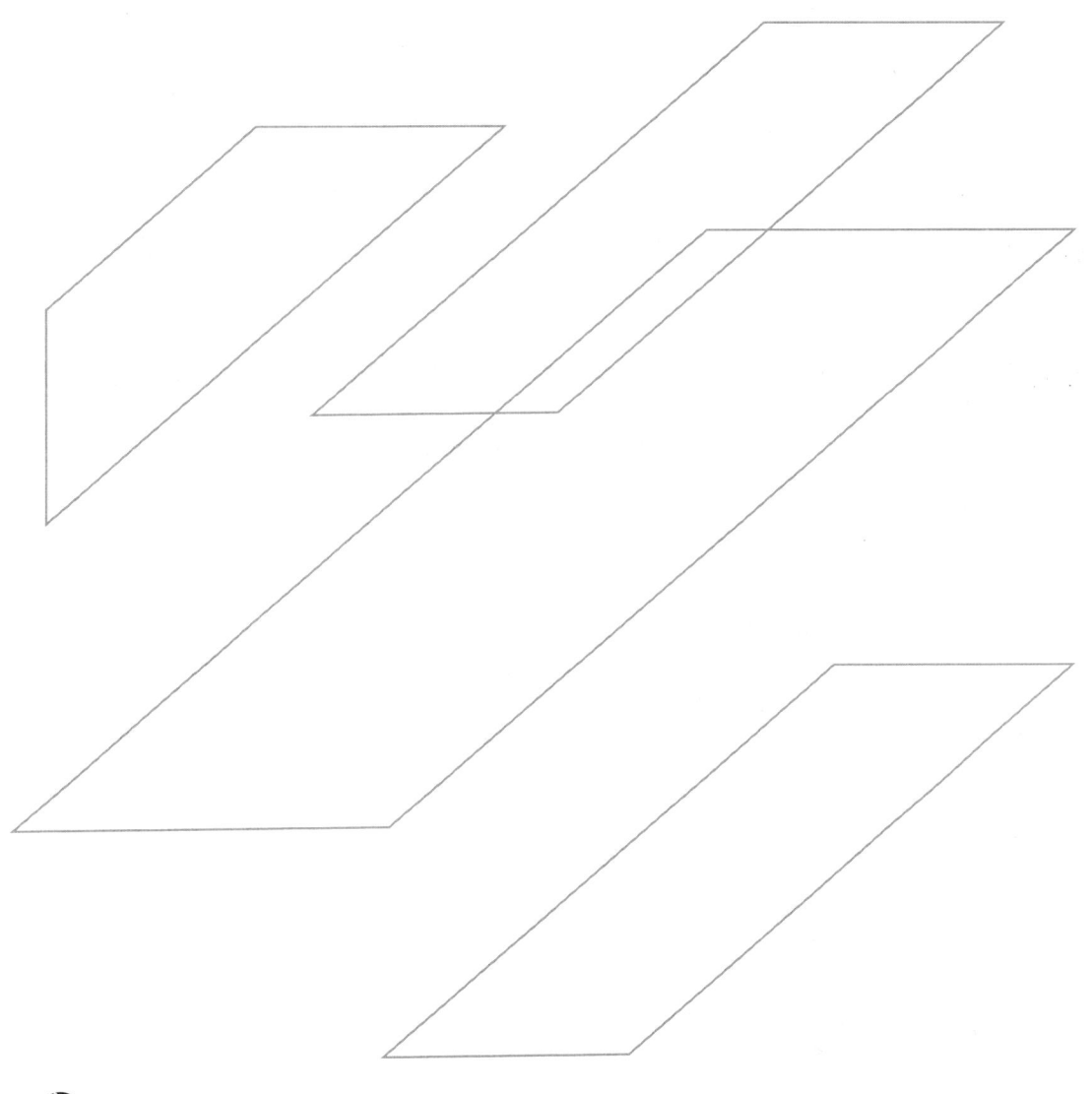

南京大学出版社

图书在版编目（CIP）数据

面向学科领域的网络信息资源深度聚合与服务研究／孙建军等著. —南京：南京大学出版社，2021.12
ISBN 978-7-305-25277-8

Ⅰ.①面… Ⅱ.①孙… Ⅲ.①网络信息资源—信息管理—研究 Ⅳ.①G255.76

中国版本图书馆 CIP 数据核字(2022)第 001840 号

出版发行	南京大学出版社
社　　址	南京市汉口路 22 号　　邮　编　210093
出 版 人	金鑫荣
书　　名	**面向学科领域的网络信息资源深度聚合与服务研究**
著　　者	孙建军　等
责任编辑	施　敏
校　　对	杨蒙蒙
封面设计	冯晓哲
照　　排	南京紫藤制版印务中心
印　　刷	苏州工业园区美柯乐制版印务有限责任公司
开　　本	787×1092　1/16　印张 37.5　字数 642 千
版　　次	2021 年 12 月第 1 版　2021 年 12 月第 1 次印刷
ISBN	978-7-305-25277-8
定　　价	168.00 元
网　　址	http://www.njupco.com
官方微博	http://weibo.com/njupco
官方微信	njupress
销售热线	(025)83594756

＊ 版权所有，侵权必究
＊ 凡购买南大版图书，如有印装质量问题，请与所购
　 图书销售部门联系调换

主要撰写人员

孙建军　成　颖　王　昊　裴　雷　柯　青
蒋　婷　石燕青　肖　璐　李　阳　闵　超
付少雄　赵又霖　马亚雪

前　言

随着信息网络的普及和应用,信息资源管理的主战场逐渐向网络空间转移,尤其在大数据环境下,越来越多的网络信息和网络数据资源喷涌而出,其开发价值和发展潜力巨大。网络信息资源也是科学研究、学术交流等的重要素材和参考,并在开放获取、跨学科合作等背景下催生出新的发展需求。从学科领域来看,当前的学科网络信息资源数量大、来源分散、形式多样、可信任程度不同,研究人员从这些复杂多样的学科资源中找出有用的信息资源十分困难。而以网络信息资源为基础的相关学科导航服务工具的建成并未实现预期效果,相关学科导航或者更新缓慢,或者存在无效链接和死链接,或者关闭服务,用户访问量也较小。在此背景下,开展面向学科领域的网络信息资源深度聚合与服务研究,源于迫切的现实需要。

本书的研究得到了国家社会科学基金重大项目"面向学科领域的网络信息资源深度聚合与服务研究"(项目编号:12&ZD221)的资助。在后续研究中,我们又结合新环境特点以及相关领域发展前沿,对相关研究内容进行了延伸和拓展。本书将研究重点集中于网络信息资源,尤其是深层网络信息资源的发现、采集、加工与展示,致力于实现语义层面和内容层面的资源发现与采集,特定领域的学科本体,并与传统学科分类词表、主题词表建立关联机制,实现资源聚合和导航可视化,以期对学科资源导航的深度、范围和准确度有所改进,加强学科网络信息资源的收集、存储和利用,更好地服务科学知识创新与传承。在大数据、人工智能等新环境下,面向学科领域的网络信息资源深度聚合与服务正在不断发展变化,本书希望能够为信息网络化、开放数据等环境下的学科导航服务提供全新的研究视角和发展方向,加快国内信息资源服务理论与国际上的数字监护、数字人文、数字学术等前沿主题的契合，强化网络资源服务理念，提高相关研究水平。

　　本书主要包括六个部分，共有十四个章节。第一部分是概述，主要介绍了学科资源聚合与网络导航基本知识，包括学科资源传统聚合方式、学科资源语义聚合方式、网络导航、学科资源聚合与网络导航的基本结构等内容。第二部分是学术网络资源特征及利用，包括学术网络资源特征、分布及模式，以及人文社科领域的学术网络资源利用特征等。第三部分是学科网络资源采集与获取，包括学科网络资源采集与预处理、学科网络信息的集成等内容。第四部分是学科网络资源深度标注，包括本体学习和资源深度标注理论基础、概念学习、关系学习、学科资源语义标注等内容。第五部分是学科网络资源聚合，包括学科网络资源的主题聚合、学科网络资源的语义聚合等内容。第六部分是学科网络资源导航机制及可视化，包括网络导航建设现状、学科网络导航认知行为特征及影响因素、学科网络资源导航改进与可视化等内容。

　　本书是课题组研究团队的智慧结晶，由课题组成员及其硕、博研究生围绕重大课题共同完成。除主要撰写人员，在此对王秀峰、顾东晓、盛东方、石静、王毅、王嘉杰、曹洋、王方、柏晗等人表示衷心感谢。本书在撰写过程中参考了大量的国内外研究成果，它们为本书的完成提供了有益的借鉴，在此表示真挚的感谢。由于时间和精力有限，书中难免存在疏漏，恳请各位读者批评指正。

孙建军

南京大学信息管理学院

目 录

第一部分 概述

1 学科资源聚合与网络导航 ··· 3
    1.1 学科资源传统聚合方式 ··· 4
        1.1.1 基于文献目录的资源聚合 ····································· 4
        1.1.2 基于元数据的资源聚合 ······································· 4
    1.2 学科资源语义聚合方式 ··· 6
        1.2.1 基于领域本体的资源语义聚合 ······························· 8
        1.2.2 基于文献计量的资源语义聚合 ······························· 9
        1.2.3 基于概念关联的资源语义聚合 ······························· 10
        1.2.4 基于关联数据的资源语义聚合 ······························· 11
    1.3 网络导航 ··· 13
        1.3.1 网络导航的产生及内涵 ······································· 13
        1.3.2 网络导航工具 ·· 13
    1.4 学科资源聚合与网络导航的基本结构 ······························· 15
        1.4.1 系统架构 ·· 15
        1.4.2 系统主要功能 ·· 17

第二部分 学术网络资源特征及利用

2 学术网络资源特征、分布及模式 ··· 23
    2.1 资源类型及分布 ·· 23

- 2.1.1 学术数据库 ... 23
- 2.1.2 电子期刊 ... 29
- 2.1.3 电子图书 ... 30
- 2.1.4 网络学位论文 ... 31
- 2.1.5 学术网站与机构网站 ... 32
- 2.1.6 政府网站与商业网站 ... 32
- 2.1.7 学术搜索引擎 ... 33
- 2.1.8 学术论坛与学术博客 ... 34
- 2.1.9 电子课件与网络课程 ... 35
- 2.1.10 其他学术网络 ... 36
- 2.2 资源特征 ... 36
  - 2.2.1 多样性 ... 36
  - 2.2.2 广泛性 ... 37
  - 2.2.3 无序性 ... 37
  - 2.2.4 庞杂性 ... 37
  - 2.2.5 不稳定性 ... 38
- 2.3 学术网络资源组织与服务模式 ... 38
  - 2.3.1 信息资源指引库 ... 38
  - 2.3.2 学科导航 ... 38
  - 2.3.3 学科信息门户 ... 39

3 学术网络资源利用特征——以我国人文社会科学领域为例 ... 40
- 3.1 学术网络资源利用 ... 40
  - 3.1.1 资源总体利用情况 ... 42
  - 3.1.2 来源网站类型 ... 47
  - 3.1.3 来源地区分布 ... 51
  - 3.1.4 资源利用深度 ... 54
  - 3.1.5 小结 ... 57
- 3.2 学术深网资源利用 ... 59
  - 3.2.1 "看不见"的网站与学术深网资源 ... 60
  - 3.2.2 数据来源与处理 ... 61

3.2.3　学术深网引文总体情况 …………………………………… 62
　　3.2.4　学术深网资源类型 ……………………………………… 63
　　3.2.5　学术深网资源来源 ……………………………………… 65
　　3.2.6　小结 …………………………………………………… 68

第三部分　学科网络资源采集与获取

4　学科网络资源采集与预处理 ………………………………………… 73
　4.1　信息资源采集 ………………………………………………… 73
　　4.1.1　信息资源采集策略 ……………………………………… 73
　　4.1.2　信息资源采集技术与方法 ……………………………… 76
　4.2　信息资源预处理 ……………………………………………… 80
　　4.2.1　信息资源清洗 …………………………………………… 80
　　4.2.2　信息资源过滤 …………………………………………… 84
　　4.2.3　信息资源结构化表示 …………………………………… 86

5　学科网络信息的集成 ………………………………………………… 92
　5.1　学科网络信息的分类 ………………………………………… 92
　　5.1.1　文本分类方法及流程 …………………………………… 92
　　5.1.2　基于机器学习的文本分类 ……………………………… 94
　　5.1.3　基于深度学习的文本分类 ……………………………… 103
　　5.1.4　网状数据分类 …………………………………………… 110
　5.2　学科网络信息的聚类 ………………………………………… 113
　　5.2.1　基于混合模型的聚类 …………………………………… 113
　　5.2.2　网络检索结果聚类 ……………………………………… 120
　5.3　学科网络信息的自动文摘 …………………………………… 130
　　5.3.1　自动文摘 ………………………………………………… 130
　　5.3.2　基于机器学习的自动文摘 ……………………………… 138
　　5.3.3　面向机器学习的自动文摘算法 ………………………… 142

— 3 —

第四部分　学科网络资源深度标注

6 本体学习和资源深度标注理论基础 ……………………………… 151
  6.1 本体学习的现状 ……………………………………………… 151
    6.1.1 概念学习理论 ……………………………………… 152
    6.1.2 等级关系抽取方法 ………………………………… 160
    6.1.3 非等级关系抽取方法 ……………………………… 163
    6.1.4 本体学习系统 ……………………………………… 170
  6.2 资源深度标注的现状 ………………………………………… 173
    6.2.1 资源标注本体 ……………………………………… 173
    6.2.2 资源标注方法 ……………………………………… 179

7 概念学习 …………………………………………………………… 187
  7.1 术语抽取 ……………………………………………………… 187
    7.1.1 候选术语抽取 ……………………………………… 188
    7.1.2 术语排序方法 ……………………………………… 195
    7.1.3 小结 ………………………………………………… 228
  7.2 概念形成 ……………………………………………………… 229
    7.2.1 研究问题分析 ……………………………………… 229
    7.2.2 学术文献中的概念类型 …………………………… 231
    7.2.3 概念术语抽取 ……………………………………… 232
    7.2.4 概念归并 …………………………………………… 241
    7.2.5 小结 ………………………………………………… 241

8 关系学习 …………………………………………………………… 243
  8.1 等级关系学习 ………………………………………………… 243
    8.1.1 概念等级关系类型 ………………………………… 244
    8.1.2 概念等级关系抽取 ………………………………… 244
    8.1.3 小结 ………………………………………………… 247
  8.2 非等级关系学习 ……………………………………………… 248
    8.2.1 研究问题分析 ……………………………………… 248

       8.2.2 概念非等级关系类型 ……………………………………………… 249
       8.2.3 概念非等级关系抽取 ……………………………………………… 250
       8.2.4 小结 ………………………………………………………………… 259

9 学科资源语义标注 ………………………………………………………………… 261
   9.1 学科资源元数据本体 ………………………………………………………… 261
       9.1.1 基础元数据本体 …………………………………………………… 261
       9.1.2 内容元数据本体 …………………………………………………… 267
       9.1.3 引文元数据本体 …………………………………………………… 272
       9.1.4 小结 ………………………………………………………………… 278
   9.2 学科资源语义标注研究 ……………………………………………………… 278
       9.2.1 语义标注基础问题 ………………………………………………… 278
       9.2.2 学科资源语义标注方法 …………………………………………… 282
       9.2.3 学科资源基础元素标注 …………………………………………… 288
       9.2.4 学科资源内容标注 ………………………………………………… 293
       9.2.5 学科资源引文标注 ………………………………………………… 303
       9.2.6 小结 ………………………………………………………………… 315
   9.3 语义出版资源标注研究 ……………………………………………………… 316
       9.3.1 语义出版资源介绍 ………………………………………………… 316
       9.3.2 语义出版数据集处理 ……………………………………………… 317
       9.3.3 语义出版资源深度标注关键技术 ………………………………… 319

第五部分 学科网络资源聚合

10 学科网络资源的主题聚合 ……………………………………………………… 333
   10.1 基于关联数据的学科网络资源主题聚合 ………………………………… 333
       10.1.1 学科网络资源主题聚合可行性分析 …………………………… 334
       10.1.2 学科网络资源主题聚合框架构建 ……………………………… 337
       10.1.3 学科网络资源主题聚合实施关键问题 ………………………… 341
   10.2 基于聚类分析的学科网络资源主题聚合 ………………………………… 342
       10.2.1 面向学科网络资源聚合的聚类算法 …………………………… 343

  10.2.2　基于聚类分析的学科网络资源主题聚合模型构建……………… 354
 10.3　学科网络资源主题聚合实例………………………………………… 356
  10.3.1　单源数据主题聚合实例………………………………………… 356
  10.3.2　多源数据主题聚合实例………………………………………… 371

11　学科网络资源的语义聚合 …………………………………………… 388
 11.1　学科网络资源实体识别与消歧……………………………………… 388
  11.1.1　传统实体识别与消歧研究………………………………………… 389
  11.1.2　学科网络资源实体识别…………………………………………… 391
  11.1.3　学科网络资源实体消歧…………………………………………… 393
  11.1.4　基于维基百科的学科网络资源实体识别与消歧实验………… 395
 11.2　基于本体的学科网络资源语义聚合………………………………… 398
  11.2.1　本体在学科网络资源语义聚合中的作用……………………… 399
  11.2.2　基于本体的学科网络资源语义聚合模型……………………… 400
 11.3　语义出版实例应用…………………………………………………… 402
  11.3.1　专题数据库的语义化……………………………………………… 402
  11.3.2　深度语料语义出版应用…………………………………………… 404
  11.3.3　语义出版资源聚合成果…………………………………………… 410

第六部分　学科网络资源导航机制及可视化

12　网络导航建设现状 ……………………………………………………… 417
 12.1　国内学科导航建设现状……………………………………………… 417
 12.2　国外学科导航建设现状……………………………………………… 419
  12.2.1　国外学科导航系统简介…………………………………………… 419
  12.2.2　国外网络学科导航比较…………………………………………… 423
 12.3　网络导航类型………………………………………………………… 425
  12.3.1　基于浏览器的导航………………………………………………… 425
  12.3.2　基于链接的导航…………………………………………………… 427
  12.3.3　基于站点地图的导航……………………………………………… 428
  12.3.4　社会导航…………………………………………………………… 429

12.4　网络导航设计准则 ·· 430
　　12.5　网络导航理论模型 ·· 435
　　　　12.5.1　信息觅食理论 ·· 436
　　　　12.5.2　CoLiDeS 模型 ··· 439
　　　　12.5.3　MESA 模型 ·· 439
　　　　12.5.4　RED 模型 ·· 442
　　　　12.5.5　导航行为模型 ·· 443

13　学科网络导航认知行为特征及影响因素 ·· 445
　　13.1　网络导航中的用户认知特征 ·· 445
　　　　13.1.1　基于问题解决理论的网络导航用户认知特征 ···························· 445
　　　　13.1.2　用户认知特征实验设计 ·· 449
　　　　13.1.3　用户导航行为认知特征类型实验结果分析 ······························· 452
　　　　13.1.4　用户认知特征实验原因分析 ·· 466
　　13.2　网络导航行为影响因素 ·· 470
　　　　13.2.1　个体特征因素 ·· 470
　　　　13.2.2　认知特征因素 ·· 473
　　　　13.2.3　任务特征因素 ·· 477
　　　　13.2.4　结构特征因素 ·· 481

14　学科网络资源导航改进与可视化 ··· 484
　　14.1　学科网络资源导航 ·· 484
　　　　14.1.1　国外学科导航网站的经验及启示 ·· 484
　　　　14.1.2　学科网络资源导航策略的改进 ··· 486
　　14.2　学科网络资源可视化 ·· 497
　　　　14.2.1　学科馆藏资源可视化研究现状 ··· 497
　　　　14.2.2　学科网络资源可视化模型构建 ··· 501
　　　　14.2.3　学科网络资源聚合可视化实例 ··· 504

参考文献 ·· 513

第一部分 概 述

1 学科资源聚合与网络导航

"聚合"在《现代汉语词典》中意为"聚集到一起",在信息科学中指的是将数据进行清洗、筛选、分析以得到所需结果的过程。在信息管理领域,聚合旨在发现信息资源内在的语义关联,基于聚集、挖掘并整合多源异构的数字资源,构建一个内容相互关联、多维度、多层次的资源体系,形成集概念主题、学科内容和科研对象为一体的立体化知识网络。

学科资源聚合研究一直是信息资源管理学科的热门话题,现有研究中涉及的术语以及主题词主要包括简易信息聚合(RSS)、网络信息资源聚合、数字文献资源聚合、关联数据聚合、语义网资源聚合、馆藏资源聚合、信息聚合、图书馆资源聚合、数字图书馆聚合、信息资源聚合、资源深度聚合以及本体聚合等;英文术语有aggregation、knowledge、ontology、information retrieval、semantic、rank aggregation 以及 meta search 等。

学界围绕图书馆馆藏资源开启了早期的学科资源聚合研究,根据馆藏资源的特点及包含的内外部特征,国内外馆藏资源聚合方法主要包括传统聚合方式和语义聚合方式。[①②] 前者面向馆藏资源聚合外部属性,而后者聚焦资源内部语义内容。当前,国内外主要从增强语义和发现关联两个维度探究资源聚合方法。导航作为资源聚合后的重要服务形式,是对资源聚合结果的可视化展示。

---

① 贺德方,曾建勋.基于语义的馆藏资源深度聚合研究[J].中国图书馆学报,2012,38(4):79-87.
② 赵蓉英,王嵩,董克.国内馆藏资源聚合模式研究综述[J].图书情报工作,2014,58(18):138-143.

1.1　学科资源传统聚合方式

学科信息资源的内外部特征是资源聚合的基础,作为传统馆藏资源特征描述的重要方式,文献目录与元数据可助推粗粒度的资源聚合。

1.1.1　基于文献目录的资源聚合

文献目录是基于特定的规范、格式标注文献的工具,以提升文献的存储和检索效率,涵盖文献的外部特征、一定的内部语义。目录信息可作为基础信息初始化聚合文献。目前有大量研究探讨了如何利用高校图书馆馆藏目录信息对三种信息资源进行聚合,具体包括:(1)通过编目著录或构建数据库实现对电子书刊、学位论文、多媒体资源等各类数字资源的聚合;(2)通过使用自动化集成管理系统对校内分馆与资料室进行聚合;(3)通过构建集中式联机联合目录或虚拟联合目录对不同高校图书馆资源目录进行整合[①]。

数字资源指数级增长,传统目录在面对对文献管理需求时表现出局限性,在此背景下,联机公共检索目录(Online Public Access Catalog, OPAC)被提出。基于OPAC进行资源整合的优点主要体现在以下三点。[②] 第一,资源整合范围广。利用OPAC整合纸质、数据资源,提升馆藏资源效用率。第二,OPAC适用性强、系统稳定。历经数年建设,OPAC系统在稳定性方面不断提升,其强扩展性使得整合系统持续改进。第三,用户培育成熟。OPAC系统已被图书馆用户熟练掌握,所以用户更易接受基于此推进的资源整合成果。

1.1.2　基于元数据的资源聚合

数字化技术的广泛应用以及馆藏资源类型的不断丰富,对多类型资源聚合提出挑战。元数据具有较强的灵活性,能够更为深入且全方位地表征资源;因此,基于元数据的资源聚合能够有效应对数字资源扩张所引发的异构资源聚合挑战。曹树金

[①] 庞跃霞,曹丽娟,丁申桃.高校图书馆馆藏目录整合方法探讨[J].图书馆杂志,2006,25(4):40-42.

[②] 张怡华,王兵.基于联机公共检索目录纵向资源整合方式对比研究[J].成都信息工程学院学报,2010,25(1):118-122.

等从元素与属性设置、元素层次结构、扩展性等维度详解了 RSS、ATOM 与 DC 三类元数据特征,提出了内容聚合元数据框架。① 曹树金等采用了逻辑结构分析和形式结构分析方法建立了面向网络信息资源的细粒度聚合单元元数据框架,并通过设计检索数据库验证了其有效性。② 此外,不少研究还比较了元数据与传统编目数据的差异,提出了数字资源整合原则与方法。例如,以实现跨系统检索的系统层整合和聚焦传统文献与数据资源的数据层整合③。相关研究认为,整合方法可以基于系统设计和数据库建设两个维度④,完善的建设体系及元数据互操水平是元数据在仓储建设过程中资源整合有效提升的核心⑤。

除上述理论研究,学者们还进行了实践研究。相关学者搭建了数据资源整合架构⑥,并确定了元数据规范以解决多系统数据异构性问题⑦。比如卫宇辉⑧将聚合单元进行了细粒度划分,构建了基于单元元数据框架的细粒度信息语义组织模型,以利于有效聚合书目资源。值得一提的是,学者们在使用与开发传统聚合方法的同时,还意识到资源聚合的核心目标中,比发现资源类别更为重要的是挖掘出其语义关联的观点。为实现这一目标,相关学者提出可以搭建面向元数据关联的馆藏资源聚合模型,基于元数据集成仓库以统一集成各类元数据,并以此为基础采用关联引擎实现资源语义关联的发现⑨。有研究以 FOLIO 和 Codex 方案为例,从元数据管理角度分析第三代图书馆服务平台的元数据管理需求,并对两种方案的含义、架构和特征进行了详细分析⑩;其他还包括基于都柏林核心集提出并实现的一种简单数

---

① 曹树金,司徒俊峰.论 RSS/ATOM 内容聚合元数据[J].图书馆论坛,2008,28(6):98-104.
② 曹树金,李洁娜,王志红.面向网络信息资源聚合搜索的细粒度聚合单元元数据研究[J].中国图书馆学报,2017,43(4):74-92.
③ 赵悦,富平.数字资源与传统文献元数据整合[J].国家图书馆学刊,2007(2):63-65,75.
④ 耿文红,陈晨,张莉,等.数字资源与传统文献元数据整合[J].数字通信世界,2019(1):239.
⑤ 梁蕙玮,萨蕾.数字图书馆推广工程面向数字资源整合的元数据仓储构建[J].国家图书馆学刊,2012(5):27-32.
⑥ 林毅,宁洪,王挺等.基于元数据的数据整合平台[J].计算机应用,2008,28(S2):209-212.
⑦ 张宇,蒋东兴,刘启新.基于元数据的异构数据集整合方案[J].清华大学学报(自然科学版),2009,49(7):1037-1040.
⑧ 卫宇辉.基于细粒度聚合单元元数据的书目资源聚合研究[J].国家图书馆学刊,2020,29(6):90-101.
⑨ 黄文碧.基于元数据关联的馆藏资源聚合研究[J].情报理论与实践,2015,38(4):74-79.
⑩ 许磊,夏翠娟.第三代图书馆服务平台的元数据管理——以 FOLIO 的 Codex 方案为例[J].中国图书馆学报,2020,46(1):99-113.

据库元数据模型,以提升高校图书馆资源共建共享效率[1]。此外,贺德方等[2]强调传统馆藏资源聚合还涵盖引证关系、跨库检索,前者通过文献间的引证关系聚合文献,后者统一集成多个数据库,基于单一检索入口访问多个系统数据。

1.2 学科资源语义聚合方式

学科资源语义聚合基于挖掘概念、词语间的语义关联,分析资源间内在语义关系,以支撑知识组织、推荐服务。整体而言,在理论层面,近几年相关文献的研究主题较为丰富。例如:(1)模型的建构,代表性的研究包括基于网格的聚合模型[3],面向多特征的联合概率关联聚合模型[4],利用文本中的句法结构、语义关联和上下文特征检测文档的主题等;(2)基于语义理论的模型,典型的包括用于资源推荐的模糊语言模型[5]、基于映射的数字内容保护模型[6]等。国内的研究更多聚焦于资源的语义化、基于共现和耦合关系以及知识网络的语义挖掘等,典型的研究包括馆藏资源语义化理论体系[7],如从图书情报学及哲学视角推进的数字资源聚合理论与思想,数字资源聚合的方法体系以及基于资源组织的维度、层度和阶度等视角构建的数字资源组织的柔性理论体系和数字资源柔性组织理论的应用模型等[8]。

---

[1] 陈颖颖,陈秉塬.高校图书馆数据库元数据模型及元数据共享平台设计[J].科学技术与工程,2020,20(36):15000-15007.

[2] 贺德方,曾建勋.基于语义的馆藏资源深度聚合研究[J].中国图书馆学报,2012,38(4):79-87.

[3] Xiong Z, Yang Y, Zhang X, et al. Integrated agent and semantic p2p grid resource discovery model[C]//Eighth ACIS International Conference on Software Engineering, Artificial Intelligence, Networking, and Parallel/Distributed Computing (SNPD 2007). IEEE, 2007, 2: 216-220.

[4] Sinha A, Lobiyal D K. Probabilistic data aggregation in information-based clustered sensor network[J]. Wireless personal communications, 2014, 77(2): 1287-1310.

[5] Porcel C, López-Herrera A G, Herrera-Viedma E. A recommender system for research resources based on fuzzy linguistic modeling[J]. Expert Systems with Applications, 2009, 36(3): 5173-5183.

[6] Kim J S, Choi D O. Mapping method for design digital content of SCORM model-for a content design of mind humanities[J]. Journal of Korea Entertainment Industry Association, 2012, 6(1): 34-43.

[7] 楼雯.馆藏资源语义化理论体系研究[J].图书馆学研究,2015(2):35-40.

[8] 王福,毕强.数字资源组织的柔性化趋势理论体系研究[J].情报资料工作,2016(3):41-45.

在方法层面,技术和工具一直是相关研究的焦点,例如通过研究语义网的支持信息对神经科学研究人员的价值及其在生物医学领域的应用[①]、通过标签聚类实现标签云技术[②]、基于连接本体作为语义信息载体的需求扩展方法[③]、基于语义传播模型构建的多类对象标签方法[④]。此外,还有研究对各类软件进行了分析,比如,网络的文献资源与知识管理软件 RODIN[⑤]、可挖掘网络中隐藏资源的软件系统 News-Reaper[⑥]、资源聚合的系统 SERSE[⑦] 以及基于网络的虚拟计算机聚合平台 IVCE[⑧]等。在应用层面,学科资源聚合的研究涉及自然科学、人文社科、艺术等,涵盖了计算机、社交、语言、数字图书馆等领域,研究主题从生物医学、行为数据的统计与整合,到新媒体环境中用户行为数据的统计与管理、跨语言平台上人口行为特征分析以及数字和图像识别等。

整体看来,学科资源聚合研究面向应用。例如,应用聚合解决数字图书馆中文本异构问题[⑨],研究学科资源聚合的个性化推荐问题,探究数字图书馆个性化服

---

① Ruttenberg A, Clark T, Bug W, et al. Advancing translational research with the Semantic Web[J]. BMC Bioinformatics, 2007, 8(3):1-16.

② Chen Y X, Santamaría R, Butz A, et al. Tagclusters: Semantic aggregation of collaborative tags beyond tagclouds[C]//International Symposium on Smart Graphics. Springer, Berlin, Heidelberg, 2009:56-67.

③ Wen B, He K, Wang J. Connecting ontologies: Semantic carrier of requirements for networked software[C]//2009 Fifth International Conference on Semantics, Knowledge and Grid. IEEE, 2009:258-261.

④ Wei P, Liu Y, Zheng N, et al. Semantic propagation network with robust spatial context descriptors for multi-class object labeling[J]. Neural Computing and Applications, 2014, 24(5):1003-1018.

⑤ Belmonte J, Blumer E, Ricci F, et al. RODIN-An E-Science tool for managing information in the web of documents and the web of knowledge[C]//International Symposium on Information Management in a Changing World. Springer, Berlin, Heidelberg, 2012:4-12.

⑥ Li G, Kou G. Aggregation of information resources on the invisible web[C]//2009 Second International Workshop on Knowledge Discovery and Data Mining. IEEE, 2009:773-776.

⑦ Tamma V, Blacoe I, Smith B L, et al. SERSE: Searching for digital content in esperonto[C]//International Conference on Knowledge Engineering and Knowledge Management. Springer, Berlin, Heidelberg, 2004:419-432.

⑧ Lu X, Wang H, Wang J. Internet-based virtual computing environment (iVCE): Concepts and architecture[J]. Science in China Series F: Information Sciences, 2006, 49(6):681-701.

⑨ Wei Y, Chen X, Han Y. Service-oriented aggregation of distributed and heterogeneous information resources[C]//2008 Seventh International Conference on Grid and Cooperative Computing. IEEE, 2008:214-220.

务模式[①]、数字图书馆资源聚合和服务推荐关系、基于关联语义链的服务推荐方法以及基于谱聚类的服务推荐方法等[②]。此外,部分研究聚焦于资源聚合的可视化,包括资源分布的可视化、检索过程的可视化、检索结果的可视化以及可视化效果评价等。[③] 例如,采用社会网络可视化与知识计量方法,从知识的单元挖掘、域开发、网络构建、图谱呈现以及可视化应用等维度,构建数字图书馆资源知识聚合的DLRs-KA可视化模型[④]。在应用层面,综合贺德方与赵蓉英等[⑤]学者的研究,面向数字馆藏资源的主要语义聚合方式如下:基于领域本体、基于文献计量、基于概念关联以及基于关联数据。

1.2.1 基于领域本体的资源语义聚合

作为哲学的一个分支,本体论(Ontology)是一门有关存在及其本质和规律的科学。在近二三十年里,本体论被计算机、图书情报以及教育学等学科广泛用于知识表示、共享及复用等方面。早在1991年,Neches就提出"本体定义了组成主题领域的词汇表的基本术语及其关系,以及结合这些术语和关系以定义词汇表外延的规则"。后经学界的共同探索,Gruber提出的定义是"本体是概念模型明确的规范说明"[⑥]。这已经成为人工智能等众多学科领域所公认的本体定义。

鉴于本体能够清晰刻画概念及其关联,并且具有规范的层次结构与推理逻辑,将其应用于学科资源聚合能够有效补充传统聚合方法在语义层面处理能力的欠缺,其具体优势包括:(1)保留关键词间的语义关联,不仅能够提升用户需求表达的准确性,还增强了查询等服务的效用,使学科资源整合工具更加人性化;(2)基于本体能实现语义的查询扩展,提供用户与其搜寻内容语义的关联信息;(3)本体通过公理和属性描述概念间的逻辑关系和规则,提供了对推理的支持,可实现一定程度的智能

---

① 王福. 数字图书馆个性化服务要素啮合机理研究[J]. 图书馆,2016(8):91-94.

② 刘健. 数字图书馆资源聚合与服务推荐研究[D]. 长春:吉林大学,2017.

③ 吕红,邱均平,李小涛,等. 国内馆藏资源可视化研究进展分析[J]. 情报资料工作,2014(1):20-26.

④ 李洁,毕强. 数字图书馆资源知识聚合可视化模型构建研究[J]. 情报学报,2016,35(12):1273-1284.

⑤ 赵蓉英,王嵩,董克. 国内馆藏资源聚合模式研究综述[J]. 图书情报工作,2014,58(18):138-143.

⑥ Gruber T R. A translation approach to portable ontology specifications[J]. Knowledge acquisition,1993,5(2):199-220.

化学科资源整合。据此,在学科资源整合研究中,本体已用于表现学科知识的统一认知、提高服务内容的适用性[①]。

尽管领域本体理论上能够有效提升学科资源聚合能力,但其自动构建难度较大,使得大部分研究成果聚焦于本体的半自动构建。例如,鉴于资源孤岛和超载等困境,何超等[②]提出了结合本体的馆藏数字资源聚合路径,搭建了融合资源采集、资源描述、语义聚合与资源服务的资源聚合模型。肖希明等[③]构建公共数字文化资源顶层本体,将资源组织提高至语义层面。毕强等[④]综合聚类分析、语义相似度计算、协同过滤推荐算法等方法,提出基于领域本体的数字文献资源聚合及服务推荐方法,并论证该方法对聚合数字文献资源、挖掘用户需求信息以及实现个性化推荐的有效性。马翠嫦等[⑤]探索了网络学术文档细粒度聚合本体构建的理论与方法,提出了细粒度聚合本体包括网络文档、聚合单元、学科领域、任务情景等基本概念的构想,并构建了细粒度本体概念体系聚合框架。此外,学者还进行了综合关联数据和本体的语义聚合研究。[⑥]

1.2.2 基于文献计量的资源语义聚合

鉴于领域本体获取难度较大,学者从可操作性层面提出了多种语义聚合方法,基于文献计量的资源聚合即为其一。文献计量的分析对象不仅涉及文献内容特征(如关键词、主题词等),也涉及文献外部特征(如作者、机构、地区等),为此通过文献计量能开展一定的资源语义关联挖掘,完成较浅的资源语义聚合。

现今,馆藏资源聚合研究采用文献计量取得了较丰硕的成果。其中,共现与耦合关联是文献计量中研究成果较丰富的,同时其在馆藏资源聚合研究中也得到了广

---

① 张文秀,朱庆华.领域本体的构建方法研究[J].图书与情报,2011(1):16-19,40.
② 何超,张玉峰.基于本体的馆藏数字资源语义聚合与可视化研究[J].情报理论与实践,2013,36(10):73-76.
③ 肖希明,完颜邓邓.基于本体的公共数字文化资源整合语义互操作研究[J].国家图书馆学刊,2015,24(3):43-49.
④ 毕强,刘健.基于领域本体的数字文献资源聚合及服务推荐方法研究[J].情报学报,2017,36(5):452-460.
⑤ 马翠嫦,曹树金.网络学术文档细粒度聚合本体构建研究[J].图书情报工作,2019,63(24):107-118.
⑥ 欧石燕,胡珊,张帅.本体与关联数据驱动的图书馆信息资源语义整合方法及其测评[J].图书情报工作,2014,58(2):5-13.

泛的探索与应用。例如,邱均平等[1]指出学科中显性知识涵盖在文献间,但是学者可反映隐性知识,所以发展了基于共现关联的四层知识深度聚合模型,深度聚合各层次知识。赵蓉英等[2],[3]分别采用共词分析和耦合分析进行语义聚合,以挖掘馆藏资源之间的隐性关联。此外,其他学者还结合两种关联探究馆藏资源聚合。具体而言,邱均平等[4]整合共现关系与耦合关系,提出包括特征、利用过程、知识与用户需求等在内的四维关联的聚合模型。另外,还提出基于引文网络实现资源聚合[5]。董克等[6]将科学文献资源及其特征项之间的关系划分为发生型、共现型和语义型三种关联网络,其中发生型表示资源的存在状态,共现型表示基于共引、合作、共被引、耦合等特征项间的共现关系,语义型则是语义网的体现,作者提出了综合应用多种知识关联网络和有效计量即可实现资源聚合的观点,且语义关联网络还可以使得聚合深入内容层面。

1.2.3 基于概念关联的资源语义聚合

文献计量大多以外部特征(如作者、科研机构等)为分析对象,而内部特征则更为注重关键词间的共现关系,以助推语义聚合。[7] 然而文献中关键词具有局限性,很难完整表征文献中全部内容特征,并且共现程度仅能在一定程度上展现关联关系,且其准确性存在争议。因此,不少学者提出了对共现关系的提升举措。具体而言,唐晓波等[8]结合共词分析和领域本体,基于本体中关键词位置实现关键词中语义相

---

① 邱均平,刘国徽.基于共现关系的学科知识深度聚合研究[J].图书馆杂志,2014(6):14-23.

② 赵蓉英,谭洁.基于共词分析的馆藏资源语义聚合研究[J].情报资源工作,2014(4):34-38.

③ 赵蓉英,柴雯.基于耦合关系的馆藏数字资源语义化深度聚合研究[J].情报资料工作,2015,36(2):52-55.

④ 邱均平,王菲菲.基于共现与耦合的馆藏文献资源深度聚合研究探析[J].中国图书馆学报,2013(3):25-33.

⑤ 邱均平,董克.引文网络中文献深度聚合方法与实证研究——以 WOS 数据库中 XML 研究论文为例[J].中国图书馆学报,2013(2):111-120.

⑥ 董克,程妮,马费成.知识计量聚合及其特征研究[J].情报理论与实践,2016,39(6):47-51.

⑦ 陈果.基于领域概念关联的网络社区知识聚合研究[D].武汉:武汉大学,2015.

⑧ 唐晓波,肖璐.融合关键词增补与领域本体的共词分析方法研究[J].现代图书情报技术,2013(11):60-67.

似度的计算,并将它与词对间的共现频次进行加权,获取最终的关联强度。李纲等[1]运用主题图完成词对中相似度的测度,强调更深层次的语义聚合有必要拓展到文献全文以发掘全面的内容特征。

作为文本语义特征表征的基本单元,词语可实现文献资源语义内容的呈现。文献资源中的词语不仅可以通过人工标引的关键词获取,还能直接从文献中提取,并基于词语间语义关联分析完成深层次的文献资源语义聚合,后者便为基于概念关联的资源语义聚合。基于概念关联的资源聚合方法的关键是对概念间关系的挖掘,目前主要包括两类方法:其一是以文献为背景直接获取概念及其关联;其二是引入分类词表、领域本体等外部知识库,以获取相关概念及其关系。然而,由于文献资源的长文本属性增大了概念降维的难度,进而导致直接提取概念及其关联可行性降低,而第二种方法又存在概念粒度较粗、领域本体构建难度较大的问题。因此,基于概念关联的资源语义聚合虽然在理论上可实现深层语义聚合,但实际操作困难较多。现有文献主要面向网络资源,例如,陈果[2]针对文本中共现频次提出面向用户需求的关联挖掘,结合 MeSH 词表中的概念关联以及概念对在文献中的关联,提升了学术网络资源语义聚合的效果。商宪丽等[3]出于标签蕴含丰富的语义信息,且可以代表资源主题内容的考虑,提出了基于标签分析学术博客标签网络,建立了基于标签共现的学术博客知识资源聚合的整体框架,进而完成学术博客资源聚合。

1.2.4 基于关联数据的资源语义聚合

关联数据(linked data)也是馆藏资源聚合的常用方式。关联数据是 Tim Berners-Lee 提出的语义网轻量级实现方式,可以将跨来源、跨类型的数据关联起来,实现知识共享、序化[4]。国际互联网协会(W3C)推荐关联数据以披露、关联互联网中其他资源规范,涵盖信息资源、非信息资源。其中信息资源被视为一类编码型文件,以刻画其他资源;非信息资源可被视为客观世界中的实体对象,涉及人类社会、自然

---

[1] 李纲,王忠义.基于语义的共词分析方法研究[J].情报杂志,2011,30(12):145-149.
[2] 陈果.基于领域概念关联的网络社区知识聚合研究[D].武汉:武汉大学,2015.
[3] 商宪丽,王学东,张煜轩.基于标签共现的学术博客知识资源聚合研究[J].情报科学,2016,34(5):125-129.
[4] 陈涛,夏翠娟,刘炜,等.关联数据的可视化技术研究与实现[J].图书情报工作,2015,59(17):113-119.

界等[1]。此外,作为技术框架,关联数据主要以机器可读的模式呈现网络数据,同时基于数据关联串联网络数据,使得结合规范描述、发布数据便能高效运用数据[2]。关联数据的应用以互联网为基础,其发布过程主要包括四个步骤[3]:(1) 结合资源描述框架(即 RDF)描述资源;(2) 基于 RDF 关联互联网中其他相关的数据;(3) 在互联网上披露数据;(4) 提供数据检索的开放接口。

由于更强调刻画数据关联,关联数据可辅助资源聚合。游毅等[4]考虑关联数据在资源 URI 复用、RDF 链接过程中的功能,提出包含数据发布层与链接管理层的基于关联数据的馆藏资源聚合模式。李强[5]分析了基于关联数据的数字资源聚合模式,提出了基于关联数据的数字图书馆资源聚合模式。丁楠等[6]结合关联数据综合刻画图书馆内外部资源,采用实体识别与本体映射等整合信息。孙红蕾等[7]在总结跨系统区域图书馆联盟资源建设现状的基础上,设计了一个基于关联数据、能有效满足用户多层次和细粒度需求的跨系统区域联盟资源整合框架。

除上述文献,也有其他类型聚合方式被应用。比如,何超等[8]基于 Web 链接挖掘搭建了聚合模型,涵盖数据、挖掘、语义聚合、可视化展示等板块,结合内部结构、URL、超链接等挖掘技术完成对语义知识的挖掘。毕强等[9]设计了数字资源聚合的方法体系框架,涵盖概念聚类层、概念关联层、知识关联层,将核心聚合嵌入框架各层中。

---

[1] 刘炜.关联数据:概念,技术及应用展望[J].大学图书馆学报,2011,29(2):5-12.
[2] 林海青,楼向英,夏翠娟.图书馆关联数据:机会与挑战[J].中国图书馆学报,2012,38(1):58-67.
[3] 夏翠娟,刘炜,赵亮,等.关联数据发布技术及其实现——以 Drupal 为例[J].中国图书馆学报,2012,38(1):49-57.
[4] 游毅,成全.试论基于关联数据的馆藏资源聚合模式[J].情报理论与实践,2013,36(1):109-114.
[5] 李强.基于关联数据的数字图书馆资源聚合及资源服务平台设计研究[J].图书馆理论与实践,2017(7):93-97.
[6] 丁楠,潘有能.基于关联数据的图书馆信息聚合研究[J].图书与情报,2011(6):50-53.
[7] 孙红蕾,刘博涵,郑建明.基于关联数据的跨系统区域图书馆联盟资源整合研究[J].图书馆学研究,2017(6):81-86.
[8] 何超,张玉峰.基于 Web 链接挖掘的馆藏资源语义聚合与可视化展示研究[J].情报科学,2015,33(2):115-120.
[9] 毕强,尹长余,滕广青,等.数字资源聚合的理论基础及其方法体系建构[J].情报科学,2015,33(1):9-14,24.

1.3 网络导航

1.3.1 网络导航的产生及内涵

20世纪90年代以来,互联网以迅猛的速度在全球范围内扩张。随着大量用户加入网络世界,各种类型的信息资源迅速积累。从信息来源来看,有来自各类政府部门、学术机构、企业、社会团体以及个体用户生成的信息;从信息形式来看,有能够直接阅览的文本或超文本文件,也有音乐、图片、动画、视频等多媒体信息;从链接方式来看,可以是文本或超文本信息,也可以是单一链接节点或者特定分类目录。在此情景下,用户如何从海量、多样的网络信息中查找出满足其特定需求的有效信息,成为信息资源组织者思考的关键问题,也因此孕育出针对网络导航的研究。

网络信息导航的基础数据结构是知识树,依据体系分类法以及某类提前明确的概念体系架构,逐层分门别类地实现网络信息资源组织。用户以浏览模式逐层筛选,搜寻需求的信息线索,来直接访问匹配的网络信息资源。此类信息资源组织模式须对信息资源进行分类、主题标引、知识(分类)结构设计,同时利用计算机链接数据库中信息与知识(分类)体系中的类目,来完成面向网络信息资源的分类浏览。[①]

网络信息导航已发展为跨学科的热点问题。相关学者及机构提出了形式多样、内容丰富的网络导航,包括数据库、电子文献、学科、网站、馆藏资源等导航,以实现对杂乱无序的信息资源的系统序化,进而优化用户信息查询,为科研、教学人员实时了解学科发展现状提供便利。网络导航的设计不仅降低了用户信息搜寻的时间成本,也实现了数字图书馆服务的延展。[②]

1.3.2 网络导航工具

完整的网络导航一般分为两个阶段:发现与目标主题相关的网站,这项工作往

[①] 陈庆平.试论网络信息导航系统的构建[J].情报资料工作,2004(S1):140-141.
[②] 胡昌斗.网络导航——信息服务的新举措[J].图书馆学刊,2005(6):77-78.

往借助于搜索工具提供的相关网页来实现①；单个网页内的导航，这一阶段则需本地导航工具和逐页的浏览配合完成②。

网络导航工具研发的目的是帮助用户寻找所需信息，最常见的三类网络导航工具是搜索工具、站点地图以及索引。Web 页面内置的搜索工具允许用户在该网站内使用检索命令搜索目标信息，搜索工具一般会返回给用户一个按相关性排序的结果列表。站点地图可以视为一本书的目录，它呈现出整个网站的信息分类和各子类目，提供给用户一个关于网站信息架构的可视化信息，有的还包括主要的内容标题或者该网站的物理结构，它还可以辅助提供空间信息，定位用户在网站的当前位置，减少用户的认知失调。③ 网站中的索引可以比作一本书的目录，它包括网站的首页和各子网页的首页，利用网站索引，用户可以高效寻找目标信息。

具体的研究中，比如王慧杰④以高校图书馆网站内置导航为对象，指出全局导航可以对网站所有页面进行导航，是满足用户全面浏览网站的需求的导航方式；局部导航指对各子页面的导航，典型的如子目录与面包屑导航；语境导航指在文本中嵌入提供上下文相关的链接导航；辅助导航是对网站基本导航系统的补充，包括站点地图、内容目录、站点索引、导航帮助等。研究中，作者对国内 39 所"985 工程"院校图书馆网站的导航系统进行网络调研后发现，这些网站均设置了局部导航，而设置全局导航和语境导航的网站比例也占到了 82%，具备辅助导航的网站有 61%。对此，作者提出了应加强各类导航模式的综合运用的后继发展思路。

借助导航工具的设置可以降低用户在进行搜索任务时的认知负载，从而在较大程度上克服用户的信息迷航问题。部分学者还提出了进一步的改进建议，比如网站界面和导航工具的设计应更加充分考虑导航主体和导航客体的一些特殊属性，并通过充分的理论论证和实践进行检验。如此，基于该思路的 Web 导航工具将更能真正

---

① Nielsen J.Designing web usability：The practice of simplicity[M].New Riders Publishing，1999.

② Katz M A，Byrne M D.Effects of scent and breadth on use of site-specific search on e-commerce web sites[J].ACM Transactions on Computer-Human Interaction（TOCHI），2003，10(3)：198-220.

③ Pilgrim C J.Website navigation tools：A decade of design trends 2002 to 2011[C]//Proceedings of the Thirteenth Australasian User Interface Conference - Volume 126.Australian Computer Society，Inc.，2012：3-10.

④ 王慧杰.基于信息构建的图书馆网站导航系统调查分析——以"985 工程"院校图书馆为例[J].农业图书情报学刊，2015，27(5)：94-96.

具备对于情境的适应性和对于用户需求的敏感性,最终减少用户的认知失调和认知负载。[①]

1.4 学科资源聚合与网络导航的基本结构

学科资源聚合与网络导航有着基本的结构范式与逻辑,为了更好地阐释相关内容,下面以 Citeseer^x 系统为例,概貌性地介绍学科信息资源聚合以及网络导航系统的结构和主要模块,以增进读者对该研究主题的整体认识与理解。Citeseer^x 原名 Citeseer,是一个基于互联网的科学文献数字图书馆和搜索引擎,可以为用户提供学术论文的抓取以及检索服务,其中的文献来源以计算机和信息科学为主。该系统自 1997 年研建以来,提供的免费文档已超过 600 万份,每天的查询请求超过 150 万次。随着系统的不断改进,Citeseer 优化并设计了新的数据存储与检索系统,并更名为 Citeseer^x。相比于 arixiv、Google Scholar 等其他数据库,Citeseer^x 不仅可以提供文献全文下载服务,还提供了文献的引文信息、共引信息(co-citation)以及历史版本等信息。

1.4.1 系统架构

Citeseer^x 的系统和架构如图 1-1 所示,总的来说,系统可分为三层。

(1) 存储层:存储层负责管理和访问 Citeseer^x 本地存储的数据对象。数据对象由数字对象管理系统(digital object management system)维护。每个数字对象都有相应的包括对象元数据的描述文件。解析后的文档作为原始文本文件存储在本地磁盘中,并由数字对象记录(digital object records)提供链接。

(2) 应用层:应用层是 Citeseer^x 多个功能模块和服务器的集合。

• 命名服务器:Citeseer^x 高度分布式的架构使系统能够高效地利用网络中的多台服务器。命名服务器将查询请求转发到特定的 Citeseer^x 服务器,从而为实现服务器间的负载平衡,以及为重新定向查询请求到最近的服务器提供了有效的技术支持。

• 日志服务器:Citeseer^x 利用单独的日志服务以聚合并管理系统日志。系统的每个工作模块均部署了日志代理(logging agent),其将日志事件发送到日志服务器。

[①] Ahuja J S,Webster J. Perceived disorientation:An examination of a new measure to assess web design effectiveness[J].Interacting with computers,2001,14(1):15-29.

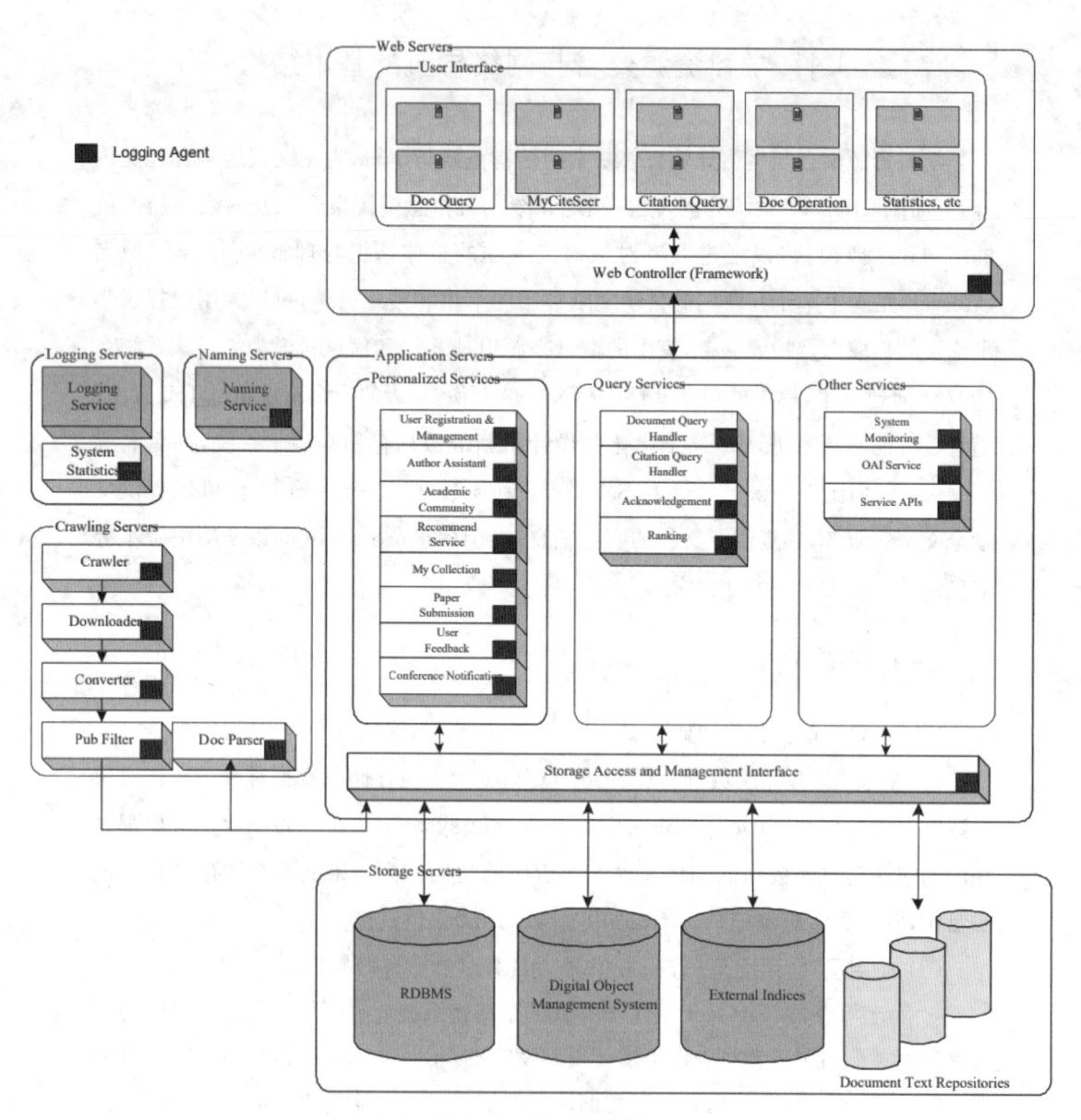

图 1-1 Citeseer^x 结构

•爬虫服务器:爬虫进程负责从网络上抓取文档并存储到文档存储库中。被识别为计算机科学领域的文档均将转发到存储访问和管理界面模块(Storage Access and Management Interface)进行永久保存。

•存储访问和管理接口:该模块提供了一个多用途的存储服务器接口。首先,提供了对存储服务器的访问,为直接访问存储库/索引提供了数据访问标准。其次,提供的访问控制机制(access control mechanism)调节了对已存储信息的访问。最后,作为数字资源位置解析器,提供了内部资源标识与实际存储地址间的映射。这使得Citeseer^{x}可以灵活地实施其分布式存储策略,也进一步为跨服务器的数据迁移和负载平衡提供了优势。

•应用服务器:应用服务器为Web用户界面和外部应用程序提供服务访问入口。应用服务器为第三方软件模块和本机模块提供了托管服务。

(3)用户接口层:该层作为用户接口与应用程序模块间的网关,为Citeseer^{x}的Web界面提供了抽象。该层使Citeseer^{x}可以灵活地更新应用程序的逻辑,而无须担心用户接口以及为用户提供个性化的服务。

1.4.2 系统主要功能

在前端,所有的用户请求通过Web服务(Web service)进行处理,该服务器主要包括三个数据服务器:索引服务器提供搜索请求处理、存储服务器提供缓存的全文文档、数据服务器通过元数据提供检索服务。在后端,网络爬虫从互联网上抓取收集PDF等格式文件,并传递给数据提取模块(Application Serves),由该模块提取并分类文本、对文档进行解析以及提取元数据,如标题、作者和摘要信息等。存储模块(Storage Serves)将所有元数据写入数据库,PDF文件用文档ID重命名并保存到存储库服务器,最后,更新索引数据。[①]

数据提取主要涉及以下部分:

•文档类型判断。对于爬虫爬取到的文档,需要判断其是否为学术性论文。Citeseer^{x}改进了以往的算法,利用文档结构特征进行分类,主要包括:文档的特征,如文件大小和页数;文本特征,如文档长度(以字符串、单词和行数表示)、每页的平均单词量及行数、引用比(引用和引用提及的数目除以文档中标记的总数)、空格比(空格字符的百分比)、符号比(非字母数字字符,指的是字母数字字符以外的空格、百分

---

① Wu J, Williams K M, Chen H H, et al. Citeseerx: AI in a digital library search engine [J]. AI Magazine, 2015, 36(3): 35-48.

号、下划线、竖线、冒号、分号等标点符号字符占字符的百分比)、长度比(最短行的长度除以最长行数)、以大写字母开头和以非字母数字字符开头的行数;特定章节的特征,包括文档是否有章节标题,如摘要、引言、结论、参考文献或参考书目等。新的分类方法在准确率以及召回率上均有明显提升。此外,Citeseer^{x}还在努力改进自己的算法,使其可以在海报、书籍、幻灯片以及简历等方面有更好的表现。

• 元数据提取。元数据提取指的是从 pdf 文本中提取元数据的相关字段,包括标题、作者、地址、注释、电子邮件、日期、摘要、电话、关键词、学位、出版编号和页面信息等,该步骤是对文档进行索引和聚类的先决条件。Citeseer^{x}采用了很多开源工具来减少软件开发的工作量,同时也进行了模型改进,提高了准确率。

• 引文提取。Citeseer^{x}采用 HMM 元数据提取器与 ParsCit 进行引文提取。HMM 元数据提取器是基于隐马尔可夫模型的引文解析工具,而 ParsCit 是基于条件随机场(CRF)模型的引文提取工具。其中,ParsCit 具体实现过程如下:首先,ParsCit 会寻找文档中带有"参考文献""参考书目"等关键词语的章节,并判断为引文的起点,进行后向遍历,如果遇到"附录"等关键词,则判断引文结束。接下来,ParsCit 会匹配段落的序号字符串并计算匹配数目。为此,Citeseer^{x}构建了许多表示序号的字符串,并寻找最有可能的匹配。若论文没有序号字符串,则根据其他特征进行判断,如作者姓名、分隔符等来确定每一篇引文的起始和结束位置。根据上述工作,ParsCit 会将引文格式进行标准化处理,更新为 Citeseer^{x}使用的标准格式,以方便其后的分析与处理。而且 ParsCit 还会识别正文中的引用字段,通过引用标记进行提取。

• 重复文档检索与删除。由于 Citeseer^{x}的文档通过爬虫爬取而来,文档的重复不可避免。重复文档可以分为两类:一类是完全重复,对于此类重复文件,已经有很好的处理算法,只存储一份即可;另一类是部分重复,例如预印本和最终版本。对此,Citeseer^{x}使用 key-mapping 方法进行处理,即如果已经在前面的步骤提取元数据,考虑到数据的不完整,可以通过作者和姓名进行匹配,若不同,则将其作为新关键词加以存储,并构建新的文档集;若相同,则将该文档存入已有的关键词文档集。

• 作者消歧。由于 Citeseer^{x}允许用户通过作者字段进行检索,因此必须保证该字段可以准确匹配到相应作者的论文。不过,由于一人多名以及一名多人的现象普遍存在,作者姓名消歧难度很大。对此,Citeseer^{x}将姓氏相同且名字首字母相同的作者分入一组并进行对比,随之,Citeseer^{x}构建了更多特征以辅助判断,包括两个作者名字的相似性、两篇论文的作者顺序、第一作者电子邮件之间的相似度、两篇论文第一作者所属机构的相似性、两篇论文作者名之间的相似性、两篇论文标题之间的相似性等,并通过随机森林模型综合利用这些特征,以判断是否为同一作者。

此外,Citeseer^{x}还提供了许多其他的功能,以帮助用户更好地检索文献,如表提取功能,将论文中的表格直接提取出来,并提取表名、表头等关键信息;算法提取功能,将论文中的伪代码提取出来,并构建索引等。

第二部分　学术网络资源特征及利用

　　网络学术信息资源在传播方面突破了时间和空间的限制,极大提升了学者与内容以及学者间的互动性。目前,越来越多的科研工作者将查找和利用学术信息资源的渠道转向了互联网。尽管以纸质期刊、图书等为代表的出版物仍是学术出版集团的核心产品,但是围绕这些传统信息资源也渐渐诞生了多种新型的数字化的学术资源,如电子期刊、学术博客、网络百科、各个学科以及特定主题的讨论组等。

2 学术网络资源特征、分布及模式

2.1 资源类型及分布

学术网络资源是指互联网中与学术有关的资源,如大型综合性/专业性学术数据库、电子期刊、电子图书/报纸和书目信息数据库,政府、商业机构、教育研究机构、学会协会等提供的研究信息、学术动态信息和其他"灰色信息",以及学术搜索引擎、学术论坛和学术博客。

2.1.1 学术数据库

学术数据库指存储于网络服务器上的信息资源,具有来源可靠、内容丰富、质量高且稳定等特点,包括全文数据库、参考数据库、事实和数值型数据库等。目前,访问学术数据库通常需要付费,用户可以采取的访问方式分为直接访问以及镜像访问等。近年来随着订阅期刊所需支付费用的增长,开放存取(Open Access,简称"OA")应运而生,已经有越来越多的机构、组织以及个人参与其中。

(一)全文数据库

全文数据库指收录完整原始文献的数据库,全文数据库的优点在于它集文献检索和文献内容服务为一体,用户在搜索后可以直接获取全文,无须再通过其他途径查找。与其他数据库相比,全文数据库的信息具有完整性、原始性等特征,检索方式也更为全面,然而,这也意味着该类数据的存储需要更大的空间。

全文数据库数量多、类型多样,包括期刊论文数据库、会议论文数据库、政府出版物数据库、法律条文和案例数据库以及专利数据库等。国内常见的有代表性的综合性大型全文数据库如中国知网、维普以及万方等；国外的有爱思唯尔集团（Elsevier）下面的ScienceDirect、施普林格·自然（Springer Nature）旗下的Springer-Link等。规模相对较小的如《中国人民大学复印报刊资料》，该数据库涵盖了1995年至今人文社科领域各个学科近六千种核心期刊与专业特色期刊中的精选全文，在学术界影响力较大。

除了上述综合性全文数据库之外，也有专业性较强的全文数据库，比如中国基本古籍库、中国历代石刻史料汇编、中华经典古籍库、中国方志库、文渊阁四库全书（电子版）、中国数字方志库、雕龙古籍数据库、大成故纸堆、大清历朝实录等古籍数据库。各具特色的古籍数据库为用户带来了丰富的信息资源，但也给用户的检索带来了不便。因此，围绕这些全文数据库的集成并进一步提高检索效率既是用户的期待，也是学界探索的重点。下面扼要介绍典型的全文数据库。

(1) 中国知网

中国知网（www.cnki.net）是我国一项重要的知识基础设施工程（China National Knowledge Infrastructure，简称"CNKI"），在教育部、中宣部、科技部、原国家新闻出版广电总局、原国家计委的大力支持下，由清华大学和清华同方发起建设，于1995年正式立项，涉及领域包括自然科学、工程技术、人文与社会科学等各个领域。目前，CNKI的数据库包括中国学术期刊全文数据库（China Academic Journals Full-text Database，简称"CJFD"）、中国博/硕士学位论文全文数据库（China Dissertations Database，简称"CDDB"）、中国年鉴网络出版总库、中国统计年鉴数据库、中国重要报纸全文数据库（China Core Newspaper Full-Text Database，简称"CCND"）、中国/国际重要会议论文全文数据库（CPFD）、中国引文数据库、中国英文期刊数据库等。CNKI最初仅发行《中国学术期刊（光盘版）》，1999年起，CNKI实现了网络化，此后，CNKI工程不断拓展服务，并不断拓展海外市场。目前，中国知网的服务用户包含国内外的重要高校、企业、研究机构等。[①]

(2) 万方数据知识服务平台

万方数据知识服务平台（www.wanfangdata.com.cn）由中国科学技术信息研究所开发研建。同中国知网一样，万方数据库涉及自然科学、工程技术、医药卫生、农业科学、哲学政法、科教文艺、社会科学等全学科领域，涵盖期刊、法规、学位、专利、

---

① CNKI, URL[EB/OL].[2020-11-5].https://zh.wikipedia.org/wiki/CNKI.

会议、科技报告、视频、标准、科技成果、地方志等10多种知识资源。根据官网数据，截至2021年，期刊有144919841条记录，学位有6971325条记录，会议有14528085条记录，专利有138567764条记录，科技报告有1179441条记录，科技成果有942415条记录，标准有2450701条记录，法律法规有1366241条记录，地方志有14307439条记录，视频有27846条记录。

(3) ScienceDirect

ScienceDirect(www.sciencedirect.com)是爱思唯尔集团旗下的全文数据库。目前，ScienceDirect的全文数据库覆盖科学、技术、医学以及社会科学等多个领域，出版物形式有期刊论文、参考工具书、手册、专著、丛书以及教材等。根据其官网的数据，该全文数据库拥有1亿8000多万份论文以及图书章节的数据，其中开放存取论文140多万篇，编辑出版同行评议期刊2600多种，电子书超过41500种、开放存取出版物大于500种。

(4) SpringerLink

SpringerLink(link.springer.com)是施普林格·自然(Springer Nature)旗下的科学、技术和医学数据库，涵盖科学、人文、技术和医学等领域的纸质书、电子书和同行评审期刊等，具体涵盖计算机科学、地球和环境科学、医学、数学、工程学、生物医学和生命科学、行为科学、商业和经济、人文、法律等学科。截至2021年，根据其官网数据，医学与公共卫生的全文数据达2862441篇、生命科学达1308150篇、计算机科学达1000481篇；其中，英语类达11287055篇、德语类达2114771篇。SpringerLink出版的期刊超过60%被SCI、SSCI收录。

(二) 参考数据库

参考数据库包括书目数据库、文摘数据库、索引数据库，指为用户提供信息线索的数据库，可以指引用户获取原始信息，帮助用户快速和全面地获取某个主题、学科、领域的文献信息。

(1) 书目数据库

书目数据库(bibliographic database)指的是对书籍、期刊、会议记录、声音图像记录的内容及存储地址进行报道和揭示的描述性数据库，国内综合性的如国家图书馆书目查询库，国外的有联机公共目录检索系统(Online Public Access Catalog，简称"OPAC")等，此外，还有特定学科的书目数据库，如生物领域的Entrez以及服务于艺术领域的 Artstor 等。目前，影响比较大的书目数据库是联机计算机图书中心（Online Computer Library Center，OCLC）。OCLC 是一个在线数据库，又名 WorldCat，是一个联盟书库，由来自 90 多个国家的图书馆共同维护，包括 10000 多家图书馆所藏出版物的数据记录。OCLC 成立于 1971 年，该数据库存储了包括大约 360 种语言的超过 9000 万条书目记录，是世界上最大的书目数据库。

为了便于书目记录的检索，图书元搜索引擎应运而生，其中 ISBNdb 就是将世界各地的书目数据库加以整合，通过统一的界面提供检索服务的数据库。ISBNdb 从全球数百家图书馆、出版商、书店以及其他信息源收集数据，数据记录包括 ISBN、标题、作者信息以及大量特有的图书数据。根据其官网数据，目前已存储超过 30302788 条书籍信息、8677130 条作者信息以及 1850282 条出版社信息。

(2) 文摘数据库和索引数据库

文摘和索引数据库则是对期刊论文、会议论文、专利文献、学位论文等内容和属性的认识与加工形成的数据库。其中，索引数据库是以书目索引形式提供出版物之间的引文记录，现有的大部分索引数据库记录也包括文摘信息。美国学者弗兰克·谢泼德（Frank Shepard）于 1873 年创立了世界上最早的引文索引《谢泼德引文》（*Shepard's Citations*）。1963 年，美国情报学家尤金·加菲尔德（E. Garfield）领导的美国科学信息研究所（ISI）创办了《科学引文索引》（Science Citation Index，SCI），随之，又分别于 1973 年和 1978 年创办了《社会科学引文索引》（SSCI）、《艺术和人文学科引文索引》（A&HCI）。中国科学院文献情报中心于 1995 年成功开发的中国科学引文索引（CSCI）是我国最早的引文索引。随后，我国还研制了《中国社会科学引文索引》（CSSCI）、《中国社会科学图书引文索引》（CBKCI）等多种类型的引文数据库。①② 通过引用关系，该类数据库可用于检索服务，比如作者引用了哪些出版物以及作者的成果被引用频次等信息。目前，引用数据还被当作定量评估学者、机构以及出版物质量的一种手段，这使得该类型数据库的发展较为迅速，得到了学术界以及科研管理部门的广泛重视。

① SCI/SSCI

SCI 和 SSCI 是由美国科学信息研究所（Institute for Scientific Information，

---

① 韩鹏鸣. 国内引文数据库发展现状分析[J]. 图书情报工作，2012(S2)：254-256.
② 冯昌扬，李丹阳，李新来. 中国引文索引的研究现状探析[J]. 图书馆杂志，2020，39(1)：67-75.

ISI)研发并于 1960 年投入使用的一种期刊文献检索工具。其中,SCI 于 1964 年正式推出,涵盖了从 1900 年至今 178 个学科 9200 多份重要期刊的引文数据,SSCI 根据 SCI 的思想研发而成,涵盖了从 1985 年至今的 3000 多本社会科学期刊的引文数据。目前,这两个数据库由爱思唯尔集团运营。

② 工程索引

工程索引(Engineering Index,EI)是由美国工程师学会联合会于 1884 年创办的与工程材料有关的科学文献的索引数据库,数据覆盖年限从 1970 年至今,涉及核技术、生物工程、运输、化学及工艺工程、光学技术、农业工程及食品科技、计算机及数据处理、应用物理、电子及通信、控制、民用、机械、材料、石油、航空航天以及汽车工程等领域。根据其官网数据,截至 2020 年,数据库中存储了 2000 多万条记录,来源出版物包括 5000 多种国际期刊、会议录以及贸易等,每年新增记录约 1000000 条。

③ 会议录引文索引

会议录引文索引(Conference Proceedings Citation Index,CPCI)是由 ISI 建立的三大引文索引数据库之一。2008 年,爱思唯尔集团旗下的 Web of Science 将 ISTP(科学技术会议录索引)和 ISSHP(社会科学及人文科学会议录索引)两大会议录索引,集成为 ISI Proceedings,并更名为 CPCI,集成之后的 CPCI 划分为 CPCI-S 和 CPCI-SSH 两个子数据库。其中 CPCI-S 涵盖了科技领域的会议录文献,涉及农业、生物学、环境科学、计算机科学、工程学、医学以及物理等学科,数据源的时间跨度为 1990 年至今。CPCI-SSH 涵盖了社会科学、艺术及人文科学的所有领域的会议录文献,数据源的时间跨度同样为 1990 年至今。

④ 我国的引文数据库

我国影响力较大的引文数据库有五个,分别是中国科学引文数据库、中文社会科学引文索引、中国科技论文与引文数据库、中文科技期刊数据库(引文版)以及 CNKI 中国引文数据库。

中国科学引文数据库(Chinese Science Citation Database,CSCD)由中国科学院文献情报中心于 1989 年创建,被誉为中国的 SCI。学科收录为自然科学,收录年限从 1989 年至今,收录期刊超过 1200 种,引文数量超过 1700 万条,更新频率为 1 年。

中文社会科学引文索引(Chinese Social Science Citation Index,CSSCI)由南京大学与香港科技大学于 1998 年合作研制,是收录中国人文社会科学领域的论文引文的数据库。引文收录年限从 1998 年至今,收录期刊超过 540 种,引文数量超过 158

万条,更新频率也为1年。

中国科技论文与引文数据库(Chinese Science and Technology Paper and Citation Database,CSTPC)由中国科技信息研究所与万方数据库公司于1989年建立,收录自然科学领域的论文引文,收录期刊2000余种,引文数目超过1598万条,同样保持了一年更新一次的频率。

中文科技期刊数据库(引文版)由重庆维普资讯有限公司(VIP)出品,以维普中文科技期刊数据库全文版为基础开发而成,主要检索1989年以来国内8000余种期刊所发表的各个学科的论文的参考文献,自然科学与人文社科均有收录,引文数量已超5700万条,每季度更新一次。

CNKI中国引文数据库的引文类型涉及期刊、学位论文、会议论文、图书、专利、标准、报纸等,同样收录自然科学和人文社科领域的期刊数据,收录期刊超过8800种,引文数目超过4375万条,每月更新一次。

为了检索的方便,提供元检索系统对于如此众多的引文数据库甚为必要,其中,影响最大的当属爱思唯尔集团旗下的Web of Science,该数据库将SCI、SSCI、A&HCI、IC、CPCI等引文数据库进行了整合,只需一次检索即可以检索到各个领域的引文数据。

(三) 事实和数值型数据库

事实和数值型的信息源包括传统的字典、词典、百科全书、年鉴、手册、机构、名录、产品目录等参考工具书,与用于存储各类文献资源(例如期刊论文、会议论文、学位论文等)的全文数据库相比,事实和数值型数据库提供的是最原始的客观事实、统计数字、音像图谱等更可以直接利用的信息。"事实"可以是以数值为主要内容的统计资料、纯文字的知识资料或信息资料,也可以是叙述性文献,诸如金融和证券系统数据库中的货币兑换、化学物质结构数据库、生物蛋白质序列数据库、人物传记数据库、百科知识数据库以及各类统计数据库等。

科学数据库(Scientific Database)是中国科学院研制的系统,里面有淡水藻种库、中国淡水鱼类物种鉴别专业数据库、中国动物数据库、亚热带农业生态系统要素数据库、中国植物图谱数据库、中国热带亚热带植物学基础数据库、中国西南资源植物数据库、中国寒区旱区数据资源中心、黄土高原水土保持数据库、中国西南地区动物资源数据库等。

国务院发展研究中心信息网(简称"国研网")是中国唯一挂牌"国务院"字头的专业经济信息服务机构,创建于1998年3月,为中国各级政府部门、研究机构和企业提供以宏观大数据产品、宏观经济业务软件、课题研究和咨询服务为核心的服务。其产品包括:大数据产品,涵盖文献数据库、统计数据库、特色数据库、大数据资源;解决方案,包括宏观经济软件、智库管理软件、宏观经济数据加工处理工具集;经济模型,包括统计指数模型、综合评价模型、经济景气模型、宏观经济模型等;课题研究,包括政策规划咨询、经济运行分析、园区产业规划、信息化课题以及管理课题等。

2.1.2 电子期刊

目前,电子期刊的提供方有四个:一是出版商,比如 Wilson、Springer 等出版商推出的电子期刊数据库;二是网络数据库信息服务商,如中国知网,它们提供面向用户的直接访问或镜像访问;三是文献情报部门或学术性机构[①];四是网络版期刊,越来越多的期刊正完善自己的官方网站,提供本刊刊载论文或部分论文的检索或下载服务。

从使用费用角度来看,电子期刊分为开放存取期刊和一般电子期刊。开放存取期刊,是一种经过同行评议、免费向用户提供服务的网络化学术期刊。[②] 开放存取期刊的大量出现伴随着开放存取运动的产生与发展。开放存取运动致力于利用互联网渠道促进科学及人文信息的交流与出版,使得研究者可以更高效和低成本地获取前沿的学术信息,并使自己的研究成果在更大范围内进行传播。

其实开放存取的思想很早就出现了,类似于印刷机可以将文本进行大规模复制分发。20世纪80年代,随着互联网技术的兴起,开放存取运动萌发于西方学术界,出现了一些免费的同行评审电子期刊,如《成人教育新视野》、《E期刊》(*E journal*)等,电子预印本系统(e-print)也开始发展起来。开放存取运动最著名的便是2001年12月的布达佩斯会议,会议提出的"布达佩斯开放存取倡议"(Budapest Open Access Initiative,简称"BOAI"),初步确定了开放存取的定义、内涵和外延,指出开放存取是指学术文献可以在网络公共平台上免费获取,允许公众不受限制地阅读、检索、复制、下载、打印和发布,并可转发该文献的内容链接。之后,越来越多的开放存取期刊开始出现,各种框架、协议、标准也逐渐制定出来,随着开放存取运动的发展,目前

---

① 王云娣.基于网络的社科信息资源分布及检索策略研究[J].中国图书馆学报,2003,29(3):57-61.
② 冯文炬.学术网络资源的组织与检索浅析[J].电子世界,2012(5):142-145.

开放存取可以分为以下几类，出版商可以选择其中的一类或者几类。

绿色 OA：作者被允许将自己的论文发布于出版商以外的网站，人们可以免费阅读和下载。黄色 OA：出版商在网站上免费发布文章及内容。混合 OA：需要发布者支付出版费用，以便文章拥有开放存取的权限，此外还需要继续支付订阅费以访问所有其他内容。钻石 OA：发布者无需向出版社提供文章的出版费用。黑色 OA：即强行复制出版商非免费论文，并通过社交媒体免费公布给公众，该行为侵犯了出版商的知识产权，通过这种方法，任何人都可以免费获得付费才能阅览的文献，其中最有名的便是 Sci-hub。

早先，开放存取①主要针对学术期刊论文，近来也在提供越来越多的书籍章节和学术专著。借助于开放存取模式，任何人都可以通过互联网免费、及时、不受限制地阅读和下载学术出版物，分享学术资源。② 另外，网上电子期刊还分为与印刷版同时发行和仅在网上发行两种。根据施普林格·自然公司每年发布的 OA 白皮书显示，越来越多的国家、机构和个人选择 OA。③ 在 OA 书籍方面，OA 书籍的下载量是非 OA 书籍的 7 倍，引用率是其 1.5 倍，以及数字化是其 10 倍。④ 最后，根据其在 2017 年的针对图书馆管理员的一份调查数据显示，91% 的被采访者认为未来的学术出版会是 OA，83% 的被采访者认同 OA 模式。⑤

2.1.3 电子图书

广义上的电子图书指以数字形式制作、出版、存取和使用的一类图书，狭义上的电子图书则是指通过网络发布和访问阅读的图书。⑥ 存储在网络服务器上的电子图

---

① 马景娣. Open Access 中文译名探讨[J]. 图书馆杂志，2005(10)：34-36.

② 余雪松. 高校开放存取资源共享研究[D]. 武汉：武汉大学，2019.

③ Science D, Hahnel M, Fane B, et al. The state of open data report 2018[R/OL]. Digital Science, 2018[2021-11-15]. https://figshare.com/articles/report/The_State_of_Open_Data_Report_2018/7195058/2.

④ Nature S, Emery C, Pyne R, et al. The OA effect：How does open access affect the usage of scholarly books？[J/OL]. 2017. figshare, 2017[2021-11-15]. https://figshare.com/articles/journal_contribution/The_OA_effect_How_does_open_access_affect_the_usage_of_scholarly_books_/5559280/1.

⑤ Nature Research, Allin K. Open access：The future of academic publishing-librarian opinions, 2017[DS/OL]. figshare, 2018：42584 Bytes(2018)[2021-11-15]. https://figshare.com/articles/Open_access_the_future_of_academic_publishing_librarian_opinions_2017/5783232.

⑥ 王云娣. 基于网络的社科信息资源分布及检索策略研究[J]. 中国图书馆学报，2003，29(3)：57-61.

书具有品种多、质量高、由专业机构维护等特点。电子图书的查询与检索需要借助于书目信息资源数据库,目前影响比较大的有IBookDB。

IBookDB数据库并非专业的学术数据库,而是面向公众的数据库,该数据库包含书籍和作者的信息。该数据库目前包括94000多本书(316000多个ISBN)以及28000名作者的信息,是目前世界上最大的作者和书籍信息在线数据库之一。IBookDB还提供查找书籍历史出版信息以及进行书籍的价格比较等服务。用户在该系统注册以后就可以在线编辑和管理藏书,寻找与之相关的书籍或者作者,并可以围绕书籍进行讨论、评分。此外IBookDB还为作者提供服务,如举办书籍展览会、为作者进行宣传等。

IBDoF数据库是一个以小说为主的书目数据库,该网站可以对书籍内容进行讨论,目前该数据库存储了超过35800本书的信息以及211958多篇论坛帖子。

ISFDB是一个关于科幻小说和相关流派(如幻想小说和恐怖小说)的书目信息数据库。ISFDB内的数据上传和维护都由志愿者负责,开放给所有用户,此外ISFDB数据库和代码可在知识共享许可下使用,维基百科和ISFDB已实现相互操作。虽然ISFDB主要是一个书目数据库,但它也包含不符合维基百科标识标准的书籍数据。ISFDB数据库允许用户对作者、小说、短篇小说、出版商、奖项以及杂志进行索引。

国内同样有面向专业人士的数据库,如中国古典文献资源导航系统,也有面向公众的数据库平台,如豆瓣读书、孔夫子旧书网等。

2.1.4 网络学位论文

学位论文也是科研工作者重要的学术参考资料。近年来,一些商业出版机构和学术教育单位与学位授予单位合作实施学位论文数字化工程,如PQDT博硕士论文文摘库是学位论文文摘库,共收录200多万篇国外高校博硕士论文的文摘索引,自1997年以来的部分论文,不但能看到文摘索引信息,还可以预览前24页的论文原文,部分国内高校和科研机构还提供了馆际互借、文献传递等服务帮助用户获取全文。[①] 国内万方的中国学位论文全文数据库,收录始于1980年,年增30余万篇,并

---

① PQDT [EB/OL]. [2016 - 07 - 19]. https://lib.nju.edu.cn+database_article.htm? id=100&fid=94.

逐年回溯,合作的高校、科研院所占研究生学位授予单位的85%以上,涵盖了几乎所有学科。① 中国知网的中国博士学位论文全文数据库和中国优秀硕士学位论文全文数据库是目前国内相关资源较完备、高质量、连续动态更新的学位论文数据库,已有博硕士学位论文全文500余万篇②。

2.1.5　学术网站与机构网站

学术网站一般具有内容专一、深入、注重原创、用户群体固定、非营利等特点。③ 许多大型学科网站内容丰富、形式多样,集中了诸如研究动态、专家学者、专业论坛、重要文献、组织机构、学术期刊、统计数据、法律法规、学术会议、专业基本知识等各类信息资源④,如图书情报学领域的 e 线图情、经济学类的中国经济学教育科研网、法律类的北大法律信息网、中国律师网等。此外,越来越多的学者选择自行建立面向所有人的个人学术网站。

机构网站主要指教育及研究机构、学会协会等学术团体主办的以提供学术信息和资源为目的的网站。许多机构网站提供最新的研究动态和学术信息,包括会议与讲座信息、基金与课题申报信息、未正式发表的科研成果和进展等,是研究者在科研工作过程中必不可少的信息渠道之一。对于此类网站,其后缀通常为 gov、edu、com、org、ac,可以通过在搜索中添加"研究中心"或"机构"等词进行搜索。

2.1.6　政府网站与商业网站

研究表明⑤,近年来以".gov"和".com"为域名的网站越来越多出现在学术论文的参考文献中,反映出很多政府网站和商业网站蕴含的信息也具有较高的学术价值,且这些价值正被研究者发现和重视。事实上,政府网站和商业网站上公布的包括政策信息、市场信息、人才和技术信息等在内的种种"非学术"信息,恰恰弥补了其

---

① 中国学位论文全文数据库[EB/OL].[2016 - 07 - 19].http://c.wanfangdata.com.cn/thesis.
② 中国博士学位论文全文数据库和中国优秀硕士学位论文全文数据库[EB/OL].[2021 - 05 - 18].https://kns.cnki.net/kns8? dbcode=CDMD.
③ 龚雪媚,任全娥,汪凌勇.学术网站评价方法研究[J].情报科学,2010,28(12):1866 - 1870.
④ 朱咫渝,黄春,王晓丹.网络社科资源分布与利用[J].浙江传媒学院学报,2007,14(4):72 - 73.
⑤ 顾东晓,盛东方.图书情报领域学术深网资源利用探究[J].图书与情报,2016(2):101 - 106,132.

他专业的学术类资源的不足,使得研究者可以更了解国家导向、贴近市场热点,也在一定程度上解释了近些年这类资源在学术研究中的突出显现。政府和商业网站信息资源往往来源于动态网页,具有一定的不稳定性、瞬时性等特点,因而搜集和保存这类资源对于研究者和信息服务商来说有一定困难。

2.1.7 学术搜索引擎

许多学科服务网站或学术网站都嵌入了学术搜索引擎的入口,方便用户借助这一工具查找网站外的相关资源,其中被广泛使用、影响最大的学术搜索引擎之一就是谷歌公司推出的谷歌学术(Google Scholar)搜索,它向公众提供了一个快速、免费进行学术文献资源查找的方法。[①] 继谷歌学术搜索之后,国内的百度公司也推出了自己的学术搜索引擎产品——百度学术(https://xueshu.baidu.com),为科研人员提供海量中英文文献检索,涵盖了各类学术期刊、学位以及会议论文等。

谷歌学术是一个可以对学术文献的全文、出版格式、学科索引进行搜索的网络搜索引擎。它通过网络爬虫技术进行文件和数据的索引构建,据统计,约有80%的英文文献可以被爬取并构建索引[②],数目约为1亿。谷歌学术功能丰富,比如,可以通过谷歌学术搜索论文,可以显示期刊文章的可用链接,由于开放存取运动,用谷歌学术不仅可以搜索到付费期刊,而且可以搜索到开放存取的期刊;此外,谷歌学术还提供了引文分析工具,通过其"引用"功能,可以查看引用论文的摘要。谷歌学术还有学者界面,该界面包含该学者的总引文数、每年文献发表数目、h指数等信息。谷歌学术还提供与搜索到的论文相似的论文。此外,谷歌学术拥有美国法律案例数据库,用户可以搜索和阅读自1950年以来美国州上诉法院和最高法院案件、美国联邦地区、上诉、税务和破产法院自1923年以来以及自1791年以来美国最高法院案件的公开意见。

百度学术是免费学术资源搜索平台,可检索知网、万方、爱思唯尔、施普林格、威利(Wiley)等120多万个国内外学术站点,索引超过12亿学术资源页面,存储涵盖学术期刊、会议论文、图书等6.8亿学术文献。网站提供"论文查重""期刊频道""文献互助"等功能。

[①] 冯文炬.学术网络资源的组织与检索浅析[J].电子世界,2012(5):142-145.

[②] Khabsa M, Giles C L. The number of scholarly documents on the public web[J]. PloS one, 2014, 9(5): e93949.

2.1.8 学术论坛与学术博客

网络学术论坛是指公众交流及发表议论、较系统、专门的学术平台,即综合性或专业性的网络学术社区。① 科研人员可以通过学术论坛获得前沿的学术信息和非正式发表的成果进展,有效地与同行进行学术交流,快速获得评价和反馈。因而,有学者指出,学术论坛的出现和发展使得学术交流突破了以往时间和空间层面的限制,提高了交流的及时性、自由度和效率。② 目前,国内影响比较大的综合性学术论坛有小木虫、面向经济管理领域的人大经管之家、面向医学领域的丁香园等;国外影响最大的则是ResearchGate。

目前,学术博客被认为是广泛使用的八种新型网络学术信息之一。③ 学术博客以博主记录自身的学术观点为主,同时通过RSS、回溯、评论和链接等实现自己同相关学术群体的知识交流。④ 学术博客既具有非正式的个人出版功能,又是一个与同行交流的平台。⑤ 它已经被大量的科研工作者接受,并且成为科学讨论、观点交流、寻求合作、汇报个人或团队学术成果甚至是创建学术身份的方式。⑥⑦ 随着互联网技术的发展,越来越多的网站也提供了兼具学术论坛与学术博客的功能。

ResearchGate被称为科研界的Facebook,由Ijad Madisch、Soeren Hofmayer与Horst Fickenscher于2008年创建。截至2021年,已经有超过190个国家的2000万研究人员入驻。ResearchGate提供文件分享、即时通信、论坛讨论、科学小组等功能,用户可以免费注册账号,并在上面公布个人简介或撰写个人博客。

---

① 赵玉冬.基于网络学术论坛的学术信息交流研究[J].图书馆学研究,2010(10):40-43.
② 屈文建,谢冬.网络学术论坛信息可信度的灰度分析[J].图书情报知识,2013(2):112-118.
③ 丁敬达,许鑫.学术博客交流特征及启示——基于交流主体、交流客体和交流方式的综合考察与实证分析[J].中国图书馆学报,2015(3):87-98.
④ 甘春梅,王伟军,田鹏.学术博客知识交流与共享心理诱因研究[J].情报学报,2012,31(3):91-99.
⑤ Nardi B A, Schiano D J, Gumbrecht M, et al. Why we blog (2004)[J]. Communications of the Acm,2013,47(12):41-46.
⑥ 甘春梅,王伟军.学术博客的概念、类型与功能[J].信息资源管理学报,2015(1):25-30.
⑦ 丁敬达,许鑫.学术博客交流特征及启示——基于交流主体、交流客体和交流方式的综合考察与实证分析[J].中国图书馆学报,2015(3):87-98.

2.1.9 电子课件与网络课程

教育工作者将以电子课件、教学讲义为代表的文本型、图片型个人教育资源发布到互联网上,是伴随着早期的开放教育资源运动而逐渐流行的。随着我国分别于2003年、2011年启动精品课程建设项目和国家精品开放课程建设项目,越来越多的网络课程资源也纷纷被发布到互联网上。近几年慕课(Massive Open Online Course,MOOC)的兴起,催生了一大批高质量的在线课程资源建设。电子课件与网络课程改变了人们传统的学习方式和学术交流模式,提高了知识的传播速度和广度,使教育资源跨时空的开放共享成为可能。① 在慕课兴起的同时,SPOC(Small Private Online Course)也在逐渐兴起。

加拿大学者 Cormier 和 Alexander 教授最先提出"MOOC"一词,中文名称为大型在线开放课程,如字面意思所言,此类课程旨在让任何用户通过网络即可参加课程的学习。② 慕课除了传统的课程材料,还包括录制的讲座视频、阅读材料等,许多慕课还提供具有用户论坛或社交媒体讨论的互动课程,以帮助学生、教授和助教之间进行社区互动,以及进行快速测验和布置作业,并可以实时阅卷和反馈。慕课的特点就是任何人通过网络均可以参与,因此参加人数多。国外比较有名的慕课平台有 Coursera、可汗学院、TED,国内有中国大学 MOOC、网易公开课等。

Coursera 是由斯坦福大学计算机科学教授 Andrew Ng 和 Daphne Koller 于2012年创立的美国大型开放式在线课程提供商。Coursera 通过与大学和其他组织合作,提供各种科目的在线课程、认证和学位。2021年,约有150所大学通过 Coursera 开设了4000多门课程,北京大学也在上面开设了课程。该网站的许多资源需要付费才可以学习。

可汗学院是由 Sal Khan 于2008年创建的美国非营利性教育组织,通过视频的形式帮助学生进行学习,此外,该网站还有各类补充的实践练习材料,且所有资源免费。

TED(Technology,Entertainment,Design)是一家在互联网平台发布免费视频的媒体组织,其口号是"值得传播的思想"。1984年,Richard Saul Wurman 和 Harry

---

① 陈鹏.研究人员视角的教育资源网上公开障碍研究——以课件资源为例[J].图书情报工作,2015(2):11-16.

② Kaplan A M, Haenlein M. Higher education and the digital revolution: About MOOCs, SPOCs, social media, and the Cookie Monster[J]. Business Horizons, 2016, 59(4): 441-450.

Marks 共同成立了 TED。TED 早期的重点领域是技术和设计,将视野拓展到包括科学、文化、政治、人道主义以及学术等专题。截至 2021 年,TED 在全球的播放量已超过 10 亿次。

中国大学 MOOC(慕课)提供中国高校慕课课程,其入驻高校多、课程资源丰富。网易公开课是网易旗下的在线学习门户网站,相比于其他慕课平台,网易迁移了 Coursera、可汗学院、TED、世界名校的公开课,是一个资源聚合性质的慕课平台。

由于参与人数多、课程规模大,慕课无法对每一位学生进行精确的教育,于是,SPOC 应运而生,加州大学伯克利分校 Armando Fox 教授在 2013 年创造了这个词。SPOC 更侧重于学生群体,可定制化师生服务,各个高校均在尝试 SPOC 课程的构建,中国大学 MOOC(慕课)也上线了部分 SPOC 课程。

2.1.10 其他学术网络

除了以上九类学术网络资源外,网络上还有大量的会议信息、标准文献、产品样本目录、通信讨论组、统计数据、法律法规等可以服务于科学研究等各类资源。一些在一定范围内公开的半正式出版物,如图书馆的一些特色馆藏资源或 FTP 资源也具有学术价值。特别是研究图书馆协会发布的《当今数字学术交流模型》(*Current Models of Digital Scholarly Communication*)研究报告中指出的,网络述评、工作论文和预印本、网络百科全书及注释、数据等都是当前网络数字环境下诞生的数量剧增的新型学术网络资源。

2.2 资源特征

2.2.1 多样性

从学术网络资源的类型上看,涉及数据库、电子期刊、电子图书、教学课件等;从资源格式上看,存在文本型、图片型、音频型、视频型、混合型等多种类型;从资源分布上看,学术网络资源分别存储在各国、各地区、各地点的服务器上,通过互联网跨越领域、地域、国界的限制来获得[①];从语种上看,由于来源国家和地区各异,学术网

---

① 于子清.学术网络资源的利用[J].情报探索,2006(1):27-28.

络资源又可能以各种语言形式存在。

2.2.2 广泛性

学术网络资源分布的广泛性伴随着其类型的多样性而存在。多数学术网络资源来源于专业的学术网站和学科网站,如学术数据库提供的电子期刊、电子图书、学位论文、报纸,教育及研究机构、学会协会等机构网站提供的教学课件、研究与学术信息等。除此之外,大量学术网络资源分散存在于一些非学术网站,如政府机构网站和商业网站提供的政策信息和市场数据,专家学者的个人主页或技术博客等,这些非正式或非学术的"灰色信息"尽管与正式发表的学术成果在内容、形式上存在较大差异,但其学术价值决定了它们已经成为学术网络资源的重要组成部分。也正是由于这一特性,学术网络资源突破了传统学术类网站的局限而广泛分布于互联网中。

2.2.3 无序性

学术网络资源由于内涵丰富、来源广泛,因此在宏观上呈现出分散的特征。尽管目前存在各种各样的学术网络资源聚合与服务网站及工具,但鲜有能对这些资源进行较全面的搜集、组织和管理的元系统,造成了大量同质化资源的出现。此外,随着大数据时代的到来,学术网络资源总量持续激增[①],尤其是以专题讨论小组、论坛、电子会议、学术博客等形式出现的用户生成内容,其增长速度更为突出,加之此类资源的分散性、非正式性、无规律性等特征,也在很大程度上增加了学术网络资源的无序性。

2.2.4 庞杂性

大数据环境下诸多"灰色信息"的产生也对学术网络资源的质量形成了极大挑战。如前文所述,学术网络资源的"灰色信息"往往来源于一些非正式活动,如学者的个人主页和学术博客,甚至是论坛、网络小组讨论、电子会议等线上交流。不可避免地,这些信息中会夹杂大量与主题无关甚至是错误的信息,因而,如何分辨其中有价值的内容、进行质量把控,将成为学术网络资源利用者和服务商亟需解决的难题。

---

① 苏新宁.大数据时代数字图书馆面临的机遇和挑战[J].中国图书馆学报,2015,41(6):4-12.

另外，互联网的传播环境还带来了学术网络资源的知识产权问题，数据共享、引证、转载等在学术网络资源传播和利用过程中涉及的问题，尚没有严格的界定和规范，致使相关资源难以被追溯和验证，这也在一定程度上造成了目前学术网络资源内容庞杂、混乱、重复的局面。

2.2.5 不稳定性

很多学术网络资源以动态网页和消息的形式存在，如实时商业数据、网络小组讨论等。这些信息往往留存的时间较短，之后想要查询和浏览这些信息会比较困难。除此之外，版本更新、网址迁移、存储空间限制等原因都可能造成学术网络资源的流失，导致其存在很大的不稳定性。

2.3 学术网络资源组织与服务模式

2.3.1 信息资源指引库

信息资源指引库本质上是通过数据库系统，对互联网上的相关资源节点进行集中、分类、整理、重组后，根据用户易用性准则组织节点，以主题树形式呈现信息资源分布并指路引航的信息系统。事实上，信息资源指引库并不对资源本身进行存储，而是按照学科或主题对资源的网络地址进行收集、整理，用户借助信息资源指引库可以方便查到所需资源的对应网址。由于信息资源指引库完成了对学科资源的收集、分类和组织，用户免去了烦琐的搜索过程，能更全面地掌握本学科的相关资源。目前，国内外很多高校和研究机构的图书馆都在进行学科信息资源指引的建设。

2.3.2 学科导航

学科导航将某一学科的学术网络资源由分散变为集中，由无序变为有序[1]。特别是，在学科导航建设中有专业的信息专家和学科专家的人工创建和干预[2]，可以有效解决网络信息资源检索利用时检准率低、专指性差、可信度低等突出问题[3]，帮助

---

[1] 王桂玲.网络资源学科导航与DC元数据[J].现代情报,2005,25(8):209-210.
[2] 柳翔.关于学科信息门户建设的研究[J].图书馆学刊,2008,30(6):79-81.
[3] 周小莲.我国高校图书馆学科导航建设现状调查研究[J].图书馆建设,2010(6):35-38.

科研人员和高校师生快速、准确地获取科研信息,学习所需的学科专业信息资源,方便了解学科领域前沿和学科发展趋势。目前国内对于学科导航的建设方式主要有联合建设和自主建设两种方式。联合建设的学科导航中较有影响的是 CALIS 的"重点学科网络资源导航库";自主建设的学科导航往往由各个高校的图书馆组织建设,在搜集网络资源的同时结合图书馆自身的馆藏资源。[①][②]

2.3.3 学科信息门户

学科信息门户是目前网络信息组织的一种模式。它整合相关学科的信息资源、工具及服务,提供便利的信息检索渠道。[③] 学科信息门户是面向特定学科、主题,按照一定的资源选择和评价标准、规范的资源描述和组织体系,搜集、选择、描述、组织具有一定学术价值的网络资源,并提供浏览、检索、导航等增值服务的专门性信息门户。学科信息门户和学科导航都是网络环境下学术信息资源的组织方式,但学科信息门户是学科导航的进一步发展[④],学科导航仅整合网上免费资源,但多数学科信息门户涵盖本门户资源乃至本系统购买资源[⑤]。学科信息门户按其涉及信息资源囊括的学科范围可划为综合性学科信息门户、多学科信息门户和单一学科信息门户。[⑥]

---

① 徐佳宁.用 Dreamweaver Ultradev 构建动态学科导航系统[J].大学图书馆学报,2002,20(3):22-25.
② 陈欣,孙建军.关于设计思维在学科导航建设中应用可行性的探索性思考[J].情报理论与实践,2015,38(1):93-97.
③ 冯文炬.学术网络资源的组织与检索浅析[J].电子世界,2012(5):142-145.
④ 吕慧平,陈益君,周敏.中国学科信息门户网站建设的现状与问题探讨[J].现代情报,2006,26(9):137-141.
⑤ 叶春峰,张西亚,张惠君,等.国内外网络资源学科导航与信息门户研究分析[J].情报杂志,2004,23(12):58-61.
⑥ 蔡箐.学科信息门户及其优化途径[J].中国图书馆学报,2008,34(4):45-50.

3 学术网络资源利用特征
——以我国人文社会科学领域为例

网络信息资源涵盖大量学术信息,大数据情境使学术网络资源的类型、体量、更新速度与价值发生变化,但其利用行为及规律的改变有待发掘。同时,先前研究多基于频数统计,深层数据挖掘不足,潜在关联尚未被发现。因此,本章分析国内人文社科领域学术网络资源运用现状,给予资源聚合、导航等信息服务指导。①

3.1 学术网络资源利用

中文社会科学引文索引(CSSCI)是国内最权威的索引数据库之一,其遴选期刊的标准兼顾了影响因子与同行评议多重指标,索引期刊具有相对较高的内容和引文标引质量。据此,选取 CSSCI 数据库 1998—2017 年收录的 1001069 篇学术论文作为样本,利用 Excel 和 SPSS 统计分析工具对数据进行分析,研究我国人文社会科学领域对学术网络资源的引用情况。CSSCI 历年的学科分类存在细微差别,合并与统一后,共覆盖了 25 个人文社会科学类别,鉴于"综合性社科期刊"与"高校综合性学报"两个类别包含多个学科内容,无法界定具体学科,仅保留除上述两个之外的 23 个学科(表 3-1)。相关分析包括四方面:(1) 整体分析,将人文社会科学领域的所有学科、所有年份的论文视为整体,从宏观层面探索我国人文社会科学领域学者对学术网络资源的利用情况;(2) 学科差异,根据 CSSCI 的学科分类体系,在微观层面探讨不同学科的学者对学术网络资源利用偏好的差异;(3) 年度变化趋势,以每年收录的论文为单位,探讨 1998—2017 年二十年间我国人文社会科学领域学者对网络学术资源利用的变化趋势;(4) 一流期刊对网络学术资源的利用情况,将南京大学 2017 年

---

① 盛东方,孟凡赛.我国图书情报研究的网络学术资源利用特征与趋势探究——基于四种权威期刊 2010—2014 年的引文分析[J].图书与情报,2016(3):94-101.

评选出的 31 种文科一流期刊作为高质量期刊(表 3-2),探究一流期刊与非一流期刊在利用学术网络资源方面的异同。

表 3-1 CSSCI 的 23 个学科类别

法学	哲学	管理学	考古学	历史学	宗教学
教育学	民族学	社会学	体育学	统计学	外国文学
经济学	心理学	艺术学	语言学	政治学	中国文学
环境科学	马克思主义	新闻学与传播学 (后文简称"新传")		人文、经济地理 (后文简称"人文地理")	
图书馆、情报与文献学(后文简称"图情")						

表 3-2 南京大学文科一流期刊列表(2017 年版)

一级学科名称	一流期刊名称
社科综合	《中国社会科学》《求是》《历史研究》
哲学	《哲学研究》
宗教学	《世界宗教研究》
理论经济学	《经济研究》
应用经济学	《中国工业经济》
体育学	《体育科学》
中国语言文学	《文学评论》《中国语文》
心理学	《心理学报》
新传	《新闻与传播研究》
艺术学	《文艺研究》
法学	《法学研究》《中国法学》
政治学	《政治学研究》《世界经济与政治》
社会学	《社会学研究》
民族学	《民族研究》
马克思主义	《马克思主义研究》
教育学	《教育研究》
外国语言文学	《外国文学评论》《外语教学与研究》
中国史	《近代史研究》
世界史	《世界历史》
考古学	《考古》
管理科学与工程	《管理科学学报》
工商管理	《管理世界》

续 表

一级学科名称	一流期刊名称
公共管理	《中国行政管理》
图情	《中国图书馆学报》《情报学报》

3.1.1 资源总体利用情况

(1) 概貌

如表3-3所示,获取的含引文论文数(a)共1001069篇,包含引文(C)13806269条,篇均引文量(C/a)为13.79。其中,包含网络引文的论文(Wa)195081篇,网络引文(W)610335条,篇均网络引文量(W/a)为0.61条,网络引文在引文总量中的占比(W/C)为4.42%,包含网络引文的论文在论文总量中的占比(Wa/a)为19.49%。此结果有别于Sadat-Moosavi等人[1]以及丁敬达、杨思洛[2]对图情领域的研究结论,表明相对于图情领域,我国人文社会科学领域整体引用网络资源的比例较低。

表3-3 网络引文情况的总体描述

学科	a	C	C/a	Wa	W	W/a	W/C	Wa/a
法学	43946	879739	20.02	13076	39990	0.91	4.55%	29.75%
管理学	99451	1567777	15.76	15175	32794	0.33	2.09%	15.26%
环境科学	21943	348231	15.87	2816	6232	0.28	1.79%	12.83%
教育学	95971	945370	9.85	27280	85806	0.89	9.08%	28.43%
经济学	181088	2318671	12.80	28571	61294	0.34	2.64%	15.78%
考古学	10526	195588	18.58	321	745	0.07	0.38%	3.05%
历史学	39136	1070867	27.36	2969	8263	0.21	0.77%	7.59%
马克思主义	29961	291093	9.72	4521	13642	0.46	4.69%	15.09%
民族学	36855	472431	12.82	4974	12069	0.33	2.55%	13.50%
人文地理	21158	378591	17.89	3892	8735	0.41	2.31%	18.39%
社会学	9880	167335	16.94	2176	4939	0.50	2.95%	22.02%
体育学	33302	408863	12.28	5855	15701	0.47	3.84%	17.58%

---

[1] Sadat-Moosavi A,Tajeddini O.Accessibility of online resources cited in scholarly LIS journals: A study of Emerald ISI-ranked journals[J].Aslib Proceedings,2012,64(2):178-192.

[2] 丁敬达,杨思洛.国内图书情报学期刊网络引文的类型、分布与可追溯性分析[J].图书情报工作,2012,56(24):60-64.

续 表

学科	a	C	C/a	Wa	W	W/a	W/C	Wa/a
统计学	20121	180503	8.97	1504	2551	0.13	1.41%	7.47%
图情	84084	944417	11.23	33971	147632	1.76	15.63%	40.40%
外国文学	8640	113656	13.15	950	1678	0.19	1.48%	11.00%
心理学	19878	460166	23.15	1167	1752	0.09	0.38%	5.87%
新传	46070	384106	8.34	13585	36861	0.80	9.60%	29.49%
艺术学	35755	387813	10.85	5171	12208	0.34	3.15%	14.46%
语言学	31962	530628	16.60	2937	5694	0.18	1.07%	9.19%
哲学	27214	317086	11.65	2209	4371	0.16	1.38%	8.12%
政治学	63304	880732	13.91	19104	101543	1.60	11.53%	30.18%
中国文学	35224	466403	13.24	2375	4438	0.13	0.95%	6.74%
宗教学	5600	96203	17.18	482	1397	0.25	1.45%	8.61%
合计	1001069	13806269	13.79	195081	610335	0.61	4.42%	19.49%

(2) 学科差异

由表3-3可知,23个学科类别在多项指标上具有差异,如篇均网络引文量。为了进一步说明不同期刊刊载论文对网络引文的利用程度,借鉴吴淑娟等[1]的研究方法对网络资源的利用情况进行研究。为消除学科间引文数量总体差异对研究结果的影响,研究以网络引文在引文总量中的占比(W/C)为对象,探究不同学科间的差异。

首先,考察数据的正态性与方差同质性,基于 Kolmogorov-Smirnov 检验说明数据不符合正态分布($p<0.001$)。因此,基于 Kruskal-Wallis 检验考察不同学科 W/C 的显著性差异,结果如表3-4所示,卡方统计量为69778.083,p值小于0.001,拒绝原假设,表明各学科的 W/C 具有显著性差异。结合各学科 W/C 的均值(图3-1),可将23个学科分为三个级别:

第一等级学科引用较多网络资源,包括图情、新传、政治学、教育学等4个学科,W/C 大于8%,显著高于其他学科;

第二等级学科引用网络资源的等级中等,包括法学、艺术学、马克思主义等9个学科,W/C 为2%—5%;

---

[1] 吴淑娟,王宪洪,蒋玲.基于硕博士论文的网络免费学术资源引文分析与研究——以北京地区高校为例[J].大学图书馆学报,2014,32(2):85-91.

第三等级学科较少引用网络资源,包括心理学、考古学、历史学等 10 个学科,W/C 小于 2%。

表 3-4 学科间 W/C 的 Kruskal-Wallis 检验结果

统计量	取值
卡方	69778.083
自由度	22
渐近显著性	0.000

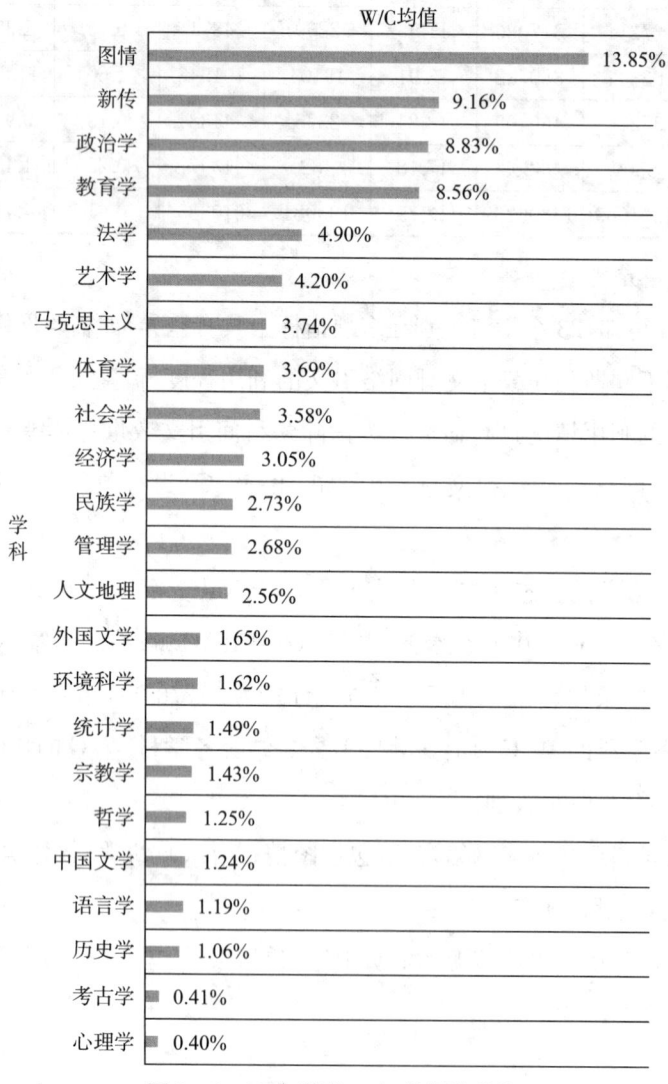

学科 W/C 均值:
- 图情 13.85%
- 新传 9.16%
- 政治学 8.83%
- 教育学 8.56%
- 法学 4.90%
- 艺术学 4.20%
- 马克思主义 3.74%
- 体育学 3.69%
- 社会学 3.58%
- 经济学 3.05%
- 民族学 2.73%
- 管理学 2.68%
- 人文地理 2.56%
- 外国文学 1.65%
- 环境科学 1.62%
- 统计学 1.49%
- 宗教学 1.43%
- 哲学 1.25%
- 中国文学 1.24%
- 语言学 1.19%
- 历史学 1.06%
- 考古学 0.41%
- 心理学 0.40%

图 3-1　23 个学科 W/C 数据的均值

(3) 年度变化

1998—2017 年 CSSCI 收录的来自 23 个人文社会科学领域论文的网络引文占比年度分布如表 3-5 和图 3-2 所示。网络引文数(W)、网络引文在引文总量中的占比(W/C)、包含网络引文的论文在论文总量中的占比(Wa/a)以及篇均网络引文量(W/a)表现出增长态势,其中 W/a 和 Wa/a 增长较为明显,W/a 从 0.01 增长至 1.17,Wa/a 从 0.29% 攀升至 28.85%。由网络引文年度分布情况可知,学术网络资源对人文社科领域学术研究具有重要意义。同时,剔除掉年度发文量和单篇引文量的影响,以考察学术网络资源利用情况的年度变化规律,本节选取 W/C 这一指标进行研究。

表 3-5 网络引文年度分布情况

年份	a	C	C/a	Wa	W	W/a	W/C	Wa/a
1998	24912	186025	7.47	72	189	0.01	0.10%	0.29%
1999	26756	206862	7.73	322	816	0.03	0.39%	1.20%
2000	26562	214233	8.07	593	1470	0.06	0.69%	2.23%
2001	28533	237203	8.31	1099	2576	0.09	1.09%	3.85%
2002	32965	285750	8.67	2062	4764	0.14	1.67%	6.26%
2003	39708	357136	8.99	3605	8382	0.21	2.35%	9.08%
2004	45870	447045	9.75	5847	13966	0.30	3.12%	12.75%
2005	50835	527222	10.37	8231	20874	0.41	3.96%	16.19%
2006	55177	606810	11.00	9963	25622	0.46	4.22%	18.06%
2007	58546	668192	11.41	11440	29691	0.51	4.44%	19.54%
2008	61173	741712	12.12	12492	33500	0.55	4.52%	20.42%
2009	63639	820190	12.89	14179	39631	0.62	4.83%	22.28%
2010	62683	859199	13.71	14317	41368	0.66	4.81%	22.84%
2011	63050	925128	14.67	14989	44334	0.70	4.79%	23.77%
2012	61778	971208	15.72	15393	47050	0.76	4.84%	24.92%
2013	60830	1013328	16.66	15463	50399	0.83	4.97%	25.42%
2014	61610	1095339	17.78	16172	56706	0.92	5.18%	26.25%
2015	60256	1153775	19.15	16280	60055	1.00	5.21%	27.02%
2016	58350	1196068	20.50	15878	61261	1.05	5.12%	27.21%
2017	57836	1293844	22.37	16684	67681	1.17	5.23%	28.85%

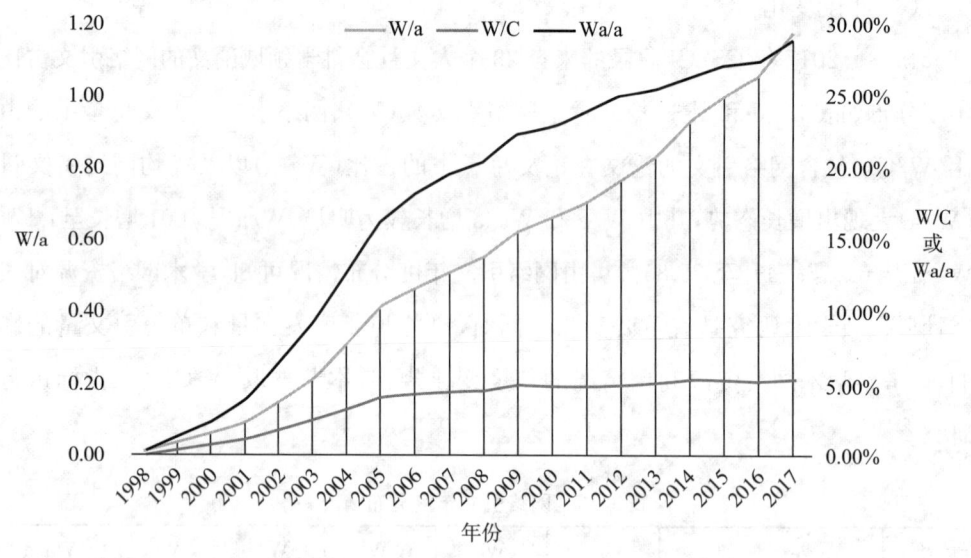

图 3-2 W/a、W/C、Wa/a 三个指标的年度变化图

鉴于 W/C 不符合正态分布,在考察各年度的 W/C 是否存在显著性差异时采用非参数统计中的 Kruskal-Wallis 检验。结果如表 3-6 所示,卡方统计量为 40057.581,p 值小于 0.001,拒绝原假设,说明各年度的 W/C 具有显著性差异。同时,结合图 3-2 年度 W/C 数据的均值图得到如下结论:

① 依据增长趋势,以 2005 年为界限,1998—2017 年可分为快速增长和平稳增长两个阶段;

② 1998—2005 年 W/C 快速增长,呈现指数增长趋势;

③ 2005—2017 年 W/C 增长速度放缓,呈现近线性增长的平稳趋势。

表 3-6 不同年度 W/C 的 Kruskal-Wallis 检验结果

统计量	取值
卡方	40057.581
自由度	19
渐近显著性	0.000

(4) 一流期刊

在 1001069 篇目标文献中,属于一流期刊的论文共 65254 篇,占总量的 6.5% (表 3-7)。与其他期刊相比,一流期刊篇均引文量(C/a)相对较高,但篇均网络引文量(W/a)、网络引文在引文总量中的占比(W/C)以及包含网络引文的论文在论

文总量中的占比(Wa/a)三个指标较低,表明一流期刊论文引用网络资源较少。鉴于W/C的非正态分布性质,对一流期刊与非一流期刊两组数据W/C的U检验结果表明,两组数据的W/C存在显著差异,即一流期刊的显著小于非一流期刊的(表3-7)。

表3-7 一流期刊与非一流期刊W/C的曼-惠特尼U检验结果

一流期刊	a	C	C/a	Wa	W	W/a	W/C	Wa/a
否	935815	12457867	13.31	184106	574333	0.61	4.61%	19.67%
是	65254	1348402	20.66	10975	36002	0.55	2.67%	16.82%
曼-惠特尼 U	30441192680.000						
威尔科克森 W	32570267560.000						
Z	−11.105						
渐近显著性(双尾)	0.000						

3.1.2 来源网站类型

(1) 概貌

常见学术相关网站可按域名分为7类:.com(工商企业)、.org(非营利组织)、.net(网络机构)、.edu(教育机构)、.gov(政府)、.ac(学术机构)、.int(国际组织)。[①] 分析23个学科在1998—2017年各类型网站的引文数据,得到不同类型网站引文出现的频次如图3-3所示。出现频率最高的网站类型是工商企业类(.com),其频次约为其他6类网站出现频次的总和;非营利组织(.org)与政府(.gov)网站出现的频率位于第二、第三;其余4类网站出现的频率相对较低。

该结果与中国互联网信息中心发布的《第36次中国互联网络发展状况调查统计报告》[②]中的中国域名分类统计结果(.com>.net>.ac>.org)存在较大差异,说明各类型的网站所提供资源的学术价值和被认可程度具有一定差异。从已有学术研究成果看,本结论也有别于针对图书情报领域网络引文的研究结果,.org>.com>.edu

---

[①] 丁敬达.国内档案学期刊网络引文的类型和相关特征分析——以2002—2011年《档案学通讯》《档案学研究》为例[J].档案学通讯,2012(6):8-11.

[②] 中国互联网络信息中心.第36次中国互联网络发展状况统计报告[EB/OL].[2015-11-25].http://www.cnnic.net.cn/hlwfzyj/hlwxzbg/hlwtjbg/201507/P020150723549500667087.pdf.

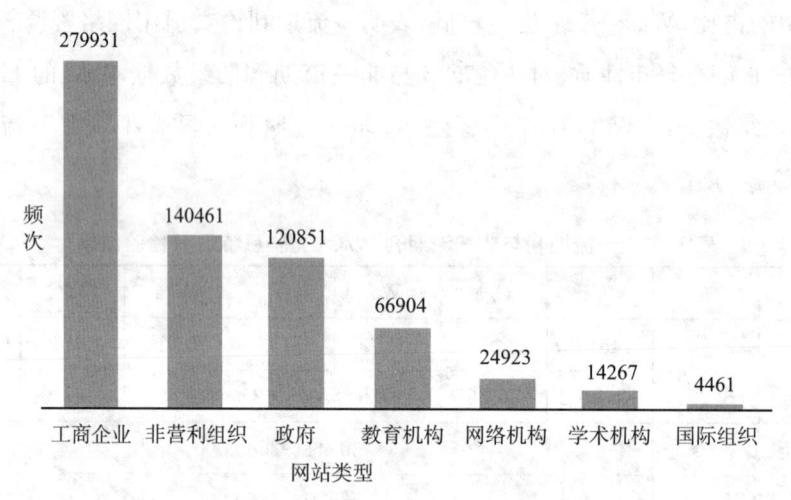

图 3-3 各类型网站引文出现的频次

>.gov(2005—2010 年)①和.com>.edu>.org>.gov(2007—2011 年)②,其表现为.com(工商企业)网站引用比例有所上升,反映了我国人文社会科学领域研究正呈现出与市场相贴合的趋势;同时.org(非营利组织)与.edu(教育机构)类网站的比例有所下降,反映了单一学科与总体的差异。

(2) 学科差异

以引用了网络资源的 195081 篇论文为分析目标,探究上述 7 类网站的网络资源在总网络引文量中的占比在不同学科的差异。Kolmogorov-Smirnov 检验说明不同类型网络资源占比分布不符合正态分布($p<0.001$),因此,采用 Kruskal-Wallis 检验分析各组别的差异。Kruskal-Wallis 结果表明 23 个学科引用 7 种网络资源在网络引文总量中的比例存在显著差异($p<0.001$,表 3-8),结合学科该比例在不同学科的均值可见(图 3-4):

① 工商企业类网站(.com)的比例在除环境科学和考古学两个学科外均为最高,显著高于其他 6 类网站;

② 非营利组织类网站(.org)在各学科中的比例均较高,在多数学科中位列第二位或第三位;

---

① 丁敬达,杨思洛.国内图书情报学期刊网络引文的类型、分布与可追溯性分析[J].图书情报工作,2012,56(24):60-64.

② 牟佩,刘文娟,梁双双.图书情报学领域网络引文现状分析[J].图书馆论坛,2013,33(3):69-73.

③ 政府类网站(.gov)在多数学科中的比例较高,且在环境科学、社会学、人文地理三个学科中的比例明显高于其他学科。

④ 教育机构类网站(.edu)在部分学科中的比例显著高于其他学科,比如教育学、心理学、哲学、语言学等。

表 3-8 学科间 7 类网站引文比例的 Kruskal-Wallis 检验结果

	.com	.org	.net	.edu	.gov	.ac	.int
卡方	6285.482	4908.818	3186.149	17456.313	5690.741	4903.933	1311.803
自由度	22	22	22	22	22	22	22
渐近显著性	0.000	0.000	0.000	0.000	0.000	0.000	0.000

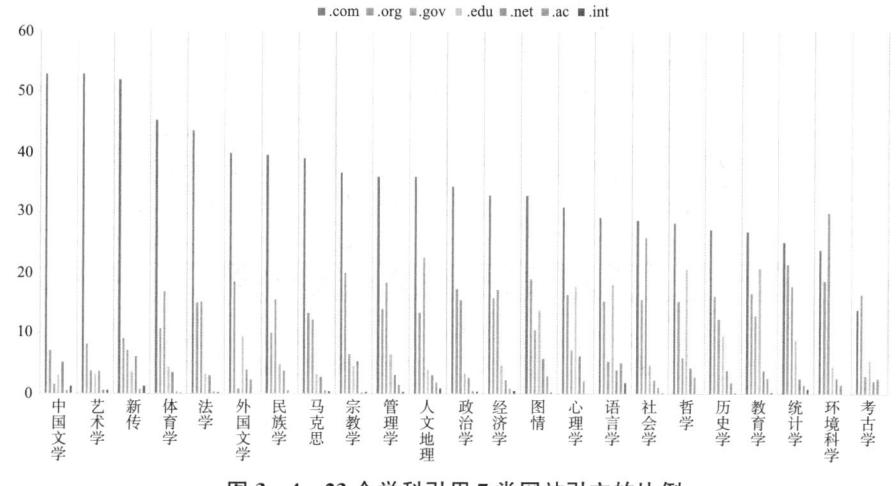

图 3-4 23 个学科引用 7 类网站引文的比例

(3) 年度变化

1998—2017 年,7 类网站资源占总网络资源的比例产生了显著变化。如图 3-5 所示,工商企业类网站(.com)在 1998—1999 年呈现快速增长趋势,在 2000—2017 年仍保持稳定增长。截至 2017 年,该类网站比例从 1998 年的 5% 左右增长至 38.80%,展现出了我国人文社会科学领域对该类网站资源的认可以及逐渐与市场贴合的趋势。政府类网站(.gov)在 1998—2017 年稳步增长,增长幅度约为 10%,体现出人文社会科学领域对政府类网络信息资源的需求持续走高。非营利组织(.org)与国际组织(.int)均表现出先增长后维持不变的趋势,而其余三类网站(.edu、.net、.ac)则表现出先增长、后下降的"昙花一现"模式。

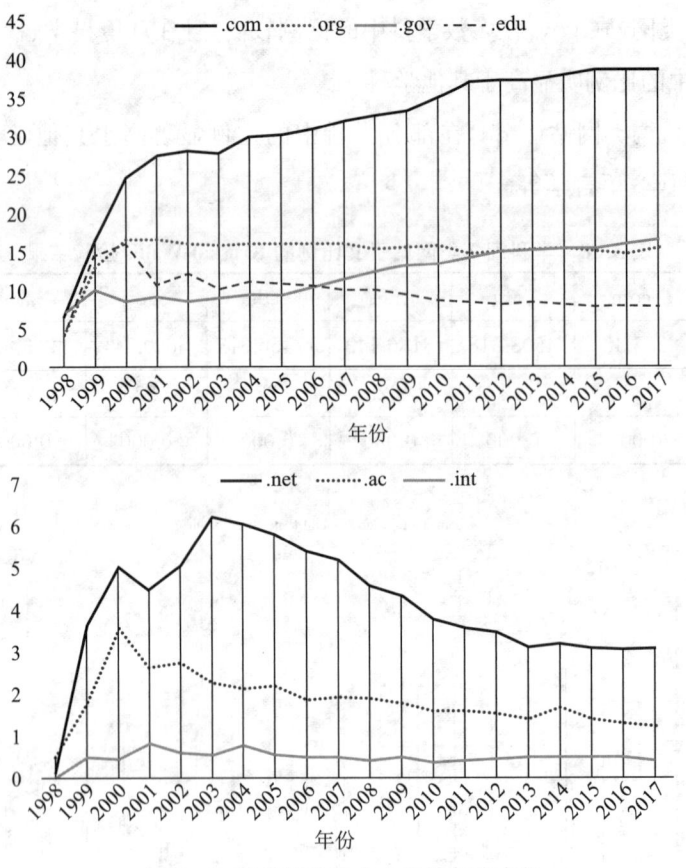

图 3-5　7 类网站引文占比的年度变化

（4）一流期刊特征

一流期刊与非一流期刊对 7 种不同类型网站引用的占比的曼-惠特尼 U 检验如表 3-9 所示。结果表明，两组数据在引用网络机构 (.net) 类网站的比例不存在显著差异，引用其他 6 种类网站的比例存在显著差异。结合引用比例的均值可知，一流期刊引用非营利组织 (.org)、教育 (.edu)、学术 (.ac) 及国际组织 (.int) 4 类网站的比例比非一流期刊高，而引用工商企业 (.com) 与政府类 (.gov) 网站的比例较低。

表 3-9　一流期刊与非一流期刊对 7 种不同类型网站引用的占比的曼-惠特尼 U 检验

一流期刊	是	否	曼-惠特尼 U 检验			
			曼-惠特尼 U	威尔科克森 W	Z	渐近显著性
.com	33.8047	35.6069	9.88E+08	1.05E+09	−4.162	0.000
.org	18.0956	15.2874	9.68E+08	1.79E+10	−9.449	0.000
.net	3.8287	3.8882	1.01E+09	1.80E+10	−0.533	0.594

续 表

一流期刊	是	否	曼-惠特尼 U 检验			
			曼-惠特尼 U	威尔科克森 W	Z	渐近显著性
.edu	9.1013	8.9119	1.00E+09	1.79E+10	−2.314	0.021
.gov	12.8150	13.7731	1.00E+09	1.06E+09	−2.151	0.031
.ac	1.8343	1.6150	1.01E+09	1.80E+10	−2.402	0.016
.int	0.5262	0.4581	1.01E+09	1.80E+10	−3.581	0.000

3.1.3 来源地区分布

(1) 整体概貌

除中国大陆域名(.cn)和国际域名(如.com、.net)外,网络引文中还存在其他国家或地区的域名,基于一项针对 2010—2012 年图书情报领域高被引域名分布研究[①],以该研究前十位的国家或地区域名为研究对象,分析不同来源国家或地区引文间的利用差异以及变动情况。统计这十个国家或地区的网络引文频次,如图 3-6 所示,网络引文中来自英国的网站数量高达 23061,明显高于其他九个国家或地区;来自日本、澳大利亚、德国、加拿大四个国家以及我国台湾地区的网络引文数量较高,而来自其余四个国家或地区的网络引文数量较低。

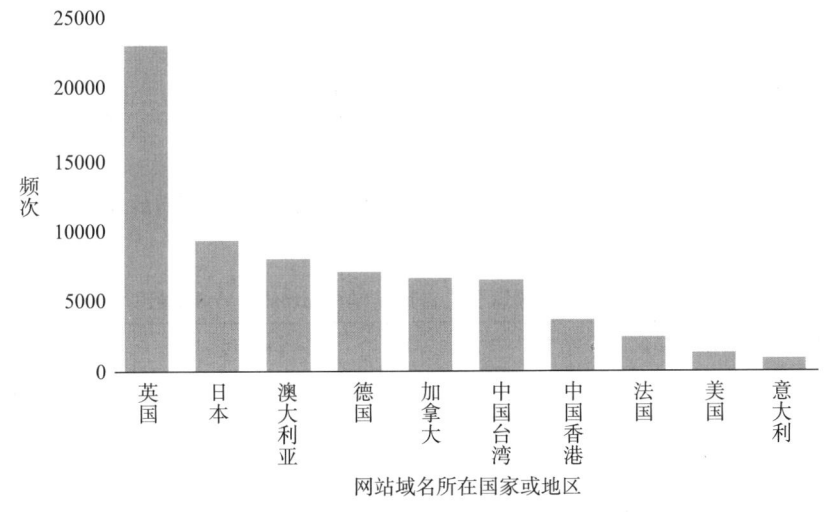

图 3-6 来源于十个国家或地区的网络引文频次

---

① 曹树金,李洁娜.我国图书情报领域研究者对网络信息资源的利用分析[J].情报学报,2014,33(9):994-1008.

（2）学科差异

Kruskal-Wallis 分析结果表明（表 3-10）来自十个不同国家或地区的网络资源占网络引文总数的比例在不同学科之间的分布存在较大差异（p＜0.001），结合学科引用的不同国家或地区的比例均值图（图 3-7）可知：

① 来源于英国的引文在除考古学、环境科学、统计学外的其他学科，均为占比最高的网站域名所在国家或地区；

② 来源于日本的引文占比分布具有较大的学科差异，表现为在统计学、民族学等近半数学科中占比较高，占全部网络引文的比例位于前三名；而在教育学、语言学、考古学、心理学、图情等学科中的排名较为靠后；

③ 来源于不同国家或地区的引文比例在考古学与环境科学两个学科的分布，与其他学科存在较大差异，表现为上述两个学科较多引用来自我国台湾和我国香港等地区的网络资源，而较少引用来自英国等欧美国家的网络资源。

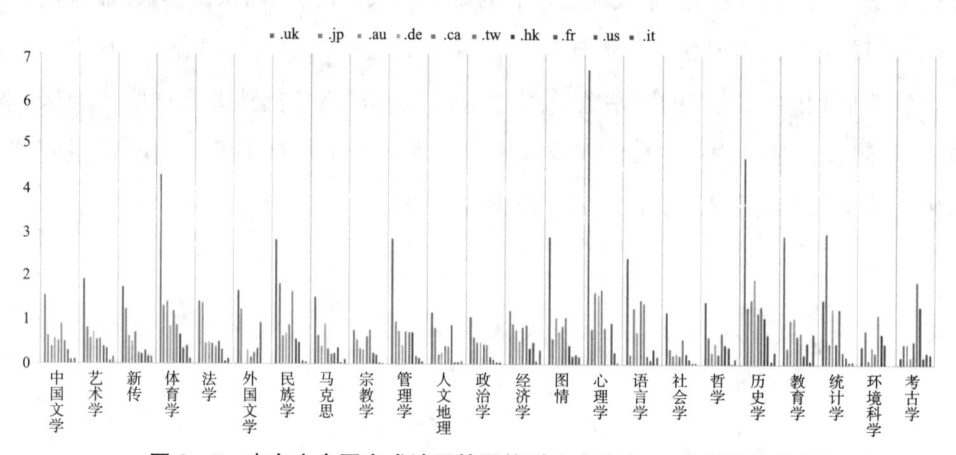

图 3-7 来自十个国家或地区的网络引文占比在 23 个学科的分布

表 3-10 来源于十个国家引文占比的学科 Kruskal-Wallis 检验结果

网络域名所在国家或地区	卡方	自由度	渐近显著性
.uk	2986.847	22	0.000
.de	840.729	22	0.000
.tw	775.28	22	0.000
.ca	1085.827	22	0.000
.au	1415.373	22	0.000
.hk	254.043	22	0.000

续 表

网络域名所在国家或地区	卡方	自由度	渐近显著性
.us	629.093	22	0.000
.jp	1814.661	22	0.000
.fr	110.588	22	0.000
.it	218.635	22	0.000

(3) 年度变化

来自不同国家或地区的引文占比在1998—2017年的变化情况如图3-8所示，根据年度变化模式，可将来源于十个国家或地区的网络引文占网络引文总量的比例分为四类：

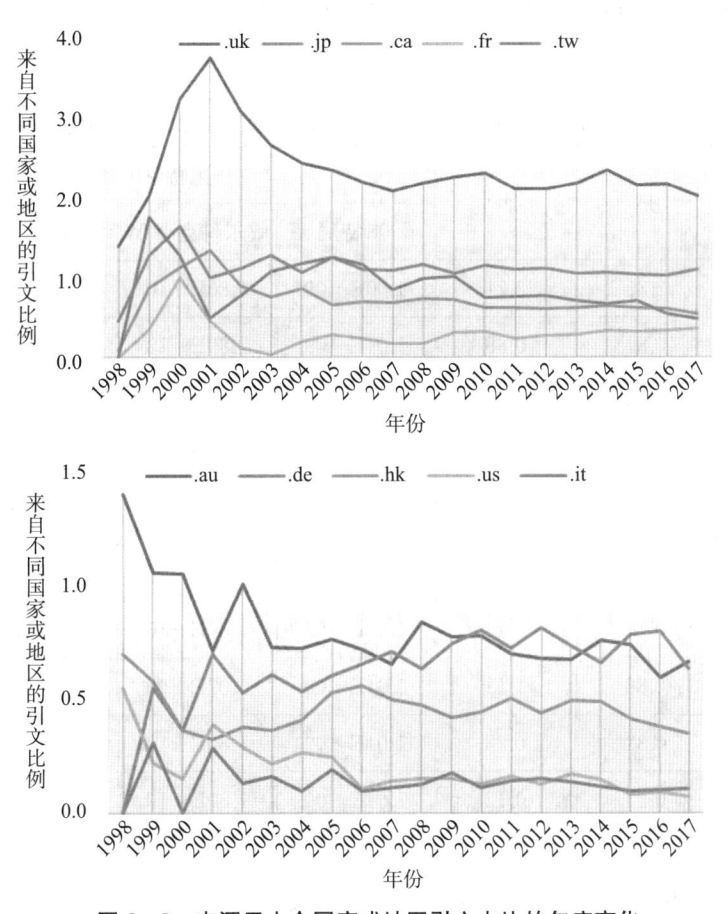

图3-8 来源于十个国家或地区引文占比的年度变化

① 先上升后下降、最终维持稳定模式，包括来源于英国、日本、加拿大、法国四个国家及我国台湾地区的引文占比；

② 波动下降模式,包括来源于澳大利亚与美国两个国家的引文占比;

③ 相对稳定模式,在特定值附近波动变化,包括来源于我国香港地区以及意大利的引文占比;

④ 波动上升模式,仅来源于德国的引文占比呈现出该模式。

(4) 一流期刊特征

一流期刊与非一流期刊对来源于十个不同国家或地区网络资源的引用的占比如表3-11所示。曼-惠特尼U检验结果表明,两组数据在引用来源于我国台湾(.tw)、澳大利亚(.au)、我国香港(.hk)、美国(.us)及日本(.jp)5个国家或地区网站的比例不存在显著差异,引用来自其他5个国家网站的比例存在显著差异。结合引用比例的均值可知,一流期刊引用来源于英国(.uk)、德国(.de)、加拿大(.ca)、法国(.fr)及意大利(.it)5个国家网站的比例显著高于非一流期刊。

表3-11 一流期刊与非一流期刊引用不同国家或地区比例的曼-惠特尼U检验

一流期刊	是	否	曼-惠特尼U检验			
			曼-惠特尼U	威尔科克森W	Z	渐近显著性
.uk	2.35	2.21	1.00E+09	1.80E+10	−3.601	0.000
.de	0.87	0.69	1.01E+09	1.80E+10	−4.022	0.000
.tw	0.74	0.81	1.01E+09	1.07E+09	−0.138	0.890
.ca	0.71	0.66	1.01E+09	1.80E+10	−2.068	0.039
.au	0.62	0.72	1.01E+09	1.80E+10	−1.066	0.287
.hk	0.49	0.44	1.01E+09	1.80E+10	−0.576	0.565
.us	0.17	0.14	1.01E+09	1.80E+10	−0.533	0.594
.jp	0.88	1.11	1.01E+09	1.07E+09	−1.823	0.068
.fr	0.33	0.28	1.01E+09	1.80E+10	−2.218	0.027
.it	0.24	0.12	1.01E+09	1.80E+10	−3.462	0.001

3.1.4 资源利用深度

(1) 概貌

统一资源定位符(Uniform Resource Locator,URL)是对可以从互联网上得到的资源的位置和访问方法的一种简洁表示。① Yang 等②指出,URL 的深度可以通过"/"在 URL 中出现的次数进行度量,其中,每增加一个"/",URL 的深度加 1。而学者对学术网络资源的利用深度可以通过被引 URL 的深度进行反映。③ 因此,统计分析网络引文数据样本的 URL 深度,旨在探究我国人文社科学者对学术网络资源的利用深度。引文 URL 深度总体分布情况如图 3-9 所示,由图可知,统计样本的 URL 深度分布于 0—21,其中 URL 深度为 3、4 和 5 的引文最多,URL 深度为 10 及以后的引文极少,表明我国人文社会科学领域学者较多使用浅层 URL 网络资源。

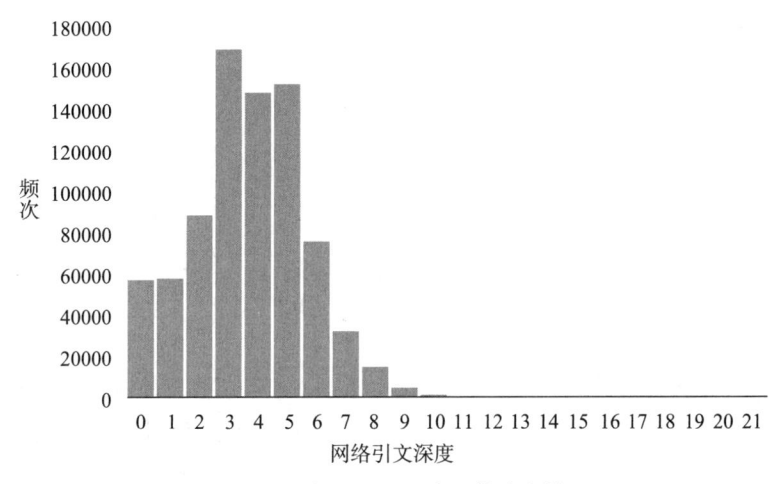

图 3-9 引文 URL 深度总体分布情况

(2) 学科差异

鉴于网络引文 URL 深度的偏态分布,采用 Kruskal-Wallis 检验比较其在学科间的差异。分析结果表明不同学科之间引用的网络资源深度存在显著差异($p<0.001$,表 3-12),结合学科的网络深度均值图(图 3-10)可知:

① 教育学、政治学、外国文学、环境科学、法学、图情等 6 个学科引用的网络资源平均深度较大;

---

① 百度百科.URL[EB/OL].[2015-11-25].http://baike.baidu.com/link? url=NG4xhFT2pfse7h2e9ZJsHO9 _ FEPGReiSm0lydWxSZwOuUfPUo6CFF0nRQR7w1TWARBWeVZBO1XO7FTeFbc-8c.

② Yang S, Han R, Ding J, et al.The distribution of Web citations[J].Information Processing & Management,2012,48(4):779-790.

③ 曹树金,李洁娜.我国图书情报领域研究者对网络信息资源的利用分析[J].情报学报,2014,33(9):994-1008.

② 考古学引用网络资源平均深度最小，明显小于其余学科，经济学与中国文学的网络资源引文平均深度也较小。

表 3-12　引文 URL 深度的学科 Kruskal-Wallis 分析结果

统计量	取值
卡方	5866.717
自由度	22
渐近显著性	0.000

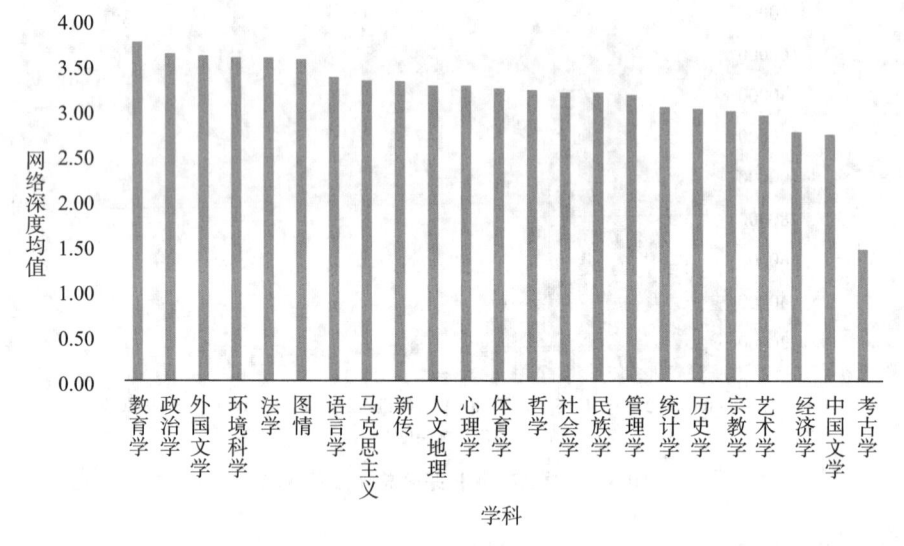

图 3-10　23 个学科引文 URL 深度的均值

(3) 年度变化

如图 3-11 所示，1998—2017 年，网络引文 URL 深度的均值整体呈现明显的上升趋势，依据增长幅度可将相关年份划分为三个阶段：

① 快速增长阶段。1998—2000 年，我国人文社会科学领域学者引用网络资源的 URL 平均深度成倍增加，到 2000 年年底，网络引文 URL 平均深度由 0.82 增长至 2.55；

② 波动阶段。2000—2003 年，我国人文社会科学领域学者引用网络资源的 URL 平均深度小幅度下降，维持在 2.20 附近；

③ 稳定增长阶段。2003—2017 年，我国人文社会科学领域学者引用网络资源的 URL 平均深度恢复增长，平均每年增长约 0.15 个深度。

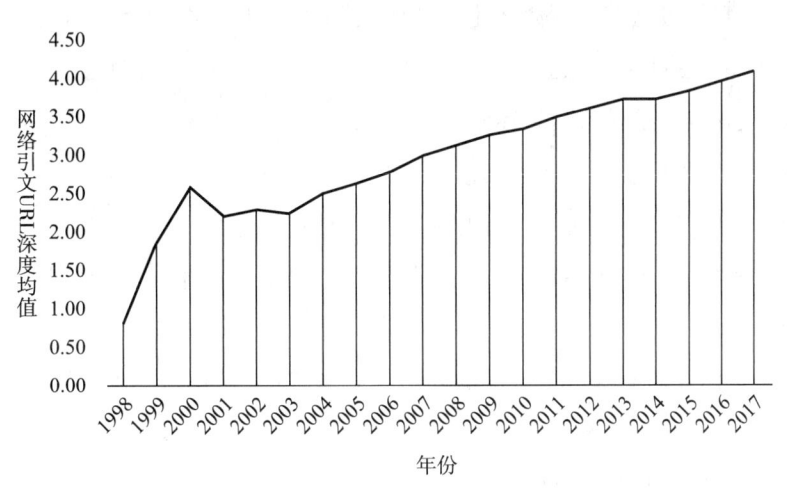

图 3-11 网络引文 URL 深度年度变化趋势

(4) 一流期刊

一流期刊与非一流期刊网络引文 URL 平均深度如表 3-13 所示。曼-惠特尼 U 检验结果表明,两组数据在引用的网络资源深度上不存在显著差异,即一流期刊与非一流期刊网络引文的平均深度相同。

表 3-13 一流期刊与非一流期刊网络引文 URL 深度曼-惠特尼 U 检验

一流期刊	是	否	曼-惠特尼 U 检验			
			曼-惠特尼 U	威尔科克森 W	Z	渐近显著性
取值	3.34	3.37	1.00E+09	1.06E+09	−1.349	0.177

3.1.5 小结

本部分以 1998—2017 年收录于 CSSCI 数据库的学术论文及其引文为数据,基于引文分析方法揭示大数据时代我国人文社会科学领域学者对学术网络资源利用的状况与总体趋势。总体来看,我国人文社会科学领域学者对学术网络资源利用的意识有所提升,引用网络资源的比例大幅增加。首先,网络引文数、网络引文在引文总量中的占比、含网络引文的论文在论文总量中的比例等指标均表现出增长态势,篇均网络引文量从 0.01 增长至 1.17 附近,包含网络引文的论文在论文总量中的占比从 0.29% 攀升至 28.85%。据此,我国人文社会科学领域学者对学术网络资源的认可程度在一定程度上有所提升。可以预知的是,在学术网络资源增长和资源获取成本降低的大数据环境下,学者对学术资源的获取与利用行为、习惯已发生一系列变化，而这一变化将随着资源数字化浪潮愈加深刻。但是，必须承认，正如一枚硬币的正反两面，大数据既是机遇又是挑战，在资源深度融合的同时也会造成学术网络资源的认知超载，甚至导致信息迷航，使得科研工作无法顺利进行。其次，学科间对学术网络资源的利用呈现出明显的差异，图情、新传、政治学与教育学四个学科中网络引文的占比超过8%，特别在图情学科，这一比例超过了13%；而考古学和心理学两个学科的网络引文占比不足1%。据此，建设与开展面向学科领域、服务科研活动的学术网络资源深度聚合与服务，以提高学术资源获取的便利性；充分把握大数据环境下科研工作者对学术网络资源的利用偏好与特征，以提高学术资源获取的精准性。最后，一流期刊对学术网络资源的引用比例低于非一流期刊，表明高质量学术期刊对学术网络资源的认可度相对较低。

针对引用了学术网络资源的论文开展进一步的分析，发现近年来我国人文社会科学领域学者的学术网络资源利用行为具有以下特征。

从网站类型出发，我国人文社会科学领域学者，对不同类型的网站提供的学术网络资源在利用上具有一定的选择性。研究发现，各类型网站提供的资源在学术性、利用价值、可获取性和研究者偏好上存在差异，整体上讲，工商企业类、非营利组织类和政府类等非学术类网站资源对人文社会科学领域的研究具有重要意义。这在一定程度上反映了我国人文社会科学领域学者在研究过程中愈加重视产业资讯、行业数据与政策法规的价值，同时也愈加契合市场热点。然而，上述特征在不同学科和等级的期刊中略有差异，例如教育类网站在教育学、心理学等相关学科中被引用的比例显著较高；一流期刊引用非营利组织、教育、学术类网站的比例更高等。据此，在聚合网络资源时，既要兼顾传统的学术类与非学术类的网站资源，又要考虑学科差异。

从资源来源地区出发，除了中国大陆地区网站的资源，其他国家或地区的网站资源也大量出现在我国人文社会科学学者的研究中，说明学者对外文资源的利用意识与能力有所提升。整体来看，英国网站资源被引频次显著高于其他国家或地区。近年来，我国人文社会科学领域学者对来自除德国外的其余九个国家或地区学术网络资源的引用，表现为稳定或波动下降的趋势，对来源于德国的学术网络资源的利用小幅增长。不同学科的学者对来源于十个国家或地区的学术网络信息资源偏好存在差异，多数学科更多引用来自英国等欧美国家的网络资源，而考古学与环境科学两个学科则表现出对我国香港和台湾地区学术网络资源的偏爱。在期刊质量方面,与普通期刊相比,一流期刊表现出偏向引用来自英国、德国、加拿大等发达欧美国家学术网络资源。据此,从时间变化与学科差异角度,建议网络信息资源的聚合采用动态的视角,横向与纵向评估同时进行,以为来源于不同国家或地区的网站赋予不同权重,从而更好地服务于我国人文社会科学领域科研事业的发展。

从资源利用深度出发,近年来,URL 深度仍保持稳步增长,说明人文社会科学学者对学术网络资源探索和利用深度逐步提高。同时,深度超过 10 的学术网络资源被学者引用的概率较低,据此,在聚合时需要重视相关网站主机的子目录资源,及时根据需求调整网络资源深度。学术网络资源的 URL 深度在一流期刊与非一流期刊之间不存在显著差异,不同学科之间的差异也相对较小。

3.2 学术深网资源利用

随着以开放存取运动(Open Access Movement)为代表的模式变革,越来越多的学术资源数字化后被呈现于网络之中,而搜索引擎的诞生则改变了科研学者查找相关资源的方式,同时,也改变了他们的搜索信息和利用信息的行为。近年,国内外研究者开始以网络引文的视角关注学术网络资源的利用状况,大多聚焦于引文数量、域名分布、可追溯性等特征指标[1][2][3][4][5],少有研究对网络引文资源类型进行深入分析和探索。由 3.1 节的分析可见,图书情报学科对于网络学术信息资源的利用走在了其他学科的前列,因此,本节着眼于学术深网资源,通过引文分析法探究"看不见"的网站资源对图书情报学科科研工作的价值,旨在挖掘出该领域研究者对相关资源的利用规律,从而为学术深网资源的开发和利用提供依据。

---

[1] Yang S, Qiu J, Xiong Z. An empirical study on the utilization of web academic resources in humanities and social sciences based on web citations[J]. Scientometrics, 2010, 84(1): 1-19.

[2] 曹树金,李洁娜. 我国图书情报领域研究者对网络信息资源的利用分析[J]. 情报学报, 2014, 33(9): 994-1008.

[3] 丁敬达,杨思洛. 国内图书情报学期刊网络引文的类型、分布与可追溯性分析[J]. 图书情报工作, 2012, 56(24): 60-64.

[4] 宋歌. 图书情报学期刊网络资源利用状况探析[J]. 图书情报知识, 2007, 2(2): 79-82.

[5] Herring S D. Use of electronic resources in scholarly electronic journals: A citation analysis[J]. College & Research Libraries, 2002, 63(4): 334-340.

3.2.1 "看不见"的网站与学术深网资源

（1）"看不见"的网站与学术深网

"Invisible Web"发源于互联网领域,相关概念还包括"Deep Web"[1]"Hidden Web"[2]等,著名情报学家马费成教授将其译为"看不见"的网站[3],美国图书馆员Chris Sherman和信息专家Gary Price将其定义为"通过网络环境获取的,但由于技术限制无法得到,或出于其他考量最终不作为索引的高质量、高影响的信息资源"[4][5]。而在科学研究中,考虑到存在"看不见"的网站,故搜索引擎检索结果的质量常引发质疑。[6] 据此,德国学者Dirk Lewandowski与Philipp Mayr提出了学术深网（Academic Invisible Web,AIW）的概念,认为学术深网可以检索到包括所有数据库在内的传统搜索引擎无法检索到的学术内容,涵盖了文献（如期刊论文、学位论文、报告、图书）、数据（如调查数据）、电子内容（如开放存取文档）等资源,在科学研究工作中具有重要意义。[7] 美国数据整合与企业信息分析公司Bright Planet发布的白皮书指出,表面网（Surface Web）的资源规模远不及"看不见"的网站的,且后者正持续走高,内容深度和信息质量也远高于前者[8]。

（2）学术深网资源类型

"看不见"的网站主要包括关系数据库（Relational Database Files）、未被链接的网页（Unlinked Pages）、非 HTML 网页（Non-html Pages）、特殊文件（Special

---

[1] Orsolini L, Papanti D, Corkery J, et al. An insight into the deep web: Why it matters for addiction psychiatry? [J]. Human Psychopharmacology: Clinical and Experimental, 2017, 32(3): e2573.

[2] Barbosa L, Freire J. Searching for hidden-web databases[C]//WebDB. 2005, 5: 1-6.

[3] 马费成,张婷.获取看不见的网络信息资源的有效途径[J].情报理论与实践,2004,4(4): 408-411.

[4] Sherman C, Price G. The invisible web: Uncovering sources search engines can't see[J]. Library Trends, 2003,21:282-298.

[5] 彭华.隐形网络研究综述[J].图书馆学刊,2007,4(4):122-124.

[6] Brophy J, Bawden D. Is Google enough? Comparison of an internet search engine with academic library resources[J]. Aslib Proceedings New Information Perspectives,2005, 57(6):498-512.

[7] Lewandowski, D & Mayr, P.Exploring the academic invisible web[J].Library Hi Tech, 2006, 24 (4),529-539.

[8] Al-Nabki M W, Fidalgo E, Alegre E, et al. ToRank: Identifying the most influential suspicious domains in the Tor network[J]. Expert Systems with Applications, 2019, 123: 212-226.

Files)、实时或者流动文件(Real-time or Streaming Files)和动态网页(Dynamic Pages)等内容。① 陈红勤基于 Sherman 和 Price 的研究,指出技术、经济和知识产权是产生"看不见"网站的主要原因。② Lewandowski 和 Mayr 指出,以图书馆为视角,学术深网资源主要包括 PDF、PPT、DOC 格式的特殊文件。③ 技术的发展变革使得 AIW 资源逐步可见,例如键入查询语句"关键词+filetype:pdf"可以检索 PDF 文件,再如谷歌与百度相继开放图像搜索功能等。然而"一站式"检索还未真正诞生,因此,目前上述类型资源仍为 AIW 资源。

3.2.2 数据来源与处理

2005 年,最新发布的《文后参考文献著录规则》(后文简称"《规则》")规定了包括数据库在内的网络资源的标引格式。然而,基于《规则》识别 AIW 资源存在两大难点:一是许多文献特别是年代久远的文献并未严格按照《规则》标引;二是著录符号无法识别、区分部分资源特征,譬如动态网页和静态网页。因此,本节拟用著录符号与 URL 双重特征识别方法抽取目标引文,AIW 资源分类与特征如表 3-14 所示。

表 3-14　AIW 资源分类与特征

资源类型	著录符号	URL 特征	URL 举例
数据库文件	[DB/OL]	无	无
特殊文件	[CP/DK] [M/CD] [J/OL]	含.pdf、.doc、.ppt、.xls、.zip、.rar、.exe 等④	http://www.cnnic.net.cn/hlwfzyj/hlwxzbg/hlwtjbg/201403/P020140305346585959798.pdf
动态网页	[EB/OL]	含.asp、.php、.jsp、.cgi、.aspx、.per、.?、.cfm 等⑤	http://necs.ed.gov/surveys/frss/publications/95357/index.asp?sectionid=3

为考察我国图情领域 AIW 资源的利用情况,本研究从数据可靠性和获取可行性出发,选择《中国图书馆学报》《大学图书馆学报》《图书情报工作》与《情报学报》

---

① 宋歌.图书情报学期刊网络资源利用状况探析[J].图书情报知识,2007,2(2):79-82.
② 陈红勤.学术隐蔽网络和学术搜索引擎[J].现代情报,2008,28(7):117-119.
③ 马费成,张婷.获取看不见的网络信息资源的有效途径[J].情报理论与实践,2004,4(4):408-411.
④ 董文鸳.深网及其查找途径探析[J].图书与情报,2005,6(6):75-77.
⑤ 百度百科.动态网页[EB/OL]. http://baike.baidu.com/link?url=YwZ75-EhyD8X-Hclj8ax3ajZ91hHiouT-RQBHqwvmxe65rtMOlg6EawH3dclqQwzYOCLgytp38ShPj97SyuyN2p0E5F2wp2ms_JhbEs5DwSJNFH_PWo46CXDUbH3s6x707Jj5LL60Z40HY82h_62FG2FpztJjr5jrEqBf9Hvg-8Od3KfL8l03_Rp2dEnmalx,2015.

4种期刊于2010年至2014年刊载的学术论文为研究对象,获取AIW引文数据,这4种期刊均收录于中文社会科学引文索引(CSSCI)公布的《CSSCI(2014—2015)来源期刊拟收录目录》,也是图书情报领域的权威期刊、核心期刊。此前,引文分析的相关研究多以CSSCI为数据来源,但从CSSCI中直接获取引文数据存在格式不规范、内容缺失等问题。因此,本研究以万方数据库为数据来源,基于数据抽取规则获取论文著录信息。数据采集时间为2015年11月18日至11月22日,共计获得AIW引文论文1699篇,AIW引文4597条。

3.2.3 学术深网引文总体情况

基于期刊分布和年度分布,统计分析AIW引文情况,以从侧面反映学术工作者对AIW资源的价值认识和依赖程度。由表3-15可知,含AIW引文论文在全部刊载论文中占比超过1/3,而《中国图书馆学报》的占比更突出,其中,篇均AIW引文数达到2.71,AIW引文数在网络引文总数中占比为30.22%。这说明AIW资源已成为学术网络资源的重要组成部分,被广大图情领域工作者接受,同时,在相关研究中也发挥着重要作用。从纵向上看,由表3-16可知,2010年至2014年5年间单篇论文引用的AIW资源条目呈上升趋势,引用AIW资源的论文占比也在一定程度上提升,特别是2013年和2014年,该占比高达39.88%。这说明AIW资源逐渐得到了图情领域科研工作者的认同和肯定,同时,对AIW资源的利用也逐渐受到重视。

表3-15 含AIW引文期刊分布情况

指标\刊名	《中国图书馆学报》	《大学图书馆学报》	《图书情报工作》	《情报学报》	合计
含AIW引文论文(篇)	180	231	1119	169	1699
AIW引文(条)	698	623	2979	297	4597
篇均AIW引文(条)	3.88	2.70	2.66	1.76	2.71
AIW引文在网络引文中占比(%)	33.46	27.19	30.23	30.21	30.22
含AIW引文论文在论文中占比(%)	51.43	35.76	37.03	22.68	35.67

表3-16 含AIW引文年度分布情况

年度	含AIW引文论文（篇）	AIW引文（条）	篇均AIW引文（条）	AIW引文在网络引文中占比(%)	含AIW引文论文在论文中占比(%)
2010	391	891	2.28	33.45	33.74
2011	296	689	2.33	28.97	28.60
2012	323	802	2.48	24.95	32.40
2013	413	1301	3.15	33.57	46.93
2014	276	914	3.32	29.63	39.88

3.2.4 学术深网资源类型

基于表3-14中所示的AIW资源分类与特征，分析样本的AIW资源引文类型。在统计过程中发现，大量数据库类型引文未按照数据库文件的著录规则进行标注，同时数据库文件的URL缺乏统一的识别特征，因此，此处以特殊文件和动态网页两种类型为主进行分析。

由表3-17所示，特殊文件中PDF文件的引用远高于其他类型，该结论与之前的一项研究相符[1]，同时，其在AIW引文中占比也逐年增多，并于2011年开始超过一半，2014年更是高达65.75%。PDF文件是一种通用的文件格式，具有跨平台、易于传输与存储等特性[2]，相关研究表明，PDF格式的学术网络资源与较高的学术价值存在关联[3]，这在一定程度上说明了PDF文件能够被持续大量引用的原因。Word文档与PPT文件也多次出现在AIW引文中，这与一项基于谷歌搜索的学术网络资源类型调查结论相吻合。[4] 此外，.xls、.zip、.rar、.exe格式的资源则以较低概率出现于引文之中。

---

[1] 曹树金,李洁娜.我国图书情报领域研究者对网络信息资源的利用分析[J].情报学报,2014,33(9):994-1008.

[2] 刘薇.基于CNKI竞争情报领域文献的网络引文分析(2008—2011年)[J].图书情报工作网刊,2012(6):19-26.

[3] Thorlund J E,Piet S,Peter I,et al.Characteristics of scientific Web publications: Preliminary data gathering and analysis[J].Journal of the American Society for Information Science & Technology,2004,55(14):1239-1249.

[4] 丁敬达.国内档案学期刊网络引文的类型和相关特征分析——以2002—2011年《档案学通讯》《档案学研究》为例[J].档案学通讯,2012(6):8-11.

表 3-17 特殊文件引文类型及其年度分布

年度＼类型	.pdf	.doc	.ppt	.xls	.zip	.rar	.exe
2010	399 44.78%*	33 3.7%	18 2%	0 0%	2 0.2%	1 0.1%	1 0.1%
2011	345 50.07%	23 3.34%	8 1.16%	1 0.15%	0 0%	0 0%	2 0.29%
2012	413 51.50%	20 2.49%	5 0.62%	1 0.12%	0 0%	0 0%	0 0%
2013	730 56.11%	43 3.31%	11 0.85%	3 0.23%	0 0%	1 0.08%	1 0.08%
2014	601 65.75%	27 2.95%	16 1.75%	0 0%	0 0%	0 0%	0 0%
合计	2488 54.12%	889 19.34%	58 1.26%	5 0.11%	2 0.04%	2 0.04%	4 0.09%

注：*表示此类AIW引文在年度AIW引文中的占比。

就动态网页来看：① URL特征中的.asp、.jsp、.php等并不代表本身特征差异，仅表明了资源网页的开发语言；② 常与URL特征出现的"？"符号表示网页属于动态网页，如"http://www.sciencenet.cn/m/user_content.aspx? id＝216844"，故对类似特征符号之间的引文变化情况进行分析并不具有太大价值。因此，本研究不去探究不同特征动态网页引文在AIW引文中的占比，而将动态网页视为一个整体，考察近年来它在网络引文中占比的情况。由表3-18所示，在2010年至2014年这5年间，动态网页引文占网络引文的比例逐年递减，从2010年的16.97%回落到2014年的9.24%，五年来合计占比12.78%。国内学者丁敬达、杨思洛曾对2005年至2010年图书情报领域权威期刊网络引文进行研究，发现动态类网络引文比例呈上升趋势，6年合计占比10.47%[①]。比较两组数据发现，虽然2010年至2014年动态网页引文量有所下降，但整体上较五年前仍有增长。可以预测的是，随着用户生

---

① 丁敬达，杨思洛.国内图书情报学期刊网络引文的类型、分布与可追溯性分析[J].图书情报工作，2012，56(24)：60-64.

成内容的推广及其自身价值被逐步认可,在学术研究过程中仍有动态网页型资源的一席之地。

表 3-18 动态网页引文年度分布

类型 \ 年度	2010	2011	2012	2013	2014	合计
动态网页(篇)	452	316	359	533	285	1945
引文(%)	16.97	13.29	11.17	13.75	9.24	12.78

3.2.5 学术深网资源来源

为探究 AIW 资源来源与研究者对其的利用偏好,间接度量不同类型网站的学术价值,此处对 AIW 引文的域名进行分析。常见学术相关网站可按域名分为 7 类:.com(工商企业)、.org(非营利组织)、.net(网络机构)、.edu(教育机构)、.gov(政府)、.ac(学术机构)和.int(国际组织)。[1] AIW 引文域名的统计情况如图 3-12 所示。由图 3-12 可知,出现频次较高的域名从高到低依次为.org(非营利组织)、.edu(教育机构)、.com(工商企业)和.gov(政府),该结论不同于国内一项对 2010 年至 2012 年网络引文来源域名的研究[2](.org>.com>.gov>.edu),同时,也区别于中国互联网信息中心发布的《第 36 次中国互联网络发展状况调查统计报告》[3]中的中国域名分类统计结果(.com>.net>.ac>.org)。

本研究统计了不同类型的高被引网站,以深入分析 AIW 资源来源,发掘在图情领域研究中具有重要意义的网站,统计结果如表 3-19 所示。由表 3-19 可知,大量高质量的 AIW 资源由学术类机构协会、图书馆与数据库等传统学术资源供给方提供,同时,这类资源受到研究者的广泛关注,并被多次引用。在来源网站中多次出现的各类学术数据库与搜索引擎包括 IEEE Xplore、CiteSeer、e-LIS、e 线图情等,这也

---

[1] 丁敬达.国内档案学期刊网络引文的类型和相关特征分析——以 2002—2011 年《档案学通讯》《档案学研究》为例[J].档案学通讯,2012(6):8-11.
[2] 中国互联网络信息中心.第 36 次中国互联网络发展状况统计报告[EB/OL].[2015-07-23]. http://www.cnnic.net.cn/hlwfzyj/hlwxzbg/hlwtjbg/201507/P020150723549500667087.pdf.
[3] 中国互联网络信息中心.第 36 次中国互联网络发展状况统计报告[EB/OL].[2015-07-23]. http://www.cnnic.net.cn/hlwfzyj/hlwxzbg/hlwtjbg/201507/P020150723549500667087.pdf.

图 3-12 AIW 引文的域名分布

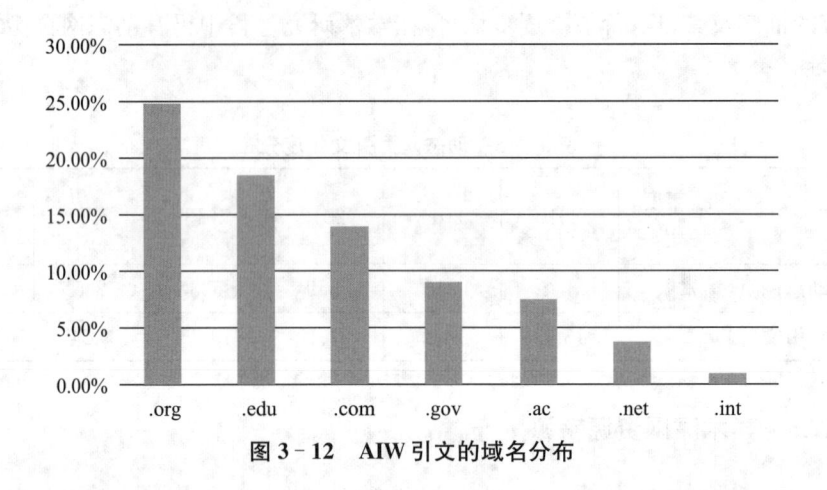

印证了真正的深网内容是以数据库为主的论断。① 基于网站内容,高被引网站的主题以图书情报为核心逐渐向相关学科和领域延伸,比如面向法学与知识产权的北大法宝、世界知识产权组织等。这也说明我国图书情报科研工作者的研究主题与学术知识来源具有一定的跨学科性。基于地域分布和语种,英文国际域名网站占有绝对比重,如国际图书馆协会联合会等机构。此外,来源于英国与美国的资源也受到科研工作者的广泛关注。由此可知,我国图书情报学科的国际化程度不断走高,对国际学术资源的重视程度越来越明显,特别是在教育资源与政府信息不断开放、各非营利组织的资源进一步丰富的基础上,可以预测的是外文资源将在我国图书情报领域的研究中起到重要作用。以社会科学研究网、读写网为例,随着 Web 2.0 的发展,这些新型的学术资源网站也受到广泛关注。研究指出,Web 2.0 能够促进知识的交流共享②,而学术博客作为一种新型信息资源,蕴含着大量前沿的学术资源③。数据表明,Web 2.0 下的新型学术网络资源被科研工作者广泛认可,并在一定程度上被有效利用。此外,经济合作与发展组织、中国互联网信息中心等网站资源被广泛引用,说明我国图书情报领域的研究开始关注经济产业发展,也说明科研工作者在研究过程中逐渐打破传统学术资源的限制,开始利用"非学术"资源进行研究。

---

① Correa A S, de Souza R M, da Silva F S C. Towards an automated method to assess data portals in the deep web[J]. Government Information Quarterly, 2019, 36(3): 412-426.
② 甘春梅,王伟军.Web 2.0 在科学研究中的功能:基于国外典型案例的分析[J].信息资源管理学报,2015(3):4-10.
③ 李春秋,李晨英,韩明杰,等.科学网博文中的学术信息资源交流现状分析[J].图书馆论坛,2012,32(2):5-8.

表 3-19 高被引 AIW 资源来源网站

域名	网站名	网址
.org	美国图书馆协会(American Library Association)	www.ala.org
	联机图书馆中心(Online Computer Library Center)	www.oclc.org
	国际图书馆协会联合会(International Federation of Library Associations and Institutions)	www.ifla.org
	图书馆协会(Association of Research Libraries)	www.arl.org
	IEEE Xplore	ieeexplore.ieee.org
	e-LIS(e-print in library & information science)	eprints.rclis.org
	经济合作与发展组织(OECD)	www.oecd.org
	国家信息标准化组织(NISO)	www.niso.org
.edu	CiteSeer 搜索引擎	citeseerx.ist.psu.edu
	上海交通大学图书馆	www.lib.sjtu.edu.cn
	武汉大学图书馆	www.lib.whu.edu.cn
	高等教育数字图书馆	www.calis.edu.cn
	中国图书馆学会高等学校图书馆分会	www.sal.edu.cn
.com	百度百科	baike.baidu.com
	北大法宝	vip.chinalawinfo.com
	社会科学研究网(SSRN)	papers.ssrn.com
	读写网	www.readwriteweb.com
	谷歌搜索引擎	www.google.com.hk
.gov	美国国会图书馆(Library of Congress)	www.loc.gov
	美国白宫(The White House)	www.whitehouse.gov
	美国国家科学基金会(National Science Foundation)	www.nsf.gov
	科教资源信息中心(Educational Resources Information Center)	www.eric.ed.gov
	中国国家数字图书馆	www.nlc.gov.cn
.ac	英国联合信息系统委员会(JISC)	www.jisc.ac.uk
	英国研究理事会(Research Councils UK)	www.rcuk.ac.uk
	中国科学技术信息研究所	www.istic.ac.cn
.net	中国互联网信息中心	www.cnnic.net.cn
	e线图情	www.chinalibs.net
.int	世界知识产权组织(WIPO)	www.wipo.int

3.2.6 小结

基于引文分析法,本研究对 2010—2014 年出现在图书情报领域 4 种权威期刊上的 AIW 引文进行分析,考察 AIW 资源在图书情报领域研究中的利用情况和发展趋势,得到如下结论。

学术论文引文中出现大量的 AIW 资源,说明我国图书情报工作者在研究过程中对学术资源的采集和使用开始逐步突破浅层"表面网"的限制,转为重视那些具有重要价值而"不可见"的深度资源。同时,日益增加的 AIW 资源比重也反映出科研工作者对该资源的依赖程度有所提升。但是,即便数字化工程推动了资源进一步共享开放,相对落后的搜索能力间接加速了学术资源的"不可见"。[1] 因此,AIW 资源利用的主要问题之一便是日益增长的资源获取需求与资源获取水平、资源获取成本的不平衡。Lewandowski 与 Mayr 指出,为解决这类问题,包括图书馆在内的学科服务提供方有义务将 AIW 资源开放给学术研究者。[2] 正因如此,在推进学科建设与发展的过程中,深度聚合图情领域的 AIW 资源、建设高质量资源信息导航具有重要意义。

从资源类型出发,应给予在 AIW 引文中占有绝对比重的非结构化资源足够关注和重视。研究指出,尽管 PDF 资源具有一定的学术价值和意义,但谷歌学术等学术搜索引擎的覆盖范围仍以结构化的学术文献为主,对非正式发表的学术资源的覆盖率依旧不高,因此,部分具有重要价值和意义的 PDF 资源仍处于"不可见"状态。针对该问题,现有研究多从链接、内容、文体等方面进行探索,目前,已在识别、检索 PDF 学术资源等问题上有了一定进展。研究发现,改善 AIW 资源的使用现状需要加快推进 PDF、DOC、PPT 等一系列资源的建设工作。此外,动态网页这类资源在科学工作中也具有重要价值,而针对如何获取动态网页型资源这一问题,有研究指出,编写代码来获取"不可见"网站是一种行之有效的方法。

在研究过程中,国内图书情报工作者运用 AIW 资源具有跨学科、国际化、非传

---

[1] Mo J, Yang Q, Zhang N, et al. A review on agro-industrial waste (AIW) derived adsorbents for water and wastewater treatment[J]. Journal of Environmental Management,2018,227:395-405.

[2] Lewandowski D, Mayr P. Exploring the academic invisible web[J]. Library Hi Tech,2006,24(4):529-539.

统、新形式等特征,主要表现在资源类型和资源内容等方面。因此,在学科建设、知识聚合和信息服务工作中,需牢牢把握时代发展动向,紧密结合学科发展趋势,创新科研工作模式。从资源来源看,研究者在获取科研资源时,已不再局限于图书馆、档案馆和传统数据库,而逐步向工商企业、政府以及非营利组织等非学术类型网站拓展,此外,研究者还关注 Web 2.0 环境下的各类非正式学术交流社区;从资源内容看,关注图书情报研究与其他学科相交叉的部分,进一步拓展学科研究范畴;从资源区域看,突破区域限制与语言隔离,更多更广泛地引用外文资源。基于上述原则摘取主要信息源,并与所编写的代码程序相结合,可实现对 AIW 资源的提取和揭示。

第三部分 学科网络资源采集与获取

4 学科网络资源采集与预处理

4.1 信息资源采集

学科网络资源的深度聚合与开发,最基本的前提是能够在互联网海量的信息当中有效发现那些对研究人员具有价值的学术信息资源。当前的学科网络资源具有资源量大、资源来源分散、形式多样、可信任程度不同等特点,研究人员从这些复杂多样的学科资源中找出有用的资源十分困难。[1] 目前主流的方法是通过网络爬虫程序自动采集。

4.1.1 信息资源采集策略

信息资源采集指通过借助各类采集技术与方法实现从不同渠道获取相关信息的过程;该过程以满足信息使用者的应用需要为目标,是信息资源深度聚合与服务的基础[2]。学科网络信息资源通常有两类获取渠道。一类是各类专业化的数据库,比如中国知网、万方、Web of Science(WoS)、Scopus 等文献数据库,以及 Derwent、Espacenet(欧洲专利局专利文献检索数据库)、USPTO(美国专利局授权专利数据库)、PatentsView 等专利数据库。相关信息资源在此类数据库中已经得到较好的序化与关联,使用者仅需通过数据库所提供的数据采集接口进行获取即可。另一类信息获取渠道则是各种学术相关的网站,例如,特定学科或领域的信息集成网站、学术

---

[1] 闵超,孙建军.基于关键词交集的学科交叉研究热点分析——以图书情报学和新闻传播学为例[J].情报杂志,2014,33(5):76-82.

[2] 袁琳,何坚石.数字出版环境下的信息资源采集策略研究[J].图书馆理论与实践,2010(4):7-11.

论坛、学术社交媒体等。由于信息资源在此类网站中相对分散,并且相关平台大多无法提供信息采集通道,因此信息使用者需根据个性化的信息需求设计相应的采集程序或运用合适的采集工具获取所需信息。

从信息采集方案顶层设计的角度来看,国内外常用的网络信息采集策略涵盖选择性采集、全面采集、专题采集、联合采集以及融合上述策略的混合式采集策略。①② 全面采集策略即在采集过程中不进行信息筛选,直接获取目标页面内所有的信息内容,该类策略能够获取最为全面的信息,但所需花费的时间与内存较大。与之相反,选择性采集策略则是根据使用者的信息需求对采集页面中的内容进行筛选,从而有选择性地获取相关信息。该策略需要对采集页面进行详细解析,以发掘与信息需求相匹配的内容,并且由于采集过程中实际上摒弃了其他非相关信息,为此,该策略要求使用者对信息需求进行详尽的设计,防止信息遗漏。联合采集策略本质上是一种动态采集策略,该策略通过对使用者预先选择的网页内容进行定期采集,实现对相关信息的持续性跟踪与获取。联合采集策略常与专题采集策略配合使用,专题采集策略的核心是根据使用者的需求对特定主题的相关信息进行采集,其目标是尽可能全面地获取相应主题下所有的信息,两类采集策略的结合能够较大程度满足用户的持续性信息需求。混合式采集策略则是根据具体应用场景所采取的一种综合性信息采集策略,该方法实现了对多种类型信息采集策略的融合。

从信息采集技术实施层面来看,通用信息采集策略主要包括广度优先策略和深度优先策略。③ 广度优先策略认为,与目标信息具有较短链接距离的内容与之具有更高的主题相关程度,为此在采集过程中只有完成了当前层级页面的采集,才会进行下一层级内容的搜索;运用该策略能够在短时间内快速覆盖并获取大量网页资源,但采集任务的增加以及随之而增多的信息过滤需求,将较大程度拉低算

---

① Costa M, Gomes D, Silva M J. The evolution of web archiving[J]. International Journal on Digital Libraries,2017,18(3):191-205.
② Dooley J M, Farrell K S, Kim T, et al. Developing web archiving metadata best practices to meet user needs[J]. Journal of Western Archives,2017,8(2):5.
③ Samar T, Traub M C, van Ossenbruggen J, et al. Comparing topic coverage in breadth-first and depth-first crawls using anchor texts[C]//International Conference on Theory and Practice of Digital Libraries. Springer, Cham, 2016:133-146.

4 学科网络资源采集与预处理

法效率。[1][2] 深度优先策略的基本思想是沿着一个起始链接向前逐层采集,直至没有下层链接为止,而后转入下一个起始链接;该策略能够采集到所有关联信息并且能够较大程度地节省内存,但全路径便利的设计使得算法效率随采集深度的增大而降低。[3] 上述两类策略均能基本满足网络信息资源的采集需求,但由于通用信息采集策略较少关注其所采集的信息内容,在具体的应用中需要进一步使用具有针对性的采集策略。为此,大量学者引入统计学、机器学习和数据挖掘等技术,并提出了主题采集策略、增量式采集策略和深层网络采集策略,实现对通用信息采集策略的改进。[4]

学科网站信息资源的采集在具体研究情景中本质上是面向特定主题的搜索,因此大多研究运用主题搜索策略或聚焦采集策略采集所需信息。1999 年,Chakrabarti 首次提出聚焦采集的概念[5];而后引起国内外学者的深入研究,并发展出各类高效的主题采集策略。主题采集策略通过解析网页内容提取主题相关性较高的链接作为采集对象,进而在短时间内获取与使用者信息需求相匹配的内容。[6] 目前主题采集策略主要包括三类:

① 基于内容评价的采集策略。该策略主要通过分析网页自身内容、链接锚文本内容与主题的相关性,指导信息采集过程。尽管此类策略能够获取到最为相关的信息内容,但忽略了链接结构对采集效率的影响。

② 基于链接结构评价的采集策略。该策略主要借助网页的结构化信息,通过对链接网络结构进行解析,识别重要程度较高的链接作为候选采集对象。然而,由于

---

[1] Alinjak T, Pavič I, Stojkov M. Improvement of backward/forward sweep power flow method by using modified breadth-first search strategy[J]. IET Generation, Transmission & Distribution, 2017, 11(1): 102-109.

[2] 谢蓉蓉,徐慧,郑帅位,马刚.基于网络爬虫的网页大数据抓取方法仿真[J].计算机仿真,2021,38(6):439-443.

[3] Lammich P, Neumann R. A framework for verifying depth-first search algorithms[C]// Proceedings of the 2015 Conference on Certified Programs and Proofs. 2015: 137-146.

[4] 于娟,刘强. 主题网络爬虫研究综述[J]. 计算机工程与科学,2015,37(2):231-237.

[5] Chakrabarti S, Berg M, Dom B. Focused crawling: A new approach to topic-specific Web resource discovery[J]. Computer Networks, 1999, 31(11/16):1623-1640.

[6] Chen Z, Zhang R, Xu T, et al. Emotional attitudes towards procrastination in people: A large-scale sentiment-focused crawling analysis[J]. Computers in Human Behavior, 2020, 110: 106391.

此类策略更多关注链接的影响力，较少涉及待采集内容与用户需求的主题相关性，因此在采集过程中可能会出现"主题漂移"现象。①

③ 基于内容和链接结构评价的采集策略。由于上述两类策略均存在一定的局限性，部分学者提出基于内容和链接结构评价的采集策略，即同时考虑待采集信息与主题需求的相关性以及其在链接网络中的重要程度，从而弥补单一策略的不足。②③④

除了上述策略外，不重复采集策略、优先采集策略和网页重访策略也可根据具体的研究问题被应用于优化采集结果。⑤

4.1.2 信息资源采集技术与方法

国内外学者及相关网络服务平台开发并设计了一系列信息资源采集技术与方法，以适应不断拓展的学科网络信息资源获取渠道，以及研究者多样化的信息采集需求。当前，各类科学与专利文献数据库均为用户提供了有偿或无偿的下载服务，并且随着学术开放获取（scholarly open access）的逐步推广，用户不仅能够获取文献的题录信息，还有可能对完整科学文献内容进行采集，以服务其细粒度文本内容与结构分析需求。⑥ 此外，大数据研究的兴起也促使相关服务平台不断拓展数据服务能力，开始为用户提供海量数据下载的 API 接口，使用户可以通过简单的接口调用实现数据的批量获取。⑦ 例如，Scopus 所提供的 API 接口可以让用户在非商业用途

---

① Henzinger M R, Hyperlink analysis for the Web[J]. IEEE Internet Computing, 2001, 5(1): 45-50.

② Prakash J and Kumar R, Web crawling through shark-search using PageRank[J]. Procedia Computer Science, 2015, 48(C): 210-216.

③ Seyfi A, Patel A, and Júnior J C, Empirical evaluation of the link and content-based focused treasure-crawler[J]. Computer Standards and Interfaces, 2016, 44: 54-62.

④ 彭宏胜. 基于 Shark-Search 与 OTIE 自适应算法的主题爬虫关键技术研究与实现[D]. 镇江: 江苏大学, 2019.

⑤ 李志义. 网络爬虫的优化策略探略[J]. 现代情报, 2011, 31(10): 31-35.

⑥ Beall J. Unethical practices in scholarly, open-access publishing[J]. Journal of information ethics, 2013, 22(1): 11.

⑦ Littman J, Chudnov D, Kerchner D, et al. API-based social media collecting as a form of web archiving[J]. International Journal on Digital Libraries, 2018, 19(1): 21-38.

下免费获取该数据库中几乎所有学术期刊的引文与摘要数据。[①] 针对各类专业数据库所提供的信息资源,不少研究人员还构建了可免费使用的跨平台信息资源关联数据集。例如,Marx 和 Fuegi 将专利的 USPTO 编号与其引用文献的唯一标识符(包括 DOI、Microsoft Academic Graph 编号以及 PubMed 编号)进行关联,为科学与技术互动研究提供了便捷的公开数据集。[②]

除了传统的数据库平台外,一些学术研究相关网站也为用户提供了便利的学科网络信息资源获取服务,例如,Altmetric.com 为用户提供了学术文献及其他科研成果在主流媒体、社交网络、公共政策等信息渠道中讨论与使用频次的统计,成为传统基于引文的指标以及各类定性数据的补充[③];用户通过界面下载操作或 API 接口调用即可获取所需数据,进而为科研成果跨社群传播规律发掘、科研成果社交媒体影响力测度以及对比传统计量指标与替代计量指标差异的研究提供数据支持[④]。推特、Facebook 等社交媒体也为用户提供了有限的数据获取接口,一定程度上能够为社交媒体相关研究提供可靠且便捷的数据支持。[⑤]

专业数据库、学术研究相关网站以及公开数据集均能够为科研人员提供便捷的信息获取途径,但是面向用户个性化的信息需求,设计、开发并使用具有针对性的信息采集算法与工具仍然是学科网络信息资源采集的主要路径。一些学者主要借助 Octoparse、LocoySpider 和 Gooseeker 等网页爬虫工具进行学科网络信息资源采集,此类工具大多采用可视化采集界面,在明确采集目标及参数设定规则后能够以较低的学习成本实现信息采集,对于没有编程基础的用户而言相对友好,但由于受到工

[①] Montoya F G, Alcayde A, Baños R, et al. A fast method for identifying worldwide scientific collaborations using the Scopus database[J]. Telematics and Informatics,2018,35(1):168-185.

[②] Marx M, Fuegi A. Reliance on science: Worldwide front-page patent citations to scientific articles[J]. Strategic Management Journal,2020,41(9):1572-1594.

[③] Ortega J L. Reliability and accuracy of altmetric providers: A comparison among Altmetric.com, PlumX and Crossref Event Data[J]. Scientometrics,2018,116(3):2123-2138.

[④] Ma Y, Ba Z, Zhao Y, et al. Understanding and predicting the dissemination of scientific papers on social media: A two-step simultaneous equation modeling-artificial neural network approach[J]. Scientometrics,2021,126(8):7051-7085.

[⑤] Haustein, S., Costas, R., & Larivie're, V. Characterizing social media metrics of scholarly papers: The effect of document properties and collaboration patterns[J]. PLoS ONE,2015,10(3):e0120495.

具自身功能的限制,使用此类工具进行信息资源采集的自由度较低,难以完全实现个性化定制。为此,大部分学者还是以通用型爬虫框架(如 Scrapy、PySpider、Crawley、Beautiful Soup 等)为基础,通过设计适用于各自研究场景的采集方法获取相关数据。

正如上节所述,学科网络信息资源采集通常是面向特定主题的搜索任务,为此学者们所提出的各类主题采集算法也能用于此类信息资源的采集。基于内容评价的传统主题采集方法包括 Fish Search [1]和 Shark Search [2],它们分别采用二值模型和向量空间模型评估主题相关性,进而识别与链接锚文本关联程度较高的网页。在 Shark Search 的基础上,Cho 等提出了 Best-first 算法,该方法通过设定相关性阈值获得局部范围内的最优解。[3] 然而上述采集算法均是基于字词统计开展主题相关性判定,即它们难以对同、近义词进行准确识别,为此研究提出基于语义的采集算法,该方法可细分为:基于叙词表的采集方法和基于本体的采集方法。前者主要根据学科或领域的检索词典将同、近义词转换为相同的表达,实现对传统算法局限性的优化[4];后者则是利用特定领域内存在的实体及其关联生成语义向量,并根据语义向量测度信息需求与待采集内容的主题相关性[5][6][7]。此类方法能在一定程度上弥补字词统计方法的局限性,但构建叙词表与本体均需要大量精力,且难以做到同一算法的跨主题迁移,促使研究人员提出基于智能计算的信息采集方法。相关研究通过使

---

[1] De Bra P M E, Post R D J. Information retrieval in the World-Wide Web: Making client-based searching feasible[J]. Computer Networks and ISDN Systems, 1994, 27(2): 183-192.

[2] Hersovici M, Jacovi M, Maarek Y S, et al. The shark-search algorithm. an application: Tailored web site mapping[J]. Computer Networks and ISDN Systems, 1998, 30(1-7): 317-326.

[3] Cho J, Garcia-Molina H, Page L. Reprint of: Efficient crawling through URL ordering[J]. Computer Networks, 2012, 56(18): 3849-3858.

[4] 周昆,王钊,于碧辉.基于语义相关度主题爬虫的语料采集方法[J].计算机系统应用,2019,28(5):190-195.

[5] 马雷雷,李宏伟,连世伟,梁汝鹏,陈虎.一种基于本体语义的灾害主题爬虫策略[J].计算机工程,2016,42(11):50-56.

[6] Sharma D K and Khan M A, SAFSB: A self-adaptive focused crawler[C]//In: 2015 1st International Conference on Next Generation Computing Technologies, 2015:719-724.

[7] Bedi P, Thukral A, and Banati H, Focused crawling of tagged web resources using ontology[J]. Computers & Electrical Engineering, 2013, 39(2): 613-628.

用遗传算法、关键词分类算法等,进一步促进了面向内容评价的主题采集方法的发展。①②③④⑤

基于链接结构评价的主题采集方法中最具代表性的是 Page Rank 算法和 HITS 算法。⑥ Page Rank 算法以数量假设与质量假设为基础,通过不断迭代以测度链接的 Page Rank 得分,进而估计其在链接网络中的重要性,该方法被广泛用于网页重要性或质量评价,并作为基础算法被大量学者加以改进。⑦⑧ 但 Page Rank 算法忽略了采集需求与抓取内容间的主题相关性,为此 Kleinberg 提出了 HITS 算法,该方法的核心是通过 Authority Scores 和 Hub Scores 判定网页的重要性得分,Authority Scores 越高表示网页所提供的信息与主题越相关,Hub Scores 越高则代表该网页能够指向更多 Authority Scores 较高的页面⑨。与 HITS 算法的改进思路类似,后续针对基于链接结构评价的主题采集方法优化的研究,也均是集中于探索如何提升链接

---

① Ning H, Wu H, He Z, et al. Focused crawler URL analysis model based on improved genetic algorithm[C]// 2011 IEEE International Conference on Mechatronics and Automation, 2011: 2159-2164.

② 宋海洋,刘晓然,钱海俊. 一种新的主题网络爬虫爬行策略[J]. 计算机应用与软件, 2011(11):264-267.

③ Maimunah S, Widyantoro D H, Sastramihardja H S. Co-citation & co-reference concepts to control focused crawler exploration[C]//Proceedings of the 2011 International Conference on Electrical Engineering and Informatics. IEEE, 2011: 1-7.

④ Liu W J, Du Y J. A novel focused crawler based on cell-like membrane computing optimization algorithm[J]. Neurocomputing, 2014, 123: 266-280.

⑤ 熊忠阳,史艳,张玉芳. 基于信息增益的自适应主题爬行策略[J]. 计算机应用研究,2012, 29(2):501-503.

⑥ 常庆,周明全,耿国华.基于 PageRank 和 HITS 的 Web 搜索[J].计算机技术与发展,2008, 18(7):77-79.

⑦ Agryzkov T, Curado M, Pedroche F, et al. Extending the adapted PageRank algorithm centrality to multiplex networks with data using the PageRank two-layer approach[J]. Symmetry, 2019, 11(2): 284.

⑧ 张翔,周明全,李智杰,等. 基于 PageRank 与 Bagging 的主题爬虫研究[J]. 计算机工程与设计,2010,31(14):3309-3312.

⑨ Kanathey K, Thakur R S, Jaloree S. Ranking of web pages using aggregation of page rank and hits algorithm[J]. International Journal of Advanced Studies in Computers, Science and Engineering, 2018, 7(2): 17-22.

相关性的判定方法。①②③④

除了上述研究外,综合内容评价和链接结构评价的主题采集方法同样受到大量学者的关注,他们整合现有单一采集方法或引入新的概率模型、图表示模型等,以期最大程度提升信息采集的准确率与相关性。⑤⑥⑦⑧

4.2 信息资源预处理

以前文的研究成果为基础,可获取学科领域网络资源集合。但这些资源结构多元,涵盖部分无效信息,必须对其开展一定形式的整理,形成计算机能迅速识别处理的结构化文本,以用于后期的资源聚合。针对数据特征进行详细剖析,考虑进行如下步骤的预处理:资源清洗、资源过滤与资源结构化表示。

4.2.1 信息资源清洗

学科网络资源的清洗本质上是对所采集到的数据进行清洗。数据清洗主要应用于数据挖掘、数据仓库和数据总体质量管理三个领域,其核心目标是消除数据中

---

① 杨博,陈贺昌,朱冠宇,等. 基于超链接多样性分析的新型网页排名算法[J]. 计算机学报,2014,37(4):833-847.

② 张金,倪晓军. 基于语义树与 VSM 的主题爬取策略研究[J]. 计算机技术与发展,2017,27(11):66-70.

③ Iliou C, Tsikrika T, Kalpakis G, et al. Adaptive focused crawling using online learning[C]//International Conference on Internet Science. Springer, Cham, 2018:40-53.

④ Y. J. Du, X. X. Tian, W. J. Liu, et al. A novel page ranking algorithm based on triadic closure and hyperlink-induced topic search[J]. Intelligent Data Analysis, 2015, 19(5):1131-1149.

⑤ 罗林波,陈绮,吴清秀. 基于 Shark-Search 和 Hits 算法的主题爬虫研究[J]. 计算机技术与发展,2010,11:76-79.

⑥ Seyfi A, Patel A. A focused crawler combinatory link and content model based on T-Graph principles[J]. Computer Standards & Interfaces, 2016, 43:1-11.

⑦ Pecina P, Toral A, Papavassiliou V, et al. Domain adaptation of statistical machine translation with domain-focused web crawling[J]. Language resources and evaluation, 2015, 49(1):147-193.

⑧ Aggarwal C C, Al-Garawi F, Yu P S. Intelligent crawling on the World Wide Web with arbitrary predicates[C]//International Conference on World Wide Web. ACM, 2001:96-105.

存在的错误、冗余与不一致等问题,从而提升数据质量。[①]

(一)信息资源清洗框架

数据清洗是数据分析与挖掘的关键问题。特别是随着大规模数据应用需求的增加,如何提升数据质量以保障算法效能并获得稳健的实验结果,受到业界与学术界的广泛关注。面向不同的应用场景,国内外学者提出了一系列数据清洗框架,以探索数据清洗的标准化流程。根据适用范围的不同,数据清洗框架可分为领域无关与领域相关两种类型。领域无关数据清洗框架是通用型数据清洗框架,其目标是构建具有较强迁移能力的数据清洗流程;然而,由于数据清洗对数据特征具有较强依赖性,通用型数据清洗框架构建的难度相对较大,因此当前少数针对领域无关数据清洗框架的研究,实际上仅能够做到部分领域无关。领域相关的数据清洗框架则是以解决特定领域的数据清洗问题为目标。此类框架大多遵循相似的数据清洗流程,仅在异常值判定、清洗规则等方面通过个性化设计满足特定领域数据清洗需求。[②]

学科网络资源的数据清洗框架主要围绕专利数据的清洗问题展开。例如,吴鹏等以中文专利法律状态数据为对象,提出了由基础准备、数据问题检测以及问题修正三个模块组成的基于模型检测方法的数据清洗框架,该框架将计算模型与数据清洗流程相结合,实现了数据清洗的自动化与智能化[③]。路霞等在总结现有数据清洗框架的设计逻辑后,提出包括基本数据处理、数据对照检验与清洗结果验证的中文专利数据地址信息清洗框架。[④] 此外,也有学者对其他类型的学科网络数据清洗问题展开研究。例如,赵月琴和范通让围绕国家科技计划项目、地方财政科技拨款、科研机构的数据清洗问题,提出科技创新大数据清洗框架,该框架主要包括数据分析、

[①] Khayyat Z, Ilyas I F, Jindal A, et al. BigDansing: A system for big data cleansing[C]// Proceedings of the 2015 ACM SIGMOD International Conference on Management of Data. 2015: 1215-1230.

[②] 封富君,姚俊萍,李新社,等.大数据环境下的数据清洗框架研究[J].软件,2017,38(12):193-196.

[③] 吴鹏,张叙,路霞.基于模型检测方法的中文专利法律状态数据清洗研究[J].情报理论与实践,2018,41(3):49-56.

[④] 路霞,吴鹏,王日芬,张金柱.中文专利数据地址信息清洗框架及实现[J].情报理论与实践,2016,39(4):128-132.

规则制定和效果验证三个模块,能够为提高公共科技服务平台信息的质量助力[①]。而对于网络中所采集到的其他数据,尽管目前几乎没有研究对此类数据的清洗问题展开系统化地探索,但常用的网络数据清洗流程实际上也适用于学科网络数据清洗工作。

根据以往研究成果,本书认为学科网络资源清洗框架主要包括五个模块,即清洗需求分析、数据特征检测、清洗标准制定、清洗方法设计、清洗结果验证。

① 清洗需求分析旨在明确后期数据使用过程中所期望的数据形式,以及关键信息内容(即不可缺失的数据内容),此步骤主要用于指导后续的规则设定与方法设计。

② 数据特征检测的目标是对采集到的信息进行初步分析,以了解数据的基本特征以及可能存在的问题,主要用于对数据质量进行初步的判定。清洗标准制定与清洗方法设计是数据清洗的关键步骤。

③ 清洗标准制定主要针对数据质量存在的问题制定相应的解决方案,例如,空值数据清洗规则、异常数据清洗规则以及冗余数据清洗规则等。

④ 清洗方法设计则是根据所需解决的数据质量问题选择或设计相应的清洗方法,以实现清洗目标。需要注意的是清洗方法的设计与选择应当适应清洗标准的要求,以保障清洗工作的顺利开展。

⑤ 清洗结果验证是数据清洗的必要步骤,其目的是对清洗方法的效率和正确性进行验证与评估,并且根据验证结果对清洗标准以及清洗方法进行修正,以保证数据清洗的最终有效性,此过程可抽取待清洗数据集中的小样本开展少量多次的测试。

上述数据清洗框架可基本满足学科网络数据的清洗需求,但在具体的应用过程中,还需根据研究情景的不同对相关步骤进行针对性改进,以最大程度地提升数据质量。

(二)信息资源清洗方法

当前数据清洗方法研究主要围绕冗余数据、异常数据、冲突数据和缺失数据四类数据噪音的修正与优化问题展开。[②] 这里对这四类数据的清洗方法进行总结,以

[①] 赵月琴,范通让. 科技创新大数据清洗框架研究[J]. 河北省科学院学报,2018,35(2):35-42.

[②] 郝爽,李国良,冯建华,等. 结构化数据清洗技术综述[J]. 清华大学学报(自然科学版),2018,58(12):1037-1050.

解释数据清洗技术的发展现状。

① 冗余数据清洗方法

冗余数据又可称为重复数据,指同一数据在数据集合中多次出现。冗余数据在学科网络信采集中较为常见,例如,采集特定主题的文献信息时,由于部分期刊同时采用在线出版和纸质出版两种方式,一些文献在数据库中存在多条编号不同的记录,这些重复的记录便造成了数据冗余。当前学术界提出了大量的数据清洗方法以解决数据冗余问题,这些方法的核心思想是通过对分组后的数据进行相似度比对,以判断其是否存在冗余。[①] 具体来说,相关研究主要采用数据排序[②]、高维数据聚类[③]和数据压缩[④]等方法对数据进行分组,然后通过测度同组数据的相似性并设置阈值判断数据冗余现象。常用的相似度测度方法可以分为基于规则的方法和基于机器学习的方法,前者主要通过多类规则的设定实现对冗余数据的过滤,后者则将冗余识别问题转化为分类问题,并通过训练相关分类模型识别冗余数据。

② 异常数据清洗方法

异常数据清洗的前提是对异常数据进行检测,异常数据检测的目标是识别出不符合预期模式的数据记录,例如异常值、离群值和不一致数据等。当前往往基于统计学或者机器学习来开展异常数据的检测。其中,基于统计学的数据检测方法主要是面向数值型数据的异常情况进行数据检测,该方法通过计算相应字段的统计特征(比如最大值、最小值、平均值、标准差和置信区间)以识别数据集中的异常记录[⑤]。基于机器学习的检测方法又可进一步细分为基于分类的异常检测和基于聚类的异常检测,它们在具体的应用场景中均表现出较好的检测能力。[⑥]

---

① 孙天成. 基于时空相关性的感知数据清洗研究[D]. 北京:北京建筑大学,2020.

② 张永福,宋海林,班越,等. 融合特征的深度学习遥感图像目标检测模型[J]. 计算机技术与发展,2021,31(9):48-54.

③ Elankavi R, Kalaiprasath R, Udayakumar D R. A fast clustering algorithm for high-dimensional data[J]. International Journal of Civil Engineering and Technology, 2017, 8(5): 1220-1227.

④ Usama M, Malluhi Q M, Zakaria N, et al. An efficient secure data compression technique based on chaos and adaptive Huffman coding[J]. Peer-to-Peer Networking and Applications, 2021, 14(5): 2651-2664.

⑤ Xu X, Lei Y, Li Z. An incorrect data detection method for big data cleaning of machinery condition monitoring[J]. IEEE Transactions on Industrial Electronics, 2019, 67(3): 2326-2336.

⑥ Chu X, Ilyas I F, Krishnan S, et al. Data cleaning: Overview and emerging challenges[C]//Proceedings of the 2016 International Conference on Management of Data. 2016: 2201-2206.

③ 数据冲突清洗方法

数据冲突指数据记录之间存在不一致现象，该问题在机构地址信息的清洗过程中较为常见。例如，同一个城市在两条数据记录中可能指向不同的省份，而实际情况中城市与省份应当一一对应。当前相关学者提出了一系列的数据冲突检测方法，包括基于编码规则、函数依赖或空间矢量的方法，以解决不同类型数据集的冲突问题。① 基于编码规则和函数依赖的方法主要适用于数据属性冲突的检测，前者通过规则匹配识别冲突数据，而后者则通过生成依赖函数实现对数据集的过滤，从而识别并解决数据冲突。② 与上述方法不同，基于空间矢量的方法则更加适用于几何冲突的检测。

④ 数据缺失清洗方法

数据缺失通常包括两种情况，即数据空缺或无效。从学术相关社交媒体采集到的数据大多会存在数据缺失问题，因此数据缺失同样是学科网络信息资源清洗需要重点关注的问题。对于数据空缺问题，数值型数据可以根据实际需求从原数据集中筛选并计算相关记录的平均值、中间值或其他概率统计函数值，用于替代空缺数据，而非数值型数据则需通过标记或者根据研究设计对其进行删除。对于数据无效问题，则可使用如FAHES系统、DiMaC系统的检测模型对无效值进行识别。③

4.2.2 信息资源过滤

信息资源清洗后将获取纯文本数据，具有统一的结构，但还有如垃圾文本、超短文本、领域不匹配文本等会对聚合效果产生影响的噪音类信息，需通过信息资源过滤对相关内容进行处理。

（一）超短资源过滤

超短资源具体指文本长度极短的网络信息内容，例如一些带有情感色彩的短语

---

① 胡小琴.基于Hough变换的大数据特征集成冲突检测建模研究[J].太原师范学院学报（自然科学版），2019，18(3)：50-55.

② Papenbrock T, Ehrlich J, Marten J, et al. Functional dependency discovery: An experimental evaluation of seven algorithms[J]. Proceedings of the VLDB Endowment, 2015, 8(10): 1082-1093.

③ 郝爽，李国良，冯建华，等.结构化数据清洗技术综述[J].清华大学学报（自然科学版），2018，58(12)：1037-1050.

("给力""点赞"等)。该类信息通常与研究内容无关,属于噪音数据。超短资源过滤的具体步骤包括:(1) 对过滤的阈值进行设置;(2) 对每个待过滤文本的长度开展统计;(3) 对文本长度低于阈值的文本(即超短文本)进行删除。在此过程中,阈值的确定可采用抽样分析的方法进行,即通过人工标注提取部分超短文本,并统计标注文本平均长度作为阈值;值得注意的是,需要在测试数据上对阈值区分能力进行评估。

(二) 垃圾资源过滤

垃圾邮件识别领域最早关注垃圾文本过滤问题,相关研究常用基于用户与基于内容的识别方法实现垃圾文本过滤。(1) 可面向用户特征、用户行为进一步划分面向用户的识别技术。前者通过分析邮件发送用户身份,实现对垃圾邮件的识别,后者则根据邮件发送与接收双方的使用行为获取邮件特征,以实现垃圾邮件识别。(2) 基于内容的垃圾邮件识别则大多通过规则识别和文本分类算法实现。[1] 前者通过分析垃圾邮件文本特征进行相关规则制定,然后通过规律匹配识别垃圾邮件;后者则通过支持向量机(SVM)、贝叶斯(Bayes)、KNN 等文本分类算法实现对正常邮件与垃圾邮件的分类。对于网络学科资源而言,由于其关联用户信息缺失或获取难度较大,并且信息内容本身包含的垃圾文本有限,相关研究通常采用基于规则的垃圾文本识别方法进行文本过滤。

(三) 领域不相关资源过滤

领域不相关资源指不属于目标分析领域但具有学术价值的资源。该类资源在当前研究问题中属于噪音数据,需将其进行过滤以保证研究结论的可靠性。[2] 鉴于对领域不相关资源的识别主要是将待过滤文本区分为领域相关、领域不相关的资源,因此可运用文本分类技术对领域不相关资源实施过滤。类别特征词集是分类模型的重要组成部分,也是通过文本分类过滤领域不相关资源的核心。现有文献指出当前最为普及的三种领域特征词集获取方法涵盖如下:

① 以待过滤文本为基础,获取高频词构建领域特征词集。其关键在于对文本的准确分词,通常需要人工与词典相结合的方法实现。

---

[1] 王斌,潘文峰.基于内容的垃圾邮件过滤技术综述[J].中文信息学报,2005,19(5):1-10.
[2] 陈果.基于领域概念关联的网络社区知识聚合研究[D].武汉:武汉大学,2015.

② 以相关领域的研究文献为基础,获取一定数量的自标引关键词构建领域特征词集。其相关提取技术成熟且操作简单,但提取过程中可能出现较多通用词(如"模型""方法"等),需要对提取到的词语进行筛选。为此,学界提出了对应提升策略,例如,胡昌平等指出不可仅基于高频关键词来表征领域[1];陈果等基于在领域内外关键词出现的概率抽取领域特征词[2]。

③ 基于现有背景知识库、领域词典获取特征词集。获取的词集有一定的质量保障,但不是面向全部领域均有实时更新的词典或知识库能够支持相关应用。

4.2.3 信息资源结构化表示

由于清洗、过滤后的数据仍归属非结构化数据,计算机不能直接识别处理,因此还须开展进一步的结构化,以满足后续深度聚合与信息服务对数据结构的要求。尽管目前可采集的网络信息资源包括文本、图片、视频等多样化的数据形式,但在实际的数据分析与应用过程中最常规的做法仍然是将多媒体内容转化为文本类型的数据,以实现统一化的处理,为此本节主要介绍两类常用的文本结构化表示模型:离散表示模型和分布式表示模型。

需要注意的是,去除停用词、同义词归并、词干还原(stemming)[3]、词形归并(lemmatization)等基础的预处理步骤应当在文本结构化表示前完成。Silva 和 Ribeiro 的研究指出相较其他预处理方式,去除停用词对后续文本的进一步深度分析具有更大的影响。[4]

(一)离散表示模型

离散表示模型将文本中的词语视为相互独立的个体,然后根据文本中词语的出

---

[1] 胡昌平,陈果.科技论文关键词特征及其对共词分析的影响[J].情报学报,2014,33(1):23-32.

[2] 陈果,肖璐,赵雪芹.领域知识分析中的关键词选择方法研究——一种以学科为背景的全局视角[J].情报学报,2014,33(9):959-968.

[3] Jabbar A, Iqbal S, Tamimy M I, et al. Empirical evaluation and study of text stemming algorithms[J]. Artificial Intelligence Review,2020,53(8):5559-5588.

[4] Silva C, Ribeiro B. The importance of stop word removal on recall values in text categorization[C]//Proceedings of the International Joint Conference on Neural Networks,2003. IEEE,2003,3:1661-1666.

现特征将文本进行向量化。经典的离散表示方法有 one-hot 表示、词袋表示和 n-gram 表示。

(1) one-hot 表示

one-hot 编码又称为独热编码,是一类传统的离散表示方式。one-hot 的基本思想是将词表中的每一个词都表示为一个长度等于词表大小的向量,向量中目标词对应的位置设置为 1,而其余位置则为 0。例如,词表中包含了"情报学""图书馆学"和"档案学"三个学科名称,那么按照词表中学科的顺序使用 one-hot 编码即可获得以下编码矩阵(如表 4-1),其中,"情报学"可使用向量[1,0,0]进行表示。

表 4-1 one-hot 表示模型

情报学	1	0	0
图书馆学	0	1	0
档案学	0	0	1

尽管 one-hot 编码的实现难度较低,但词表规模的增加将造成数据稀疏和维度灾难。此外,由于 one-hot 没有考虑词语的相对顺序以及词语间的语义关联,难以对一词多义和一义多词的问题进行处理。

(2) 词袋表示

词袋模型将文本视为多个独立特征的集合,同时假设特征间的先后顺序和关联不存在。特征往往由文本分词结果中的词语构成,此外,相关学者也将具有完整含义的段落、句子、字符串等视为特征。词袋模型传统涵盖布尔模型、概率模型、向量空间模型。①

① 布尔模型

布尔模型是最基础的词袋模型,向量中每一个维度代表了处于该位置的特征是否在目标文本中出现,如果该特征存在于目标文本中,则相应维度设置为 1,否则为 0。例如,由"网络信息资源深度聚合与服务研究"和"网络信息资源的采集方法"两段文本构成的语料集,经过分词及去停用词处理后,可得到"网络信息资源""深度聚合""服务""研究"和"采集方法"五个特征,使用布尔模型可将每个文本表示为表 4-2 中的向量。

---

① 李纲,毛进.文本图表示模型及其在文本挖掘中的应用[J].情报学报,2013,32(12):1257-1264.

表 4-2 布尔模型

	网络信息资源	深度聚合	服务	研究	采集方法
网络信息资源深度聚合与服务研究	1	1	1	1	0
网络信息资源的采集方法	1	0	0	0	1

布尔模型在语料相对充足的情况下能够满足简单自然语言处理任务的需求,但由于其并未对特征的重要程度进行区分,因此该模型的准确率相对较低。

② 概率模型

概率模型是一种基于贝叶斯理论、以文本中各个特征词出现的概率表示文本的文本表示模型。在概率模型中,文本被表示成文本中各词向量出现概率的乘积,往往通过对文本集的线性扫描便可获取概率模型参数,从而建立基于概率模型的文本表示。

③ 向量空间模型

在 1975 年,现代信息搜索之父 Salton 提出向量空间模型,以匹配信息检索中的文本和问题[1],因为其表征的非结构化文本的强大能力,在文本挖掘、自然语言处理等领域得到大量应用。基于模型的基础思想,每个文本皆能转化为如公式(4-1)表现的形式,其中 D_j 指代文本集中第 j 个文本,t_i 指代文本集中第 i 个特征,w_{ij} 指代特征 i 在文本 j 内的权重值,相关研究通常使用 TF-IDF 权重加权特征项。[2] 在向量空间模型中,特征间被假设相互独立,进而忽视了文本的特征语义关联、上下文环境,为此受到学界的质疑,同时开展了改进措施研究。核心提升措施是主题图、领域本体等相关背景知识库的引入,同时采用特征在背景知识库中的语义关联对特征在文本中的权重值进行调整,从而改进传统模型。

$$\begin{bmatrix} D_0 & t_1 & t_2 & \cdots & t_i \\ D_1 & w_{11} & w_{21} & \cdots & w_{i1} \\ D_2 & w_{12} & w_{22} & \cdots & w_{i2} \\ \vdots & \vdots & \vdots & \vdots & \vdots \\ D_j & w_{1j} & w_{2j} & \cdots & w_{ij} \end{bmatrix} \quad (4-1)$$

---

① Salton G, Wong A, Yang C S. A vector space model for automatic indexing[J]. Communications of the ACM, 1975, 18(11): 613-620.

② Wu H C, Luk R W P, Wong K F, et al. Interpreting tf-idf term weights as making relevance decisions[J]. ACM Transactions on Information Systems (TOIS), 2008, 26(3): 1-37.

需要注意的是上述两类词袋模型均忽略了词语出现的顺序及其对文本表示的影响。

(3) N-gram 表示

N-gram 是一类统计语言模型,其将目标文本分词后得到的特征集合在顺序不变的情况下进行大小为 N 的滑动窗口操作,以形成长度为 N 的特征序列(gram)。然后,根据阈值对 gram 进行筛选作为特征向量维度,并统计每一个被选 gram 出现的概率,以生成用于表示文本内容的向量。N-gram 假设一个词的出现仅与它前面的 n−1 个词有关,因此目标文本出现的概率为所包含的所有词语出现概率的乘积。

最常用的 N-gram 模型包括二元的 Bi-gram (2-gram) 和三元的 Tri-gram (3-gram)。假设目标文本 T 由 n 词语(w)构成,即 $T = w_1 w_2 \cdots w_n$,那么采用 Bi-gram 计算文本 T 出现的概率可得到:

$$P(T) = \prod_{i=1}^{n} P(w_i \mid w_{i-1}) \qquad (4-2)$$

其中,$P(w_i \mid w_{i-1})$ 为目标词 w_i 出现的条件概率。Tri-gram 的计算方法以此类推。

N-gram 模型常被用于评估目标文本的合理性,但随着参数 N 的增加,特征词表将迅速膨胀使得整体计算性能降低,并且数据稀疏问题也将导致在实际应用中难以对目标文本的语义进行测量。

总体来说,离散表示模型可将文本抽象为特征集合,以便于计算机处理及贮存,很大程度上实现文本分析效率的提升。然而,因为特征间的关联被忽视,背离了客观的现实,使其语义表征的能力不强,所以学界不断发展语义表征能力更强的相关模型。

(二) 分布式表示模型

分布式表示以分布假说(distributional hypothesis)为前提,认为语义相近的词语可能会在相似的语境中出现。[①] 与离散表示模型不同,分布式表示需要对语料文本进行训练,并根据训练结果使用低维向量对目标文本进行表示。基于神经网络的分布式表示模型是目前最常用的模型,其中 Word2vec(包括 CBOW 和 Skip-gram 两类模型)、GloVe 以及 BERT 更是被广泛应用于不同的研究情景。

---

① Yao D, Bi J, Huang J, et al. A word distributed representation based framework for large-scale short text classification[C]//2015 International Joint Conference on Neural Networks (IJCNN). IEEE, 2015: 1-7.

（1）Word2vec

Word2vec 是由 Mikolov 等提出的分布式表示工具包，主要包括 CBOW（Continuous Bag-of-Words）与 Skip-Gram 两类分布式表示模型。① CBOW 与 Skip-gram 均采用包括输入层、隐藏层和输出层的三层神经网络结构（如图 4-1），但两者的内在原理存在差异。②

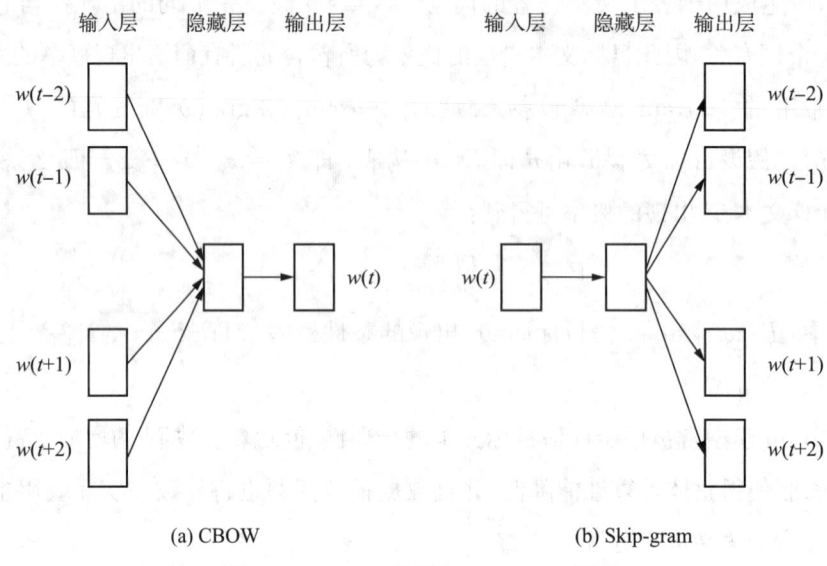

图 4-1　CBOW 模型与 Skip-gram 模型

CBOW 模型的基本原理是在给定滑动窗口（skip_window）s 后，根据目标词 $w(t)$ 的上下文，即 $w(t-s)$，$w(t-s+1)$，…，$w(t+s-1)$ 和 $w(t+s)$，对其出现概率进行预测。预测过程通常使用对数似然函数：

$$L(w) = \sum \log P(w_t \mid Context(w_t)) \qquad (4-3)$$

其中，$Context(w_t)$ 为目标词 w_t 的上下文，该模型本质上是 w_t 出现的条件概率。

与 CBOW 模型的原理正好相反，Skip-gram 模型则是在已知目标词 $w(t)$ 的情况下，对其上下文进行预测。Skip-gram 模型的目标函数为：

---

① Church K W. Word2Vec[J]. Natural Language Engineering，2017，23(1)：155-162.
② Onishi T，Shiina H. Distributed representation computation using CBOW model and skip-gram model[C]//2020 9th International Congress on Advanced Applied Informatics (IIAI-AAI). IEEE，2020：845-846.

$$L(w) = \sum \log P(Context(w_t) \mid w_t) \qquad (4-5)$$

其中，$P(Context(w_t) \mid w_t)$ 可通过以下公式进行计算：

$$P(Context(w_t) \mid w_t) = \prod_{c \in Context(w_t)} p(c \mid w_t) \qquad (4-5)$$

上述两类表示模型均可将目标文本映射于低维连续向量，进而根据生成向量的距离测度获得目标词语之间的语义相似度。

(2) GloVe

GloVe模型是一种基于矩阵分解的全局词向量模型，其首先为语料库中所有的词构建共现矩阵获得单词之间的关联，然后利用共现关系矩阵中非零元素进行模型训练，最终获得目标词的词向量。与CBOW和Skip-gram模型相比，GloVe模型的运行效率较高并且能够充分运用所有的语料资源①。

(3) BERT

BERT(Bidirectional Encoder Representation from Transformers)与以往采用单向语言模型不同，其创新性地引入Masked Language Model(MLM)进行预训练，并采用Transformer组建进行模型构建②，其在训练过程中会综合考虑目标词的完整上下文信息，用于对参数的调节，从而实现深层双向语言表示。

BERT模型只有经过预训练和微调两个步骤才能用于目标文本的结构化表示。预训练过程是以大规模文本语料为基础，通过自监督训练生成深层次文本向量，并获得预训练模型；微调过程则是根据具体的任务要求对预训练模型进行调整，以获得最终的表示结果。由于BERT模型在多种自然语言任务中均有较为优异的表现，当前大量学者不仅将其直接应用于文本的结构化表示，还根据个性化的需求对基础模型进行改进，并形成了一系列的优化模型。③

至此，即可完成对学科领域网络资源的预处理，通过对数据的清洗、过滤与结构化表示等步骤，将获取到的网络资源转化成结构化的文本数据，并存入对应的数据库中，为后面学科资源聚合与导航等提供数据支持。

---

① Pennington J, Socher R, Manning C D. GloVe: Global vectors for word representation [C]//Proceedings of the 2014 Conference on Empirical Methods in Natural Language Processing (EMNLP). 2014: 1532-1543.

② Young T, Hazarika D, Poria S, et al. Recent trends in deep learning based natural language processing[J]. IEEE Computational Intelligence Magazine, 2018, 13(3): 55-75.

③ 刘欢，张智雄，王宇飞.BERT模型的主要优化改进方法研究综述[J].数据分析与知识发现，2021,5(1):3-15.

5 学科网络信息的集成

5.1 学科网络信息的分类

5.1.1 文本分类方法及流程

分类指基于一定规则、在特定的类目下将文本进行归类,并对其属性类别进行标注。在自动分类中,往往基于事先定义的训练集(training set)获取上述规则。早期文本自动分类通常基于文本的词项特征,也就是根据内容开展分类。后来各类新特征不断被应用于文本分类中,例如引用关系、出版社、作者、语言等,这些新特征也在相关领域的实践过程中体现出其应用价值。

二值分类、多类分类是文本自动分类的类型,二值分类通常考量待分类文本为相关或不相关两类,往往被应用于信息检索、信息过滤(filtering)等。而多类分类,即 text categorization 或者 topic classification,相较于二值分类,该分类通常需要考量更多的类别属性。

当前,文本分类中比较常见的方法涵盖决策树、Rocchio[①]、贝叶斯网络、K 近邻法(KNN)[②]、支持向量机(SVM)[③]、朴素贝叶斯(naive Bayes)等。

---

① [美]曼宁,[美]拉哈万,[德]舒策.信息检索导论[M].北京:人民邮电出版社,2010.
② Yang J F. A novel template reduction k-nearest neighbor classification method based on weighted distance[J]. Dianzi Yu Xinxi Xuebao/Journal of Electronics & Information Technology, 2011, 33(10): 2378-2383.
③ Kuang F, Xu W, Zhang S. A novel hybrid KPCA and SVM with GA model for intrusion detection[J]. Applied Soft Computing, 2014, 18(4): 178-184.

但是对于上述常见的文本分类方法,往往都涵盖下列文本分类流程,如图5-1所示。

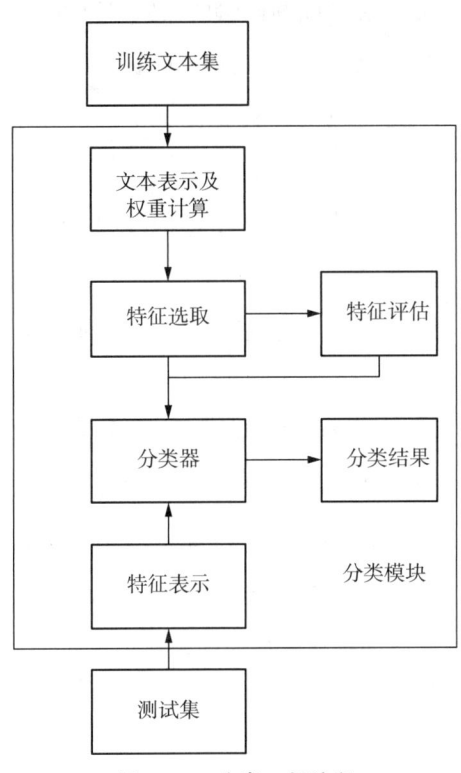

图 5-1 分类一般流程

文本表示往往基于预处理、特征表示等板块实现。

数据挖掘的初始步骤便是数据的预处理,其关键目标便是使文本向量化、词条化。面向各类文本的特征,数据的预处理所涉及的内容亦具有差异性,例如在HTML处理中,需要采用标识进行题目或文本等的提取。

预处理操作主要涉及词形归并(lemmatization)、同义词归并、词干还原(stemming)、去除停用词等。Silva C[1]指出在数据预处理的过程中,相较于其他预处理过程,去除停用词对于分类具有更大的影响。

文本表示模型。将自然语言处理转变为计算机可识别的结构化数据,是在自然

---

[1] Silva C, Ribeiro B. The importance of stop word removal on recall values in text categorization[C]//Proceedings of the International Joint Conference on Neural Networks, 2003. IEEE, 2003, 3: 1661-1666.

语言处理领域里的难题,目前最普遍的模型是学者 Salton[①] 的向量空间模型。向量空间模型主要是将文本基于词语切分,统计每个文本中词语出现的频次,将特征词作为向量的维度,从而将文本表示成词向量的模式,KNN、Rocchio 等方法均是以空间向量模型为基础设计的。其缺点在于,在处理文本的过程中,过多的特征项导致空间向量矩阵异常稀疏,尤其表现在短文本的处理上,这对计算机的计算和存储功能提出了很大要求。

概率模型。概率模型是一种基于贝叶斯理论、以文本中各个特征词出现的概率表示文本的文本表示模型。在概率模型中,文本被表示成文本中各词向量出现概率的乘积,在一般情况下,概率模型参数能够基于对文本集开展线性扫描来获取,从而建立基于概率模型的文本表示。

特征选取。特征选取方法通常分为特征选择和特征抽取两种选取方式,其中特征选择方式将在贝叶斯分类中具体介绍,其原理一般是基于某种指标选取特征词集的子集,从而产生新的特征词集;特征抽取(feature extraction)则是通过某种算法将特征词通过组合、转换等技术产生新的特征词集,其本质是将特征词集映射到低维空间中去,低维空间中的特征词集与原特征词集往往不同。

5.1.2 基于机器学习的文本分类

(一) 基于决策树的文本分类

(1) 决策树算法的基础

决策树模型(Decision Tree)的提出最早可以追溯到 1960 年[②],其核心目的是从给定数据中归纳得到一组分类规则,用于对未知数据进行分类。决策树模型结构如图 5-2 所示,G 代表根结点,是模型的开始部分;J 代表决策结点,是根据样本特征对样本进行判断,使它划分为不同分枝的作用部位,决策结点越处于决策树的上层,该结点所用的样本特征重要性越高;Y 代表叶结点,每个叶结点表示一个分类结果。未知样本进入决策树后,在每个非叶结点进行一次判断,根据样本的特征属性,该结

[①] Salton G. A vector space model for automatic indexing[M]. Morgan Kaufmann Publishers Inc, 1997.

[②] Porter B W, Baress E R, Holte R. Concept learning and heuristic classification in weak theory domains[J]. Artificial Intelligence, 1989, 45(1/2):226-263.

点给出应该进入的分枝,最后样本进入最终的叶结点,即对该样本的分类结束。使用决策树模型进行文本分类的原理为:通过抽取合适的文本特征作为决策结点,文档能按照决策结点分开为各个类别。常见的文本特征包括关键词词频、是否包含关键词、文档长度等。

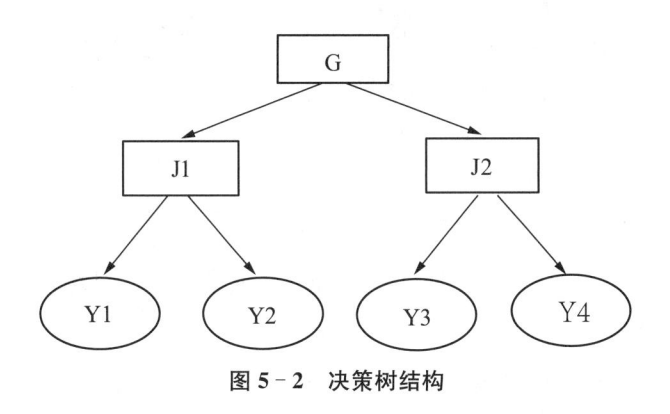

图 5-2 决策树结构

决策树分类模型的优势包括:① 原理直观,易被操作人员理解;② 生成的分类规则体现了各个特征的重要性,有利于知识发现;③ 算法计算量小,性能稳定。但决策树分类模型的性能取决于各个决策结点是否能够有效地根据数据特征对数据进行划分,因此非常依赖于对数据特征的表示和构建。

(2) 决策树分类模型

决策树的算法包括建树和剪枝两部分:建树过程即生成各层合适的决策结点;剪枝过程是在建树结束后剪去不可靠的分枝,这些分枝可能是根据训练数据中的异常信息生成的,会影响对未知数据的判断,造成精度下降或是速度减慢,因此有必要删除。

① 建树

建树过程的核心问题是如何为决策结点选择合适的特征。J.R.Quinlan 于 1979 提出的 ID3(Iterative Dichotomizer 3)算法[①]是决策树算法的典型代表,其核心贡献是使用了信息增益作为决策结点选定特征的依据。信息增益表示信息熵(Information Entropy)减少的程度,而信息熵则是衡量数据集合纯度的有效指标,由公式 5-1

---

① Quinlan J R. Discovering rules by induction from large collections of examples[J]. In Expert Systems in the Micro Electronic Age, edited by Donald Michie, Edinburgh University Press, 1979:26-36.

获得：

$$IE(S) = -\sum_{i=1}^{y}(F(C_i) \times \log_2 F(C_i)) \quad (5-1)$$

其中 $IE(S)$ 代表当前集合 S 的信息熵，y 代表集合中样本类别的总数，$F(C_i)$ 代表集合中类别为 C_i 的样本数量。信息熵越低，说明目前集合不确定性越小，分枝效果越好。ID3 算法通过在每个非叶结点使用剩下的所有特征尝试对数据集合 S 进行分枝，划分成 m 个子集后，评估信息熵总体减小程度，即信息增益，通过公式 5-2 计算：

$$Gain(A) = IE(S) - \sum_{j=1}^{m}\frac{|S_i|}{|S|} \times IE(S_i) \quad (5-2)$$

其中 $Gain(A)$ 表示使用特征 A 作为分枝特征带来的信息增益，$|S|$ 表示原始集合 S 的样本数量，$|S_i|$ 表示子集 S_i 的样本数量，$IE(S_i)$ 表示该子集的信息熵，最后 ID3 算法选择信息增益最大的特征作为该结点应该使用的特征。ID3 算法原理简单，但是对能分出越多类别的特征存在偏好问题，例如某特征能将各个样本独自分成一类，这样的特征对于分类效果来说没有意义，但由于其各个类别信息熵最小，信息增益最大，因此 ID3 算法会优先选择该特征。

针对 ID3 算法的缺陷，J.R.Quinlan 于 1993 年又提出了 C4.5 算法。[①] 使用信息增益率代替信息增益作为选择标准。信息增益率通过公式 5-3 和公式 5-4 计算：

$$Gain\_ratio(A) = \frac{Gain(A)}{IV(A)} \quad (5-3)$$

$$IV(A) = -\sum_{j=1}^{m}\frac{|S_i|}{|S|} \times \log_2(S_i) \quad (5-4)$$

特征 A 的信息增益率表示为其信息增益大小除以 $IV(A)$，当使用特征 A 进行分枝时，分出的类别数越大，$IV(A)$ 越大，因此可以在一定程度上抵消信息增益缺陷带来的影响。C4.5 算法首先找出信息增益高于平均水平的特征，接着选取其中信息增益率最高的特征作为结点所用的特征。

② 剪枝

对决策树进行剪枝可以剪去分类效果不良的决策结点，提高分类精度，同时提高运行速度，剪枝算法包括预剪枝和后剪枝。

预剪枝算法的思想：在建树的过程中同时准备未知数据对决策树分类效果进行

---

① Quinlan J R. C4.5：Programs for Machine Learning[J]. Morgan Kauffman，1993：23-30.

测试,每当形成一个决策结点,分别计算不根据该结点进行分枝的模型精度和分枝后的模型精度,若分枝后的模型精度低于或等于不使用该结点的精度,那么便取消该决策结点的划分并标记其为叶结点,将该结点数量最多的样本所属类别作为叶结点类别。预剪枝可以使得建树过程中模型一直朝着提升精度的方向前进,但会导致建树速度减慢。

后剪枝算法的思想:建树结束后再对每个决策结点进行修剪。同样准备未知数据,接着自底向上考察每一个决策结点,在每个决策结点处首先计算当前模型精度,接着计算删去该结点,并将其作为叶结点后模型精度,若删去操作能使得模型分类精度提升,则删去该结点并标记为叶结点。

相较于预剪枝,后剪枝在模型形成后进行修剪,往往需要更多的时间,但能带来一棵对未知数据泛化性能更好的决策树。

(二) 基于朴素贝叶斯的文本分类

(1) 朴素贝叶斯的基础

1960 年 Maron 和 Kuhns[①] 提出了朴素贝叶斯分类方法,其根据位置独立性、条件独立性两类假设,即假设特征词项之间相互独立,不存在依赖关系,并且文本概率的计算不受其在文本中出现的位置影响。

朴素贝叶斯模型的树形构造如图 5-3 所示。在文本分类中,X_1、X_2、X_3、X_4 分别代表属性特征变量,其中 C 为类别属性变量。根据独立性假设,不同属性特征变量之间相互独立并且对类 C 的判定都具有一定影响。在实际情况中,由于文本中特征词之间确实存在依赖关系,而且特征词出现的顺序的确影响语义的表达,因此这两个假设在实际文本中不成立。但是相较于其他分类方法,即使条件独立性假设和顺序独立性假设影响了贝叶斯分类算法在语义信息处理上的表现效果,贝叶斯概率分类在实际应用中还是具有相对较好的效果。

朴素贝叶斯分类模型的优势包括:基于贝叶斯定理的贝叶斯分类模型逻辑较为简单,计算难度较小;算法复杂度较小,在实际应用中时间开销和空间开销较少;模型鲁棒性较高,对于不同类型的分类数据算法性能差别不大,算法性能稳定。

---

① Maron M E, Kuhns J L. On relevance, probabilistic indexing and information retrieval[J]. Journal of the Acm, 1960, 7(3):216-244.

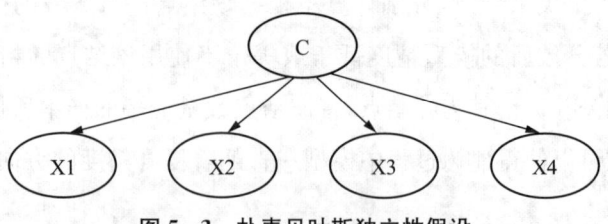

图 5-3　朴素贝叶斯独立性假设

(2) 朴素贝叶斯分类模型

多项式朴素贝叶斯模型(multinomial naive Bayes)、多元伯努利模型(multivariate Bernoulli model)是建立朴素贝叶斯分类模型的两种常见方法,其中多元伯努利模型也称为二值独立模型。

① 多项式朴素贝叶斯模型

多项式朴素贝叶斯模型是一种基于概率的学习方法,文本 d 属于类别 c 的概率,可以通过公式 5-5 获得:

$$P(c\mid d)\infty P(c)\prod_{1\leqslant k\leqslant n_d}P(t_k\mid c) \quad (5-5)$$

其中,$<t_1,t_2,t_3,\cdots,t_{nd}>$ 表示文本 d 中的特征词项,n_d 表示文档 d 中所有特征词项的数量。$P(c)$ 表示文本 d 属于类别 c 的先验概率,在文本集中,要想找到文本 d 的最有可能的类别,就要在预先知道文本 d 属于每个类别 c 的先验概率后,找到文本 d 具有的最大后验概率(maximum aposteriori,MAP)估计值的类别,即公式 5-6。

$$c_{map}=\arg\max_{c\in C}\hat{P}(c\mid d)=\arg\max_{c\in C}\hat{P}(c)\prod_{1\leqslant k\leqslant n_d}\hat{P}(t_k\mid c) \quad (5-6)$$

使用 $P(c)=\dfrac{N_C}{N}$ 的最大似然估计计算文本 d 的先验概率,其中 N_C 表示 c 类文本具体数量,N 是训练集合中的文本数量。

$$P(T\mid C)=\dfrac{T_{ct}+1}{\sum_{t'\in V}(T_{ct'}+1)}=\dfrac{T_{ct}+1}{\sum_{t\in V}T_{ct'}+B} \quad (5-7)$$

为了去掉零概率的特征词项,该公式将条件概率估计值做了平滑处理操作,是经过拉普拉斯平滑或加以平滑后条件概率估计值,表示 t 在 c 类中出现的相对频率。其中,B 是词汇表中所有词的数目,V 是所有 c 类词集合,T_{ct} 是 t 在训练集合 c 类文本中出现的频率。

② 多元伯努利模型

学者 Robenson 和 Jones1 在 1976 年提出多元伯努利模型。在多元伯努利模型中,通过布尔变量值表示相应的特征词项在文档中是否出现,若出现相应位置填 1,否则填 0。多元伯努利模型忽视了文本中词频产生的差异,在模型中高频、低频特征词的权重相同,所以对于长文本的特征分类并不合适,但是对于短文本数据来说,由于只考虑特征词是否出现,相对于多项式朴素贝叶斯模型减少了很多计算。

定义 $F=\{t_1,\cdots,t_m\}$ 为文本的特征词序列,伯努利通过二值向量 $x=<x_1,\cdots,x_m>$ 表示文本 d,其中 x_m 为 1 表示特征词 t_m 在文本 d 中出现。$p(t|c)$ 表示在类别 c 中包含 t 的文本占类别 c 中所有文本的比率,类别归属概率可表示为公式 5 - 8:

$$P(x\mid c)=\prod_{i=1}^{m}P(t_i\mid c)^{x_i}(1-P(t_i\mid c))^{1-x_i} \qquad (5-8)$$

由于多元伯努利模型忽略了特征词频率在文本分类中的影响,在通常情况下,多元伯努利模型的分类性能相较于多项式朴素贝叶斯分类较弱,多元伯努利模型更适用于分类文本长度较短的情况,而多项式朴素贝叶斯分类能够适应不同的文本长度,多项式朴素贝叶斯分类的鲁棒性更好,但时间开销更大,且多元伯努利模型在文本长度不确定时表现较差。[①]

(三) 基于 K 近邻的文本分类

(1) K 近邻算法基础

K 近邻(K-Nearest Neighbors,KNN)算法作为向量空间模型(VSM)最好的分类算法之一,由 Cover 和 Hart[②] 于 1967 年提出,其基本思想是,在 VSM 表示下,分别计算待分类样本与训练样本的相似性,找出与待分类样本最相似的 K 个近邻,根据这 K 个近邻的类别确定待分类样本归属。一般来说,KNN 算法在定类决策上只依据最邻近的一个或者几个样本的类别来决定待分样本所属的类别,是最简单的机器学习算法之一。

---

① McCallum A, Nigam K. A comparison of event models for naive Bayes text classification[C]//AAAI - 98 Workshop on Learning for Text Categorization. 1998,752(1):41 - 48.

② Cover T M, Hart P E. Nearest neighbor pattern classification[J]. IEEE Transactions on Information Theory, 1967,13(1):21 - 27.

(2) K 近邻算法描述

① 基本要素

对于一个确定的训练集,只要确定了距离度量、K 值和分类决策规则,就能对任何一个新的实例,确定它的分类。

距离度量:距离度量是描述特征空间中两个实例的距离,也是这两个实例的相似程度。常见的相似度度量方法有闵可夫斯基距离(公式 5-9)、曼哈顿距离(公式 5-10)、欧式距离(公式 5-11)、切比雪夫距离(公式 5-12)与余弦距离(公式 5-13)。

$$L_p = (\sum_{i=1}^{m} |x_i - y_i|^p)^{\frac{1}{p}} \quad (5-9)$$

$$L_1 = (\sum_{i=1}^{m} |x_i - y_i|) \quad (5-10)$$

$$L_2 = (\sum_{i=1}^{m} |x_i - y_i|^2)^{\frac{1}{2}} \quad (5-11)$$

$$L_\infty = \max_i (|x_i - y_i|) \quad (5-12)$$

$$dist(x_i, y_i) = 1 - \cos(x_i, y_i) = 1 - \frac{\sum_{i=1}^{m} x_i \times y_i}{\sqrt{\sum x_i^2} \sqrt{y_i^2}} \quad (5-13)$$

K 值选择:

方法一:记样本数据集的容量为 n,K 值的选取一般来源于经验,即选取一个较小的大于 1 的奇数,一般在 $(1, \sqrt{n})$。n 较小时,K 取 $(1,10)$ 中的奇数;n 较大时,K 取 $(1, \sqrt{n/2})$ 中的奇数。

方法二:通过交叉验证(将样本数据按照一定比例,拆分出训练用的数据和验证用的数据,比如 6∶4 拆分出部分训练数据和验证数据),从选取一个较小的 K 值开始,不断增加 K 值,然后计算验证集合的方差,最终找到一个比较合适的 K 值。如图 5-4 所示,在这个图中确定的 KNN 分类的 K 值为 10,具体解释为,当增大 K 的时候,一般错误率会先降低,因为周围有更多的样本可以借鉴,分类效果会变好。但和 K 均值聚类算法不一样,当 K 值更大的时候,错误率会更高。这也很好理解,比如说一共就 35 个样本,当 K 增大到 30 的时候,KNN 基本上就没意义了。

选择较小的 K 值,就相当于用较小的领域中的训练实例进行预测,训练误差会减小,只有与输入实例较近或相似的训练实例才会对预测结果起作用,与此同时带来的问题是泛化误差会增大。换句话说,K 值的减小就意味着整体模型变得复杂,容易发生过拟合。

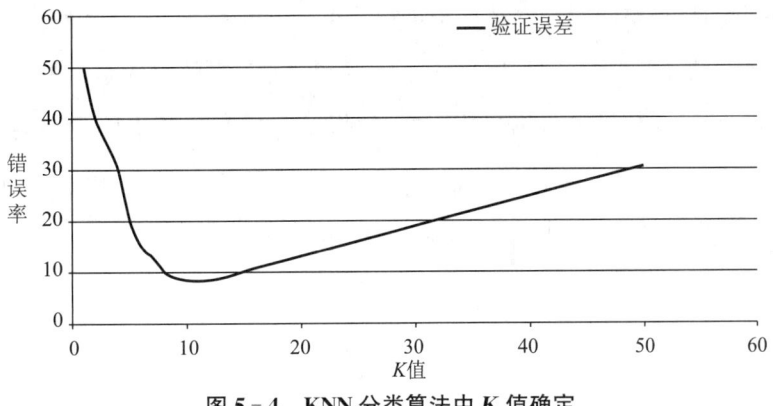

图 5-4　KNN 分类算法中 K 值确定

选择较大的 K 值,就相当于用较大领域中的训练实例进行预测,其优点是可以减少泛化误差,但缺点是训练误差会增大。这时候,与输入实例较远(不相似的)训练实例也会对预测起作用,使预测发生错误。换句话说,K 值的增大就意味着整体的模型变得简单,容易发生欠拟合。

决策函数确定:决策函数的选择用于分类的多票表决法。其使用方式如下:

记输入训练集为 $T=\{(\boldsymbol{x}_1,y_1),\cdots,((\boldsymbol{x}_i,y_i)),\cdots,(\boldsymbol{x}_n,y_n)\}$,其中 $\boldsymbol{x}_i=[x_{i_1},x_{i_2},\cdots]\in R^m$ 为 m 维向量,$y_i\in\{t_1,t_2,\cdots\}$ 为第 i 个向量的标签。在分类任务中可使用投票法,即选择这 K 个实例中出现最多的标记类别作为预测结果,根据多票表决法,确定测试实例的标签为:

$$c_0=\arg\max\sum_{x_k\in N_k(x)}I(c,y_k), c\in N_k(y) \tag{5-14}$$

缺点:当样本分布不均且 K 值选择不合理时,可能会出现分类错误。可以使用加权多票表决法,这个时候,每一个邻居都要乘上一个权重,因为距离越远,权重越小,所以不妨让权重系数等于距离的倒数。

$$c_0=\arg\max\sum_{x_k\in N_k(x)}I(c,y_k)\times dist(\vec{x},\vec{t}), c\in N_k(y) \tag{5-15}$$

其中,$dist$ 为计算两个向量距离的函数,$\vec{t}$ 为未知类别的数据点。

(四)基于支持向量机的文本分类

(1)支持向量机的基础

Corinna Cortes 和 Vapnik 领导的研究小组于 1995 年正式提出支持向量机技术(Support Vector Machine,SVM)[①],其基本原理是将样本数据集通过变换得到高维

---

① Cortes C,Vapnik V. Support-Vector Networks[J]. Machine Learning,1995,20(3):273-297.

特征空间,并在特征空间对样本数据集进行分类。

支持向量机最早是为了解决二分类问题而提出的,它的目的是寻找一个最优超平面,使得该平面在分类结果准确率较高的情况下,同时将超平面不同侧面样本间的间隔尽量拉大。支持向量机有着较好的泛化能力和自主学习能力①,可以在统计样本数据集较少的情况下,获得很好的统计规律。

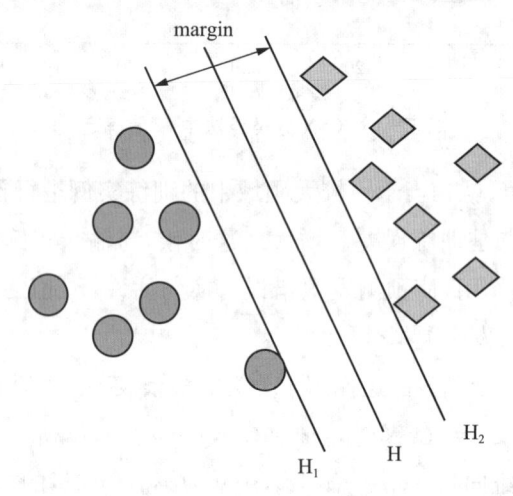

图 5-5　最优分类面示意图

图 5-5 中,margin(间隔)代表分类平面间的最大分类间隔,处于分类线两侧的数据点为待分类的样本,H 为分类超平面。H_1、H_2 是在所有的类里面距离 H 最近的超平面,二者之间的距离叫作分类间距,最优超平面就是能将两类正确分开时最大间隔的超平面。

在文本分类任务中,与其他算法相比,支持向量机具有如下主要优势②:① 文本数据向量维度很高,对于高维问题,支持向量机具有其他机器学习方法不可比拟的优势。② 文本向量特征相关性大,支持向量机对于特征相关性不敏感。③ 文本向量存在高维稀疏问题,一些算法不同时适用于稠密特征矢量与稀疏特征矢量的情况,但支持向量机对此不敏感。④ 文本分类样本收集困难、内容变化迅速,支持向量机能够找出包含分类信息的支持向量,是强有力的增量学习和主动学习工具。

---

① 陈凯,朱钰.机器学习及其相关算法综述[J].统计与信息论坛,2007(5):105-112.
② Yang Y. An evaluation of statistical approaches to text categorization[J]. Proc Amia Annu Fall Symp, 1999, 1(1-2):358-362.

(2) 支持向量机算法模型

SVM算法可以简单描述如下：

设有两类线性可分样本集 $\{(\boldsymbol{x}_1,y_1),(\boldsymbol{x}_2,y_2),\cdots,(\boldsymbol{x}_i,y_i)\}$，其中 $\boldsymbol{x}_i \in R_d$，$y_i \in \{-1,+1\}$ 是类别标号，$i=1,2,\cdots,n$。

对于线性可分问题，分类超平面的定义如下：

$$\boldsymbol{w}^T + b = 0 \tag{5-16}$$

其中 $\boldsymbol{w}$ 和 b 是分类超平面的参数，$\boldsymbol{w}$ 为法向量，b 为偏移。在线性可分情况下，采用下式进行统一表示：

$$y_i(\boldsymbol{w} \cdot \boldsymbol{x}_i + b) - 1 \geqslant 0, i=1,2,\cdots,n \tag{5-17}$$

其中，分类间隔为 $2/|\boldsymbol{w}|$，在满足(5-17)式的基础上使得 $|\boldsymbol{w}|^2/2$ 最小，这样的超平面就是最优分类超平面，在线性可分的情况下，SVM通常被描述成一个以(5-17)式为约束条件的优化问题，求函数的最小值：

$$\emptyset(\boldsymbol{w}) = |\boldsymbol{w}|^2 = (\boldsymbol{w} \cdot \boldsymbol{w}) \tag{5-18}$$

最终可以得出最优分类函数：

$$f(x) = \mathrm{sgn}(\boldsymbol{w} \cdot \boldsymbol{x} + b) \tag{5-19}$$

对于线性不可分的问题，可以引入松弛变量 δ_i，将问题转化成求(5-13)的最小值问题：

$$\emptyset(\boldsymbol{w},\boldsymbol{\xi}) = (\boldsymbol{w} \cdot \boldsymbol{w}) + C(\delta_i) \tag{5-20}$$

约束条件则为：

$$y_i(\boldsymbol{w} \cdot \boldsymbol{x}_i + b) \geqslant 1 - \delta_i, i=1,2,\cdots,n \tag{5-21}$$
$$\delta_i \geqslant 0$$

其中 C 为惩罚因子。

5.1.3 基于深度学习的文本分类

(一) 基于人工神经网络的文本分类

(1) 人工神经网络的基础

人工神经网络(Artificial Neural Networks，ANN)，也被称作连接模型(Connectionist Model),是对人脑或自然神经网络中若干基本特性的抽象及模拟。人工神经网络模型最早可以追溯到 1943 年美国的心理学家 McCulloch 和数学家 Pitts 提出的神经元的 MP 模型。[1]

人工神经网络是由人工建立的、以有向图为拓扑结构的动态系统。Hecht-Nielsen 给人工神经网络做出如下定义:人工神经网络是一种并行、分布处理的结构,它由处理单元及被称为连接的单向信号通道互连而成。这些处理单元具有局部内存,并可以完成局部操作。每个处理单元都有一个单一的输出连接,这种输出可以根据需要被分支成希望个数的许多并行连接,且这些并行连接都输出相同的信号,即相应处理单元的信号,信号大小不因分支的多少而变化。处理单元的输出信号可以是任何需要的数学模型,每个处理单元中进行的操作必须完全是局部的。[2]

人工神经网络由众多可调连接权值的神经元连接而成,它的参数学习基于误差反向传播(Back-Propagation, BP)算法,具有很强的非线性映射能力。利用神经网络处理文本分类,无须花费大量的时间在特征提取与选择上,将词的分布式表示作为特征输入网络中,神经网络可以自动抽取出对文本分类有价值的信息,通常这些信息是经过卷积、点乘、非线性函数、矩阵相乘等操作得到,且所得信息高度编码不易被解读。[3]

(2) 人工神经网络文本分类算法描述

对应于某个文本类别的神经网络模型由输入层、隐藏层和输出层组成。图 5-6 中,$I_1, I_2, \cdots, I_n$ 是神经网络输入层的神经元。不同类别神经网络的输入层允许选择不同的 n 值。$X_i(i=1,2,\cdots,n)$ 为一篇中文文本对神经网络的输入值。$H_1, H_2, \cdots, H_n$ 构成一个神经网络的隐藏层,记隐藏层神经元的个数为 h。h 值的确定可根据下面两个经验公式计算:

$$h_1 = \sqrt{n+m} + a \qquad (5-22)$$

$$h_2 = \log_2 n \qquad (5-23)$$

其中,h_1 和 h_2 为隐藏层神经元的个数,m 为输出神经元的个数,n 为输入神经元

---

[1] Mcculloch W S, Pitts W. A logical calculus of the ideas immanent in nervous activity[J]. The Bulletin of Mathematical Biophysics, 1943, 5(4): 115-133.

[2] Hecht-Nielsen R. Kolmogorov's mapping neural network existence theorem [J]. Proceedings of the International Conference on Neural Networks, 1987, 3: 11-13.

[3] 刘婷婷,朱文东,刘广一. 基于深度学习的文本分类研究进展[J]. 电力信息与通信技术, 2018, 16(3): 1-7.

的个数,a 为 1—10 的常数。

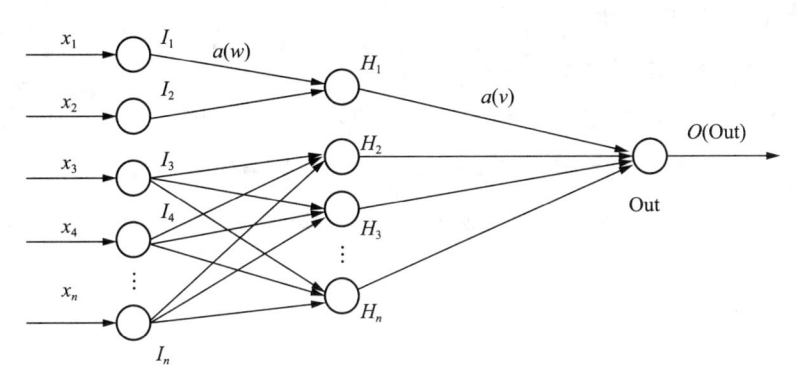

图 5-6 人工神经网络模型

输入层与隐藏层间采取非全连接方式,隐藏层第一个神经元连接到输入层的前两个神经元 I_1 和 I_2,隐藏层其余神经元全连接到输入层 I_3—I_n 的 $n-2$ 个输入层神经元,隐藏层与输出层之间采取全连接方式。[1]

(二)基于卷积神经网络的文本分类

(1)卷积神经网络的基础

卷积神经网络(Convolutional Neural Network,CNN)是目前常用的深度学习模型,是深度学习的代表算法之一,在手写字符识别、目标识别、图像分类等领域有着成熟的应用。

卷积神经网络的起源可追溯到生物学家 Hubel 和 Wiesel 在 1962 年对猫视觉皮层的研究。[2] 他们发现,视觉信息的传达与大脑中多个层次的感受野(Receptive Field)有关。Fukushima 受此启发,在 1980 年提出了神经认知机(Neocogniron)[3],其采用简单细胞层(S-layer,S 层)和复杂细胞层(C-layer,C 层)交替组成。之后,LeCun 基于 Fukushima 的研究工作并融合 BP(Back-Propagation)算法,提出了

---

[1] 史晶蕊,郑玉明,韩希.人工神经网络在文本分类中的应用[J].计算机应用研究,2005(10):213-216.

[2] Hubel D H, Wiesel T N. Receptive fields, binocular interaction, and functional architecture in the cat's visual cortex[J].Journal of Physiology,1962,160 (1):106-154.

[3] Fukushima K.Neocognitron:A self-organizing neural network model for a mechanism of pattern recognition unaffected by shift in position[J].Biological Cybernetics,1980,36 (4):193-202.

LeNet-5[①],LeNet-5是经典的CNN结构,它几乎定义了卷积神经网络的基本结构,后续有许多研究基于此进行改进。

(2) 卷积神经网络文本分类算法描述

卷积神经网络最初在图像领域取得巨大成功。一般来说,卷积神经网络更适于做空间任务(如图像),但卷积神经网络在一些文本处理任务上也能有出色的表现。用卷积网络做文本分类最著名的模型就是TextCNN[②],其结构如图5-7所示。

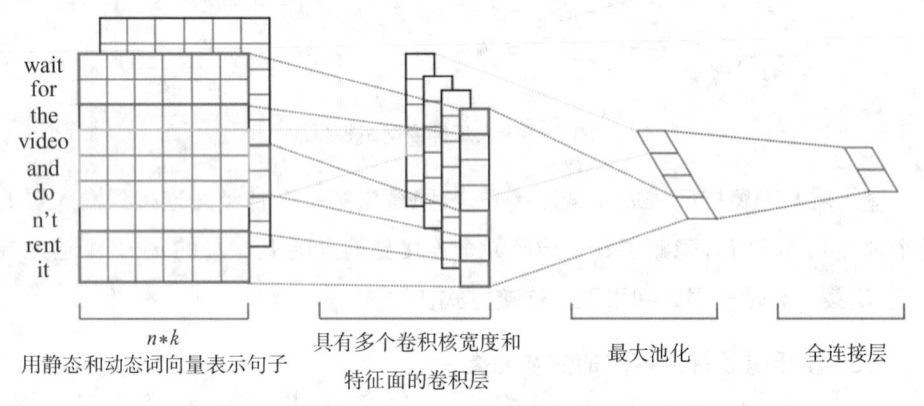

图5-7 TextCNN模型架构

在输入层,采用词嵌入来完成文本表示。由图5-7可知,输入层是句子中词语对应的词向量自上而下排列组成的矩阵,含有 n 个词的句子、每个词的向量维度为 k,则会组成一个 $n*k$ 的矩阵。在这个模型中,输入层的词向量可以是静态的(static),也可以是动态的(non-static)。静态就是直接使用word2vec训练好的词向量,动态则需要词向量随着模型训练而变化。该模型中的一个通道会利用反向传播(Back-Propagation,BP)算法进行训练并更新词向量,这个反向误差传播导致词向量值发生变化的过程称为微调(fine tune)。

在卷积层,输入层输入的 $n*k$ 矩阵词向量通过卷积操作将得到若干个特征面,卷积核的宽度与词向量的维度 k 保持一致,卷积窗口的大小为 h_i*k,h_i 表示卷积核窗口中包含的词数。通过这样一个大型的卷积窗口,将得到若干个列数为1的特征面。

---

① LeCun Y, Bottou L, Bengio Y, et al. Gradient-based learning applied to document recognition[J]. Proceedings of the IEEE, 1998, 86 (11): 2278-2324.

② Kim Y. Convolutional neural networks for sentence classification[C]// EMNLP 2014 Conference on Empirical Methods in Natural Language Processing, 2014: 1746-1751.

在池化层,采用最大池化(Max Pooling)来选取卷积结果计算后的最强特征。通过池化层可以解决可变长度的句子输入问题,输出每个特征映射向量中的最大值。[①]

在输出层,池化层输出的数据按深度方向拼接成一个向量输入全连接层,并利用 softmax 分类器计算输出最终结果。

(三) 基于循环神经网络的文本分类

(1) 循环神经网络的基础

循环神经网络(Recurrent Neural Network,RNN)是一类处理序列数据的神经网络。1982 年 John Hopfield 建立了一种包含递归计算和外部记忆的神经网络——霍普菲尔德网络[②],这是 RNN 的雏形。1986 年,Michael I. Jordan 提出 Jordan 神经网络[③],该网络采用了循环计算以及反向传播(Back-Propagation,BP)的算法进行训练。1990 年,Jeffrey L. Elman 基于 Jordan 神经网络提出了 Elman 神经网络[④],即最简单的包含单个自连接节点的 RNN 模型。

RNN 模型示意如图 5-8 所示。网络中的循环结构将隐含层的输出作为自身的输入进行循环计算,从而在每轮计算时都能保留之前状态的信息。隐含层中包含了多次计算流程,且每次计算之间存在先后顺序,故 RNN 擅长处理包含时序信息在内的序列数据。

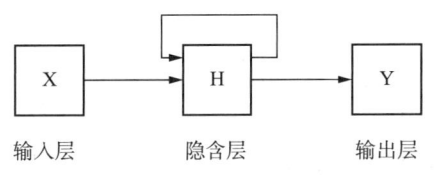

图 5-8 RNN 模型示意图

在文本分类中,可以将待分类的单个文档看作一个序列,输入 RNN 进行分类训练。基于 RNN 的文本分类步骤如下:

---

① 刘婷婷,朱文东,刘广一.基于深度学习的文本分类研究进展[J].电力信息与通信技术,2018,16(3):1-7.

② Hopfield J J. Neural networks and physical systems with emergent collective computational abilities[J]. Proceedings of the National Academy of Sciences of the United States of America, 1982,79(8):2554-2558.

③ Jordan M I. Chapter 25 Serial order:A parallel distributed processing approach[M]. Advances in Psychology,1997,121(C):471-495.

④ Elman J L. Finding structure in time[J].Cognitive Science,1990,14(2):179-211.

① 文档预处理

RNN 的隐含层数需要固定,而文档长度是动态变化的,因此需要对文档进行预处理,在尽量保全信息的情况下精简文档,且使所有的文档长度不超过隐含层数。常见的方法:对文档进行分词处理、去除停用词、截断较长文档、按句分解文档等。

② 文本的表示

文档处理结束后,为了在神经网络中进行计算,我们需要将文本表示为数值形式。考虑到神经网络强大的计算能力,使用高维向量表示文本能更好地保留文本自身包含的信息,常见的文本表示方法有 one-hot 编码、Word2vec、WordNet 等。近年来新出现的基于预训练的 BERT 方法也能将文本向量化,且这些向量已经包含了较好的语义信息。可以尝试使用字向量、词向量和句向量等不同粒度的文本表示方法,选择当前语料环境下效果最好的方法作为最终方法。

③ 模型的训练

RNN 模型的每个隐含层都有输出,因此一轮计算过后,可以得到和输入序列等长的一个输出序列。可以考虑对输出序列做向量均值、拼接等操作,得到一个最终结果;也可以取最后一个输出值作为最终结果。模型将最终结果映射到预先定义好的类别上,与真实值做比较,根据比较结果调整参数后进行下一轮训练。在训练数据充足、训练轮数合适的情况下,便能得到一个当前语料环境下精确度较高的文本分类模型。

由于循环计算,RNN 存在将变量不断放大或缩小的特点。对长序列进行学习时,容易出现梯度消失和梯度爆炸现象。为了解决该问题,出现了包含门控机制的长短期记忆网络(Long Short-Term Memory Networks,LSTM)[①]。LSTM 使用门控机制模拟遗忘与记忆功能,能在计算过程中实现对变量的筛选效果,解决了变量的单调变化问题。基于 LSTM 的文本分类与 RNN 类似,替换上述模型中的网络即可。

(2) 循环神经网络模型

图 5-8 中的循环结构可以展开成为序列形状,该序列的长度与隐含层的层数以及输入的长度相对应。图 5-9 是 RNN 展开循环结构的示意图。序列中的每个输

---

① Hochreiter S, Schmidhuber J. Long Short-term Memory[J]. Neural Computation,1997,9(8):1735-1780.

入对应一个隐含层,并将当前隐含层的输出作为下一个隐含层的输入。RNN 网络的计算过程可以用如下公式描述:

$$H_t = f(\boldsymbol{u} H_{t-1} + \boldsymbol{w} X_t + b) \quad (5-24)$$

$$Y = Softmax(W H_t + b') \quad (5-25)$$

其中,f 表示神经元之间的非线性激活函数。u、w 表示计算过程中的权重矩阵,需要 RNN 在训练过程中对其进行不断优化,以产生适应于当前数据的权重。b、b' 为偏差值,同样需要在训练过程中去不断调节。H 表示隐含层状态,X 表示输入序列,Y 表示最终输出。t 表示时间步,标识了输入层与隐含层的节点位置。$Softmax$ 为归一化指数函数,用于输出归一化,建立对应的分类器。图 5-9 展示的网络结构只产生一个最终输出 Y,可以将其用于文本分类任务。该网络结构还可以在每个隐含层都产生一个输出,因此 RNN 还可以用于词性标注、命名实体识别、分词等序列标注任务。

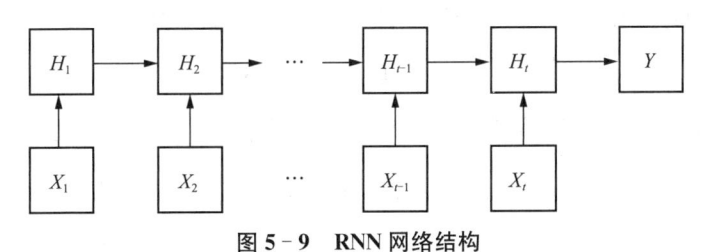

图 5-9 RNN 网络结构

(四)基于图卷积网络的文本分类

(1)图卷积网络的基础

图卷积神经网络(Graph Convolutional Network,GCN)是由 Kipf 等人[1]提出的一种基于图结构数据的半监督学习模型,用于处理图结构数据。GCN 的核心思想是利用边的信息对节点信息进行聚合,从而生成新的节点表示,以提取拓扑图的空间特征。直接在图上进行操作,对图结构数据进行节点分类、边预测和图分类等。

随着 GCN 逐渐应用于语义角色标注、关系分类等自然语言处理任务,学者也开始探究其在文本分类领域的优势。Text GCN[2] 是基于 GCN 应用于文本分类领域

---

[1] Kipf T N, Welling M. Semi-supervised classification with graph convolutional networks[J]. ArXiv preprint arXiv:1609.02907, 2016.

[2] Yao L, Mao C, Luo Y. Graph convolutional networks for text classification[C]//Proceedings of the AAAI Conference on Artificial Intelligence. 2019, 33(1): 7370-7377.

的模型,无需使用预先训练的词嵌入活外部知识,基于单词共线与文档单词关系为语料库构建单个图文本,采用 GCN 对图文本进行建模,训练能够有效捕捉高阶领域信息的文本 GCN,将文本分类问题转化为节点分类问题,用小比例的标注文档获得高文本分类性能,并学习可解释的单词和文档节点嵌入。此外,结合文本分类任务场景,基于 GCN 的模型变体被提出。SGCN(Similarity-GCN)是基于词语间关联相似度的特殊文本图结构,用以进行文本特征表示,由文档中的词语构成图中节点,基于文档中词语之间的余弦相似度构成图点之间的连线,提升文本分类模型的效果。

(2) 图卷积网络模型

GCN 的输入层由输入特征矩阵和图的邻接矩阵组成,邻接矩阵表示参考节点之间的关系。隐藏层可以通过传播规则聚合当前层的节点信息,并将特征传输到下一层。考虑一个图 $G=(V,E)$,其中 $V(|V|=n)$ 和 E 分别是节点和边的集合。假设每个节点都与自身相连,即对于任何 v 都是 $(v,v) \in E$。设 $\boldsymbol{X} \in \boldsymbol{R}^{n \times m}$ 是包含所有 n 个节点及其特征的矩阵,其中 m 是维数的特征向量,每行 $\boldsymbol{x}_v \in \boldsymbol{R}^m$ 是 v 的特征向量。引入 G 的邻接矩阵 $\boldsymbol{A}$ 及其度矩阵 $\boldsymbol{D}$,其中 $\boldsymbol{D}_{ii}=\sum_j \boldsymbol{A}_{ij}$。由于自循环,$\boldsymbol{A}$ 的对角线元素被设置为 1。GCN 只能通过一层卷积来获取近邻的信息,当多个 GCN 图层堆叠在一起时,有关较大邻域的信息将被整合。对于一层 GCN,新的 k 维结点要素矩阵 $\boldsymbol{L}^{(1)} \in \boldsymbol{R}^{n \times k}$ 计算如公式(5-26)所示,通过堆叠多个 GCN 层来整合高阶邻域信息的计算如公式(5-27)所示:

$$\boldsymbol{L}^{(1)} = \rho(\widetilde{\boldsymbol{A}} \boldsymbol{X} \boldsymbol{W}_0) \quad (5-26)$$

$$\boldsymbol{L}^{(j+1)} = \rho(\widetilde{\boldsymbol{A}} \boldsymbol{L}^{(j)} \boldsymbol{W}_j) \quad (5-27)$$

其中 $\widetilde{\boldsymbol{A}} = \boldsymbol{D}^{-\frac{1}{2}} \boldsymbol{A} \boldsymbol{D}^{-\frac{1}{2}}$ 是归一化的对称邻接矩阵;$\boldsymbol{W}_0 \in \boldsymbol{R}^{n \times m}$ 是一个权重矩阵,ρ 为激活函数,j 表示层数,$\boldsymbol{L}^{(0)} = \boldsymbol{X}$。

5.1.4 网状数据分类

网状数据挖掘[①]表示从网状数据源中搜寻可用知识或者模式的过程,常用于分析相互关联的个体间的数据关联性及共同表现,通过网状数据机构,可以在明晰一

---

① 熊伟,周水庚,关佶红.网状数据分类研究进展[J].模式识别与人工智能,2011,24(4):527-537.

个节点属性的情况下,基于科学方法对关联数据的属性进行合理推断。本方法适用于节点自身属性较少、连接信息丰富的网络中。基于链接信息的相似度度量分类和协同分类是基于网络分类的两种方法。

(一) 基于链接信息的相似度度量

链接信息的相似度度量方法就是将链接信息转化为特征向量表达,通过对点与点的相似性计算进行分类。在基于网络的分类算法中,主要的概念为邻居节点的相似度或邻近度,并被常常使用。①②③

(1) 基于链接分析的方法

最早运用的度量方法便是基于链接分析,往往运用耦合、共被引等相关概念度量文本相似度。基础的思想为:如若 a 与 b 两篇文本一直为同样一篇文献引用,且共同引用他们的文献很多,可以认为 a、b 两文献是相似的。最早文献 a 和 b 的相似度 $sim<a,b>$ 采用共同引用的文献篇数来衡量,其后的改进方法包括杰卡德系数:

$$sim<a,b>=|e(a) \bigcap e(b)|/|e(a) \bigcup e(b)| \qquad (5-28)$$

其中,$e(a)$ 为 a 点的邻居节点集合,$e(b)$ 为 b 点的邻居节点集合。学者 Adamic 和 Adar④ 引入了权重计算该相似度,认为邻居节点少的节点应该有更高的权重。Amsler⑤ 将共引和共被引结合,增加了有价值的信息量。然而,很多文献在内容上相近但是由于缺少共同的引用文献,其文献的引用相似度为 0,体现了该方法的局限性。

---

① Liben-Nowell D, Kleinberg J. The link-prediction problem for social networks[J]. Journal of the American Society for Information Science and Technology, 2007, 58(7): 1019-1031.

② Faloutsos C, McCurley K S, Tomkins A. Fast discovery of connection subgraphs[C]. Proceedings of the 10th ACM SIGKDD International Conference on Knowledge Discovery and Data Mining. ACM, 2004: 118-127.

③ Tong H, Faloutsos C, Koren Y. Fast direction-aware proximity for graph mining[C]. Proceedings of the 13th ACM SIGKDD International Conference on Knowledge Discovery and Data Mining. ACM, 2007: 747-756.

④ Adamic L A, Adar E. Friends and neighbors on the web[J]. Social Networks, 2003, 25(3): 211-230.

⑤ Amsler R A. Applications of citation-based automatic classification[M]. Linguistics Research Center, University of Texas at Austin, 1972.

(2) 基于邻近度的方法

在该方法中,在节点图中的两节点的最短路径被用来测量两篇文章的相似度。基于邻近度的方法使得一些非直接引用的链接信息也被考虑进去,但是该种方法需要较高的时间复杂度。Chen 和 Safro[①] 提出一种代数性距离以计算节点对的联系强度,代数性距离越小则两者联系越强。2002 年,Jeh 和 Widom[②] 提出了 SimRank,算法考虑了两节点之间的所有路径,也可以认为是所有的共引的集合,但是其时间复杂度达到了 $O(n^4)$。该方法在后续的研究中得到许多关注,许多研究将其作为改进方法的基本比较,然而高时间复杂度对其应用于大数据集造成了极大限制。而在 Fouss 等人[③]的研究当中则提出了三种指标,基本思想是两节点有越多的短路径相连,则两者更加相似。Power-SimRank[④] 和 Adaptive-SimRank[⑤] 则利用了幂律分布来进行相似度计算,并且在之前进行了适当的部分向量的迭代计算。

(二) 网状数据协同分类

协同分类是利用节点自身的属性以及节点之间的相互关系来提高分类的准确性,其最重要的思想是同质性思想。在一个网络中,协同分类常使用三种信息:待分类节点自身的属性、待分类节点的已标注邻居节点的属性和类别、未标注的邻居节点及其属性。

网状数据协同分类问题研究主要集中于几个方面:构建分类模型,例如 Chak-

---

① Chen J, Safro I. Algebraic Distance on Graphs[J]. Siam Journal on Scientific Computing, 2011, 33(6):3468-3490.

② Jeh G, Widom J. SimRank: A measure of structural-context similarity[C]//Proceedings of the eighth ACM SIGKDD International Conference on Knowledge Discovery and Data Mining. ACM, 2002:538-543.

③ Fouss F, Pirotte A, Renders J M, et al. Random-walk computation of similarities between nodes of a graph with application to collaborative recommendation[J]. IEEE Transactions on Knowledge & Data Engineering, 2007, 19(3):355-369.

④ Cai Y, Cong G, Jia X, et al. Efficient algorithm for computing link-based similarity in real world networks[C]//IEEE International Conference on Data Mining. IEEE Computer Society, 2009:734-739.

⑤ Cai Y, Liu H, He J. An adaptive method for the efficient similarity calculation[C]//Lecture Notes in Computer Science Cincluding subseries Lecture Notes in Artificial Intelligence and Lecture Notes in Bioinformatics, 2009, 5463:339-353.

rabarti[①]最早使用超链接构建网状数据分类器,联合其本身的文本特征和邻居节点类别构建朴素贝叶斯分类器,而 Getoor 等[②]在 2001 年的研究中则利用了逻辑回归模型,对节点的邻居节点类别分布进行模型构建;协同推理,即当一个节点属性可能受邻居节点影响时,我们应如何以邻居节点推断节点类别;赋予未知类别的部分邻居节点初始信息。对于这三个问题的回答,就可得到协同分类的一般模型:在协同分类中最重要的部分是协同推理,协同推理是指使用网络节点的邻居节点属性推测节点自身属性。相比较之前的链接相似度表达,协同推理更多时候使用于网络中标注属性较少的情况,可以利用相互关系推衍整个网络的属性和结构。

5.2 学科网络信息的聚类

5.2.1 基于混合模型的聚类

聚类方法可以分为判别式与生成式两类。[③] 判别式方法基于数据的相似性(或距离)进行聚类,例如 K 均值聚类算法以及层次聚类算法;生成式方法通过特定的模型表征簇,使得数据与模型的拟合最优,例如自组织地图(SOM)与混合模型(Mixture Models)聚类。其中混合模型聚类的基本思想是将聚类问题转化为数学建模问题,即利用简单概率分布的组合模拟复杂概率分布的统计建模方法,一个概率分布代表一个簇的特征分布,概率分布的组合即代表整个数据集的特征分布,核心环节是数据建模与模型推理。

基于混合模型的文本聚类研究,其流程见图 5-10。混合模型文本聚类的主要模块有:(1) 文本建模,即假定文本集符合某种统计模型,如多元伯努利混合模型(Bernoulli Mixture,BM)、多项式混合模型(Multinomial Mixture,MM)和 vMF 混

[①] Chakrabarti S, Dom B, Indyk P. Enhanced hypertext categorization using hyperlinks [C]// Proceedings of ACM International Conference on Management of Data (SIGMOD-98). 1998:307-318.

[②] Getoor L, Segal E, Taskar B, et al. Probabilistic models of text and link structure for hypertext classification[C]//IJCAI Workshop on Text Learning: Beyond Supervision. 2001:321-374.

[③] Zhong, S., Ghosh, J.. Generative model-based document clustering: A comparative study [J].Knowledge and Information Systems,2005,8(3):374-384.

合模型(von Mises Fisher Mixture)等;(2)模型推理,即将基于 BM 等模型的数据似然(或后验概率)作为优化准则,通过 EM 算法、变分推理以及马尔科夫链-蒙特卡洛(Markov chain Monte Carlo,MCMC)方法等推理算法得到模型参数的估计值以完成聚类;(3)聚类评估,常用指标有准确率、召回率以及 F 值等。除了这些主要模块之外,部分研究中还涉及参数建模(由于仅在部分研究中出现,图 5-10 中呈现为虚线),即对混合模型的参数进行建模,旨在实现模型优化,常用方法有狄利克雷分布以及狄利克雷过程等。

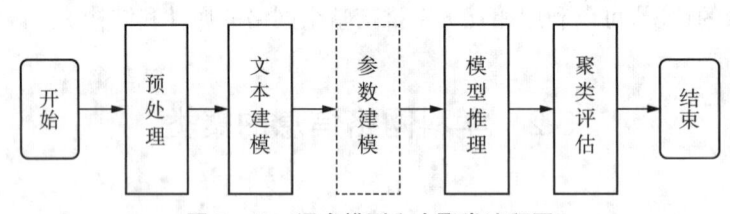

图 5-10 混合模型文本聚类流程图

(一)混合模型

混合模型是利用简单的概率分布的组合模拟复杂概率分布的统计建模方法。由于混合模型参数估计的复杂性,混合模型的研究发展一直十分缓慢。直到 Dempster 等人[①](1977)提出 EM 算法,很大程度上简化了极大似然估计方法的模型推理过程,这才极大地刺激了混合模型的应用研究。在混合模型的具体应用中,需要根据数据集的类型选择特定的概率分布函数 $p(\cdot)$,例如一般情况下使用最为广泛的高斯混合模型,在混合模型文本聚类中常用的模型有以下几种。

(1)多元伯努利混合模型

BM 只考虑词项在文本中是否出现,因此文本每个特征维度的取值 $d_{nw} \in \{0, 1\}$,取 1 表示词项 w 在文本 n 中出现,否则反之。根据文本集的特征维度 W,对应的即为 W 元伯努利混合模型,第 k 个多元伯努利分布的参数为 $\theta_k = \{\theta_{k1}, \theta_{k2}, \cdots, \theta_{kW}\}$,$\theta_{kw}$ 代表类 k 中词项 w 出现的概率,文本及整个文本集的生成概率可表示为[②]:

---

① Dempster A P, Laird N M, Rubin D B.Maximum likelihood from incomplete data via the EM algorithm (with discussion) [J].Journal of the Royal Statistical Society,Series B (Methodological),1977,39(1):1-38.

② Zhu S, Takigawa I, Zhang S, et al. A probabilistic model for clustering text documents with multiple fields[C]//European Conference on Information Retrieval. Springer, Berlin, Heidelberg, 2007:331-342.

$$p(d_n \mid \theta_k) = \prod_{w=1}^{W} \theta_{kw}^{d_{nw}} (1-\theta_{kw})^{1-d_{nw}} \quad (5-29)$$

$$p(D \mid \Theta) = \prod_{n=1}^{N} p(d_n \mid \Theta) = \prod_{n=1}^{N} \sum_{k=1}^{K} \pi_k \prod_{w=1}^{W} \theta_{kw}^{d_{nw}} (1-\theta_{kw})^{1-d_{nw}} \quad (5-30)$$

(2) 多项式混合模型

MM 与 BM 不同的是,考虑了文本中词项 w 出现的频次,d_{nw} 表示文本 n 中词项 w 出现的频次。令第 k 个多项式分布的参数为 $\theta_k = \{\theta_{k1}, \theta_{k2}, \cdots, \theta_{kw}\}$,$\theta_{kw}$ 代表类 k 中词项 w 出现的概率且 $\sum_{w \in W} \theta_{kw} = 1$,文本及整个文本集的生成概率为①:

$$p_k(d_n \mid \theta_k) = \frac{(\sum_{w=1}^{W} d_{nw})!}{\prod_{w=1}^{W} d_{nw}!} \prod_{w=1}^{W} \theta_{kw}^{d_{nw}} \quad (5-31)$$

$$p(D \mid \Theta) = \prod_{n=1}^{N} p(d_n \mid \Theta) = \prod_{n=1}^{N} \sum_{k=1}^{K} \pi_k \frac{(\sum_{w=1}^{W} d_{nw})!}{\prod_{w=1}^{W} d_{nw}!} \prod_{w=1}^{W} \theta_{kw}^{d_{nw}} \quad (5-32)$$

其中,$\frac{(\sum_{w=1}^{W} d_{nw})!}{\prod_{w=1}^{W} d_{nw}!}$ 是为了平衡文本间长度差异造成的影响。

伯努利分布与多项式分布都是离散型分布多项式模型偏好高频词,因而频次较高的一般词项会造成影响,而多元伯努利模型只考虑词项是否出现,在这种情况下更为稳健。但总体而言,两种模型结构较为简单,计算效率较高,能够得到较好的结果。②

(3) vMF 混合模型

Salton 等实证③表明,归一化处理能够解决文本长度造成的偏差问题,提供更好的聚类结果;Dhillon 等人④的研究证明,基于余弦相似性相比基于欧氏距离的 k 均

---

① Li M, Liang Z. Multinomial mixture model with feature selection for text clustering[J]. Knowledge-Based Systems, 2008, 21(7):704-708.

② Nigam K, Mccallum A K, Thrun S, et al. Text classification from labeled and unlabeled documents using EM[J]. Machine Learning, 2000, 39(2-3):103-134.

③ Salton G, Buckley C. Term-weighting approaches in automatic text retrieval [J]. Information Processing & Management, 1988, 24(5):513-523.

④ Inderjit S.Dhillon, Dharmendra S.Modha.Concept decompositions for large sparse text data using clustering[A].In: Machine Learning[C].Springer, 2001:143-175.

值算法(spkmeans)更加适用于文本聚类。据此,Banerjee[①]认为文本特征向量具有方向性数据(directional data,即$\|d_n\|=1$)的特性,把它作为方向性数据进行建模会有较好效果,率先使用了vMF分布对文本建模:

$$p_k(d_n|\theta_k)=c_W(\kappa_k)\exp(\kappa_k\mu_k^T d_n) \qquad (5-33)$$

其中,$\|d_n\|=1,\kappa>=0,c_W(\kappa)$为标准化常量$\left(c_W(\kappa)=\dfrac{\kappa^{W/2-1}}{(2\pi)^{W/2}I_{W/2-1}(\kappa)}\right)$,参数$\theta_k=(\mu_k,\kappa_k)$,其中$\mu_k$为均值向量,$\kappa$为聚集参数(concentration parameter),表示单位向量d在均值向量周围的集中程度,κ值越大则说明d在均值向量方向上的集中程度越高,当$\kappa=0$,密度函数降为一个均匀分布,$\kappa\to\infty$,密度函数趋向于一个点密度。

除了上述三种模型之外,早期对于混合模型的研究都是以高斯混合模型(Gaussian Mixture Model,GMM)进行建模,目前仍然应用广泛。[②] 不过,因为文本的高维与稀疏特征不符合高斯分布,除了Liu等[③]利用GMM进行的探索性工作,在文本聚类中鲜见该模型。此外,用到的还有泊松分布[④]、朗之万分布[⑤]等。

(二)文本建模

文本表示,指文本中抽取出用于表征文本主题的特征并赋予权值,将自然文本转化为结构化形式;考虑到文本数据高维稀疏的特性,需要使用特征降维方法对特征空间进行浓缩。

(1)文本表示

在混合模型文本聚类中,文本一般表示为向量空间模型,以词项为特征维度,词

---

① Banerjee A, Ghosh J. Frequency sensitive competitive learning for clustering on high-dimensional hyperspheres[A]. In: Proceedings of the 2002 International Joint Conference on Neural Networks[C]. IEEE, 2015: 1590-1595.

② Bouveyron C, Brunet-Saumard C. Model-based clustering of high-dimensional data: A review[J]. Computational Statistics & Data Analysis, 2014, 71(1): 52-78.

③ Liu X, Gong Y, Xu W, et al. Document clustering with cluster refinement and model selection capabilities[A]. In: SIGIR 2002: Proceedings of the International ACM SIGIR Conference on Research and Development in Information Retrieval[C]. Tampere, Finland. 2002: 191-198.

④ Li, J., Zha, H. Two-way Poisson mixture models for simultaneous document classification and word clustering[J]. Computational Statistics and Data Analysis, 2006, 50(1): 163-180.

⑤ Amayri O, Bouguila N. Beyond hybrid generative discriminative learning: Spherical data classification[J]. Pattern Analysis & Applications, 2015, 18(1): 113-133.

项频次(或者其变体,如 TF-IDF)为特征值表示文本,该模型在文本表示中采用独立性假设,即认为特征项与特征项之间相互独立。但是,一元词项对于主题的表征能力有限,学者对此进行了一定的探索。

从语义层面构建新的特征,通过词项组合、主题等从语义层面表征文本,从而达到改善聚类效果的作用,例如 Liu 等[1]同时使用了词项、命名实体以及词组三项构建文本特征的向量。Zhang 等[2]为基于模型的文本聚类提出了一种语义平滑,用于削弱一般词项,起到增强核心词项的作用。多词短语的语义较为明确,不像独立词项的分布,大部分多词短语的分布取决于主题,因此更有助于文本聚类。与简单背景平滑、拉普拉斯平滑的实验比较也证明了这一点。

总体而言,混合模型文本聚类中的文本表示仍是基于词袋模型的思想,研究者已经发现一元项对主题的表征能力有限,吴凤慧等对此进行了系统的梳理[3]。在混合模型文本聚类中,多数研究者仍主要采取一元模型,文本表示的相关探索甚少,但是已有的研究表明,在混合模型文本聚类中可以借鉴传统聚类通过短语、词项共现、主题等从语义层面揭示文本内容、提高文本表征准度的做法。

(2) 特征降维

文档集往往都是高维度数据,聚类算法不得不处理维数诅咒(curse of dimensionality)的问题,因而在实际中需要借助降维技术减少特征维度,改善聚类效果,提高运算效率,得到更加简单、更加易于理解的模型。降维技术一般可分为特征抽取与特征选择。[4] 特征抽取是指通过某种映射把原始的特征空间转换为完全不同的子空间,通常称为隐性子空间,这种方法能够更低维度、更加本质地表征文档,其根本在于利用特征维度之间的共现关系,挖掘特征维度之间的关联;特征选择的思想认为簇之间的差异仅仅是针对一些本质特征,基于特定的准则为每个词项计算一个分

---

[1] Liu X,Gong Y,Xu W,et al.Document clustering with cluster refinement and model selection capabilities[A].In:SIGIR 2002:Proceedings of the International ACM SIGIR Conference on Research and Development in Information Retrieval[C].Tampere,Finland,2002:191-198.

[2] Zhang X,Zhou X,Hu X.Semantic smoothing for model-based document clustering[A] In: International Conference on Data Mining[C].Washington,DC,USA:IEEE Computer Society,2006: 1193-1198.

[3] 吴凤慧,成颖,郑彦宁,等.文本聚类中文本表示和相似度计算研究综述[J].情报学报, 2012,30(4):622-627.

[4] Jain A K,Duin R P W,Mao J.Statistical Pattern Recognition:A Review[J].IEEE Transactions on Pattern Analysis & Machine Intelligence,2000,22(1):4-37.

值,这个分值代表该词项在特征集中的质量,或者说重要性。根据分值对词项排序,筛选出排名最高的一定数量的词项,在实际操作中,使用哪种评估分数以及最终选择特征的数量规模,都需要根据具体的问题通过实验来调整。

(三) 参数建模

从建模对象来看,上述模型都是对文档特征进行建模,用概率分布表示文档的特征分布。在此基础上,可以引入参数的先验分布,进一步对上述模型的参数进行建模。

狄利克雷分布是多项式分布的共轭分布,通常作为多项式分布参数的先验分布应用在贝叶斯估计中,在文档建模中已有较多应用。[1][2] Madsen 等[3]利用 DCM (Dirichlet Compound Multinomial) 复合概率分布对文档建模,首先基于狄利克雷分布抽取多项式分布,如公式(5-34),然后基于该多项式分布反复抽取词项从而生成文档,如公式(5-35),这一处理将参数 θ_k 的估计转换为对超参数 α 的估计。

$$p(\theta \mid \alpha) = \frac{\Gamma(\sum_{w=1}^{W} \alpha_w)}{\prod_{w=1}^{W} \Gamma(\alpha_w)} \prod_{w=1}^{W} \theta_w^{\alpha_w - 1} \quad (5-34)$$

$$p(d_n \mid \alpha) = \int p(d_n \mid \theta) p(\theta \mid \alpha) d\theta$$

$$= \frac{(\sum_{w=1}^{W} d_{nw})!}{\prod_{w=1}^{W} d_{nw}!} \frac{\Gamma(\sum_{w=1}^{W} \alpha_w)}{\Gamma(\sum_{w=1}^{W} d_{nw} + \alpha_w)} \prod_{w=1}^{W} \frac{\Gamma(d_{nw} + \alpha_w)}{\Gamma(\alpha_w)}$$

$$(5-35)$$

其中 $\alpha = \{\alpha_1, \alpha_2, \cdots, \alpha_w\}$ 是狄利克雷分布的参数,他提出这一模型的目的是弥补多项式模型本身无法识别词项爆发(burstiness)的缺陷,即一个文档在词项中出现一次后趋向于再次出现,参数 α_w 的值越小,词项越趋向于突发,该模型在文档分类

---

[1] Blei, D, Ng, A Y, Jordan, M I. Latent Dirichlet Allocation[J]. Journal of Machine Learning Research, 2003(3): 993-1022.

[2] Bouguila N, Ziou D. A countably infinite mixture model for clustering and feature selection [J]. Knowledge & Information Systems, 2012, 33(2): 351-370.

[3] Madsen R E, Kauchak D, Elkan C. Modeling word burstiness using the Dirichlet distribution. [A]. In: Proceedings of the 22nd International Conference on Machine Learning[C]. Bonn, Germany, 2005: 545-552.

的研究中呈现了较好的效果。Elkan[①]在前者的研究基础上提出了一种近似于DCM的指数分布EDCM,由于文档词项频次分布的稀疏性,实际的词项频次与$α_w$值均较小,在这种情况下$\frac{\Gamma(d_{mw}+α_w)}{\Gamma(α_w)}$与$\Gamma(d_{mw})α_w$高度近似,从而可以实现很大程度的简化。EDCM克服了DCM直觉式、无法快速估计的缺点,基于EDCM的EM算法相对于DCM的EM算法更为高效,且聚类的准确度更高。

狄利克雷过程(Dirichlet Process,DP)是狄利克雷分布在连续空间上的扩展,通常表示为$G \sim DP(α,G_0)$,其中G_0是基分布,$α(α>0)$是集中度参数,G表示基于DP在基分布和集中度参数基础上产生的某随机分布。直观而言,G_0是DP的均值,$α$是逆方差,且$α$越大,表示G与G_0的相似性越高。

Huang等[②③]从CRP的角度运用DP,基于多项式模型先后提出了DPMFS和DPMFP模型,还采用简化的DMA模型解决了DPM无法快速估计参数的问题。DPMFP与DMA、EM-MN、K-MEANS、LDA以及EDCM等模型相比,DPMFP在K值未知的条件下更为稳健。Nguyen等[④]采用stick-breaking基于vMF提出了DPMvMF模型,DPMvMF在与基于多项式的聚类算法、基于vMF的软分配算法、基于vMF的DA算法、CLUTO等四个模型的对比实验中也得到了与Huang等研究的类似结果。

DPM作为一种非参数贝叶斯模型,具有无须预先给定簇数目K以及建模更具灵活性与适应性等优点,在模式识别领域已有较多的研究与应用,相对而言在文本聚类的领域仍处于拓展阶段,存在较多值得探索的方向,例如经典DPM聚类算法属

---

① Elkan C. Clustering documents with an exponential-family approximation of the Dirichlet compound multinomial distribution[A]. In: Proceedings of the 23rd International Conference on Machine Learning[C]. New York, USA, 2006: 289-296.

② Yu G, Huang R, Wang Z. Document clustering via Dirichlet process mixture model with feature selection[A]. In: Proceedings of the 16th ACM SIGKDD International Conference on Knowledge Discovery and Data Mining[C]. Washington, DC, USA, 2010: 763-772.

③ Huang R, Yu G, Wang Z J. Dirichlet process mixture model for document clustering with feature partition[J]. IEEE Transactions on Knowledge & Data Engineering, 2012, 99(8): 1748-1759.

④ Anh N K, Tam N T, Van Linh N. Document clustering using Dirichlet process mixture model of von Mises-Fisher distributions[A]. In: Proceedings of the Fourth Symposium on Information and Communication Technology[C]. New York, USA: ACM, 2013: 131-138.

于硬分配算法,无法处理簇重合的情况[1];上述实验中使用的 DPM 为扁平式方法,无法揭示文本集的层次主题结构[2];此外,在模式识别领域中有较多 DP 与语言模型结合的例子,例如句法分析[3]、语音分段[4]等,对于文本聚类研究有较强的借鉴意义。

5.2.2 网络检索结果聚类

随着互联网信息的快速增长,用户在信息检索上的时间成本也越来越大。如何高效地从海量的信息中获取所需的信息,成为学者们关注的重点。在改进策略方面,第一种方式是多样化地呈现结果(diversification)[5],同时考虑结果的相关性和不同结果间的不相似性,从检索结果集的层面进行检索效果的优化[6];第二种方式是对结果聚类(search results clustering)[7],方便用户提供聚类标签定位所需的结果,并更好地调整查询策略。

检索结果聚类和文本聚类都需要考虑类中元素间的相似性和聚类标签的质量,此外,检索结果聚类还需考虑重叠聚类、速度和片段容忍[8](即基于信息较少的网页片段 snippet 完成聚类)。

---

[1] Thomas L.Griffiths,Zoubin Ghahramani.The Indian buffet process:An introduction and review[J].Journal of Machine Learning Research,2011,12:1185-1224.

[2] Knowles D A,Ghahramani Z.Pitman-Yor Diffusion Trees[J].Pattern Analysis & Machine Intelligence IEEE Transactions on,2011,37(2):271-289.

[3] Liang P,Petrov S,Jordan M I,et al.The infinite PCFG using hierarchical dirichlet processes[C].In:Proceedings of the 2007 Joint Conference on Empirical Methods in Natural Language Processing and Computational Natural Language Learning[C].Prague,Czech Republic,2007:688-697.

[4] Goldwater,Sharon,Thomas L.Griffiths,and Mark Johnson.A Bayesian framework for word segmentation:Exploring the effects of context[J].Cognition,2009,112:21-54.

[5] Zhai Cheng,Cohen W,Lafferty J.Beyond independent relevance:Methods and evaluation metrics for subtopic retrieval[C]//Proceedings of the 26th Annual International ACM SIGIR Conference on Research and Development in Information Retrieval.New York:ACM,2003:10-17.

[6] Agrawal R,Gollapudi S,Halverson A,et al.Diversifying search results[C]//Proceedings of the Second ACM International Conference on Web Search and Data Mining.New York:ACM,2009:5-14.

[7] Zamir O E.Clustering web documents:A phrase-based method for grouping search engine results[D].Washington:University of Washington,1999.

[8] Zamir O,Etzioni O. Web document clustering:A feasibility demonstration [C]// Proceedings of the 21st Annual International ACM SIGIR Conference on Research and Development in Information Retrieval.New York:ACM,1998:46-54.

检索结果聚类的过程包括片段获取、预处理、特征选择、标签生成、聚类结果显示。Zamir等[①]对网页文档和网页片段的聚类结果进行了比较,发现片段中去掉了可能影响聚类的"噪声"信息,包含有助于聚类的项,相较于原始文档,片段的聚类准确率下降了约15%。对于聚类结果的展示,可以通过扁平划分、层次划分(常用树形式)、图三种方法。

根据侧重点不同,聚类算法可以分为两类[②]:一是以数据为中心,更关注算法,如1992年基于K均值聚类算法的Scatter/Gather系统,该系统存在的不足包括标签可理解性差、网络聚类适应性差等;二是以描述为中心,更关注对聚类标签,如1999年Zamir等提出的后缀树聚类算法(Suffix Tree Clustering,STC)[③]和lingo算法[④],给予高频短语的共现生成聚类标签。基于以上两类聚类算法,目前这方面的研究主要有两个方向:一是对经典算法进行优化来适应聚类的要求;二是根据网页片段的特性,对包含STC等在内的基于标签的算法进行改进。两种算法的改进情况如图5-11所示。

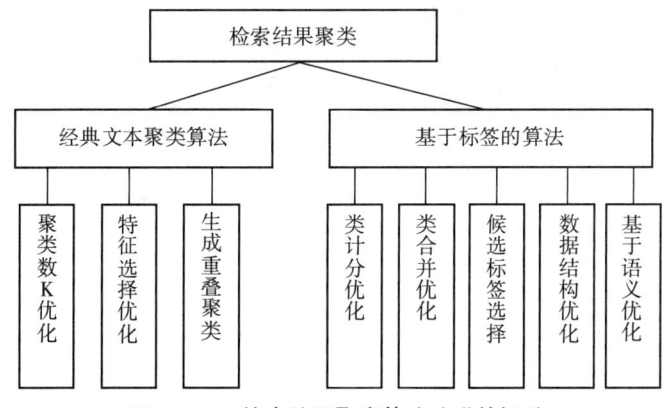

图5-11 检索结果聚类算法改进的概貌

---

① Zamir O, Etzioni O. Web document clustering: A feasibility demonstration [C]// Proceedings of the 21st Annual International ACM SIGIR Conference on Research and Development in Information Retrieval. New York: ACM, 1998: 46-54.

② Carpineto C, Osiński S, Romano G, et al. A survey of web clustering engines[J]. New York: ACM Computing Surveys (CSUR), 2009, 41(3): 17.

③ Zamir O E. Clustering web documents: A phrase-based method for grouping search engine results[D]. Washington: University of Washington, 1999.

④ Osiński S, Stefanowski J, Weiss D. Lingo: Search results clustering algorithm based on singular value decomposition[M]//Intelligent Information Processing and Web Mining. Springer, Berlin, Heidelberg, 2004: 359-368.

(一) 经典聚类算法的改进

Xu[①]和Rokach[②]等对聚类方法的内涵、特征、各种指标进行了阐述,我们对聚类结果的改进工作进行梳理。

(1) 重叠聚类(软聚类)

大部分经典算法中都不能产生重叠聚类,但在实际的应用中,存在一个文档中包含多个主题的情况,因此重叠聚类的实现是有必要的。相关研究从以下几个方面对这个问题进行了探索:

设定相似度阈值。Wang等[③]在K均值聚类算法中设定了相似度阈值,当片段与类簇中心的相似度超过该阈值时,将片段归入该类,从而产生了重叠类。

最小化目标函数。Wang等[④]通过最小化目标函数[公式(5-36)],在模糊c-means(FCM)算法中实现了重叠聚类。

$$J_m = \sum_{i=1}^{N} \sum_{j=1}^{c} u_{ij}^m \| x_i - v_j \|^2, 1 \leqslant m \leqslant \infty \tag{5-36}$$

公式(5-36)中,m表示权重指数,m越大,模糊划分越显著。u_{ij}是片段i对类j的隶属度,v_j是第j个类簇的中心,$\| x_i - v_j \|$是片段i和类j中心的欧式距离,表示片段与类的相似性。通过迭代优化u_{ij}和v_j[公式(5-37)]

$$u_{ij} = 1 / \sum_{k=1}^{c} (\| x_i - v_j \| / \| x_j - v_k \|)^{2/(m-1)} \quad v_j = \sum_{i=1}^{N} u_{ij}^m * x_i / \sum_{i=1}^{N} u_{ij}^m \tag{5-37}$$

直到满足不等式(5-38),其中k为迭代次数,ε是终止条件,介于0到1。

$$\max_{ij} \{ | u_{ij}^{k+1} - u_{ij}^k | \} < \varepsilon \tag{5-38}$$

(2) 优化特征选择

[①] Xu R, Wunsch D. Survey of clustering algorithms[J]. Neural Networks. New York: IEEE, 2005, 16(3): 645-678.

[②] Rokach L. A survey of clustering algorithms[M]//Maimon O, Rokach L. Data Mining and Knowledge Discovery Handbook. Springer US, 2010: 269-298.

[③] Wang Y, Kitsuregawa M. Use link-based clustering to improve web search results[C]// Proceedings of the Second International Conference on Web Information Systems Engineering. New York: IEEE, 2001, 1: 115-124.

[④] Wang F, Lu Y, Zhang F, et al. A new method based on Fuzzy C-Means algorithm for search results clustering[C]//International Conference on Trustworthy Computing and Services. Berlin, Springer, 2012: 263-270.

高频短语。Zamir 等[1]的研究目标,高频短语比以项为特征的聚类效果更好,聚类准确率能够提升 20%,解决了难以满足聚类需求的问题。在特征选择上,主要包括以下几个方面的研究。

共现信息。Di Marco 和 Navigli 等[2][3]提出把词义归纳(Word Sense Induction,WSI)应用于检索结果聚类。WSI 是指在粗语料中进行词义自动发现,使用基于图的算法在用户查询的共现图中计算出最大生成树以识别出查询词的意义,完成聚类。基于 Google Web1T 语料库的测试表明,该算法的准确率达到了 85.24%,而 STC 算法仅 54.29%。Sha 等[4]的工作思想与 Di Marco 和 Navigli[5] 的有相似之处,即以片段集中的项 w 为节点集,定义 $S_{ij} = \frac{2 * |D_i \cap D_j|}{|D_i| + |D_j|}$ 为边 $w_i w_j$ 的标注,定义与 w_i 共现的项数量作为 w_i 的度(degree),通过不同项的度和边的相似性发现项关系并进行节点的合并,以形成类簇,该算法的平均 F 值为 0.7,而 STC 和 K 均值聚类算法的平均 F 值大约是 0.6 和 0.4。

链接信息。网页之间的链接关系能够为检索过程提供很多有用的信息。[6] Wang 等[7]使用网页的入链和出链,以链接的共引关系为聚类特征,将基于链接的特征应用于聚类算法。

词汇相关度(lexical affinity,LA)。词汇相关度从相关度的角度发现项,因此能

---

[1] Zamir O E. Clustering web documents: A phrase-based method for grouping search engine results[D].Washington: University of Washington,1999.

[2] Di Marco A,Navigli R.Clustering web search results with maximum spanning trees[C]// AI*IA 2011: Artificial Intelligence Around Man and Beyond.Berlin: Springer,2011: 201-212.

[3] Navigli R,Crisafulli G.Inducing word senses to improve web search result clustering[C]// Proceedings of the 2010 Conference on Empirical Methods in Natural Language Processing. Association for Computational Linguistics,2010: 116-126.

[4] Sha Y,Zhang G, Jiang H. Text clustering algorithm based on lexical graph[C]//Fourth International Conference on Fuzzy Systems and Knowledge Discovery. New York: IEEE,2007,2: 277-281.

[5] Di Marco A,Navigli R.Clustering web search results with maximum spanning trees[C]// AI*IA 2011: Artificial Intelligence Around Man and Beyond.Berlin: Springer,2011: 201-212.

[6] Húsek D, Pokorný J, Řezanková H, et al. Data clustering: From documents to the Web [M].Web Data Management Practices: Emerging Techniques and Technologies,2006: 1-33.

[7] Wang Y, Kitsuregawa M.Use link-based clustering to improve web search results[C]// Proceedings of the Second International Conference on Web Information Systems Engineering. New York: IEEE,2001,1: 115-124.

发现不相邻的项,在结构上比短语更加灵活。

外源性知识。Hu 等[1]以维基百科和 WordNet 的背景知识作为外部特征,以层次化短语作为内部特征来确定聚类中心,结果表明改进后的 K 均值聚类算法 F 值可提高 30.39%,平均准确度提高 7.83%。

多特征融合。张刚等[2]提出融合 DF、查询日志、查询词上下文等特征的类别标签抽取算法,来生成更加有意义的类别标签。

(3) 优化聚类数 K

设定阈值。大多聚类算法都需要提前设定阈值,如层次聚类法需要设定终止条件,K 均值聚类算法需要设定 K 值。由于网页内容的不同,初始阈值往往很难设定。

AP 算法。为解决 FCM 类簇数的选择问题,Wang 等[3]引入了 AP(Affinity Propagation)算法,即先设定一个较大的初始聚类数,使用 AP 算法优化类的数量,通过迭代运算获得最终的聚类数。

链接信息。夏斌等[4]通过网页间的链接信息,将多个权威网页作为初始的聚类中心,避免了确定初始 K 值,同时也提高了聚类的准确性。

检索结果数量。Cheng 等[5]提出了一种 K 值的确定方法[公式(5-39)],对新闻领域的检索结果进行聚类。公式中的 N 表示谷歌新闻检索结果数量,$|C_i|$ 代表类簇 C_i 中项的数量。

$$K = N \frac{\left|\bigcup_{i=1}^{N} C_i\right|}{\sum_{i=1}^{N} C_i} \tag{5-39}$$

---

[1] Hu X, Sun N, Zhang C, et al. Exploiting internal and external semantics for the clustering of short texts using world knowledge[C]//Proceedings of the 18th ACM Conference on Information and Knowledge Management. New York: ACM, 2009: 919-928.

[2] 张刚,刘悦,郭嘉丰,等.一种层次化的检索结果聚类方法[J].计算机研究与发展,2008,45(3):542-547.

[3] Wang F, Lu Y, Zhang F, et al. A new method based on fuzzy c-means algorithm for search results clustering[A]//Yuyu Yuan, Xu Wu, Yueming Lu. Trustworthy Computing and Services. Berlin: Springer, 2013: 263-270.

[4] 夏斌,徐彬.基于超链接信息的搜索引擎检索结果聚类方法研究[J].电脑开发与应用,2007,20(5):16-17.

[5] Cheng J, Zhou J, Qiu S. Fine-grained topic detection in news search results[C]//Proceedings of the 27th Annual ACM Symposium on Applied Computing. New York: ACM, 2012: 912-917.

(二) 基于标签的算法

基于标签的算法主要是寻找能够唯一表征该类特征的标签,根据这一特征将文本片段分配到不同的类别中。如 Zamir 等提出的后缀树聚类算法(Suffix Tree Clustering,STC)[1],根据后缀树发现共现短语,作为文本聚类和生成类别标签的重要依据。

后缀树聚类算法以高频词序列为特征,将包含同一高频词序列的文本划分为一个基类。文档集重叠太多的基类被不断地合并,直到无法合并为止。合并计算使用了一种称为二进制相似度的度量方法,即定义基类 B_n 和 B_m,如果 $|B_m \cap B_n|/|B_m|>0.5$ 并且 $|B_m \cap B_n|/|B_n|>0.5$,则二者的相似度为1,表示可以合并。

从聚类结果中选择得分较高的 K 个类,类得分通过 $score(B)=|B|*f(|P|)$ 计算,其中 $|B|$ 为类 B 中的文档数,$|P|$ 为类 B 的标签短语中有意义项的数量,即短语 P 的长度,f 随 $|P|$ 线性增长,如果短语长度大于6则 f 保持不变(公式5-40)。

$$f(|P|)=\begin{cases} 0.5, & if\ |P|=1,\\ |P|, & if\ 1<|P|\leqslant 5,\\ 6, & if\ |P|>5. \end{cases} \quad (5-40)$$

后缀树聚类算法具有以下不足:由于该模型是在英语语境中被提出的,因此在处理中文语料时,会出现关键短语抽取错误的问题,生成一些无意义的短语;该模型以高频词序列为特征进行文档聚类,会导致一些不包含高频词的相关文档难以被分配到类簇中;以短语为特征构建后缀树时,容易忽略一些长度较长的短语,造成误差;构建好的后缀树会占用很大的内存,且对于基类的计分方法过于简单。针对这些问题,学者们也提出了以下解决方法。

(1) 优化计分算法

后缀树聚类算法对重叠文档会出现重复计分的问题,Daniel Crabtree 等[2]提出了 ESTC 算法,即将基类 B 的每个文档得分记为 $s/|B|$,将类中所有文档得分的均值作为该类的总分,把 F 值作为评价指标,当阈值大于 0.5 时,ESTC 算法比 STC 提高 50%。

---

[1] Zamir O E.Clustering web documents:A phrase-based method for grouping search engine results[D].Washington:University of Washington,1999.

[2] Crabtree D,Gao X,Andreae P.Improving web clustering by cluster selection[C]//Proceedings of the International Conference on Web Intelligence. New York:IEEE,2005:172-178.

（2）优化合并算法

Janruang J 等[①]对后缀树聚类算法的合并运算进行了改进，见公式 5-41，发现了更为真实的常用短语标签，聚类的平均准确率比 STC 高 10%。其中 A 和 B 是两个基类，$A(d)$ 和 $B(d)$ 分别是 A 类和 B 类中的片段，$\{a_0, a_1, \cdots, a_n\}$ 是出现在 A 类中的一系列标签短语。

$$A \oplus B = \begin{cases} a_0 \quad \oplus \\ a_1 = b_0 \\ a_2 = b_1 \\ \vdots \\ a_n = b_{n-1} \\ \oplus \quad b_n \end{cases} if (A_{(d)} \subseteq B_{(d)} \, or \, B_{(d)} \subseteq A_{(d)}) \qquad (5-41)$$

Maslowska[②] 提出 HSTC 算法，通过计算 $|C_i \cap C_j| / |C_j| \geqslant \alpha, \alpha \in (0.5;1]$，发现了类之间的包含关系，增加了最终聚类导航的层次性。

（3）优化候选标签

标签是后缀树聚类算法的基础与质量保证。Hu 等[③]将题名中的项引入聚类标签的选择过程。骆雄武等[④]将一些启发式规则应用于候选标签的选择上。Zhang 等[⑤]通过比较高频项的上下文，基于项的长度和频率定义项的重要性，结合互信息完成项的选择。针对类簇中难以获得准确有意义的标签的问题，Zeng 等设计了

---

① Janruang J, Kreesuradej W. A new web search result clustering based on true common phrase label discovery[C]//International Conference on Computational Intelligence for Modeling, Control and Automation and International Conference on Intelligent Agents, Web Technologies and Internet Commerce. New York: IEEE, 2006: 242-242.

② Maslowska I. Phrase-based hierarchical clustering of web search results[M]. Berlin: Springer, 2003: 555-562

③ Hu X, Sun N, Zhang C, et al. Exploiting internal and external semantics for the clustering of short texts using world knowledge[C]//Proceedings of the 18th ACM Conference on Information and Knowledge Management. New York: ACM, 2009: 919-928.

④ 骆雄武,万小军,杨建武,等.基于后缀树的 Web 检索结果聚类标签生成方法[J].中文信息学报,2009,23(2): 83-88.

⑤ Zhang D, Dong Y. Semantic, hierarchical, online clustering of web search results[A]// Xuemin Lin, Hongjun Lu, Yanchun Zhang, et al. Advanced Web Technologies and Applications. Berlin: Springer, 2004: 69-78.

SRC系统[1]整合TFIDF、项长度n、簇内相似性、类熵以及项独立性计算标签权重,用真实数据作为训练文档,利用训练结果优化候选标签,将无监督的检索结果聚类问题转换为有监督的突出短语排序问题。

(4) 优化数据结构

张健沛等[2]将PAT-tree和STC进行了整合,利用PAT-tree在线性时间内确定关键词频率的特点,弥补了STC处理中文语料的不足。

Wang等[3]结合STC和语音模型N-gram,提出了一种新的后缀树,设定N可以将一些较长的项过滤掉,经过实验发现,在N=3的情况下,10767个STC短语经过过滤,得到了5765个短语,该算法得到的标签比传统的STC更短,但量级更轻,减少了内存占用,运算速度更快。Zhang等[4]提出的SHOC(semantic hierarchical online clustering)算法,采用了后缀数组(suffix array)代替后缀树,同样减少了对内存的占用。

通过对聚类算法的优化方法进行梳理,总结出以下几点结论:(1) 后缀树聚类算法构建后缀树的时间复杂度与句子的数量呈线性关系;(2) 基于标签的聚类算法实现了软聚类;(3) 后缀树聚类算法族在准确率方面总体优于以K均值聚类算法为代表的经典算法;(4) 相较于聚类质量的提高,时间上的延迟仍是可以接受的。

(三) 检索结果聚类的问题与未来

由目前检索结果聚类的研究来看,仍存在一些不足之处,如聚类结果的类簇粒度不均匀、聚类层次不足、聚类标签与内容不一致、对检索结果的预见性不足等。因此,检索结果聚类在未来的研究可以从以下几方面着手。

(1) 提高聚类结果输出的有效性

---

[1] Zeng H, He Q, Chen Z, et al. Learning to cluster web search results[C]//Proceedings of the 27th Annual International ACM SIGIR Conference on Research and Development in Information Retrieval. New York: ACM, 2004: 210-217.

[2] 张健沛,刘洋,杨静,等.搜索引擎结果聚类算法研究[J].计算机工程,2004,30(5): 95-97.

[3] Wang J, Mo Y, Huang B, et al. Web search results clustering based on a novel suffix tree structure[C]//Lecture Notes in Computer Science Cincluding subseries Lecture Notes in Artificial Intelligence and Lecture Notes in Bioinformatics, 2008: 540-554.

[4] Zhang D, Dong Y. Semantic, hierarchical, online clustering of web search results[A]//Xuemin Lin, Hongjun Lu, Yanchun Zhang, et al. Advanced Web Technologies and Applications. Berlin: Springer, 2004: 69-78.

已有研究大多集中于改进聚类算法,而缺乏对输出结果的关注。[1] 有一些研究提出对后者的解决思路:提供类簇中内容的预览[2];针对结果的表现力,使用多文档自动摘要的形式呈现[3];Stein 等[4]引入长尾理论对检索结果进行相关性排序,对尾部文档进行聚类,并将其与相关性较高的文档相结合,以展示检索结果。在对结果的展示方面,文献结果[5]为了适应逐渐增加的移动需求,Rivadeneira 等[6]研究了聚类交互界面,设计了面向移动端的聚类和展示结构。同时,可视化的结果展示能够带来更好的用户体验[7],因此,未来的研究可以关注可视化在聚类结果展示方面的应用。

(2) 特征选择

在对各种聚类算法进行优化的方法中,优化特征选择是一个重要的方面。在进行特征选择时,对影响特征选择的元素(如文档片段)进行优化,有助于选择更有意义的特征。[8] 获取到类簇的特征之后,需要对特征进行描述,可以使用超链接[9]、多

---

[1] Janruang J, Kreesuradej W. A new web search result clustering based on true common phrase label discovery[C]//2006 International Conference on Computational Intelligence for Modeling Control and Automation and International Conference on Intelligent Agents, Web Technologies and Internet Commerce. New York: IEEE, 2006: 242-242.

[2] Julien C A, Leide J E, Bouthillier F. Controlled user evaluations of information visualization interfaces for text retrieval: Literature review and meta-analysis[J]. Journal of the American Society for Information Science and Technology, 2008, 59(6): 1012-1024.

[3] Harabagiu S, Lacatusu F. Topic themes for multi-document summarization[C]//Proceedings of the 28th Annual International ACM SIGIR Conference on Research and Development in Information Retrieval. New York: ACM, 2005: 202-209.

[4] Stein B, Gollub T, Hoppe D. Beyond precision@10: Clustering the long tail of web search results[C]//Proceedings of the 20th ACM International Conference on Information and Knowledge Management. New York: ACM, 2011: 2141-2144.

[5] Carpineto C, Mizzaro S, Romano G, et al. Mobile information retrieval with search results clustering: Prototypes and evaluations[J]. Journal of the American Society for Information Science and Technology, 2009, 60(5): 877-895.

[6] Rivadeneira W, Bederson B B. A study of search result clustering interfaces: Comparing textual and zoomable user interfaces[J]. Studies, 2003, 21(5): 1-8.

[7] Di Giacomo E, Didimo W, Grilli L, et al. Graph Visualization Techniques for Web Clustering Engines[J]. Visualization and Computer Graphics, 2007, 13(2): 294-304.

[8] Wang F, Lu Y, Zhang F, et al. A new method based on Fuzzy C-Means algorithm for search results clustering[C]//International Conference on Trustworthy Computing and Services. Springer, Berlin, Heidelberg, 2012: 263-270.

[9] Wang Y, Kitsuregawa M. Use link-based clustering to improve Web search results[C]//Proceedings of the 2nd International Conference on Web Information Systems Engineering, 2001, 1: 115-124.

特征融合①等方法得到具有说服力的特征描述。Navigli等②利用搜索词的共现关系生成了一系列诱导词,将诱导词应用于增强聚类准确性。此外,利用各种外部知识源(如维基百科以及WordNet等)也有助于提高聚类准确性,将聚类结果与排名列表相结合,对于提高聚类质量也具有明显的价值。③

(3)挖掘用户行为研究成果

在优化检索结果聚类的路径中,利用对用户行为的研究成果具有很大的意义。Koshman等④对Vivisimo为期两周的日志进行了分析,发现了以下几点:大部分搜索行为只包含两个项;大部分搜索会话仅有一次搜索且时间不超过一分钟;11.1%的查询会话是多任务的,查询会话中包含多个查询主题;将近一半的用户只浏览单一的类簇,类簇树展开的情况极少。通过这些研究可以看出,在当前研究已涉及大量文本特征的情况下,加入用户行为特征的分析无疑会对优化检索结果有很大帮助,除了能够提高检索系统的可用性之外,还能够为用户提供个性化的检索结果,进一步提升用户体验。⑤

(4)多途径的协同研究

多种途径协同作用的方法具有较好的聚类效果。Maiti等⑥、张刚等⑦的研究表明,融合多种特征和算法能够有效提高聚类的准确率。Vadrevu等⑧调整了聚类框

---

① 张刚,刘悦,郭嘉丰,等.一种层次化的检索结果聚类方法[J].计算机研究与发展,2008,45(3):542-547.

② Navigli R,Crisafulli G.Inducing word senses to improve web search result clustering[C]//Proceedings of the 2010 Conference on Empirical Methods in Natural Language Processing.Association for Computational Linguistics,2010:116-126.

③ Leuski A,Allan J. Improving Interactive Retrieval by Combining Ranked List and Clustering[C]//RIAO.2000:665-681.

④ Koshman S,Spink A,Jansen B J.Web searching on the Vivisimo search engine[J].Journal of the American Society for Information Science and Technology,2006,57(14):1875-1887.

⑤ Cai K,Bu J,Chen C. An efficient user-oriented clustering of web search results[C]//International Conference on Computational Science. Springer, Berlin, Heidelberg, 2005:806-809.

⑥ Maiti S,Samanta D. Clustering web search results to identify information domain[M]//Emerging Trends in Computing and Communication. Springer, New Delhi, 2014:291-303.

⑦ 张刚,刘悦,郭嘉丰,等.一种层次化的检索结果聚类方法[J].计算机研究与发展,2008,45(3):542-547.

⑧ Vadrevu S,Teo C H,Rajan S,et al.Scalable clustering of news search results[C]//Proceedings of the 4th ACM International Conference on Web Search and Data Mining. New York:ACM,2011:675-684.

架,从离线聚类(offline clustering)、增量聚类(incremental clustering)以及实时聚类(realtime clustering)三个过程进行了聚类研究;Fred 和 Jain 的研究表明在非预定义结构的情况下合并多个聚类结果有助于类簇识别[1];基于图划分的聚类[2][3]和利用 LSI 改进的聚类算法[4][5]在聚类准确性等方面有所提高。

5.3 学科网络信息的自动文摘

5.3.1 自动文摘

有关自动文摘的研究最早出现于 IBM 公司的 Luhn 在 1958 年发表的一篇论文中,近年来一些国际测评会议的召开进一步推动了自动文摘领域的研究发展速度,如文本理解会议(Document Understanding Conference,DUC)等发布了用于自动文摘训练的语料库。国内进行自动文摘研究的主要机构有北京大学[6]、哈工大[7]、清华大学[8]、上海交大[9]、中科院[10]等。

---

[1] Fred A L N,Jain A K.Combining multiple clustering using evidence accumulation[J].Pattern Analysis and Machine Intelligence,2005,27(6):835-850.

[2] Navigli R,Crisafulli G.Inducing word senses to improve web search result clustering[C]//Proceedings of the 2010 Conference on Empirical Methods in Natural Language Processing.Association for Computational Linguistics,2010:116-126.

[3] Sha Y,Zhang G,Jiang H.Text Clustering Algorithm Based on Lexical Graph[C]//The 4th International Conference on Fuzzy Systems and Knowledge Discovery.New York:IEEE,2007,2:277-281.

[4] Osiński S,Stefanowski J,Weiss D. Lingo:Search results clustering algorithm based on singular value decomposition[M]//Intelligent Information Processing and Web Mining.Berlin:Springer,2004:359-368.

[5] Zhang D,Dong Y.Semantic,hierarchical,online clustering of web search results[A]//Xuemin Lin,Hongjun Lu,Yanchun Zhang,et al. Advanced Web Technologies and Applications.Berlin:Springer,2004:69-78.

[6] 宋今,赵东岩.基于语料库与层次词典的自动文摘研究(英文)[J].软件学报,2000,11(3):308-314.

[7] 秦兵,刘挺,李生.多文档自动文摘综述[J].中文信息学报,2005,19(6):13-20.

[8] 季姮,罗振声,万敏,等.基于概念统计和语义层次分析的英文自动文摘研究[J].中文信息学报,2003,17(2):14-20.

[9] 沈洲,王永成,许一震,等.自动文摘系统评价方法的研究与实践[J].情报学报,2001,20(1):66-72.

[10] 李小滨,徐越.自动文摘系统 EAAS[J].软件学报,1991(4):12-18.

(一) 自动文摘的定义及其分类

在中华人民共和国国家标准 GB6447-86《文献编写规则》中,文摘被定义为"以提供文献内容梗概为目的,不加评论和补充解释,简明、确切地记述文献重要内容的短文"。美国国家标准学会将文摘定义为"对一篇文档的表达,并且不加任何评论,无需知道文摘的作者"。国际标准[ISO214-1976(E)]将文摘定义为"对一篇文档简洁精确的表示,并且不加任何评论,文摘独立于文摘本身的作者"。

自动文摘是利用计算机程序对文本进行处理,从而自动产生出能够表达文本主要观点的文摘。按照不同的标准,可以把自动文摘分为不同的类型。

根据处理文档对象的数量,可以分为单文档自动文摘和多文档自动文摘。前者处理单篇文档,提取文摘;后者将多篇主题相同的文章聚集起来集中处理,提取该文档簇的文摘,并删除冗余信息。[1]

根据文摘的产生方式,可以分为生成式自动文摘和抽取式自动文摘。前者生成的文摘来源于原文,主要是对原文的观点和关键词项进行凝练,内容和形式不必与原文相同;后者主要对原文的内容进行抽取,抽取之前生成一个特征集合,根据这个特征集合对原文中的句子打分,设置一个分数阈值,高于该阈值的句子组成文档的文摘。[2] 我们主要讨论生成式自动文摘。

根据用户需求方式,可以分为一般式自动文摘和查询式自动文摘。[3] 前者为用户提供一般性的文摘,后者主要根据用户的查询需求提供特定的文摘。

根据语料库训练方式,可以分为有监督自动文摘和无监督自动文摘。前者需要建立模型,对语料库进行训练,最终得到有效的自动文摘系统;后者不需要训练语料库,不需要学习模型,可以直接使用。

根据文摘的来源对象不同,可以分为文档自动文摘和多媒体自动文摘。前者从

---

[1] Nenkova A, Vanderwende L, Mckeown K. A compositional context sensitive multi-document summarizer: Exploring the factors that influence summarization[C]//SIGIR 2006: Proceedings of the International ACM SIGIR Conference on Research and Development in Information Retrieval, Seattle, Washington, USA, August, 2006: 573-580.

[2] Mani I, Bloedorn E. Machine learning of generic and user-focused summarization[C]//AAAI/IAAI, 1998: 821-826.

[3] Ouyang Y, Li W, Li S, et al. Applying regression models to query-focused multi-document summarization[J]. Information Processing & Management, 2011, 47(2): 227-237.

文档中获取文摘,后者从多媒体资源(如音频、视频)中获取文摘。[1][2][3]

(二)自动文摘方法

(1)基于统计的自动文摘

基于统计的自动文摘的主要思想是将文本看成句子的线性序列,将句子看成词的线性序列,图5-12展示了基于统计的自动文摘获取过程:原始文本、文本预处理、计算特征得分、计算句子得分、抽取重要的句子、形成文摘。其中,计算特征得分时,主要根据文本的统计特征,常见的特征如词频(TF-IDF[4])、句子位置[5]、线索词[6]、标题词等,还包括信息增益[7]、互信息等。

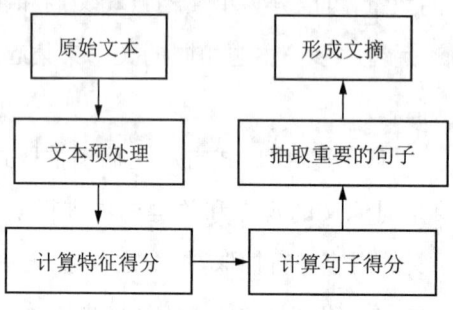

图5-12 基于统计的自动文摘获取过程

基于统计的自动文摘的优点是原理简单,主要使用文档的统计特征进行文摘抽

---

[1] Li C,Xie Y,Luan X,et al. Automatic movie summarization based on the visual-audio features[C]//Computational Science and Engineering (CSE), 2014 IEEE 17th International Conference on Computational Science and Engineering.IEEE,2015:1758-1761.

[2] Yong J L,Grauman K. Predicting important objects for egocentric video summarization[J]. International Journal of Computer Vision,2015,114(1):38-55.

[3] Masumitsu K, Echigo T. Personalized video summarization using importance score[J]. Journal of IEICE, 2001, 84(8):1848-1855.

[4] Mitra M,Buckley C,Salton G,et al. Automatic Text Structuring and Summarization.[J]. Information Processing & Management,1997,33(2):193-207.

[5] Edmundson H P. New Methods in Automatic Extracting.[J].Journal of the Acm,1969,16(2):264-285.

[6] Jones P A, Paice C D.A 'Select and Generate' Approach to Automatic Abstracting[M]//14th Information Retrieval Colloquium.London:Springer,1993.

[7] Mori T.Information gain ratio as term weight: The case of summarization of IR results. [C]//International Conference on Computational Linguistics.2002:1-7.

取,对领域知识和技术要求较低。[1] 但是也存在一些不足,该方法抽取的句子可能会在文档中不同位置重复出现,因此抽取出的文摘句也可能会重复,造成信息冗余。从不同的位置抽取出的句子组合在一起形成的文摘,逻辑性一般较差。对多主题文档进行处理时,仅仅统计特征,难以对文章内容和主题进行深入分析,抽取出的文摘对主题的覆盖全面性不高,信息价值密度低。针对这些问题,有学者将基于统计的自动文摘和其他自动文摘方法结合起来,如 Ko 等[2]提出了一种结合上下文信息和统计信息的自动文摘方法。

(2) 基于主题的自动文摘

基于主题的自动文摘关注文档的主题,挖掘语义关系,将能够表示文档主题的句子作为文摘句。在主题识别和主题分割方面,学者们提出了不同的思路。Edmundson[3] 提出使用指示性短语识别文档的内容,指示性短语包括英文文本中的"in conclusion""the aim of this paper"等,中文文本的"本文认为""本文的主要内容""文本提出了"等,使用含有指示性短语的句子作为文摘句,能够准确定位到文章内容,揭示文章主题;Boguraev 等[4]提出了一种基于主题转移检测的自动文摘方法;Neto 等[5]先用 TextTiling 算法对文本进行分割,结合 TF‐IDF 算法将文本分成几个主题簇,再对每个主题簇利用 TF‐ISF(Term Frequency-Inverse Sentence Frequency)算法抽取句子形成文摘句;Angheluta 等[6]提出了一种基于文本结构树的主题分割自动文摘方法;Fang 等[7]提出了一种面向主题因子的自动文摘方法,成功地运用在文

---

[1] 曹洋.基于 TextRank 算法的单文档自动文摘研究[D].南京:南京大学,2016.

[2] Ko Y,Seo J. An effective sentence-extraction technique using contextual information and statistical approaches for text summarization[J]. Pattern Recognition Letters,2008,29(9):1366‐1371.

[3] Edmundson H P. New methods in automatic extracting[J]. Journal of the ACM,1969,16(2):264‐285.

[4] Boguraev B K,Neff M S.Discourse segmentation in aid of document summarization[C]// Hawaii International Conference on System Sciences.IEEE,2000:3004.

[5] Neto J L,Santos A D,Kaestner C A A,et al.Generating text summaries through the relative importance of topics[C]//International Joint Conference Iberamia/sbia.Berlin:Springer,2000:300‐309.

[6] Angheluta R,Busser R D,Francine Moens M.The use of topic segmentation for automatic summarization [C]//In Proceedings of the ACL‐2002 post-conference workshop on automatic summarization.2002:66‐70.

[7] Fang H,Lu W,Wu F,et al. Topic aspect-oriented summarization via group selection[J]. Neurocomputing,2015,149:1613‐1619.

本和图像摘要领域。

基于主题的自动文摘对文档的语义关系进行了挖掘,能够从语义的层面对文档主题进行表征,处理多主题的文档时也能较全面地覆盖所有主题。但是也存在不足:由于语义信息只是文档的一个特征项,仅仅基于主题的自动文摘获取方法使用的文本特征比较单一。针对该问题,学者们尝试将基于主题的自动文摘获取与其他方法结合起来。例如,Teng等[1]提出了单文档自动文摘方法,将主题识别和词频特征相结合来获取文摘;Kuo等[2]结合信息量与主题词,并将这个自动文摘抽取方法成功地运用在了多文档自动文摘中;Yang等[3]利用概率生成模型对主题簇中的句子进行排序,从而生成文摘。

(3)基于篇章结构的自动文摘

基于篇章结构的自动文摘从语言学的角度对文档进行结构分析,篇章结构构造方法主要有修辞结构、词汇链、潜在语义分析等。文档的不同结构包含不同的内容,对这些内容进行结构特征分析,能够比较准确地定位文档的核心内容,从而抽取出文摘。

Marcu[4]基于修辞结构理论,提出了核心—辅助篇章结构(nucleus-satellite relations),其中核心是文章的基础内容,辅助是对基础内容的补充,以此对文章的结构进行分析,并从中找出文档中的重要内容,形成文摘句。

基于篇章结构的自动文摘能够对文档进行层次性分析,定位文档的重要单元,但是对文档的语义性分析不够,生成的文摘衔接性和连贯性分析不足。Gonçalves等[5]基

---

[1] Teng Z, Liu Y, Ren F, Tsuchiya S, Ren F. Single document summarization based on local topic identification and word frequency [C]//In: MICAI'08: Proceedings of the 2008 Seventh Mexican International Conference on Artificial Intelligence, 2008: 37-41.

[2] Kuo J J, Chen H H. Multidocument summary generation: Using informative and event words.[J]. ACM Transactions on Asian Language Information Processing, 2008, 7(1): 1-23.

[3] Yang L, Cai X, Zhang Y, et al. Enhancing sentence-level clustering with ranking-based clustering framework for theme-based summarization[J]. Information Sciences, 2014, 260(1): 37-50.

[4] Marcu D. Discourse Trees Are Good Indicators of Importance in Text[J]. Advances in Automatic Text Summarization, 1998: 123-136.

[5] Gonçalves P N, Rino L, Vieira R. Summarizing and referring: Towards cohesive extracts. [C]//ACM Symposium on Document Engineering, Sao Paulo, Brazil, September. 2008: 253-256.

于 Baldwin 等①、Azzam 等②的研究,提出了一种运用共指链的方法,这种方法假设最长的共指链能够指示文章的主题,因此,抽取最长共指链形成的文摘句,能够保证句子的衔接性与连贯性。另一种类似的做法是运用词汇链方法③④,词汇链是文本中的同义词词集,每个词汇链都代表了一个主题概念。这种方法首先将文本中的名词提取出来,然后运用 WordNet 语义词典将所有的同义词合并成词汇链,对词汇链中的强链打分,最终根据得分的高低,排序输出为文摘句。

基于篇章结构的自动文摘方法的优点是生成的文摘质量较高,不受领域的限制;其缺点是文章的结构必须清晰明了。具体到不同的篇章结构,修辞结构依赖于连接词,如果连接词数量较少,就很难形成文摘;词汇链方法生成的文摘质量依赖于语义词典。所以,很多学者将基于篇章结构的自动文摘方法和其他方法融合在一起使用。例如,Cunha 等⑤基于向量空间模型,综合运用基于统计的方法和基于篇章结构的方法生成文摘;Ferreira 等⑥面向多文档自动文摘提出一种融合统计信息和篇章结构信息的方法,这种方法基于聚类算法形成图模型,其中包含四种不同关系的边,分别是语义相似度、统计相似度、篇章结构、指代消解。

(4) 基于机器学习的自动文摘⑦

基于机器学习的自动文摘就是利用机器学习算法,依据给定的特征集,自动地从语料库中训练出模型,从而得出文摘。最早将机器学习运用在自动文摘领域的算

---

① Baldwin B, Morton T S. Dynamic coreference-based summarization[C]//Proceedings of the Third Conference on Empirical Methods for Natural Language Processing. 1998:1-6.

② Azzam S, Humphreys K, Gaizauskas R. Using coreference chains for text summarization [J]. ACL Workshop on Coreference & Its Applications,2002:1-8.

③ Medelyan O. Computing lexical chains with graph clustering[C]//ACL 2007, Proceedings of the Meeting of the Association for Computational Linguistics, June 23-30, 2007, Prague, Czech Republic. 2007:85-90.

④ Elsner M, Charniak E. Conference-inspired coherence modeling[C]//ACL-08:HLT-46th Annual Meeting of the Association for Computational Linguistics:Human Language Technologies, Proceedings of the Conference,2008:41-44.

⑤ Cunha I D, Fernández S, Morales P V, et al. A new hybrid summarizer based on vector space model, statistical physics and linguistics [M]//MICAI 2007:Advances in Artificial Intelligence. Berlin:Springer,2007:872-882.

⑥ Ferreira R, Cabral L D S, Freitas F, et al. A multi-document summarization system based on statistics and linguistic treatment[J]. Expert Systems with Applications,2014,41(13):5780-5787.

⑦ 曹洋. 基于 TextRank 算法的单文档自动文摘研究[D]. 南京:南京大学,2016.

法包括二元分类器①、隐马尔科夫模型②、贝叶斯定理③等。机器学习可以分为监督式学习、无监督式学习和半监督式学习。监督学习需要训练语料库，提前对训练语料库进行标记，带入自动文摘系统中，对模型不断学习，最后得到合适的自动文摘系统。监督式学习方法有支持向量机④、朴素贝叶斯、回归分析⑤、决策树、神经网络等。无监督学习无需训练语料库，也不需要学习过程，可以直接使用。无监督学习式方法有聚类分析⑥、隐马尔科夫模型、遗传算法⑦等。半监督学习介于监督学习与无监督学习之间。

基于机器学习的自动文摘方法的优点是可以对语料库进行大规模的特征测试，从而筛选出最合适的特征（词汇特征、语法特征、统计特征）。其缺点是为了达到最合适的效果，需要大规模的训练语料库进行训练；在监督学习方法中，需要语料库中包含人工文摘，所以人工文摘的好坏也影响了模型的训练过程。

（5）基于图的自动文摘

基于图的排序算法考虑了全局信息，并进行递归计算来对节点排序。基于图的排序算法已经成功地应用在引证分析、社会网络分析、万维网链接分析。比较出名

---

① Kupiec J, Pedersen J, Chen F. A trainable document summarizer[C]//International ACM SIGIR Conference on Research and Development in Information Retrieval. ACM, 1995: 68-73.

② Lloret E, Palomar M. Text summarisation in progress: A literature review[J]. Artificial Intelligence Review, 2012, 37(1): 1-41.

③ Aone C, Okurowski M E, Gorlinsky J. Trainable, scalable summarization using robust NLP and machine learning[C]//Meeting of the Association for Computational Linguistics and International Conference on Computational Linguistics. Association for Computational Linguistics, 1998: 62-66.

④ Fattah M A. A hybrid machine learning model for multi-document summarization[J]. Applied Intelligence, 2014, 40(4): 592-600.

⑤ Fattah M A, Ren F. GA, MR, FFNN, PNN and GMM based models for automatic text summarization[J]. Computer Speech & Language, 2009, 23(1): 126-144.

⑥ Yang L, Cai X, Zhang Y, et al. Enhancing sentence-level clustering with ranking-based clustering framework for theme-based summarization[J]. Information Sciences, 2014, 260(1): 37-50.

⑦ Mendoza M, Bonilla S, Noguera C, et al. Extractive single-document summarization based on genetic operators and guided local search[J]. Expert Systems with Applications, 2014, 41(9): 4158-4169.

的基于图的排序算法有 HITS 算法[①]和 PageRank 算法[②]。将这种排序算法的思想应用到自然语言处理领域中,利用文本中的词汇或者语义信息来构建拓扑结构图,对语句进行排序。

TextRank 算法[③]和 LexRank 算法[④]就是经典的用于文本的基于图的排序算法,主要应用在关键词提取和自动文摘等领域中。TextRank 算法和 LexRank 算法是由不同的学术团体在同一时间提出的方法,都是基于 PageRank 算法对拓扑结构图进行迭代计算。不同点主要表现在:首先,句子相似度的计算方面,TextRank 算法运用一种基于两个句子间包含相同词项个数的方法,而 LexRank 运用的是基于 IF-IDF 向量的余弦相似度方法;其次,面向文档对象的数量方面,TextRank 算法主要用于单文档自动文摘,而 LexRank 算法主要用于多文档自动文摘。LexRank 系统,全称是 Lexical PageRank 系统,是一个多文档自动文摘系统,属于通用的、无监督的抽取式文摘系统。不同于 PageRank,LexRank 句子间的结构是无方向的。LexRank 依据词袋模型假设,运用一种调整的余弦相似度计算方法,计算两个句子间的相似度。

基于图的自动文摘主要步骤包括语料库预处理、图模型构建、图模型计算、图模型排序、文摘输出。学术界对其研究主要集中在图模型构建、图模型计算、文摘输出这三方面。

基于图的自动文摘方法的优点是无须训练语料库;可以很好地用于不同领域内容的文本,不用考虑语言学知识或者领域知识;综合考虑了文本的整体结构。其缺点是由于只考虑了文本的全局信息,缺少文本单元的本身特征信息。因此,对基于图的自动文摘方法改进主要集中在图模型构建和图模型计算这两部分。

---

① Kleinberg J M.Authoritative sources in a hyperlinked environment[J].Journal of the Acm,1999,46(5):604-632.

② Brin S,Page L. The anatomy of a large-scale hypertextual web search engine[J]. Computer Networks and ISDN Systems,1998,30(1-7):107-117.

③ Mihalcea R,Tarau P. TextRank:Bringing order into texts[C]//Proceedings of the Conference on Empirical Methods in Natural Language Processing,2004:404-411.

④ Erkan G,Radev D R.LexRank:Graph-based lexical centrality as salience in text summarization[J]. Journal of Qiqihar Junior Teachers College,2010,22:2004.

5.3.2 基于机器学习的自动文摘

(一) 基于机器学习自动文摘的一般过程

随着互联网技术和信息技术的发展,文献的数量急剧上升,传统的手工处理方式已经难以应对目前海量的文献数据。为了解决手工处理技术的局限性和日益增长的文献信息之间的矛盾,学术界试图借助计算机技术来对文献数据实现自动处理,自动文摘是其中一个重要的方面。Luhn 在 1958 年首次提出自动文摘的思路,此后掀起了该领域的研究热潮。

机器学习目前已经被应用于自然语言处理、数据挖掘等多个领域,目的是设计出能够实现计算机自动处理数据的算法。基于机器学习的自动文摘就是利用已有的语料库和特征集合,学习出模型,自动地生成文摘的过程。具体包括以下几个过程:特征选取、算法选择、模型训练、文摘提取和模型评测。[1]

(1) 特征选取

特征选择对于自动文摘研究起着至关重要的作用。Luhn[2] 和 Baxendale[3] 提出了通过对句子进行排序的方法来选择文摘句,分别是基于高频词和句子位置对句子打分,得分高的句子作为文摘句。Edmundson[4] 将这两种方法结合起来,在科技文献的自动文摘应用中取得了很好的效果。除此之外,作为特征选择的依据还包括句子的长度、句子的权重等,还有学者提出使用实体和语义层面的特征[5]。其中,实体特征包括命名实体、邻近度、实体词的联系[6][7]、相似度以及逻辑关系等;语义特征包

---

[1] 郭燕慧,钟义信,马志勇,等.自动文摘综述[J].情报学报,2002,5:582-591.

[2] Luhn H P. The automatic creation of literature abstracts[J]. IBM Journal of Research and Development,1958,2(2):159-165.

[3] Baxendale P B. Machine-made index for technical literature: An experiment[J]. IBM Journal of Research and Development,1958,2(4):354-361.

[4] Edmundson H P. New methods in automatic extracting[J]. Journal of the ACM,1969,16(2):264-285.

[5] Ramezania,M. Feizi-Derakhshi, M. Automated text summarization: An overview. Applied Artificial Intelligence: An International Journal,2014,28(2):178-215.

[6] Boguraev B,Kennedy C. Salience-based content characterisation of text documents[J]. Advances in Automatic Text Summarization,1999:99-110.

[7] Barzilay R. Lexical chains for summarization[D]. Beer-Sheva: Ben-Gurion University of the Negev,1997.

括修辞结构、句法特征以及语义概念①等。

(2) 算法选择

在自动文摘的研究和应用中,常用的机器学习算法包括朴素贝叶斯、最大熵模型、条件随机场、隐马尔科夫模型、贝叶斯网络、支持向量机、遗传算法、回归模型等,我们将对朴素贝叶斯、隐马尔科夫和条件随机场模型进行探讨。

(3) 模型训练

运用机器学习的算法,将已有的语料库分为训练集和测试集,将设计好的算法应用于语料库进行训练,训练出一个模型,将测试集用于模型中,测试模型的性能。

(4) 文摘提取

文摘提取可以分为有监督的文摘提取和无监督的文摘提取。无监督的文摘提取通过挖掘句子间的关系,并使用多种特征进行文摘选取,主要的特征包括修辞结构②、词汇链③、隐藏主题以及基于图④的方法等。有监督的文摘提取将整个过程看作对句子的分类问题,将句子分为消极类和积极类,对句子进行打分,高分的句子为文摘句,属于积极类,非文摘句属于消极类。

(5) 模型评测

基于机器学习的自动文摘主要有 F 值和 ROUGE 两种评价方法。前者涉及准确率 P、召回率 R 和 F 值:

$$P=\frac{a}{a+c}, R=\frac{a}{a+b}, F=\frac{2P\times R}{P+R}. \tag{5-42}$$

其中 a 表示在文摘中且被标注为文摘的句子数;b 表示在文摘中但没有被标注为文摘的句子数;c 表示不在文摘中但被标注为文摘的句子数。

---

① Gong Y, Liu X. Generic text summarization using relevance measure and latent semantic analysis[C]//Proceedings of the 24th Annual International ACM SIGIR Conference on Research and Development in Information Retrieval. ACM, 2001: 19-25.

② Marcu D. From discourse structures to text summaries[C]//Proceedings of the ACL. 1997: 82-88.

③ Barzilay R, Elhadad M. Using lexical chains for text summarization[J]. Advances in Automatic Text Summarization, 1999: 111-121.

④ Mihalcea R. Language independent extractive summarization[C]//Proceedings of the ACL 2005 on Interactive Poster and Demonstration Sessions. Association for Computational Linguistics, 2005: 49-52.

ROUGE(Recall Oriented Understudy for Gisting Evaluation)评价法由 Lin[①]提出,主要参考了 Papineni 等的机器翻译自动评价方法。这种方法将人工文摘和自动文摘相结合,首先由若干个专家进行人工选择,生成人工文摘,作为标准文摘集合,将系统生成的自动文摘与标准文摘集进行对比,统计两种文摘集的重叠单元数(n 元语法、词序列或词对),来对自动文摘进行质量评价,通过这个过程来提高自动文摘生成系统的稳定性和健壮性。

(二) 基于 Seq2Seq 的自动文摘方法

Seq2Seq 起初在机器翻译领域提出[②],是一种编码器—解码器结构的序列映射模型。典型的 Seq2Seq 模型主要包含三部分,分别是编码器、解码器以及连接两者的中间状态向量。编码器(encoder)负责将输入序列压缩为固定长度的中间语义向量 C,这一过程又叫编码(encoding)。解码器(decoder)根据中间语义向量生成指定的序列。编码器和解码器通常使用循环神经网络作为其主要结构,长短期记忆网络作为循环神经网络的一种优秀变体,能够更好地学习序列中的上下文信息,并能有效克服因上下文间隔过长带来的信息丢失问题,常被选择作为编码器。Attention 机制模拟人的注意力,在解码器解码过程中,可以赋予输入单词以不同的权重。Attention 的主要目的是计算源文本中单词与当前序列的匹配度权重。图 5-13 展示了基于 Attention 机制的 Seq2Seq 模型的基本框架。

在神经网络中,文本的预处理中常涉及文本分词、特殊标记填充,并构建模型词汇表 Vocab。Vocab 过大会影响解码器的解码速度,常用的方法是去掉低频词、文本长度控制、引入复制机制或小批量处理(Min_batch)。以图 5-13 中的示例为例,输入短文本和目标摘要分别为集合 X、Y,m、n 分别为文本集中的最大文本长度。

$$X = \{x_1, x_2, \cdots, x_m\} \qquad (5-43)$$

$$Y = \{y_1, y_2, \cdots, y_n\} \qquad (5-44)$$

编码器将 X 转换为长度统一的中间语义向量 C,一种常用的方法就是将编码器最后的隐藏层状态 h^e 作为语义向量 C。

[①] Lin C Y. Rouge: A package for automatic evaluation of summaries[C]//Text summarization branches out: Proceedings of the ACL-04 Workshop. 2004: 74-81.

[②] Bahdanau D, Cho K, Bengio Y. Neural machine translation by jointly learning to align and translate[J]. Computer Science, 2014.

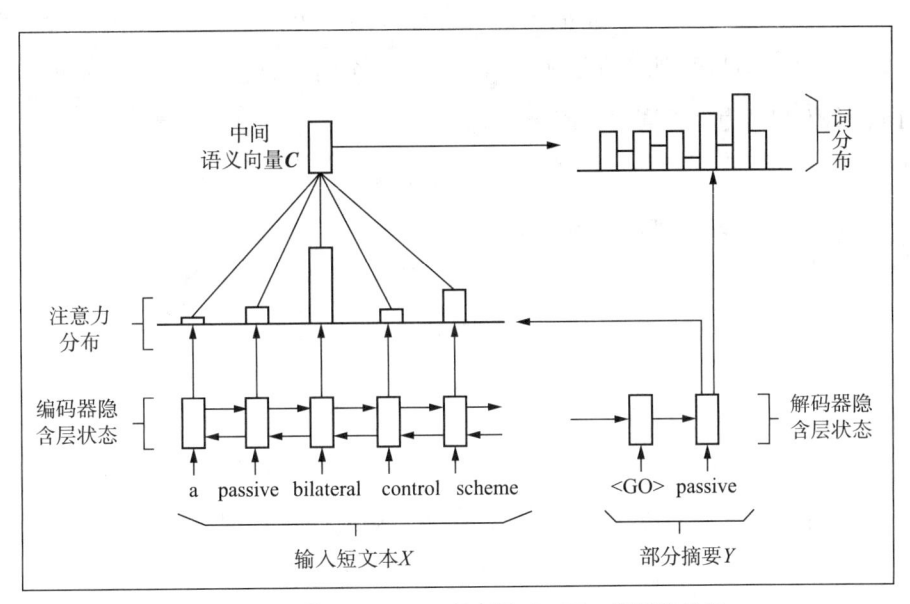

图 5-13 基于 Attention 机制的 Seq2Seq 模型结构图

$$h^e = F(x_1, x_2, \cdots, x_m) \quad (5-45)$$

解码器结合此刻已生成的序列信息以及编码器传递出的语义向量,生成下一时间步的序列单词,以此逐步生成解码序列。当解码序列达到最大长度 n 或是解码识别到了<EOS>时,停止解码。传统的解码器中,由于语义向量 C 的长度是固定的,当输入源文本比较长时,语义向量 C 可能无法保存全部的语义信息。Attention 机制让模型在不同的时刻关注不同的信息,具体通过设置 Attention 权值分布实现。

假设需要预测第 i 个词,即在第 i 时间步(Step)时,j 为编码器的第 j 时间步($j=1,2,\cdots,m$),权重为 a_{ij} 的计算与解码器状态 h_i^d、编码器隐含层状态 h_j^e 有关,具体公式如下:

$$e_{ij} = v^T \tan h(W_d h_i^d + W_e h_j^e + b_a) \quad (5-46)$$

$$a_{ij} = softmax(e_{ij}) \quad (5-47)$$

在上述公式中,v, W_d, W_e, b_a 为可供学习的模型的参数,$\tan h$ 为非线性激活函数,$softmax$ 为线性激活函数,使计算结果符合概率分布。时间步 i 的 a_{ij} 之和为 1。最终解码器新的中间语义向量 h_i^* 为 h_j^e 与 a_{ij} 的加权和。

$$h_i^* = \sum_j^m (a_{ij} h_j^e) \quad (5-48)$$

将解码器隐藏层状态 h_i^d 和中间语义向量 h_i^* 连接起来并将其输入两层的前馈型神经网络中,得到生成的词的概率分布(即图 5-13 中的词分布)为:

$$p_{vocab} = softmax(V'(V[h_i^d, h_i^*] + b) + b') \quad (5-49)$$

V', V, b', b 均为可训练的参数,[A,B] 表示两个向量的连接。p_{vocab} 表示第 i 时间步,词表中所有词为生成词 w 的概率分布。

$$P(w) = p_{vocab}(w) \quad (5-50)$$

训练过程中,第 i 时间步的损失函数

$$loss_i = -\log P(w) \quad (5-51)$$

相应的各时间步 $loss_i$ 的均值为模型整体的损失值 $loss$:

$$loss = \frac{1}{n} \sum_i^n loss_i \quad (5-52)$$

Seq2Seq 使用编码器—解码器读取和生成文本,编码器和解码器的组合使用也可以是多样的,可以采用包括循环神经网络 RNN、卷积神经网络 CNN、长短期记忆网络 LSTM 和双向长短期记忆网络 BiLSTM 等。基于编码器—解码器框架,对于各种各样的场景和问题,我们可以通过使用框架结合不同的神经网络,来获得问题的最优解。[1] 在生成自动文摘任务中,将文本序列经神经网络编码后得到最终隐层状态,以最终隐层状态作为初始状态输入解码器中,从而自动生成文本摘要。

5.3.3 面向机器学习的自动文摘算法

(一)隐马尔科夫模型

2001 年,Conroy 和 O'Leary[2] 将 HMM 运用于自动文摘。其文摘过程类似于 HMM 中的解码问题,即已知模型参数,利用观测序列寻找最可能的隐含状态序列。观测序列即句子位置、句子中词项的数量以及词项在文档中的概率等 3 个特征,隐含状态序列就是包括文摘状态和非文摘状态的一串序列,即待预测的状态。模型参数包括初始状态概率矩阵、隐含状态转移概率矩阵和观测状态转移概率矩阵。Conroy 构建的模型有 $2s+1$ 个状态,其中包括 s 个文摘状态和 $s+1$ 个非文摘状态,开始为非文摘状态,然后是文摘状态,依次间隔排列。隐含状态转移概率矩阵 M 可以从训练语料库中估计,矩阵 M 中的一个元素 m_{ij} 表示从状态 i 变为状态 j 的概率。研究中定

---

[1] 孙嘉伟.基于 seq2seq 框架文本摘要的研究与实现[D].北京:北方工业大学,2018.

[2] Conroy J M, O'leary D P. Text summarization via hidden markov models[C]//Proceedings of the 24th annual International ACM SIGIR Conference on Research and Development in Information Retrieval. ACM, 2001: 406-407.

义 $b_i(O)=Pr(O|state\ i)$,其中 O 表示观测序列,即文档的 3 种特征,构成了观测状态转移概率矩阵。通过该模型计算 $\gamma_t(i)$,句子 t 符合状态 i 的概率,如果 i 为偶数,就代表句子 t 为第 $i/2$ 个文摘句的概率;如果 i 为奇数,就代表非文摘句的概率。若此,要判断一个句子是否为文摘句,只要对所有偶数 i 的 $\gamma_t(i)$ 进行求和,依次计算好文档中的每个句子,求和最大的句子输出为文摘句。

对于模型评价,采用 F_1 作为评价指标:

$$F_1 = 100\frac{2r}{k_h+k_m} \tag{5-53}$$

其中,k_h 表示人工文摘的长度,k_m 表示机器文摘的长度,r 表示人工文摘和机器文摘共同含有的句子数量。实验结果表明,采用隐马尔科夫的模型比采用 NB 的 DimSum 系统有更好的效果。

2002 年,Schlesinger 等[1]在文献基础上,提出了基于 HMM 和 logistic 回归模型的自动文摘系统。特征选取方面 Schlesinger 吸收了文献的前两个特征,对第三个特征进行了优化,将其定义为"虚假查询词"的数量,即在一篇文档中出现的概率大于在整个文档集中出现概率的词项。对于文摘的选取,通过设置阈值使得句子按照 HMM 的得分由高至低输出到文摘集合中,直到文摘集合中的词项大于 100。

HMM 的优点是用联合分布表示特征集合,需要较少的独立性假设条件,可以解决 NB 句子之间缺少联系的缺点;利用连续统计方法对文档进行自动文摘,有坚实的数学基础;在实现层面,在处理不同自动文摘任务时具有较强的灵活性和简单性。[2] 其缺点是只有序列数据严格、相互独立,推导的正确性才能得到保证,而事实上大多数序列数据不能表示为一系列独立事件;HMM 有连续学习的能力,但是不能运用丰富的语言特征,难以描述句子间的关系特征;需要大量训练数据进行学习,主要通过累计概率的最大值来决定相应的状态。因此,HMM 适合于规模比较小的语料库或者特征间关系比较简单的语料库。如何运用丰富的语言特征将是 HMM 下一步研究的重点。

---

[1] Schlesinger J D,Okurowski M E,Conroy J M,et al.Understanding machine performance in the context of human performance for multi-document summarization[J].2002:1-7.

[2] Gruber A,Weiss Y,Rosen-Zvi M.Hidden topic Markov models[C]//International Conference on Artificial Intelligence and Statistics,2007:163-170.

（二）条件随机场

条件随机场（Conditional Random Fields,CRF）由 Lafferty 等[①]于 2001 年提出，结合了最大熵模型和 HMM 的特点，属于判别模型，也是一种无向图模型。CRF 模型是在给定观察序列的前提下，计算整个标注序列的概率。在研究文献中，CRF 与 HMM 常被一并提及，前者对于是否存在输入和输出概率分布假设，没有后者要求的那么高。对于 HMM 中存在的两个假设——输出独立性假设和马尔可夫性假设，CRF 另辟蹊径，使用了一种概率图模型。CRF 具有表达长距离依赖性和交叠性特征的能力，能够较好地解决标注（分类）偏置等问题，而且所有特征可以进行全局归一化，能够得到全局最优解。

2006 年，Saravanan 等[②]提出了基于概率图模型的自动文摘思路，即给出观察序列 X 和对应的标注序列 Y，目标是在基于 CRF 给出的概率框架下，计算在 X 的条件下 Y 的概率。对应到自动文摘中，就是将文摘任务看成序列标注问题。每篇文档都是由一系列句子构成，输出目标是一串 1 和 0 的序列，其中属于文摘的句子标签为 1，否则为 0。一个句子的标注依赖于其周围的句子。给出观察序列 $X = (x_1,\cdots,x_M)$ 和对应的标注序列 $Y = (y_1,\cdots,y_M)$，观察序列就是句子的特征表示，标注序列就是是否为文摘句，y_i 取 0 或 1。CRF 的目标是找到序列 Y，使公式（5-54）最大化：

$$P(Y \mid X,W) = \frac{1}{Z_X}\exp(W * F(X,Y)) \qquad (5-54)$$

其中，Z_X 是归一化常数，确保概率和为 1；$F(X,Y) = \sum_{i=1}^{M} f(i,X,Y)$ 是维数为 T 的垂直向量，其中的垂直向量 $f = (f_1,f_2,\cdots,f_T)$ 代表的是 T 个特征向量，可以写成 $f_t(i,X,Y) \in R, t \in (1,\cdots,T), i \in (1,\cdots,M)$。$W$ 是特征函数权值。通过与 HMM、SVM 等 8 种方法的比较，采用 F_1 和 ROUGE-2 测评，基于 CRF 的自动文摘都取得了较好的效果。

[①] Lafferty J, McCallum A, Pereira F C N. Conditional random fields: Probabilistic models for segmenting and labeling sequence data[C]//Proceedings of the Eighteenth International Conference on Machine Learning (ICML-2001), 2001: 282-289.

[②] Saravanan M, Ravindran B, Raman S. Improving legal document summarization using graphical models[J]. Frontiers in Artificial Intelligence and Applications, 2006, 152: 51-60.

基于监督的自动文摘把文摘任务看成是二元分类问题,没有考虑句子间的联系。直观上,两个句子相邻如果具有相类似的内容就不应该同时进入文摘句,基于监督的自动文摘难以处理这种情况。HMM 具有连续学习的能力,但是不能运用丰富的语言特征。无监督的自动文摘运用启发式的规则去选择最可能的句子生成文摘,不过该方法很难产生实用的文摘。基于 CRF 的自动文摘,结合了监督和无监督方法的优点,同时尽可能回避了它们的不足。

CRF 模型的优点是没有 NB 和 HMM 严格的独立性假设条件,因而可以容纳任意的上下文信息;能够较好地解决标注(分类)偏置等问题;所有特征可以进行全局归一化,对特征的融合能力比较强,能够求得全局的最优解;模型是在给定标注观察序列的条件下,计算整个标注序列的联合概率分布,而不是在给定当前状态条件下,定义下一个状态的状态分布。CRF 模型的缺点是特征的选择和优化是影响自动文摘质量的关键因素,特征选择的优劣直接决定了文摘系统性能的高低;模型需要训练的参数更多,训练代价大、复杂度高。对于 CRF 的下一步研究可以考虑增加全局信息。[1]

(三) 双向长短期记忆网络

双向长短期记忆网络 BiLSTM 是 Bi-directional Long Short-Term Memory 的缩写,由前向 LSTM 与后向 LSTM 组合而成。LSTM 由 Hochreiter 和 Schmidhuber 于 1997 年提出[2],并在循环神经网络(Recurrent Neural Network,RNN)的基础上改进而来,它克服了 RNN 在处理较长序列时可能会出现的梯度消失或爆炸的问题[3]。由于 LSTM 的结构特点,该模型非常适合对时序数据(如文本数据)进行建模。[4] 仅利用 LSTM 对句子进行建模存在一个问题:无法编码从后到前的信息,因此学者提出了双向 LSTM 结构,即 BiLSTM。双向 LSTM 使用一个 LSTM 来处理正向输入序列,用另一个来处理反向输入序列,然后结合两者的输出将其作为最终结果。与传

---

[1] 邓箴,包宏.基于条件随机场的中文自动文摘系统[J].西安石油大学学报(自然科学版),2009,24(1):96-99,102,114.

[2] Hochreiter S, Schmidhuber J. Long Short-Term Memory[J]. Neural Computation,1997,9(8):1735-1780.

[3] 张尧.激活函数导向的 RNN 算法优化[D].杭州:浙江大学,2017:11-12.

[4] 王毅,冯小年,钱铁云等.基于 CNN 和 LSTM 深度网络的伪装用户入侵检测[J].计算机科学与探索,2018,12(4):575-585.

统的 LSTM 相比，BiLSTM 的优势在于，同时考虑了过去的特征（通过前向过程提取）和未来的特征（通过后向过程提取）。原理具体可以用如下公式表示：

$$\begin{bmatrix} \tilde{c}_t \\ o_t \\ j_t \\ f_t \end{bmatrix} = \begin{bmatrix} \tan h \\ \sigma \\ \sigma \\ \sigma \end{bmatrix} W_T \begin{bmatrix} l_i^t \\ h_i^{t-1} \end{bmatrix} \quad (5-55)$$

$$c_t = \tilde{c}_t \odot j_t + c_{t-1} \odot f_t \quad (5-56)$$

$$h_i^t = o_t \odot \tan h \ (c_t) \quad (5-57)$$

其中 l_i^t 表示 t 时刻的输入，W_T 表示权重矩阵，σ 表示 $sigmoid$ 激活函数，f_t、j_t、o_t 分别表示 t 时刻的遗忘门、输入门和输出门状态，$\odot$ 表示点乘操作，$\tan h$ 表示双曲正切激活函数。BiLSTM 用于自动文摘任务时，作为 Seq2Seq 模型的编码或者解码器时，BiLSTM 对语义向量更精准的定位可以为文本摘要带来效果上的提升。[①] BiLSTM 将输入的句子序列分别正向反向输入 LSTM 组成的神经网络中，得到两种顺序下每个单词对应的两个隐藏状态 h_t 和 h_t'，然后将两种顺序下隐藏状态按照公式 (5-58) 拼接：

$$h_{new} = concatenate(h_t, h_t') \quad (5-58)$$

即首尾相接，这样就可以在编码部分获得较为完整的语义向量。整个模型的结构示意图如图 5-14 所示。

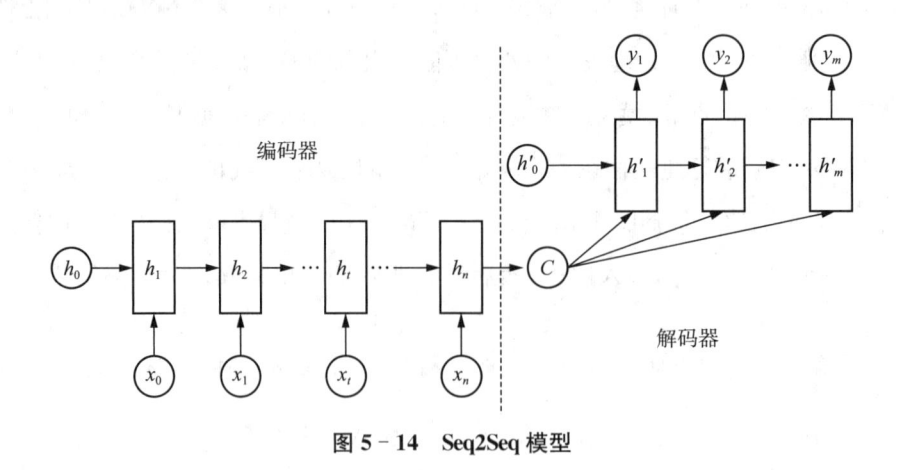

图 5-14 Seq2Seq 模型

[①] 柳斌. 基于深度学习的中文自动摘要生成[D]. 南京：南京邮电大学，2019.

BiLSTM 作为图 5-14 左半部分编码器的主要结构,在获得语义向量 C 之后,将其送至右半部分解码器来逐步生成序列中每个时间点的词语。直观上来讲,该模型将左边输入的一段长度为 n 的文本输入 BiLSTM 模型中,其中 $x_0, x_1, \cdots, x_t, x_n$ 分别表示文本中每个单词对应的词向量,得到语义向量 C 后,解码过程则是将其作为每个时刻的输入,然后在对应时刻输出一个单词 $y_1, y_2, \cdots, y_m$,这样就可以解码出一段长度为 m 的文本,其中 n 和 m 没有严格的大小关系。由于是实现文本自动摘要,输入文本长度长于输出文本长度,因此 $n>m$。

BiLSTM 模型的优点是能够联结上文和下文两个方向的 LSTM 单元在同一时刻输出,并给出最终包含上下文信息的隐含层输出,同时还能有效克服 RNN 中的梯度消失与梯度爆炸的弊端。BiLSTM 的计算单元中含有输入门、遗忘门以及输出门,输入门用来更新单元状态,单元状态是能传输相关信息的通路,遗忘门决定应该丢弃或者保留哪些信息,输出门决定下个隐藏状态的值,并通过这些门控机制来保存与控制信息流动,能够很好地解决长期依赖问题。除此之外,网络结构中存在与隐含层状态类似的记忆单元可以额外记忆信息,提高整体模型的性能。

(四) 未来研究方向

很多学者利用其他算法进行自动文摘,并且取得了很好的效果。Lin[1] 提出了基于决策树的算法。Osborne[2] 采用最大熵模型,实验结果表明,通过增加先验概率,该方法优于 NB 方法。Yeh 等[3]采用遗传算法进行自动文摘。Murray 等[4]将回归模型应用于会议记录的摘要。Kaikhah[5] 利用神经网络对新闻进行自动摘要研究。

---

[1] Lin C Y. Training a selection function for extraction[C]//Proceedings of the eighth International Conference on Information and Knowledge Management. ACM, 1999: 55-62.

[2] Osborne M. Using maximum entropy for sentence extraction[C]//Proceedings of the ACL-02 Workshop on Automatic Summarization-Volume 4. Association for Computational Linguistics, 2002: 1-8.

[3] Yeh J Y, Ke H R, Yang W P, et al. Text summarization using a trainable summarizer and latent semantic analysis[J]. Information Processing & Management, 2005, 41(1): 75-95.

[4] Murray G, Renals S, Carletta J, et al. Evaluating automatic summaries of meeting recordings[C]//Proc. ACL 2005 Workshop on Intrinsic and Extrinsic Evaluation Measures for MT and/or Summarization (MTSE). Ann Arbor. 2005: 33-40.

[5] Kaikhah K. Automatic text summarization with neural networks[C]//IEEE International Conference on Intelligent Systems, Texas, USA. 2004: 40-44.

Fuentes 等①将支持向量机算法应用到自动文摘研究中。上述技术路线的研究也都取得了较好的文摘质量,限于篇幅,不再展开。综上,以下几点将是本领域将来可能的研究方向:

(1) 如何选取特征,将成为自动文摘研究中的关键。从表层特征到语义特征,有学者提出基于维基百科的特征选择②,即利用维基百科实体信息进行排序。此外,对于不同领域,特征的选取不同,例如,对于新闻领域,句子的位置特征就更为重要;对于网页内容,其入链与出链特征的重要性就显现了出来。

(2) 有监督的机器学习需要人工对训练语料进行标注,对于大型语料库,工作量非常大。研究中可以考虑利用未标注的语料进行自动文摘,比如基于聚类的自动文摘思想。如何更好地进行无监督自动文摘或者半监督自动文摘研究是以后的研究方向。

(3) 在对训练语料进行标注时,不同的专家会产生不同的观点,如何更好地进行语料标注,从而有效地降低训练语料的噪声也将是亟待解决的问题。

(4) 由于中文语言的特殊性,如何深入分析和理解中文文本的句法和语义特征,将是未来中文自动文摘研究的一个重要方向。中文的特殊性在于需要自动分词、汉语的语言结构复杂、缺少词形变化等,这些加大了句法分析的复杂性。

(5) 经典算法本身很难有太大的改进,但是可以将多种算法结合起来加以考虑,取长补短。例如,Fattah③ 将最大熵模型、NB 和支持向量机结合在一起,Yu 和 Ren④ 将隐马尔科夫和 CRF 结合在一起等,都是可能的突破点。

(6) 有关自动文摘的评价方法有很多,找到一种更为客观且有效的评价方法也是下一步研究的方向。

---

① Fuentes M, Alfonseca E, Rodríguez H. Support vector machines for query-focused summarization trained and evaluated on pyramid data[C]//Proceedings of the 45th Annual Meeting of the ACL on Interactive Poster and Demonstration Sessions. Association for Computational Linguistics,2007:57-60.

② Kim Y H, Chung Y M. An experimental study on feature selection using Wikipedia for text categorization[J]. Journal of the Korean Society for Information Management,2012,29(2):155-171.

③ Fattah M A. A novel statistical feature selection approach for text categorization[J]. Journal of Information Processing Systems,2017,13(5):1397-1409.

④ Yu L, Ren F. A study on cross-language text summarization using supervised methods[C]//2009 International Conference on Natural Language Processing and Knowledge Engineering. IEEE,2009:1-7.

第四部分　学科网络资源深度标注

在学科资源的各种类型中,研究者在学术研究过程中尤其需要获取学术文献资源,学术文献是一种深加工的学科资源,是研究者研究过程的结晶,对知识的传承和发展起着非常重要的作用。为了应对学术文献大体量及快速增长带来的问题,Renear 和 Palmer[1] 提出策略阅读(strategic reading)的概念,即研究人员需要一个系统来组织和标注资源[2]。

本体(Ontology)是一种良好的知识组织架构,采用本体对学科资源进行标注,可以辅助研究者进行研究。标注本体旨在针对学术文本提出一个规范的本体框架,进而将每篇学术文献的内容用标注本体进行标注。除了文献的一些标准元数据信息(作者、创建者、创建时间)以外,这些标注内容还包括了学术文献中的主题、发现、方法论等,读者可以通过标注信息实现文献的快速浏览,也可以通过 URI 对这一内容进一步了解。

---

[1] Renear A H, Palmer C L. Strategic reading, ontologies, and the future of scientific publishing[J]. Science, 2009, (5942): 828-832.

[2] Goble C, De Roure D, Bechhofer S. Accelerating scientists' knowledge turns[C]//International Joint Conference on Knowledge Discovery, Knowledge Engineering, and Knowledge Management. Springer Berlin Heidelberg, 2011: 3-25.

6 本体学习和资源深度标注理论基础

6.1 本体学习的现状

随着信息量极速增长,各个领域都在寻求处理大数据的方法,机器代替人力解决问题已经成为各个领域专家研究的重点,智能化需要寻求一个结构良好的知识库做支撑。本体可以看作特定领域的一种特殊结构的术语集(包括术语和术语间的关系),换句话说,本体是以元数据的模式提供概念受控词表。每个概念都包括一个明确定义的机器可理解的语义,它灵活定义事物结构,对事物的概念及概念关联进行描述,这样的结构能够被计算机理解,进行推理应用,同时也支持系统间的共享和重用。此外本体还是解决一些领域瓶颈问题的关键,如语义网、电子商务、人工智能及生物医学等。

本体构建的方式主要分为手工构建及(半)自动构建,手工构建本体依然是众多的本体构建项目中主要采用的方式,该方式主要由领域专家完成,其通过对领域知识进行分析,并手工提取领域中的概念及关系,实现本体的构建,现有的大部分本体项目(例如CYC[1]本体),都是运用该方法进行构建的。而在信息爆炸的时代,手工方式需要组织大量专家从大量的信息中提取知识,工作量极大、费时费力、容易出错、易受开发人员主观控制,且移植性差。为了降低手工构建本体的成本,出现了(半)自动构建本体(即本体学习技术),通过机器学习、统计、自然语言处理等相关技术自动或半自动地从现有数据源中获取领域知识、构建本体,在这一过程中减少人

---

[1] Lenat D B. CYC: A large-scale investment in knowledge infrastructure [J]. Communications of the ACM,1995,38(11): 33-38.

为参与。本体学习根据数据源的不同,可以分为不同的类型:结构化、半结构化及非结构化。结构化数据包括文本、网页等;半结构化数据包括 HTML、XML 等;非结构化数据包括书、刊物等。目前本体学习研究主要集中在从纯文本文件中获取本体;而从非结构化的数据中进行抽取是最难的一种,但又是本体学习最主要的一种,与半结构化的数据源相比,它有更多的处理步骤,因此需要依赖于自然语言处理技术来预处理文本中的数据。

6.1.1 概念学习理论

概念学习阶段主要包括术语抽取、概念形成两个任务。

(一)术语抽取

术语抽取(term extraction),或称关键词抽取(keyphrase extraction)、术语自动抽取(automatic term recognition,ATR),是从特定领域的语料中自动地识别出领域内公认的专业词汇。目前术语抽取主要采用语言学、统计学等方法从文本中抽取出术语。术语(terms)是本体学习中最基本的组成元素,可以是单个单词(single word)或是复合词组(multi-words),且必须与某个领域相关,这一阶段是本体学习的最初阶段,主要任务是对文本进行预处理和抽取术语,文本预处理任务能够保证文本支持后续任务,因而需要将输入文本处理成一个规范的格式,预处理技术主要包括去除噪声文本以及去除网页中的一些噪声信息。

现有研究的术语抽取方法主要可以分为四类:语言学方法、统计学方法、机器学习方法以及混合方法。

(1)语言学方法

基于语言学方法的术语抽取一般是分析某个领域内的术语的词性组成,提取出领域内术语的词性构成模板来提取术语。最开始是基于词语的词性(part-of-speech,POS)来进行术语抽取,在 20 世纪 70 年代,Earl[1] 发现术语一般为名词,采用研究词性模板 $((A\mid N)^+\mid((A\mid N)^*(NP)^?(A\mid N)^*)N$ 来筛选频率超过一定阈值的词语

---

① Earl L L.Experiments in automatic extracting and indexing[J].Information Storage and Retrieval,1970,6(4):313-330.

作为术语,之后的很多研究都在此基础上进行;Klingbiel[1] 结合词典与词性来选择特定的语法结构作为术语的候选词;Bourigault[2] 采用浅层语法分析获取名词短语作为术语;Justeson 等[3]认为术语不仅可以由单个词组成,即单词术语,也应包括由多个词构成的复合术语,并且他们认为绝大多数术语是由形容词、名词或介词短语组成,少有动词、副词或连词出现,最终他们采用 $((A\mid N)^+\mid((A\mid N)^*(NP)^?(A\mid N)^*)N$ 这一词性模板,并结合词典来获取候选术语;提取候选术语的思想一出现,很多研究都各自提出了复合术语的模板,包括 Dagan 等[4]提出的 $Noun^+$ 模板和 Frantzi 等[5]提出的 $(Noun\mid Adjective)^+Noun$ 模板等。除了英文中基于语言学方法的术语抽取研究,中文领域的相关研究也提出一些模板或规则来进行术语抽取,王昊等[6]依据合成规则构造术语的方法来获取术语;化柏林[7]利用规则方法从学术文献中抽取术语。

基于语言学的术语抽取方法将术语限定为名词或复合名词词组,可以采用模板方法来获取,最后再利用停用词过滤形成候选词集。该方法简单易行,但是,单纯基于这一特点会带来以下问题。① 基于语言学的方法需要针对不同的语言、不同的领域等分别来构建模板或规则,因为无法找到一个通用的模板或规则适用于所有的环境,可移植性差。例如,不适用于中文术语抽取,中文分词带来的误差会将一些具有名词意义的词语标注为动词,例如"本体学习"这一术语中,"学习"的词性被标注为

---

[1] Klingbiel P H. Machine-aided indexing of technical literature[J]. Information Storage and Retrieval,1973,9(2):79-84.

[2] Bourigault D. Surface grammatical analysis for the extraction of terminological noun phrases [C]//Proceedings of the 14th Conference on Computational Linguistics-Volume 3. Association for Computational Linguistics,1992:977-981.

[3] Justeson J S,Katz S M. Technical terminology:Some linguistic properties and an algorithm for identification in text[J]. Natural Language Engineering,1995,1(01):9-27.

[4] Dagan I,Church K. Termight:Identifying and translating technical terminology[C]//Proceedings of the 4th Conference on Applied Natural Language Processing. Association for Computational Linguistics,1994:34-40.

[5] Frantzi K T,Ananiadou S. Automatic term recognition using contextual cues[C]//Proceedings of 3rd DELOS Workshop. 1997:1-8.

[6] 王昊,王密平,苏新宁.面向本体学习的中文专利术语抽取研究[J].情报学报,2016,35(6):573-585.

[7] 化柏林.针对中文学术文献的情报方法术语抽取[J].现代图书情报技术,2013(6):68-75.

动词,导致英文的模板不可以直接套用,需要提取适用于中文术语特性的模板。② 直接通过模板抽取,会产生大量的噪声词汇(无意义的词),以及一些出现频率高但并不是领域术语(不具有领域性)的词语,因而需要通过后续的统计过滤处理来解决。③ 规则的编写及规则库的维护也比较费时费力,而且模板或规则的匹配无法穷尽所有的术语,从而影响其准确率和召回率。

(2) 统计学方法

基于统计的术语抽取方法主要是利用术语的一些统计学特征来区分领域术语及普通词语,例如基于术语的领域性,领域术语要较普通词语在某一领域的出现频率高。这些术语的统计学测度又可以分为单元度(unithood)及术语度(termhood)两类,单元度描述词语是一个独立有意义的单元的程度,术语度描述的是词语在某一领域的专业程度。

一些测度术语单元度的指标包括逐点互信息(pointwise mutural information,PMI)[1]、对数似然(log-likelihood)[2]、T检验[3]等。单元度主要用于衡量复合术语内部词语能够组成一个词组的结合强度。某些词语在语料中出现频率很高,则其更有可能组成复合术语,逐点互信息就是基于这一规律,通过计算复合术语内部的词的共现频率来获取术语。对数似然则是衡量复合术语内部的词语对更有可能成对出现的程度。Pantel 等[4]在复合术语的抽取中采用互信息与对数似然方法;Gelbukh 等[5]采用

---

[1] Daille B. Study and implementation of combined techniques for automatic extraction of terminology[J]. The Balancing Act: Combining Symbolic and Statistical Approaches to Language, 1996, 1: 49-66.

[2] Cohen J D. Highlights: Language-and domain-independent automatic indexing terms for abstracting[J]. Journal of the American Society for Information Science, 1995, 46(3): 162-174.

[3] Bouma G, Fahmi I, Mur J, et al. Using syntactic knowledge for QA[C]//Workshop of the Cross-Language Evaluation Forum for European Languages. Springer, Berlin, Heidelberg, 2006: 318-327.

[4] Pantel P, Lin D. A statistical corpus-based term extractor[J]. Advances in Artificial Intelligence, 2001: 36-46.

[5] Gelbukh A, Sidorov G, Lavin-Villa E, et al. Automatic term extraction using log-likelihood based comparison with general reference corpus[J]. Natural Language Processing and Information Systems, 2010: 248-255.

对数似然进行术语抽取;刘剑等[1]以及李江华等[2]采用互信息和信息熵进行术语抽取。除了复合术语内部词语的搭配强度,复合术语最左及最右的词语与语料中左邻及右邻词的搭配强度也可用于考查复合术语的独立性,丁杰等[3]采用左右边界熵确定专利术语边界,该左右边界熵就是通过确定术语与其左词及右词搭配出现的关联程度来考查该术语的独立性。

  术语度是确定术语的领域性的一种测度,通常认为词语在领域语料中出现频率越高,越有可能是领域内的术语,因此术语度测度常用的指标是基于频率的方法。术语度测度方法通常承认噪声的存在,例如利用整个术语或术语中的部分的频率来作为术语度的测度,有很多基于频率的方法,Verberne等[4]认为频率的衡量可以利用语料中的术语数或是术语在领域中出现的最大似然估计,例如词频。Enguehard等[5]采用频率来提取术语,首先利用高频词提取单词术语,再从提取的单词术语中提取复合术语,但采用频率的方法可能会抽取出大量与术语无关的高频词,即使采用停用词表依然会产生很多噪声,所以其中经典的算法为Salton等[6]提出的TF-IDF(term frequency-inverse document frequency)方法,术语的重要性与术语在文本中出现的次数成正比,与其出现的文本数量成反比;李丽双等[7]采用信息熵结合词频分布变化来进行术语抽取;汤青等[8]利用上下文关联信息、语境信息来进行术语的抽

---

[1] 刘剑,唐慧丰,刘伍颖.一种基于统计技术的中文术语抽取方法[J].中国科技术语,2014,16(5):10-14.

[2] 李江华,时鹏,胡长军.一种适用于复合术语的本体概念学习方法[J].计算机科学,2013,40(5):168-172.

[3] 丁杰,吕学强,刘克会.基于边界标记集的专利文献术语抽取方法[J].计算机工程与科学,2015,37(8):1591-1598.

[4] Verberne S, Sappelli M, Hiemstra D, et al. Evaluation and analysis of term scoring methods for term extraction[J].Information Retrieval Journal,2016,19(5):510-545.

[5] Enguehard C,Pantera L. Automatic natural acquisition of a terminology * [J].Journal of Quantitative Linguistics,1995,2(1):27-32.

[6] Salton G,Buckley C.Term-weighting approaches in automatic text retrieval[J].Information Processing & Management,1988,24(5):513-523.

[7] 李丽双,王意文,黄德根.基于信息熵和词频分布变化的术语抽取研究[J].中文信息学报,2015,29(1):82-87.

[8] 汤青,吕学强,李卓,等.领域本体术语抽取研究[J].现代图书情报技术,2014,30(1):43-50.

取。但是 TF-IDF 对低频复合术语的抽取效果并不理想，Basili 等[1]利用术语内部组成的首词与其他词搭配的频率来改进权重计算方法，用以提高低频复合术语的抽取效率；Kurz 等[2]对候选术语的权重进行重定义，进而提出 KF-IDF 算法；但是，采用这些方法可能会将一些文档集中出现频率高的部分常用术语去除，因而借助一个非停用词表可以解决这一问题。此外，Khurshid 等[3]引入奇异度（weirdness）这一测度，采用两个语料——特殊语料和一般语料来进行对比，利用术语在两个语料中的词频的比值作为判断依据，一般情况下，领域术语很少在普通语料中出现，因而这个比值对词语是否为术语高度敏感。此外，还有一些研究对其进行了扩展：Sclano 等[4]采用了四个指标来抽取术语：领域相关度、一致度、内聚度以及频率；Kozakov[5] 提出结合领域专业度（domain specificity）来抽取术语；曾镇等[6]利用词汇密集度、文档差比、文档一致度来抽取术语；李丽双等[7]采用信息熵结合词频分布变化来进行术语抽取；汤青等[8]利用上下文关联信息、语境信息来进行术语的抽取。

  由于单元度和术语度考虑的是不同类型的信息，一些结合单元度及术语度的混合方法就开始出现，Frantzi 等[9]研究中，发现术语的排序与词频、词长有关：词频越高，即词语在语料中出现次数就越多，根据术语度准则，该词语越有可能是术语，词

---

  [1] Basili R, Moschitti A. A robust model for intelligent text classification[C]//Tools with Artificial Intelligence, Proceedings of the 13th International Conference on. IEEE, 2001: 265-272.

  [2] Frantzi K, Ananiadou S, Tsujii J. The c-value/nc-value method of automatic recognition for multi-word terms[C]//International conference on theory and practice of digital libraries. Springer, Berlin, Heidelberg, 1998: 585-604.

  [3] Khurshid A, Gillman L, Tostevin L. Weirdness indexing for logical document extrapolation and retrieval[C]//Proceedings of the Eighth Text Retrieval Conference (TREC-8). 2000.

  [4] Sclano F, Velardi P. Term Extractor: A Web application to learn the shared terminology of emergent web communities[C]//IESA. 2007: 287-290.

  [5] Kozakov L, Park Y, Fin T, et al. Glossary extraction and utilization in the information search and delivery system for IBM technical support[J]. IBM Systems Journal, 2004, 43(3): 546-563.

  [6] 曾镇,吕学强,李卓.一种面向专利摘要的领域术语抽取方法[J].计算机应用与软件,2016,33(3):48-51.

  [7] 李丽双,王意文,黄德根.基于信息熵和词频分布变化的术语抽取研究[J].中文信息学报,2015,29(1):82-87.

  [8] 汤青,吕学强,李卓,等.领域本体术语抽取研究[J].现代图书情报技术,2014,30(1):43-50.

  [9] Frantzi K, Ananiadou S, Mima H. Automatic recognition of multi-word terms: The c-value/nc-value method[J]. International Journal on Digital Libraries, 2000, 3(2): 115-130.

语越长,说明内部词语更有可能同时出现,根据单元度准则该词越有可能是术语,从而提出了 C-value/NC-value 方法;Marciniak 等采用 C-value 方法从波斯文本中抽取术语①;胡阿沛②等采用逆文档频率、破碎子串和术语长度来改进 C-value 方法进行中文术语的抽取;Tomokiyo 等③采用了逐点 Kullback-Leibler 离差的方法来进行词性和信息性的术语排序。

(3) 机器学习方法

此外,机器学习(Machine Learning,ML)方法也被应用于术语的抽取中,ML 的主要目标是计算机基于经验数据自动学习,通过训练数据来学习对术语抽取有用且相关的特征。对于 ML 来说通常要解决两个问题:一是语言模型(特征)的选择,二是分类器的选择。

关于特征的选择问题,术语抽取常用的特征有统计特征及语言学特征等,统计特征指利用一些统计学方法获取的特征值,包括文档频率、反文档频率以及 TF-IDF 等;语言学特征主要指词性特征等。Collier 等④采用隐马尔可夫模型抽取了生物领域的术语,共提取了 23 个特征,包括数字、大写字母、罗马字符、连字符等;Shen 等⑤采用隐马尔可夫模型,识别字典特征,包括简单特征(大小写和数字)、词形态特征(如前缀和后缀)、词性特征、语义触发特征、头部名词和特殊动词;章成志⑥采用条件随机场,提取了 16 个特征:除了词、词长、词性等基本特征外,还包括频次差、排序差等衍化特征。机器学习方法效果的好坏程度高度依赖于提取的特征集,当特征提

---

① Marciniak M,Mykowiecka A.Terminology extraction from domain texts in polish[M]//Robert B,Lukasz S,Henryk R,et al.Intelligent Tools for Building a Scientific Information Platform. Berlin Heidelberg:Springer,2013:171-185.

② 胡阿沛,张静,刘俊丽.基于改进 C-value 方法的中文术语抽取[J].现代图书情报技术,2013(2):24-29.

③ Tomokiyo T,Hurst M.A language model approach to keyphrase extraction[C]//Proceedings of the ACL 2003 Workshop on Multiword Expressions:Analysis, acquisition and treatment-Volume 18.Association for Computational Linguistics,2003:33-40.

④ Collier N,Nobata C,Tsujii J.Extracting the names of genes and gene products with a hidden Markov model[C]//Proceedings of the 18th Conference on Computational Linguistics-Volume 1.Association for Computational Linguistics,2000:201-207.

⑤ Shen D,Zhang J,Zhou G,et al.Effective adaptation of a hidden Markov model-based named entity recognizer for biomedical domain[C]//Proceedings of the ACL 2003 Workshop on Natural Language Processing in Biomedicine-Volume 13.Association for Computational Linguistics,2003:49-56.

⑥ 章成志.基于多层术语度的一体化术语抽取研究[J].情报学报,2011,30(3):275-285.

取地较为完备时,可以获得比较高的准确率以及召回率,因此,选择什么样的特征集是机器学习方法研究的重点。

对于分类器的选择,通常机器学习的方法又分为有监督学习、半监督学习以及无监督学习,通常情况下,可将术语抽取任务看作分类问题(监督学习),采用的算法包括朴素贝叶斯(Naïve Bayes,NB)、支持向量机(Support Vector Machine,SVM)等,隐马尔可夫模型(Hidden Markov Model,HMM)、条件随机场(Conditional Random Field,CRF)[1][2]等,这些监督学习的方法将术语抽取问题转化为分类问题(是否为术语)。另外,还有一些研究采用无监督学习方法来进行术语抽取,Newman等[3]提出采用狄利克雷过程(Dirichlet Process,DP)来识别术语,实验表明这种DP分割模型可以成功地提取术语;Lee等[4]提出一种基于EM(Expectation Maximization)迭代算法的术语抽取方法,提取的特征包括统计学特征、字典特征、语言学特征、上下文特征以及时空特征;Xu等[5]在术语抽取中采用了Bootstrapping方法;王昊等[6]提出循环迭代条件随机场学习模型的术语抽取方法;Judea等[7]基于一个自动标注的训练集合,采用条件随机场来进行术语抽取。

基于机器学习的术语抽取方法在特征完备和有好的训练集的条件下,能够提高结果的效率,但遗憾的是,现有的基于机器学习的术语抽取仍然抽取精度不高,并且在数据量大及特征多的情况下,处理速度非常慢。而且监督学习依赖于大量的手工标注语料,需要耗费大量的时间和人力,而半监督学习和无监督学习的效率仍然不高。

---

[1] 李丽双,党延忠,张婧,等.基于条件随机场的汽车领域术语抽取[J].大连理工大学学报,2013,53(2):267-272.

[2] 何宇,吕学强,徐丽萍.新能源汽车领域中文术语抽取方法[J].数据分析与知识发现,2016,31(10):88-94.

[3] Newman D,Koilada N,Lau J H,et al.Bayesian text segmentation for index term identification and keyphrase extraction[C]//COLING.2012:2077-2092.

[4] Lee L,Aw A,Zhang M,et al.Em-based hybrid model for bilingual terminology extraction from comparable corpora[C]//Proceedings of the 23rd International Conference on Computational Linguistics:Posters.Association for Computational Linguistics,2010:639-646.

[5] Xu F,Kurz D,Piskorski J,et al.A domain adaptive approach to automatic acquisition of domain relevant terms and their relations with bootstrapping[C]//LREC.2002:1-7.

[6] 王昊,王密平,苏新宁.面向本体学习的中文专利术语抽取研究[J].情报学报,2016,35(6):573-585.

[7] Judea A,Schütze H,Brügmann S.Unsupervised Training Set Generation for Automatic Acquisition of Technical Terminology in Patents[C]//The 25th International Conference on Computational Linguistics (COLING 2014),Dublin,Ireland.2014:290-300.

(4) 混合方法

混合方法即结合上述几种方法来进行术语抽取的方法,一般可以分为三种:第一种是首先利用语言学方法提取语料中的候选术语,再采用统计学方法对提取的候选术语进行排序;第二种与第一种相反;第三种是首先提取特征集,再采用机器学习的方法来抽取术语。

Frantzi 等提出的 C-value/NC-value 方法,属于第一种类型。首先采用语言学方法从语料中抽取名词性短语,之后采用统计学方法来抽取复合术语;Nakagawa 等[1]则采用统计屏障(statistical barrier,SB)的方法,利用统计学方法,统计复合名词以及该复合名词内部的组成名词之间的关系来进行术语抽取。

Lossio-Ventura 等[2]结合了两种方法来抽取复合术语:第一种方法是 LIDF-value(结合语言学模板、IDF 以及 C-value 方法),是一种结合了语言学及统计学的方法;第二种是 TeRGraph(基于图信息的术语排序方法),是一种基于图的方法(统计),基于图的方法假设术语的邻接术语越多,则越不具备领域性,然后采用了 Dice coefficient 来计算图中由边连接的两个术语间的共现;Lossio-Ventura 等[3]提出了结合网络排序方法 WAHI(基于点击信息的网络关联)来进行术语排序,该方法采用了搜索引擎来进行词间关系的测量;Ittoo 等[4]结合了语言学和统计学方法来抽取复合术语(主要用于抽取 2 词复合术语),他们采用了语言学方法进行候选术语抽取,然后采用了 cube 互信息(MI3),并结合英文维基百科语料集来进行术语抽取;Bolshakova 等[5]采用了实验对比主题模型(基于 K-Means、球面 K-Means、层次凝聚算法,以及 NMF)来进行单词术语的抽取,他们选择了 LDA 作为主题模型,第一步找到了主题信息,然后采用基于频率的方法来进行术语排序。

---

[1] Nakagawa H,Mori T.Automatic term recognition based on statistics of compound nouns and their components[J].Terminology,2003,9(2):201-219.

[2] Lossio-Ventura J A,Jonquet C,Roche M,et al.Yet another ranking function for automatic multiword term extraction[C]//International Conference on Natural Language Processing.Springer International Publishing,2014:52-64.

[3] Lossio-Ventura J A,Jonquet C,Roche M,et al.Biomedical term extraction:Overview and a new methodology[J].Information Retrieval Journal,2016,19(1-2):59-99.

[4] Ittoo A,Bouma G.Term extraction from sparse,ungrammatical domain-specific documents[J].Expert Systems with Applications,2013,40(7):2530-2540.

[5] Bolshakova E,Loukachevitch N,Nokel M.Topic models can improve domain term extraction[C]//European Conference on Information Retrieval.Springer Berlin Heidelberg,2013:684-687.

(二) 概念形成

概念由一系列意义相近的术语组成,概念学习的主要任务是形成概念(form concepts)和标记概念(label concepts)。形成概念包括发现术语的一些变体并将这些术语归到一类,术语的变体可以采用预先定义的背景知识进行定义,采用语义结构分析或采用基于相似性度量的聚类方法;标记概念可以借助一些已有的知识库,例如 WordNet。

6.1.2 等级关系抽取方法

关系抽取包括等级关系抽取(taxonomic relationships)及非等级关系抽取(non-taxonomic relationships)。概念等级关系,又叫概念层次关系,概念等级关系抽取阶段的任务主要是识别概念间的等级关系,即抽取概念间的上位/下位关系。术语的上位概念是指比具体的术语具有更广泛的意义的词,相对而言,术语的下位词是指一个泛意义的类别下的具体的词。中文关系抽取主要集中在命名实体间的关系抽取,对于本体概念间关系抽取的研究非常少,大多基于词典、模板等进行概念关系抽取,效率不高。

概念间等级关系获取主要有下列四种方法:基于语言学模版的方法、基于统计的方法、基于图的方法以及混合方法。

(1) 基于语言学模板的方法

该方法主要通过词形分析、句法分析、依存结构分析及语义分析等来识别等级关系,通过抽取和总结频繁的句法模式来识别关系,前提是文中有包含等级关系的句法模式。Hearst[1]首先手工定义了一些语义模板,再采用 bootstrapping 算法扩展到更多的模板,用于抽取上下位关系;Pantel 等[2]结合 Web 与语言学模板的方法进行了语义关系的抽取;王昊等[3]提出了以文档—术语空间为核心,结合形式概念分析

---

[1] Hearst M A. Automatic acquisition of hyponyms from large text corpora[C]//Proceedings of the 14th Conference on Computational Linguistics-Volume 2. Association for Computational Linguistics,1992:539-545.

[2] Pantel P,Pennacchiotti M.Espresso:Leveraging generic patterns for automatically harvesting semantic relations [C]//Proceedings of the 21st International Conference on Computational Linguistics and the 44th Annual Meeting of the Association for Computational Linguistics. Association for Computational Linguistics,2006:113-120.

[3] 王昊,朱惠,邓三鸿.基于形式概念分析的学科术语层次关系构建研究[J].情报学报,2015(6):616-627.

的方法来进行等级关系的构建;汤青等[①]结合句法分析与规则匹配来进行概念等级关系的抽取。基于语言学的方法所识别出的词间关系准确率高,缺点是基于语言学模板的方法通常需要专家知识来制定模板,在模板的扩展过程中需要耗费大量的成本,可移植性较差。

(2) 基于统计的方法

统计学方法通过对大规模语料库的统计处理发现规律,从而挖掘关系,该方法与语言和领域无关,具有较强的移植性。但是,很大程度上依赖于语料库的质量和规模,并且难以为关系类型命名。

等级关系抽取可以看成是聚类或分类问题。基于聚类来识别等级关系的方法主要有两种:层次聚类和非层次聚类。有些研究[②③]在进行等级关系抽取时采用聚类的算法,基于WordNet中概念的相似度来形成概念聚类的类别;董洋溢[④]等采用混合了余弦相似度的核函数方法来进行概念等级关系的抽取,将这一任务转化为分类任务;王长有等[⑤]利用句子结构特征、句法特征,并采用支持向量机进行概念等级关系的抽取。由于聚类算法形成的概念类别无法确定其类别标记,最终比较难以形成令人满意的概念分类效果;而分类的方法通常已定义具体的类别,不利于新的关系类型的扩展。

另外,Wong 等[⑥]假设语义相关的概念通常会出现在同一上下文(句子或文本)中,这种语义共现假设给采用统计方法进行概念关系抽取带来了可能;Wang 等[⑦]采

---

① 汤青,吕学强,李卓.本体概念间上下位关系抽取研究[J].微电子学与计算机,2014(6):68-71.

② Liu X,Song Y,Liu S,et al. Automatic taxonomy construction from keywords[C]//Proceedings of the 18th ACM SIGKDD International Conference on Knowledge Discovery and Data Mining.ACM,2012:1433-1441.

③ Dietz E,Vandic D,Frasincar F. Taxolearn:A semantic approach to domain taxonomy learning[C]//Web Intelligence and Intelligent Agent Technology (WI-IAT),2012 IEEE/WIC/ACM International Conferences on.IEEE,2012,1:58-65.

④ 董洋溢,李伟华,于会.基于混合余弦相似度的中文文本层次关系挖掘[J].计算机应用研究,2017,34(5):1406-1409.

⑤ 王长有,杨增春.一种基于句子结构特征的领域术语上下位关系获取方法[J].重庆邮电大学学报(自然科学版),2014,26(3):385-389.

⑥ Wong W,Liu W,Bennamoun M. Ontology learning from text:A look back and into the future[J]. ACM Computing Surveys (CSUR),2012,44(4):1-36.

⑦ Wang W,Barnaghi P,Bargiela A.Probabilistic topic models for learning terminological ontologies[J].Knowledge and Data Engineering,IEEE Transactions on,2010,22(7):1028-1040.

用概念主题模型来获取词—主题以及主题—文档之间的关系,进而得到概念层次学习结果;还有一些研究采用包含方法[1][2](subsumption method)来进行概念等级关系的抽取,主要通过统计概念的共现来确定概念间的远近关系,主要思想是如果文档(或文档集中的一部分)B包含在文档A中,则A是B的上位词;Hoxha[3]采用了自下而上的层次聚类法对抽取的概念进行分类,并将这些概念归到相近的类别中;王磊等[4]利用网络链接的相互性系数,基于维基百科进行概念层次关系的获取;陈刚等[5]在特征集合上加了序关系来进行概念等级关系的获取;吴志祥等[6]提出了采用奇异值分解的方法来对专利文本抽取出的概念间的层次关系进行解析。

(3) 基于图的方法

基于图的方法通常指用图的结点来表示概念,用图的边来表示关系,采用概念间的边数来衡量概念间的距离,Kozareva等[7]提出采用基于图的方法从有向图来构建等级关系,给定一个根结点和一些层级概念,采用预定义的模板,可以发现新的上下位概念;Velardi等[8]给每个概念找出定义句(在文档集或Web中),再利用分类结果构建有向图模型,其中的边即为概念间的关系;Kang等[9]采用了基于图的方法来衡量概念之间的相关程度,采用句子间的空间距离来衡量句子的相似度。

---

[1] Meijer K,Frasincar F,Hogenboom F.A semantic approach for extracting domain taxonomies from text[J].Decision Support Systems,2014,62:78-93.

[2] De Knijff J,Frasincar F,Hogenboom F.Domain taxonomy learning from text:The subsumption method versus hierarchical clustering[J].Data & Knowledge Engineering,2013,83:54-69.

[3] Hoxha J,Jiang G,Weng C.Automated learning of domain taxonomies from text using background knowledge[J].Journal of Biomedical Informatics,2016,63:295-306.

[4] 王磊,顾大权,侯太平,等.基于维基百科的气象本体的自动构建[J].计算机与现代化,2014(6):129-131.

[5] 陈刚,刘扬.基于特征序列的语义分类体系的自动构建[J].中文信息学报,2015,29(3):52-57.

[6] 吴志祥,王昊,王雪颖,等.基于奇异值分解的专利术语层次关系解析研究[J].情报学报,2017,36(5):473-483.

[7] Kozareva Z,Hovy E.A semi-supervised method to learn and construct taxonomies using the web[C]//Proceedings of the 2010 Conference on Empirical Methods in Natural Language Processing.Association for Computational Linguistics,2010:1110-1118.

[8] Velardi P,Faralli S,Navigli R.Ontolearn reloaded:A graph-based algorithm for taxonomy induction[J].Computational Linguistics,2013,39(3):665-707.

[9] Kang Y B,Haghigh P D,Burstein F.TaxoFinder:A graph-based approach for taxonomy learning[J].IEEE Transactions on Knowledge and Data Engineering,2016,28(2):524-536.

(4) 混合方法

Suchanek 等[1]结合了语言学模板以及机器学习算法——支持向量机从文本中获取概念关系;Cimiano 等[2]则结合了聚类算法以及语言学模板,并从网上抽取了一个额外的上下文信息来进行上下位关系的抽取;Rios-Alvarado 等[3]结合语言学模板以及聚类算法对文本中的概念来进行等级关系抽取;张晓勇等[4]结合深度学习与聚类方法从条件随机场抽取的候选术语集中获取概念等级关系;王昊等[5]利用形式概念分析来获取主题概念,并采用主题概念格进行概念等级关系的获取。

6.1.3 非等级关系抽取方法

概念非等级关系,又称为概念非层级关系,在英文中,非等级关系是指除"is-a"关系以外的所有关系,其涵盖的范围十分广泛,在概念等级关系之外的所有概念间的语义关系为概念非等级关系。概念非等级关系的抽取目标是抽取概念对以及概念对之间的联系(通常为动词),概念对与概念对之间的联系构成了概念非等级关系三元组。

概念非等级关系的抽取通常包含两个任务:一是从语料中抽取出可以组成概念非等级关系三元组的元素,包括相关的概念对以及描述概念对关系的动词;二是对概念对间的关系进行命名。由于概念非等级关系抽取的元素比较多,通常概念非等级关系抽取的研究采用复合多种方法来进行抽取。这些抽取工作主要采用的方法又可以分为两类:一类是以语言学方法为主的方法;另一类是以统计学方法为主的方法。

---

[1] Suchanek F M, Ifrim G, Weikum G. Combining linguistic and statistical analysis to extract relations from web documents [C]//Proceedings of the 12th ACM SIGKDD International Conference on Knowledge Discovery and Data Mining. ACM, 2006: 712-717.

[2] Cimiano P, Hotho A, Staab S. Learning concept hierarchies from text corpora using formal concept analysis[J]. J. Artif. Intell. Res. (JAIR), 2005, 24: 305-339.

[3] Rios-Alvarado A B, Lopez-Arevalo I, Sosa-Sosa V J. Learning concept hierarchies from textual resources for ontologies construction[J]. Expert Systems with Applications, 2013, 40(15): 5907-5915.

[4] 张晓勇,章成志,周清清.基于电商产品评论的产品概念层次体系自动构建研究[J].情报理论与实践,2016,39(6):120-125.

[5] 王昊,苏新宁,朱惠.中文医学专业术语的层次结构生成研究[J].情报学报,2014,33(6):594-604.

（一）基于语言学模板的方法

语言学方法是利用语言学模板的方法来获取概念非等级关系三元组。Berland 等[1]利用 WordNet 作为资源，采用模板对概念间的部分—整体关系进行抽取，生成候选概念对，再利用统计学方法进行排序；Girju 等[2]同样也采用模板获取部分整体关系；Nenadic 等[3]采用了三种模板（词典—语义模板、复合名词模板、上下文模板）来获取 MEDLINE 中的术语，上下文模板用于获取语料中特征明显的术语，再获取特定内容中的另一个术语、动词及介词，再基于模板长度及频率这种排序规则对模板进行排序，利用上述模板获得三种相似度，再进行加权生成最终的相似度值，对权重参数进行调整；Sánchez 等[4]采用动词模板获取领域语料中的动词，再结合 Web 抽取非等级关系中的概念，对非等级关系中的关系进行命名；Peng 等[5]也结合模板与 Web 获取概念非等级关系。

基于模板的方法关键在于针对不同类型的关系进行模板的提取，但是需要穷尽所有的关系类型模板并非易事，这种方法只适用于获取特定的非等级关系。

（二）基于统计学的方法

统计学方法一般利用术语对的共现或者相似度来抽取非等级关系。

Kavalec 等[6]先通过语言学方法获取语料中的动词，通常概念非等级关系中的关系由动词表示，再将窗口范围限定在与动词相隔 N 个词的距离内，选择窗口内的两

---

[1] Berland M, Charniak E. Finding parts in very large corpora[C]//Proceedings of the 37th Annual Meeting of the Association for Computational Linguistics, 1999: 57-64.

[2] Girju R, Badulescu A, Moldovan D. Learning semantic constraints for the automatic discovery of part-whole relations[C]//Proceedings of the 2003 Conference of the North American Chapter of the Association for Computational Linguistics on Human Language Technology-Volume 1. Association for Computational Linguistics, 2003: 1-8.

[3] Nenadić G, Spasić I, Ananiadou S. Automatic discovery of term similarities using pattern mining[C]//COLING-02 on COMPUTERM 2002: Second International Workshop on Computational Terminology-Volume 14. Association for Computational Linguistics, 2002: 1-7.

[4] Sánchez D, Moreno A. Learning non-taxonomic relationships from web documents for domain ontology construction[J]. Data & Knowledge Engineering, 2008, 64(3): 600-623.

[5] Peng J, Du Y, Chen Y, et al. Medical ontology learning based on web resources[C]//2015 12th Web Information System and Application Conference (WISA). IEEE, 2015: 116-119.

[6] Kavalec M, Svaték V. A study on automated relation labelling in ontology learning[J]. Ontology Learning from Text: Methods, Evaluation and Applications, 2005(123): 44-58.

个术语,生成"概念—动词—概念"(表示成"c_1,v,c_2")三元组,再根据三元组的频率来排序,获取高频三元组为候选三元组,然后利用条件概率$P(c_1,c_2|v)$来计算概念对与动词的相关性,这种方法有个缺点,假如某个动词与概念对中的其中一个概念出现频率很高,即使概念与动词间没有关系,也会出现该条件概率值很高的情况,对此作者提出了AE算法来改进这种缺点。

Xu等[1]以维基百科作为辅助资源库,结合依存分析和$\chi 2$检验来进行非等级关系的抽取,包括三步——概念对获取、关系抽取以及关系生成。Punuru等[2]提出VF*ICF方法(类似于TF-IDF)来衡量动词标注关系的能力,先获取相关概念对,再从领域语料中获取候选关系三元组(<subject,verb,object>,SVO),采用对数似然方法来测量概念间的关联程度;在中文非等级关系抽取研究中,Liu等[3]采用形式概念分析的方法进行了非等级关系的抽取;秦兵等[4]首先采用实体之间及关系指示词的位置限制来获取候选关系三元组,再采用全局排序和类型排序来挖掘关系动词,最后利用动词及句式规则对关系三元组进行过滤。

关联规则挖掘通常也被用于挖掘概念对之间或概念对与动词之间的关系,Villaverde等[5]在获取了候选非等级关系三元组的基础上,利用关联规则挖掘方法获取候选三元组中概念对与动词之间的关联规则较强的三元组,但是该文章只关注了概念对与动词之间的关联度,并没有衡量概念与概念之间的关联程度;Gulla等[6]对比了利用关联规则挖掘及向量空间模型两种方法在非等级关系抽取中的效果,将非等

---

[1] Xu Y, Li G, Mou L, et al. Learning non-taxonomic relations on demand for ontology extension[J]. International Journal of Software Engineering and Knowledge Engineering, 2014, 24(08): 1159-1175.

[2] Punuru J, Chen J. Learning non-taxonomical semantic relations from domain texts[J]. Journal of Intelligent Information Systems, 2012, 38(1): 191-207.

[3] Liu W, Liu F, Wang D, et al. Extraction of event elements based on event ontology reasoning[C]//Asian Conference on Intelligent Information and Database Systems. Springer, Cham, 2015: 577-586.

[4] 秦兵,刘安安,刘挺. 无指导的中文开放式实体关系抽取[J]. 计算机研究与发展,2015, 52(5): 1029-1035.

[5] Villaverde J, Persson A, Godoy D, et al. Supporting the discovery and labeling of non-taxonomic relationships in ontology learning[J]. Expert Systems with Applications, 2009, 36(7): 10288-10294.

[6] Gulla J A, Brasethvik T, Kvarv G S. Association rules and cosine similarities in ontology relationship learning[C]//International Conference on Enterprise Information Systems. Springer, Berlin, Heidelberg, 2008: 201-212.

级关系分为不相关、相关和高度相关三种类型,结果显示半数以上的由关联规则挖掘获取的关系可以借助相似度算法来获取,最终他们将关联规则挖掘与相似度算法相结合,进行了非等级关系的获取,其效果很好;Xie 等[1]采用关联规则挖掘来获取概念对,再结合规则和动词频率对候选动词进行排序,获取高频动词来对概念对之间的关系命名。Wong[2] 等采用两个步骤抽取概念非等级关系:一是非等级关系发现,二是非等级关系命名。首先,在特定窗口范围内获取相关概念对,再利用关联规则挖掘获取概念间的关系,然后借助领域本体区分概念等级关系与概念非等级关系,最后采用窗口动词对概念非等级关系进行命名;朱惠等[3]针对学科领域的语料进行了概念非等级关系的获取,先抽取动词,再采用关联规则挖掘获取相关概念对,最后获取关系。

Serra 等[4]结合关联规则挖掘、基于 Web 的方法和基于 logistic 回归的方法,进行了概念非等级关系的抽取,首先采用关联规则挖掘了概念对与动词之间的关联,再利用 Web 搜索引擎与模板检索网页中与动词相关的概念对,结合词典语义模板与 logistic 回归模型找到动词,再获取语料中与之相近的前后两个名词词组生成候选关系,最后采用 logistic 回归对生成的候选关系进行分类,Serra[5] 后来又提出评价非等级关系学习的效果的方法,并抽取了生物领域和家庭法领域的关系。

(三) 机器学习方法

概念非等级关系抽取采用机器学习的方法较少,我们将其扩展到相近的领域——实体的关系抽取中,因而将采用机器学习的关系抽取方法分为三类:监督学习、半监督学习及无监督学习。

---

[1] Xie C,Wu J.Research of conceptual relation extraction based on improved hierarchical clustering method[J].Open Electrical & Electronic Engineering Journal,2014,8:355-360.

[2] Wong M K,Abidi S S R,Jonsen I D. A multi-phase correlation search framework for mining non-taxonomic relations from unstructured text[J].Knowledge and Information Systems,2014,38(3):641-667.

[3] 朱惠,杨建林,王昊.中文学科术语相关语义关系获取方法研究[J].图书与情报,2017(2):125-132.

[4] Serra I,Girardi R,Novais P. The problem of learning non-taxonomic relationships of ontologies from text[J].Distributed Computing and Artificial Intelligence,2012:485-492.

[5] Serra I,Girardi R,Novais P.Evaluating techniques for learning non-taxonomic relationships of ontologies from text[J].Expert Systems with Applications,2014,41(11):5201-5211.

(1) 监督学习

用于概念非等级关系抽取的监督学习方法又包括基于特征的方法以及基于核的方法。

基于特征的方法是指特征抽取阶段,采用统计、机器学习等方法从语料中抽取特征,包括实体、实体类型、实体的词顺序、实体之间的词数、包含两个实体的解析树的路径。Kambhatla[1]采用最大熵模型(Maximum Entropy models,ME),并采用从词、实体类型、级别、交叉、依存关系树和解析树中生成的特征训练对数线性模型进行实体分类。基于特征的方法重点在于构造完整的特征和选取合适的机器学习方法,特征应尽可能包含实体的信息,以提高特征的区分度,由于NLP过程和关系抽取都需要对输入数据进行结构化的表示,因而很难能够获得一个相关特征子集,常用的特征一般包括词语特征、词性特征、句法、语义特征、实体属性等,而句法、语义特征依赖于句法分析、短语块标注等工作的性能,并且其缺点还在于未能引入语法结构和依赖信息。

为了解决这一问题,一些研究选择了一些特征集结合核(Kernel)来进行关系抽取,基于核的方法不需要从文本中抽取特征,而是保持这些对象的初始表示方法,再计算对象对之间的核(相似度)函数,例如采用浅层分析树等对输入数据进行表示,这些核将这些数据转化到高维空间进行表示。Bunescu等[2]定义了三个子函数,每个子核函数用于匹配实体的前部、中部及后部内容;Nguyen等[3]基于语义和语法结构目标关系抽取,语法由成分和依存分析树生成,语义由实体类型和词序列得来,结合SVM和语法树进行处理,采用部分树和词序列核。而这些方法的缺陷在于,相似度计算过程中具有严格的匹配约束,会导致术语抽取的召回率偏低,因而如何提高召

---

[1] Kambhatla N. Combining lexical, syntactic, and semantic features with maximum entropy models for information extraction[C]//Proceedings of the ACL Interactive Poster and Demonstration Sessions. 2004:178-181.

[2] Bunescu R C,Mooney R J.A shortest path dependency kernel for relation extraction[C]//Proceedings of the Conference on Human Language Technology and Empirical Methods in Natural Language Processing. Association for Computational Linguistics,2005:724-731.

[3] Nguyen T V T,Moschitti A,Riccardi G.Convolution kernels on constituent,dependency and sequential structures for relation extraction[C]//Proceedings of the 2009 Conference on Empirical Methods in Natural Language Processing:Volume 3. Association for Computational Linguistics,2009:1378-1387.

回率成为之后研究的重心;Zhou 等[1]引入了卷积核函数,试图解决这一问题,子结点中考虑祖先结点路径的结构信息;黄晨[2]等采用卷积树核作为相似度计算方法,并结合分层聚类的方法进行实体关系的抽取;卷积核函数通过统计离散结构之间相同子结构的数目来计算相似度,但是 kernel 的最大的缺陷在于训练及预测的速度很慢,不适合于处理大量的数据。

结合语言学特征的监督学习的机器学习方法,能取得较好的实验结果,也存在一些缺陷:由于需要标记数据,很难扩展到新的实体关系类型;计算量相对而言负荷大并且无法很好扩展到增长的输入数据;而且,输入数据表示成解析树、依存树等形式需要做很多预处理,在预处理的过程中容易产生错误,影响系统的表现。

(2) 半监督学习

而在语言处理任务中,有大量的无标注的数据,缺乏标注数据并且标注大量数据的代价太大,从而使得 bootstrapping 方法成为一个理想的方法。Blum 和 Mitchell[3] 采用了半监督学习方法,主要想法是利用弱学习机产生的输出数据作为下一次迭代的输入,这种方法依赖于大量的输入参数,这些参数的定义是明确的,但是没有系统说明如何选择最优参数,看起来像是凭经验判定。半监督的机器学习方法可以有效地减少花费的时间和人力,也能减少结果对标注语料的依赖。但是,bootstrapping 还具有一个不可避免的缺点,在迭代过程中通常会存在语义漂移问题。

之后一些新的研究采用了远监督(Distant Supervision,DS)技术,其优点在于可以充分利用大规模知识库中的非直接监督知识进行大规模信息抽取,不需要任何的人工标注,成为关系抽取领域研究的热点,Yao 等[4]利用 DS 同时处理关系抽取和实

---

[1] Zhou G,Qian L,Fan J.Tree kernel-based semantic relation extraction with rich syntactic and semantic information[J].Information Sciences,2010,180(8):1313-1325.

[2] 黄晨,钱龙华,周国栋,等.基于卷积树核的无指导中文实体关系抽取研究[J].中文信息学报,2010,24(4):11-17.

[3] Blum A,Mitchell T.Combining labeled and unlabeled data with co-training[C]//Proceedings of the eleventh Annual Conference on Computational Learning Theory.ACM,1998:92-100.

[4] Yao L,Riedel S,McCallum A. Collective cross-document relation extraction without labelled data[C]//Proceedings of the 2010 Conference on Empirical Methods in Natural Language Processing.Association for Computational Linguistics,2010:1013-1023.

体识别，首先利用已有的知识库训练模型。Nguyen 和 Moschitti[1] 基于 DS 方法，通过考虑外部存储（如 YAGO）中定义的维基百科文档的子集进行关系抽取；Surdeanu 等[2]利用 DS 方法，在出现的关系未知或者是不存在的情况下，能够改善传统的学习方法赋给其一个不准确的标记的问题，该方法能够适应多标记和多实例的学习情形；Krause 和 Li 等人[3]将 DS 方法应用于大规模的关系抽取系统中，采用大量的关系实例作为种子集，从网络中自动学习基于语法的关系抽取规则。但是由于知识库不完整，目前基于 DS 的工作还未能解决负阴性实例被误标注的问题。针对这一问题，Xu 等[4]提出结合粗略特征的检索模型与特定特征的多实例学习的关系抽取方法进行处理；Min 和 Grishman[5] 也对于 DS 方法进行改进，提出了从正例和无标记的数据中进行学习的算法；为了处理稀疏和噪音问题，Fan 等[6]采用矩阵填充的方法，利用 DS 进行关系抽取，将关系分类问题当作填充稀疏矩阵的问题；传统的方法受限于固定的和有限的目标模型，Riedel 等[7]认为采用一个统一的模式能够免去对数据集的需求，这个模式有无限的关系集，并支持集成已有的结构数据，该方法比传统的分类方法有更高的准确率，在对非结构数据及结构数据的支持上要优于 DS。

（3）无监督学习

上文的监督学习和半监督学习方法在抽取前需要确定关系类型，而面对大量的

---

[1] Nguyen T V T, Moschitti A. End-to-end relation extraction using distant supervision from external semantic repositories[C]//Proceedings of the 49th Annual Meeting of the Association for Computational Linguistics: Human Language Technologies: short papers-Volume 2. Association for Computational Linguistics, 2011: 277-282.

[2] Surdeanu M, Tibshirani J, Nallapati R, et al. Multi-instance multi-label learning for relation extraction[C]//Proceedings of the 2012 Joint Conference on Empirical Methods in Natural Language Processing and Computational Natural Language Learning. Association for Computational Linguistics, 2012: 455-465.

[3] Krause S, Li H, Uszkoreit H, et al. Large-scale learning of relation-extraction rules with distant supervision from the web[J]. The Semantic Web-ISWC 2012,: 263-278.

[4] Xu W, Hoffmann R, Zhao L, et al. Filling knowledge base gaps for distant supervision of relation extraction[C]//ACL (2).2013: 665-670.

[5] Min B, Grishman R, Wan L, et al. Distant supervision for relation extraction with an incomplete knowledge base[C]//HLT-NAACL.2013: 777-782.

[6] Fan M, Zhao D, Zhou Q, et al. Distant supervision for relation extraction with matrix completion[C]//Proceedings of the 52nd Annual Meeting of the Association for Computational Linguistics.2014,1: 839-849.

[7] Riedel S, Yao L, McCallum A, et al. Relation extraction with matrix factorization and universal schemas[C]//HLT-NAACL.2013: 74-84.

语料,有时候很难穷尽领域中所有的关系类型。因而,有些研究希望采用无监督学习方法来解决。Hasegawa 等①对两个实体之间的词进行聚类,形成关系类别,利用结果中词频最高的词作为关系描述;Zhang 等②首先利用浅层分析树对关系进行表示,计算两者之间的相似度,再进行聚类,考虑了低频词对间的语义关系;Bollegala 等③采用联合聚类方法进行关系抽取,并利用关系实例和关系模板的对偶性,提升关系模板的聚类效果;张苇如等④采用模式聚类方法并结合中文维基百科来进行实体关系的抽取;贾真等⑤采用协同聚类以及正则化逻辑回归模型进行部分—整体关系的抽取。

虽然无监督学习可以避免监督学习以及半监督学习中出现的一些问题,但是无监督学习通常需要大规模的语料来进行学习,此外无监督学习方法很难确定概念非等级关系的关系名称,并且对于低频的概念非等级关系的抽取召回率较低。

6.1.4 本体学习系统

现阶段,国内外已出现各种本体学习系统,这些本体学习系统适用于不同的语言,包含不同的本体学习阶段,各个学习阶段又采用了不同的学习方法,下面我们针对现有的本体学习系统进行分析。

从国外本体学习系统来看,TextToOnto⑥ 能够从多种数据源(纯文本、HTML及词典)中自动获取本体,结合机器学习和基本的语言学方法,采用基于词频的方法

---

① Hasegawa T, Sekine S, Grishman R. Discovering relations among named entities from large corpora[C]//Proceedings of the 42nd Annual Meeting of the Association for Computational Linguistics (ACL-04). 2004:415-422.

② Zhang M, Su J, Wang D, et al. Discovering relations between named entities from a large raw corpus using tree similarity-based clustering[J]. Natural Language Processing-IJCNLP, 2005:378-389.

③ Bollegala D T, Matsuo Y, Ishizuka M. Relational duality: Unsupervised extraction of semantic relations between entities on the web[C]//Proceedings of the 19th International Conference on World Wide Web. ACM, 2010:151-160.

④ 张苇如,孙乐,韩先培.基于维基百科和模式聚类的实体关系抽取方法[J].中文信息学报,2012,26(2):75-82.

⑤ 贾真,何大可,尹红风,等.基于无监督学习的部分—整体关系获取[J].西南交通大学学报,2014,49(4):590-596.

⑥ Cimiano P, Völker J. Text2Onto: Natural language processing and information systems[C]//10th International Conference on Applications of Natural Language to Information Systems, NLDB, 2005:15-17.

来获取术语,采用层次聚类来获取概念等级关系,采用关联规则挖掘获取概念非等级关系,系统可以学习不同的本体元素,这些元素包括概念、子概念、实例、关系以及部分整体关系和等价关系等,能够从德文和英文中获取本体;Hasti[①] 基于手工构建的初始本体,采用基于语言学的方法获取术语,接下来利用聚类和基于模板的方法获取概念间的关系,该系统能够从波斯文本中获取本体;OntoLearn[②] 基于语言学和统计的方法进行概念术语的抽取,然后利用 WordNet 进行语义解释,获取术语的分类和语义关系;OntoBuilder[③] 能够从 XML 及 HTML 中获取本体,基于一个手工构建的初始本体,采用词频统计和模式匹配(包括子串匹配、内容匹配、词典匹配)进行本体学习;KnowItAll[④] 系统采用弱监督方法和 bootstrapping 方法,采用领域独立的抽取模式;TIMS(Tag Information Management System)[⑤]是分子生物学领域的基于术语的知识获取和集成系统,系统能够从 XML 数据中进行本体学习,采用 C-value/NC-value 的方法进行自动术语识别,采用平均互信息(Average Mutual Information,AMI)层次聚类方法进行关系抽取。

国内的本体学习系统有知识管理系统 KMSphere 中的核心 OntoSphere[⑥];浙江大学的刘柏嵩等提出的 GOLF[⑦],是基于分层循环技术的通用多策略的实验性本体学习系统,针对 Web 中的半结构化数据(HTML 及 XML 文档),利用模式匹配方法进行术语的抽取,形成概念和实例,利用层次聚类形成概念分类体系,再使用关联规

---

① Shamsfard M,Barforoush A A.Learning ontologies from natural language texts[J].International Journal of Human-Computer Studies,2004,60(1):17-63.

② Velardi P,Navigli R,Cuchiarelli A,et al.Evaluation of OntoLearn,a methodology for automatic learning of domain ontologies[J].Ontology learning from text:Methods,evaluation and applications,2005,(123):92:1-16.

③ Modica G,Gal A,Jamil H M.The use of machine-generated ontologies in dynamic information seeking[C]//Cooperative Information Systems.Springer Berlin Heidelberg,2001:433-447.

④ Etzioni O,Cafarella M,Downey D,et al.Web-scale information extraction in knowitall:(preliminary results)[C]//Proceedings of the 13th International Conference on World Wide Web.ACM,2004:100-110.

⑤ Mima H,Ananiadou S,Nenadic G,et al. A methodology for terminology-based knowledge acquisition and integration[C]//Proceedings of the 19th International Conference on Computational Linguistics-Volume 1.Association for Computational Linguistics,2002:1-7.

⑥ Bosca A,Bonino D,Pellegrino P.OntoSphere:More than a 3D ontology visualization tool[C]//Swap.2005:1-15.

⑦ 刘柏嵩,高济.通用本体学习框架研究(英文)[J].Journal of Southeast University(English Edition),2006(3):381-384.

则挖掘抽取出概念的非分类关系,最后挖掘了规则和公理。

除了这些系统外,Wong 等[1]提出一种结合词法简化技术的混合方法,获取粗粒度潜在的不确定性的关系,并结合动态 Web 资源进行词义消歧和关联推理,输出一个轻量级的本体;Giunchiglia 等[2]在初始的轻量级本体(主要是 is-a 分类关系)的基础上,用词汇简化,词消歧和关联推理技术学习概念之间的关系,并进行迭代得到最终的本体;Hans Hjelm[3]在博士论文中提出了一种多语言语料对比的本体学习方法,从多语言的字典中进行抽取,它的主要贡献在于集成不同语言的信息;Sun 等[4]结合浅层语义分析以及多种统计方法,对中文非结构化的文本进行概念以及概念间等级关系的获取;王俊华等[5]借助文本处理工具 Gate 和 WordNet,采用统计、频繁项挖掘、模式匹配、启发式学习和主动学习等技术,对本体中的概念、等级关系及概念属性进行了抽取;王超等[6]自动抽取了农业领域概念,并结合关联分析及改进层次聚类的方法进行概念关系的抽取,最后构建了农业领域本体;翟羽佳等[7]通过句法分析、模式匹配等方法进行了本体概念及关系的获取;邱均平等[8]利用统计分析、共现分析以及语义相似度从文献中自动构建情报学资源本体;符红光等[9]在手工构建的领域本体的基础上,利用 WordNet 和维基百科进行本体的扩展,实现了几何学科领域的本体半自动构建。

---

[1] Wong W,Liu W,Bennamoun M. Acquiring semantic relations using the web for constructing lightweight ontologies[J]. Advances in Knowledge Discovery and Data Mining,2009:266-277.

[2] Giunchiglia F, Zaihrayeu I. Lightweight ontologies [M]//Encyclopedia of Database Systems. Springer US, 2009:1613-1619.

[3] Hjelm H, Volk M. Cross-language ontology learning [M]//Ontology Learning and Knowledge Discovery Using the Web:Challenges and Recent Advances. IGI Global,2011:272-297.

[4] Sun C, Zhao M, Long Y. Learning concepts and taxonomic relations by metric learning for regression[J]. Communications in Statistics-Theory and Methods, 2014, 43(14):2938-2950.

[5] 王俊华,左万利,彭涛.面向文本的本体学习方法[J].吉林大学学报(工学版),2015,45(1):236-244.

[6] 王超,李书琴,肖红.基于文献的农业领域本体自动构建方法研究[J].计算机应用与软件,2014,31(8):71-74.

[7] 翟羽佳,王芳.基于文本挖掘的中文领域本体构建方法研究[J].情报科学,2015,33(6):3-10.

[8] 邱均平,楼雯.基于 CSSCI 的情报学资源本体构建[J].情报资料工作,2013(3):57-63.

[9] 符红光,刘莉,钟秀琴,等.基于 WordNet 与 Wikipedia 的平面几何本体的构建[J].电子科技大学学报,2014,43(4):575-580.

综上所述,本体学习系统的研究多集中在英文、德文及波斯文上,中文本体学习系统非常少,现有的中文本体学习仍停留在关键技术的突破阶段,由于中文的特殊性,中文自然语言处理的精度不高,因而中文本体学习也是亟待解决的一个问题。而且中文本体学习难度要远大于英文,其原因在于:① 中文词语之间没有明显的分隔;② 中文词语存在更多歧义现象;③ 中文词语由字组合而成,其组合复杂度高;④ 中文词法语态没有英文丰富,例如中文中没有时态、大小写信息等。因此,我们在已有的本体学习的基础上,提出面向学科领域的中文本体学习方案,并应用到具体的学科领域的本体自动构建中。

6.2 资源深度标注的现状

6.2.1 资源标注本体

(1) Dublin Core Terms

都柏林核心元数据(Dublin Core Metadata Initiative,简称"DCMI")提供了核心元数据词表,适用于描述和管理数字资源及馆藏资源。它包含15个广义的元数据,包括名称(Title)、创建者(Creator)、主题及关键词(Subject and Keywords)、说明(Description)、出版者(Publisher)、发行者(Contributor)、时间(Date)、类型(Type)、格式(Format)、标识(Identifier)、来源(Source)、语言(Language)、相关资源(Relation)、范围(Coverage)、版权(Rights)。

(2) W3C Provence Ontology(PROV-O)

PROV本体(PROV-O)是采用OWL2语言描述的PROV数据模型,由W3C小组开发、管理和维护。它提供了一组可被用来表示和交换的系统,以及类、属性和限制。它也可以专门创建新的类和属性,以用于不同的应用和信息建模。

PROV-O包括三大类的类和属性:① 起始类和属性(starting point classes and properties),提供了PROV-O本体的基本类和属性,这些类和属性结合其他的术语可以用于描述简单的出处信息;② 扩展类和属性(expanded classes and properties),提出了与起始类和属性类相关的其他术语,这些术语一般是起始类和属性类中的上级类或者子属性;③ 合格的类和属性(qualified classes and properties),提供了与起始类及扩展类中陈述的二元关系相关的详细信息,不同于其他两个类,当其他两个类提供直接的二元断言时,这个类的术语用于提供额外的二元关系的术语,这个类允许用户提供不包括在前两类及属性之外的详细的信息。

(3) Open Annotation Data Model

开放标注核心数据模型①细化了一个创建相关资源、标注之间的关联的交互框架,它能够在平台之间共享,采用丰富的表示来满足复杂的需求,同时在常用的案例中保持足够简单的表达。标注是一种关联资源集,主要包含一个主体及一个目标,主体以某种方法与目标相关联,整个模型支持泛函性、能够进行语义标注、内容嵌入、选择资源的片断、选择资源的合适表示以及支持客户进行类型选择。

(4) Annotation Ontology

标注本体(Annotation Ontology,AO)②是用于提供标注的词表,包括点评、实体标注(或语义标注)、文本标注(经典标记)、笔记等用于电子文档(文本、图片、声音、表格等)以及文档的部分标注。

AO 本体可以用于标注网上的科技文档,同时支持人工及算法对内容进行标注,文档可以进行标注,但是不需要标注者进行更新控制。

(5) Provenance, Autoring and Versioning Ontology (PAV Ontology)③

PAV④是一个轻量级的本体,用于获取网络资源的出处、作者以及版本信息。PAV 的构建者认为该本体对于数字科技内容(digital scientific content)的管理是非常有效的。它描述了贡献者(contributor)、作者(author)、内容管理者(curator)和创造者(creator),用以区别资源被获取、转换以及消费的过程。

(6) DBpedia

DBpedia⑤可以从维基百科(Wikipedia)中抽取出结构化的信息,并且使用这些信息。DBpedia 允许从维基百科中进行复杂的查询,并可以将网上其他的不同的数据集链接到维基百科。通过这种语义技术,可以使用维基百科中的一些信息。

英语版本的 DBpedia 知识库描述了 458 万件事物,其中 422 万条数据采用一致的本体进行分类,包括 1445000 条关于人的数据、735000 条关于地点的数据、411000

---

① http://www.openannotation.org/spec/core/
② https://code.google.com/archive/p/annotation-ontology/
③ Ciccarese P, Soiland-Reyes S, Belhajjame K, et al. PAV ontology: Provenance, authoring and versioning[J]. Journal of Biomedical Semantics, 2013, 4(1): 1-22.
④ http://purl.org/pav/
⑤ http://wiki.dbpedia.org/

条创意作品(包括123000张音乐专辑、87000部电影和19000部视频游戏)、241000条组织数据(包括58000家公司和49000个教育机构)、251000个物种和6000种疾病。

DBpedia本体是一个浅层的跨领域本体,手动创建了基于维基百科内最常用的信息框架。本体目前涵盖685个具有层次结构的类和2795条不同的属性。到2015年4月为止,DBpedia本体包含739个类、1099条对象属性、1596条数据属性、132条特殊的数据类型属性、407个等价类以及222条等价属性。

(7) Semantic Publishing and Referencing Ontologies(SPAR)[①]

JISC(Joint Information Systems Committee)机构资助了两个语义项目:Open Citation(http://opencitations.wordpress.com)项目以及Open Bibliography(http://openbiblio.net)项目,SPAR本体是Open Citation项目的一个主要成果,参照OCC元数据文档。[②] 而Open Bibliography项目旨在将大量的文献数据集转换为开放链接数据(Linked Open Data)。

SPAR本体是用于描述出版领域的本体,它为语义出版和引文提供了一套可以机读的RDF元数据集,包括文档的描述、文献目录识别、引文的类型和相关内容、书目引文、文档的部分及状态、个体的角色及贡献、文献计量学数据及工作流程。SPAR本体的组成如图6-1所示。

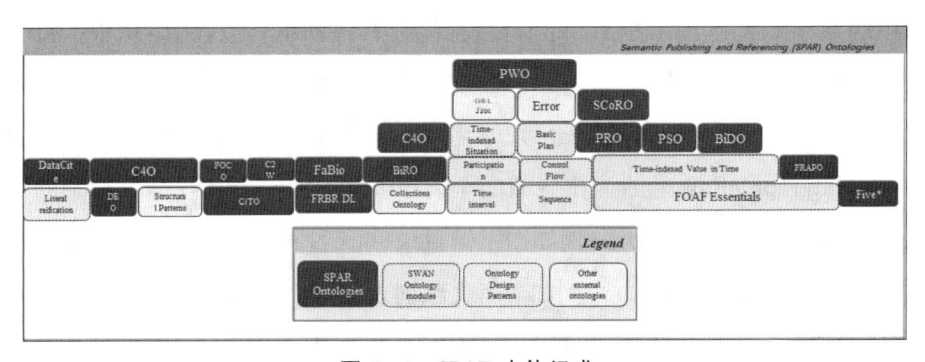

图6-1 SPAR本体组成

FaBiO文献本体(FRBR-aligned Bibliographic Ontology)用于描述出版或者潜在出版实体,例如期刊文献、会议文献、书籍等,并且可以通过文献引文进行引用。

---

① Peroni S. The semantic publishing and referencing ontologies[M]//Semantic Web Technologies and Legal Scholarly Publishing. Springer International Publishing,2014:121-193.

② https://doi.org/10.6084/m9.figshare.3443876.

FaBiO 中的实体主要是文本（例如书籍、报纸、杂志、期刊以及其他形式的诗歌、会议论文和社论，但是不包括博客、网页、数据集、算法、协议、规范、词表、记录、政府文件、技术及商业报告、选集、目录及类似的集合）。FaBiO 从一些已经存在的标注文献实体描述（例如 FRBR、DC Terms、PRISM 及 SKOS）中引入了一些实体，并且 FaBiO 针对属性的定义域及值域做了一定的限制，使之可与其他模型一起使用。通过 FaBiO，可以：① 针对书目对象写各种各样的语义描述，包含会议论文（fabio：ConferencePaper）、期刊论文（fabio：JournalArticle），期刊的期和卷（fabio：JournalIssue 及 fabio：JournalVolume）；② 使用 FRBR 类（例如 fabio：Work、fabio：Expression、fabio：Manifestation 及 fabio：Item）及其所有子类；③ 采用其他词表中的元素来定义实体，例如 FOAF 中提供的人或机构。

CiTO [1]（Citation Typing Ontology）是一种引文本体，来描述引文的特性及类型。这种引文可以是直接的或者非直接的（引用到最近的一篇相同研究小组相同主题的文章），可以是显式的（如期刊明显的列出采用的引文）或是隐含的。CiTO 允许作者或者其他人标记引文链接和获取引用意图（例如 cito：extends，cito：usesMethodIn，cito：supports）。

BiRO [2]（Bibliographic Reference Ontology）是用于描述书目记录及参考文献的本体，编译到书目和参考列表集合，它组成了 SPAR 的一个部分。例如发表的期刊文献中的参考文献由于期刊格式的需要，可能会有各种不一致，例如缺省了被引文献的标题和标记了所有作者或部分作者名。BiRO 对以下几项进行了统一：全部的书目记录（biro：BibliographicRecord）、参考文献记录中的所有作者以及题名记录（biro：BibliographicReference）、出版商的全名以及 ISSN 或 ISBN；书目记录的集合（biro：BibliographicCollection），例如图书馆目录（biro：LibraryCatalogue）；需要的书目列表（biro：BibliographicLis），例如参考文献列表（biro：ReferenceList）。

C4O（Citation Counting and Context Characterization Ontology）是用于描述参考文献引文的本体，是 SPAR 本体的部分。本体中描述了：① in-text reference pointer 即相关工作内容中提及的描述指向参考文献的指针；② 一个文本被引用文

---

[1] Peroni S, Shotton D. FaBiO and CiTO: Ontologies for describing bibliographic resources and citations[J]. Journal of Web Semantics, 2012, 17: 33-43.

[2] Di Iorio A, Nuzzolese A G, Peroni S, et al. Describing bibliographic references in RDF [C]//SePublica, 2014: 1-12.

献引用的次数,即文献共被引的文献数,可根据文献计量服务提供商提供,如 Google Scholar;③ 引用中包含的内容,例如文献中包含的内部指向参考文献的指针以及相关的被引文献的内容。

DoCO[①](Document Components Ontology)提供了文档元素的结构化词表,针对学术文献提供了一个本体描述框架(如图 6-2),它最初的目标是提高不同格式学术文献的共享性和互用性。DoCO 的创建是基于不同文档集(主要基于不同主题的科技文献及网页)及出版指南的学习,为了搜集文献内容和使用状况,对领域的学者和学术出版商进行了访谈。DoCO 引入了描述结构模式的 Pattern Ontology 以及 Discourse Element Ontology(DEO)。另外,定义了混合类,例如段落(doco:Paragraph)、节(doco:Section)和列表(doco:List),DoCO 同时也与 SALT Rhetorical Ontology 及 Ontology of Rhetorical Blocks (ORB)进行了本体对齐。

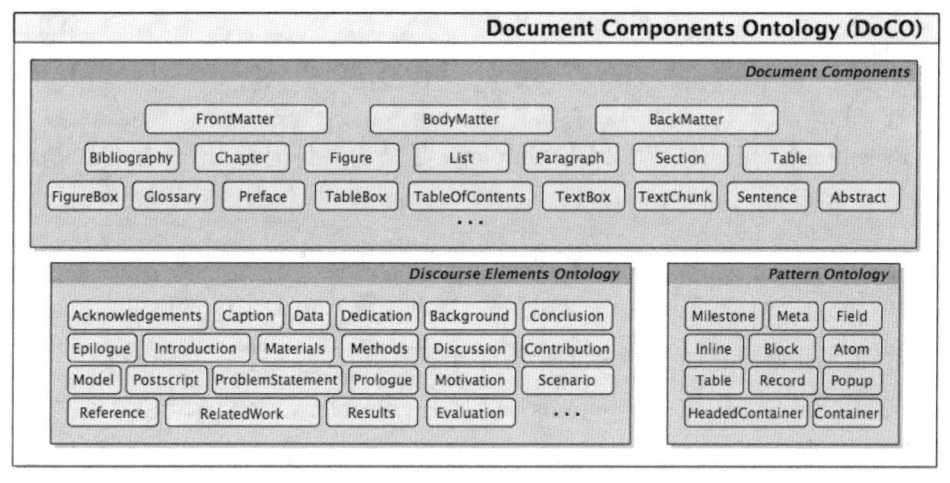

图 6-2 DoCO 本体框架

PSO[②](Publishing Status Ontology)是用于描述文件出版状态的本体,它包括了文件在出版过程中的每个阶段(例如写稿、提交和审稿中)。其他已存在的描述文件的状态的本体,例如 BIBO 本体(Bibliographic Ontology)以及 Document Status 本体,BIBO 定义每个状态都需要持续一段时间,Document Status 本体定义了状态

---

① Constantin A, Peroni S, Pettifer S, et al. The document components ontology (DoCO)[J]. Semantic web, 2016, 7(2): 167-181.
② Peroni S, Shotton D, Vitali F. Scholarly publishing and linked data: describing roles, statuses, temporal and contextual extents[C]//Proceedings of the 8th International Conference on Semantic Systems. 2012: 9-16.

随事件改变,其他则不允许时间独立的数据。PSO 描述了文件的出版状态或者出版过程中不同阶段的出版实体(如写稿、提交、审稿中、拒稿、接受稿件、进行同行评审、开放获取等)。

PRO(Publishing Roles Ontology)是用于描述个体出版过程中(人、企业或者出版过程中的个体——作者、编辑、评审、出版商及图书馆馆员)的角色的本体。它允许不同角色细化到一个具体的组织(如出版社、图书馆等),并定义了每个角色在其间的周期。

PWO①(Publishing Workflow Ontology)出版流程本体是用于描述文件或其他出版实体在出版过程中的步骤的本体。当对流程建模时,必须考虑以下几点:① 它包括流程的一个序列;② 流程启动后需要在一定的时间内完成工作;③ 工作流的结构由一定的步骤进行组织;④ 每一个步骤对任务进行描述;⑤ 每个任务需要一些输入信息;⑥ 每个任务由组织或个人完成。工作流程中的每个步骤都包含一个或多个事件(例如作者写文章、文章在审稿中、编辑建议修改文章、文章在印刷中、文章已发表等)。

Essential FRBR in OWL2 DL Ontology 是描述书目记录 IFLA 报告的基本概念和关系,由 FaBiO 和 BiRO 输入。

DEO(Discourse Elements Ontology)为文件中的修辞元素提供了一个结构化的词表(例如引言、讨论、致谢、参考文献列表、图和附录),由 DoCO 本体引入。这些元素通常(但不是必要)对应于文献的结构部分——章节。

SCoRO(Scholarly Contributions and Roles Ontology)学术贡献和角色本体,由作者、出版商和研究人员使用的本体,用于描述学者的贡献、他们所属的机构、研究调查和其他学术活动,以及其他学术期刊文献及产出。

FRAPO(Funding, Research Administration and Projects Ontology)是用于描述研究项目信息的本体,例如拨款申请、资助机构、项目合作者等。它也可以用于描述其他类型的项目,例如建筑项目和教育项目。

DataCite(DataCite Ontology)是用于描述 DataCite 元数据结构规范的本体。

BiDO②(Bibliometric Data Ontology)是用于描述文献数据中数字和分类的模块

---

① Gangemi A, Peroni S, Shotton D, et al. The publishing workflow ontology (PWO)[J]. Semantic Web, 2017, 8(5): 703-718.

② Osborne F, Peroni S, Motta E.Clustering citation distributions for semantic categorization and citation prediction[J]. 2014: 24-35.

6 本体学习和资源深度标注理论基础

本体,例如期刊影响因子、作者 H-指数、研究类型分类等。

Five*① (Five Stars of Online Research Articles Ontology)是用于描述网络期刊文章中五种属性(同行评论、开放获取、内容丰富、有效数据集和可机读的元数据)文章的本体。

6.2.2 资源标注方法

(1) 科技文献手工标注

科技文献标注主要有两种情况:一是收集大众的信息,让需要阅读科技文献的研究者使用辅助文献阅读或管理的软件产生的信息来进行标注;二是采用机器自动进行科技文献的标注,而由于本体的限制,目前尚无全面的科技文献自动标注的研究。

Utopia② 是一个 PDF 阅读器,它可以获取到文章的一些元数据信息,例如题名、DOI 号等;生成格式化的引文信息;提供链接到博客信息的扩展,如图 6-3,文章链接到了一个 Facebook 的页面,了解读者对文献的评价;此外,它还链接到与文献相关的网页中,对读者信息分布(地理位置、学历、学科)进行了分析。

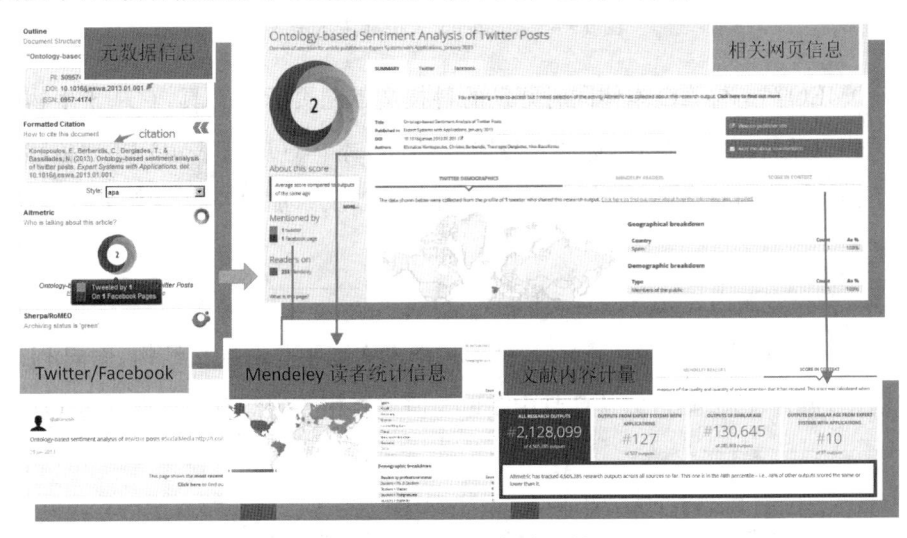

图 6-3 Utopia 标注示例

---

① Shotton D.The five stars of online journal articles: A framework for article evaluation[J]. D-Lib Magazine,2012,18(1): 1-2.

② http://getutopia.com.

Mendeley① 是一个文献管理软件,同时也是一个学术社交网络(如图 6-4)。它可以通过导入 PDF 文件进行文献基本信息的获取,例如题名、作者、摘要、期刊名、出版年份、ISBN、DOI、URL 等;同时,又可以链接到 Mendeley 网站中该导入文献的网页,网页中包括读者的统计数据以及读者对文章内容的标注(Tags)。

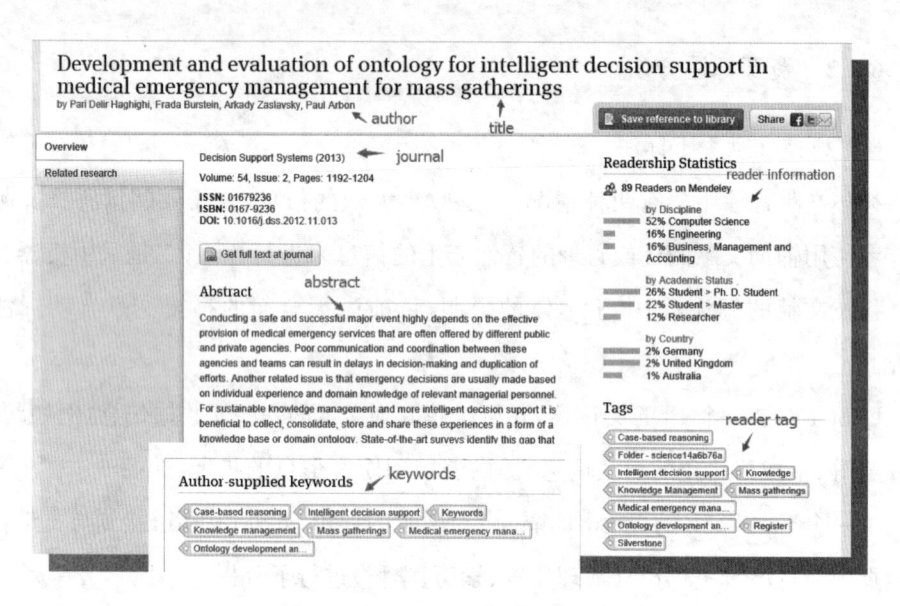

图 6-4 Mendeley 人工标注示例

DOMEO② 是与 AO 本体同时开发的科技文献网页标注工具,它基于生物医学的知识库以及科技在线论坛,标注元数据采用 AO 本体(OWL 表示),主要依赖于用户人工标注,用户可以通过对部分文本添加笔记以及添加语义标签来进行标注,如图 6-5。

(2) 学科资源内容元素的自动标注

Hollingsworth 等③探索了 PTX 框架从学术文献中获取层次结构,面向 PDF 的学术文献,另外,该框架可以从文献中获取与研究者相关的信息;Marinai 等④从 PDF

---

① http://www.mendeley.com.

② Ciccarese P, Ocana M, Clark T. Open semantic annotation of scientific publications using DOMEO[C]//Journal of Biomedical Semantics. BioMed Central, 2012, 3(1): 1-14.

③ Hollingsworth B, Lewin I, Tidhar D. Retrieving hierarchical text structure from typeset scientific articles-a prerequisite for e-science text mining[C]//Proc. of the 4th UK E-Science All Hands Meeting, 2005: 267-273.

④ Marinai S. Metadata extraction from PDF papers for digital library ingest[C]//2009 10th International Conference on Document Analysis and Recognition. IEEE, 2009: 251-255.

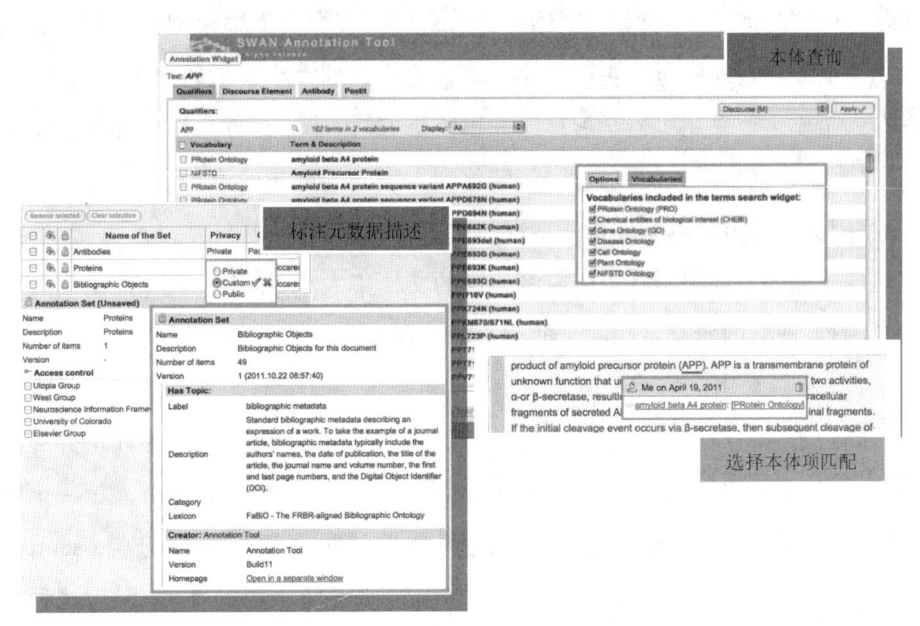

图 6-5　DOMEO 人工标注示例

文献中提取元数据，采用的技术包括 PDF 解析、低层次文档图片处理以及布局分析；姚晓娜等[①]采用地球科学领域语义网 SWEET 和 GATE 框架，实现了地球科学领域文档的自动标注。

（3）学科资源引文内容的自动标注

引文内容是学术文献中引用的与之相关的资源，引文出现的上下文提供了关于被引文献的有价值的数据，因此，需要对引文出现的内容进行检测。

如何定义合适的窗口大小来挖掘引文内容是一个问题，Kataria 等[②]研究了挖掘引文内容的合适的窗口大小，他们在引文的上下文中选择了合适的窗口大小来满足足够的信息提供，通过最大化一个目标函数来表示被引文章与相关引文内容的局部相似性；He 等[③]采用了 100 个重叠词的窗口作为语言模型来定位引文内容，并采用

---

① 姚晓娜,祝忠明,王思丽.面向地学领域的自动语义标注研究[J].现代图书情报技术，2013（4）：48-53.

② Kataria S, Mitra P, Caragea C, et al. Context sensitive topic models for author influence in document networks [C]//IJCAI Proceedings-International Joint Conference on Artificial Intelligence,2011,22(3)：2274-2281.

③ He Q, Kifer D, Pei J, et al. Citation recommendation without author supervision[C]//Proceedings of the 4th ACM International Conference on Web Search and Data Mining. ACM，2011：755-764.

了文献不同部分的上下文相似度、给定的引文内容聚类及概率模型的主题相关性来计算相关度值。目前的研究主要采用实验方法来找到大小合适的上下文窗口,大部分现有的工作主要采用机器学习算法和半监督方法,非监督方法很少使用到定义上下文中,主要是因为任务的复杂性高,转化到大型的规则集较难控制,这些方法可能不一致,因为不能穷尽所有的可能情况。

目前研究的主要限制在于研究者使用的文档集大小,由于生成专业的引文文档集非常困难,现有的研究者趋向于使用小的数据集合。

(4) 学科资源引文情感分析

不同的研究将情感分析中的情感分为不同的类别,Pang[1]将电影评论分为两个类别,即正向和负向,为了解决一些不包含情感倾向的评论问题,又引入了一个中性类别来标记不包括情感倾向的评论,这种分类又叫作情感极性分类(sentiment polarity classification)。这种分类也是本书后续研究所采用的类型,因为这种分类足够简洁,也满足了学术文献引文中的大部分情况。

另一种分类方法是主客观分类(subjectivity classification),即将情感分为极性以及中立两类,主观情感包括正向和负向两种情感,中立情感也称为客观情感。Wiebe 等[2]对新闻文本进行主客观分类。借助情感对应的层次(主客观分类中主观情感是极性分类中正向及负向的上层)可以提高分类的效果。Pang 和 Lee[3] 采用了分等级的两步法来进行电影评论的分类:第一步将文本分为主观和客观两类,第二步进行极性分类。还有一些研究将情感分为多个类别,例如 Wilson 等[4]将情感分为四个类别,即中立、低、中、高。Thelwall 等[5]将情感分为五个等级,即情感强度分类

---

[1] Pang B, Lee L, Vaithyanathan S. Thumbs up?: Sentiment classification using machine learning techniques[C]//Proceedings of the ACL-02 Conference on Empirical Methods in Natural Language Processing-Volume 10. Association for Computational Linguistics, 2002: 79-86.

[2] Wiebe J M, Bruce R F, O'Hara T P. Development and use of a gold-standard data set for subjectivity classifications[C]//Proceedings of the 37th Annual Meeting of the Association for Computational Linguistics, 1999: 246-253.

[3] Pang B, Lee L. A sentimental education: Sentiment analysis using subjectivity summarization based on minimum cuts[C]//Proceedings of the 42nd Annual Meeting on Association for Computational Linguistics, 2004: 271-279.

[4] Wilson T, Wiebe J, Hwa R. Just how mad are you? Finding strong and weak opinion clauses[C]//aaai, 2004, 4: 761-769.

[5] Thelwall M, Buckley K, Paltoglou G. Sentiment in Twitter events[J]. Journal of the American Society for Information Science and Technology, 2011, 62(2): 406-418.

(强褒义、弱褒义、中性、弱贬义、强贬义)。

按照情感分析针对的情感元素粒度,又可以分为篇章级、句子级、词语级、单词级。单词级的研究中,Hatzivassiloglou 等①研究了形容词的情感信息;词语级的研究中,Turney 等②采用 POS 标注规则抽取了文本中包含的形容词和动词来预测词语的情感极性;句子级的研究中,Pang 和 Lee 提取了电影评论中句子的情感主观句子,然后用于整篇评论的情感分类;Yu 和 Hatzivassiloglou③首先检测文本级的主客观性,再进行了句子级的主客观分析,最后再分析句子级的极性分类。

有关情感分类的应用,主要包括社交媒体情感分析、产品评论分类等。利用社交媒体中用户表达的信息进行的情感分类,例如推特④和微博⑤等,包括利用推特上关于特定主题或者事件的情感分析来进行政治竞选预测⑥⑦,或者进行股票市场趋势的预测⑧。产品评论方面,包括利用博客数据进行产品评论挖掘⑨,基于中文产品

---

① Hatzivassiloglou V, McKeown K R. Predicting the semantic orientation of adjectives[C]//Proceedings of the 8th Conference on European Chapter of the Association for Computational Linguistics. 1997: 174-181.

② Turney P D. Thumbs up or thumbs down?: semantic orientation applied to unsupervised classification of reviews[C]//Proceedings of the 40th Annual Meeting on Association for Computational Linguistics. 2002: 417-424.

③ Yu H, Hatzivassiloglou V. Towards answering opinion questions: Separating facts from opinions and identifying the polarity of opinion sentences[C]//Proceedings of the 2003 Conference on Empirical Methods in Natural Language Processing. Association for Computational Linguistics, 2003: 129-136.

④ Tang D, Wei F, Yang N, et al. Learning sentiment-specific word embedding for Twitter sentiment Classification[C]//ACL (1). 2014: 1555-1565.

⑤ 谢丽星,周明,孙茂松.基于层次结构的多策略中文微博情感分析和特征抽取[J].中文信息学报,2012,26(1):73-83.

⑥ Tumasjan A, Sprenger T O, Sandner P G, et al. Predicting elections with Twitter: What 140 characters reveal about political sentiment[J]. ICWSM, 2010, 10: 178-185.

⑦ Kagan V, Stevens A, Subrahmanian V S. Using Twitter sentiment to forecast the 2013 Pakistani election and the 2014 Indian election[J]. IEEE Intelligent Systems, 2015, 30(1): 2-5.

⑧ Bollen J, Mao H, Zeng X. Twitter mood predicts the stock market[J]. Journal of Computational Science, 2011, 2(1): 1-8.

⑨ Costa E, Ferreira R, Brito P, et al. A framework for building web mining applications in the world of blogs: A case study in product sentiment analysis[J]. Expert Systems with Applications, 2012, 39(5): 4813-4834.

评论情感分析来分析产品的缺点[1]等研究。

情感分析主要有两种方法：一种是基于规则的方法，这种方法主要依赖于情感词典，根据内容中包括的正向情感词与负向情感词的个数来进行情感分析；另一种是基于统计机器学习的方法，机器学习方法又可以分为监督学习、半监督学习和无监督学习方法。

监督学习方法利用一些特征集来表示标注数据，再利用这些特征进行学习得到一个函数来进行一些未知数据的分类。可以将情感分析看作一种分类或者标注任务。

常用的分类器有朴素贝叶斯、支持向量机[2]、最大熵（Max Entropy，ME）等，这些分类器利用文本中的统计特征[3]，生成学习模型进行情感的分类。Wilson等[4]提出了句子级上下文极性的分类，其思想是词的极性会随着上下文中的其他词语而改变，采用两步进行分类，首先将词语分为中性和极性两类，基于上下文采用了28个特征，在极性分类阶段，采用了10个特征。Moraes等[5]采用SVM与人工神经网络（Artificial Neural Networks，ANN）针对电影评论分别进行文档级的情感分类，并进行了对比。Ghiassi等[6]利用情感分析分析商务环境下的推特及社交媒体的作用，结合推特专用词典，分别采用了DAN2和SVM方法进行情感分析。Zhang等[7]采用

---

[1] Zhang W, Xu H, Wan W. Weakness finder: Find product weakness from Chinese reviews by using aspects based sentiment analysis[J]. Expert Systems with Applications, 2012, 39(11): 10283-10291.

[2] Medhat W, Hassan A, Korashy H. Sentiment analysis algorithms and applications: A survey[J]. Ain Shams Engineering Journal, 2014, 5(4): 1093-1113.

[3] Zimbra D, Ghiassi M, Lee S. Brand-related Twitter sentiment analysis using feature engineering and the dynamic architecture for artificial neural networks[C]//2016 49th Hawaii International Conference on System Sciences (HICSS). IEEE, 2016: 1930-1938.

[4] Wilson T, Wiebe J, Hoffmann P. Recognizing contextual polarity: An exploration of features for phrase-level sentiment analysis[J]. Computational Linguistics, 2009, 35(3): 399-433.

[5] Moraes R, Valiati J O F, Neto W P G O. Document-level sentiment classification: An empirical comparison between SVM and ANN[J]. Expert Systems with Applications, 2013, 40(2): 621-633.

[6] Ghiassi M, Skinner J, Zimbra D. Twitter brand sentiment analysis: A hybrid system using n-gram analysis and dynamic artificial neural network[J]. Expert Systems with Applications, 2013, 40(16): 6266-6282.

[7] Zhang D, Xu H, Su Z, et al. Chinese comments sentiment classification based on word2vec and SVM perf[J]. Expert Systems with Applications, 2015, 42(4): 1857-1863.

了 SVM^{perf} 进行了中文产品评论的情感分析,利用 word2vec 抽取了词间的深度语义特征,获得了更高的准确率与召回率。

常用的标注方法有隐马尔可夫模型、条件随机场等,Breck 等[1]提出了标注的框架,将句子中的每个词采用标注集{I,O}来表示,I 表示极性词,O 表示非极性词,利用 CRFs 进行了标注。Zhang 等[2]提出了基于 CRF 的方法结合句子结构、上下文信息和句法信息来提高情感分类的效率。

另一种情感分析的方法是采用非监督学习的方法创建情感词典,再基于情感词典将输入的内容进行情感分析,Hatzivassiloglou 等利用形容词信息进行情感分类,提出形容词之间的连词提供了情感倾向信息,他们采用 log-linear 回归模型分析了形容词对的情感倾向。一些研究引入基于图的方法,图中顶点表示形容词,连线表示情感倾向,图可以采用聚类的方法分成两个子集,因为这些类没有标注,因而需要采用一些标注来区分正向或负向的情感,方法是对比每个子集出现的频率,频率更高的被标注为正向的。另一种方法是检查上下文中形容词提供的信息。Turney 等提出假设:相同倾向的词可能会在一起出现,可以采用逐点互信息(PMI)方法来衡量词之间的共现。Hu 等[3]提出了结合情感信号的非监督学习方法来进行情感分析,情感信号通过提供统一模拟两个主要的情感信号类别的方式来进行情感分析,例如情感指向和情感相关性,再利用这两个信号采用非监督学习的框架进行情感分析。

Mizumoto 等[4]采用极性词典对股票市场的情感极性进行分析,采用半监督学习方法自动构建情感词典,首先采用一个人工定义的小型的情感词典,再利用未知情感的极性的股市新闻来扩充情感词典;Zhou 等[5]采用基于受限波尔兹曼机(restricted Boltzmann machines,RBM)以及非监督学习方法,对标注评论和非标注的评论集进

---

[1] Breck E,Choi Y,Cardie C.Identifying expressions of opinion in context[C]//IJCAI.2007,(7):2683-2688.

[2] Zhang K,Xie Y,Yang Y,et al.Incorporating conditional random fields and active learning to improve sentiment identification[J].Neural Networks,2014,58:60-67.

[3] Hu X,Tang J,Gao H,et al.Unsupervised sentiment analysis with emotional signals[C]//Proceedings of the 22nd International Conference on World Wide Web.ACM,2013:607-618.

[4] Mizumoto K,Yanagimoto H,Yoshioka M.Sentiment analysis of stock market news with semi-supervised learning[C]//Computer and Information Science (ICIS),2012 IEEE/ACIS 11th International Conference on.IEEE,2012:325-328.

[5] Zhou S,Chen Q,Wang X.Active deep learning method for semi-supervised sentiment classification[J].Neurocomputing,2013,120:536-546.

行情感分析，基于监督学习和指数损失函数进行梯度下降构建框架，再采用主动学习方法来识别训练数据中的评论，通过采用评论集训练半监督学习的框架，实验进行了情感五分类，实验效果比现有的半监督学习算法和深度学习技术要好；Silva等[1]对已有的基于半监督学习的 tweet 分类进行了分析，包括基于图的方法、基于包装（wrapper-based）的方法和基于主题（topic-based）的方法。

---

[1] Silva N F F D, Coletta L F S, Hruschka E R. A survey and comparative study of tweet sentiment analysis via semi-supervised learning[J]. ACM Computing Surveys (CSUR), 2016, 49(1): 1-26.

7 概念学习

7.1 术语抽取

本体描述了概念以及概念与概念间的关联,因而概念是本体的基本组成。概念是客观世界中的实体在人脑中的抽象,与具体的语言形式无关,而术语则是人们用于描述抽象概念的外显式的语言符号。隆多[1]在术语学概论中指出,概念与具体的或抽象的实体相对应,它是术语的所指,而描述概念的语言符号即概念的名称,是术语的能指,术语(能指)和概念(所指)之间的关系具有单义性,是一种对应关系[2]。领域术语可以是单个单词(single word)或是复合词组(multi-words)。

术语抽取,又称关键词抽取、术语自动识别(Automatic Term Recognition, ATR),是从特定领域的语料中自动地识别出领域内公认的专业词汇。目前术语抽取主要采用语言学、统计学等方法从文本中抽取出术语。术语抽取任务是本体学习中最初阶段的任务,对于本体的生成非常重要。此外,术语抽取在自然语言处理领域(机器翻译、信息检索等)也有着很高的价值。

此处术语抽取任务的特点是面向学术文献进行术语抽取,这与一般的术语抽取任务略有差别:抽取的语料是学术文献,通常为非结构化的文本,所以需要针对特定类型的文本进行预处理;学术文献有特殊的结构组织,在术语的抽取中可以加以利用。

---

[1] G.隆多.术语学概论[M].北京:科学出版社,1985.
[2] 况新华,黄越.文学术语译名的统一规范化思考[J].术语标准化与信息技术,2010(4):26-28.

SemEval 2010 提出面向学术文献的关键词抽取任务[①],其中,WINGNUS[②]及HUMB[③]系统在评测中有较好的表现,两者均分析了文献的逻辑结构(即文章的各部分,一般情况下,学术文献包括引言、相关研究、方法、实验及结论这几部分),再采用监督学习的方法对关键词进行抽取,所有参与评测的系统中,效果最好的系统达到了准确率40.2%、召回率13.7%以及F值20.5%,但是这样的结果并不是很理想。面向学术文献的信息抽取研究中,主要集中的生物医学、化学等领域,通常是针对学术文献的摘要进行信息抽取,Bork 等[④]对学术文献全文进行了抽取,将学术文献分为了摘要、引言、方法、结论和讨论五个部分,并将关键词在这些部分的出现比例进行了统计分析。Moreno 等[⑤]构建了一个化学领域本体辅助学术文献全文的信息抽取。Guo 等[⑥]结合支持向量机进行主动学习的方法来识别学术文献中的逻辑结构框架。

7.1.1 候选术语抽取

候选术语的抽取过程主要分为三步:第一步是采用术语边界词语对将语料库中的句子切割成较小的单元,本书中叫作术语边界识别;第二步是构建中文 POS 词性模板,从第一步获取的较小单元中抽取符合词性模板的候选术语;第三步则是对采用词性模板抽取的术语进行了一些简单的过滤,包括词频/文档频率过滤以及子串

---

① Kim S N, Medelyan O, Kan M Y, et al. Semeval – 2010 task 5: Automatic keyphrase extraction from scientific articles[C]//Proceedings of the 5th International Workshop on Semantic Evaluation. Association for Computational Linguistics, 2010: 21 – 26.

② Nguyen T D, Luong M T. WINGNUS: Keyphrase extraction utilizing document logical structure[C]//Proceedings of the 5th International Workshop on Semantic Evaluation. Association for Computational Linguistics, 2010: 166 – 169.

③ Lopez P, Romary L. HUMB: Automatic key term extraction from scientific articles in GROBID[C]//Proceedings of the 5th International Workshop on Semantic Evaluation. Association for Computational Linguistics, 2010: 248 – 251.

④ Shah P K, Perez-Iratxeta C, Bork P, et al. Information extraction from full text scientific articles: where are the keywords? [J]. BMC Bioinformatics, 2003, 4(1): 1 – 9.

⑤ Moreno A, Isern D, Fuentes A C L. Ontology-based information extraction of regulatory networks from scientific articles with case studies for escherichia coli[J]. Expert Systems with Applications, 2013, 40(8): 3266 – 3281.

⑥ Guo Y, Silins I, Stenius U, et al. Active learning-based information structure analysis of full scientific articles and two applications for biomedical literature review[J]. Bioinformatics, 2013, 29(11): 1440 – 1447.

归并等。其主要过程如图7-1所示：

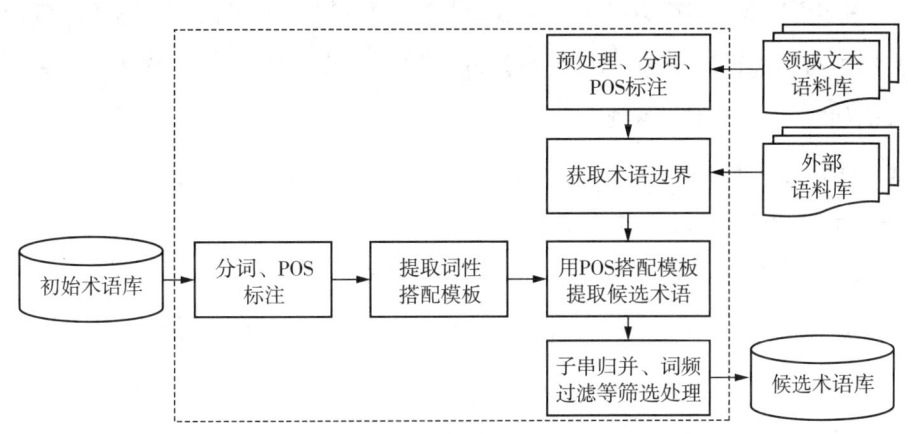

图7-1 结合语言学和统计方法的术语抽取过程

首先,通过预处理将学术文献这种非结构化文本转化为结构化文本,并对领域文本语料库进行分词、词性标注;然后,结合外部语料库对边界术语进行识别,将语料切割成较小的单元;获取文献关键词作为初始术语库,研究并提取初始术语库中的词性搭配模板,利用该模板对第一步的单元中符合模板条件的术语进行抽取;最后,采用一些过滤方法对候选术语进行处理,生成候选术语库。

本节我们主要介绍面向中文科技文献的候选术语抽取方法。

(一) 术语边界识别

在文本中有些词语并不能称为术语,例如与领域无关的一些普通词语或者是一些低频的词语(习语、成语、命名实体等),这些词语可以作为分隔词(words delimiters)[①],并用于将语料库中的句子切割成较小的单元,这些词在本书中称为术语边界词。

下面我们通过分析术语边界词的特征,提出术语边界词的抽取方法。

(1) 术语边界词的特征

术语边界词有些类似于停用词表,但是与手工收集的停用词表词语不同,本书提出的术语边界词抽取可以采用无监督的方法来获取,分为两类:

① 高频的非领域依赖的普通词语

---

① Yang Y, Lu Q, Zhao T. A delimiter-based general approach for Chinese term extraction[J]. Journal of the American Society for Information Science and Technology, 2010, 61(1): 111-125.

- 常用字符：例如标点符号和阿拉伯数字。
- 常用字：常用字可以是单个字或者是复合的字,中文是由一个或多个汉字组成的,句子需要进行分词这一处理过程分成词(words),常用字在中文中是一些高频的词,例如"一""和""是""主要"等。

② 低频特殊词
- 命名实体：人名、地名、机构名等。
- 特殊字符：一些数学符号、单位名称、希腊字符等。
- 成语或习语：中文中的成语和一些习语,也包括作者习惯用语。
- 乱码：这些乱码可能是格式转换的时候生成的,例如将 PDF 转化到 TXT 文本中会生成乱码。
- 错别字或词。
- 其他领域中的一些术语,例如针对信息科学的语料出现了生物医学中的术语,这些术语非常少,并不具备领域性。

(2) 术语边界识别过程

术语边界识别的过程主要可以分为三步：分词、低频边界词抽取、高频边界词抽取。

① 分词(words segmentation)

中文自然语言处理任务中常用分词这一任务,因为中文中没有自然分隔,所以我们首先需要采用一个中文分词器对领域文本进行分词。

② 低频边界词抽取

低频特殊词有两种：领域低频词,这种词是指其他领域的术语；或是作者自身习惯的一些词。通常有两类方法可用于低频边界词的抽取。

在自然语言处理中,词频(term frequency,TF)是一个非常常见的基于频率的指标,它是基于语料库中出现词语的次数进行统计的。在中文科技文献候选术语抽取中,可采用词频来对分词后的词语进行排序。词频的计算公式如下：

$$tf(t,D) = \frac{count(t,D)}{|D|} \qquad (7-1)$$

其中,$count(t,D)$ 是术语 t 出现在集合 D 中的次数,$|D|$ 是语料 D 的字数。

文档频率(document frequency,DF)起源于信息检索,它计算的是一个术语被语料库中的文档包含的文档次数,通常情况下,采用反文档频率(inverse document frequency，IDF)来表示术语的重要性，并作为一种词权重计算方法。但是中文科技文献候选术语抽取任务并不需要考虑反文档频率，因为一些低频词来源于作者习惯或者一些较少提及的交叉领域文章，所以我们通常采用文档频率作为低频边界词确定方法。

③ 高频边界词抽取方法

高频词通常是用基于频率的方法来进行抽取的，但是仅仅采用词频来进行高频边界词抽取会将领域依赖的术语或术语组成词一起抽取出来，所以这一阶段的主要任务是抽取高频非领域依赖的词语。为了解决这一问题，我们采用中文维基百科作为外部知识库，通过与领域知识库进行对比来获取非领域依赖的词语。

在进行中文科技文献候选术语抽取时，可采用测量两个领域中的距离来提取高频边界词。Kullback-Leibler (KL) divergence 是一种定义两个概率分布之间差异的测度方法，在 Tomokiyo & Hurst 的文章中，他们采用了这一方法进行了关键词的抽取，我们主要采用这一方法来度量术语在外部文档库(中文维基百科)与在领域文档中的信息损失，Kullback-Leibler (KL) divergence 被定义为：

$$KL_{div}(w) = P(w \mid E) \log \frac{P(w \mid E)}{P(w \mid D)} \quad (7-2)$$

其中，w 是领域文档中的一个词语，$P(w \mid D)$ 是词 w 在领域文档集 D 中的概率，$P(w \mid E)$ 是词 w 在外部文档集 E 中的概率，可能在领域文档中出现的词未出现在外部文档集中，对于这种情况，我们估计 $P(w \mid E)$ 为 $1/\mid E \mid$，$\mid E \mid$ 是外部文档集中的词数。根据 Kullback-Leibler (KL) divergence 对词语进行排序，即可获得高频术语边界词。

(二) 构建 POS 词性模板

语言学模板是候选术语抽取中常用的方法，定义 POS 模板进行候选术语抽取可以提高最终术语抽取的准确率，但是会损失一些召回率。采用 POS 模板进行术语抽取是假设术语具有固定的词性搭配，这样的假设便于从语料集中提取出候选词语，从而简化计算，去除噪声。为了验证这一假设，需要研究真实术语的词性搭配情况。此外，需要注意的是中文与英文不同，进行中文文本研究时我们无法使用已经定义好的英文术语抽取模板，因此，需要构建一个面向中文学术文献的术语语义模板库。

除了采用通用模板，通常语义模板抽取的方法是选择前 N 个术语库中出现的高频的模板,但是,中文词语有多种词性组合方式,这种组合形成的模板非常多,而且如何确定高频的阈值也非常困难。因此,我们提出了一个新的中文模板构建方法,针对单词术语(single-word term)及复合术语(multi-word term)分别构建模板。为了获取语义模板,我们从中文科技文献中抽取了37296个关键词(来源于17个期刊,覆盖的领域包含管理学、计算机、信息科学、统计学及图书馆学)。采用NLPIR分词软件对术语进行分词,并统计其被分得的词语的数目。词性标注是研究术语词性搭配的关键步骤,对术语分词后的词语进行词性标注,然后对关键词分别研究其词性搭配模板。

(1) 单词术语及复合术语的模板构建

首先,根据关键词词库中的词来获取模板的词长,将模板的词长限定为(1—6),见表7-1,我们将单词术语及复合术语作为两种不同的类型进行分开讨论。

表7-1 关键词列表中的词长信息

术语词长	术语数
1-word	1219
2,3,4,5,6-words	36067
7-words	10

对于单词术语,我们计算了POS标注的出现次数,表7-2展示了单词术语的模板,其中,频率最高的前5个模板被称为单词术语的模板。词性搭配模板的选择影响了最终结果的准确率和召回率,为在两者之间求得平衡,我们去除一部分出现次数较少的模板,如1词术语中,名词、动词出现了99.43%,其余的词性就不用于进行术语抽取。

表7-2 单词术语的模板

单词术语的POS标注	词数	概率
n (noun)	1154	1154/1219=0.9467
nl (noun locution)	4	4/1219=0.0033
v (verb)	33	33/1219=0.0271
vi (intransitive verb), vn (noun-verb)	21	21/1219=0.0172
others	7	7/1219=0.0057

注:nl (noun locution)属于n (noun),是一种名词的类型,但是由于这是一种特殊的POS标注,由POS标注工具标注出来,同样的,vi和vn都是v的一种类型。

复合术语(multi-word terms)由首词、尾词及中间词(术语词长大于 2 时,在术语中间的词语),为了构建复合术语的模板,我们计算了每个位置的词出现的次数,见表 7-3,然后计算了术语中包含的每个二元词(2-gram),见表 7-4。

表 7-3 术语中的每个位置的词的 POS 标注

	POS 标记	数量
首词	noun (includes all subtypes)	21620
	verb (except Chinese verb vshi and dummy verb)	8928
	adjective (except adjective locution)	1637
	distinguishing words	1394
	adverb	669
	numeral	817
	quantifier	151
	others	861
中间词	noun (only includes subtype nominal morpheme and proper noun)	8519
	verb (except directional verb, verb locution, Chinese verb vshi, vyou and dummy verb)	5894
	adjective (except adjective locution)	947
	distinguishing words	383
	adverb	362
	quantifier	737
	others	960
尾词	noun (except person name and organization name)	22395
	verb (except directional verb, verb locution, adverbial verb, Chinese verb vshi, vyou and dummy verb)	12358
	adjective (except adjective locution)	425
	quantifier	477
	distinguishing words, adverb, numeral	142
	others	280

注:vshi 是动词"是",vyou 是动词"有"

表 7-4 二元词模板列表举例

POS 模板	数量
noun＋noun	14241
noun＋nominal verbs	5680
nominal verbs＋noun	4325
noun＋verb	4164
verb＋noun	4086
verb＋verb	1297
distinguishing words＋noun	1178
adjective＋noun	1103
nominal verbs＋nominal verbs	909

(2) 采用 POS 模板进行候选术语抽取的效果

这里我们评价了基于模板进行候选术语抽取的效果,我们对比了采用语言学模板与 N-gram 方法抽取的效果,N-gram 方法抽取的词长也限制为 1—6,为了避免输出集合中的大量噪声术语,结果过滤了只出现在一篇文章中的术语以及在语料库中只出现了一次的术语,结果见表 7-5。

表 7-5 展示了采用语言学模板与 N-gram 方法抽取的准确率、召回率及 F1 值,我们发现采用 POS 模板进行候选术语抽取大大提高了准确率,召回率损失较少,采用 POS 模板同时也缩短了后续处理的时间。

表 7-5 语言学模板方法抽取的结果

	准确率	召回率	F1 值
N-gram	0.0449	0.9263	0.0857
POS patterns	0.1308	0.9064	0.2286

(三) 过滤技术

通常情况下,一些文章搭配停用词表对 POS 模板提取后的候选术语进行过滤,但是停用词表不具备领域通用性,可移植性差。此外,停用词表需要具有领域经验的专家进行提取,所以在进行面向中文科技文献的候选术语的过滤时,需考虑其他过滤方法。

候选术语常包含一些特殊的词语,它们有的在语料中出现的频次非常低,只出现在一篇文章中,有的是另一术语的子串。这些特殊的候选术语有极大的可能不是一个有用的词语或者不是领域依赖的术语,对于这些类型的候选术语,即低频候选术语,我们去除那些只出现在一篇文章中的词,再定义一个阈值以去除小于一定频次的候选术语。

对于与父串频次相同或相近的子串去除,我们采用下面的公式:

$$ratio = \frac{tf(t\_parent, D)}{tf(t, D)} \quad (7-3)$$

其中,t 是候选术语,t_parent 是候选术语集中包含 t 为子串的候选术语,$tf(t, D)$ 是术语 t 的词频。

表 7-6 展示了过滤对于候选术语抽取的作用,过滤掉低频候选术语可明显提升准确率,这证明了大多数低频术语(术语只出现在一篇文章中或只在语料集中出现一次)是无用词语或者是领域不相关的词语,我们将子串归并的值设置为 ratio=0.7,实验中表明候选术语抽取的准确率和召回率在这一值时最为合理。

表 7-6 候选术语过滤效果评价

		准确率	召回率	F1 值
过滤前		1.43%	87.71%	0.0282
过滤低频候选术语(前-20%,DF<5,TF<0.85)		18.32%	83.82%	0.3006
子串归并	ratio=0.6	22.16%	80.30%	0.3474
	ratio=0.7	22.23%	82.35%	0.3500
	ratio=0.75	22.05%	82.67%	0.3481
	ratio=0.8	21.81%	82.94%	0.3454
	ratio=0.9	21.37%	83.17%	0.3401

7.1.2 术语排序方法

本书创新地提出了两种类型的术语排序方法:基于统计的术语排序方法和基于回归的术语排序方法。

(一) 基于统计的术语排序方法

在本节中,我们引入两个术语的测度:词语度(phraseness)及信息度(informativeness)。[①] 词语度考虑了一个给定的单词序列成为一个词语的程度,一般来说,词

---

① Tomokiyo T, Hurst M. A language model approach to keyphrase extraction[C]//Proceedings of the ACL 2003 Workshop on Multiword Expressions: Analysis, Acquisition and Treatment-Volume 18. Association for Computational Linguistics, 2003: 33-40.

语度是由具体应用目标的使用者来定义的。信息度是一个词语能够描述文档集的关键思想程度的度量，一般通过领域语料及普通语料进行对比来获取。

本节首先介绍常用的统计术语排序方法，然后给出一个新的角度，即采用 Hellinger distance 来进行候选术语的上下文信息获取，得到术语分数，最后生成融合词语度与信息度的统计模型。

(1) 已有的统计方法

① 基于 Kullback-Leibler 离差的方法结合词语度及信息度抽取术语(KLIP)

Kullback-Leibler divergence(KLIP)是一种结合词性及信息性的方法，其计算方法如下：

$$KLIP(t) = KLI(t) + KLP(t) \tag{7-4}$$

其中，Kullback-Leibler divergence for informativeness(KLI)用于计算两个领域中术语概率分布的差异，为了进行领域的比较，我们借助于外部语料集(中文维基百科)，如果术语在领域语料集中出现的频次与在外部语料集中出现的频次差异较大，则该术语越具备领域性，其算法定义为：

$$KLI(t) = P(t \mid D) \log_2 \frac{P(t \mid D)}{P(t \mid E)} \tag{7-5}$$

其中，t 是领域集合中的候选术语，$P(t \mid D)$ 是术语 t 在领域语料集 D 中的概率，$P(t \mid E)$ 是术语 t 在外部语料集中的概率，$P(t \mid D)$ 是根据术语 t 在领域语料集中的相对词频来估计的，由于领域语料集中的术语可能不出现在外部语料集中，因此，我们将未出现的术语情况定义 $P(t \mid E)$ 为 $1/|E|$，其中 $|E|$ 是外部语料集中的词数。

Kullback-Leibler divergence for phraseness(KLP)用于复合术语的抽取，它是通过复合术语组成的每个一元词语(unigram)来估计整个 n-gram 术语的信息损失，KLP 定义为：

$$KLP(t) = P(t \mid D) \log_2 \frac{P(t \mid D)}{\prod_{i=1}^{n} P(u_i \mid D)} \tag{7-6}$$

其中，u_i 是 n-gram 的术语 t 中的第 i 个一元词语，$P(u_i \mid D)$ 是领域集合中该一元词语的概率，由于 $KLP(t)$ 用于估计单词术语时结果为 0，因此，该方法对于单词术语的抽取无效。

② *C-value/NC-value*

C-value 是一种结合语言学和统计学的方法，这里我们采用统计部分，*C-value*

考虑了候选术语的词长和词频特征,同时,考虑了其父串的词频和词长,候选术语词长越长或是词频越高,其评分也越高。C-value 的计算方法如下:

$$C\text{-}value(t) = \begin{cases} \log_2|t| * count(t,D), & if\ S_t = \emptyset \\ \log_2|t| * (count(t,D) - \frac{1}{|S_t|} \times \sum_{t' \in S_t} count(t',D)), & if\ S_t \neq \emptyset \end{cases}$$

(7-7)

其中,t 是候选术语,$|t|$ 是候选术语 t 在语料中出现的次数,$count(t,D)$ 是候选术语 t 在文档集 D 中出现的频次,S_t 是包含候选术语 t 为子串的候选术语集合,$|S_t|$ 是集合 S_t 中的候选术语数,由于 C-value 是用于识别复合术语的,计算单词术语时结果为 0,为了避免这种情况,我们在术语抽取中将 $\log_2|t|$ 部分改为 $\log_2(|t|+1)$。

NC-value 是一种复合方法,它包括基于上下文信息的 N-value 部分,计算方法如下:

$$NCvalue = \alpha \cdot Cvalue(t) + \beta \cdot Nvalue(t) \quad (7-8)$$

其中,t 是候选术语,NC-value 中的两个组成部分,按原文中定义的权重,将 C-value 和上下文 Nvalue 部分设置权重为 0.8 和 0.2,N-value 部分用下面的公式进行计算:

$$Nvalue = \sum_{w_i \in C_t} \frac{count(t, w_i)}{count(t)} \times weight(w_i) \quad (7-9)$$

其中,w 是上下文词语(原文中将上下文词语限定为名词、动词及形容词),$weight(w)$ 是每个上下文词语 w 的权重,C_t 是术语 t 的上下文词语集合,w_i 是 C_t 中的一个词。权重定义为:

$$weight(w) = \frac{\sum_{t_j \in D} count(t_j, w)}{N} \quad (7-10)$$

其中,t_j 是领域集合中的上下文词语 w 共现的候选术语,$count(t_j,w)$ 是候选术语 t_j 与词 w 共现的次数,N 是考虑的所有候选术语数。

② 左右熵

Chen 等[1]提出了左右熵的方法用于测度候选术语的上下文信息,这种方法定义为:

---

[1] Chen Y N, Huang Y, Kong S Y, et al. Automatic key term extraction from spoken course lectures using branching entropy and prosodic/semantic features[C]//Spoken Language Technology Workshop (SLT), IEEE, 2010: 265-270.

$$L/Rentropy = \sum_{w_i \in C_t} p(t, w_i) \times \log_2 p(t, w_i) \qquad (7-11)$$

其中,t 是候选术语,w_i 是候选术语的上下文词,C_t 是术语 t 的上下文词集(用于计算候选术语左熵时 C_t 为候选术语的左词集合),$p(t, w_i)$ 是给定术语 t 的情况下上下文词 w_i 的概率,由下式计算:

$$p(t, w_i) = \frac{count(t, w_i)}{count(t)} \qquad (7-12)$$

其中,$count(t, w_i)$ 是候选术语 t 与上下文词 w_i 的共现频次,$count(t)$ 是候选术语 t 在领域语料中的总频次。

(2) 基于 Hellinger distance[①] 的候选术语上下文信息获取

虽然很多研究认为上下文信息有助于术语抽取,但是很少有研究基于这一特性来进行术语抽取,最相关的方法就是 NC-$value$,他们采用了结合语言学与统计的方法来获取上下文信息,语言学部分是将候选术语的上下文词语限定为名词、动词及形容词,统计部分是给每个上下文词都分配了一个权重。

上下文词是候选术语在语料库中出现时前面的词或后接的词,与 NC-value 方法不同,我们不将上下文词限定为名词、动词及形容词,因为我们认为其他类型的词对上下文术语排序都有作用,例如,一个候选术语后接一个标点符号,我们可以认为这个候选术语的后部是完整的,它就更有可能是一个术语。为此,我们提出如下假设。

假设有一个标准的上下文词列表,如果候选术语的上下文词集中的词分布与标准上下文词列表的分布相似,我们认为该候选术语则更可能是一个真正的术语。而这个假设不涉及候选术语的领域性问题,实际上这一指标也只能测度候选术语的词性。但是与 KLP 不一样,KLP 涉及的是候选术语的内部一元词语的组合强度,这里涉及的是候选术语与外部的上下文词的组合强度。

根据上述假设,我们提出基于 Hellinger distance 的候选术语上下文信息获取的步骤:

第一步:生成标准的上下文词列表。

假设标准的上下文词列表是由真实术语的上下文词组成的,那么候选术语的上下文词列表与标准的上下文词列表分布越接近,候选术语越接近真实的术语。因

---

① Hellinger E. Neue Begründung der Theorie quadratischer Formen von unendlichvielen Veränderlichen[J].Journal für die reine und angewandte Mathematik,1909,(136):210-271.

此,我们提出了两种生成标准上下文词集的方法。

① 抽取候选术语中"重要"术语的上下文词。

NC-value 采用了上下文中的"重要"术语中的上下文词作为权重因子,这些"重要术语"是从候选术语中抽取的,由其他排序方法(C-value)对候选术语进行排序,提取排序在前面的术语为候选术语。

② 从候选术语的上下文词生成标准上下文词集,然后过滤掉一些低频的上下文词。

假设标准上下文词比其他词语出现的频次更高,频繁出现的上下文词可能会预示紧邻的术语是一个真正的术语,例如"采用"这个词会预示后面的词是一个表示方法的术语,因此我们获取了候选术语的上下文词,再去除一些低频词作为标准上下文词集。

为了确定上述假设是否正确,我们将在后续部分进行实验验证。

第二步:利用 Hellinger distance 方法获取标准上下文词与候选术语的上下文词分布的不同,来进行术语排序。

这一步基于的假设是标准上下文词与候选术语的上下文词有相似的分布,那么候选术语更有可能是一个真正的术语。

Hellinger distance(HD)能够衡量两个分布之间的差异,与 Kullback-Leibler divergence 及 χ^2 相似,Hellinger distance 也是 f-Divergences 中的一种方法,广泛采用的 KL-divergence 及 χ^2 方法不是严格的距离测度方法,因此,HD 在此处测度两个词分布的距离更为合适。HD 的分数越高,这两个词集的距离越远,下面是 HD 的公式:

$$HDCI(t) = \sum_{w_i \in C_s} \left(\sqrt{P(w_i \mid C_s)} - \sqrt{P(w_i \mid C_t)}\right)^2 \quad (7-13)$$

其中,t 是候选术语,C_s 是标准的上下文词集,C_t 是候选术语 t 的上下文词集,w_i 是标准上下文词集中的词,$P(w_i \mid C_t)$ 由下式计算:

$$P(w_i \mid C_t) = \frac{count(w_i)}{\sum_{w_j \in C_s \cap C_t} count(w_j)} \quad (7-14)$$

其中,$count(w_i)$ 是候选术语 t 的上下文词集中词 w_i 的数量,如果 w_i 没有包含在 C_t 集合中,我们设置 $P(w_i \mid C_t) = 0$。

然后,术语上下文词的上接词及后接词的得分计为:

$$HDCI(t) = HDI\_before(t) + HDI\_after(t) \qquad (7-15)$$

其中，$HDI\_before(t)$ 是从候选术语 t 的上接上下文词集中获得的词得分，$HDI\_after(t)$ 是从候选术语 t 的下接上下文词集中获得的词得分。

(3) 融合词语度与信息度的统计方法

由于上述方法均具有各自的优势，我们进一步将 KL-divergence 与 Hellinger distance 相结合以生成融合词语度与信息度的统计方法，计算公式如下：

$$KLIP\_HD(t) = \frac{KLIP(t)}{P(t \mid D) \times HDCI(t)} \qquad (7-16)$$

其中，$KLIP(t)$ 采用 KL divergence 来获取词的词性及信息性，$HDCI(t)$ 基于 HD 来获取上下文信息的值，$P(t \mid D)$ 是候选术语 t 在领域语料 D 中的概率。

接下来，我们采用两个语料集验证上述假设与方法的有效性。第一个语料集是领域语料，从期刊《情报学报》抽取，这个领域集合包含了 250 篇中文期刊文献，有 4291024 个汉字；第二个语料集来源于中文维基百科[①]，由 922594 条项组成（截至 UTC 21:05 1-28-2017）。领域语料采用 ABBYY FineReader 12[②] 将 PDF 转化为 TXT 文本，文本分词后有 1893248 个词，采用 NLPIR 进行分词和词性标注。

根据准确率、召回率及 F_1 值 3 个指标来评价术语抽取结果，有以下公式，并且标注结果如表 7-7 所示。

$$P = \frac{a}{a+b} \qquad (7-17)$$

$$R = \frac{a}{a+c} \qquad (7-18)$$

$$F_1 = \frac{2PR}{P+R} \qquad (7-19)$$

表 7-7 标注结果表示

	术语	非术语
自动标注为术语	a	b
标注为非术语	c	d

为了评价术语排序的效果，我们将基于统计方法排序后的候选术语分为四个

[①] http://download.wikipedia.com/zhwiki/latest/zhwiki-latest-pages-articles.xml.bz2

[②] https://www.abbyy.com/en-us/finereader/

区。第一区是排在统计方法前25%的候选术语(前25%),第二区是排在统计排序方法的前25%—50%的候选术语(前25%—50%),第三区是排在统计排序方法前50%—75%的候选术语(前50%—75%),第四区是排在统计排序方法前75%—100%的候选术语(前75%—100%)。

(1) 基于 Hellinger distance 的术语上下文信息获取来进行术语排序

这里评价了我们提出的基于术语上下文信息来进行术语排序的方法,针对这一任务,我们有三个问题需要解决:

① 采用"重要"术语的上下文词集作为标准的上下文词集能否提高术语抽取的效率?

为了生成标准上下文词列表,我们有两种方法:

第一,发现"重要"术语,我们采用 KLIP 作为候选术语的排序算法,排序算法的结果见表7-8。

从表7-8中可以看出,KLIP 排序算法可以对候选术语进行区分,得分排序越靠前的候选术语,越有可能是术语。

表7-8 KLIP 的术语排序结果

	准确率	召回率	F1 值
前25%	0.4542	0.4208	0.4369
前25%—50%	0.2404	0.2227	0.2312
前50%—75%	0.1280	0.1185	0.1231
前75%—100%	0.0664	0.0615	0.0638

然后,我们确认了第一种方法生成的标准上下文词表的效果(抽取"重要"术语的上下文词),实验中我们将"重要"候选术语限定在 KLIP 排序的前(50%,25%,10%),每个结果由术语的上文词、下文词以及合并上下文词集组成,如表7-9。

表7-9 采用"重要"术语的上下文词作为标准上下文词集的术语排序结果

		术语上文词集			术语下文词集			术语上下文词集		
		准确率	召回率	F1 值	准确率	召回率	F1 值	准确率	召回率	F1 值
所有	1	0.3602	0.3336	0.3464	0.3213	0.2976	0.3090	0.3857	0.3573	0.3710
	2	0.2610	0.2417	0.2510	0.2711	0.2511	0.2607	0.2686	0.2488	0.2583
	3	0.1703	0.1577	0.1638	0.1987	0.1841	0.1911	0.1596	0.1478	0.1534
	4	0.0976	0.0904	0.0939	0.0979	0.0907	0.0942	0.0752	0.0697	0.0723

续 表

		术语上文词集			术语下文词集			术语上下文词集		
		准确率	召回率	F1值	准确率	召回率	F1值	准确率	召回率	F1值
前—75%	1	0.3640	0.3339	0.3483	0.3254	0.3014	0.3130	0.3885	0.3600	0.3737
	2	0.2598	0.2429	0.2511	0.2695	0.2496	0.2592	0.2689	0.2490	0.2586
	3	0.1703	0.1577	0.1638	0.1987	0.1841	0.1911	0.1580	0.1463	0.1519
	4	0.0960	0.0890	0.0924	0.0954	0.0884	0.0918	0.0736	0.0682	0.0708
前—50%	1	0.3639	0.3348	0.3487	0.3391	0.2950	0.3155	0.3879	0.3594	0.3731
	2	0.2589	0.2414	0.2499	0.2589	0.2543	0.2566	0.2686	0.2488	0.2583
	3	0.1713	0.1586	0.1647	0.2009	0.1861	0.1933	0.1592	0.1475	0.1531
	4	0.0957	0.0887	0.0920	0.0951	0.0881	0.0914	0.0733	0.0679	0.0705
前—25%	1	0.3609	0.3330	0.3464	0.3403	0.3017	0.3198	0.3876	0.3591	0.3728
	2	0.2616	0.2432	0.2520	0.2564	0.2476	0.2519	0.2695	0.2496	0.2592
	3	0.1716	0.1589	0.1650	0.2019	0.1870	0.1942	0.1596	0.1478	0.1534
	4	0.0954	0.0884	0.0918	0.0941	0.0872	0.0905	0.0724	0.0670	0.0696
前—10%	1	0.3622	0.3278	0.3441	0.3406	0.3120	0.3256	0.3891	0.3606	0.3743
	2	0.2634	0.2496	0.2563	0.2544	0.2382	0.2460	0.2692	0.2493	0.2589
	3	0.1694	0.1569	0.1629	0.2006	0.1858	0.1930	0.1580	0.1463	0.1519
	4	0.0963	0.0893	0.0927	0.0944	0.0875	0.0908	0.0727	0.0673	0.0699

注：所有候选术语的上下文词集作为标准上下文词集。

上表展示并比较了采用候选术语上下文词集的结果，我们对比了采用"重要"候选术语与所有候选术语的结果，发现术语抽取的最好结果是由前75%的"重要"候选术语组成的上下文词集获得的，但是选择排序更高的候选术语并没有提高结果的效率。

② 将标准上下文词集中的术语频次进行限定，去除低频上下文词对术语抽取的结果是否有提升？

第二种方法是去除上下文词集中的低频词，我们通过实验来验证这一假设是否正确。

表7-10给出了对比去除低频词的标准上下文词集进行术语抽取的表现，发现过滤标准上下文词集的低频词对于术语抽取的结果并没有明显提升。

表 7-10 通过去除低频词来获取标准术语上下文词集进行术语排序

		术语上文词集			术语下文词集			术语上下文词集		
		准确率	召回率	F1 值	准确率	召回率	F1 值	准确率	召回率	F1 值
标准上下文词集—未处理	1	0.3602	0.3336	0.3464	0.3213	0.2976	0.3090	0.3857	0.3573	0.3710
	2	0.2610	0.2417	0.2510	0.2711	0.2511	0.2607	0.2686	0.2488	0.2583
	3	0.1703	0.1577	0.1638	0.1987	0.1841	0.1911	0.1596	0.1478	0.1534
	4	0.0976	0.0904	0.0939	0.0979	0.0907	0.0942	0.0752	0.0697	0.0723
过滤 tf<2 的低频词	1	0.3605	0.3339	0.3467	0.3204	0.2968	0.3081	0.3857	0.3573	0.3710
	2	0.2594	0.2403	0.2495	0.2705	0.2505	0.2601	0.2676	0.2479	0.2574
	3	0.1716	0.1589	0.1650	0.2003	0.1855	0.1926	0.1602	0.1484	0.1541
	4	0.0976	0.0904	0.0939	0.0979	0.0907	0.0942	0.0755	0.0699	0.0726
过滤 tf<3 的低频词	1	0.3605	0.3339	0.3467	0.3210	0.2973	0.3087	0.3844	0.3562	0.3697
	2	0.2588	0.2397	0.2489	0.2679	0.2482	0.2577	0.2705	0.2505	0.2601
	3	0.1725	0.1598	0.1659	0.2019	0.1870	0.1942	0.1580	0.1463	0.1519
	4	0.0973	0.0901	0.0936	0.0982	0.0910	0.0945	0.0761	0.0705	0.732

③ 是否需要将上下文词限定为特定的语义类型(名词、动词及形容词)？

接下来,我们对 HDCI 的方法进行评价,比较采用限定上下文词集为特定语义类型与不限定语义类型的效果。

从表 7-11 可以看出,限定上下文词集为特定语义类型降低了结果的效率,因此,在中文术语抽取中,我们并不需要将候选术语的上下文词集限定为特定的语义类型,这也证明了我们的假设,术语的上下文不仅仅是特定的语义类型,对于候选术语的抽取也有帮助。

这一部分我们对另外两种基于术语上下文信息的术语排序算法的效果进行对比:NC-value 及左右熵。N-value 方法对比了两种上下文信息(限制上下文词集为特定语义,以及不限制)的结果。

表 7-12 给出了三种基于上下文信息的术语排序方法的对比,可以看出,我们提出的 HDCI 方法得到了最好的结果。

表 7-11 比较采用限定上下文词集为特定语义类型与不限定语义类型的效果

		术语上文词集			术语下文词集			术语上下文词集		
		准确率	召回率	F1 值	准确率	召回率	F1 值	准确率	召回率	F1 值
不限定上下文词集为特定语义类型	1	0.3602	0.3336	0.3464	0.3213	0.2976	0.3090	0.3857	0.3573	0.3710
	2	0.2610	0.2417	0.2510	0.2711	0.2511	0.2607	0.2686	0.2488	0.2583
	3	0.1703	0.1577	0.1638	0.1987	0.1841	0.1911	0.1596	0.1478	0.1534
	4	0.0976	0.0904	0.0939	0.0979	0.0907	0.0942	0.0752	0.0697	0.0723
限定上下文词集为特定语义类型	1	0.2537	0.2350	0.2440	0.2667	0.2470	0.2565	0.2966	0.2748	0.2853
	2	0.2679	0.2482	0.2577	0.2499	0.2315	0.2404	0.2774	0.2570	0.2668
	3	0.2244	0.2078	0.2158	0.2417	0.2239	0.2325	0.2016	0.1867	0.1939
	4	0.1430	0.1326	0.1376	0.1308	0.1212	0.1258	0.1134	0.1051	0.1091

表 7-12 基于上下文信息的术语排序方法结果对比

	前 25%			前 25%—50%			前 50%—75%			前 75%—100%		
	准确率	召回率	F1 值	准确率	召回率	F1 值	准确率	召回率	F1 值	准确率	召回率	F1 值
HDCI	0.3857	0.3573	0.3710	0.2686	0.2488	0.2583	0.1596	0.1478	0.1534	0.0752	0.0697	0.0723
Nvalue*	0.2110	0.1955	0.2029	0.2408	0.2230	0.2315	0.2506	0.2321	0.2410	0.1867	0.1730	0.1796
Nvalue	0.2966	0.2748	0.2853	0.3093	0.2865	0.2975	0.2022	0.1873	0.1945	0.0809	0.0749	0.0778
LRentropy	0.3365	0.3117	0.3236	0.2353	0.2160	0.2252	0.1666	0.1357	0.1610	0.1512	0.1402	0.1455

注：Nvalue* 指 Nvalue(n, adj, v)。

(2) 9 种统计术语排序方法的结果评价

下面我们评价了 9 种方法的效率，分别评价了每种方法对于单词术语、复合术语以及所有术语的抽取效率，见表 7-13、表 7-14、表 7-15。

表 7-13 对比所有方法在抽取单词术语和复合术语方面的效果，可以看出，我们提出的统计方法获得了最好的效果，单从前 25% 的词抽取结果可以看出，我们的方法比 KLP 方法准确率高出了 4.4%，召回率也高出了 4.13%，可见效果提升非常明显。

表 7-13 各种方法对于所有术语的抽取效率

	前 25%			前 25%—50%			前 50%—75%			前 75%—100%		
	准确率	召回率	F1 值	准确率	召回率	F1 值	准确率	召回率	F1 值	准确率	召回率	F1 值
FP	0.3653	0.3480	0.3564	0.2189	0.2125	0.2157	0.1639	0.1528	0.1582	0.1297	0.1103	0.1192
CB	0.2571	0.2382	0.2473	0.2303	0.2133	0.2215	0.2101	0.1946	0.2021	0.1915	0.1773	0.1841
KLI	0.4163	0.3857	0.4004	0.2143	0.2169	0.2156	0.1551	0.2090	0.1781	0.0286	0.0120	0.0169
KLP	0.4678	0.4334	0.4499	0.2310	0.2139	0.2221	0.1169	0.1083	0.1124	0.0733	0.0679	0.0705
KLIP	0.4542	0.4208	0.4369	0.2404	0.2227	0.2312	0.1280	0.1185	0.1231	0.0664	0.0615	0.0638
Cvalue	0.3709	0.3439	0.3569	0.2304	0.2420	0.2361	0.1911	0.1589	0.1735	0.0878	0.0787	0.0830
NCvalue	0.3525	0.3266	0.3391	0.2910	0.2695	0.2799	0.1652	0.1531	0.1589	0.0803	0.0743	0.0772
HDCI	0.3857	0.3573	0.3710	0.2686	0.2488	0.2583	0.1596	0.1478	0.1534	0.0752	0.0697	0.0723
KLIP-HD	0.5123	0.4747	0.4928	0.2344	0.2171	0.2255	0.1068	0.0989	0.1027	0.0354	0.0328	0.0340

表 7-14 对比，所有方法在抽取单词术语方面的效果，可以看出，我们提出的统计方法效果也比较好，但是，对于单词术语来说，最好的方法是 KLI 方法。由于词性测度对于单词术语并没有作用，因而 KLI 方法是最适用于单词术语抽取的排序方法。

表 7-14 各种方法对于单词术语的抽取效率

	前 25%			前 25%—50%			前 50%—75%			前 75%—100%		
	准确率	召回率	F1 值	准确率	召回率	F1 值	准确率	召回率	F1 值	准确率	召回率	F1 值
FP	0.1691	0.3032	0.2171	0.0593	0.1064	0.0762	0.0774	0.1383	0.0992	0.0655	0.1170	0.0840
CB	0.0920	0.1649	0.1181	0.1157	0.2074	0.1486	0.1042	0.1862	0.1336	0.0595	0.1064	0.0763
KLI	0.2047	0.3670	0.2629	0.1039	0.1862	0.1333	0.0476	0.0851	0.0611	0.0149	0.0266	0.0191
KLIP	0.2018	0.3617	0.2590	0.0979	0.1755	0.1257	0.0536	0.0957	0.0687	0.0179	0.0319	0.0229
Cvalue	0.1484	0.2660	0.1905	0.1009	0.1809	0.1295	0.0780	0.1436	0.1011	0.0429	0.0745	0.0545
NCvalue	0.1276	0.2287	0.1638	0.1009	0.1809	0.1295	0.0982	0.1755	0.1260	0.0446	0.0798	0.0573
HDCI	0.1513	0.2713	0.1943	0.1068	0.1915	0.1371	0.0744	0.1330	0.0954	0.0387	0.0691	0.0496
KLIPHD	0.2047	0.3670	0.2629	0.0920	0.1649	0.1181	0.0565	0.1011	0.0725	0.0179	0.0319	0.0229

表 7-15 对比，所有方法在抽取复合术语方面的效果，可以看出，我们提出的统计方法获得了最好的效果，单从前 25% 的词抽取结果可以看出，我们的方法比第二位的 KLIP 方法准确率高出了 6.2%，召回率也高出了 5.48%，效果提升非常明显。在第二区(前 25%—75%)中，我们的方法仍然有优势，因此能够将术语排序到第一、

二区,在第三、四区可以看出真正的术语很少,因此,该方法对于复合术语抽取来说是目前为止最好的方法。

表 7-15 各种方法对于复合术语的抽取效率

	前 25%			前 25%—50%			前 50%—75%			前 75%—100%		
	准确率	召回率	F1 值	准确率	召回率	F1 值	准确率	召回率	F1 值	准确率	召回率	F1 值
FP	0.3724	0.3298	0.3498	0.2221	0.2075	0.2146	0.1675	0.1409	0.1531	0.1739	0.1521	0.1623
CB	0.4233	0.3741	0.3972	0.1920	0.1697	0.1802	0.1714	0.1617	0.1664	0.1514	0.1248	0.1368
KLI	0.4727	0.4230	0.4465	0.2016	0.1771	0.1886	0.1581	0.2180	0.1833	0.0316	0.0121	0.0175
KLP	0.4776	0.4221	0.4481	0.2498	0.2208	0.2344	0.1310	0.1158	0.1230	0.0810	0.0715	0.0760
KLIP	0.4839	0.4277	0.4541	0.2481	0.2193	0.2328	0.1356	0.1199	0.1272	0.0719	0.0635	0.0674
Cvalue	0.4490	0.4079	0.4275	0.2265	0.1951	0.2096	0.1530	0.1768	0.1641	0.0828	0.0505	0.0627
NCvalue	0.4583	0.4051	0.4301	0.2554	0.2258	0.2397	0.1542	0.1363	0.1447	0.0715	0.0632	0.0671
HDCI	0.4552	0.4023	0.4271	0.2624	0.2320	0.2463	0.1510	0.1335	0.1417	0.0708	0.0626	0.0664
KLIPHD	0.5396	0.4769	0.5063	0.2498	0.2208	0.2344	0.1121	0.0991	0.1052	0.0379	0.0334	0.0355

接下来,我们对这 9 种方法采用另一种方式进行了评价,每种方法对候选术语排序后,选择排序在前 100、200、300、400、500、600、700、800、900、1000、2000、3000、4000、5000、6000 的术语进行了对比。结果如图 7-2、图 7-3、图 7-4 所示。

图 7-2 单词术语及复合术语的抽取效果是 9 种方法对单词术语及复合术语总体的抽取效果,从图中可以看出,在上述的每种情况下,我们的方法 KLIP-HD 效果均达到了最高的准确率。

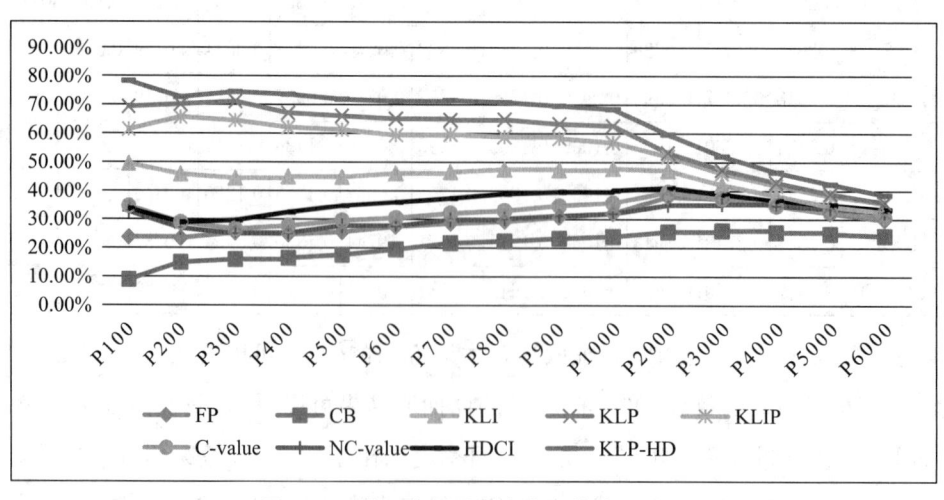

图 7-2 单词术语及复合术语的抽取效果

图 7-3 单词术语的抽取效果是 9 种方法对单词术语的抽取效果,从图中可以看出,我们的方法 KLIP-HD 与 KLIP 及 KLI 效果非常类似。

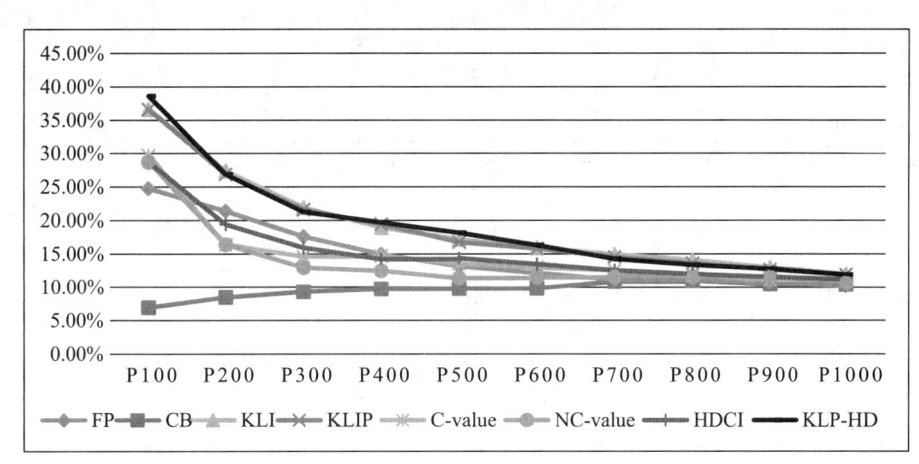

图 7-3 单词术语的抽取效果

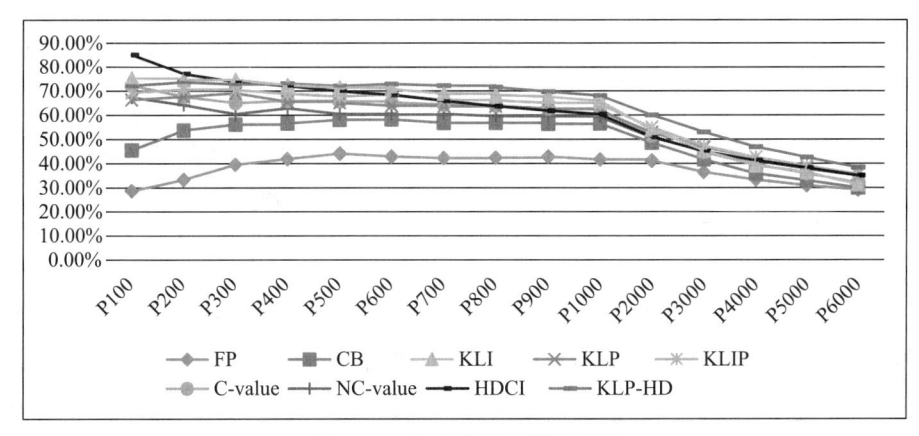

图 7-4 复合术语的抽取效果是 9 种方法对复合术语总体的抽取效果,从图中可以看出,在前 100、200 词中,我们提出的基于上下文信息的术语排序方法 HDCI 达到了最高的效率,在前 300 词中,KLI 方法达到了最高的效果,此外,在其他词准确率抽取的比较中,我们的方法 KLIP-HD 效果达到了最高的准确率。可以看出,基于上下文的信息的术语排序方法 HDCI 对于复合术语的抽取具有非常好的效果,将 HDCI 与 KLIP 结合之后,我们提出的 KLIP-HD 方法对复合术语的抽取也具有非常好的效果。

图 7-4 复合术语的抽取效果

表 7-16 9 种方法对于单词术语及复合术语抽取的前 20 个词

FP	CB	KLI	KLP	KLIP	C-value	NC-value	HDCI	KLIP-HD
发展	基于	信息	情报学报	情报学报	信息	信息	信息	关键词
包括	进行	网络	相似度	信息	研究	研究	研究	信息
主义	本文	分析	链接	相似度	网络	网络	分析	聚类
进行	发展	知识	聚类	聚类	分析	分析	网络	检索
信息	通过	研究	微博	网络	知识	知识	技术	关联规则挖掘
例如	包括	情报学报	科技报告	科技报告	数据	数据	数据	科技报告
通过	所示	检索	可视化	链接	技术	技术	特征	网络
发生	该方法	数据	万方数据	微博	方法	方法	知识	分析
网络	例如	用户	主要研究方向	分析	用户	用户	关键词	可视化
社会	本文提出	文献	收稿日期	知识	管理	管理	用户	竞争情报
决定	发表	关键词	信息资源	万方数据	关系	情报学报	系统	相似度
要求	而言	方法	突发事件	研究	结果	关系	内容	知识网络
分析	发生	模型	权重	可视化	文献	硕士	主题	标签
作为	应用于	语义	参考文献	检索	模型	结果	问题	研究
知识	导致	相似度	研究	数据	情报学报	文献	关系	聚类分析
导致	要求	聚类	链接分析	用户	领域	模型	概念	评价方法
大学	行分析	科技报告	竞争情报	信息资源	影响	领域	领域	知识组织
如果	文提出	特征	图书情报	关键词	系统	影响	方法	共词分析
可以	类似	查询	数字图书馆	文献	服务	系统	标签	共词网络
发表	如果	领域	科研机构	主要研究方向	特征	服务	检索	抽取
检索	本文采用	关系	共词	方法	计算	特征	计算	链接分析

注:文献全文采用 OCR 技术转换,部分语料处理时会转换成乱码。

从表 7-16 中的 9 种方法对于单词术语及复合术语抽取的前 20 个词的结果可以看出,FP、CB、KLI、C-value、HDCI 方法提取的前 20 词大多数为单词术语,这是因为这些方法基于词频进行候选术语提取,单词术语的词频要高于复合术语的词频,而 FP、CB 及 C-value 抽取的词包含了领域术语及普通词,KLI 由于对比了外部语料(中文维基百科),在领域术语的抽取中较胜一筹,KLIP 及 KLIP-HD 方法对于复合术语的抽取效果较好,另外,KLIP-HD 得出的结果兼顾了术语的领域性及词性。

从表 7-17 的 9 种方法对于复合术语抽取的前 20 个词的结果可以看出,FP、CB 仍然以抽取较短词语为主,KLP、KLIP、C-value、NC-value 得到的结果较为一致,HDCI 抽取的 20 个术语均为领域术语,KLIP-HD 比较偏好于较长的词语,可以看出这种方法将长词排序在前面,并且抽取的前 20 个词也均是领域术语。

表 7-17 9 种方法对于复合术语抽取的前 20 个词

FP	CB	KLI	KLP	KLIP	C-value	NC-value	HDCI	KLP-HD
发展	本文	情报学报	情报学报	情报学报	情报学报	情报学报	聚类	关联规则挖掘
包括	所示	相似度	相似度	相似度	相似度	相似度	链接	聚类
主义	本文提出	聚类	链接	聚类	聚类	聚类	知识网络	科技报告
问题	发展	科技报告	聚类	科技报告	链接	链接	关键词	可视化
例如	相似度	万方数据	微博	链接	科技报告	科技报告	知识组织	竞争情报
发生	问题	信息资源	科技报告	微博	微博	微博	信息检索	相似度
决定	描述	微博	可视化	万方数据	万方数据	万方数据	相似度	作者学术影响力双重测度探讨
要求	包括	链接	万方数据	信息资源	信息资源	信息资源	数据挖掘	共词网络
如果	链接	共词	主要研究方向	可视化	可视化	上文期干刊	竞争情报	共词分析
导致	科技报告	竞争情报	收稿日期	主要研究方向	主要研究方向	可视化	文本挖掘	聚类分析
需要	聚类	知识网络	信息资源	突发事件	共词	万方数据 情报学报	知识管理	知识网络
发表	该方法	信息检索	突发事件	收稿日期	参考文献	上文期干干	科技报告	科研团队动态演化规律研究
文件	微博	参考文献	权重	共词	信息检索	上文期刊	可视化	链接分析
类似	发表	突发事件	参考文献	竞争情报	权重	责任编辑	复杂网络	知识组织
实施	发生	数字图书馆	研究	权重	突发事件	主要研究方向	引文网络	虚拟社区知识共享水平
描述	如果	知识管理	链接分析	参考文献	竞争情报	共词	微博	评价方法
讨论	万方数据	图书情报	竞争情报	研究	知识网络	参考文献	共词网络	潜在主题可视化

续 表

FP	CB	KLI	KLP	KLIP	C-value	NC-value	HDCI	KLP-HD
高度	度计算	研究	图书情报	数字图书馆	信息服务	信息检索	知识发现	知识管理
性质	例如	社会网络	数字图书馆	图书情报	维度	权重	共词分析	数字图书馆
情报学报	信息资源	主要研究方向	科研机构	信息检索	图书情报	文献链接作者	特征词	收稿日期
逐步	导致	权重	共词	链接分析	信息管理	信息管理	聚类分析	信息检索

注：文献全文采用OCR技术转换，部分语料处理时会转换成乱码。

（二）基于回归的术语排序方法

获得候选术语之后，现有的方法主要是基于统计学方法来进行术语排序，另外，基于机器学习的术语抽取方法通常将术语抽取任务视为分类任务或是标注任务。而我们认为术语具有一些特征，可以利用一些指标来预测一个候选术语是否为术语，即针对描述术语的多项指标进行回归，事实上，这与单纯的统计学方法类似，统计方法也是基于一些指标来构建模型。

假设术语在某些指标上具有一定的分布规律。在样本量很大的情况下，指标值所对应的术语数占该指标对应词语数的比值就可以近似一个词语为术语的概率。从而此处将术语抽取的问题转化为计算一个词语成为术语的概率这个问题，统计词语对应的各个指标值，再利用回归模型预测词语作为术语的概率。本节的回归模型采用 Kriging 模型以及 SVR 模型，其主要过程如图 7-5 所示：

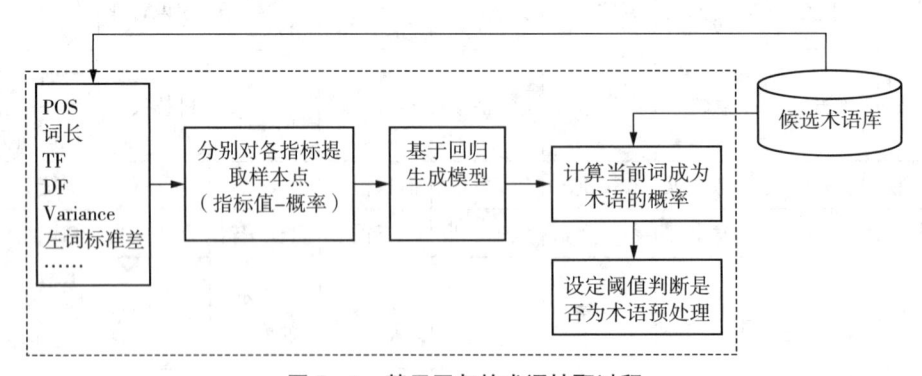

图 7-5 基于回归的术语抽取过程

采用回归的方法是将术语自动抽取问题看作预测词语成为术语的概率问题，主要包括指标的选择和回归方法两个部分。

(1) 指标选择

能够体现术语规律的指标有多个。因此,此处的回归模型需要复合多个统计指标。针对以何种方式才能对指标很好地进行复合这个问题,下面提出两个假设:

假设一:独立性假设,各指标间相互独立。

假设二:数据量足够大,这样就可以用指标值对应的术语占词语总数的比值来近似术语的概率。

给定候选术语 i,求出各指标对应的值 $x_i(x_1, x_2, \cdots, x_n)$,则该候选术语是术语的概率 $p_i(p_1, p_2, \cdots, p_n)$ 可以表示成:

$$P_i = 1 - \prod_{m=1}^{n}(1-p_m), m \in [1,n] \text{ 且 } m \in N^+ \qquad (7-20)$$

$$\text{其中,} p_m = \frac{term\_num(x_m)}{word\_num(x_m)}$$

对于第 i 个候选术语,第 m 个指标的取值为 x_m,$term\_num(x_m)$ 是指语料集中上述指标值对应的术语数,$word\_num(x_m)$ 是指语料集中上述指标值对应的词语总数,术语数与词语总数的比值则用来近似术语的概率 p_m。

降低手工标注术语的人力成本,就会出现一个问题:存在一些指标值对应的词语总数和术语数非常少的情况,有些指标对应的术语数与词语总数的比值无法近似词语为术语的概率,即使在样本量非常大的情况下,这个问题也无法避免。所以,我们将区间进行放大来获取样本,将区间的中点作为样本点,区间内所有样本的平均概率作为该区间样本的概率值,即区间 $[x_t, x_k)$ 中将 $\frac{1}{2}(x_t + x_k)$ 作为样本点。为了保证每个区间内有足够多的词语来统计术语概率,则在数据分布密集的区域要比数据分布稀疏的区域样本点更多。概率计算公式如下:

$$\frac{\sum_{j=t}^{k} term\_num(x_j)}{\sum_{j=t}^{k} word\_num(x_j)}, \forall x_j \in [x_t, x_k) \qquad (7-21)$$

这种方法来获取样本点与真实的值会有偏差,这种偏差随着数据量的增大而减少。Conrado[①] 采用朴素贝叶斯、基于规则的方法、决策树和 SMO 算法评价了术语

---

① Conrado M S, Pardo T A S, Rezende S O. Exploration of a rich feature set for automatic term extraction[C]//Mexican International Conference on Artificial Intelligence. Springer, Berlin, Heidelberg, 2013: 342-354.

抽取的特征集。文中提取了三类特征：语言学特征（包括词性、术语词性、核心词、指示词、词根所对应的词的词性以及数目）、统计学特征（词长、词频、文档频率、TF-IDF等）以及复合特征（文本频率、C-value、NC-value 等），结果表明同时选用语言学和统计学特征效果较好。因而我们选择了两类特征：语言学特征和统计学特征。

① 首尾词性组合

候选术语内部词语的词性组合也是一种影响因素，将真实语料中某些词性组合对应的术语与所有候选术语的比例作为特征，对最终结果有帮助。

此处仅采用首词词性及尾词词性组合作为特征，没有采用其余的词语词性，有两个主要原因：一是术语的首词或尾词的词性通常比较特殊，而中间词含的词性种类较广，不具备很好的区分度；二是如果统计所有术语的词性组合，则会存在分类过细的现象（一些长度较长的术语有较多的词性组合，有些术语的词性组合较少），采用首尾词性就可以不论分词后的词长度来计算。

② 词长

Frantzi 等提出的 C-value 算法就包含术语的词长指标，他们将其对数与频率值相乘做处理，认为频率值相同的情况下，词长越长越有可能是术语。但是事实仅仅是包含相同词串的词在频率相同时，词长越长的词越有可能是术语，并不能在没有相同子串的词语之间展开这一推论；刘胜奇等[①]提出的 TValue 指标中，统计了术语库中各种词长的词数的术语出现概率，利用与其走势最接近的指数函数作为这一指标的构造函数，但是术语库中出现的某一词长的术语概率是否能代表真实领域文本候选术语集中出现的术语概率，两者之间的差距不小，术语库中不含非术语词语，而且处理的真实语料中含有大量的非术语词语，术语库中 2 词和 3 词的术语出现最多，但是同时语料库中 2 词和 3 词的非术语出现次数也最多，所以要获得词长所对应的术语出现的概率，不应该在术语库中求，而应当在真实的语料中获得。

由于中文语料的特点，本节中的词长并不是按候选术语包含的字的个数来计算，而是按照候选术语分词后所包含的词的个数来计算。因为在中文自然语言中，词是一个语义单位，而并非字。所以我们认为，按照分词数来计算更具科学性。

③ 词频（TF）、文档频率（DF）

很多术语抽取方法基于词频指标来进行术语抽取，例如 C-value 及其衍生方法。

---

① 刘胜奇，朱东华. TValue 术语抽取法[J]. 情报学报，2013，32(11)：1164 - 1173.

前文中提到,术语度的方法一般是基于频率的方法,其中最著名的莫过于 TF-IDF 方法以及奇异度等方法,这些研究通常基于词语或文档频率,或者根据需要进行修改使用。另外,利用机器学习方法来进行术语抽取的研究通常都包括频率特征,包括采用独立的词频和文档频率,或 TF-IDF 作为特征[1]。

语料集的变化会导致语料集中术语频次的改变,每个指标值对应一个术语概率,我们基于这一概率来判断词语是否为术语,采用单篇文档中的词语的 TF 值来进行计算,语料集中,不同的文档数会出现同一个词语,对应着词语有不同的 TF 值,这种情况出现时,取其中最大的 TF 值。有些研究依据齐普夫定律[2],在特定的语料集或者单个文档中,词语的频次与词语的频次排序之积为一个常数这一原理,将频率指标转化为词语频次排序指标来计算,但是齐普夫定律只适用于中频词,对于高频词和低频词不适用,而语料集中存在大量的低频词。因而,此处不将频率转化为排序指标作为特征,但是排序指标和统计差值[3][4]可以在今后的工作中研究。

以往的研究认为文档频率对于术语的衡量是一个反向的指标,事实上,当学术文献语料集含有不同主题的文本时,术语一般与某个主题相关,则判读词语为术语的特征是领域语料中是高频词,而在非领域语料中出现次数很少或者不出现。这种情况下,词语与在语料集中出现的文档数成反比,在语料集中出现的文档数越多反而其领域性比较低,因而反映其更不可能为术语;但是语料集若与某个领域相关,就不存在上述这种现象,反而是若一个词语在领域语料集中出现的文档数越多,则更可能是术语,我们采用的语料属于这种类型。我们采用的文档频率的指标为 $df_i/docNum$,譬如在图情领域文档频率较高的词语有信息、情报、信息系统、知识等。它们均可被认为是术语。

---

[1] Qin Y, Zheng D, Zhao T, et al. Chinese terminology extraction using EM-based transfer learning method[C]//International Conference on Intelligent Text Processing and Computational Linguistics. Springer, Berlin, Heidelberg, 2013: 139-152.

[2] Lopes L, Fernandes P, Vieira R. Domain term relevance through tf-dcf[C]//Proceedings of the 2012 Int. Conf. on Artificial Intelligence (ICAI 2012). 2012: 1001-1007.

[3] Kit C, Liu X. Measuring mono-word termhood by rank difference via corpus comparison [J]. International Journal of Theoretical and Applied Issues in Specialized Communication, 2008, 14(2): 204-229.

[4] Zhang C, Wu D. Bilingual terminology extraction using multi-level termhood[J]. The Electronic Library, 2012, 30(2): 295-309.

④ 标准差

标准差是一个很好的衡量术语度的指标,已有很多研究采用标准差进行术语的抽取①②③④。若词语是术语,则其在语料集中的分布是不均匀的:在该术语所在主题的文档中出现的次数高,在其他主题的文档中出现次数低甚至不出现。但是这一指标也随着语料集的变化而变化,语料中某个主题或者几个主题的文档占的比重如果很大,则将会影响这一指标对术语的判断。

左右词标准差是指当前词的左词/右词集合中各个词出现次数的标准差。若词语为术语,则其独立性较高,因而其左词集合或者右词集合中每个词出现的次数应当较为平衡,不会出现某些词语比其他词语出现次数高很多的情况,标准差较小(这种方法首先去除"的""和""了"等高频停用词),这个词更可能为术语,对于当前候选术语 i 的左词集合为 $Set_{L(i)}=\{l_1,l_2,\cdots,l_m\}$ 及右词集合 $Set_{R(i)}=\{r_1,r_2,\cdots,r_n\}$,有以下公式:

$$Variance_{lr} = \frac{\sum_{j=1}^{m} N(l_j)}{\sqrt{\frac{\sum_{k=1}^{m}\left(N(l_k)-\frac{\sum_{j=1}^{m}N(l_j)}{m}\right)^2}{m}}} + \frac{\sum_{q=1}^{n} N(l_q)}{\sqrt{\frac{\sum_{t=1}^{n}\left(N(l_t)-\frac{\sum_{q=1}^{n}N(l_q)}{n}\right)^2}{n}}}$$

(7-22)

左右熵是左词/右词集合中各个词出现的信息熵之和,这个指标用于判断当前词语与左词/右词搭配的稳固程度,左右熵越大,说明当前词语的不确定性越大,与左词或者右词搭配的可能性大,当前词独立性较低。但在本节实验过程中,这一指标对术语区分性不大,因而,不采用左右熵指标。

(2) 回归方法

① 基于 Kriging 的术语抽取模型

---

① Conrado M S, Pardo T A S, Rezende S O. The main challenge of semi-automatic term extraction methods[M]//Natural Language Processing and Cognitive Science. De Gruyter, 2015: 49-62.

② 何琳.基于多策略的领域本体术语抽取研究[J].情报学报,2012,31(8):798-804.

③ 周浪,张亮,冯冲,等.基于词频分布变化统计的术语抽取方法[J].计算机科学,2009,36(5):177-180.

④ 李丽双,王意文,黄德根.基于信息熵和词频分布变化的术语抽取研究[J].中文信息学报,2015,29(1):82-87.

Kriging 模型最早起源于地质统计学，是通过先验方差支配的模型来获取差值。Kriging 模型不仅考虑了估计点的位置与已有数据的位置之间的关系，也考虑了变量的空间相关性，它对于中间的插值可以给出最好的线性无偏预测。Kriging 模型被广泛应用于空间分析以及计算机试验分析中，可以看作一种随机过程的实现，表达式如下：

$$Y(x) = \sum_{i=1}^{k} \beta_i f_i(x) + Z(x) \qquad (7-23)$$

Kriging 模型的表达式包含线性回归部分和非参数部分，其中，线性回归部分是由 k 个 $f_i(x)$ 函数组成，非参数部分中 $Z(\cdot)$ 是一个确定的数据，可以看作一个随机过程，通常这个随机过程被假定为高斯过程，期望为 0，其中标准差为：

$$Cov(Z(w), Z(u)) = \sigma^2 R(w, u) = \sigma^2 \exp\left\{-\theta \sum_{i=1}^{d}(w_i - u_i)^2\right\} \qquad (7-24)$$

式中，σ^2 是过程标准差，θ 是参数，它类似于径向基函数（RBF）中的参数 c。

对于给定的样本集 $S = \{s_1, L, s_n\}$，其输出为 $y_s = \{y(s_1), L, y(s_n)\}^T$，有线性预测：

$$\hat{y}(x) = c^T y_s \qquad (7-25)$$

其中，$c = c(x) \in R^n$，它随着输入值 x 与样本值 $S = \{s_1, L, s_n\}$ 之间的距离增大而减小。用随机向量 $Y_s = \{y(s_1), L, y(s_n)\}^T$ 代替 y_s，为了满足无偏条件和估计方差最小，需要满足：

$$E(c^T Y_s) = E(Y(x)) \qquad (7-26)$$

在约束条件下最小化：

$$MSE[\hat{y}(x)] = E[(c^T Y_s - Y(x))^2] \qquad (7-27)$$

进一步推导，可以得到：

$$E[(c^T Y_s - Y(x))^2] = (c^T F\beta - f_x^T \beta)^2 + [c^T \; -1] \begin{bmatrix} V & v_x \\ v_x^T & \sigma^2 \end{bmatrix} \begin{bmatrix} c \\ -1 \end{bmatrix}$$

$$(7-28)$$

其中，

$$\begin{aligned} f_x &= (f_1(x), \cdots, f_k(x))^T \\ V &= (Cov(Y(s_i), Y(s_j)))_{n \times n} \\ v_x &= (v(s_1, x), \cdots, v(s_n, x))^T \\ F &= (f_j(s_i))_{n \times k} \end{aligned} \qquad (7-29)$$

最后得出的最优预测为：
$$\hat{y}(x) = f_x^T \hat{\beta} + v_x^T \hat{\gamma} \qquad (7-30)$$

其中，$\hat{\beta} = (F^T V^{-1} F)^{-1} F^T V^{-1} y_s$，$\hat{\gamma} = v_x^T V^{-1}(y_s - F\hat{\beta})$。

② 基于SVR的术语抽取模型

支持向量回归机（Support Vector Regression，SVR）是一种非常优秀的非线性回归方法[①]，它依据结构风险最小化这一原则进行优化，可以弥补神经网络方法在非线性拟合上的不足。

给定 n 个独立同分布的样本 (x_i, y_i)，$x_i \in R^d, y_i \in R(i=1,2,\cdots,n)$。为了找到最优的函数 $f(x) = w \cdot \varphi(x) + b$，上述目标函数中，$\varphi(\cdot)$ 为 R^n 空间到 Hilbert 空间的映射函数，为使经验风险最小化，需要解决下面的二次规划问题：

$$\min_{w,b,\xi,\xi^*} \frac{1}{2} \|w\|^2 + C\sum_{i=1}^{n}(\xi + \xi^*)$$

$$s.t. \quad \begin{array}{l} ((w \cdot \varphi(x_i)) + b) - y_i \leq \varepsilon + \xi_i, i=1,\cdots,n \\ y_i - ((w \cdot \varphi(x_i)) + b) \leq \varepsilon + \xi^*_i, i=1,\cdots,n \\ \xi^*_i \geq 0, \xi_i \geq 0, i=1,\cdots,n \end{array} \qquad (7-31)$$

其中，C 为惩罚因子，ε 为不灵敏损失函数，ξ、ξ^* 为松弛变量。采用拉格朗日函数和对偶原理，之后再引入核函数（高斯核函数：$\varphi(r) = e^{\left(\frac{-r^2}{2\sigma^2}\right)}$），最后，可以将上述问题转化为下面的二次规划问题：

$$\min_{\alpha^{(*)} \in R^{2n}} \frac{1}{2}\sum_{i,j=1}^{n}(\alpha^*_i - \alpha_i)(\alpha^*_j - \alpha_j)K(x_i - x_j) + \varepsilon\sum_{i=1}^{n}(\alpha^*_i - \alpha_i) - \sum_{i=1}^{n}y_i(\alpha^*_i - \alpha_i)$$

$$s.t. \quad \sum_{i=1}^{n}(\alpha^*_i - \alpha_i) = 0,$$
$$0 \leq \alpha^{(*)} \leq C, i=1,\cdots,n \qquad (7-32)$$

其中，α^*_i、α_i 为拉格朗日乘子，求解上述二次规划问题，可以得到最优的 α^*_i、α_i 以及阈值 b 的值，最终得到决策函数：

$$f(x) = \sum_{i=1}^{n}(\alpha^*_i - \alpha_i)K(x_i, x) + b \qquad (7-33)$$

接下来，我们针对上述两类回归模型的术语抽取效果进行评价。实验采用的数据集来源于期刊《情报学报》历年的文献，其中训练数据选用200篇文献、测试数据选

---

① Smola A J, Schölkopf B. A tutorial on support vector regression[J]. Statistics and computing, 2004, 14(3): 199-222.

用 50 篇文献,文献的主题分布相对均匀。

① 基于 Kriging 模型的术语抽取结果与分析

实验过程中采用 RBF 核函数,在众多指标中,实验过程中有明显趋势的为词频、文档频率、标准差以及左右词集中的词标准差四个,在图 7-6、图 7-7、图 7-8、图 7-9 中可以看出。我们假设指标间相互独立,因而选择文档频率及标准差间趋势更为明显的文档频率。

采用回归后的模型对候选术语的术语概率值进行预测,图 7-6 为未经停用词处理时对训练集进行预测的结果,图 7-7 为未经停用词处理时对测试集进行预测的结果,图 7-8 为经停用词处理后对训练集进行预测的结果,图 7-9 为经停用词处理后对测试集进行预测的结果,预测结果如表 7-19、表 7-20 所示。

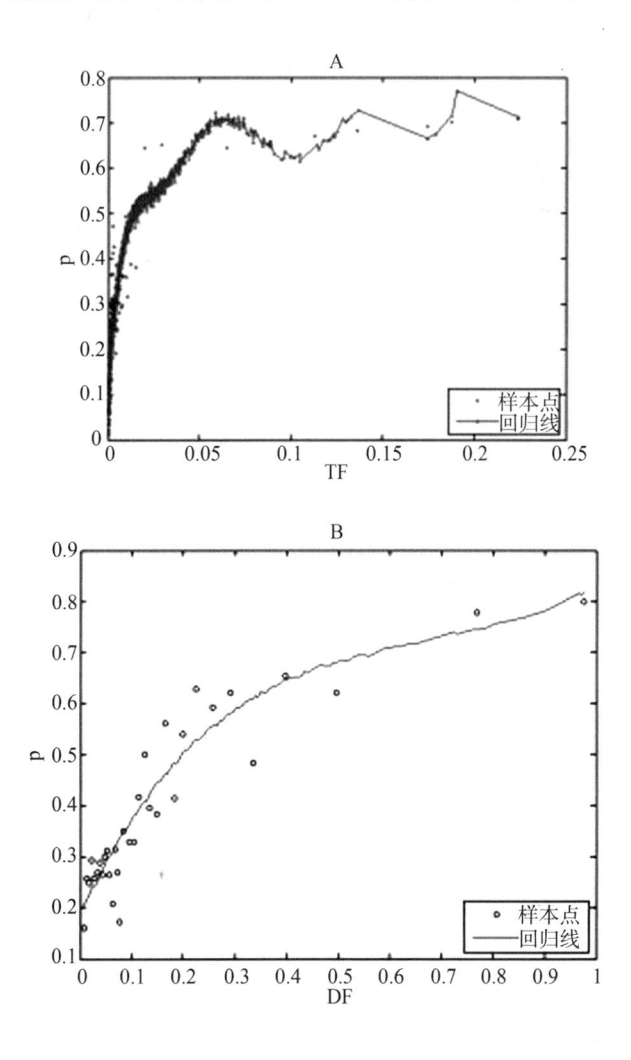

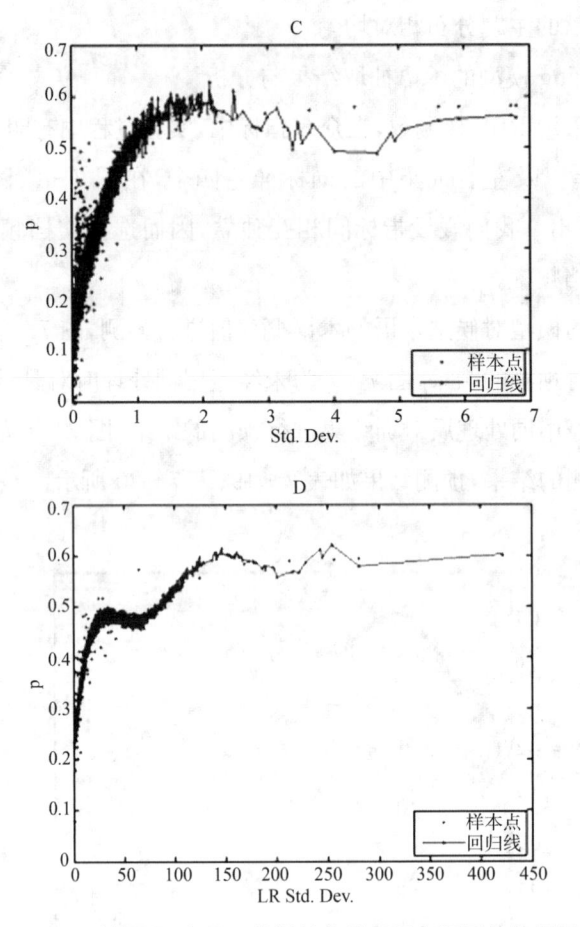

图 7-6 对停用词未处理的训练集进行回归预测的结果图①

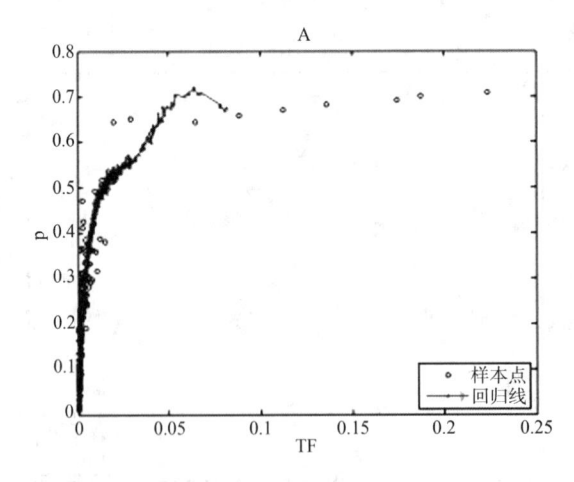

---

① 图 A 为词频—概率图,图 B 为文档频率—概率图,图 C 为标准差—概率图,图 D 为左右词集词标准差—概率图,下图同。

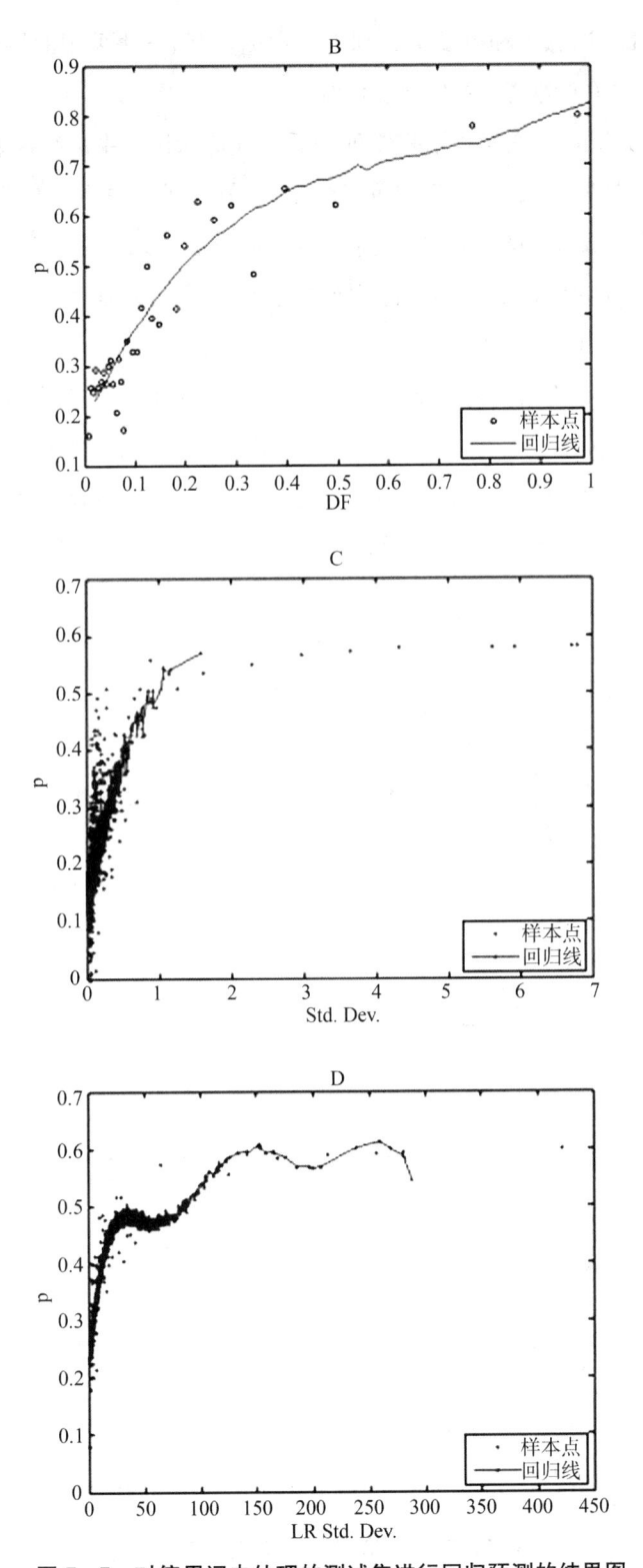

图 7-7 对停用词未处理的测试集进行回归预测的结果图

表7-18针对训练集和测试集分别进行预测,回归方法采用的特征为POS+词长+TF+DF+左右标准差,并对比了传统的C-value及TF-IDF方法,C-value方法和TF-IDF方法均是在经过语言学处理后的候选术语集中进行抽取,三种方法都是取阈值来确定抽取结果的,从表中可以看出,不管是处理停用词前后,还是对于训练集和测试集的预测中,我们的方法都较C-value方法效果要好,TF-IDF方法效果最差,可见本方法的有效性。另外,停用词处理后结果较未处理前也有了较大的提高,可见停用词处理的有效性。

表7-19是针对训练集和测试集,对比不同特征组合的回归预测的结果,由于我们是从训练集中抽取样本来计算某一值对应的术语概率,对训练集进行预测是利用部分的值来估计总体的概率,总体在召回率接近的条件下,对比采用不同的特征组合所获得的结果,可以看出,复合指标的结果比采用单一指标的结果要好。

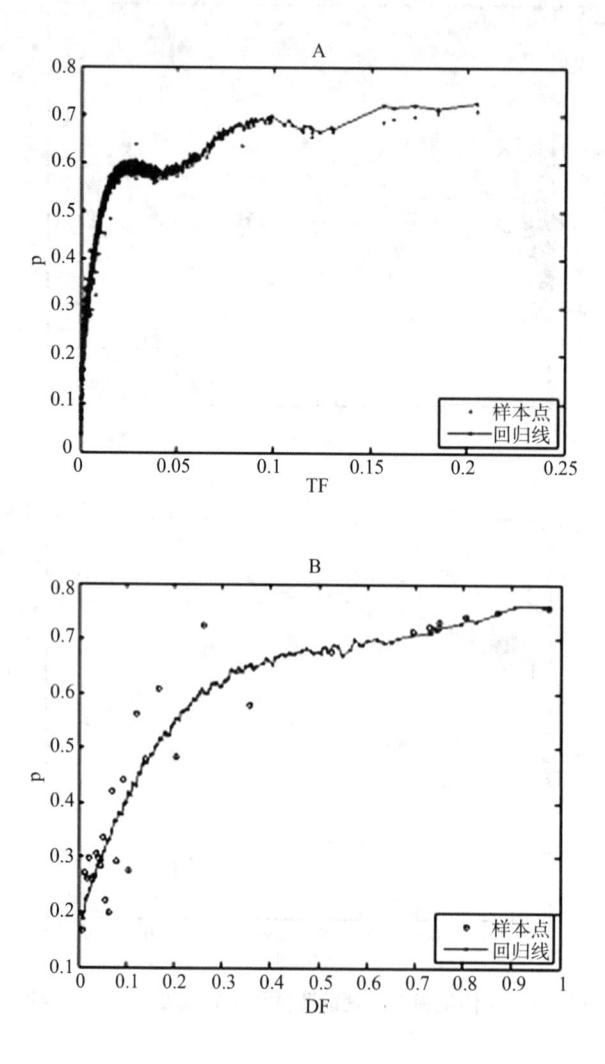

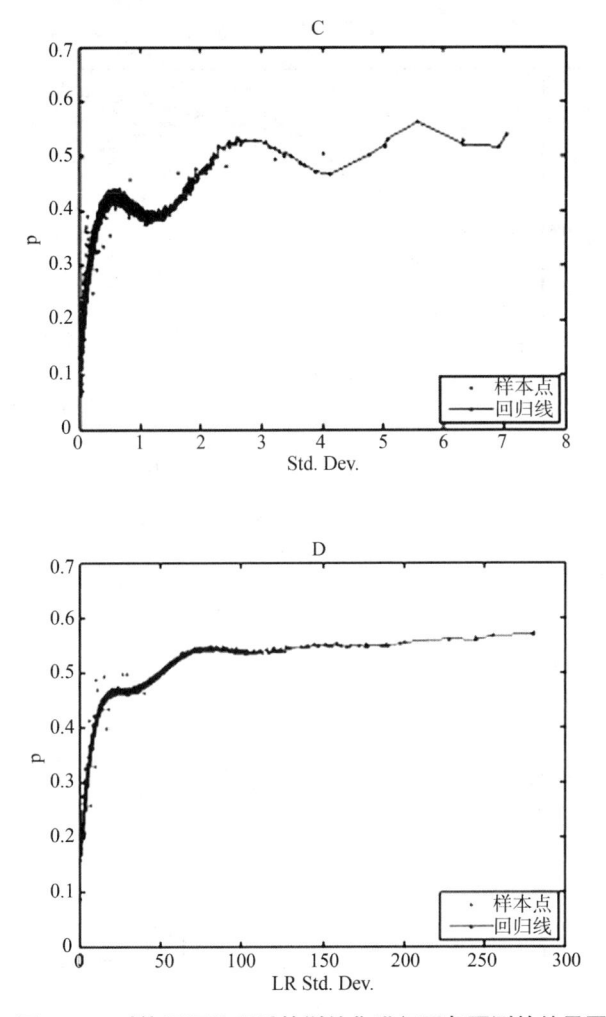

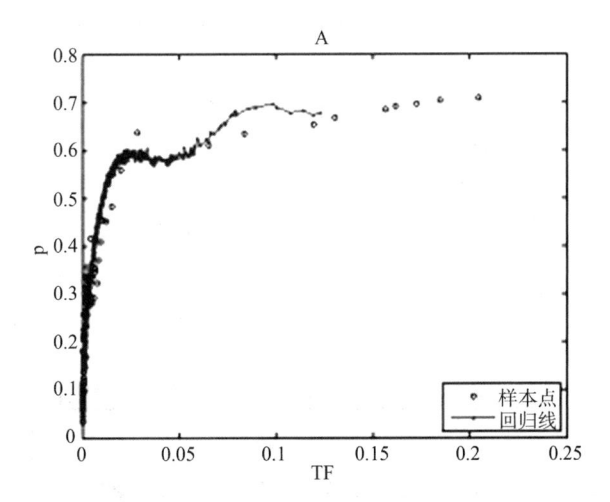

图 7-8 对停用词处理后的训练集进行回归预测的结果图

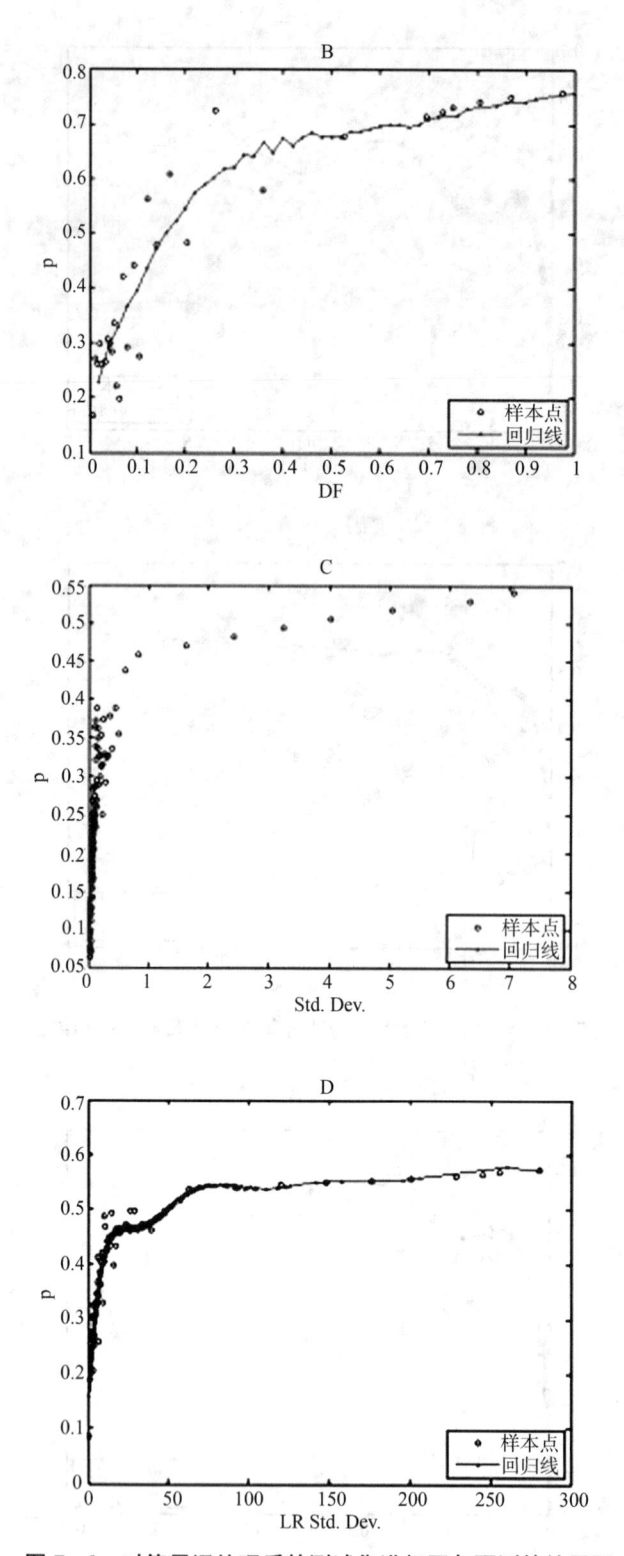

图 7-9 对停用词处理后的测试集进行回归预测的结果图

表 7-18 不同方法的实验结果

		候选术语未去停用词			候选术语去停用词		
	抽取方法	准确率	召回率	F1 值	准确率	召回率	F1 值
训练集	回归	0.6347	0.5068	0.5636	0.6752	0.5156	0.5847
	C-value	0.5239	0.5085	0.5160	0.5927	0.5050	0.5454
	TF-IDF	0.4545	0.4943	0.4736	0.4716	0.5085	0.4894
测试集	回归	0.5447	0.5206	0.5324	0.6371	0.5134	0.5686
	C-value	0.4448	0.4976	0.4697	0.6264	0.5140	0.5646
	TF-IDF	0.4622	0.4984	0.4796	0.5662	0.5133	0.5385

表 7-19 不同特征集的实验结果

		未去停用词			去停用词		
	特征组合	准确率	召回率	F1 值	准确率	召回率	F1 值
训练集	POS+词长+TF+DF+左右词集—词标准差	0.6347	0.5068	0.5636	0.6752	0.5156	0.5847
	POS+词长+TF+DF	0.6044	0.5130	0.5549	0.6421	0.4935	0.5581
	词长+TF+DF	0.5778	0.5009	0.5366	0.6094	0.4960	0.5469
	TF+DF	0.5652	0.5231	0.5434	0.5928	0.5207	0.5544
	TF	0.5311	0.5199	0.5254	0.5732	0.5003	0.5343
	DF	0.5981	0.1783	0.2747	0.5912	0.2705	0.3712
	左右词集—词标准差	0.5439	0.5133	0.5281	0.5707	0.5153	0.5416
测试集	POS+词长+TF+DF+左右词集—词标准差	0.5447	0.5206	0.5324	0.6371	0.5134	0.5686
	POS+词长+TF+DF	0.5549	0.5191	0.5364	0.6668	0.5352	0.5938
	词长+TF+DF	0.5336	0.5171	0.5252	0.6262	0.5018	0.5572
	TF+DF	0.5830	0.3993	0.4740	0.6276	0.5116	0.5637
	TF	0.5865	0.3303	0.4226	0.5848	0.5341	0.5583
	DF	0.5028	0.2985	0.3746	0.4808	0.9115	0.6295
	左右词集—词标准差	0.4863	0.5246	0.5047	0.5705	0.5344	0.5519

② 基于 SVR 模型的术语抽取结果与分析

采用回归后的模型对候选术语的术语概率值进行预测,SVR 模型的参数通过采用交叉验证法进行设置,其结果见表 7-20,对于训练集和测试集,SVR 模型的参数设置是相同的。图 7-10 为经停用词处理后对训练集进行预测的结果,图 7-11 对

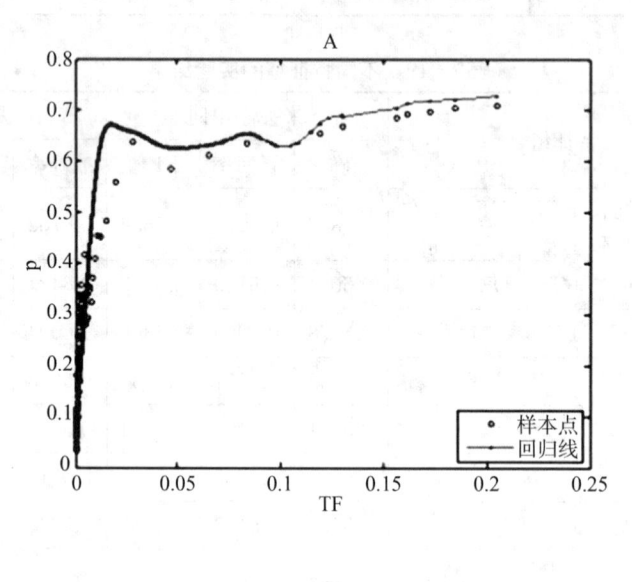

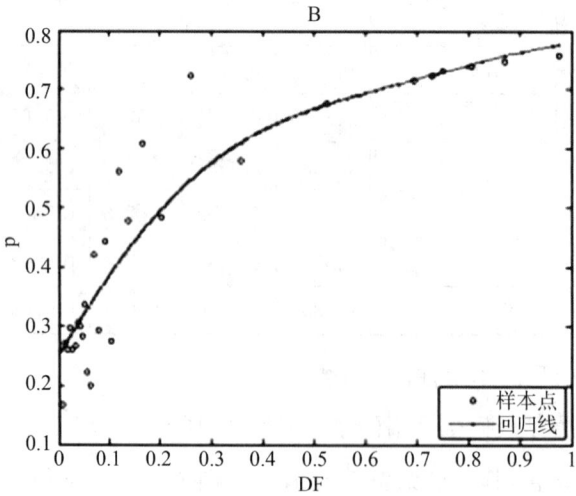

停用词处理后的测试集进行回归预测的结果图为经停用词处理后对测试集进行预测的结果,预测结果如表 7-21 和表 7-22 所示。

表 7-20 SVR 模型中的参数值

	C	ε	σ
TF	0.1	0.001	0.008
DF	10	0.01	0.5
VAR	0.1	0.001	0.15
LRVAR	10	0.1	5

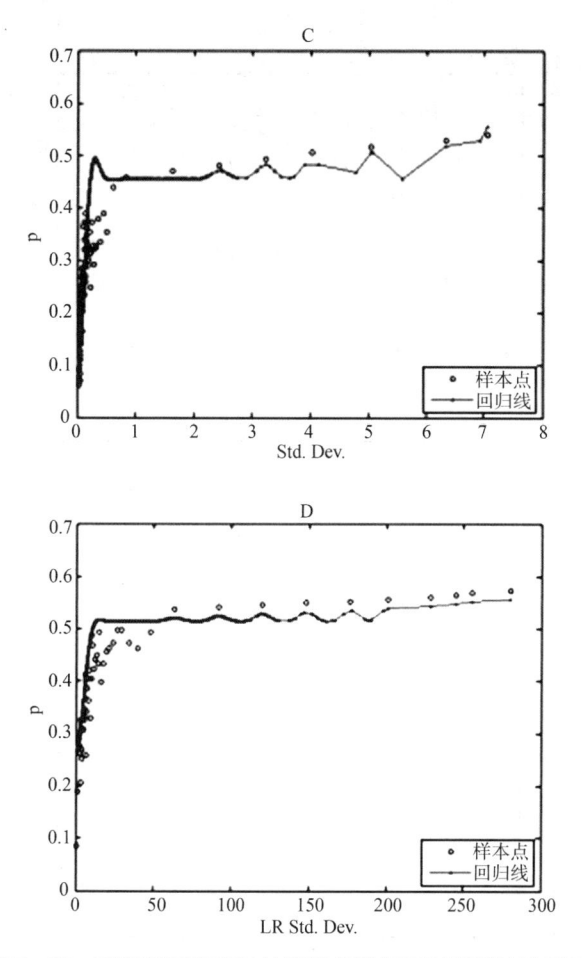

图 7-10 对停用词处理后的训练集进行回归预测的结果图①

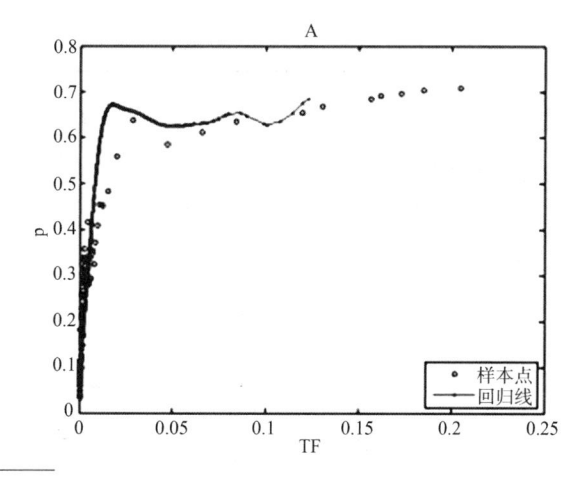

---

① 图 A 为词频—概率图,图 B 为文档频率—概率图,图 C 为标准差—概率图,图 D 为左右词集词标准差—概率图,下图同。

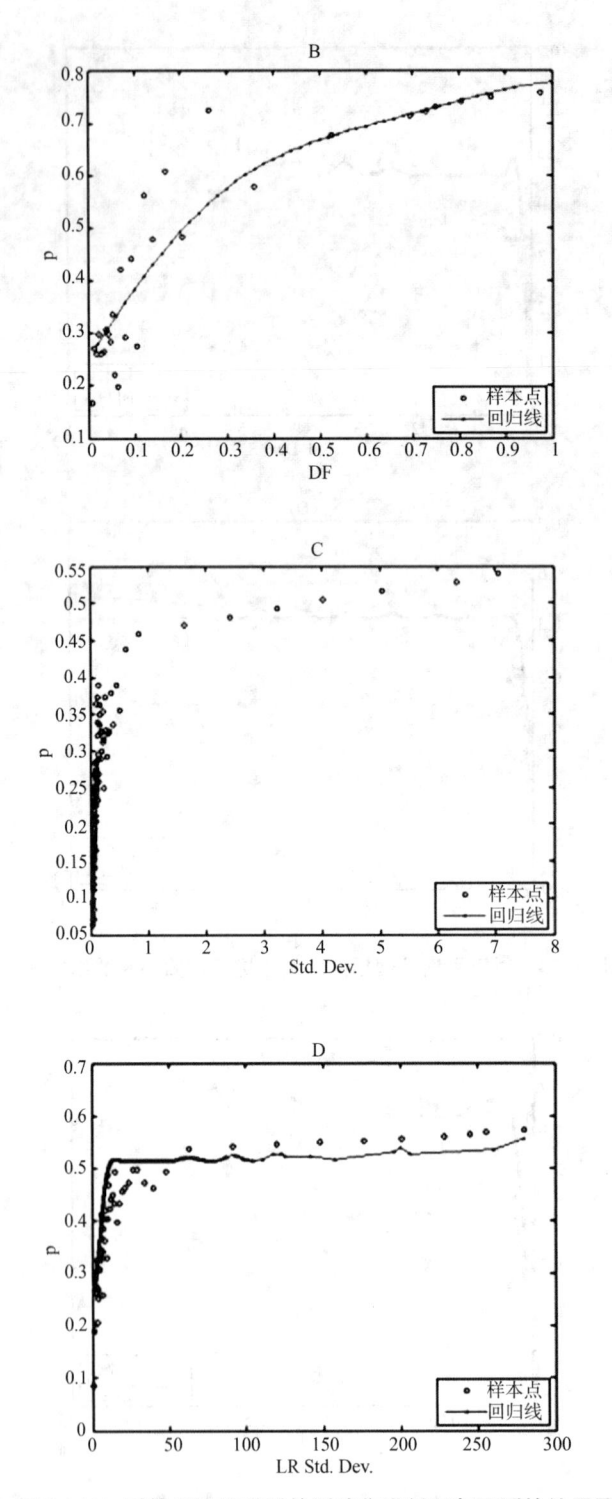

图 7-11 对停用词处理后的测试集进行回归预测的结果图

表 7-21　不同方法的实验结果

	抽取方法	候选术语去停用词		
		准确率	召回率	F1 值
训练集①	回归（POS＋词长＋TF＋DF＋左右标准差）	0.6553	0.5062	0.5712
	C-value	0.5927	0.5050	0.5454
	TF-IDF	0.4716	0.5085	0.4894
测试集	回归（POS＋词长＋TF＋DF＋左右标准差）	0.6147	0.6678	0.6402
	C-value	0.5654	0.6493	0.6045
	TF-IDF	0.5430	0.6443	0.5893

针对训练集和测试集分别进行预测，并对比了传统的 C-value 及 TF-IDF 方法，C-value 方法和 TF-IDF 方法均是在经过语言学处理后的候选术语集中进行抽取，三种方法都是取阈值来确定抽取结果的，从表中可以看出，在对于训练集和测试集的预测中，我们的方法都较 C-value 方法效果要好，TF-IDF 方法效果最差，可见本方法的有效性。

表 7-22　不同特征集的实验结果

	特征组合	去停用词		
		准确率	召回率	F1 值
训练集	POS＋词长＋TF＋DF＋左右词集—词标准差	0.6553	0.5062	0.5712
	POS＋词长＋TF＋DF	0.6116	0.5097	0.5560
	词长＋TF＋DF	0.5926	0.5018	0.5434
	TF＋DF	0.5863	0.5017	0.5407
	TF	0.5711	0.5099	0.5387
	DF	0.5383	0.3981	0.4577
	左右词集—词标准差	0.5737	0.5019	0.5354

---

① 由于本书是通过抽样来确定预测模型的，并不是针对整个训练集的所有特征值来获得预测模型，因而对整个训练集进行预测有一定的意义。

续　表

	特征组合	去停用词		
		准确率	召回率	F1 值
测试集	POS＋词长＋TF＋DF＋左右词集—词标准差	0.6094	0.5679	0.5879
	POS＋词长＋TF＋DF	0.6458	0.5637	0.6019
	词长＋TF＋DF	0.6123	0.5466	0.5776
	TF＋DF	0.6158	0.5354	0.5728
	TF	0.5858	0.5343	0.5589
	DF	0.5974	0.2976	0.3973
	左右词集—词标准差	0.5861	0.4636	0.5177

表 7-22 是针对训练集和测试集，对比不同特征组合的回归预测的结果，由于本书是从训练集中抽取样本来计算某一值对应的术语概率，对训练集进行预测是利用部分的值来估计总体的概率，总体在召回率接近的条件下，对比采用不同的特征组合所获得的结果，可以看出，总体来说，复合指标的结果比采用单一指标的结果要好，采用的指标越多，效果越好。但是，在测试集中，"POS＋词长＋TF＋DF"指标（准确率：0.64576536）比所有指标和的结果（准确率：0.6094189）要好，原则上来说，多一个指标效果应该更好，但是结果相悖，这是由于本书的方法在数据集小的情况下若获得了误差较大的结果，也容易导致误差放大，如果标注语料集达到一定的规模，则可以较准确地获取某一指标值对应的概率，导致误差变小。如果从减小人力成本的角度，只需要标注小部分的语料，提取出几个代表性的样本点，即可构建预测模型，所构建的预测模型同样适用于其他新的未标注语料。但是，如果加大数据量，可以获得较为准确的数据，进而获得更好的模型，对于预测新的数据可以获得更好的效果，并且是一劳永逸的。

7.1.3　小结

本节针对学科领域的本体术语进行了抽取，分为候选术语抽取及术语排序两个阶段。候选术语抽取阶段研究从语料中获取候选术语，包括术语边界确定、构建词性模板来获取候选术语，通过简单的统计过滤方法去除一些词语。术语排序阶段采用了两种方法对上一步中抽取的候选术语进行排序,包括融合上下文信息的统计术语排序方法,以及基于回归的术语排序方法,最后选择排序靠前的候选术语作为最终的结果。

本节在常规的候选术语抽取阶段加入了术语边界词识别这一过程,提出了面向中文学科领域的词性模板,用于候选术语的抽取。在融合上下文信息的统计术语排序方法中,用 Hellinger distance 的方法获取两个概率分布(标准上下文词集、候选术语的上下文词集)之间的差异度量获取上下文信息,借助中文维基百科作为对比语料获取候选术语的领域性,再结合术语的上下文信息、领域性及词性生成统计术语排序模型,不仅考虑了候选术语内部词语结合的强度,也考虑了其与外部上下文词的结合强度;然后引入回归方法,将术语抽取问题转化为预测候选术语是真正术语的概率问题,采用 Kriging 及 SVR 两种方法来进行研究。

最后,分别针对术语边界识别、词性模板获取术语、过滤方法、统计术语排序模型、回归方法做了实验研究,在候选术语抽取时,采用术语边界识别、本书提出的中文学科领域模板、过滤方法均能在一定程度上提高候选术语抽取步骤的准确率。在术语排序阶段,我们的统计术语排序模型与现有的统计学术语抽取方法相比,无论在准确率还是召回率上都有一定的优势;在回归的术语排序方法中,实验结果表明回归方法可以较好地复合语言学特征及统计特征。

7.2 概念形成

7.2.1 研究问题分析

本体概念是术语的所指,在第二章中介绍了术语抽取的过程及方法,获得术语,但是术语并不是本体概念,本体概念是本体必要组成,术语抽取的结果是名称(能指)而非概念(所指),要形成本体中的概念必须将同一概念的不同名称进行统一。因此,如何形成本体概念是本节研究的重点。

本章主要研究学术文献中的术语概念形成阶段。学术文献是一种特殊的文本类型,具有特殊的结构以及术语类型,为了生成本体概念,需要从已有的术语出发,将抽取的术语形成概念。

学术文献中的概念具有如下研究突破点：① 在不同的语言环境中，术语会有不同的指称，但是由于学术研究具有关联性及规范性，研究者在研究某一问题时，会参考术语已有的指称，沿用某一研究领域中广泛使用的术语指称；② 学术文献中的术语通常属于特定的类型，如表示方法的术语、表示工具的术语、表示任务的术语等；③ 学术文献具有一定的格式及常用的表达方式，如一般研究型论文通常包括引言、综述、方法、实验、结论这五个部分，引言中常会出现"XX问题成为研究热点"等常用句型。另外，由于术语提取的目的是标注文献，因而所提取的术语需能代表文献的主题，与主题不是很相关的术语则不须做提取。

本章关注本体学习中的概念形成阶段，自动获取中文学术文献的本体概念。首先，针对学术文献中的概念进行分类研究；其次，研究针对不同类别的概念采用不同的术语抽取方法进行获取，针对学术文献中的任务/方法类型的术语采用层叠 CRF 的方法进行获取，针对工具/资源类型的术语采用统计方法获取；最后，通过多次实验对比，确定有效的术语抽取特征，并生成学术文献中的概念。

本章采用的整体流程如图 7-12 概念术语抽取方法流程所示，分为两步，包括概念术语抽取阶段以及概念归并阶段。概念术语抽取阶段主要针对学术文献中的概念类型，采用不同的方法进行抽取，这样抽取出来的结果已经是概念分类后的结果；概念归并阶段主要采用基于模板的方法对已有术语进行归并。

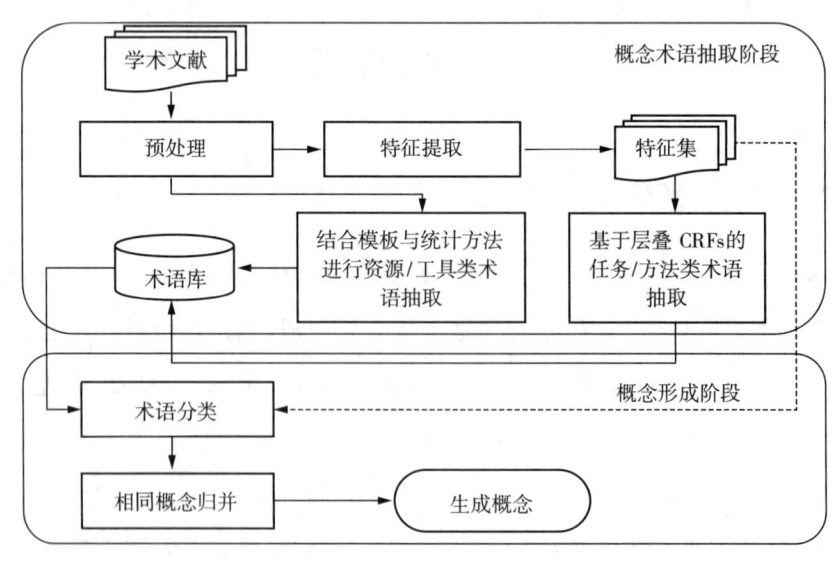

图 7-12　概念术语抽取方法流程

7.2.2 学术文献中的概念类型

学术文献中常见的术语通常可包括以下类型：

(1) 任务(Task)：即文献中需要解决的问题，通常学术文献会针对一个研究方向提出一个问题，即文献的总任务，接下来分为多个子任务来解决。此类术语贯串全文，通常引言中提出总任务，方法节中多见子任务术语。例如"术语抽取""本体构建""命名实体识别"，通常为动词词组形式。这类术语通常在学术文献中的表述具有不同的形式，例如"术语抽取"这一任务可在文中表述成"术语的抽取"或"抽取术语"等。

(2) 方法(Method)：学术文献中最常出现的术语类型之一，即文献中提出问题的解决方案，文献首先提出问题，再给出所提出问题的解决方案，给出用于解决问题的方法。此类术语主要出现在方法节中，方法型的术语如"机器学习""条件随机场"等。通常为名词型术语，并且通常可见术语末尾出现"方法"或"法"等词。

(3) 工具(Tool)：文献中介绍采用了某种工具/环境来解决问题，例如"LibSVM""Eclipse""protégé"等。

(4) 资源(Resource/Feature)：学术文献中通常会出现另外一种类型的术语，例如"XX领域本体""数据库""语料集""词典"等术语，这类术语不能归入以上三种类型，因此，特作另一种术语类型——资源术语。

上述四种类型的术语各有特点，因而其抽取方法也不尽一致，本节针对学术文献中的不同术语类型的抽取模型进行研究。

方法/任务类术语在学术文献中经常出现，此类术语较多，同一含义的术语不同的表述也较多，尤其是任务类术语最有体现，例如，"术语抽取"在文章中又常表述为"术语的抽取""抽取术语"等，此类术语采用一般的模板方法不能穷尽，又由于方法类术语具有较明显的特征词，因此适合采用机器学习的方法来解决此类术语的抽取问题。此外，任务类术语通常与方法类术语同时出现在一个句子中，因而方法类术语的抽取有助于任务类术语的抽取。由于条件随机场(CRF)在术语抽取任务及其他自然语言处理任务中有优异的表现，因此，我们采用层叠条件随机场的方法对方法/任务类术语进行抽取。

工具/资源类术语在学术文献中较方法/任务类术语少，其总量也较少，这类术语有个共同点就是较为固定,有一定的模式。较为固定是指工具/资源类术语在某个领域中只有较为固定的几个,有一定的模式是指此类术语通常有一定的构成模式,例如工具类术语通常包含"软件""工具"等词,资源类术语通常包含"数据库""知识库"等词。因而,针对此类术语,需要采用大的语料集来进行挖掘(语料集较小的情况下可能不包括此类术语),基于统计+规则的方法就可以针对这类术语进行抽取。

表7-23归纳了学术文献的常见术语,并按照词语周围术语出现的可能性大小分为强相关词和弱相关词。

7.2.3 概念术语抽取

(一)基于层叠CRF的方法/任务术语抽取

术语抽取的主流方法主要有两类:一是结合语言学模板及统计的方法,这类方法主要基于Bourigault的思想,采用语言学模板获得名词或复合名词作为候选术语,再基于统计学的方法对候选术语进行排序获得术语;二是基于机器学习的方法,在自然语言处理领域,条件随机场(CRF)被广泛采用,由于CRF可以使用字、词以及自定义特征(包括外部词典特征、统计特征等),适用于解决序列标注的问题,在命名实体识别领域取得较好的效果,因而,本章将CRF应用于方法/任务类术语的抽取中。

条件随机场[1]是一种无向图模型,其中,比较特殊的是Settles在2004年用于命名实体识别提出的线性CRF[2],它与其他无向图模型不同,例如HMM等需要较强的条件独立假设,CRF模型最大的优点在于能够灵活定位非独立特征,如用于英文词的预处理(如大小写一致化、词干提取等)中。此外,CRF常用于自然语言处理领

---

[1] Zheng S, Jayasumana S, Romera-Paredes B, et al. Conditional random fields as recurrent neural networks[C]//Proceedings of the IEEE International Conference on Computer Vision, 2015: 1529-1537.

[2] Settles B.Biomedical named entity recognition using conditional random fields and rich feature sets[C]//Proceedings of the International Joint Workshop on Natural Language Processing in Biomedicine and its Applications.Association for Computational Linguistics,2004: 104-107.

域,例如命名实体识别。① 这些方法主要将句子看作一串词序列,采用 CRF 模型对句子中的词语进行标注,由于 CRF 对于序列标注的优势,在自然语言处理领域的词序列标注研究中优于其他算法,因而我们选用 CRF 来对学术文献中的术语进行标注。

(1) 术语抽取模型

采用层叠 CRF 方法进行方法/任务类术语的抽取,如图 7-13 层叠条件随机场模型技术图所示。

由于方法类术语较任务类术语的表示更为规范,具有较固定的结构,另外,任务类术语通常与方法类术语同时在一个句子中出现,因此,首先进行方法类术语的抽取。在任务类术语抽取阶段再将方法类术语抽取的结果输入,作为任务类术语抽取的外部特征。

表 7-23 学术文献常用词归纳表

类别		描述	术语
强相关	定义	表示定义(前)	定义,含义,是指,就是,是,即,是一种,属于,":"
		表示定义(后)	被定义为
	别称	表示别称(前+后)	或称,又叫,又称,也称,称为,也叫,叫作,"(英文)"
	并列	表示并列(前+后)	或,和,及,以及,与,并,并且,"、"
	分类	表示子类(前+后)	子,分为,包括,包含,类别,子类,类
	方法	表示方法(前)	方法,技术,模型,理论,法,手段,方式
	工具	表示工具/算法(前)	工具,程序,算法,软件
	方法	表示采用方法(后)	使用,利用,采用,应用,选用,运用,借助,用,基于
		表示提出方法(后)	提出,给出,指出,介绍,研究,探索,讨论,描述,实施,构建,建立
	出现问题	表示出现/解决问题(后)	存在,出现,产生,导致,引起,限制,受到,缺乏,缺少,阻碍,妨碍,阻止,忽略,遗漏,影响,解决,处理
	混合	表示方法的混合(后)	结合,混合
	虚词	术语前的虚词	通过,将,对
		术语周围的虚词	来,进行,以

---

① McDonald R, Pereira F. Identifying gene and protein mentions in text using conditional random fields[J]. BMC Bioinformatics, 2005, 6(1): 1-7.

续 表

类别		描述	术语
弱相关	任务相关术语	问题相关	挑战,缺点,缺陷,不足,错误,障碍,劣势,复杂,问题,矛盾,难题,难点,困难,谜,悖论,现象,主要,关键,基本,核心,首要,重要,最终,根本,最大,重大,原则,不能,无法,限于,依赖于,亟需,亟待,必需,需要,必要
	方法/资源/工具相关术语	方案相关	流程,架构,原型,途径,模块,组件,方案,工作,通过,将,来,对,进行
		描述子方案之间的顺序	首先,其次,再次,然后,最后,一,二,三,四,先,再
		表示方案之间的对比	对比,比较,更,比,较,好于,高于,大于,优于,超过,差于,劣于,低于,小于,提高,增强,降低,增强,减少,减小,减弱
		表示中立	相同,差不多,类似于,相当于,等同于,不同于,差别,区别
		表示褒义	优,好,多,强,高,大,快,准确,正确,精确,较好,灵活,有用,有效,有利,有意义,适当,合理,可行,可靠,可取,可用,全面,方便,一致,完美,清晰,满意,积极,系统
		表示贬义	差,小,少,弱,低,慢,错误的,昂贵,浪费,失望,脆弱,不充分,不可能,顽固,无效,不相关,费力,费时,无意义,误导性,不存在,有问题,无法使用,不幸,不必要,不现实,不可靠,不恰当,只,仅,过于

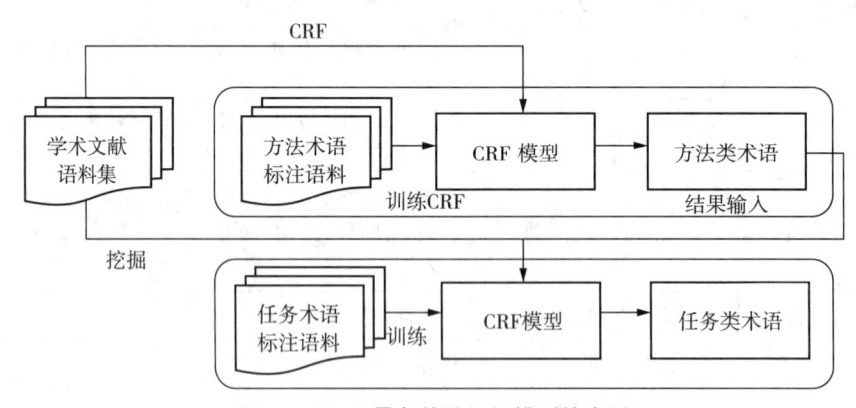

图 7-13 层叠条件随机场模型技术图

(2) 特征提取

针对学术文献中的术语主要提取了四个方面的特征：词特征、位置特征、语义特征及统计特征。

① 词特征

词特征包括词本身(phrase)特征以及词性(POS tag)特征两个特征。将语料预处理后进行分词和词性标注,得到的词和词性作为特征。

② 位置特征

文献的逻辑结构位置(包括引言、综述、方法、实验、结论等部分)通常对术语有影响,例如,研究者通常在引言位置引入与文献需要解决的问题相关的术语,方法部分常出现方法类术语,而实验部分术语则主要与工具、实验指标及效果相关。在实际处理中,某些文献并不完全包括这五个部分,则此类文献不含的部分做缺省。

③ 语义(semantic)特征

学术文献通常有固定的描述方式,一些常用词语能够指示周围是否出现术语或出现何种类型的术语,例如"条件随机场(Conditional Random Fields)是一种无向图模型"、"()"前及中间的词均为术语,"是一种"也表示前面包含术语。因此,我们将科技文献中常见的词定义成分类词典,并将这些词语分为强相关和弱相关两类,以对词语周围出现术语的可能性大小进行区分,语义词典的构建见实验部分,在实际特征处理过程中,将这些词语的类别作为特征。

④ 统计特征

主要分为三类特征:基本统计特征是指 TF、DF、TFIDF 等统计特征;词叠加统计特征是指分词后再将多个词重新结合再计算的 TF、DF 等统计特征;排序分区特征是针对基本统计特征数值进行排序分区处理后得出的特征值。

a. 基本统计特征

基本统计特征包括词频特征[计算方法见(7-34)]、文档频率(document frequence,DF)特征[计算方法见(7-35)]、单篇文章的词频特征、词频—反文档频率(TF-IDF)特征[计算方法见(7-36)]、C-Value 特征[计算方法见(7-37)]以及词语在语料集中出现过文章的次数(出现过一篇文章算一次)这六个特征。

$$tf_{t_j} = \sum_{x=1}^{D} f_{d_x, t_j} \tag{7-34}$$

$$df_{t_j} = \sum_{x=1}^{D} (1/f_{d_x, t_j} \neq 0) \tag{7-35}$$

$$tf - idf_{t_j} = tf_{d_x, t_j} \times \log(D/df_{t_j}) \tag{7-36}$$

其中,D 为语料集,文档 d_x 表示语料集 D 中的第 x 个文档,t_j 表示文档 d_x 中的第 j 个词。f_{d_x, t_j} 即单篇文章的词频,由"词语在单篇文章中出现的次数/单篇文章的总词数"计算得出。

$$c\_value = \begin{cases} \log_2 |t_j| \times tf(t_j) \\ \log_2 |t_j| \times \left(tf(t_j) - \dfrac{1}{P(T_{t_j})} \sum_{b \in T} tf(b)\right) \quad |t_j| < |b| \end{cases} \quad (7-37)$$

其中,所有包含术语 t_j 的词构成集合 T, b 为集合 T 中的元素。

b. 词叠加统计特征

这一特征包含三类特征,即二词叠加特征、三词叠加特征及四词叠加特征。由于分词后会将术语切分为多个词,因而将相邻的词合并来统计其在语料中的频率等信息对于术语抽取有一定的意义。二词叠加特征是将分词后当前词与上一词组成的词语作为一个词语单元,计算该词的 TF、DF、TF-IDF 和 C-Value 值作为特征。三词和四词叠加特征以此类推。

c. 排序分区特征

在同一语料集中,每个词对应不同的 TF 值,但是 TF 值数值上的差别是否对应了术语概率(这个 TF 值对应的词集中术语所占的比例)的差别? 因此假设,TF 值对应的词集中的术语比例有一定的规律,并且相近的 TF 值对应的词成为术语的可能性相近,进而可以按照 TF 值的大小将所有的 TF 值进行分区,将所有统计指标形成排序分区特征,具体的假设验证过程及分区算法见实验部分。

排序分区特征假设验证及算法设计:为了验证排序分区特征部分的假设,我们对 TF 值对应的术语比例进行了研究。由于较少的词语集中考查术语所占的比例没有意义,因而对考查的集合进行区间放大,这样可以保证需要考查的词语集合求得的术语比例能近似对应的理论值,最后将区间的中点作为样本点,而样本点对应的术语比例是分布在所取区间内的平均值,即区间 $[x_t, x_k]$ 中将 $\dfrac{1}{2}(x_t + x_k)$ 作为样本点,其计算公式如下:

$$\dfrac{\sum_{j=t}^{k} term\_num(x_j)}{\sum_{j=t}^{k} word\_num(x_j)}, \forall x_j \in [x_t, x_k] \quad (7-38)$$

计算得出数据后,描绘出数值与对应术语所占比例的图形,如图 7-14 所示,发现随着数值的增大,术语所占的比例的数据呈现出一定的规律,因而验证了上述假设。

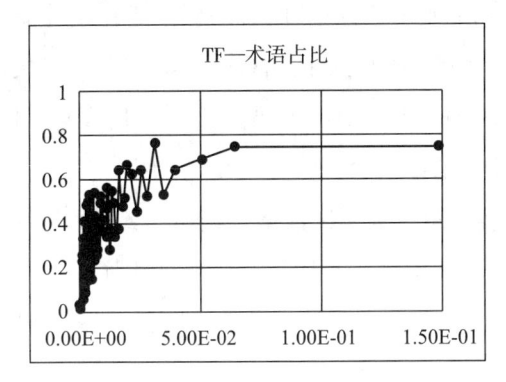

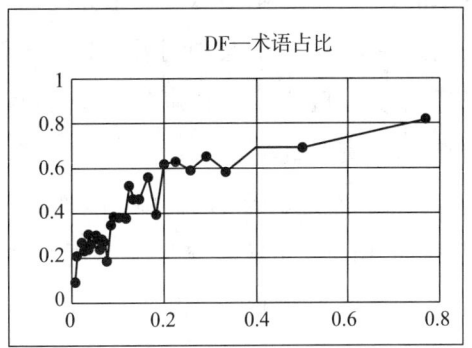

图 7-14 TF 值与 DF 值所对应的词集中术语所占比例图

为了研究排序分区特征对术语抽取的影响,按如下算法进行区间切分:

• 首先获得所有词的个数,再对 TF 值进行排序,将相同数值合并,获取不同 TF 值的个数 tf_size,计数器设为 1;

• 进入循环,每次将所有的词语按大小切成两部分,当将某一数值切分到两个部分时,将该数值分到数值小的那一部分,然后将数值小的一部分成为一个区间划出,用计数器对划出的区间进行计数(每次循环加 1,将计数器的值作为区间中所有词的排序分区特征值),将剩余的词记为 num,直至剩余词 num<20 退出循环。

通过上述算法得出词对应的各个数值特征对应的排序分区特征值。

特征提取见表 7-24 术语抽取特征集合,主要提取了 41 组特征,在特征组合对比实验中将特征用表 7-24 中的序号表示。

词特征即分词后的词作为特征。词性特征采用 NLPIR 标注的词性作为特征。语义特征进行分类标注。位置特征文献的逻辑结构位置,标记为(background,relatedWorks,method,experiment,conclusion)。词频、文档频率等统计特征是通过特征提取部分的公式计算得出的。

同样,我们对该方法的有效性进行验证。实验数据集主要来源于期刊《情报学报》历年的文献(2000—2015),其中选用 24 篇文献作为语料集,文献的主题分布较均匀。由 OCR 软件(ABBYY FineReader 12)将 PDF 格式的文献转化为 TXT 文献,采用 NLPIR 进行分词和词性标注,分词后获得 135360 个词。

在术语抽取阶段,手工标注词语是否为术语做训练集的标注以及测试集中的对比标记,其中,术语由(B,I)来标记,非术语则由 O 标记,所有的标注工作由作者完成。在非代表性术语排除阶段,手工标注抽取出来的术语是否为当前文献有代表性的术语,是代表性术语由(B,I)来标记,非术语则由 O 标记,所有的标注工作由作者完成。手工标注语料集中词语的术语类型,其中任务型术语由(B-T,I-T)符号集来标记、方法型术语由(B-M,I-M)符号集来标记、工具型术语由(B-T,I-T)符号集来标记、资源型术语由(B-R,I-R)符号集来标记,其他为 O,所有的标注工作由作者完成。在选用的 24 篇文献中,选择 2 篇文献作为测试数据,剩下的 22 篇则为训练数据。由于样本数据较少,在术语抽取阶段及术语分类阶段均采用两组实验进行对比,第二组实验选用与第一组实验不同的 2 篇文献作为测试数据,剩余的同样为训练数据。

表 7-24 术语抽取特征集合

特征类别		序号	特征
词特征		0—1	词本身、词性特征
语义特征		2	语义特征
位置特征		3	位置特征
基本统计特征		4	单篇文章的词频
		5—7	TF、DF、TF-IDF
		17	C-value 值
统计特征	词叠加特征	21	当前词出现在语料集中的文章篇数 Num_{doc}
		8—10,18,22	二词叠加 TF、DF、TFIDF、C-value、Num_{doc}
		11—13,19,23	三词叠加 TF、DF、TFIDF、C-value、Num_{doc}
		14—16,20,24	四词叠加 TF、DF、TFIDF、C-value、Num_{doc}
	统计值转化排序分区特征	25—28	TF 值、二词 TF、三词 TF、四词 TF
		29—32	DF、二词 DF、三词 DF、四词 DF
		33—36	TFIDF、二词 TFIDF、三词 TFIDF、四词 TFIDF
		37—40	C-value、二词 C-value、三词 C-value、四词 C-value

实验采用 CRF++0.53 工具包进行数据的训练和测试。研究术语抽取、非高相关术语排除以及术语分类的效果,分析特征的有效性。人工对实验语料进行标注,本次进行方法类术语提取的实验主要采用方法类术语的标注,用于语料的训练以及实验结果的对比。

将特征提取及标注后的语料集分为训练语料和测试语料,在 24 篇文章中每次随机挑选 20 篇文章作为训练语料,余下的 4 篇作为测试语料,总计做 4 次实验,实验结果采用准确率、召回率以及 F1 值进行评价,得到的实验结果见表 7-25。

表 7-25 基于 CRF 的方法类术语提取实验结果

序号	准确率	召回率	F1 值
1	0.8485	0.4058	0.5490
2	0.8571	0.2927	0.4364
3	1	0.2879	0.4471
4	0.8947	0.3617	0.5152

下一步进行任务类术语的提取,其中特征集中加入方法类术语的实验结果作为一维特征,任务类术语的提取实验主要采用任务类术语的标注,同样采用人工标注。采用和方法类术语相同的训练语料与测试语料进行实验,实验结果见表 7-26。

表 7-26 基于 CRF 的任务类术语提取实验结果

序号	准确率	召回率	F1 值
1	0.9385	0.7176	0.8133
2	0.9303	0.7370	0.8225
3	0.9351	0.8688	0.9007
4	0.9483	0.8567	0.9002

(二)基于语言学模板及 C-value 的工具/资源类术语抽取

这部分对工具/资源类的术语进行抽取。工具/资源类术语与方法/任务类术语不同,这类术语在文献中出现得较少,并且在特定领域中较为固定。这类术语在学术文献中出现较少,则不适用于机器学习方法,标注语料大小的限制,在训练过程中出现较少,会导致测试过程中挖掘不到此类术语的情况,最终导致召回率与准确率偏低。工具/资源类的术语在特定领域较为固定,例如在自然语言处理文献中常出现的工具有 libSVM 和 Python 等,数据挖掘中通常出现的工具有 SPASS 和 oracle 数据库等,资源类术语通常有词典、本体库等。

因此,工具/资源类术语的抽取流程如图 7-15。工具类术语和资源类术语通常为名词或名词词组,首先获取工具类术语和资源类术语作为词库,对这类术语进行分析,提取词性模板,再采用词性模板对语料库抽取候选术语,利用 C-value 方法对候选术语进行排序,最后利用指示词特征对候选术语进行筛选,获得最终的工具类术语以及资源类术语。

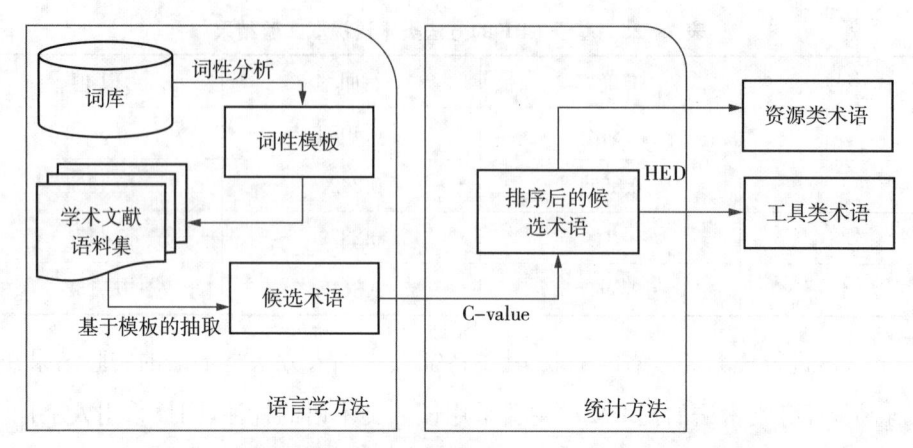

图 7-15 基于 C-value 和规则的资源/工具类术语抽取技术图

基于语言学模板及 C-value 的工具/资源类术语抽取的验证沿用上节所提到的数据集,由于工具/资源类术语均为名词性术语,因此首先需要提取模板,关键词语料来源于《情报学报》《大学图书馆学报》《情报理论与实践》《图书情报知识》等图情类期刊共 13 种,为避免术语的词性组合不全面,又获取《中文信息学报》《管理世界》及《计算机学报》期刊的关键词,手工去除非术语后获得术语 60123 个;采用 ICTCLAS 分词软件对术语进行分词,主要选择 1—6 个词的术语,占术语总数的 99.74%。1 词主要选择名词、动词或形容词,另外总结出以下的词性搭配模板,用于抽取 2—6 词复合术语:

① ($Noun/Verb/Adj/Adv$)($Noun/Verb/Adj/Qua/Adv/Prep$)$^+$($Noun/Verb/Adj$)

② ($Qua/Prep$)($Noun/Verb/Adj$)$^+$($Noun/Verb/Adj$)

③ ($Noun/Verb/Adj$)$^+$ Qua

利用 C-value 指标对抽取出来的术语进行排序,其中,去除已经抽取出来的方法类术语及任务类术语。另外,工具类术语通常为单个英文词语,因而排除复合英文词组。资源类术语通常含"库""词典""语料"等,因而构建常用词模板进行匹配(如表 7-27)。

表 7-27 常用词模板

工具类	程序、软件、工具
资源类	表、库、词典、语料、本体、规则、词、集

其中,符合条件的共有 78 条资源类术语,找到 69 条,其中 63 条正确,准确率为

91.30%,召回率为 80.77%,F1 值为 0.8571。工具类术语出现 6 条,找回 5 条,其中 3 条正确的术语,准确率为 60.00%,召回率为 50.00%,F1 值为 0.5455。

7.2.4 概念归并

概念归并的主要目的是将相同概念的术语进行合并。分为两步:一是找到相同概念的不同术语;二是合并术语确定概念名称。

本节依赖基于模板的方法进行相同概念的术语查找,主要依据学术文献中作者指出的两种术语的等价关系,这种模式在学术文献中主要体现在一些表示等价的词语上。我们对这些词语进行了归纳总结,主要有又叫、也叫、或叫、又称、也称、或称、亦称、别名、别称、亦名、英文为、可译为、全名、全称、等价、等同于、相同、相等、“(英文)”等。将这类词出现的句型作为模板进行等价关系的抽取,即为相同的概念不同的术语。抽取的模板如 IF “A,又叫 B”,THEN A equal B。

概念名称的确定主要依赖于术语在语料集中出现的频次,由于出现频次越高的术语越被大多数人使用,可以作为本体中的概念,因而,在概念名称的确定过程中主要采用统计学方法,按术语在语料集中的频次进行排序,选择同概念术语中频次最高的术语作为概念名称。

采用模板进行术语归并,最终提取分类后的术语,概念生成结果如图 7 - 16 所示。

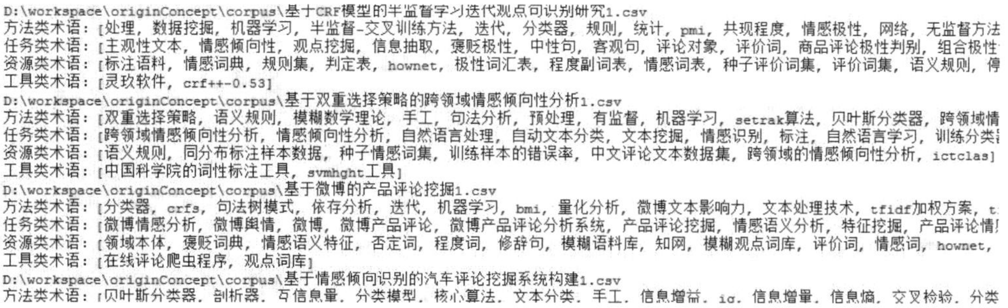
```
D:\workspace\originConcept\corpus\基于CRF模型的半监督学习迭代观点句识别研究1.csv
方法类术语：[处理，数据挖掘，机器学习，半监督-交叉训练方法，迭代，分类器，规则，统计，pmi，共现程度，情感极性，网络，无监督方法
任务类术语：[主观性文本，情感倾向性，观点挖掘，信息抽取，褒贬极性，中性句，客观句，评论对象，评价词，商品评论极性判别，组合极性
资源类术语：[标注语料，情感词典，规则集，判定表，hownet，极性词汇表，程度副词表，情感词表，种子评价词集，评价词集，语义规则，停
工具类术语：[灵玖软件，crf++-0.53]
D:\workspace\originConcept\corpus\基于双重选择策略的跨领域情感倾向性分析1.csv
方法类术语：[双重选择策略，语义规则，模糊数学理论，手工，句法分析，预处理，有监督，机器学习，setrak算法，贝叶斯分类器，跨领域情
任务类术语：[跨领域情感倾向性分析，情感倾向性分析，自然语言处理，自动文本分类，文本挖掘，情感识别，标注，自然语言学习，训练分类
资源类术语：[语义规则，同分布标注样本数据，种子情感词集，训练样本的错误率，中文评论文本数据集，跨领域的情感倾向性分析，ictclas]
工具类术语：[中国科学院的词性标注工具，svmhght工具]
D:\workspace\originConcept\corpus\基于微博的产品评论挖掘1.csv
方法类术语：[分类器，crfs，句法树模式，依存分析，迭代，机器学习，bmi，量化分析，微博文本影响力，文本处理技术，tfidf加权方案，t
任务类术语：[微博情感分析，微博舆情，微博，微博产品评论，微博产品评论分析系统，产品评论挖掘，情感语义分析，特征挖掘，产品评论情
资源类术语：[领域本体，褒贬词典，情感语义特征，否定词，程度词，修辞句，模糊语料库，知网，模糊观点词库，评价词，情感词，hownet，
工具类术语：[在线评论爬虫程序，观点词库]
D:\workspace\originConcept\corpus\基于情感倾向识别的汽车评论挖掘系统构建1.csv
方法类术语：[贝叶斯分类器，剖析器，互信息量，分类模型，核心算法，文本分类，手工，信息增益，ig，信息增量，信息熵，交叉检验，分类
```

图 7 - 16 概念生成结果

7.2.5 小结

本章关注概念形成阶段,主要目的是从抽取的术语中形成概念,概念是术语的所指而不是能指,为了获取概念,本章首先针对学术文献中的术语类型,分别提出了

不同的抽取方法,通过这种处理,可以将获取的术语首先按类型进行区分,然后对抽取的术语进行概念归并,形成最终的概念。

在采用CRF进行任务/方法类术语抽取部分,由于CRF方法不需要建立在候选术语的抽取结果之上,可以直接从语料集中进行术语的抽取,这种方法不能称为一种术语排序方法,而是一种直接标注的方法,我们提出了面向学术文献术语抽取的术语特征集,通过实验对比找出了最适合的特征组合,对于以后的学术文献术语抽取均有参考价值;构建了学术领域常用词词典,有助于提高学术文献术语抽取的效率,并且对于其他学术文献信息抽取有帮助;采用实验对比了CRF方法与其他方法的效率,结果表明本节提出的术语特征集对于术语的标注来说非常有效。最终,将这种方法应用到任务、方法类术语的抽取中,得到了非常好的效果。

在采用POS模板与统计的方法进行资源、工具类术语的抽取研究中,针对这类术语的特征,采用这类方法具有较好的效果。

最后,我们总结了概念分类的模板,对生成的术语进一步进行概念分类,最终生成概念。

在这一章中,我们对学术文献中的概念术语进行了类别的限制,这种类别限制是本书的创新,有了类别的限制则更有助于本体学习下一步的研究,对于关系抽取将非常有帮助。

8 关系学习

8.1 等级关系学习

学术本体最基本的构成是有等级关系的概念。因而,在本体学习过程中,概念等级关系抽取(concept hierarchies learning)是必经的一个阶段。Gruber 认为本体等同于层次结构的类,也就是说抽取概念间的上下位关系是本体构建的关键阶段。通常概念等级关系构建这项工作依赖于领域专家手工提取,是一项耗时耗力的工作,为了构建高质量的等级关系,需要大量的知识背景。自然语言处理(NLP)、信息检索以及机器学习的方法给信息抽取带来优势,可借助这些技术进行自动关系抽取以降低人力付出成本并节省时间。而本体的高度标准及规范性又要求兼顾效率与准确性。

本节面向学术文献的本体构建,因而概念等级关系也需要从学术文献中获取,学术文献是一种权威的原始数据来源,是一种特殊的文本,具有特殊的结构,现有的学术文献信息抽取研究偏重于术语及关键词的抽取研究,尚未有深入本体构建等级关系学习阶段的研究,因此,本章将研究针对学术文献这一类型的文本,在学术本体构建过程中研究概念等级关系抽取阶段的问题。

概念等级关系抽取一直是一个尚未被很好解决的问题,一直以来,研究者都试图采用不同的方式解决这个问题,其中,主要的研究集中在生物医学领域。与之不同的是,生物医学领域一般已有一些现成的专业术语,词汇量大,若是从文本中进行概念的抽取,由于该领域的行文规范,概念也较其他领域更容易提取,因而等级关系抽取的研究一般是从概念抽取结束后开始研究,而我们研究的对象是学术文献中的术语,针对其他一些科学领域,比如信息科学,领域内方向的细分较多,若不考虑从文献中挖掘原始概念,直接考虑概念的等级关系形成,则不具有连贯性。因而,本节的概念等级关系抽取主要从概念的抽取开始进行研究。解决如下的几个问题:挖掘学术文献中的术语类型分类进行术语抽取;自动抽取术语,减少人工参与;保证等级关系抽取的正确性。

8.1.1 概念等级关系类型

概念等级关系包括属种关系(general relationship)、实例关系(instance relationship)以及整部关系(whole-part relationship)三种。

(1) 属种关系通常在学术文献中表现在对术语的种属关系定义中,常用的特征词有"是一种""属于"和"是一类"等,例如,SVM 是一种机器学习的方法,可以判断"SVM"是"机器学习"的子类。

(2) 实例关系表现为类与实例的关系,实例是类的泛化,是一种更具体的类。

(3) 整部关系即整体部分关系,常用的特征词有"可分为""包括"等。

8.1.2 概念等级关系抽取

概念等级关系抽取阶段主要的目的是获取术语的等级关系,主要结合两种方法来解决术语等级关系的抽取问题:一是基于外部词库(CSC 词库及 WordNet)的方法;另一种是基于 Web 的等级关系抽取方法。

(一) 基于外部词库的等级关系抽取

WordNet 与 CSC 中文语义词库[①]是学科网络信息资源等级关系抽取常用的外部知识库。WordNet 包含英文词语的语义信息,可以用于英文术语的等级关系抽取;而 CSC 中文语义词库是手工提取的具有一定规模的词典,包含较丰富的中文术语语义信息,其中,检索词语时会同时给出其上位和下位术语,因此,可以辅助中文术语等级关系的抽取。利用 CSC 词库,可以提取术语的上位词及同义词,例如,术语"情感分析"在 CSC 词库中上位词为自然语言处理,可以得到的信息如图 8-1 所示。

[①] CSC 中文语义词库包含 14 万以上中文词语和 18 万以上义项的同义、分类、反义等语义信息。该词库含有超过 50 种关系类型、超过 150 万个关系实例,以及 10 万个以上带有同义词的词语或义项。

> 情感分析查询结果：
> 【同义】倾向性分析 观点分析 意见分析 情感倾向性分析 情感倾向分析 观点倾向性分析
> 【上位】自然语言处理
> 【领域】计算机
> 【英文】sentiment analysis

图 8-1　基于 CSC 词库的术语语义信息查询结果

（二）基于 Web 的等级关系抽取

一般说来，应当从语料集中提取概念间的关系，但是由于语料集量的限制，部分概念间关系未表达的概念对就无法抽取，因而需要基于更大数据量的 Web 进行关系抽取。基于 Web 的等级关系抽取主要包括三个步骤：

（1）查询构建

为了获取概念之间的等级关系，需要利用 Web 资源进行查询获取，Snow 等[①]为进行等级关系获取提出了一系列语义模板。本节基于中文的文本进行分析，因而构建了一系列中文语义模板，包括表示等级关系的语言模板（见表 8-1），以及表示同级关系（sibling，是指有同一父结点的同类型术语）的语言模板（见表 8-2）。由于类似"是一种"的普通查询无法获取足够精确的信息，因而在实际查询过程中，将普通查询进行扩展，结合上下文信息（将已经抽取出来的术语作为上位词或者下位词）进行查询。

表 8-1　等级关系语言模板

A(,)是一种 B
A 属于 B
A 组成 B
B,例如/如 A
B 可以分为 n 类/种类型:A
B(,)按 X 分/可以分为
B(,)共/一共/主要有
B(,)包含/包括(:)A

---

① Snow R, Jurafsky D, Ng A Y. Learning syntactic patterns for automatic hypernym discovery[C]//Advances in Neural Information Processing Systems,2005：1297-1304.

表 8-2　同级关系语言模板

B(,)尤其/特别是 A
A(,)以及/和 B
A(,)或者/或 B
A(,/、)B

（3）利用搜索引擎进行网页查询检索

将第一步中的查询式输入搜索引擎进行查询，获得查询结果集，再对查询结果网页进行预处理（去除网页中的无效信息，包括图片、视频等），获得网页文本。将文本进行分词、词性标注，采用模板获取查询中的名词词组，最终获得候选上位（下位）术语集。

（4）获取上下级关系

对获得的候选上位（下位）关系进行统计排序，获得对应的上位（下位）术语。当术语集中未出现概念抽取阶段中抽取的术语，则对术语在网页中出现的次数进行统计，采用 Cimiano① 提出的 SCH 计算方法来对候选上位（下位）词进行排序，得到一个候选等级关系词集，再查询概念抽取阶段抽取的术语集中是否存在对应词。若存在一个，则将该术语集中的术语作为其上位（下位）词；若存在多个，则将共现次数较多的术语作为其对应上位（下位）词。

$$SCH = \frac{hits(lexicalPattern(term, CH))}{hits(CH)} \tag{8-1}$$

以谷歌搜索引擎为例，我们采用"情感分析＋是一种"作为关键词进行检索，并定义术语间的窗口距离小于 10 个词。对网页数量进行预处理后，搜索引擎返回的检索结果如图 8-2。

情感分析网页查询结果：
- 情感分析结果是一种情感倾向和情感程度。
- 情感分析是一种常见的自然语言处理（NLP）方法的应用。
- 情感分析是一种重要工具。
- 情感分析作为一种数据挖掘的方式。
- 情感倾向分析的方法主要分为两类：一种是基于情感词典的方法；一种是基于机器学习的方法。
- 其中情感分析还可以细分为情感极性(倾向)分析、情感程度分析、主客观分析等。
- 针对推特内容的情感分析技术可以分为：句法分析、基于机器学习的分析和混合分析。
- 情感分析可分为词语级、短语级、句子级、篇章级以及多篇章级等几个研究层次。
- 利用情感分析技术提取弹幕评论中包含的情感数据并对其进行可视化。

图 8-2　基于 Web 查询的结果示例

---

① Cimiano P, Hartung M, Ratsch E. Finding the appropriate generalization level for binary relations extracted from the Genia corpus[C]//Proceedings of the International Conference on Language Resources and Evaluation (LREC). 2006: 1-6.

再对上述检索结果进行分词、词性标注、利用术语模板提取术语,最终得出术语之间的上下级关系,见表8-3。

表8-3 利用"情感分析"的上下位词提取

情感分析	上位:情感倾向、情感程度、自然语言处理、NLP、重要工具、数据挖掘
	下位:情感词典,机器学习
	下位:情感极性(倾向)分析,情感程度分析,主客观分析
	下位:词法分析,基于机器学习的分析,混合分析
	下位:词语级,短语级,句子级,篇章级,多篇章级

考查上述词语在语料集中的出现情况,上位词中:自然语言处理、数据挖掘,下位词中:情感词典、机器学习、情感极性分析,出现在概念抽取阶段的术语抽取结果中,因而被确定为其上位或下位关系。

当候选的上位/下位关系词在网页检索结果中出现多次时,则按照SCH算法进行再排序,排序值较高的词则更能确定是其上位/下位词。最后,人工判断等级关系抽取结果中正确的上下位关系,得到最终的术语等级关系,部分术语的等级关系抽取结果如图8-3示。

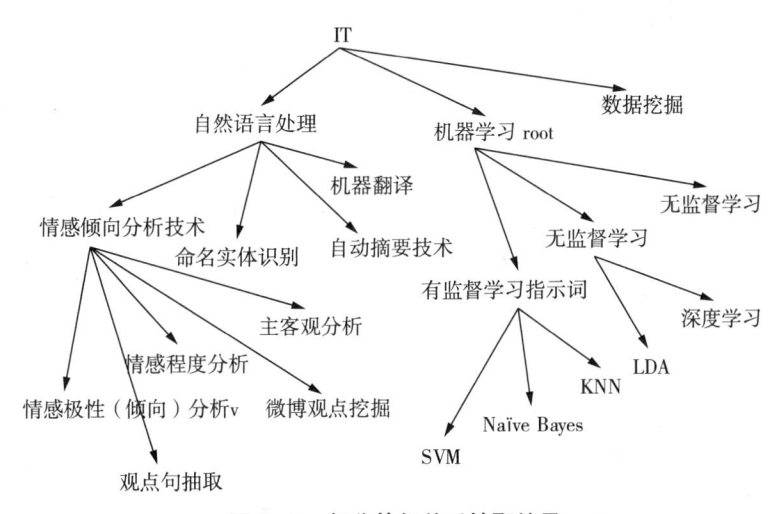

图8-3 部分等级关系抽取结果

8.1.3 小结

针对学术文献中术语间的等级关系抽取,提出了相应的解决方案。主要将概念等级关系抽取分为两个步骤:一是针对学术文献中不同的术语类型进行分类抽取,采用层叠 CRF 方法与 C-value 方法针对不同的类型抽取;二是针对抽取出来的术语进行等级关系抽取,主要采用基于外部词库(CSC 与 WordNet)的方法及基于 Web 的方法。实验证明,本书所提出的方法能够有效完成我们提出的两个任务,在概念抽取阶段表现出了较高的准确率与召回率,可适用于大数量集的学术文献术语抽取;在等级关系抽取阶段抽取的上位/下位术语比采用其他方法更准确,更有利于本体的构建。我们的创新之处在于将学术文献中的概念分为方法、任务、工具及资源这四种类型,针对不同类型的概念采用不同的方法进行抽取,更具有针对性,适合于不同类型的术语;在等级关系抽取阶段创新地提出了结合外部词库及基于 Web 的等级关系抽取方法进行关系抽取,提取的等级关系更准确。

在今后的研究中,将继续关注学术文献标注本体构建问题,针对本体非等级关系的构建问题提出相应解决方案。

8.2 非等级关系学习

8.2.1 研究问题分析

概念非等级关系抽取阶段主要解决两个主要的问题:一是挖掘存在关系的概念对,二是获得概念对之间的联系并对这种联系进行命名。

目前有关本体学习的研究中,本体非等级关系的抽取是较少涉及的领域,非等级关系的抽取被认为是本体学习中最难的部分。概念非等级关系表示关系的词非常复杂多样,并且涉及的要素也很多,因而概念非等级关系抽取任务比概念等级关系抽取任务更富挑战性。本体学习研究大多集中在生物医学领域,而这些领域已有规范的词表和本体可以利用,获取非等级关系较没有资源的领域要容易。本节面向学科领域进行概念非等级关系的抽取,并不存在相关资源,因而复杂度更高。非等级关系是在概念抽取及概念等级关系抽取的基础上进行的,数据源为学术文献。学术文献对于本体构建来说是一种具有较高参考价值的知识源,具有较高的质量,内容结构也较为规范。

我们主要研究概念非等级关系抽取的流程及方法、概念非等级关系的分类,以及将本章提出的方法及流程应用到小型语料集的概念非等级关系的构建中。进行非等级关系抽取的总体流程如图 8-4 所示。

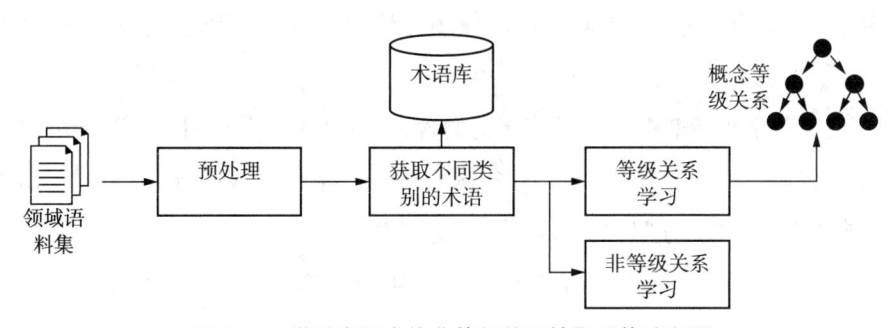

图 8-4 学科资源本体非等级关系抽取总体流程图

首先，输入学术文献领域语料集，采用非结构化的文本结构化、去噪、分词等文本预处理方法对语料集进行预处理；在概念抽取阶段，针对学术文献中出现的不同术语类型进行分类抽取；在概念等级关系抽取阶段，形成概念的等级关系；再在上述步骤的基础上，进行非等级关系的抽取。

学术文献中的术语与其他形式文本中的术语相比，最大的不同在于学术文献通常是问题解决型的文本，因而从问题解决的思路大致可以将术语分为四种类型：任务型、方法型、工具型及资源型。以下的非等级关系抽取任务是建立在之前概念分类的基础上。

8.2.2 概念非等级关系类型

非等级关系即本体中的概念与概念之间的非层次关系，在学术文献中通常表现为以下几种常见类型，可用于本体的构建：

① 整部关系，即整体部分关系。

② 等价关系是指两个概念是等价的，具有自反性、对称性和传递性。在学术文献中术语与术语的别名存在等价关系，例如"支持向量机（SVM）"。这种关系常由"又称""也叫作"等指示词指示。

③ 组成关系是指某个概念包含另一个概念，在学术文献中通常表现为如下句型：例如"青少年生活方式问卷包含8个因子，分别为饮食习惯、睡眠状况……"，句型中有指示词"包含""包括"。

④ 学术文献的方法论中，有采用某种方法/资源/工具解决某种问题（完成某种任务）这种类型的句式，施事关系是指实体解决某个问题（另一实体），我们结合学术文献中常用的术语类型，对这种关系进行细分，例如，采用某种方法完成任务的关系

定义为方法—任务关系(将方向对调即使用方法关系),另外还有资源—任务(使用资源)关系和工具—任务(使用工具)关系。

⑤ 近似关系是指两个概念具有相近的含义,定义句中常有用一个熟知的概念来近似地描述所提出的概念,例如句型"谷歌推出了一个网站 VR 服务,类似于街景图像",其中"网站 VR 服务"与"街景图像"为近似关系。

⑥ 比较关系主要包括指示词"比……好""比……差"等,在方法效果的比较句型中比较常见,属于实例间的关系。

⑦ 因果关系,某一现象引起另一现象,主要特征词为"造成""导致"等。

⑧ 其他自定义概念间的关系,学术文献中出现的其他类型的概念与概念之间的关系。这种关系通常由概念之间的动词决定。

8.2.3 概念非等级关系抽取

非等级关系的抽取一般分为两个阶段,包括关联概念的抽取以及关系的标注。非等级关系抽取的流程如图 8-5 所示。

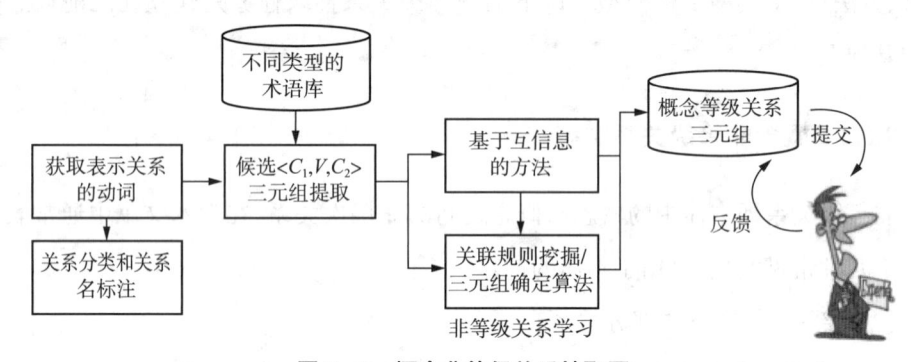

图 8-5 概念非等级关系抽取图

首先,获取表示关系的动词,对动词进行分类,再对关系进行命名,然后获取候选关系三元组,并采用两种方法来获取三元组——采用互信息的方法获取相关概念对,再利用关联规则挖掘方法/本节提出的三元组确定算法考查概念对与动词之间的关联性,最后将获得非等级关系三元组提交给领域专家,获得专家的反馈,进行本体构建。

(一) 关系动词的获取、分类及关系名称确定

关系动词是指表示两个概念间关系的词语,在中文句子中通常以动词或者动词

词组的形式存在。将词性模板与统计学方法相结合是进行关系动词抽取最为常见的方法。下面以 124 篇以"情感分析"为主题的文献为例，对该过程进行介绍，我们采用"动词"或"动词＋介词"作为模板进行抽取，获得 4434 个动词和 2296 个动词短语，采用 C-value 指标对抽取的两类词语分开进行排序，获取排序较前的动词（前 5% 及 10% 的词分别做两次实验）作为候选关系词，再从这些候选关系词中进行筛选，去除一些非常用动词，第一组共获得 85 个候选动词（包括 66 个动词及 19 个动词短语），第二组共获得 104 个候选动词（包括 79 个动词以及 25 个动词短语），获取动词的准确率、召回率及 F1 值见表 8-4。

表 8-4 动词获取的效果

	准确率	召回率	F1 值
组 1—前 5%	0.9059	0.6696	0.7700
组 2—前 10%	0.9333	0.8521	0.8909

动词的扩展和分类采用 WordNet 以及 CSC 词库作为知识库资源，获取动词的类别。扩展后的动词再进行分类，动词的类型需要经由专家判断，动词类型对应本体中的关系名称，最后用得到的动词对动词库进行扩充。部分抽取的动词及分类词库见表 8-5。

表 8-5 部分常用动词及分类词库

整部关系	包含、存在、含有、包括、分为、划分
等价关系	也称、也叫、又称、又名、又叫、等价于、相等、相同、也就是说、简称、等于、称为
组成关系	构成、组成、形成、合成
施事关系	与任务相关：进行、解决 与方法/工具/资源相关：选择、选取、采用、使用、组合、结合、融合、处理、利用、应用、用于、using、选取、based、选用、是基于、可以通过、基于、采取、通过
近似关系	类似于
比较关系	比较、相比、提升、对比、大于、小于、高于
因果关系	造成、导致、引起、产生、使、使得、影响、生成
其他动词	表示、服务、评价、标注、挖掘、抽取、构建、提取、获取、建立、来源于、有助于、有利于、产生、实现、分类

确定关系名称这一步中，需要借助知识库，按照动词分类后的类别，用类别的名称命名关系，出现新类别的动词时，需要先定义为一种新类型的关系，这种新类型的关系以动词本身命名。例如，我们提出 8 种非等级关系类型，将这些关系类型预存在

知识库中,若出现一个动词不属于知识库中任何一种知识类型,则采用新提取出来的动词来标注新关系类型,再额外交给领域专家来确定关系名,专家给出关系名后,利用这一类关系作为一种新的关系类型对原有的知识库进行扩展。

本体中标准关系名称的确定参考已有本体:SUMO[①]、openCyc[②]、DBpedia[③]。部分关系名的确定见表8-6。

表8-6 部分关系名确定

关系名	属性说明	关系归类
equal	等同于	等价关系
similarTo	相似	近似关系
isPartOf	整体—部分	部分—整体关系
part	部分—整体	部分—整体关系
contains	包含	包含关系
useMethod	采用方法	任务、方法、资源关系
useResource	采用资源	任务、方法、资源关系
useTool	采用工具	任务、方法、资源关系
greaterThan	效果比……更好	比较关系
lessThan	效果比……更差	比较关系
……	……	……

(二)基于互信息的概念对挖掘

非等级关系抽取的目标是抽取出概念对及关系三元组,三元组可以表示成:

$$o = < concept_1, verb, concept_2 >$$

关系 o 由相关的概念对和关系动词确定,$concept_1$ 和 $concept_2$ 相关概念对,来源于概念抽取阶段生成的术语集,这两个概念均与动词 $verb$ 相关。此处分两步考查三元组之间组合的稳定性:一是衡量候选三元组中概念 $concept_1$ 和 $concept_2$ 之间的关联程度,二是评价概念对与动词 $verb$ 之间的关联程度。

为了获取非等级关系三元组,通常需要抽取语料集中位于同一个句子中的两个概念和动词。为保证概念之间具有联系,将概念对的抽取范围确定在 N 个词的窗

---

① http://www.ontologyportal.org/
② http://www.opencyc.org/doc/
③ http://dbpedia.org/About

口内。

概念对之间的关联程度,可以考虑采用互信息的方法进行挖掘。其计算方法如下:

$$MI(concept_1, concept_2) = \log_2 \frac{P(concept_1, concept_2)}{P(concept_1) \cdot P(concept_2)} \quad (8-2)$$

其中,$P(concept_1)$ 是概念 $concept_1$ 在语料集中出现的概率,$P(concept_1, concept_2)$ 是概念对在同一个句子中共现的概率,词语在同一个句子中共现的概率可以采用其在语料中的频次来确定,因而概念对之间的互信息又可以表示成:

$$MI(concept_1, concept_2) = \log_2 \frac{N(concept_1, concept_2) \cdot N(all)}{N(concept_1) \cdot N(concept_2)} \quad (8-3)$$

通过互信息可以衡量概念之间的关联程度,最后针对概念对的互信息结果进行排序,获得前 N% 的概念对。

下面以 15 篇中文文献语料为例,对上述方法的效果进行介绍,我们采用上述方法获取了相关语料的概念对。表 8-7 从结果中随机选择了概念对,从其对应的互信息值可以看出,随着互信息量的减小,概念对之间的关联性逐渐降低。这表明互信息值的大小在一定程度上可以评价概念对的关联程度,尤其当语料量大时,对高频术语形成的概念对的评价效果更好。

表 8-7 概念对互信息值

排序前 10			排序后 10		
概念 1	概念 2	MI	概念 1	概念 2	MI
朴素贝叶斯算法	最大熵算法	8.8974	相似性	情感词汇	3.7915
贝叶斯分类器	主客观标注	7.7988	准确率	短文本分类	3.4550
语义倾向分类	同义词	7.2880	语法	情感	2.5784
文本表示方法	向量空间模型	7.1056	分类	情感	2.0343
情感语料库	同义词林	6.8180	抽取	识别	1.6557
情感挖掘	中文情感分析	6.5948	SVM	概率	1.0303
CRFs 模型	半监督迭代学习	5.1597	情感倾向	语料	0.9021
机器学习方法	朴素贝叶斯	4.9084	分类	获取	0.4177
观点挖掘	情感挖掘	4.5154	准确率	情感	−0.1559
新词扩充	情感词典	4.3976	mi	特征	−0.7546

按概念对的互信息值大小,人工划分为 10 个区,保证将同一互信息值划分入同

一分区。人工区分这些概念对的相关性,研究每个分区中所包含的相关概念对的规律,见表8-8。从表中可以看出按互信息值进行分组后,概念对的互信息值越大,所含的相关概念对占的比例也越大,这表明互信息法可以对概念对的关联程度进行衡量。

表8-8 按互信息值分组的相关概念对分析

分组	取值区间	总数	相关概念对	比例
组1	7.1057<MI<8.8974	762	758	99.48%
组2	6.9515<MI<6.0070	772	738	95.60%
组3	5.3139<MI<5.9707	748	651	87.03%
组4	4.7230<MI<5.2775	796	572	71.86%
组5	4.2107<MI<4.7078	754	474	62.86%
组6	3.7422<MI<4.1969	762	329	43.18%
组7	3.2275<MI<3.7384	767	291	37.94%
组8	2.7030<MI<3.2189	875	232	26.51%
组9	1.9016<MI<2.6989	870	151	17.36%
组10	−0.7544<MI<1.8925	830	89	10.72%

(三)三元组选择模型

三元组出现的概率越高,越可能是正确的非等级关系三元组。三元组出现的概率为 $P(C,verb)$(C 表示概念对 $<concept_1, concept_2>$),其中,$P(C,verb) = P(C|verb) * P(verb)$,可以采用确定动词的情况下概念对出现的概率 $P(C|verb)$ 与动词出现的概率 $P(verb)$ 相乘获得,$P(C|verb)$ 是指在该动词出现的条件下概念对出现的概率,由三元组出现的次数 $N(C,verb)$ 比该动词出现的次数确定,$P(verb)$ 是语料集中动词出现的概率,在通常情况下可以采用语料集中该动词出现的次数与语料集中词数相比进行确定。将公式化简后,三元组出现的概率由三元组出现的次数 $N(C,verb)$ 比语料集中的词数确定,其中只有三元组出现的次数 $N(C,verb)$ 为变量,三元组出现的次数越多,该候选三元组越有可能为真正的非等级关系三元组。

互信息可以用来确定概念对与动词之间的关联程度,有

$$MI(C,verb) = \log_2 \frac{P(C,verb)}{P(C) \cdot P(verb)} \qquad (8-4)$$

化简后 $MI(C,verb)$ 公式中的变量为三元组出现的次数 $N(C,verb)$、概率对出现的次数 $N(C)$ 以及动词出现的次数 $N(verb)$。因此,三元组中概率对与动词之间的互信息量比三元组出现的概率更能衡量三元组的稳定性。但是在小语料集的实验过程中发现,按三元组中概率对与动词之间的互信息量 $MI(C,verb)$ 对三元组进行排序,真实的三元组主要分布在互信息量的中部。这是由于动词数的变化范围较三元组数及概念对数的变化范围大了很多,如图 8-6 所示,图中的横坐标即变量出现的次数,可以看出三元组出现的次数 $N(C,verb)$ 主要分布在[1,13]区间,概念对出现的次数 $N(C)$ 主要分布在[1,29]区间,而动词出现的次数 $N(verb)$ 分布在[2,591]区间,三元组出现次数 $N(C,verb)$ 绝大部分为 1 次,而动词分布区间较广,若采用互信息的算法,动词对结果的影响较为明显。而人工筛选后的动词是真正关系动词的可能性较大,但是由于其变化范围较广,在实验中采用动词出现的次数对三元组进行区分的效果并不显著。

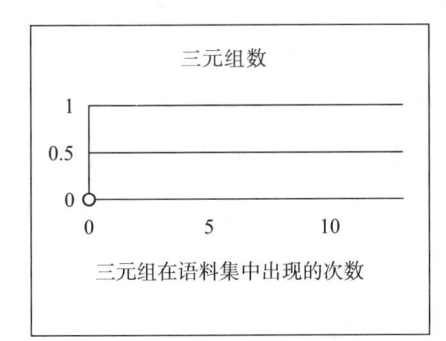

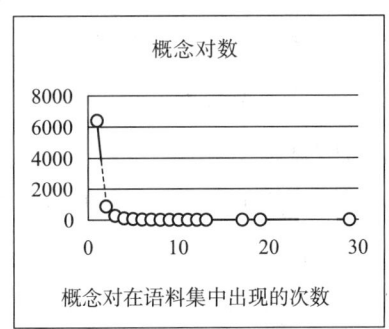

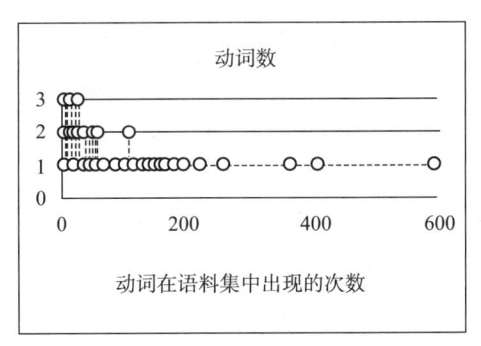

图 8-6 各变量在语料库中出现的情况

针对上述分析,我们认为可以采用三元组出现的次数 $N(C,verb)$ 作为三元组区分的一个因素。此外,三元组的成立与动词和概念对间的距离以及概念的词长相关,在同一个句子中多个动词相比,与概念对之间的距离越近的动词越有可能与概念对搭配成为三元组;两个概念的词长越长,越有可能是稳定的三元组;三元组中两个概念以及动词在语料中出现的次数也有影响,三元组中各元素在语料集中出现次数越多,则越不可能为三元组。考虑这几个因素,采用如下公式计算来确定三元组的排序值。

$$F(C,verb) = \frac{N(C,verb) * \log_2(len(concept_1) * len(concept_2))}{distance(C,verb) * \log_2(N(verb) * N(concept_1) * N(concept_2))}$$

(8-5)

$$distance(C,verb) = \frac{\sum_{i=1}^{N(C,verb)}(dis_i(concept_1,verb) + dis_i(concept_2,verb))}{N(C,verb)}$$

(8-6)

上述公式中,$distance(C,verb)$ 为出现某个候选三元组的每个句子中概念对与动词之间距离的平均值,$dis_i(concept_1,verb)$ 即动词与其中某个概念之间相隔的字数,为避免除数为零,将 $dis_i(concept_1,verb)$ 设为两者之间相隔字数加1。

在关于关系类型的分类中,针对"采用某种方法/资源/工具解决某种问题(完成某种任务)"的这种关系类型,其所对应的概念对中必须有一个为"任务类"术语,另一个为"方法/资源/工具类"术语。根据这一特性,可将不符合这一要求的其他所有动词排除。除了这种类型的关系对概念对中术语的类型有要求之外,还有其他关系类型,同样对组成三元组的关系对中术语的类型有限制,我们将具有术语类别依赖的动词进行归纳,如表8-9。

表8-9 具有术语类别依赖的动词词表

模式	动词
术语类型一致	包括、比较、比如、称为、等于、是一种、属于、同义、相比、转化为、包含
方法/资源—任务名词/资源	标注、分类、分析、构建、构造、获取、计算、扩充、扩展、量化、挖掘、提取、统计、抽取
资源—资源	表示、构成、建立、组成
方法—任务	应用、应用于、用于
任务—方法/资源/工具	采用、进行、利用、使用、是通过、通过、采取、解决
方法/资源—任务/资源	处理、实现、完成
方法—方法	对比、优于
方法—任务名词	判断、预测

对三元组抽取方法的评价,我们同样选用 15 篇文献,通过人工标注的方法得到 1724 个非等级关系三元组。术语(共 1401 个,概念阶段提取的概念没有经过手工排除非术语词)、概念类型的获取是采用前期的工作结果,关系动词采用关系动词获取阶段排序前 5%、前 10% 的动词和动词词组。将同一句子中出现的概念对及关系动词作为候选概念非等级关系三元组,记录这些三元组在语料中出现的次数。表 8-10 为三元组获取实验的结果,三元组总计是语料中该三元组出现的总数,对三元组进行去重后获得不重复的三元组数,最后应用定义的术语类型规则,去除不符合规则的三元组,获得最终的三元组数。从表 8-10 中可以看出通过规则可以排除大量无效三元组。从表 8-11 中又可以看出,采用规则处理后可以获得较高的召回率,因而使用这种方法可以在保证召回率的情况下使得三元组的抽取有更高的准确率。

表 8-10 候选三元组提取结果

	三元组总计	不重复的三元组	采用规则处理后的三元组
5%	46504	39438	29837
10%	52665	45025	33455

表 8-11 采用规则处理后的三元组的召回率(手工获取三元组数 1724)

	包含正确的三元组数	召回率
5%	1530	88.75%
10%	1718	99.65%

最后,为了确定提出的三元组确定算法的三元组排序的效率,实验中仍然采用动词排序前 5% 与前 10%,实验获取概念非等级关系排序较前的三元组作为最后的结果,分为前 30% 组、前 20% 组、前 10% 组以及前 5% 组。从实验结果中可以看出,排序越前的三元组准确率越高,即正确的概念非等级关系三元组越多,表明本书提出的概念非等级关系三元组排序算法有较好的区分效果。但是,由于语料集较少,准确率和召回率仍然不是很高。

表 8-12 三元组确定算法获得的三元组结果——5% 与 10% 结果对比

	准确率	召回率	F1 值
5%—算法—前 30%	0.1136	0.5899	0.1905
5%—算法—前 20%	0.1442	0.4994	0.2239
5%—算法—前 10%	0.2266	0.3921	0.2872

续　表

	准确率	召回率	F1 值
5%—算法—前 5%	0.3380	0.2923	0.3135
10%—算法—前 30%	0.1171	0.6816	0.1998
10%—算法—前 20%	0.1490	0.5783	0.2369
10%—算法—前 10%	0.2337	0.4536	0.3085
10%—算法—前 5%	0.3475	0.3370	0.3421

由于标注语料有限，上述结果得到的准确率和召回率不高，为了验证本方法在大型语料中的效果，下一组实验将语料集扩大为 202 篇学术文献语料，对比分析了排序在前 2% 与 4% 的概念非等级关系三元组中的准确率，表 8-13 为三元组确定算法获得的三元组结果。结果表明扩大实验语料集后，准确率有所提升，这对于本体构建来说相当有益，因为这样可以提高本体自动构建的效率，减少专家付出的时间。

表 8-13　三元组确定算法获得的三元组结果——2% 与 4% 对比

	正确三元组数	准确率
前 2% 三元组	7145	53.76%
前 4% 三元组	11592	43.61%

（四）基于关联规则挖掘的三元组抽取

关联规则挖掘方法是目前概念非等级关系获取研究中常用的方法。概念非等级关系抽取问题采用关联规则挖掘的方法可以表示如下的形式：$I=I_1,I_2,\cdots,I_m$。I 是给定的所有项的集合，T 是一个事务数据库，每个事务 t 是一个二进制向量，如果 I_k 出现在事务 t 中，则 $t[k]=1$，否则 $t[k]=0$。X 表示项集 I 中的一些项，假设对于 X 中的所有项 I_k，均能使 $t[k]=1$，则称事务 t 满足 X。

即 $X \Rightarrow Y$ 就是关联规则，其中 $X \subset I, Y \subset I, X \cap Y = \phi$，定义置信度 $0 \leqslant c \leqslant 1$，当置信度大于 c 时，则满足条件。支持度可用项集 X 与项集 Y 同时出现的记录数除以记录总数来计算。支持度可以视为两个项集交集的概率。

$$support(R) = p(X \cup Y) \qquad (8-7)$$

置信度可由项集 X 与项集 Y 同时出现的记录数除以项集 X 出现的记录数来确定。置信度可以看作在事务集中 Y 与 X 共现的条件概率。

$$confidence(R) = \frac{p(X \cup Y)}{p(X)} = p(Y \subseteq T \mid X \subseteq T) \qquad (8-8)$$

概念非等级关系三元组的抽取任务将关联规则定义为 $C{\Rightarrow}v$，考虑概念对与动词之间的关联性，C 表示概念对，v 表示概念间的动词，将候选三元组 $o=<concept_1,verb,concept_2>$ 看作一条事务，语料集中所有抽取出来的三元组构成事务集 O，$o\in O$。

我们采用 Apriori 算法进行概念非等级关系抽取。实验过程中，Apriori 算法相关参数设置为：最小支持度为 0.0001，置信度为 0.0001，其结果如表 8-14 所示。由于语料集较小，关联规则挖掘方法的实验得到的结果并不理想，将语料集扩大后，效果略有改善，但是仍不理想。学科领域的领域语料集中，学术文献的主题存在较大差异，概念命名方式也不统一，句式结构变化较大，使得三元组中的概念对及关系动词同时出现的次数较少，因而对于采用关联规则挖掘时的三元组的支持度和置信度值区别不大，很难将真实三元组从语料中区别开来。

表 8-14 关联规则挖掘获得三元组的结果

	准确率	召回率	F1 值
5%—前 3000	0.0716	0.0781	0.0747
10%—前 3000	0.0756	0.0842	0.0796
扩大语料	0.0919	0.0994	0.0955

8.2.4 小结

本章研究了学科领域本体学习中概念非等级关系抽取的一些问题。首先，总结了学科领域存在的概念非等级关系类型，这个分析有助于后续关系动词的分类和命名。然后抽取概念非等级关系，包括三步：第一步基于 C-value 获取了关系动词，并结合 WordNet、顶层本体等语义资源为获取的关系动词进行分类、扩展以及命名；第二步利用互信息方法获取了相关概念对；第三步基于互信息的思想提出统计模型，用于衡量概念对与动词之间的关联程度，结合关系动词模板去除不符合条件的三元组，提取排序较前的三元组作为最终的概念非等级关系三元组；最后采用实验确定了概念非等级关系抽取的效果，并将该方法与常用的概念非等级关系获取方法——关联规则挖掘进行了对比，实验结果表明我们提出的非等级关系抽取方法要优于关联规则挖掘的方法，并且在语料集扩大的情况下，这种优势更为明显。

本章的概念非等级关系抽取阶段的研究面向学术领域，其数据源为非结构化的学术文献文本，涉及的关系动词、概念术语与其他领域均有差别。与其他研究的区别在于，我们在非等级关系的抽取时考查了概念对之间的关联程度，以及概念对与关系动词之间的关联程度；此外，学术文献中的概念术语的类型与关系动词具有一定的搭配关系，我们利用这个关系来制定模板，去除不满足模板搭配的非等级关系三元组。

但是，由于概念非等级关系的提取需要建立在概念术语、关系动词获取的基础上，再挖掘有关联的概念—动词—概念三元组，最终的结果是由各层次内容抽取的效果来决定的，因而最终概念非等级关系抽取的精度并不高。因此，概念非等级关系学习阶段的研究仍需从总体的层面上进行改进。

9 学科资源语义标注

9.1 学科资源元数据本体

学科资源语义标注已日益成为一项重要的任务,研究者趋向于集成已经存在的资源(例如由其他研究者生成的结果)来进行研究。在这种需求下,研究者需要组织和标注资源,主要任务有:① 获取不同类型的学科资源(图书、论文、科技报告等),追踪某一研究者、研究机构的学术成果;② 快速了解学科资源的内容信息,如获取学术文献关键词、摘要等原有信息,以及主题、研究目的等加工信息;③ 获取学科资源的引文信息,如获取学术文献中的引文基本内容信息,以及根据学术文献中作者对被引论文的褒贬判断等。这一使用目的使我们提出了一个基本的学科资源描述元数据本体。

学科资源元数据本体是为了规范学科资源语义标注而构建的元数据本体,主要由基础元数据本体、内容元数据本体和引文元数据本体三类组成,其中基础元数据本体包括学科资源类型及基本信息(格式、语言),描述学科资源相关的人、组织或软件,资源相关的活动的本体;内容元数据本体包括描述学科资源主要内容元素的本体以及学科资源结构的本体;引文元数据本体主要包括描述引文基本信息的基础引文元数据本体,引文类型、意图本体,以及引文计量本体。

9.1.1 基础元数据本体

基础元数据本体是描述学科资源相关的基础概念及关系的本体,用于规范与学科资源的类、人、组织及软件,以及活动中相关的概念及概念属性。学科资源基础元数据本体是其他本体的基础,主要包括学科资源(属于 prov:Entity 的子类),与学科资源相关的人、组织及软件(属于 prov:Agent 的子类),以及学科资源创造、加工、修改、使用的活动(属于 prov:Activity 的子类)。

(一) 学科资源类型

本节面向学科资源进行语义标注,因而学科资源类型本体主要包括不同类型的学科资源描述以及学科资源实体相关概念。学科资源标注基础元数据本体中的类型本体包括图书、学术论文、专利、报告、技术标准、词表/词典以及其他 7 个大类,主要分类情况如图 9-1 所示,图中学科资源中学术论文主要包括期刊论文(fabio:journal article)、会议论文(fabio:conference paper)以及学位论文(fabio:thesis)三种。这三种概念继承于 FaBiO 本体(IRI:http://purl.org/spar/fabio/)。另外,我们将博客帖子(blog post)及微博帖子(micropost)作为学科资源本体中的两个概念,用以表示目前研究者在网络上利用社交网络及聊天平台(如新浪博客、Facebook、新浪微博、推特、微信等)发表的学术观点内容。学科资源中主要的类见表 9-1。

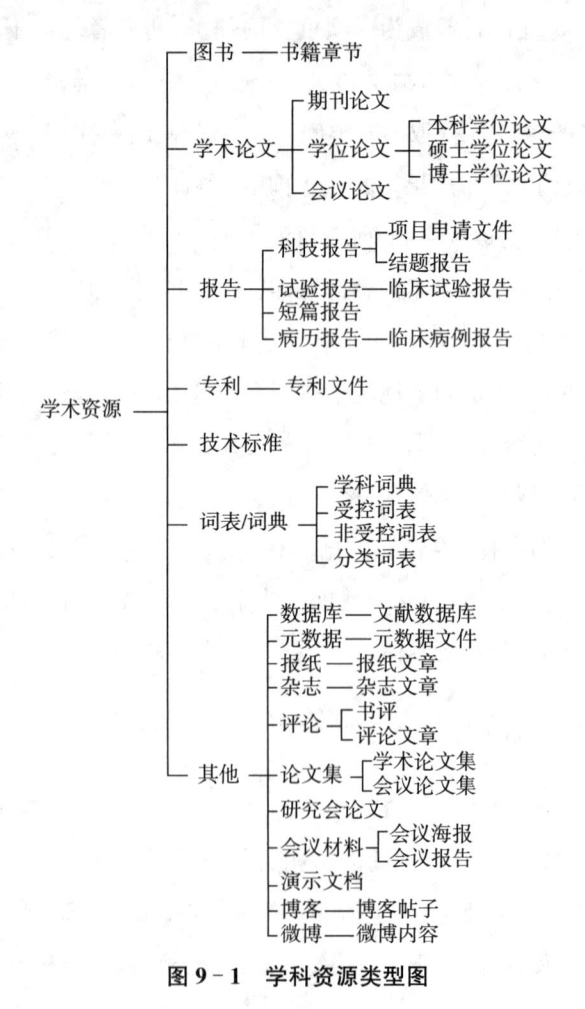

图 9-1 学科资源类型图

表 9-1 学科资源类型类

fabio:book	书
fabio:book chapter	书籍章节
fabio:research paper	研究论文,属于 fabio:article 的子类
fabio:journal article	期刊论文
fabio:conference paper	会议论文
fabio:thesis	学位论文
fabio:bachelor's thesis	本科学位论文,属于 fabio:thesis 的子类
fabio:master's thesis	硕士学位论文,属于 fabio:thesis 的子类
fabio:doctoral thesis	博士学位论文,属于 fabio:thesis 的子类
fabio:patent	专利
fabio:patent document	专利文件
fabio:report	报告
fabio:technical report	科技报告
fabio:grant application document	项目申请文件
fabio:deliverable report	结题报告
fabio:trial report	试验报告
fabio:clinical trial report	临床试验报告
fabio:brief report	短篇报告
fabio:case report	病历报告
fabio:clinical case report	临床病例报告
fabio:technical standard	技术标准
fabio:taxonomy	分类词表
fabio:controlled vocabulary	受控词表
fabio:uncontrolled vocabulary	非受控词表
fabio:discipline dictionary	学科词典
fabio:bibliographic database	文献数据库
fabio:newspaper	报纸
fabio:newspaper article	报纸文章
fabio:magazine	杂志

续　表

fabio：magazine article	杂志文章
fabio：review	评论
fabio：book review	书评
fabio：review article	评论文章
fabio：academic proceedings	学术论文集
fabio：conference proceedings	会议论文集
fabio：proceedings paper	研讨会论文
fabio：conference poster	会议海报
fabio：meeting report	会议报告
fabio：metadata	元数据
fabio：metadata document	元数据文件
fabio：presentation	演示文档，例如PPT
fabio：blog post	博客帖子，本书只研究属于学科资源的博客类型，主要是研究者的以研究发现或学术相关资源为主题的博客内容。
fabio：micropost	微博内容，本书只研究属于学科资源的微博类型，主要是研究者的以研究发现或学术相关资源为主题的微博内容。
fabio：journal issue	期刊期号
fabio：journal volume	期刊卷
fabio：magazine issue	杂志期号
fabio：newspaper issue	报纸期号
fabio：journal editorial	期刊编辑部
fabio：magazine editorial	杂志编辑部
fabio：newspaper editorial	报纸编辑部
fabio：computer program	计算机程序

（二）与学科资源相关的人、组织或软件

与学科资源相关的人、组织或软件本体主要分为三大类：人、组织及软件。通过这三大类进行扩展的属性，主要继承SCoRO（IRI：http://purl.org/spar/scoro/）本体，描述了与学科资源相关的人、组织或软件的角色及贡献。与学科资源相关的人、组织或软件中主要的类见表9-2，表9-3是与学科资源相关的人、组织及软件本体对象属性，表9-4是与学科资源相关的人、组织及软件本体数据属性。

表 9-2　与学科资源本体中相关的人、组织及软件类

foaf:person	人
scoro:authorship role	作者角色
scoro:authorship contribution	作者的贡献
scoro:contribution	贡献
scoro:contribution effort	贡献中的作用
scoro:contribution situation	贡献情况
scoro:computational agent	计算代理
scoro:data role	数据角色
scoro:educational role	教育角色
scoro:experimental contribution	实验贡献
scoro:financial role	资金角色
scoro:intellectual contribution	智力贡献
scoro:investigation role	调查角色
scoro:organizational contribution	组织贡献
scoro:organizational role	组织角色
scoro:project role	项目角色

表 9-3　与学科资源相关的人、组织及软件本体对象属性

scoro:has contribution context	贡献内容
scoro:is contribution in	在……中做贡献
scoro:is equal to contribution situation	表示在某些方面相同的贡献情况
scoro:is equal to role in time	表示在某个时间两个角色相同
scoro:is made by	某个(贡献)由……做出
scoro:is related to contribution situation	与贡献情况有关
scoro:makes contribution	做贡献
scoro:with contribution	连接个体情况与个体贡献
scoro:with contribution effort	连接个体贡献与特定个人的贡献程度
dc:has publisher	资源的出版商
pav:Authored by	资源的作者,资源由作者生产,通常该作者属于人类而不是软件,除非软件可以通过人工智能技术自动生成资源。
pav:Contributed by	数字资源由贡献者贡献,贡献者是指对这个资源有贡献的人,包括知识或智力贡献。

表 9-4　与学科资源相关的人、组织及软件本体数据属性

dc:creator	创造资源的主要负责实体
dc:contributor	贡献者
deo:biography	作者简介
fabio:e-mail	e-mail
scoro:has ORCID	开放研究和贡献 ID
scoro:has personal identifier	个人识别码
scoro:percentage full-time equivalent	全职比例
scoro:with job title	工作头衔

（三）与学科资源相关的活动

与学科资源相关的活动即与学科资源在生产、提交、更新、出版等过程中的各个活动相关的本体概念及关系。该类继承了多个已有本体，其中主要源于 FaBiO(IRI：http://purl.org/spar/fabio)以及 PAV(IRI：http://purl.org/pav/)。表 9-5 是与学科资源相关的活动类，表 9-6 是与学科资源相关的活动对象属性，表 9-7 是与学科资源相关的活动数据属性。

表 9-5　学科资源相关的活动类

fabio:proof	校对
fabio:correction	对已经发表文章的修正
fabio:corrigendum	勘误（对已发表文章的正式修正）
fabio:retraction	撤回

表 9-6　学科资源相关的活动对象属性

pav:Created at	资源创建于某个地理位置
pav:Created by	资源最初由某个人员进行表示
pav:Created with	创建者使用某种工具/软件来创建资源

表 9-7　学科资源相关的活动数据属性

dc:created	创建者创建资源的日期
pav:Authored on	作者生产数字资源的日期
pav:Contributed on	贡献者贡献数字资源的日期
fabio:has date collected	收集日期

续　表

dc:modified	修改日期,资源修改的日期
fabio:has correction date	修正日期
dc:dateAccepted	接受日期,资源被接受的日期
fabio:has date received	接受的日期
dc:dateSubmitted	提交日期,资源提交的日期
fabio:has retraction date	退回日期
dc:issued date	发布日期,资源正式发布的日期,例如出版
fabio:has preprint dissemination date	预印本发布日期
prism:has publication date	出版日期
dc:has copyright date	版权日期
fabio:has copyright year	版权年份
fabio:has publication year	出版年份
dc:has issue date	发行日期,例如专利的出版日期
prism:has issue identifier	发行识别号,杂志、期刊的期识别号
fabio:date last updated	上一次更新日期
fabio:has request date	申请日期
fabio:has access date	访问日期
dc:has date	日期
fabio:has deadline	截止日期
dc:has validity date	有效期

9.1.2　内容元数据本体

内容元数据本体是用于表示学术文献内容信息的本体,主要包含两种类型:学科资源内容元素和学科资源内容结构。学科资源内容元素包含与学科资源内容相关的元素,包括题名、主题、目的及其他一些概念;学科资源内容结构主要是针对学术文献的结构,也包括与学科资源结构相关的概念。

(一) 学科资源内容元素

学科资源内容元素包括出现在学科资源内容中的元素,主要继承 FaBiO 本体 (URL:http://purl.org/spar/fabio)以及 DoCO(URL:http://purl.org/spar/doco)。包括以下几部分内容。

（1）学科资源基本内容：题名、格式、语言、作者等与学科资源的基本内容元素相关的概念。

（2）主题：学术文献的研究主题对于研究者的信息交流过程非常重要，研究者需要查找与自己研究内容相关的研究主题的文献。因而继承 DCMI 中的元数据（dc: subject）表示主题概念，以及继承 Essential FRBR in OWL2 DL 中的对象属性（frbr: hasSubject）表示资源所具有的主题。

（3）目的：研究目的是资源存在解决的问题，也是作者所研究问题的价值和理由。

（4）自定义属性：在继承已有本体元素的基础上，增加以下几个对象属性：hasPurpose、hasHypothesis、hasTask、hasSubTask、hasProcedure、useMethods、useTools、useResource、hasFormula、hasFigure、hasChart、hasGraph、hasDiagram、hasPicture、hasTable、hasResult、hasConclusion、hasDiscussion。

表 9-8 是与学科资源内容元素相关的本体类，表 9-9 是与学科资源内容元素相关的本体对象属性，表 9-10 是与学科资源内容元素相关的本体数据属性。

表 9-8　学科资源内容元素本体类列表

dc:format	格式，资源的物理或数字表现
dc:language	语言，资源采用的语言
dc:title	文章题名
dc:subject	主题，采用 DCMI 元数据标准中的定义，用于描述资源的主题
doco:list of authors	作者名列表
doco:list of contributors	贡献者名单
doco:list of organizations	机构名
deo:problem statement	问题阐述
fabio:proposition	提出，一个新的概念、想法、假设、理论的提出
fabio:quotation	引用，一个实体对另一个实体的引用内容，例如文本和图片
fabio:algorithm	算法
fabio:figure	图形
fabio:image	图片
doco:body matter	正文
doco:formula	公式

续　表

doco:table	表格
doco:title	标题,资源的名称
doco:block quotation	引文块
deo:caption	标题
doco:section	节
doco:chapter	章节
doco:chapter label	章节标签
doco:chapter subtitle	章节子题名
doco:chapter title	章节题名
doco:section subtitle	节子题名
doco:section title	节题名
doco:sentence	句子
doco:paragraph	段落
doco:part	部分
doco:subtitle	子题名
doco:footnote	脚注

表 9-9　学科资源内容元素本体对象属性

doco:contains	包含
doco:is contained by	被……包含
frbr:hasSubject	是指资源描述的研究主题,主题通常是一个研究方向,可采用词表对研究主题进行规范
dc:hasFormat	格式
dc:has language	语言

表 9-10　学科资源内容元素本体数据属性

dc:title	题名
dc:abstract	摘要,资源的简介
pav:Version	资源的版本号
prism:has DOI	DOI 号
prism:has edition	版本
prism:has eISSN	eISSN

续 表

prism:has ISBN	ISBN
prism:has ISSN	ISSN
prism:has keyword	关键字
fabio:has page count	总页数
prism:has page range	实体(例如期刊文献)的页范围
prism:has patent number	专利号
prism:has publication date	出版日期
fabio:has publication year	出版年份
prism:has starting page	起始页
dc:has submission date	提交日期
fabio:has subtitle	子标题
dc:has title	标题
fabio:has URL	URL
dc:has validity date	有效期
hasPurpose	是指资源中的工作需要实现的目的,即研究希望达到的最终结论
hasHypothesis	是指资源中存在的假设,在理论的验证过程中推导出假设,从假设可以验证理论的正确性。假设(plural hypotheses),是对现象提出的解释,某个理论的提出,可以通过提出科学假设来进行检验,对于已有的不能完全(或很好地)被现有科学理论解释的观测结果,科学家通常提出假设来进行解释;也可以指概率论中的假设检验(null hypothesis)
hasTask	任务,是指资源描述的研究问题(research questions)
hasSubTask	子任务,资源描述中将研究问题展开形成多个子研究问题
hasProcedure	资源所描述的研究过程,通常为研究步骤的简单描述
useMethods	资源描述中采用的方法,用于完成某个任务,例如数据分析采用的方法
useTools	资源描述的实验中采用的实验工具、实验环境或平台
useResource	资源(例如书籍和文献)描述的研究过程中所使用的资源(例如词典和数据库)
hasFormula	资源中包含的公式,是以简洁、象征性方式表达的信息,例如数学和化学公式
hasFigure	资源(例如书籍和文献)中的图片(picture)或者示意图(diagram)等,其他图形属性均为其子属性

续　表

hasChart	资源中便于读者快速理解统计发现的图,例如线图、饼状图、折线图、柱状图等,用于反映一个变量在一段时间内变化的趋势图
hasGraph	资源中表示变量间关系的图形表达,比如身高与年龄对照的曲线图等
hasDiagram	资源中表示对产品或过程所作的图示和解释,如流程图、技术路线图、算法执行图等
hasPicture	资源中用于表示通过摄影或描绘形成的图像
hasTable	资源中用于描述数据的表格
hasResult	资源所描述的实验结果,仅对结果进行介绍
hasConclusion	资源所描述的结论
hasDiscussion	讨论与结果并不相同,结果部分仅仅针对结果进行描述,是中立的,讨论是将结果置于更广泛的范围,是对结果的讨论①

（二）学科资源结构元素

学科资源结构类用于描述学科资源中的内容结构,如前言、序言、引言、背景等,为学科资源提供了规范化的框架,主要继承于 DEO(URL:http://purl.org/spar/deo)本体。表 9-11 是学科资源结构本体类,表 9-12 是学科资源结构本体对象属性。

表 9-11　学科资源结构本体类

doco:preface	自序
doco:foreword	他序
deo:prologue	序言
deo:introduction	引言
deo:background	背景
deo:related work	相关工作
deo:methods	方法
deo:model	模型
deo:data	数据

---

① Hoogenboom B J,Manske R C.How to write a scientific article[J].International Journal of Sports Physical Therapy,2012,7(5):512-517.

续　表

deo：results	结果
deo：discussion	讨论
deo：conclusion	结论
deo：future work	展望工作
deo：epilogue	结语
deo：acknowledgements	致谢
fabio：addendum	附录
deo：postscript	后记
deo：author contribution	作者贡献
deo：reference	参考文献
deo：bibliographic reference	文献引文
doco：appendix	附录

表 9-12　学科资源结构本体对象属性

deo：has part	有部分
deo：has relation	有关系
deo：is part of	是……的部分

9.1.3　引文元数据本体

学科资源引文元数据本体包括三种主要类型：基础引文元数据，引文类型、意图，以及引文计量。

（一）基础引文元数据本体

基础引文元数据本体是用于描述引文基本信息的本体，主要继承 BiRO 本体（IRI：http://purl.org/spar/biro），包含参考文献的描述概念类及属性。表 9-13 是基础引文元数据本体类，表 9-14 是基础引文元数据本体对象属性。

表 9-13　基础引文元数据本体类

biro：bibliographic collection	参考文献集合，表示出版物或者即将出版的工作，具有子类 library catalogue
biro：bibliographic list	参考文献的列表，每一项包含一个参考文献，有子类 reference list

续 表

biro:bibliographic record	参考文献记录,独立描述特定文本或数据出版物的记录,每一条书目记录描述了引用工作的各个角度的集合,例如作者、期刊、题名、出版年、DOI、ISSN、版权信息等。或者数据出版物的信息,例如创建者、题名、版本、出版年、DOI 和其他标识符等。它是 frbr:Work 的子类
biro:bibliographic reference	特定格式的参考文献,引用了特定文本或数据出版物,每一条参考文献包含参考工作各个角度的描述。它是 frbr:Expression 的子类
biro:library catalogue	图书馆目录
biro:reference list	用于描述学术文献、期刊文献、期刊文章、书籍、书籍章节或相似出版物的参考文献

表 9-14 基础引文元数据本体对象属性

biro:is referenced by	被……引用,出版物及参考文献之间的关系
biro:references	引用,出版物及参考文献之间的关系

(二) 引文类型、意图本体

本部分主要研究引用类型、引用意图,以及引用意见(opinion)等本体类及属性。主要继承 CiTO(IRI:http://purl.org/spar/cito/)本体,包括引用行为(cito:citation act)这一类,从属于学科资源相关活动类型,包含两个主要的对象属性——引用(cito:cites)及其逆反属性被引用(cito:isCitedBy),各包括 41 个子属性,均互为逆反属性,其中,主要包括区分引用意图的属性,例如权威定义(schema:citation)和数据源(schema:citation)等,也包括表示对引文的意见的属性,例如同意(cito:agrees with)和不同意(cito:disagrees with)等,此外,继承一个属性(schema:citation)来源于 schema.org,属于 cites 的子属性。除此之外,还有四个通用的对象属性(cito:shareAuthorsWith, cito:sharesAuthorInstitutionWith, cito:sharesFundingAgencyWith 及 cito:likes)。

根据 Open Annotation Data Model Ontology,标注可以描述为类 oa:Annotation 的成员,具有包含标注本身的主体(oa:hasBody)以及标注对象(oa:hasTarget)。因此,标注对象是类(cito:CitationAct)的实例,而标注主体(即标注本身的文本内容)由类(cnt:ContentAsText)进行描述,而与内容本身相关的 cnt:chars 属性提供了标注。OA 标注能够描述标注的动机,由 oa:motivatedBy。

表 9-15 为引文类型、意图本体类,表 9-16 为引文类型、意图本体对象属性,表

9-17为意图本体数据属性。

表9-15 引文类型、意图本体类

cito:citation act	引用行为,是指从一个被引实体引用到另一个引用实体的动作
cnt:ContentAsText	标注主体,引用的内容本身属于这个类的实例

表9-16 引文类型、意图本体对象属性

cito:cites	引用,引文实体引用了被引实体
schema:citation	引文,schema.org中定义的属性,但是其中没有显示定义域和范围
cito:cites as authority	作为权威的引用,引文实体将被引实体作为讨论的主题的权威描述或定义
cito:cites as data source	作为数据源引用,引文实体将被引实体作为数据源进行引用
cito:cites as evidence	作为事实引用,引文实体将被引实体作为事实进行引用
cito:cites as metadata document	作为元数据文档引用,引文实体将被引实体作为元数据文档进行引用
cito:cites as potential solution	作为潜在方案引用,引文实体将被引实体中的方案作为当前讨论问题的可能性方案进行引用
cito:cites as recommended reading	作为推荐阅读进行引用
cito:cites as related	作为相关资源进行引用
cito:cites as source document	将被引实体作为起源文档进行引用
cito:cites for information	作为当前主题讨论问题的信息源进行引用
cito:compiles	引文实体用于创建或编译被引实体
cito:confirms	引文实体确认了被引实体中的事实、想法或陈述
cito:credits	引文实体致谢了被引实体的贡献
cito:describes	引文实体描述了被引实体中的事实、想法或陈述
cito:discusses	引文实体讨论了被引实体中的事实、想法或陈述
cito:disputes	引文实体辩论了被引实体中的事实、想法或陈述
cito:documents	引文实体证明了被引实体中的信息
cito:extends	引文实体扩展了被引实体中的事实、想法或陈述
cito:parodies	恶搞,滑稽的模仿
cito:plagiarizes	剽窃

续　表

cito:qualifies	引用实体为被引实体的陈述、想法或结论给出合理证明或给出条件
cito:retracts	引用实体正式撤回被引实体
cito:reviews	引用实体综述被引实体
cito:speculates on	引用实体推测与被引实体相关
cito:supports	引用实体为被引实体的陈述、想法或结论提供智力或事实支持
cito:updates	引用实体更新被引实体的陈述、想法或结论
cito:agrees with	同意,引文实体同意被引实体的陈述、想法以及结论等
cito:disagrees with	不同意,引文实体不同意被引实体的陈述、想法以及结论等
cito:corrects	引文实体认为被引实体中的一些陈述、想法或结论是正确的
cito:critiques	引文实体批判了被引实体中的事实、想法或陈述
cito:derides	引文实体嘲笑了被引实体中的事实、想法或陈述
cito:ridicules	引用实体嘲笑被引实体
cito:refutes	引用实体驳斥被引实体的陈述、想法或结论
cito:includes quotation from	引用实体包含一个或多个被引实体中的引用
cito:contains assertion from	引文实体包含被引实体中一些关于事实的陈述或者逻辑断言
cito:uses conclusions from	引用实体采用被引实体提出的结论
cito:uses data from	引用实体采用被引实体的数据
cito:includes excerpt from	引用实体包含一个或多个被引实体中的摘录
cito:uses method in	引用实体采用被引实体提出的方法
cito:obtains background from	引用实体从被引实体中获得背景
cito:obtains support from	引用实体从被引实体中获得智力或事实支持
cito:replies to	引用实体回复被引实体的陈述、想法或结论
cito:is cited by	被引实体被引用实体引用
cito:is cited as authority by	被引实体作为权威定义或陈述被引用实体引用
cito:is cited as data source by	被引实体作为数据源被引用实体引用
cito:is cited as evidence by	被引实体作为证据被引用实体引用
cito:is cited as metadata document by	被引实体作为元数据文档被引用实体引用
cito:is cited as potential solution by	被引实体作为问题的可能解决方案被引用实体引用

续　表

cito:is cited as recommended reading	被引实体作为问题的推荐阅读被引用实体引用
cito:is cited as related by	被引实体作为相关事实被引用实体引用
cito:is cited as source document by	被引实体作为原始文档被引用实体引用
cito:is cited for information by	被引实体作为信息源被引用实体引用
cito:is compiled by	被引实体是引用实体中编译和创建的结果
cito:is confirmed by	被引实体被引用实体证实
cito:is credited by	被引实体被引用实体认为做出了贡献
cito:is described by	被引实体被引用实体描述
cito:is discussed by	被引实体被引用实体讨论
cito:is disputed by	被引实体被引用实体争论
cito:is documented by	被引实体被引用实体摘录
cito:is extended by	被引实体被引用实体扩展
cito:is parodied by	被引实体被引用实体滑稽地模仿
cito:is plagiarized by	被引实体被引用实体抄袭
cito:is qualified by	被引实体被引用实体认为是合格的
cito:is retracted by	被引实体被引用实体撤回
cito:is reviewed by	被引实体被引用实体检验
cito:is speculated on by	被引论文被引用因内引用论文中包含其想法或推测
cito:is supported by	被引实体被引用实体支持
cito:is updated by	被引实体被引用实体更新
cito:is agreed with by	被引实体包含的被引用实体同意的陈述、想法或结论
cito:is disagreed with by	被引实体被引用实体不同意
cito:is corrected by	被引实体中的陈述、想法或问题被引用实体认为是正确的
cito:is critiqued by	被引实体被引用实体批判
cito:is derided by	被引实体被引用实体嘲笑
cito:is ridiculed by	被引实体被引用实体嘲笑
cito:is refuted by	被引实体被引用实体驳斥
cito:provides quotation for	被引实体为引用实体提供引文
cito:provides assertion for	被引实体是事实的陈述或逻辑断言的起源
cito:provides conclusions for	被引实体提出结论用于引用实体的工作
cito:provides data for	被引实体为引用实体提供了数据

续 表

cito:provides excerpt for	被引实体为引用实体提供摘录
cito:provides method for	被引实体为引用实体提供方法
cito:gives background to	提供背景信息
cito:gives support to	给予智力或事实支持
cito:has reply	被引实体对引用实体的回复
cito:shares author institution with	两个实体中至少有一个作者的科研机构相同
cito:shares authors with	两个实体中至少有一个相同的作者
cito:shares funding agency with	两个实体中有相同的资助机构
cito:likes	喜欢

表 9-17 引文类型、意图本体数据属性

cnt:chars	给定内容的字符串
oa:motivatedBy	表示动机

（三）引文计量本体

引文计量本体是针对文献的被引次数进行计量的本体，主要继承 C4O 本体中的类及相关的概念(http://purl.org/spar/c4o/)，其中，概念类主要包括论文的被引次数、内部引用指针等。表 9-18 为引文计量本体类，表 9-19 为引文计量本体对象属性，表 9-20 为引文计量本体数据属性。

表 9-18 引文计量本体类

c4o:global citation count	总被引次数
c4o:bibliographic information source	文献目录信息源
c4o:in-text reference pointer	在文本内部引用指针
c4o:in-text reference pointer list	在文本内部引用指针列表
c4o:pertains to	文本内部参考文献指针指向参考文献

表 9-19 引文计量本体对象属性

c4o:has context	内容
c4o:denotes	指示
c4o:has global citation frequency	特定出版物在特定时间的被引频次
c4o:has global count source	特定出版物在特定时间的被引总次数
c4o:is denoted by	被……指示

表 9-20 引文计量本体数据属性

c4o:has content	有……内容
c4o:has global count date	从某个文献计量参考源计算文献被引次数的日期
c4o:has global count value	特定日期从某个文献计量参考源计算文献被引次数的值
c4o:has in text citation frequency	在文本内部的引用频次

9.1.4 小结

在本章中,我们提出了学科资源描述元数据本体,其中包括三个本体:基础元数据本体、内容元数据本体以及引文元数据本体。基础元数据本体定义了学科资源的类型,相关的人、组织及软件,相关活动;内容元数据本体定义了学科资源的基本内容元素,以及学科资源的结构等;引文元数据本体定义了与学科资源相关的引文信息,以及引文类型、作者的引用意图等元数据信息。

我们认为本章提出的学科资源描述元数据本体能够对学科资源的基本信息、内容信息及引文信息进行很好的规范,我们的学科资源描述元数据本体也集成了一些其他元数据本体的概念、属性,本章提出的学科资源描述元数据本体能够对学科资源进行标准化的描述,对学科资源的语义标注具有很好的规范作用。

9.2 学科资源语义标注研究

9.2.1 语义标注基础问题

语义标注(semantic annotation),是指利用预先定义的元数据或者本体概念,对需要进行标注的对象(文本、声音、图像、视频等内容)进行标注。Popov 等[1]将语义标注定义为"采用元数据或生成一个特定的框架来进行标注,是信息获取的新方法";Ding 等[2]认

---

[1] Popov B, Kiryakov A, Ognyanoff D, et al. Towards semantic web information extraction [C]//Human Language Technologies Workshop at the 2nd International Semantic Web Conference (ISWC2003).2003,1-21.

[2] Ding Y, Embley D W, Liddle S W. Automatic creation and simplified querying of semantic web content: An approach based on information-extraction ontologies[C]//Asian Semantic Web Conference. Springer Berlin Heidelberg,2006:400-414.

为语义标注是显式的、形式化的和清晰的,可以公开获取、理解和识别;de Carvalho Moura 等[①]认为语义标注是相关词句或者文档中的术语与元数据、本体概念或实例之间的关联。

本章重点研究学术文献的语义标注问题,学术文献语义标注的目的是采用语义网技术来描述学术文本(例如书籍和期刊文章、引文、书目记录、图书分类目录、文档的组成部分和发布状态等),示例见图9-2。采用领域本体中的语义信息对文档进行标注,即对学术文献文本中的元数据项与已有本体的概念或实例(instances)进行关联,语义标注是建立在领域本体的基础上,因此,前文的本体学习是语义标注的基础。

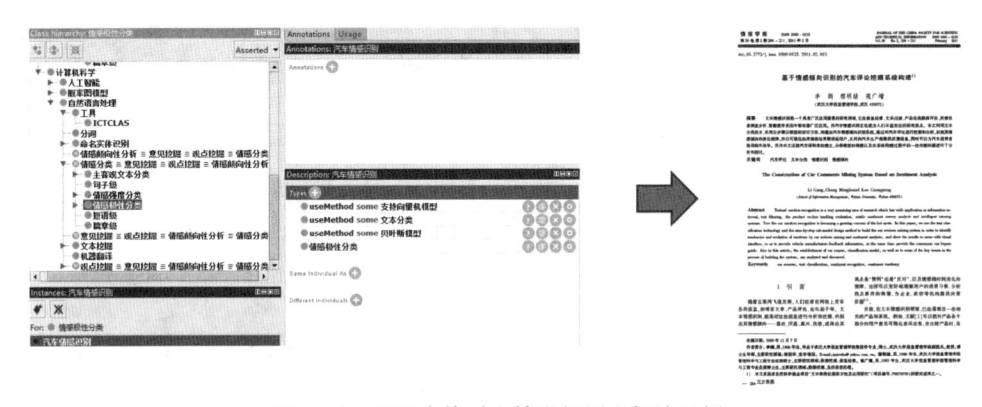

图9-2 采用本体对文档进行语义标注示例

学科资源语义标注的各元素如上图所示,在学科资源的语义标注过程中,有几个比较重要的概念:

(1) 被标注文献:它是图中的待标注文档,此处主要针对学术文献进行标注,因此标注的对象为学术文献(包括期刊论文、会议论文、学位论文等)。

(2) 标注人员:手工标注时,需要标注人员的参与,标注人员是指对标注文献进行标注的人员,一般情况下依赖于对文献有阅读需求的人员,例如各个领域的研究者(按照学历与职位的不同可以进行区分)。标注人员从文档库中选择兴趣文档,然后依据需要标注的元数据信息对文档进行标注。

(3) 外部资源:外部资源是指标注时依赖的除该文献以外的其他资源,包括书

---

① de Carvalho Moura A M,Cavalcanti M C.A multi-ontology approach to annotate scientific documents based on a modularization technique[J].Journal of Biomedical Informatics,2015,(58):208-219.

籍/文献数据库（例如中文文献数据库 CNKI、万方数据等和外文数据库 Springer、Taylor & Francis）、开放获取（Open Access）资源、研究人员个人主页（如 Facebook、Twitter、博客和微博）等。

(4) 知识库：知识库包括本体库以及元数据，知识库可以辅助文档的自动标注与标注人员的手工标注。一般情况下，我们需要采用本体知识对学术文献进行标注。一些领域含有较多的本体，例如生物医学领域，在本体标注时可以借助已有本体；其他一些领域则不具备这种条件，没有已构建的本体，因此，需要本体自动对该领域进行构建，获取规范的本体作为资源进行构建。

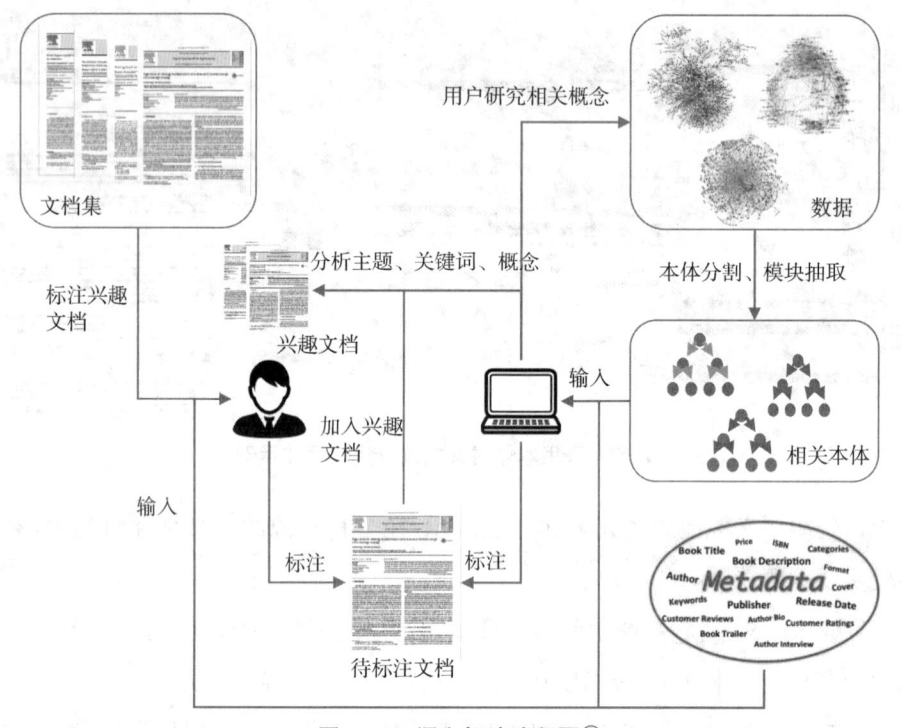

图 9-3 语义标注流程图①

语义标注的过程可以分为在文档内部标注（intrusive）以及在文档外部标注（non-intrusive）两种，当插入的标注是在文档内部时，称为文档内部标注；当标注是在外部（例如在数据库）时，称为文档外部标注。语义标注的过程可以是手工标注（manual）或者是自动标注（automated）。手工标注是指由专家进行标注；自动标注

---

① 孙建军，裴雷，蒋婷.面向学科领域的学术文献语义标注框架研究[J].情报学报，2018，37(11)：1077-1086.

是指由软件或程序自动标注,是基于机器自动识别学术文献中的元数据条目进行标注。由于机器学习技术发展有限,一些准确性要求较高的内容还需要依赖于标注人员的手工标注,或者说基于机器学习的结果来进行手工挑选。

整个学术文献的标注流程如图 9-4 如示,图中示例的是对学术文献进行标注,采用手工标注与自动标注相结合的方式。计算机按照元数据项对文献进行读取并预处理,抽取出对应的信息,将计算机确定的条目(例如期刊信息、作者、题名等)元数据抽取结果存入知识库,将不确定的条目(例如文献主题、关键词、研究问题、解决方案等)信息抽取结果提交给专家(或用户)选择标注;另外,有文献阅读需要的用户在阅读文献后,可以利用标注工具对文献中的某些标注项进行标注,对计算机的抽取结果进行筛选,最后标注工具将用户的标注结果提交到知识库。

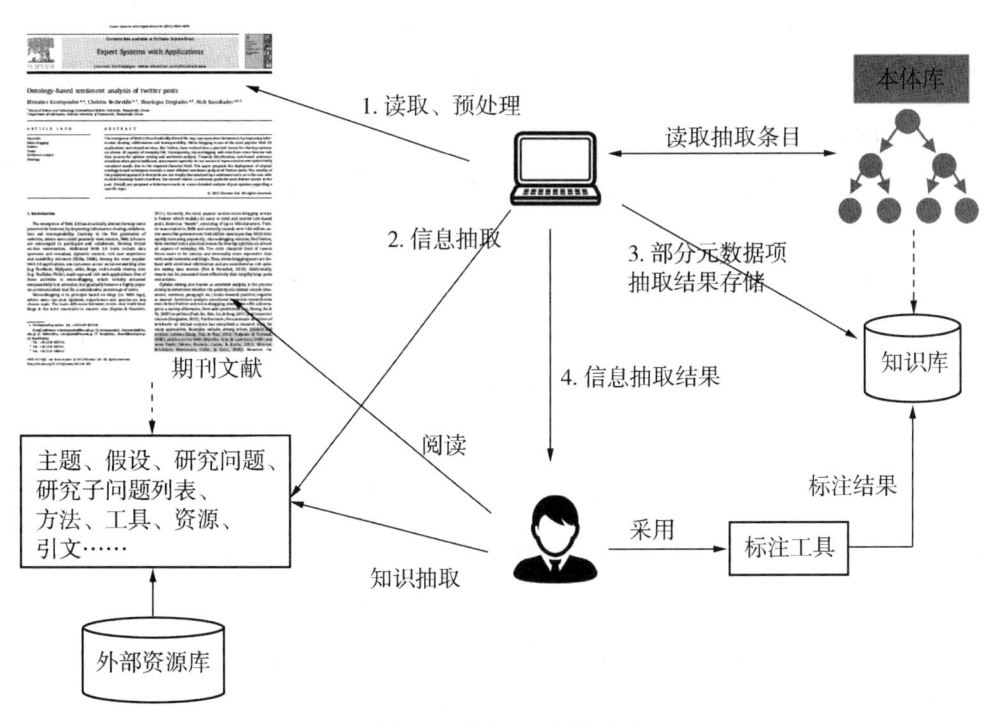

图 9-4 学术文献标注流程

本章主要针对学术文献的基础元素、内容、引文等各项内容进行标注。首先介绍了学科资源语义标注采用的方法,包括手工标注及自动标注两种;其次,针对学术文献中的基础元素、内容、引文元素等提出了对应的语义标注方案。

9.2.2 学科资源语义标注方法

学科资源语义标注的方法包括手工标注及自动标注两种。本节在手工标注方法中提出了本体模块化的方法,在自动标注方法中提出了采用监督学习的方法——支持向量机分类算法及朴素贝叶斯分类算法。

(一) 基于本体模块化的手工标注方法

无论是采用何种标注方式,当使用的标注本体越大型时,标注的过程也越复杂,因此,有些研究者提出采用精简的本体来进行标注,但是,如何进行相关本体的精简并非易事,因此,本部分着重对这一问题进行讨论。

本体模块化(Ontology modularization)是解决大型本体精简的一个重要方法,本体模块化可以直观地认为将存在的整个本体看成是一些小的模块集合[①],Paren认为本体模块化主要有四种方法:① 模块接合(Module articulation),包括选择相交或者不相交的模块,相交的模块保证概念的一致性是难点,不相交的模块不能相互矛盾。② 语义,包括面向特定领域的应用,例如知识类型(概念、规则、公理、本体实例)要分到不同的模块。③ 结构,包括将一个本体转换到图结构,例如由弧(属性)连接的概念结点,这种方法中图的子集(模块)是基于结构属性创建的,它分析了隐含在本体中的公理,考虑元素之间的依赖,并且连接了与一个单独模块高度相关的其他元素。④ 机器学习,包括知识获取过程作为模块化的输入,例如数据挖掘、聚类分析等技术。

D'Aqui 等人[②]认为本体模块化可以分为两种方法:本体分割(ontology partitioning)以及本体模块抽取(ontology module extraction)。① 本体分割主要是将一个大型本体分割成几个本体,同时保证每个分割形成的本体的概念是语义相关的。② 本体模块抽取也叫分割,它包括将本体精简到一个包含特定子词汇集的子部分。这种方法是目前工作中主要采用的方法,它基于遍历算法,从输入的子词汇元素开始,通过词汇之间的关系来遍历模块中的元素。

---

① Parent C, Spaccapietra S. An overview of modularity[M]//Modular Ontologies. Springer Berlin Heidelberg, 2009: 5-23.

② D'Aquin M, Schlicht A, Stuckenschmidt H, Sabou M. Criteria and evaluation for ontology modularization techniques[M]//Modular Ontologies. Springer Berlin Heidelberg, 2009: 67-89.

(1) 本体模块化架构

本体模块化的架构如图9-5所示,它的主要思想是抽取出用户感兴趣的本体模块提交给用户。图中包括三个模块:用户兴趣抽取模块、本体管理模块、文档处理模块。

用户兴趣抽取模块用于获取用户研究方向,提取出与用户研究方向相关的术语,因此,主要包括:提供词表给新用户选择相关领域术语;从用户标注库获取用户标注,提取术语;将分析的术语提交到本体管理模块。

本体管理模块基于文档处理模块与用户兴趣抽取模块获得的术语,到本体仓库中获得与这些术语相关的概念,进行扩展获取本体模块,再将获取的本体子模块提交给用户。

文档处理模块对用户需要标注的文档进行处理,主要包括以下几个方面的内容:提取文档中的术语;提取文档中元数据描述项,例如题名、作者、摘要等;将获取的术语提交到本体管理模块。

最后文档处理模块提交文档以及相关元数据项目给用户,用户对文档进行标注,最终将用户的标注信息提交到用户标注库,标注库中的每个标注与本体中的概念相关联。

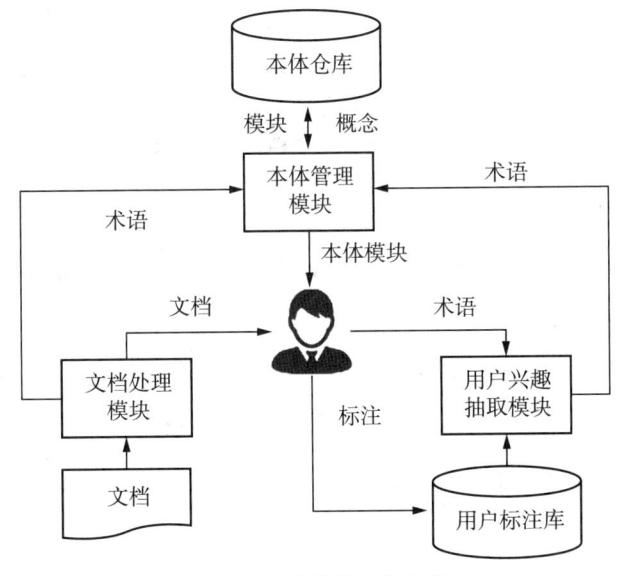

图9-5 本体模块化架构

① 存储架构

本体模块化涉及四个对象:本体、概念、文档、术语。所有的对象存储于关系数据库中。其中,本体文件采用文件存储,数据库中将存储本体文件的元数据及对应地址;文档采用同样的方式进行存储。

本体由一系列元数据(名称、描述等)描述,包含多个概念。本体与概念之间是一对多关系,每个概念由元数据(名称和描述)描述,对应到唯一的本体,文档库中的文章按照文档元数据(名称、作者、主题、描述等)描述,并对文档提取主题词,按主题词的元数据(名称和描述)描述,文档与主题词是一对多关系,本体概念与术语通过标注进行相关,并且概念与术语是多对多的关系。上述框架见图9-6。

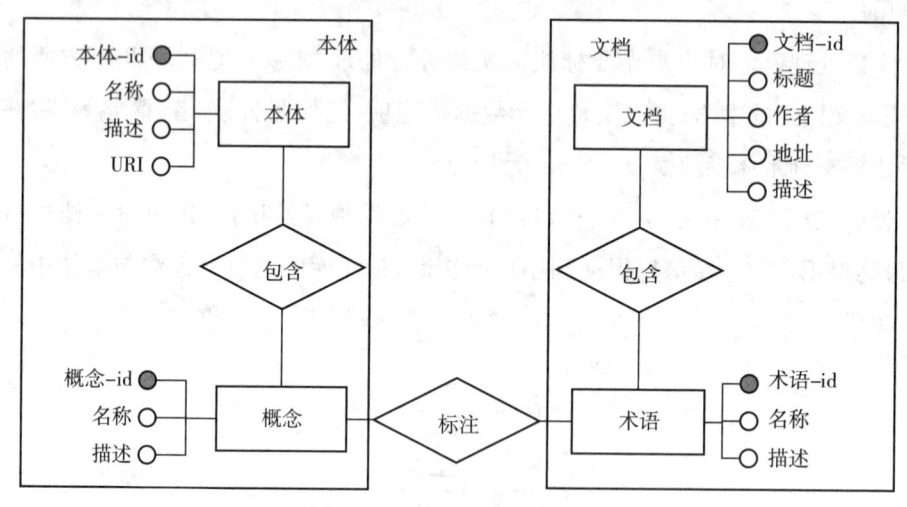

图9-6 本体对文档标注的框架

② 用户兴趣抽取模块

假设一个新用户需要标注一篇学术文献,作者首先要选择与其方向相关的本体,此时用户可从本体库中选择一个与之相关的本体作为初始本体。

用户已有标注实例后,本体管理模块基于用户已有的标注信息以及学术文献中提取的术语,从本体仓库中选择相关的本体模块提供给用户。用户标注库中存储用户标注过的文章及术语,通过术语对应的本体概念可以找出与用户相关的本体概念。

③ 文档主题词提取

这一步是自动进行文档主题词的提取,文档主题词是文档中出现的能够表示文档主题的词,与本体学习中术语抽取阶段的任务相同,即抽取出文档中的术语,因此采用的方法与本体学习中的术语抽取相同。

④ 本体管理模块

将本体管理模块从本体库中获取到与该词相关的本体模块提交给用户。所有的抽取模块由本体管理模块管理和存储。

定义一个与标注文献相关的本体集合 $\{O_1, O_2, \cdots, O_n\}$，然后采用一个自动标注工具对文章进行标注，对于每个本体 O_i，标注中用过的本体概念组成一个概念集合 $\{c_1, c_2, \cdots, c_m\}$，这个本体概念集合对应用户的兴趣，而每个概念又对应本体，假设用 $c_{j,i}$ 表示属于本体 O_i 的概念 c_j。

接下来，我们针对这些概念进行扩展，扩展是通过推理实现的，包括等级关系扩展、对象属性扩展、数据属性扩展以及公理扩展。等级关系扩展是获取 O_i 中所有与 $c_{j,i}$ 相关的上下级概念；对象属性扩展是获取 O_i 中与 $c_{j,i}$ 中通过对象属性相关联的概念；数据属性扩展是挖掘出与 $c_{j,i}$ 通过数据属性相关的一些值，最后挖掘出与 $c_{j,i}$ 相关的公理，这些扩展构成 O_i 的子本体，从而生成模块 $m_{j,i}$。

(2) 用户手工标注

图 9-7 中是一个标注样例，左侧的标注文本片段，标注的每个词对应到相关本体中的一个本体概念，一个标注可以表示成一个三元组 $<a_s, a_p, a_o, a_c>$[①]。a_s 表示学术文献中被标注的术语，例如图中的"词性标注"；a_o 表示标注，即将术语对应到本体中的类(或概念)；a_p 是 a_s 与 a_o 之间的联系；a_c 是完成标注的上下文。

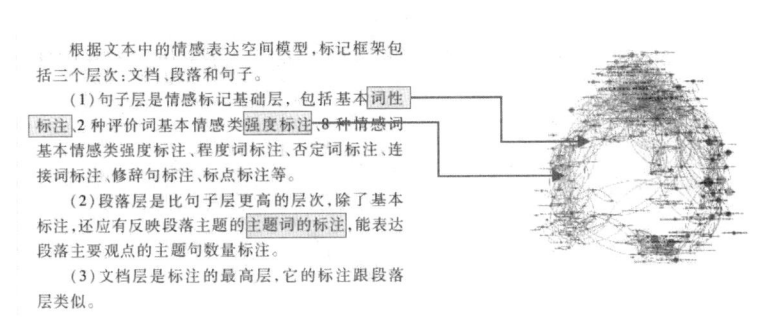

图 9-7 用户手工标注样例

表 9-21 中是三元组的实例，例如，文档中的"强度标注"这一概念与本体中的"情感强度标注"概念关联，文档中的"主题词的标注"这一概念是本体中的"主题抽取"这一概念的子概念。

---

① Oren E, Möller K, Scerri S, et al. Relatório técnico[J]. DERI Galway, 2006, (9): 62-76.

表 9-21 用户手工标注三元组实例

a_s	a_p	a_o
词性标注	same as	词性标注
强度标注	same as	情感强度标注
主题词的标注	is a	主题抽取

(二)基于监督学习的自动标注方法

本章自动标注方法主要用于学科资源的内容元素提取、引文信息提取以及引文情感分析,自动标注方法主要采用支持向量机分类以及朴素贝叶斯分类两种,这两种方法均属于监督学习的方法。

(1) 支持向量机

支持向量机是一种二分类的机器学习模型,其基本思想是实现特征空间上将实例进行间隔最大的分割,最终转化为一个凸二次规划问题进行求解。SVM 常用于文本分类任务。SVM 的工作流程:基于训练数据产生一个模型,这个模型可以用于预测测试数据的类别,每个训练数据及测试数据都被转化为特征空间中的一个点集。SVM 适用于二分类任务,对于一个向量 w 及截距 b,有:

$$y_i(\boldsymbol{w} \cdot x_i + b) \geqslant 1 \tag{9-1}$$

则给定向量 $\boldsymbol{x}$ 一个标签的决策函数可以采用如下公式进行计算:

$$f(x) = \text{sign}(\boldsymbol{w} \cdot \boldsymbol{x} + b) \tag{9-2}$$

然后通过最大化两个类别之间的间隔来进行向量的优化,对于权重向量 w,这些点应落在下面的公式的线上:

$$\boldsymbol{w} \cdot x_1 + b = 1 \tag{9-3}$$

$$\boldsymbol{w} \cdot x_2 + b = -1 \tag{9-4}$$

这些线叫作支持向量,我们获得下面的公式:

$$\frac{\boldsymbol{w}}{\|\boldsymbol{w}\|} \cdot (x_1 - x_2) = \frac{2}{\|\boldsymbol{w}\|} \tag{9-5}$$

为了最大化间隔,需要最小化 $\|w\|$,对于这个优化问题,我们扩展 $w = \sum_i v_i x_i$,其中 v_i 是在公式及公式给定的线上的实例,最后决策函数可以被改为:

$$f(x) = \text{sign}(\sum_i v_i(x \cdot x_i) + b) \tag{9-6}$$

上述线性函数是基于两维的向量空间来进行的,因此,采用一个 $\varnothing$ 函数可将问题转化到高维空间,其决策函数可以写为:

$$f(x)=\text{sign}(\sum_i v_i(\varnothing(x)\cdot\varnothing(x_i)))+b) \tag{9-7}$$

采用一个核 k，点可以在高维空间进行有效计算，因此，采用两个点 $u=(u_1,u_2)$ 以及 $v=(v_1,v_2)$ 进行转化，其中线性核函数（linear kernel）、RBF（Radial Basis Function）核函数以及 sigmoid 核函数可以写为：

$$k_{\text{linear}}(u,v)=u^T v \tag{9-8}$$

$$k_{\text{RBF}}(u,v)=e^{-\gamma\|u-v\|} \tag{9-9}$$

$$k_{\text{sigmiod}}(u,v)=\tanh(\gamma\cdot u^T v+r) \tag{9-10}$$

其中，r、γ 是函数的参数。

利用 SVM 对学科资源所需要的元素进行提取的主要过程：首先准备训练集和测试集，定义类别，训练集需要针对所需提取的元素类别进行类别标注，类别标注采用手工标注的方法，同时训练集和测试集均需要进行特征提取，将文本语料转化为向量空间中的点，训练之后产生模型，再利用这个模型对测试集进行分类，将对应的元素分类到对应的类别中。

（2）朴素贝叶斯

朴素贝叶斯方法是采用贝叶斯准则来进行概率估计的方法，给定一个句子 s，估计其属于类 C 的概率，计算公式如下：

$$P(C|s)=\frac{P(C)P(s|C)}{P(s)} \tag{9-11}$$

其中，$P(C)$ 是任何一个句子分类到类 C 的先验概率，$P(s|C)$ 是给定句子 s 分类到类 C 的概率，$P(s)$ 是句子 s 的概率，根据 NB 分类器，句子属于类 C 则是最大化后验概率 $P(C|s)$，但是，$P(s)$ 其实在预测句子的类别时不起作用，所以公式又可以被简化为：

$$P(C|s)\propto P(C)P(s|C) \tag{9-12}$$

NB 分类器估计 $P(s|C)$ 是通过假设句子 s 可以被表示为独立的特征 f_1，$f_2,\cdots,f_n$。因此类 C^* 可以采用最大似然估计来进行计算，公式如下：

$$C^*=\arg\max_{c\in C}P(C|s)=\arg\max_{c\in C}P(C)\prod_{i=1}^n P(f_i|C) \tag{9-13}$$

贝叶斯分类器采用贝叶斯规则来估计学科资源所需要提取的内容属于某个类的概率。

$$P(category|s)=\frac{P(category)P(s|category)}{P(s)} \tag{9-14}$$

$P(category)$ 是某个内容 s 属于类 polarity 的先验概率；$P(s|category)$ 是类

别 category 中内容 s 出现的概率；$P(s)$ 是内容 s 出现的概率。最后，通过极大似然估计获得语料中的内容 s 最有可能属于的类别。同样，朴素贝叶斯方法也需要对标注的训练语料进行训练。

9.2.3 学科资源基础元素标注

基础元数据本体中涵盖学科资源的类型，相关的人、组织及软件和相关活动，本节针对学科资源中包含在基础元数据本体中的上述项进行标注，主要采用自动标注的方式。

（一）学科资源类型标注

按照学科资源标注本体中学科资源的分类，学科资源有不同的学术类型，按照学科资源的格式来分，学科资源主要包括文档（PDF 文档、DOC 文档等）、网页、数据库等。由于不同文档的类型不一致，其文件后缀名也不一致，因此，采用文件后缀名来识别文档类型。表 9-22 是学科资源类型及后缀名表。

表 9-22 学科资源类型及后缀名表

学科资源类型	后缀名
pdf 文档	.pdf
txt 文档	.txt
word 文档	.doc，.docx，.docm
ppt 文档	.pptx，.ppt
excel 工作表	.xls，.xlsx
网页	.html，.htm，.shtml，.xml
ACCESS 数据库	.mdb
MSSQL 数据库	.bak
MYSQL 数据库	.sql

针对学术文献所属类别（会议论文、期刊论文、学位论文等），获取方式采用网页检索的方式，从谷歌学术搜索[①]获取文献的引用，如图 9-8 所示，按 GB/T 7714 标准的引文格式中题名后带有文献类型和电子文献载体标志代码，例如图中"[C]"表示会议论文，文献类型标识符参考中华人民共和国国家标准 GB/T 7714—2005《文后

---

① https://scholar.google.com/

参考文献著录规则》。

```
GB/T 7714  Pang B, Lee L, Vaithyanathan S. Thumbs up?: sentiment classification using
           machine learning techniques[C]//Proceedings of the ACL-02 conference on
           Empirical methods in natural language processing-Volume 10. Association
           for Computational Linguistics, 2002: 79-86.
```

图 9-8 学术文献类别(会议论文、期刊论文、学位论文等)获取方式举例

(二) 学科资源相关人、组织或软件标注

这一节主要是获取与学科资源相关的人、组织或软件的语义标注信息,相关角色主要有作者、创建者、贡献者以及出版商,作者通常是人而不是软件,除非软件(通过人工智能技术)自动生成资源;创建者和贡献者可以是人或软件;出版商通常为组织。

(1) 作者信息获取

作者信息获取的渠道有三种:谷歌学术获取引文、学术文献网页、学术文献文档。

① 从谷歌学术获取引文,MLA 格式的引文信息包含作者全名,从中可以获取作者名。示例如图 9-9。

```
MLA  Pang, Bo, Lillian Lee, and Shivakumar Vaithyanathan. "Thumbs up?:
     sentiment classification using machine learning techniques." Proceedings of
     the ACL-02 conference on Empirical methods in natural language
     processing-Volume 10. Association for Computational Linguistics, 2002.
```

图 9-9 从引文信息中获取作者信息

② 学术文献网页获取作者名,将学术文献源网页转化为 TXT 后,可以在网页中找到 Authors 项,如图 9-10 所示,可以从中提取作者名,有时又可以提取出作者在该数据库的链接、作者从属的机构和机构的位置等其他信息。

图 9-10 从网页中获取作者信息

③ 最后一种方式是从 PDF 中提取出作者信息,将 PDF 转化为可处理的格式(TXT)后,按照一定的规则可以获取作者名,例如采用作者名出现在题名后、作者信息出现在摘要前的规则进行提取,从 PDF 格式的学术文献中获取作者信息的示例如图 9-11 所示。

Thumbs up? Sentiment Classification using Machine Learning Techniques

Bo Pang and Lillian Lee
Department of Computer Science
Cornell University
Ithaca, NY 14853 USA
{pabo,llee}@cs.cornell.edu

Shivakumar Vaithyanathan
IBM Almaden Research Center
650 Harry Rd.
San Jose, CA 95120 USA
shiv@almaden.ibm.com

图 9-11 从 PDF 格式的学术文献中获取作者信息

同时,有的文章中会列出作者简介,出现的位置会在首页的脚注位置或者文章的尾部,如图 9-12,其中作者信息已被隐去。

作者简介:▇▇▇▇▇,武汉大学信息管理学院,博士,副教授,主要研究方向:商务信息服务、电子商务、服务管理理论与应用等。▇▇▇▇▇,武汉大学信息管理学院,硕士,主要研究方向:商务信息服务。E-mail:▇▇▇▇▇

* Corresponding author.
E-mail addresses: ▇▇▇▇▇@gmail.com (▇▇▇▇▇), ▇▇▇▇▇.br (▇▇▇▇▇), ▇▇▇▇▇.br (▇▇▇▇▇).

▇▇▇▇▇ is an Assistant Professor in the Department of Information Technology and Management Science at Marymount University in Arlington, VA. Dr. Narock teaches and researches in the areas of Data Science and Semantic Web Technologies. He is particularly interested in applications to eScience.

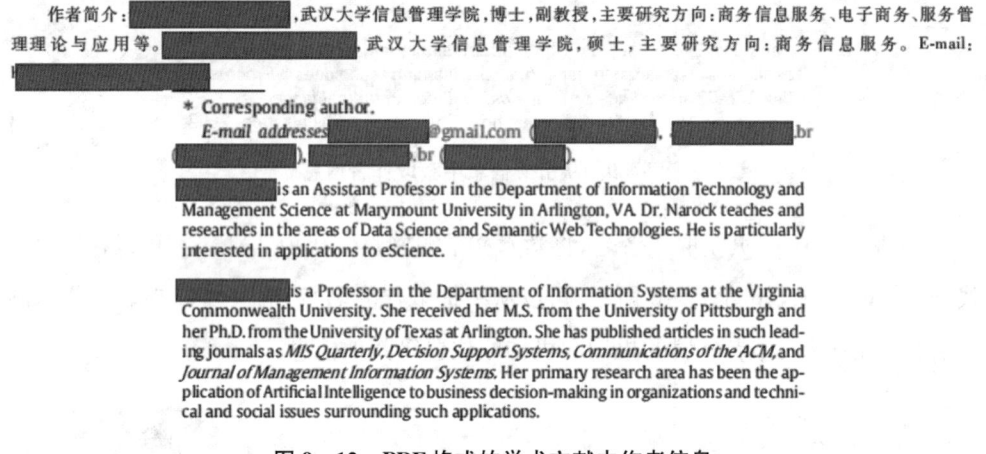

▇▇▇▇▇ is a Professor in the Department of Information Systems at the Virginia Commonwealth University. She received her M.S. from the University of Pittsburgh and her Ph.D. from the University of Texas at Arlington. She has published articles in such leading journals as *MIS Quarterly*, *Decision Support Systems*, *Communications of the ACM*, and *Journal of Management Information Systems*. Her primary research area has been the application of Artificial Intelligence to business decision-making in organizations and technical and social issues surrounding such applications.

图 9-12 PDF 格式的学术文献中作者信息

(2) 贡献者信息获取

不同类型的学科资源会在不同的位置出现贡献者信息,例如,学术文献中,致谢部分会提及文章的贡献者,见图 9-13,从中可以提取出贡献者名单,其中作者信息已被隐去。

图 9‐13　学术文献中的贡献者信息

另外，在一些学科资源网站，明确的标明资源的贡献者，从网页中可以直接获取，如图 9‐14 所示。

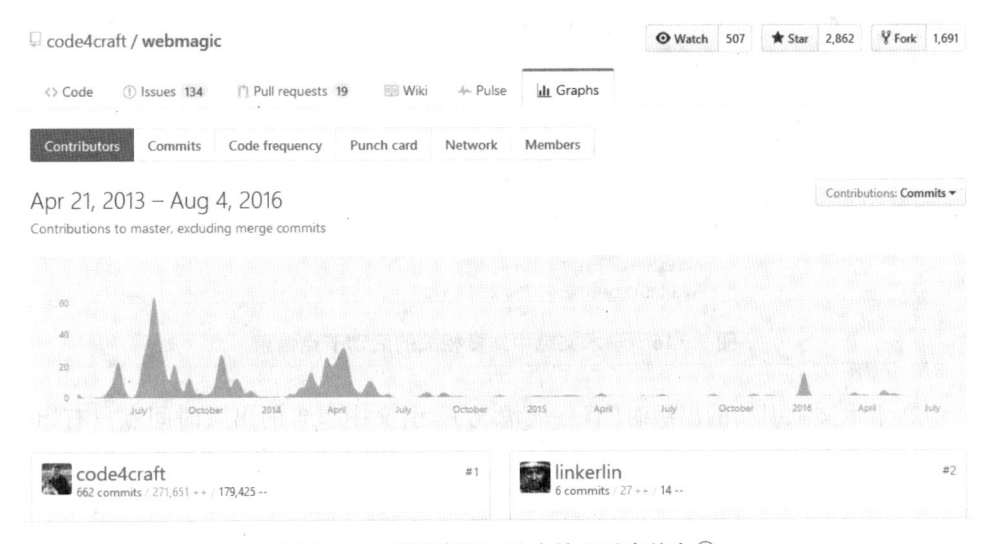

图 9‐14　学科资源网站中的贡献者信息①

（3）出版商信息获取

通过学科资源页可以获取出版商信息，包括出版日期、出版商、地址、DOI 号等，

---

① https://github.com/code4craft/webmagic/graphs/contributors

如图 9-15 所示。

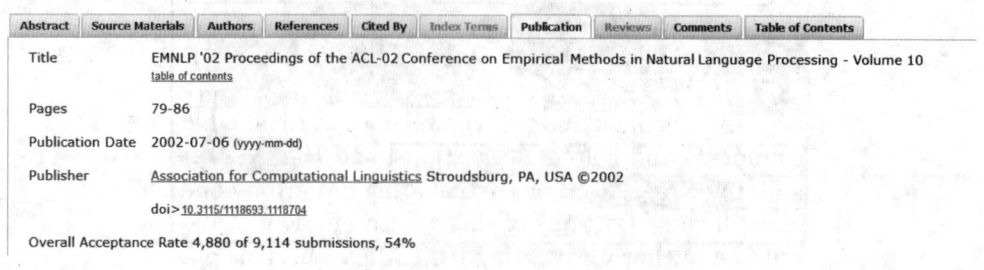

图 9-15　学科资源网页中的出版商信息

(三) 学科资源相关活动标注

学科资源相关活动标注的是与学科资源相关的活动以及活动发生的时间、地点，学术文献相关的活动有作者生产、提交、修改、接受、退回、出版、预印本发布、发行、撤回、勘误等；其他电子资源相关的活动有创建、提交、修改、发布、更新、访问等。

学科资源相关的活动以及活动发生的时间、地点获得的方式有如下几种：

① 学术文献中文章相关活动节点，如图 9-16 所示，其中标明了提交日期、修改后接受的日期、接受日期以及发布日期。

图 9-16　学术文献中文章相关的活动节点信息

② 学术文献引文的出版时间，一般情况下，引文中包含的出版时间点只有出版年信息，如图 9-17。

图 9-17　学术文献引文的出版时间信息

③ 学术文献源网页中包含的从属学术期刊名、期刊期卷、页数范围信息中，可以找到学术文献出版的时间，如图 9-18。

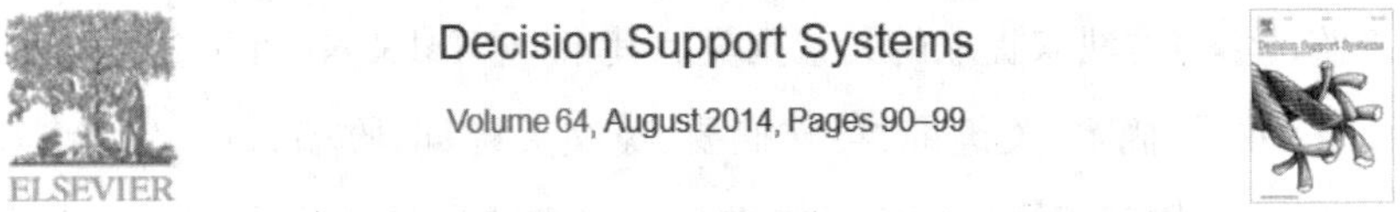

图 9‑18　学术文献源网页中学术期刊名、期刊期卷、页数范围等信息

④ 资源网页中记录的发布资源的时间,如图 9‑19 所示,该网页中记录了每个资源上传的时间,即资源的发布时间。

图 9‑19　学科资源网页中发布资源的时间信息

这些学科资源相关的活动获取方式与形式,与学科资源相关的出版期刊、网站等相关,科技论文发表的期刊不同会导致文章最终排版的形式不同,提供的一些活动时间节点等信息内容也不同。因此,针对不同的内容需要采用不同的提取规则,这也为学科资源相关活动的标注带来了困难。

9.2.4　学科资源内容标注

学科资源内容元素是指学术文献中包含的内容,需要通过对学科资源进行分析获得,例如标题、图片、问题、方法、使用工具等学术文献内部包含的内容元素。学科资源结构主要是指学术文献中的结构区块,例如背景、相关工作、方法、模型、数据、结果、讨论、结论等,每一个元素表示学术文献中的某一结构块。无论是学科资源内容元素还是学科资源结构,都需要针对学科资源内容本身进行分析。

针对学科资源中的这些内容,本节主要采用计算机自动的方式来进行语义标注,针对不同的学科资源内容采用不同的提取方法,结合模板与监督学习的方法来进行提取。首先,将学科资源内容元素进行区分,分为可以基于模板直接提取的元素及基于监督学习方法来提取的元素两类。其中,对于 ISSN、期刊期、卷、出版时间、出版页面、DOI 号、摘要、关键词、英文摘要、英文关键词、收稿日期、作者简介、资助项目内容,我们采用基于模板的方式来进行提取;针对引言、背景、方法、实验、结论、参考文献等内容信息,采用监督学习的方法来进行提取。

(一) 基于模板的内容元素提取

采用模板对学术文献的内容元素进行提取,ISSN、期刊期、卷、出版时间、出版页面、DOI 号、摘要、关键词、英文摘要、英文关键词、收稿日期、作者简介、资助项目。由于采用的文献数据来自同一期刊,因此格式较为一致,采用基于模板的方法提取效果非常好,能够将满足这些条件的内容元素全部提取出来,另外,有了这些内容元素,可以用于定位学术文献中其他元素的位置,表 9-23 中为所需提取项目的模板。

表 9-23　内容元素提取模板

ISSN	"ISSN"或"issn"
期刊期、卷	"期""卷"
出版日期	出现"期""卷"的字段的段落或该段落的上下段,"年"和"月"以及表示年月的数字
出版页面	出现"期""卷"的字段的段落,模式"数字—数字"
DOI 号	"doi"或"DOI"
摘要	"摘要"
关键词	"关键词"
英文摘要	"abstract"或"Abstract"
英文关键词	"keywords"或"Keywords",",",
收稿日期	"收稿日期""XX 年 XX 月 XX 日"
作者简介	"作者简介""Email"
资助项目	"资助"或"项目"

(二) 基于监督学习的内容元素提取

学科资源内容标注主要采用基于机器学习的方法,其主要使用的特征见表 9-24。

表 9-24　基于监督学习的学科资源内容提取的特征

作者	Bob Baldwin 的姓名集,包括 8441 个第一个名字和 19613 个最后一个名字;中文姓氏
作者单位	美国州名、省名、城市名;World Fact Book 中的国家名;机构常用词
文献题名	文献相对位置;段落词数;标点
引言	引言相关词;问题相关词;提出相关词;引言题名,开头为数字;段落位置;段落词数
背景	背景题名相关词,开头为数字;提出相关词;相关研究;段落位置;段落词数
方法	方法标题开头数字;方法相关词;模型相关词;段落位置;段落词数
实验	实验题名相关词,开头数字;实现相关词;段落位置;段落词数
结果	结果标题相关词,开头数字;结果相关词;段落位置;段落词数
结论	结论标题相关词,开头数字;结论相关词;段落位置;段落词数
参考文献	参考文献相关词;数字;人名;文献类型;"数字—数字";时间;段落词数

下面对部分特征进行具体的介绍:

① 大小写,字母缩写:首字母大写通常表示专用名词,再通过出现在文章中的位置可判别分别为何种名词,例如姓名、国名、方法名词等。

② 数字:数据部分通常会出现大量的数字。

③ 时间:月份及简称,一般该元素出现于正文内部是用于描述引文日期。

④ 段落包含不同常用词类型的词数:按照常用词词典的分类,学术文献常用词可以分为方法类、实验类、结果类等类型的常用词,将文章进行分段后,将段落中包含的某个类型的常用词的词数作为特征。

⑤ 词数:分词后段落包含的词数。

⑥ 语义特征:学术文献中与内容相关的语义词,采用类别作为特征。

对于语义特征,需要对学术文献中内容相关的词进行词表构建,经过分析,发现学科资源内容标注主要有如下几种类型,见表 9-25。

表 9-25　结构、内容元素相关词语

机构常用词	大学,学院,研究院,研究所
资助	资助,基金,项目
题名常用词	研究,基于,方法,应用

续 表

提出,一个新的概念、想法、假设、理论的提出	讨论,介绍,给出,主旨,目标,目的,假设,假说,指出,提出,给出,展示,描述,概括,表示,宗旨,意图,任务,主题,话题,观点,意见,建议
问题阐述	存在,出现,产生,导致,引起,限制,受到,缺乏,缺少,阻碍,妨碍,阻止,忽略,遗漏,影响,解决,处理,挑战,缺点,缺陷,不足,错误,障碍,劣势,复杂,问题,矛盾,难题,难点,困难,谜,悖论,现象,主要,关键,基本,核心,首要,重要,最终,根本,最大,重大,原则,不能,无法,限于,依赖于,亟需,亟待,必需,需要,必要
正文相关词	所有正文元素的词
引言相关词	引言,目前,现在,当前
背景标题相关词	相关研究,已有研究,工作,相同,类似,结果,准确率,召回率,效果
方法相关词	提出,给出,指出,介绍,研究,探索,讨论,描述,实施,构建,建立,选择,合并,观察,调查,模拟,分析,计算,确定,估计,识别,应用,工作,途径,设计,架构,组件,模块,流程,原型,方案,技术,方法,模型,理论,首先,其次,再次,然后,最后,一,二,三,四,先,再,通过,将,来,对,进行
模型相关词	工具,程序,软件
实验题名相关词	实验,实现,分析,应用,实践,实证,调研
实现相关词	计算,设计,观察,分析,调查,模拟,判断,选择,设定,设置,设为,合并,确定,扩展,调整,改变,混合,增加,放大,扩大,加大,缩小,实现,实验,试验,实践,实证
结果题名相关词	结果,分析
结果相关词	证明,证实,说明,表明,显示,体现,揭示,展示,形成,发现,完成,阐明,解释,实现,达到,获得,方法,方案,法则,理论,算法,模型,技术,工具,程序,结果,精度,准确率,精确率,召回率,效果,表现,优点,优势
结论题名相关词	结论,结束语,结语
结论相关词	结论,论证,实现,完成,成就,突破,进步,改进,贡献,创新,成功,意义,缺点,不足,发现
参考文献相关词	参考文献,相关文献,引证文献
展望相关词	将来,以后,之后
贡献相关词	贡献,研究

针对引言、背景、方法、实验、结论、参考文献等内容信息,我们将对三种机器学习方法的标注效果进行实验对比,包括朴素贝叶斯、SVM(采用 LibSVM 工具)以及 SMO 方法。其中,SVM 采用的核函数选择 radial basis 函数及 sigmoid 函数进行实

验对比,分别选用 1-gram＋所有特征、1-2-gram＋所有特征、2-gram＋所有特征(除词典特征外)进行实验对比,实验结果见表 9-26。

表 9-26　1-gram＋所有特征的实验结果

1-gram	朴素贝叶斯			SVM-radial basis			SVM-sigmoid			SMO		
分类	准确率	召回率	F1 值	准确率	召回率	F1 值	准确率	召回率	F1 值	准确率	召回率	F1 值
其他	0.980	0.869	0.921	0.981	0.972	0.976	0.986	0.966	0.976	0.992	0.985	0.989
引言	0.474	0.535	0.503	0.942	0.587	0.723	0.952	0.368	0.531	0.866	0.894	0.880
背景	0.250	0.436	0.318	0.775	0.178	0.289	0.703	0.122	0.208	0.642	0.575	0.607
方法	0.613	0.389	0.476	0.613	0.795	0.692	0.600	0.779	0.678	0.707	0.712	0.710
实验	0.593	0.700	0.642	0.797	0.729	0.761	0.767	0.749	0.758	0.791	0.792	0.791
结论	0.625	0.590	0.607	0.887	1.000	0.940	0.894	1.000	0.944	0.949	0.976	0.962
参考文献	0.943	0.981	0.962	0.978	0.996	0.987	0.986	0.998	0.992	0.990	0.997	0.993
加权平均	0.690	0.673	0.672	0.818	0.803	0.794	0.805	0.790	0.776	0.050	0.835	0.837

从实验结果可以看出,采用 SMO(序列最小最优化)算法得到的效果最好;采用 SVM 进行实验时,采用 radial basis 核函数的效果略优于采用 sigmoid 核函数的效果;采用朴素贝叶斯方法的效果最差,实验结果见表 9-27。

表 9-27　1-2-gram＋所有特征的实验结果

1-2-gram	朴素贝叶斯			SVM-radial basis			SVM-sigmoid			SMO		
分类	准确率	召回率	F1 值	准确率	召回率	F1 值	准确率	召回率	F1 值	准确率	召回率	F1 值
其他	0.975	0.864	0.916	0.984	0.973	0.978	0.983	0.962	0.972	0.991	0.985	0.988
引言	0.464	0.543	0.500	0.934	0.569	0.707	0.946	0.354	0.515	0.859	0.886	0.873
背景	0.256	0.438	0.323	0.791	0.170	0.279	0.770	0.118	0.205	0.630	0.562	0.594
方法	0.613	0.390	0.477	0.609	0.798	0.690	0.593	0.782	0.674	0.710	0.682	0.696
实验	0.592	0.697	0.640	0.796	0.724	0.758	0.767	0.743	0.755	0.776	0.812	0.793
结论	0.630	0.582	0.605	0.878	1.000	0.935	0.891	1.000	0.943	0.950	0.970	0.960
参考文献	0.941	0.982	0.961	0.979	0.994	0.986	0.986	0.995	0.990	0.990	0.997	0.993
加权平均	0.082	0.689	0.672	0.817	0.800	0.791	0.806	0.787	0.773	0.831	0.833	0.832

对比采用 1-gram 与所有特征与 1-2-gram 与所有特征的特征集,见表 9-28,可以看出,1-2-gram 所有特征对于 1-gram 所有特征来说,效果并没有变得更好,只有实验类的文献内容效果要略好于采用 1-gram 的特征集出现的结果。

采用同样的1-gram特征,对比包含词典特征的特征集与不包含词典特征的特征集,可以看出,包含词典特征的特征集表现更好,除了引言类及背景类内容的提取外,包含词典特征集的表现更差,其余的实验均表现为包含词典特征的特征集的表现效果更好。总的来说,采用词典特征可以更好地区分学术文献内容元素或结构,在引言及背景部分的词对这些内容的代表性较差。

表9-28 1-gram+所有特征(除词典特征外)的实验结果

1-gram 除dict	朴素贝叶斯			SVM-radial basis			SVM-sigmoid			SMO		
分类	准确率	召回率	F1值	准确率	召回率	F1值	准确率	召回率	F1值	准确率	召回率	F1值
其他	0.981	0.870	0.922	0.980	0.974	0.977	0.976	0.980	0.978	0.993	0.987	0.990
引言	0.499	0.594	0.542	0.933	0.753	0.833	0.934	0.520	0.668	0.865	0.903	0.884
背景	0.260	0.519	0.346	0.783	0.234	0.360	0.739	0.153	0.253	0.653	0.592	0.621
方法	0.615	0.422	0.500	0.629	0.801	0.705	0.606	0.791	0.686	0.701	0.718	0.710
实验	0.626	0.675	0.649	0.809	0.720	0.762	0.787	0.726	0.755	0.793	0.777	0.785
结论	0.715	0.667	0.690	0.884	1.000	0.938	0.883	1.000	0.938	0.948	0.974	0.961
参考文献	0.960	0.987	0.973	0.978	0.995	0.987	0.980	0.995	0.988	0.990	0.997	0.993
加权平均	0.709	0.686	0.690	0.825	0.813	0.807	0.811	0.796	0.786	0.835	0.836	0.835

(三)学术文献中内容标注实例

(1)学术文献中内容元素语义标注实例

图9-20展示了学术文献内容中题名、作者、组织、作者简介、关键词等元素的标注,题名采用数据属性dcterms:title来标注,属性值为rdfs:Literal类型。作者列表采用列表项List的子类ListOfAuthors来表示,将该篇文章的作者名作为ListOfAuthors类的实例,命名为ListOfAuthors1,采用数据属性hasContent来进行标注,由于作者列表是文献的一部分,因此,采用对象属性dcterms:hasPart将实例JournalArticle1与实例ListOfAuthors1相连接。同样的方式标注机构名列表以及个人简介。

文献的关键词信息、DOI信息分别采用数据属性keyword以及DOI进行描述,DOI信息的语义标注见图9-21。

图 9-20 学术文献内容中题名、作者、组织、作者简介、关键词等元素的标注

图 9-21 学术文献内容中 DOI 的标注

这一部分是文献的内容元素,主要介绍文献中的公式、算法、图片、表格元素的标注,图片和公式需要采用图片进行存储,采用 filePath 描述图片的存储地址,采用 dcterms:title 描述标题,采用 hasContent 描述内容,表格及算法采用文本存储。学术文献内容信息的标注,其中公式标注示例见图 9-22,算法标注示例见图 9-23,图片的标注示例见图 9-24,表格标注的示例见图 9-25。

图 9-22 学术文献内容信息的标注——公式

图 9‑23　学术文献内容信息的标注——算法

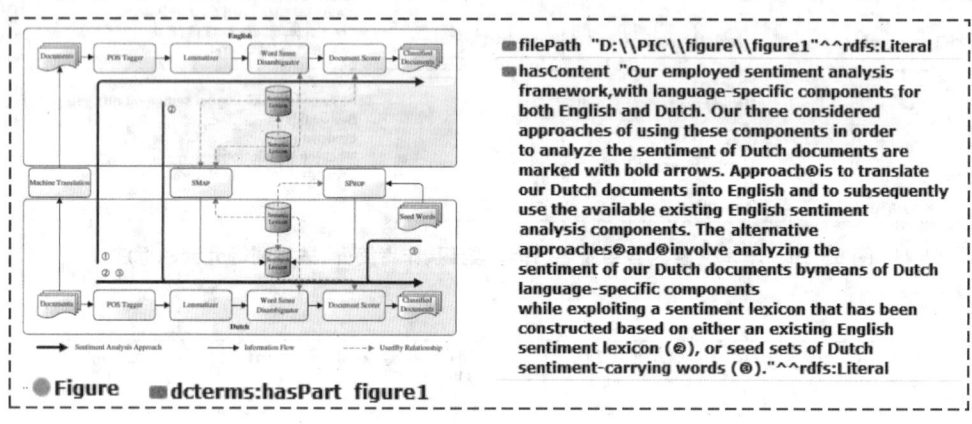

图 9‑24　学术文献内容信息的标注——流程图

图 9‑25　学术文献内容信息的标注——表格

(2) 学术文献中结构语义标注实例

接下来的实例是学术文献结构语义的标注，展示的实例有引言、相关工作、方法、实验结果、总结、致谢以及参考文献，采用标注本体中的 Introduction、Related Work、Methods、Results、Conclusion、Acknowledgements 以及 BibliographicList 来进行标注，分别在这些类之下构建实例，再对实例进行描述，最后采用对象属性 dcterms:hasPart 对文献实例及内容结构信息的实例进行连接。

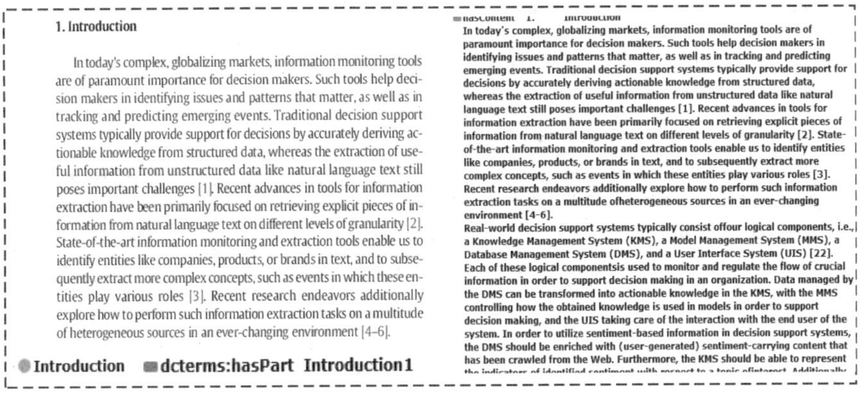

图 9-26 学术文献内容结构信息的标注——引言

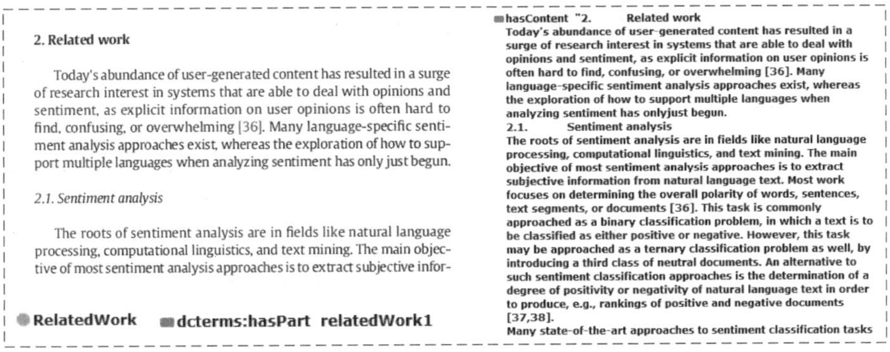

图 9-27 学术文献内容结构信息的标注——相关工作

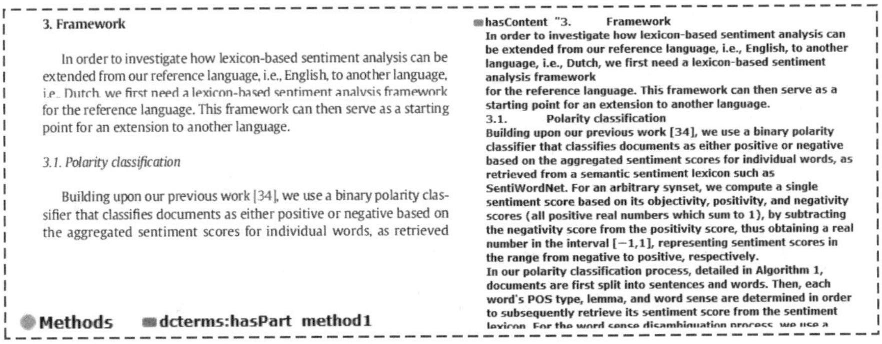

图 9-28 学术文献内容结构信息的标注——方法

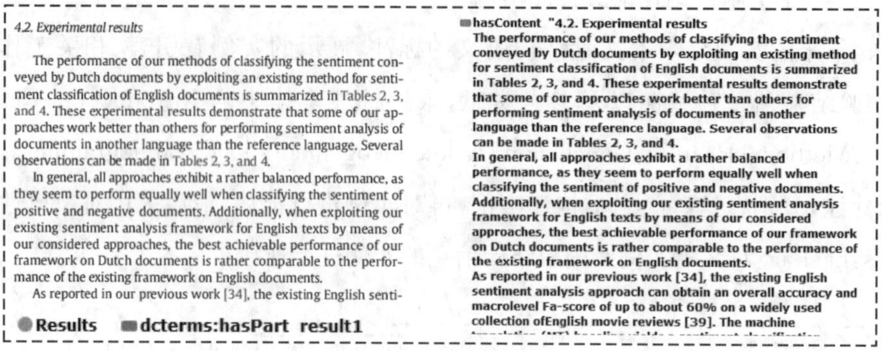
4.2. Experimental results

The performance of our methods of classifying the sentiment conveyed by Dutch documents by exploiting an existing method for sentiment classification of English documents is summarized in Tables 2, 3, and 4. These experimental results demonstrate that some of our approaches work better than others for performing sentiment analysis of documents in another language than the reference language. Several observations can be made in Tables 2, 3, and 4.

In general, all approaches exhibit a rather balanced performance, as they seem to perform equally well when classifying the sentiment of positive and negative documents. Additionally, when exploiting our existing sentiment analysis framework for English texts by means of our considered approaches, the best achievable performance of our framework on Dutch documents is rather comparable to the performance of the existing framework on English documents.

As reported in our previous work [34], the existing English senti-

Results　dcterms:hasPart　result1

hasContent "4.2. Experimental results
The performance of our methods of classifying the sentiment conveyed by Dutch documents by exploiting an existing method for sentiment classification of English documents is summarized in Tables 2, 3, and 4. These experimental results demonstrate that some of our approaches work better than others for performing sentiment analysis of documents in another language than the reference language. Several observations can be made in Tables 2, 3, and 4.
In general, all approaches exhibit a rather balanced performance, as they seem to perform equally well when classifying the sentiment of positive and negative documents.
Additionally, when exploiting our existing sentiment analysis framework for English texts by means of our considered approaches, the best achievable performance of our framework on Dutch documents is rather comparable to the performance of the existing framework on English documents.
As reported in our previous work [34], the existing English sentiment analysis approach can obtain an overall accuracy and macrolevel Fa-score of up to about 60% on a widely used collection ofEnglish movie reviews [39]. The machine

图 9-29　学术文献内容结构信息的标注——实验结果

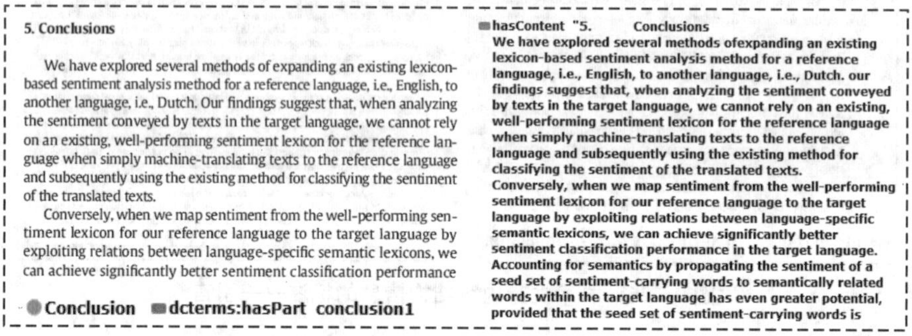
5. Conclusions

We have explored several methods of expanding an existing lexicon-based sentiment analysis method for a reference language, i.e., English, to another language, i.e., Dutch. Our findings suggest that, when analyzing the sentiment conveyed by texts in the target language, we cannot rely on an existing, well-performing sentiment lexicon for the reference language when simply machine-translating texts to the reference language and subsequently using the existing method for classifying the sentiment of the translated texts.

Conversely, when we map sentiment from the well-performing sentiment lexicon for our reference language to the target language by exploiting relations between language-specific semantic lexicons, we can achieve significantly better sentiment classification performance

Conclusion　dcterms:hasPart　conclusion1

hasContent "5.　Conclusions
We have explored several methods ofexpanding an existing lexicon-based sentiment analysis method for a reference language, i.e., English, to another language, i.e., Dutch. our findings suggest that, when analyzing the sentiment conveyed by texts in the target language, we cannot rely on an existing, well-performing sentiment lexicon for the reference language when simply machine-translating texts to the reference language and subsequently using the existing method for classifying the sentiment of the translated texts.
Conversely, when we map sentiment from the well-performing sentiment lexicon for our reference language to the target language by exploiting relations between language-specific semantic lexicons, we can achieve significantly better sentiment classification performance in the target language.
Accounting for semantics by propagating the sentiment of a seed set of sentiment-carrying words to semantically related words within the target language has even greater potential, provided that the seed set of sentiment-carrying words is

图 9-30　学术文献内容结构信息的标注——总结

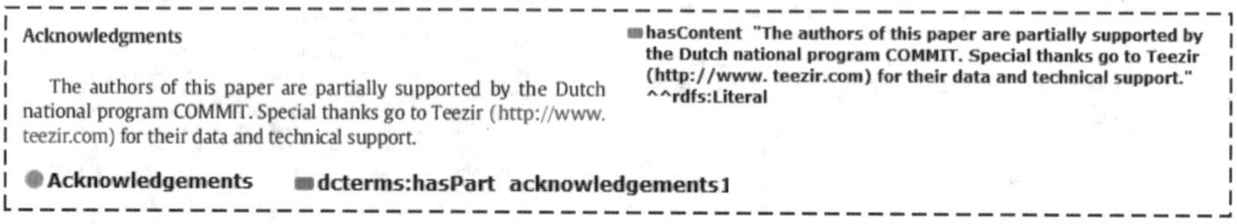
Acknowledgments

The authors of this paper are partially supported by the Dutch national program COMMIT. Special thanks go to Teezir (http://www.teezir.com) for their data and technical support.

Acknowledgements　dcterms:hasPart　acknowledgements1

hasContent "The authors of this paper are partially supported by the Dutch national program COMMIT. Special thanks go to Teezir (http://www. teezir.com) for their data and technical support."
^^rdfs:Literal

图 9-31　学术文献内容结构信息的标注——致谢

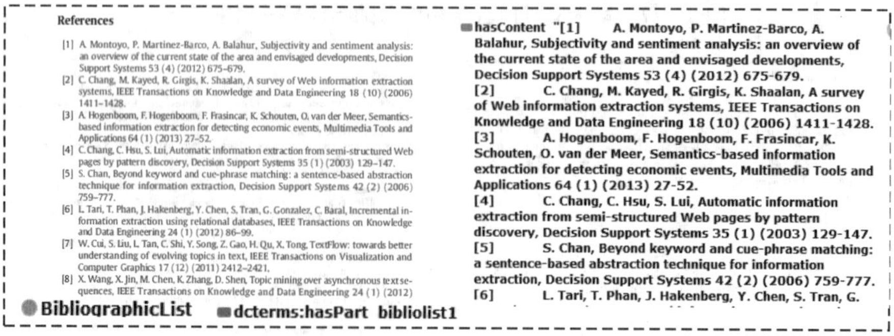
References

[1] A. Montoyo, P. Martinez-Barco, A. Balahur, Subjectivity and sentiment analysis: an overview of the current state of the area and envisaged developments, Decision Support Systems 53 (4) (2012) 675–679.
[2] C. Chang, M. Kayed, R. Girgis, K. Shaalan, A survey of Web information extraction systems, IEEE Transactions on Knowledge and Data Engineering 18 (10) (2006) 1411–1428.
[3] A. Hogenboom, F. Hogenboom, F. Frasincar, K. Schouten, O. van der Meer, Semantics-based information extraction for detecting economic events, Multimedia Tools and Applications 64 (1) (2013) 27–52.
[4] C. Chang, C. Hsu, S. Lui, Automatic information extraction from semi-structured Web pages by pattern discovery, Decision Support Systems 35 (1) (2003) 129–147.
[5] S. Chan, Beyond keyword and cue-phrase matching: a sentence-based abstraction technique for information extraction, Decision Support Systems 42 (2) (2006) 759–777.
[6] L. Tari, T. Phan, J. Hakenberg, Y. Chen, S. Tran, G. Gonzalez, C. Baral, Incremental information extraction using relational databases, IEEE Transactions on Knowledge and Data Engineering 24 (1) (2012) 86–99.
[7] W. Cui, S. Liu, L. Tan, C. Shi, Y. Song, Z. Gao, H. Qu, X. Tong, TextFlow: towards better understanding of evolving topics in text, IEEE Transactions on Visualization and Computer Graphics 17 (12) (2011) 2412–2421.
[8] X. Wang, X. Jin, M. Chen, K. Zhang, D. Shen, Topic mining over asynchronous text sequences, IEEE Transactions on Knowledge and Data Engineering 24 (1) (2012)

BibliographicList　dcterms:hasPart　bibliolist1

hasContent "[1]　A. Montoyo, P. Martinez-Barco, A. Balahur, Subjectivity and sentiment analysis: an overview of the current state of the area and envisaged developments, Decision Support Systems 53 (4) (2012) 675-679.
[2]　C. Chang, M. Kayed, R. Girgis, K. Shaalan, A survey of Web information extraction systems, IEEE Transactions on Knowledge and Data Engineering 18 (10) (2006) 1411-1428.
[3]　A. Hogenboom, F. Hogenboom, F. Frasincar, K. Schouten, O. van der Meer, Semantics-based information extraction for detecting economic events, Multimedia Tools and Applications 64 (1) (2013) 27-52.
[4]　C. Chang, C. Hsu, S. Lui, Automatic information extraction from semi-structured Web pages by pattern discovery, Decision Support Systems 35 (1) (2003) 129-147.
[5]　S. Chan, Beyond keyword and cue-phrase matching: a sentence-based abstraction technique for information extraction, Decision Support Systems 42 (2) (2006) 759-777.
[6]　L. Tari, T. Phan, J. Hakenberg, Y. Chen, S. Tran, G.

图 9-32　学术文献内容结构信息的标注——参考文献

9.2.5 学科资源引文标注

本节分两个部分介绍学科资源的引文标注：第一个部分是学科资源的基础引文信息标注，主要研究学术文献中的引文内容提取方法；第二部分是学科资源的引文情感分析，这一部分对应学科资源元数据本体中的引文意图部分，对学术文献中引用内容的情感进行分析，自动标注对应引文内容中作者的情感。

（一）学科资源基础引文信息标注

基础引文信息是科技文献中引用的与之相关的资源，引文出现的上下文提供了关于被引文献的有价值的数据，因此，需要对引文出现的内容进行检测。首先，需要定义几个概念：引文（citation）是指给定研究论文中对于其他论文的表述；引用文献（citing paper）是指源文献；被引文献则是指引用的目标文献。

引文的范围可包括从一个简单的句子扩展到更多的段落。因此，描述引文的句子不仅包括包含指示引文的句型，也包括提及引文的句子以及引文周围的句型，这些句子叫作引文上下文[①]。这里针对学术文献中的引文内容进行提取，即识别引文上下文信息。

（1）引文内容提取方法

基于监督学习的引文内容提取流程如图 9-33 所示，首先，对学术文献进行语料预处理，然后进行引文特征提取，特征提取后将集合分为训练集及测试集两个集合，我们手工对引文类别进行标注，这个类别包括引文内容及非引文内容两种，接下来采用分类器对训练集进行训练，获得训练模型，然后采用训练模型对测试集进行监督分类，得到最后的标注结果集。

为了标注学术文献中的引文内容，本节采用 SVM 方法与朴素贝叶斯对引文内容进行提取，语言模型采用 n-gram 模型。由于学术文献中带有明显引用标识的内容很容易识别，因此本节不对这一内容进行识别。这里要识别的是不带有引用标识的句子，这些句子可能以各种方式（例如，提到作者、采用代词进行指代等）提及被引文献。例如，下面两个句子摘自某文献，其中 S1 带有明显的引用标识，S2 是 S1 的下一句，而 S2 不包含明显的引用标识，但是属于引文内容。

---

① O'connor J A, Lanyon L E, MacFie H. The influence of strain rate on adaptive bone remodelling[J]. Journal of Biomechanics, 1982, 15(10)：767-781.

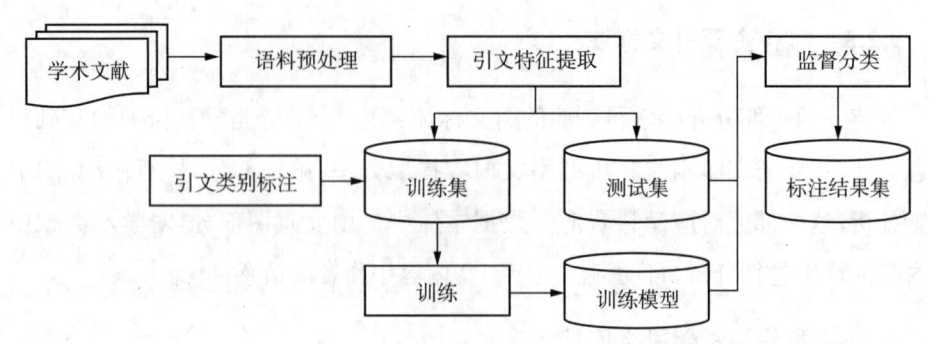

图 9-33　基于监督学习的引文内容提取流程

S1：Yu and Wu have extended the basic PMI by developing a contextual entropy model to expand a set of seed words generated from a small corpus of stock market news articles.

S2：Their contextual entropy model measures the similarity between two words by comparing their contextual distributions using an entropy measure, allowing for the discovery of words similar to the seed words.

本节应用监督分类的方法将学术文献中的句子分为引文内容与非引文内容两类。首先需要将语料中的句子转化为特征值,下面我们提取可以进行引文内容抽取的特征。

（2）特征提取

学术文献引文内容中,包括一些可用于识别引文内容的明显的特征,下面对这些内容进行提取。

① 带有明显引用的内容

带有明显引用标识的引文内容提取只需要识别出明显的引文标记。一般情况下,带有明显引用标识的引文有如下方式："Yu and Wu""Johnson-Laird（1998）""Semantic Blogging"等以及引用列表如"（Altarriba，Bauer，& Benvenuto，1999；De Groot,1992）""目前许多针对英文的（新闻、博客、微博等）情感分析系统相继问世"。

通常学术文献中,在文章中已经提起过一次被引文献后,第二次提起该被引文献中的方法、工具、资源或算法等内容时可以采用多种方式,如作者名,以及表示工作的名词和代词等。

② 作者名

二次提及被引文献中的方法、工具、资源或算法,通常会跟在作者名后面。例如我们的定量计算方法与 Turney 以及 Kim 的方法相比,相关性有了显著的提高。①

Turney 以及 Kim 已被提及过一次,在这里,直接采用被引文章中的作者名来表示引用,通常这类引文内容中提及的是被引文章中第一作者的名字。

③ 简称(字母缩写)

在学术文献中,第一次提及方法、技术、算法、理论或系统等名词时会标识其引用源。当有全称或简称时,会进行介绍,在第二次提及时可采用这些名词的简称,例如:

A crucial issue of KAON tool is that it is both scalable and efficient reasoning with ontologies.

KAON's Text-To-Onto tool has been used to extract the concepts out of these pages, the size of the text pages exported was around 5.2 MB.

第一次提及 KAON 时标识了引用源,后面文章中提及时只采用其简称。

④ 表示工作的名词

学术文献中,一般在介绍了引用文献后,紧跟的一句会直接采用表示工作的名词来表示该工作,例如:Mei et al. [2007] employed a similar method as in [Mei and Zhai 2005] where a hidden Markov model (HMM) is used to tag every word in the collection with a topic and sentiment polarity.

Their method requires topic and sentiment of each word to be detected beforehand by a topic sentiment mixture model.

其中,"Their method"是指"Mei et al. [2007]"。Qazvinian 等②采用了表示工作的名词以及限定词来识别这种类型的引用内容,其限定词集合采用了{this; that; those; these; his; her; their; such; previous},工作名词集合采用了{work; approach; system; method; technique; result; example},根据以上研究,我们提出了表示工作的名词特征。

---

① 杨频,李涛,赵奎.一种网络舆情的定量分析方法[J].计算机应用研究,2009,26(3):1066-1069.

② Qazvinian V, Radev D R. Identifying non-explicit citing sentences for citation-based summarization[C]//Proceedings of the 48th Annual Meeting of the Association for Computational Linguistics. Association for Computational Linguistics,2010:555-564.

科技文献中表示研究工作的词对于学术文献引文内容的确定,有着非常重要的作用,我们总结了英文和中文学术文献中常见的表示工作的词。英文表示工作的词采用Teufel[①]的工作中提取的词,见表9-29;中文表示工作的词由作者从学术文献中进行提取,见表9-30。

表9-29 Teufel2010 表示工作的词

account, algorithm, analysis, analyses, approach, approaches, application, applications, architecture, architectures, characterization, characterizations, component, components, corpus, corpora, design, designs, evaluation, evaluations, example, examples, experiment, experiments, extension, extensions, evaluation, formalism, formalisms, formalization, formalizations, formulation, formulations, framework, frameworks, implementation, implementations, investigation, investigations, machinery, machineries, method, methods, methodology, methodologies, model, models, module, modules, paper, papers, process, processes, procedure, procedures, program, programs, prototype, prototypes, research, researches, result, results, strategy, strategies, system, systems, technique, techniques, theory, theories, tool, tools, treatment, treatments, work, works

表9-30 表示工作的词

流程,过程,架构,原型,途径,模块,组件,方案,设计,工作,实现,技术,方法,应用,系统,模型,公式,理论,工具,程序,算法,软件,文章,文献,研究,分析,评价,调查,调研,实例,实验,实证,结果,论文,书,文,文本集,文档集,语料库

⑤ E 代词

科技文献中,通常会采用一个代词来表示被引文献的作者,Qazvinian 等采用代词及表示工作的名词来提取引用内容。因此,代词对于学术文献引文内容的提取也很重要。此处对代词进行提取,英文代词见表9-31,中文代词见表9-32。

表9-31 英文代词词表

he, she, his, her, they, their, this, that, those, these, such, previous

表9-32 中文代词词表

人称代词	我,我们,他,他们,她,她们
指示代词	本,此,该,其,某,另,各,它,这,这样,这里,那,那样,那里,前者,后者

---

① Teufel S.The structure of scientific articles:Applications to citation indexing and summarization[J].Center for the Study of Language and Information-Lecture Notes,2010,38(2):443-445.

(二) 学科资源引文情感分析

引文情感分析,又称"引文情感检测"(citation sentiment detection),能够帮助研究者识别出特定方法的缺点和问题,并通过所有引文中对被引论文的评价来推断被引论文的质量。在引文情感分析之前,必须提出一个概念,情感分析(sentiment analysis),又称"观点挖掘"(opinion mining),研究文本中的褒义或贬义观点、情感、态度的识别。这里,引文情感分析是指从科技文献中抽取出观点的问题。

引文情感分析与普通的情感分析相比,有以下几个不同点:

(1) 引文中的观点通常是隐含的。因为站在引文的社会学观点上,通常引文中很少涉及对被引论文的明显的批判[①][②],研究者认为许多研究对其他研究的评判都是出于礼貌的态度,一些负向的评价,通常采用较为委婉的方式来进行表述,尤其对于一些不能定量评价的研究。通常,负向的评价可以用一些对比的词语进行评价,例如:

> SCL,这是一种很新的跨领域货币性分析算法,结构对应学习算法[8],我们提出的算法的精度优于SCL算法。
>
> The gradient descent method with Kullback-Leibler (KL) divergence can outperform the method with the quadratic term by a factor of $O\sqrt{n \ln n}$ where n is the dimensionality of the problem [2, 3].

(2) 引文句子通常是情感中立的,他们在表达算法、方法、事实或陈述时通常是客观的[③],而不像产品评论或电影评论中那样情感分明。

科技文献和其他情感文本中包含的情感词或其他相关术语,也有很大的不同。

(1) 引文情感分析流程

现有的标注本体中涉及的学科资源引文,对被引实体带有情感的表达有同意(cito:agrees with)、不同意(cito:disagrees with)、修正(cito:corrects)、批判(cito:critiques)、嘲笑(cito:derides)、嘲笑(cito:ridicules)、驳斥(cito:refutes)这几种。为

---

① MacRoberts M H, MacRoberts B R. The negational reference: Or the art of dissembling [J]. Social Studies of Science, 1984: 91 - 94.

② Thompson G, Yiyun Y. Evaluation in the reporting verbs used in academic papers [J]. Applied Linguistics, 1991, 12(4): 365 - 382.

③ Teufel S, Siddharthan A, Tidhar D. Automatic classification of citation function [C] // Proceedings of the 2006 Conference on Empirical Methods in Natural Language Processing. Association for Computational Linguistics, 2006: 103 - 110.

了了解学科资源引文对被引实例的看法,这里采用情感分析的方法对引文片段进行分析,以获得引文中对被引实体的看法。

这里的目标是针对学科资源引文句子级的情感进行分析,主要将引文情感分为三类,即正向、负向及中性。

主要思想如图9-34所示,情感分析最重要的是构建情感分析相关词表,用于语义特征的提取;语料集我们采用英文语料和中文语料,英文语料采用已有的语料,并构建中文引文分析语料;获取语料后,我们对语料进行预处理,再对其进行特征提取,将语料转化为可以进行分类的特征集,最后,采用SVM方法与朴素贝叶斯方法进行情感分类。

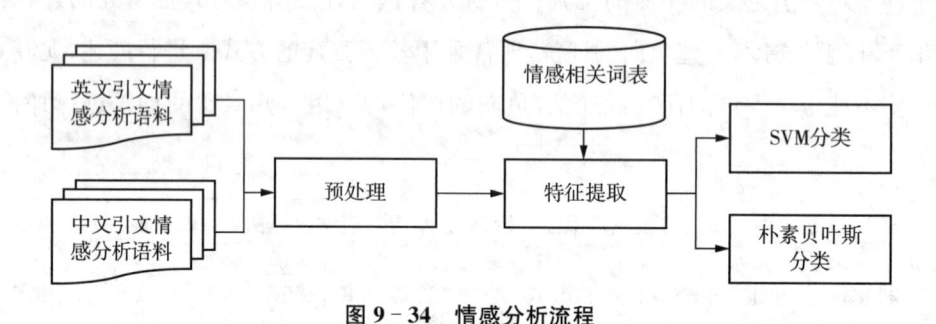

图9-34 情感分析流程

(2) 情感相关词表构建

影响学科资源引文情感倾向的词有情感词、否定词、转折词、程度词等,下面对这几类影响倾向的词汇进行分析。

① 情感词

无论采用何种方法进行情感分析,情感词都是非常重要的,情感词是指带有情感信息的词,通常为形容词或副词,可以表示表述者对评价对象的情感,一般包括表示正向或负向含义的词,例如正向的情感词有"good""不错",负向的情感词有"失败""bad"等。

Izard[1]将情感词分为10类,分别为愤怒、蔑视、讨厌、害怕、内疚、感兴趣、快乐、悲伤、羞愧、惊讶;Ekman[2]将情感词分为6类,分别为愤怒、讨厌、害怕、快乐、悲伤、

---

[1] Izard C E. Emotion theory and research: Highlights, unanswered questions, and emerging issues[J]. Annual Review of Psychology, 2009, 60: 1-25.

[2] Ekman P. All emotions are basic[J]. The nature of emotion: Fundamental questions, 1994: 15-19.

惊讶；Plutchik[①]将情感词分为9类，分别为愤怒、希望、讨厌、害怕、快乐、悲伤、惊讶、信任；Sykora等[②]在构建的情感词表的基础上构建了情感词本体，主要将情感词分为了8类，分别为愤怒、疑惑、讨厌、害怕、快乐、悲伤、羞愧、惊讶，如表9-33所示。

在中文情感分析研究中，HowNet[③]情感词表被广泛采用。HowNet将中文情感词分为正面情感词语(836个)以及负面情感词语(1254个)。

由于情感分析高度依赖于主题[④]，一个领域专业情感词典对于情感分类来说，比一个泛化的情感词典要有用得多。因此，针对学科资源引文情感分析，提取了更有针对性的情感词，这里不对情感词的情感进行细分，由于分类需要，将情感词分为正向及负向。我们采用的英文情感词来源于Athar的科技报告[⑤]，它包含83个极性词，见表9-34。我们根据中文学科资源中常见的情感词进行分析，提取了中文情感词表，其中，包括86个正向情感词及61个负向情感词，见表9-35。

表9-33 英文情感词表

Izard	Ekman	Drummond	Plutchik	Sykora
Anger	Anger	Anger	Anger	Anger
Contempt	Disgust	Caring	Anticipation	Confusion
Disgust	Fear	Depression	Disgust	Disgust
Fear	Happiness	Fear	Fear	Fear
Guilt	Sadness	Happiness	Joy	Happiness
Interest	Surprise	Hurt	Sadness	Sadness
Joy		Inadequateness	Surprise	Shame
Sadness		Loneliness	Trust	Surprise
Shame		Remorse		
Surprise				

---

① Plutchik R.Emotion: A psychoevolutionary synthesis[M].Harpercollins College Division, 1980.

② Sykora M D, Jackson T, O'Brien A, et al.Emotive ontology: Extracting fine-grained emotions from terse, informal messages[C]//Proceedings of the IADIS International Conference Intelligent Systems and Agents, 2013: 22-26.

③ http://www.keenage.com/

④ Blitzer J, Dredze M, Pereira F. Biographies, bollywood, boom-boxes and blenders: Domain adaptation for sentiment classification[C]//ACL.2007, 7: 440-447.

⑤ Athar A.Sentiment analysis of scientific citations[R].University of Cambridge, Computer Laboratory, 2014.

表 9-34 英文极性词表

正向	acceptance, accurately, adequately, aided, appealing, best performing, better, central, closely, competitive, considerable, convenient, de facto, dominant, dramatically, easier, easy, effective, effectiveness, efficient, efficiently, excellent, extremely fast, faster, favorably, good, high, highly correlates, high-quality, important, improve, improve the performance, improvements, inexpensive, influential, intensively, interesting, most important, outperforms, overcome, pioneered, popular, power, predominantly, preferable, preferred, quite accurate, reasonable, reduces over fitting, robust, satisfactory, shown to, significant increases, simpler, state of the art, state-of-art, state-of-the art [sic], state-of-the-art, straightforward, substantially, success, successful, successfully, suitable, well, well known, well-founded, well-known, widely known, widely used
负向	burden, complicated, daunting deficiencies, degrade, difficult, inability, lack, poor, restrict, unexplored, worse, problem, slow, bad

表 9-35 中文极性词表

正向	好,优,多,小,少,强,大,快,低,慢,高,简单,容易,优质,有效,好于,高于,大于,优于,超过,劣于,低于,小于,降低,提高,减少,优点,优势,成就,突破,进步,提升,提高,改进,贡献,创新,成功,突破,准确,正确,精确,灵活,有用,有效,有利,有意义,适当,合理,可行,可靠,可取,可用,全面,方便,一致,完美,清晰,满意,积极,系统,经典,常见,成熟,新,新颖,先进,技术领先,证明,证实,说明,表明,展示,体现,揭示,形成,发现,完成,阐明,解释,解决,实现,达到,得到,获得,帮助,作用,稳健,避免,不错
负向	差,坏,弱,不好,差于,复杂,困难,难度,缺少,缺点,缺陷,不足,错误,障碍,阻碍,阻止,妨碍,劣势,缺乏,缺少,无力,限制,有限,问题,矛盾,难题,悖论,现象,导致,引起,忽略,遗漏,影响,错误,昂贵,失望,不雅,矛盾,缺陷,脆弱,不充分,不可能,顽固,无效,不相关,费力,费时,限制,无意义,误导,不存在,有问题,无法使用,不幸,不必要,不现实,不可靠,不恰当,只,仅,过于,过拟合,有待商榷

② 程度词

程度词可用于情感词之前表示情感程度,一般来说,程度词对于情感强度的分析非常重要,而程度词在一定程度上表示作者的情感。我们使用的英文程度词来源于阿萨的科技报告,见表 9-36。中文的程度词由我们经过对学科资源中常见的程度词进行归纳而提取,有 44 个,见表 9-37。

表 9-36　英文程度词

absolute, absolutely, alarmingly, amazingly, astonishingly, awfully, beyond challenge, beyond compare, beyond comparison, beyond measure, by all means, completely, deep-rooted, deep-seated, deeply, definitely, disastrously, downright, entirely, exceedingly, excessively, extreme, extremely, fully, greatest, greatly, heinous, hundred-percent, immensely, immoderate, in a penetrating way, in every possible way, in the extreme, incomparably, ingrained, matchlessly, monstrous, most, of the highest degree, out-and-out, outstanding, outstandingly, reach the limit, right-down, sharply, sheer, superb, terribly, to death, to the full, to the letter, to the limit, to the marrow, to the utmost, totally, towering, unusually, utmost, utterly, very much, most, a lot, awfully, badly, better, by far, considerably, deep, disastrously, especially, extraordinarily, extremely, greatly, how, however, indeed, much, particularly, really, terribly, to a serious degree, too far, too much, very, comparatively, even more, further, more, more and more, relatively, slightly more, so, still more, such, a bit, a bit too, a little, a little bit, a little more, fairly, more or less, passably, pretty, quite, rather, slightly, some, somewhat, to some extent, a little less, just, light, merely, not particularly, not too, not very, relative, slight, slightly, a little over, excessive, excessively, exorbitance, over, over-, too, too much

表 9-37　中文程度词

极其,最,非常,极,极度,极端,极为,完全,完完全全,无比,异常,最为,很,很是,颇,颇为,太,特别,尤,尤其,尤为,尤以,较,更,更加,更进一步,更为,还,还要,较,较为,稍,略,挺,相当,一点,一点儿,一些,有点,有点儿,有些,相对,过于

③ 否定词

否定词用于情感词之前,可改变情感词的情感极性,例如,"效果好"这个词是正向的极性,而采用否定词后的词组"效果不好"是负向的极性。此处采用的英文否定词源于 Wilson[1] 提出的否定词,见表 9-38,中文否定词由我们归纳得到,见表 9-39。

表 9-38　Wilson 否定词

no, not, n't, never, neither, nor, none, nobody, nowhere, nothing, cannot, without, no one, no way

表 9-39　中文否定词

否定	不,非,不是,没有,未,无,很少,否
双重否定	决非,并非,不是不,不可能不,无不,无非,无,未必不,不得不,不能不,不会不,不可不

---

[1] Wilson T, Wiebe J, Hoffmann P. Recognizing contextual polarity in phrase-level sentiment analysis[C]//Proceedings of the Conference on Human Language Technology and Empirical Methods in Natural Language Processing. Association for Computational Linguistics, 2005: 347-354.

④ 连词

连词是词与词或句与句之间表示连接关系的词。此处将连词分为顺承与转折两种。表示顺承的词是指连词连接的上下文情感倾向一致,转折表示连词连接的上下文情感倾向相反。我们参考了阿萨归纳的连词,并将其分为两类,见表9-40;对于中文的连词,我们归纳了学术文献中常见的连词,并分为两类,见表9-41。

表9-40 英文连词

表示顺承	also, furthermore, in addition, moreover, on the other hand, then
表示转折	although, besides, but, despite, even though, however, in spite of, instead, instead of, nonetheless, on the contrary, regardless of, still, though, whereas, while, yet, unfortunately, although

表9-41 中文连词

表示顺承	或,和,及,以及,与,并,并且,另外,此外,加之,不但,而且,除了,还有,即,一方面,另一方面,那么,于是,然后,所以,因此
表示转折	然而,而,固然,虽然,虽是,尽管,不管,但是,但,可是,却,不过,只是,相反,即使,仅

(3) 引文情感分析方法及特征提取

针对引文情感分析主要采用监督学习的方法,选择 SVM 与朴素贝叶斯方法用于引文情感分类并进行效果对比。SVM[①] 目前在情感分类的研究中获得了很好的效果,采用监督学习进行引文情感分类的主要思想是,将引文情感分析任务看作分类任务(分为正向、负向及中性三类),提取引文内容中的特征作为输入,再采用上述方法进行分类。

本节采用机器学习的方法进行引文情感分析,因此,特征的提取非常重要。我们主要采用以下几类特征进行引文的情感分析。

① 词特征(Word):情感分析常用特征为独立的词特征、词 n-grams 特征,通常采用词是否出现(1 表示词出现,0 表示词没出现)、采用词频权重 TF 或反文档频

---

① Da Silva N F F, Hruschka E R, Hruschka E R. Tweet sentiment analysis with classifier ensembles[J]. Decision Support Systems, 2014(66): 170-179.

率 IDF 来表示特征的相对重要性①。我们将独立词特征作为特征,采用词频权重 TF。

② POS 特征:形容词对于描述情感倾向非常重要,因此词性对于情感分析很有帮助。

③ 情感词特征:用于表达情感的词或词组。

④ 否定词特征:否定词可以改变情感极性。

⑤ 程度词特征:表示程度的词。

⑥ 连词特征:连词。

(三)学科资源本体构建实例

部分对本体学习部分自动抽取出的概念、等级关系与非等级关系来构建本体,采用 Protégé 进行构建,其部分概念及等级关系如图 9-35 所示,可以看出利用机器学习生成的等级关系可以将概念进行层次构建。

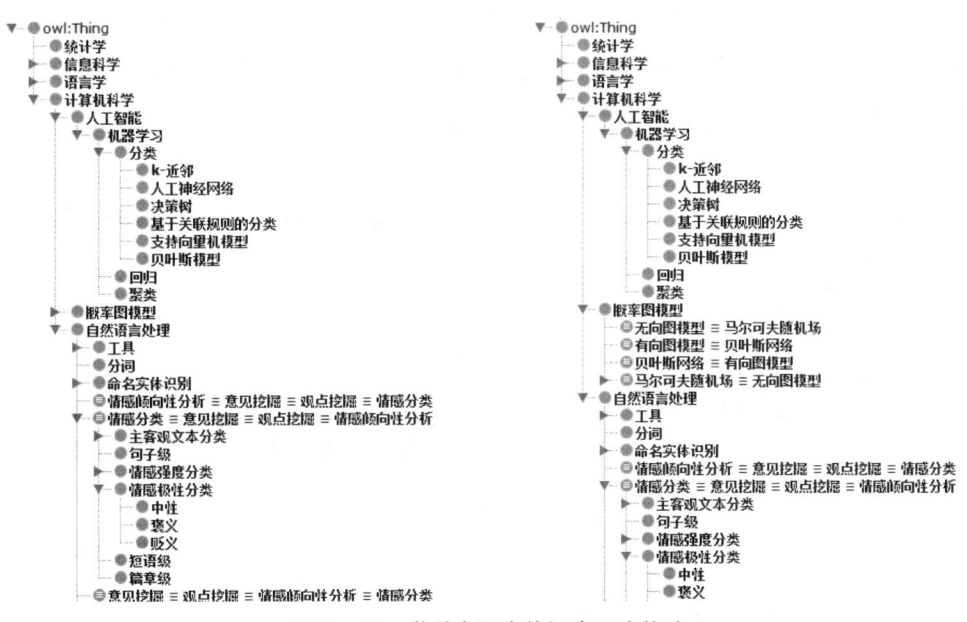

图 9-35 学科资源本体概念层次构建

部分概念非等级关系如图 9-36 所示。从 Protégé 的界面中点击某概念,会显

---

① Mejova Y, Srinivasan P. Exploring feature definition and selection for sentiment classifiers [C]//Fifth International AAAI Conference on Weblogs and Social Media. 2011:546-549.

示与该概念相关的概念等级关系与概念非等级关系,图 9-36 中显示的是"微博观点挖掘"概念与"条件随机场模型"之间具有非等级关系"useMethod"。

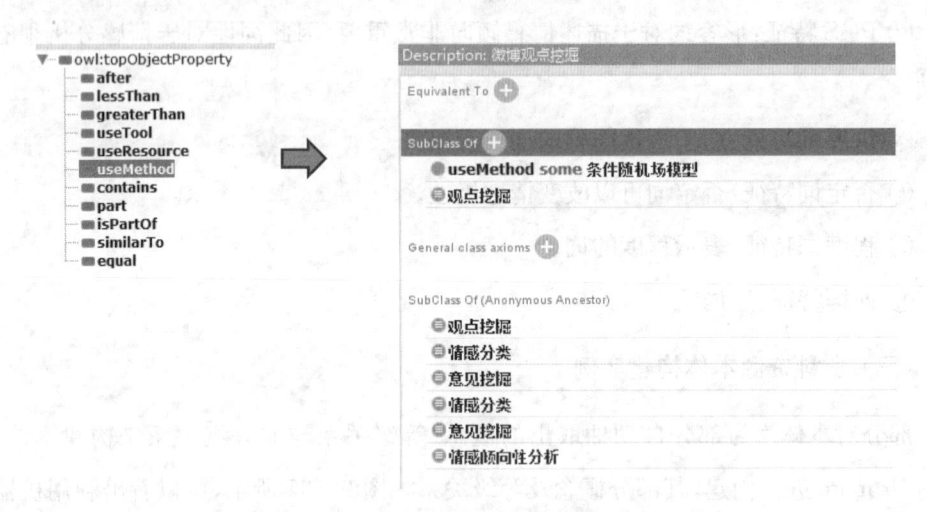

图 9-36　学科资源本体概念非等级关系构建

最后是 Protégé 中表示的概念实例,如图 9-37,"汽车情感识别"是概念"情感极性分类"的实例,并对该实例进行了描述,可以看出实例"汽车情感识别"使用的方法为"支持向量机模型""文本分类""贝叶斯模型"。

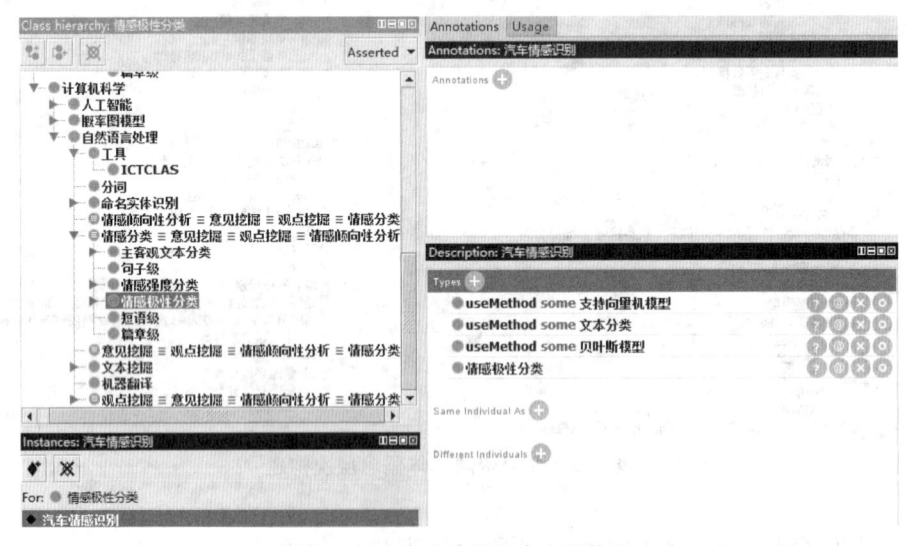

图 9-37　学术文献概念实例构建

采用 Protégé 软件构建学科资源本体,采用的学科领域来源于图书情报领域,本体构建的可视化结果如图 9-38 和图 9-39 所示。

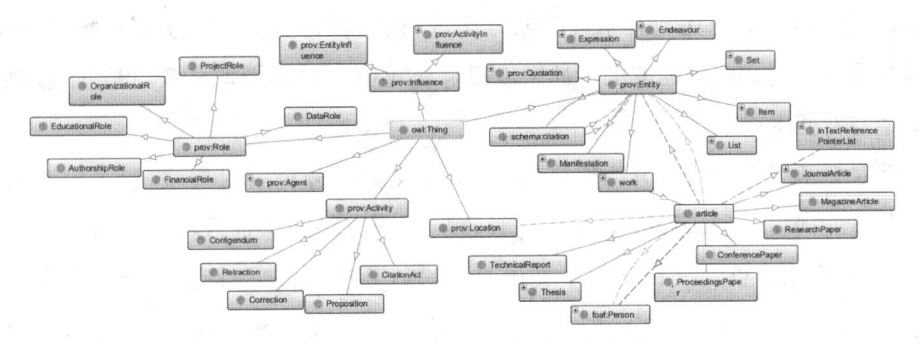

图 9‑38 学科资源领域概念可视化举例

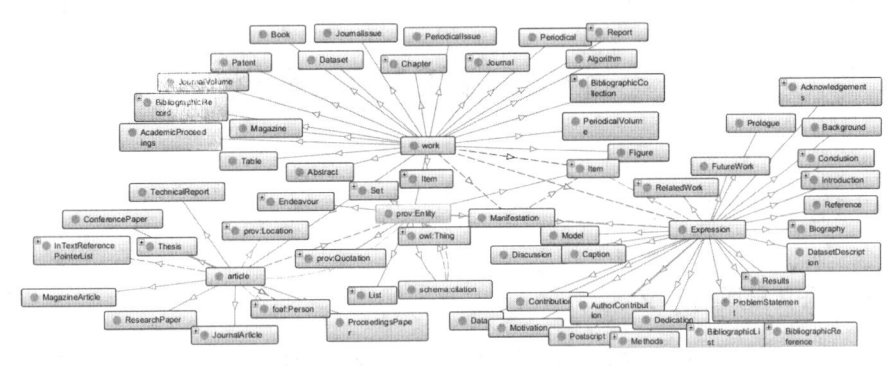

图 9‑39 学科资源领域概念可视化举例

9.2.6 小结

本部分研究了学科资源语义标注的相关问题，主要针对学科资源语义标注提出了基于本体模块化的手工标注方法，针对学科资源基础元素以及部分内容采用基于模板的方法进行提取，针对学科资源内容、基础引文信息以及引文情感采用监督学习的方法进行抽取。在研究的过程中，针对一些内容的提取构建了相关词表。最后，采用实验对学科资源语义标注的效果进行了评价与分析。

针对学科资源的内容元素及内容结构的提取采用结合模板及监督学习的方法，采用模板对 SSN、期刊期、卷、出版时间、出版页面、DOI 号、摘要、关键词、英文摘要、英文关键词、收稿日期、作者简介、资助项目等元素进行提取；采用朴素贝叶斯、SVM（采用 LibSVM 工具）以及 SMO 方法并结合相关的特征，对引言、背景、方法、实验、结论、参考文献进行提取，实验对比了采用不同特征集合的效果，结果表明我们提出的方法得到了较高的准确率及召回率。

针对学科资源引文内容采用监督学习的方法进行抽取，提取了表示引文内容的特征,并采用 SVM 方法与朴素贝叶斯方法进行实验对比,并对比了多种特征组合,实验结果表示引文内容提取的特征可以很好应对引文内容提取任务,得到了较高的准确率与召回率。

针对句子级引文情感分析研究,提出了引文情感分析的流程,构建了用于引文情感分析的词表,并采用 SVM 方法与朴素贝叶斯方法结合提取特征进行引文情感分析,实验采用了英文语料集和中文语料集进行验证,对多个特征组合进行实验对比,实验证明了采用监督学习进行句子级学科资源引文情感分析的可能性,并取得了较好的效果。

9.3 语义出版资源标注研究

9.3.1 语义出版资源介绍

(一)语义出版的定义

语义出版是一种可以增强出版内容的语义,促进它们自动化获取,使其能够链接至语义相关的信息内容,并提供获取文章内数据的可行性途径,使数据整合变得更加容易的出版形式。它是解决现有网络出版问题的有效方法,出版商利用语义技术可以为读者提供所期望的信息质量和深度,通过增值服务创造新的商业机会,是学术出版的未来发展之路。①

(二)语义出版的形式

语义出版实践者结合多种语义处理技术和网络服务协议,分别从出版平台、出版物和阅读终端三个层面进行了语义增强实验,具体有以下几种实施方式[1]:

(1) 自动识别文章内的本体,生成携带语义数据的原始文档。
(2) 自动识别文章内的实体,建立与外部资源的链接。
(3) 识别文章主题,勾勒文章结构。
(4) 借助 XML 语言提供可操作性原始数据。
(5) 用开放应用程序接口,开展数据混合。
(6) 以用户为中心,开展个性化推荐服务。

---

① 王晓光,陈孝禹.语义出版的概念与形式[J].出版发行研究,2011(11):54-58.

（7）借助浏览器插件对客户端文本进行语义增强。

（8）借助专用阅读终端进行智能化阅读。

9.3.2 语义出版数据集处理

（一）数据集描述

南京大屠杀史料集专题数据库是围绕南京大屠杀历史主题，以《南京大屠杀史料集》、相关研究文献、民国人物大辞典、百度百科等语料为基础，经过清洗、加工、抽取、标注等过程构建的专题数据库。数据库包括平民日记、日军日记、幸存者调查表、经济调查等内容，包含多种数据格式和形式。《南京大屠杀史料集》是世界上最翔实的南京大屠杀史料集，耗时10年，分3批出版，长达78卷，约4000万字，全面收集了加害方、被害方、第三方一手资料，涉及中、英、日、德、意、俄等多种文字。该史料集主编是南京大学中华民国史研究中心荣誉主任张宪文，他认为"《南京大屠杀史料集》可以全面反映真相，对日本右翼的进攻将是一个'重磅炸弹'，也有助于各国公众进一步认清历史事件"。中国抗日战争史学会前会长步平也表示，史料集的出版，极大地推动了相关研究的深入，使中国的南京大屠杀史研究立于国际前沿。

《南京大屠杀史料集》汇聚了大量的历史原始资料，具备极高的研究和应用价值。其专题数据库的构建是对原始数据资源的进一步加工和处理，利用自然语言处理和知识图谱等技术，对原始的数据资料进行深度的结构化和语义化加工，形成以下应用优势：（1）便于更加精准的数据聚合和检索，为南京大屠杀研究提供丰富的数据支撑；（2）构建南京大屠杀研究的数据标准和加工范式，从而汇集更多的研究资料和内容，以数据导向构建研究共享平台；（3）利用大数据和人工智能技术挖掘隐含的关联和知识，以语义网标准描述知识，与外部知识库进行链接，拓展应用的边界。

（1）领域本体

基于schema.org通用本体结构，构建领域内的本体体系。领域本体是根据南京大屠杀定义的本体体系，用于约束史料的知识范式，其中主要包括人、地点、机构、时间、事件等概念体系。

（2）辅助词表

基于行业专家知识，构建辅助词表，帮助机器进行信息抽取、词性标注、句法分析等。

(3) 南京大屠杀语料集

南京大屠杀语料集基本信息如表 9-42 所示。

表 9-42 南京大屠杀语料集

语料集	有效文本数量	描述
遇难同胞名录	10705	关于南京大屠杀遇难者概况、遇难情形、相关资料等语义信息抽取和原文映射
市民财产损失调查	32655	关于损失财物、价值、数量、时间等语义信息抽取和原文映射
抗战委员会调查	3444	关于财产损失相关事件、地点的语义信息抽取
日军罪行调查	1081	关于日军罪行发生的时间、地点、部队、证据等语义信息抽取和原文映射,以及网络数据挖掘语料增广
幸存者口述	6205	关于幸存者信息、调查信息的抽取和原文映射,以及网络数据挖掘语料增广
耶鲁文献	1527	关于耶鲁文献中记载的调查情况信息抽取、相关人物信息抽取和网络语料增广

(二)语义化工程

(1) 语义化处理框架

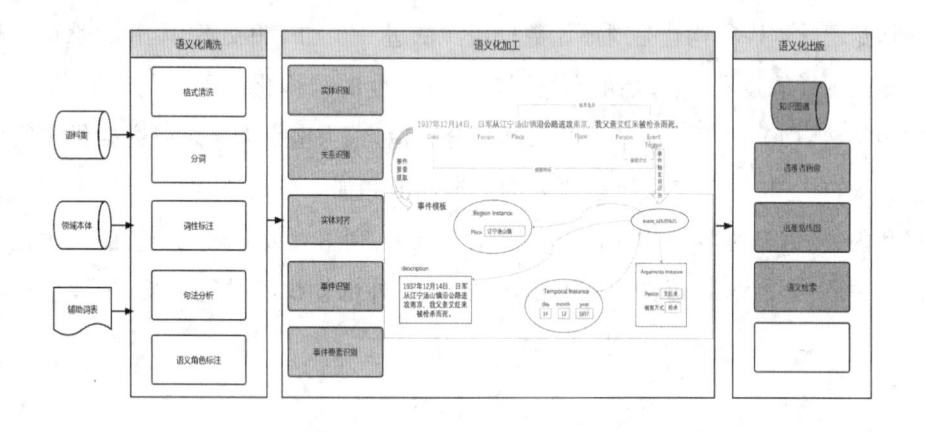

图 9-40 语义化处理框架

(2) 语义加工

语义化加工的作用是赋予文本中的内容语义标签,从而让计算机能够更深层次地理解,主要包括实体识别、关系识别、实体对齐和事件识别等算法模型,采用人机耦合的系统半监督将语料结构化,是构建知识图谱的基础。

(3) 语义出版

语义出版包括两个方面：一方面从数据的角度发布领域知识图谱，用计算机可理解、可识别、可推理的结构发布，便于研究者更直观高效的利用数据；另一方面是根据研究需求，在知识图谱的基础上发布应用，帮助研究者从不同维度快速获取、聚合、理解内涵的知识。

9.3.3 语义出版资源深度标注关键技术

历史语料地理时空语义出版，借助语义技术，增强历史语料出版内容的语义，自动化提取人物、时间、地点、物品、事件等语义信息，使其能够链接至关联的信息内容，并以可视化、交互化等方式呈现，为读者提供期望的信息质量和深度，帮助读者从海量的语料中快速获取、定位、过滤、理解和掌握相关知识，突破传统图书、图像、表格、文本等出版载体的限制，实现大规模的个性化信息服务。

（一）本体构建方法

（1）方法及流程描述

本体构建方法包括 IDEF-5（Integration Definition for Function Modeling）[1]、骨架法（Skeletal Methodology）[2]、TOVE（Toronto Virtual Enterprise）法[3]、Methontology 方法[4]、循环获取法[5]、七步法[6]。

---

[1] Peraketh B，Menzel C P，Mayer R J，et al. Ontology Capture Method（IDEF5）[R]. Knowledge based systems Inc College Station Tx，1994.

[2] Li X Q，Jing S K，Yang H C，et al. Ontology-based knowledge modeling for power source subsystem of satellite fault diagnosis[C]//Applied Mechanics and Materials. Trans Tech Publications Ltd，2014，456：220-224.

[3] Fernández-López M. Overview of methodologies for building ontologies[C]//IJCAI99 Workshop on Ontologies and Problem-Solving Methods：Lessons Learned and Future Trends. 1999，430(4)：1-13.

[4] García-Díaz J A，Cánovas-García M，Valencia-García R. Ontology-driven aspect-based sentiment analysis classification：An infodemiological case study regarding infectious diseases in Latin America[J]. Future Generation Computer Systems，2020，112：641-657.

[5] Kietz J U，Volz R，Maedche A. Extracting a domain-specific ontology from a corporate intranet[C]//Fourth Conference on Computational Natural Language Learning and the Second Learning Language in Logic Workshop. 2000：1-8.

[6] Perera C，Zaslavsky A，Christen P，et al. Context aware computing for the internet of things：A survey[J]. IEEE Communications Surveys & Tutorials，2013，16(1)：414-454.

IDEF-5最早用于描述和获取企业本体,其思想从结构化分析方法发展而来,通过使用图表语言(Schematic Language)和细节说明语言(Elaboration Language),描述客观世界的概念、属性以及关系,并形式化表达,作为知识本体的主要框架。构建的主要步骤有:(1)定义课题,组织团队;(2)采集原始数据;(3)分析数据;(4)本体初步开发;(5)优化与验证。过程中首先针对主题词表进行编目,形成领域模型,本质相当于语义词典,由术语以及术语间的关系组成,反映领域学科的语义相关概念。IDEF-5方法严格定义了领域中本质特征的揭示方法,认为知识本体是一套拥有完整精确定义、规则和术语含义约束的词表。由于本体建设初期主要依赖于专家和领域术语,该方法能够在初期具备较强的借鉴意义,在小规模的数据范围内能够快速搭建。但缺陷是限制过于严格,没有循环开发的意图[①],过分依赖完整的上层设计,则实施过程较难。

骨架法主要用于企业建模的过程,专门用于构建企业本体。骨架法清晰描述了本体开发的流程和指导经验,构建的过程有:(1)明确应用的目的和范围,根据领域或任务,建立相应的领域本体;(2)知识本体分析,界定术语的含义和术语间的关系;(3)知识本体表示,选择RDF等表示模型;(4)知识本体评价,从清晰度、完整度、一致性、可扩展性等标准评价本体;(5)构建本体在南京大屠杀史料集的建设过程中,该方法具有重要的指导意义,但缺陷在于没有提出本体演进的方法。

TOVE法由多伦多大学企业集成实验室研发,用一阶谓词构建了形式化的集成模型,包含企业设计本体、项目本体、计划本体以及服务本体等内容。基本的构建流程有:(1)创建企业共同认同的本体,定义与应用与解决方案相关的实体、关系和属性。对于潜在的对象,提供非形式化的语义表示;(2)通过一组公理实现语义,这些公理能够自动推断关于企业的常识问题;(3)定义在图形环境中描述概念的符号学,即术语的形式化;(4)对系统问题进行形式化的描述;(5)公理的形式化表达,以一阶谓词的形式描述规则;(6)迭代调整,使知识本体不断完备。TOVE法的借鉴意义在于,其通过"问题"的方式定义了知识系统的约束,划定了系统的边界,《南京大屠杀史料集》的外延比较广泛,通过定义数据库解决的问题能够有效引导本体构建。TOVE法主要的缺陷在于没有阐述现有本体的循环迭代过程。

Methontology方法是最早面向化学本体(Chemical Ontology)的构建方法,重视

---

① 尚新丽.国外本体构建方法比较分析[J].图书情报工作,2012,56(4):116-119.

本体的复用。基本的开发流程有：(1) 管理阶段,涉及系统的任务进度、资源需求等；(2) 开发阶段,分为规格阐释、概念化、集成、形式化、执行等过程；(3) 维护阶段,包括知识获取、系统集成、评价和文档整理等过程。Methontology 非常接近软件工程的开发方法,在操作层面上具备一定的优势。许多知识本体在该方法上构建,其中化学本体是根据化学教育构建,能够测试学生所达到的化学专业领域水平,对历史人物库的建设具有借鉴意义。

循环获取法利用了环状迭代的思想构建本体,基本的流程有：(1) 资源选择,是环状的起点,在该阶段可以复用已有的本体,如 WordNet、HowNet、Schema.org 等资源；(2) 概念学习,对文本进行概念挖掘和关系构建,形成概念分类体系；(3) 领域聚焦,对挖掘的概念进行精细化筛选,去除领域无关的概念；(4) 关系学习,除了上下文关系,进一步挖掘概念之间的关系；(5) 评价,评价并迭代进行本体建设。

七步法由斯坦福大学开发,配合其开放的 Protégé 本体构建工具,该方法具备较强的实践价值,七步分别是(1) 确定领域的范围；(2) 通过导入等方式进行本体复用；(3) 罗列领域的术语；(4) 构建层级体系,包含自顶向下和自底向上两种构建方式；(5) 定义对象属性和类属性(关系)；(6) 定义属性的范围；(7) 创建本体实例。七步法的缺陷在于缺少检查、评估以及用户反馈等环节,以数据驱动的方式进行本体构建,在许多环节要依赖前置的数据挖掘,例如罗列领域术语,纯人工的构建仅能在较小的范围内实现。

(2) 语义出版实例

- Event
  - Historical_Event
    - Core_Historical_Event
      - The_Lugouqiao_Incident 卢沟桥事变
      - The_Fall_Of_Nanjing 南京沦陷
      - Establishment_Of_Refugee_Camps 成立难民区
      - Tokyo_Trial 东京审判
    - Sub_Historical_Event
      - Violence_Of_Japanese_Army
        - Murder 杀人
        - Rape 强奸

- ○ Arson 纵火
- ○ Rob 抢劫
- □ War
  - ○ Draft 征兵
  - ○ Fight 作战
  - ○ Withdraw 退军
- □ Civic_Life 市民生活
  - ○ Take_Refugee 逃难
  - ○ Aid
    - ■ Medical_Aid 救护
    - ■ Financial_Aid 接济
- ○ Natural_Event 自然事件

● Intangible
- ○ Time 时间
  - ■ datetime 日期
- ○ Relationship
  - ■ Relationship_Between_People
    - □ Friends 朋友
    - □ Families 家人
    - □ Colleagues 同事
- ○ Characteristic
  - ■ Quantity 数量
- ○ Illness 疾病

● Place
  - ■ Administrative_Area 行政区域
  - ■ Location 场所

● Person 人：name 人名，age 年龄

● Organization 组织

● Product
- ○ Food 食物

- ○ Clothing 衣物
- ○ Property 财物
- ○ Weapon 武器
- ○ Vehicle 交通工具
- ● Certificate 证件
- ● Act 行为

（二）实体抽取

实体的识别和抽取根据应用的不同可以分为命名实体抽取和开放域实体抽取。常见的命名实体任务处理文本中有七类命名实体，分别为人名、机构名、地名、时间、日期、货币和百分比。在这七类当中，时间、日期、货币和百分比的构成具有很明显的规律，通常应用规则的方法解决。剩下的三类识别难度较大。通过命名实体的内部构成和外部语言环境特征，利用特征工程，充分发现和利用实体所在的上下文特征和实体的内部特征，结合相关的算法实验训练得到抽取模型。

命名实体抽取主要包括以下三种方法。

（1）基于百科或垂直网站的实体提取方法：从百科类网站的标题和链接中提取实体名，其优势是能够快速获取最常见的实体名，但对于中低频实体的覆盖率较低。从垂直类站点进行实体提取可以获取特定领域的实体。

（2）基于规则与词典的实体提取方法：通过预定义的语言模式从语料库中挖掘信息，语言模式是专家知识的表示，是语言学、词汇学以及文本内容先验知识的表达，主要有早期的词汇—句法（lexico-syntactic）模式[1]，以及新近的基于词汇—语义（lexico-semantic）模式。[2] 早期研究中，文本经过自然语言处理后以词汇和句法的形式存在，以词汇—句法模式为主。

（3）基于机器学习的实体提取方法：大量的研究将机器学习中的监督学习算法

---

[1] Pulvermüller F, Mohr B, Schleichert H. Semantic or lexico-syntactic factors: What determines word-class specific activity in the human brain? [J]. Neuroscience Letters, 1999, 275(2): 81-84.

[2] Borsje J, Hogenboom F, Frasincar F. Semi-automatic financial events discovery based on lexico-semantic patterns[J]. International Journal of Web Engineering and Technology, 2010, 6(2): 115-140.

用于命名实体抽取。例如 Takecuchi 等[1]将 SVM 算法用于生物医疗命名实体的识别中,Liu 等[2]将深度神经网络用于医疗诊断的实体抽取中。

开放域实体抽取的特点在于不限定实体类,能够应对更多的场景需要,具备更浅的泛化能力,Jian 等[3]利用已知实体的语义特征匹配搜索日志获取候选实体,再聚类进行识别。Liang 等[4]基于 BERT 和远程监督方法提出了一种开放域的命名实体抽取方法。

(三) 属性和属性值抽取

属性抽取涵盖属性类、属性值抽取,其面向每个本体语义类构建属性列表,例如针对历史人物,首先需要明确抽取历史人物的哪些属性,常见的属性例如{姓名、年龄、学历}等通过先验知识已经确定,但不同源的数据中对人物的描述会不同。属性值提取为语义类的实体附加属性值。属性和属性值的抽取对于人物库构建至关重要,能够形成完整刻画的人物实体概念的知识维度。因此,属性本质是针对实体构建的,以达到实体的完整描述。大部分的研究还是半结构化的数据,例如 Suchanek 等[5]提出的 YOGO 知识库就是基于维基百科和 WordNet 中抽取的属性和属性值,其采用多种规则和启发式方法。一些研究在此基础上提出了属性评分的方法,Lee 等[6]提出了一种针对多源数据的实体属性的概率评分方法,将基于概念和基于实例的属性整合到一个广义的概率空间中,通过概率评分抽取属性。从非结构化的文本

---

[1] Takeuchi K, Collier N. Bio-medical entity extraction using support vector machines[J]. Artificial Intelligence in Medicine, 2005, 33(2): 125-137.

[2] Liu X, Zhou Y, Wang Z. Recognition and extraction of named entities in online medical diagnosis data based on a deep neural network[J]. Journal of Visual Communication and Image Representation, 2019, 60: 1-15.

[3] JAIN A, PENNACCHIOTTI M. Open entity extraction from web search query logs[C]//Proceedings of the 23rd International Conference on Computational Linguistics. Stroudsburg, PA: ACL, 2010:510-518.

[4] Liang C, Yu Y, Jiang H, et al. BOND: BERT-assisted open-domain named entity recognition with distant supervision[C]//Proceedings of the 26th ACM SIGKDD International Conference on Knowledge Discovery & Data Mining. 2020: 1054-1064.

[5] Suchanek F M, Kasneci G, Weikum G. Yago: A core of semantic knowledge[C]//Proceedings of the 16th International Conference on World Wide Web. 2007: 697-706.

[6] Lee T, Wang Z, Wang H, et al. Attribute extraction and scoring: A probabilistic approach[C]//2013 IEEE 29th International Conference on Data Engineering (ICDE). IEEE, 2013: 194-205.

中抽取的方法通常看作关系抽取任务,由于属性和实体之间可以看作一种名词性关系,例如 He 等[1]采用了双向 LSTM 网络训练了分类器,判断实体和属性的关系,实验表明比 SVM 效果显著。属性和属性值仍然面临着许多问题:(1) 属性和属性值结构的不确定,导致无论是规则还是机器学习都无法满足泛化;(2) 在质量较高要求的场景,当前的属性抽取包含大量的噪声数据,无法满足应用的需求;(3) 实体属性非常丰富,标注数据的成本较高。

(四) 关系抽取

关系抽取(relation extraction)是指对从文本中提取到的实体对(entity pair)进行关系检测和分类,比如,在文本"天安门是北京的著名景点"可识别出<天安门,北京>是"位于"关系。关系是本体中预定义的标签集,即给定 $S = w_1, w_2, \cdots, e_1, \cdots w_j, \cdots, e_2, \cdots, w_n$,其中 w_i 表示词汇,e_i 表示实体,则二元关系抽取可定义为映射函数 $f(\cdot)$:

$$f_R(T(S)) = \begin{cases} +1, & \text{如果} e_1 \text{ 和} e_2 \text{ 存在关系} R, \\ -1, & \text{反之}. \end{cases} \quad (9-15)$$

其中 $T(S)$ 为句子 S 的特征函数,R 为指定的关系类型。

关系抽取依赖领域和任务,常见的事件关系有因果、时序、相关等,针对事件不同的关系需要构建不同的处理模型,可分为基于特征学习和基于神经网络两类。基于特征学习的方法通过词汇、语义以及核函数等特征学习。[2][3] 此外,神经网络方法也被广泛应用于关系抽取中。相关研究比较了多类神经网络结构的时序关系抽取结果,发现它们在不同的关系结构上表现存在差异。[4] 例如,分词作为输入的效果优

---

[1] He Z, Zhou Z, Gan L, et al. Chinese entity attributes extraction based on bidirectional LSTM networks[J]. International Journal of Computational Science and Engineering, 2019, 18(1): 65-71.

[2] Yoshikawa K, Riedel S, Hirao T, et al. Conference based event-argument relation extraction on biomedical text[J]. Journal of Biomedical Semantics, 2011, 2(5): 1-14.

[3] Zelenko D, Aone C, Richardella A. Kernel methods for relation extraction[J]. Journal of Machine Learning Research, 2003, 3(Feb): 1083-1106.

[4] Dligach D, Miller T, Lin C, et al. Neural temporal relation extraction[C]. Proceedings of the 15th Conference of the European Chapter of the Association for Computational Linguistics: Volume 2, Short Papers. 2017: 746-751.

于人工指定特征的模型、CNN 模型优于 LSTM 模型。为解决关系数据稀缺和管道模型的错误传播问题,学者们提出了多种联合模型学习方法,比如,Zhou[1] 提出的多关系抽取和实体抽取的混合神经网络模型,利用主从任务联合学习的方式,增强了关系识别的效果。

《南京大屠杀史料集》数据关系抽取可以有两个探索方向:加强弱监督学习方法的应用,通过人工标注少量的事件作为先验知识,利用模式进行学习,通过不断迭代从非结构化数据抽取事件实例,然后从新抽取的实例中学习新模式,发现新的潜在关系三元组,以扩充标注数据;加强迁移学习的应用,对知识库与非结构化文本对齐,增强模型跨领域的泛化能力。

(五)知识表示

解决人工智能问题的知识系统由两个部分组成:知识库和推理引擎。知识库是一个结合形式语义信息的数据集,包含规则、事实、公理、定义和陈述等不同类型的知识。[2] 现实中的知识是一个相对抽象的描述,知识表示就是要将知识表示为一种计算机能够处理的数据结构,用于描述和约定特定的知识。知识表示的主要方法有以下两种。

① 基于符号的表示方法包括一阶谓词逻辑表示法、产生式规则表示法、框架表示法和语义网表示法。一阶谓词逻辑表示法由命题、逻辑连接词、谓词与量词等要素组成,利用谓词公式描述事物的对象、属性和关系。例如 Ohuga 等[3]提出了一种包含数据结构的多层谓词逻辑作为知识表示语言,用于设计知识处理系统。虽然一阶谓词表达结果较为精确,在形式上更接近自然语言,但是表示能力有限,仅能表示确定的知识,对于过程性和不确定的知识表示能力差。产生式规则表示法在谓词逻辑的基础上,解决了不确定的知识的表示问题,以(对象、属性、值、置信度)或(对象1、关系、对象2、置信度)形式表示知识,采用"IF-THEN"等形式表

---

[1] Zhou P, Zheng S, Xu J, et al. Joint extraction of multiple relations and entities by using a hybrid neural network[M]. Chinese Computational Linguistics and Natural Language Processing Based on Naturally Annotated Big Data. Springer, Cham, 2017: 135-146.

[2] Akerkar R, Sajja P. Knowledge-based systems[M]. Jones & Bartlett Publishers, 2010.

[3] Ohsuga S, Yamauchi H. Multi-layer logic—A predicate logic including data structure as knowledge representation language[J]. New Generation Computing, 1985, 3(4): 403-439.

达规则,专家系统①②通常采用该方法表示,缺点是无法表示结构性和层次性的知识。框架表示法由美国人工智能专家 Minsky 于 20 世纪 70 年代提出,将知识描述成一个由框架名、槽、侧面以及部分组成的数据结构,具有继承性和结构化等优点,Qin③ 等人利用该方法进行事件抽取,框架法的问题在于构建成本高,缺乏明确的推理机制。语义网表示法是一种描述实体以及实体间语义关系的有向图表示方法,初衷并不是构建一个通用、综合的智能系统,而是实现 Web 数据集间的关联操作,严格意义上是一种数据组织方式,知识图谱从语义网中衍生而来,继承了语义网强大的表示能力。该方法的缺点是节点和边的构建没有约束,不便于知识共享。基于符号的表示方法在逻辑建模上具备优势,但许多知识无法符号化,具备隐藏性,因此基于符号的表示方法无法完全表示一个系统的所有知识,也不能有效计算实体或关系间的语义关系。

② 基于表示学习的知识表示方法是指用一个低维稠密的向量来表示研究对象的语义空间,即将知识图谱中的实体、关系、属性等要素用向量实值表示,其主要优点有:有效地提升计算效率,嵌入式向量的表示方法能够高效地实现语义相似度等复杂操作;解决数据稀疏带来的问题,表示学习将实体或关系投影到低维的空间,相比 one-hot 等表示方法具有显著的优势;实现异构信息的融合,同一个表示模型可以表示不同源异构的数据,从而实现表示层面的融合。知识表示对于知识获取和应用具有重要的作用。表示的空间包括 point-wise 空间、流型空间、复数空间、高斯分布空间和离散空间。④ 代表模型有 Bordes 等⑤提出的 TransE 模型,其思想是利用词汇语义与句法关系存在的平移不变性现象,将知识图谱中关系看作实体间的平移向量。TransE 的优势是模型参数较少,计算复杂度低。但由于过于简单,其在复杂关

---

① Clancey W J. The epistemology of a rule-based expert system—a framework for explanation[J]. Artificial Intelligence,1983,20(3):215-251.

② Liao S H. Expert system methodologies and applications—a decade review from 1995 to 2004[J]. Expert Systems with Applications,2005,28(1):93-103.

③ Qin Y, Zhang Y, Zhang M, et al. Frame-based representation for event detection on Twitter[J]. IEICE TRANSACTIONS on Information and Systems,2018,101(4):1180-1188.

④ Ji S, Pan S, Cambria E, et al. A survey on knowledge graphs:Representation, acquisition, and applications[J]. IEEE Transactions on Neural Networks and Learning Systems,2021:1-27.

⑤ Bordes A, Usunier N, Garcia-Duran A, et al. Translating embeddings for modeling multi-relational data[C]//Advances in Neural Information Processing Systems. 2013:2787-2795.

系上表现不尽如人意。Wang 等[①]提出实体基于关系存在多种表示,解决了 1-N、N-1、N-N 等复杂关系的表示问题。Lin 等人[②]表明不同的关系存在不同的语义空间。近年来,基于表示学习的知识表示方法已经有不少工作,在许多任务上也取得了较大的进步。但知识表示仍然存在诸多问题,例如(1) 不同类型的知识表示划分显得粗糙,缺乏解释性;(2) 多源信息的融合仍待提升,针对图像、视频、音频等多模态的数据如何进一步融合;(3) 无法满足复杂推理模式;(4) 面向知识更新和自学习的表示,如何快速适应未登录的知识。

(六) 历史语料地理时空语义出版实例

(1) 历史语料信息自动抽取

南京大屠杀语料来自南京大屠杀史料集合,包括平民日记、日军日记、幸存者调查表、经济调查等内容,包含多种数据格式和形式。信息抽取从非结构化或半结构化文档语料中提取结构化信息,例如语料集中的人物、事件、地理、时间和物品等实体,并抽取实体间的关系,例如人物和人物的关系、事件和地理的关系等。图 9-41 是历史语料信息自动抽取示例。

图 9-41 历史语料信息自动抽取示例

---

① Wang Z, Zhang J, Feng J, et al. Knowledge graph embedding by translating on hyperplanes[C]//AAAI. 2014, 14(2014): 1112-1119.

② Lin Y, Liu Z, Sun M, et al. Learning entity and relation embeddings for knowledge graph completion[C]//Twenty-ninth AAAI Conference on Artificial Intelligence. 2015:2181-2187.

① 人物抽取

从非结构化文本语料中自动抽取与人物相关的特定属性信息,例如卢沟桥事件中的人物"宋哲元"的出生、逝世、籍贯、政党、学历和经历等属性。

② 事件抽取

从非结构化文本语料中自动抽取与事件相关的信息,以知识图谱方式描述,例如事件的名称、地点、相关人物、发送时间,关联外部知识语料,例如"七七事变"关联至百度百科。

③ 地理抽取

从非结构化文本语料中自动抽取与地理相关的信息,与民国时期的地图进行数据融合,利用时间轴进行数据演化交互操作。

④ 主题抽取

从非结构化文本语料中自动抽取文档主题,用于语料的多维度主题组织,例如抽取日记中关于"逃难""日军暴行""民生""经济"等主题,以主题方式重构语料。

⑤ 物品抽取

从非结构化文本语料中自动抽取与物品相关的信息,以知识图谱方式描述,例如损失物品的名称、损失地点、损失时的价值、购买时的价值。

⑥ 罪行抽取

从非结构化文本语料中自动抽取与事件相关的日军罪行信息,以知识图谱方式描述,例如罪行的名称、犯下罪行的部队,以及罪行造成的伤害。

(2) 历史语料信息语义重构

利用语义化、可视化等技术对语料信息进行重构,从章、节的组织结构转变为以语义为线索的深度透视和广度整合的结构,快速展现语料内容和关联。

① 本体自动识别,生成涵盖语义数据的初始文档。

② 实体自动识别,构建面向外部资源的链接。

③ 文章主题识别,描述文章的结构。

④ 以用户为中心,开展个性化推荐服务。

⑤ 借助可视化对文本进行语义增强。

(3) 语义索引

人物索引包含遇难者索引、名人索引、日本军官索引、幸存者索引等,以不同的人物属性类目呈现,围绕人物的属性,如性别、籍贯、职业、被害方式、被害地点等构建,通过人物线索,进入原文语料,以数据可视化方式对比呈现,例如遇难方式的统计,从微观到宏观进行画像分析。

(4) 时间轴面板

① 动态可视化,根据语义索引聚合、时间轴交互,观察历史演化全貌。

② 关联语义查询,丰富信息深度,完整的术语库、人物库、地理库等内容支持。

③ 根据用户检索实时生成可视化面板,语料个性化分析。

④ 演化路径分析,例如逃难路线图、进攻路线图等。

(5) 语义标准发布

集成对齐多种语义出版本体,例如 SPRO、CiTO、FRBR、DataCite、DoCO 等,满足语义网要求,信息以 RDF 格式出版发布,便于知识链接。

面向语料,以自然语言处理、知识图谱等技术为基础,构建了全流程语义出版工具,包括语料资源建设、语义抽取、语义整合、语义表示、语义发布等流程环节,如图 9-42 所示。

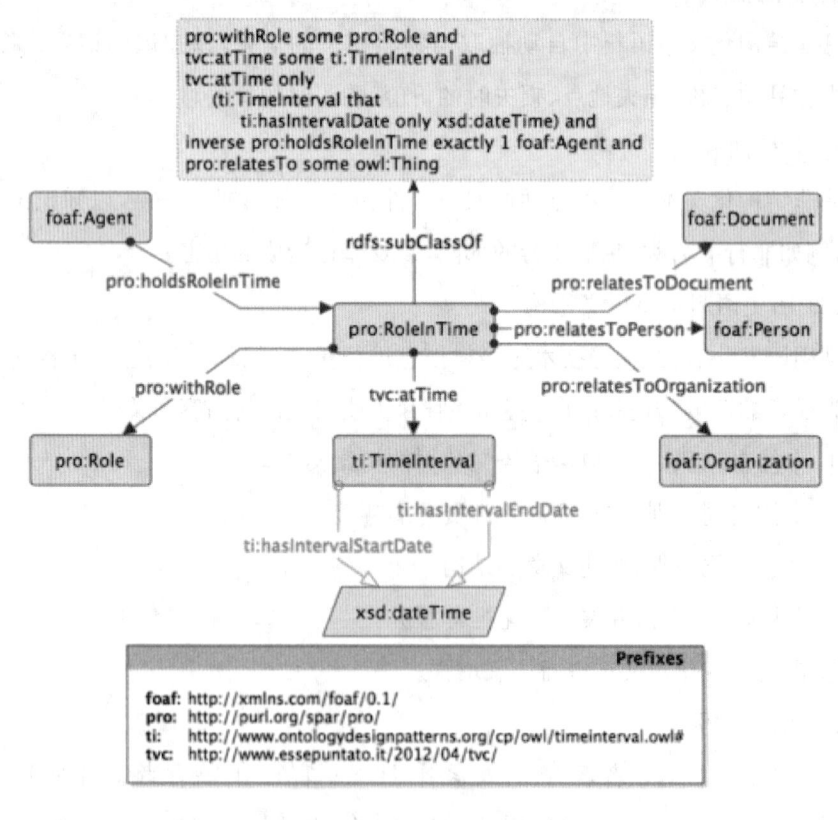

图 9-42 语义标准发布

第五部分　学科网络资源聚合

10 学科网络资源的主题聚合

这里学科网络资源主题聚合,是指利用各种数据分析方法对预处理后的学科网络资源进行初步的聚合分析,确定领域主题与分类体系,以便对资源进行主题归类与分类体系的映射,支持后面的资源深度聚合分析。一直以来,学科资源主题聚合都是情报学的研究重点,相关研究成果较多,但大多围绕馆藏资源展开,涉及网络资源的研究相对较少。因此,本部分首先对馆藏资源聚合研究进行归纳分析,借鉴已有研究成果,考虑网络资源特点,设计有针对性的学科网络资源主题聚合方法。

10.1 基于关联数据的学科网络资源主题聚合

在学科信息组织中,学科导航网站是一种行之有效的工具,有着广泛的应用。国内外典型应用有 Intute、Infomine 以及 CALIS 等,然而当前学科导航网站面临严峻生存挑战。据统计,CALIS 中有 73.1％的资源从未被用户使用,现有服务也存在更新速度慢、访问不通畅等问题。英国学科导航领导者 Intute 更是在 2011 年停止更新服务,因而需要寻找新的思路来提升服务质量和服务效率。

如前文所述,关联数据(linked data)因其支持语义描述等特征,可用于馆藏资源的整合,在学科网络信息的聚合中同样可以考虑借用。目前对于关联数据应用于学科信息聚合的研究,已经引起了国内外学者的广泛关注,并产生了大量成果。国内部分研究成果体现在国家自然科学基金项目"基于关联数据的信息聚合模型与实现研究"、国家社科基金项目"关联数据中潜在知识关联的发现方法研究""关联数据的理论和应用研究"等中。通过对文献进行梳理,发现国内外的研究主要集中在四个方面:关联数据模型与网络信息聚合①②③④、社会网络信息聚合⑤⑥⑦、关联数据与图书馆信息聚合⑧⑨⑩、关联数据与信息聚合案例⑪⑫⑬⑭。本章首先对关联数据、学科网络资源聚合概念进行探讨,其次分析阐述基于关联数据的学科网络资源主题聚合框架的可行性,然后在此基础上构建聚合框架并梳理学科网络资源的关联数据发布流程,最后对资源主题聚合的过程中存在的问题进行分析。

10.1.1 学科网络资源主题聚合可行性分析

当前,使用关联数据进行馆藏资源与网络信息聚合的研究较多,而将其运用在

---

① 潘有能,刘朝霞.基于 WordNet 的关联数据本体映射研究[J].情报杂志,2013,32(2):99-102.

② Curry E,O'Donnell J,Corry E,et al.Linking building data in the cloud:Integrating cross-domain building data using linked data[J].Advanced Engineering Informatics,2013,27(2):206-219.

③ Bizer C,Heath T,Berners-Lee T.Linked data-the story so far[J].Semantic Services,Interoperability and Web Applications:Emerging Concepts,2009:205-227.

④ Heath T,Bizer C.Linked data:Evolving the web into a global data space[J].Synthesis Lectures on the Semantic Web:Theory and technology,2011,1(1):1-136.

⑤ 邓胜利.信息聚合服务的发展与演变研究[J].情报资料工作,2012(1):79-83.

⑥ Rudas I J,Pap E,Fodor J N. Information aggregation in intelligent systems:An application oriented approach[J].Knowledge-Based Systems,2013,38(1):3-13.

⑦ 胡昌平,胡吉明,邓胜利.基于社会化群体作用的信息聚合服务[J].中国图书馆学报,2010,36(3):51-56.

⑧ 贺德方,曾建勋.基于语义的馆藏资源深度聚合研究[J].中国图书馆学报,2012,38(200):79-87.

⑨ 刘炜,胡小菁,钱国富,张春景,夏翠娟.RDA 与关联数据[J].中国图书馆学报,2012,38(1):34-42.

⑩ 沈志宏,张晓林,黎建辉.OpenCSDB:关联数据在科学数据库中的应用研究[J].中国图书馆学报,2012,38(5):17-26.

⑪ 马费成,赵红斌,万燕玲,等.基于关联数据的网络信息资源集成[J].情报杂志,2011,30(2):167-170,175.

⑫ 白海燕,朱礼军.关联数据的自动关联构建研究[J].现代图书情报技术,2010(2):44-49.

⑬ Ruiz-Calleja A,Vega-Gorgojo G,Asensio-Pérez J I,et al. A linked data approach for the discovery of educational ICT tools in the Web of Data[J].Computers & Education,2012,59(3):952-962.

⑭ O'Riain S,Curry E,Harth A. XBRL and open data for global financial ecosystems:A linked data approach[J].International Journal of Accounting Information Systems,2012,13(2):141-162.

学科网络资源聚合中的研究相对较少,下面将对其可行性进行分析。

(1) 关联数据的概念

Tim Berners-Lee 于 2006 年 7 月首先提出关联数据的概念。关联数据是实现语义网的一种有效方式,通过制定数据应用规范,将数据以更加结构化、关联化的形式组织起来,技术难度不高,因此很快成为语义网实现和应用方面的热点研究。对于关联数据的使用,有四个基本原则[①]:

① 用统一资源定位符(URI)作为所有的事物的标识名称;

② 使用 HTTP URI 使得任何人都可以访问到名称;

③ 当有人访问名称时,提供有用的 RDF 信息;

④ 尽可能提供相关的 URI 以使得人们能够发现更多的信息。

统一资源标识符(URI)形如身份证号码,是互联网上资源的标识信息,用来标识网络上的任何事物,它使得网络上的资源能够以"数据"形式而不是"文件"形式形成关联。超文本传输协议(HTTP)则给用户提供了在互联网上发布和接收超文本文档数据的方法,通过 HTTP 或者 HTTPS 协议,可以使得用户访问到由 URI 来标识的资源。资源描述框架(RDF),是一种描述 WEB 资源的标记语言,是一个处理元数据的 XML 应用,作用是对 URI 标识的数据进行描述和表达。SPARQL 协议和 RDF 查询语言(SPARQL)是为 RDF 开发的查询语言以及数据获取协议,使得用户可以从 RDF 中找到所需的数据。

(2) 学科网络信息的主题聚合

学科网络信息聚合是把来自不同源头的,结构化、半结构化、非结构化等不同结构类型的学科网络信息资源有机整合起来,使用户能够更方便地浏览与利用学科信息。当前,比较常见的聚合方式主要有两种:

① RSS 学科网络信息聚合。以网页为单位,将不同数据源的数据通过"订阅"形式整合在 RSS 阅读器中,这种方法能够实现学科网络信息的有效组织,但对网页信息的质量不能进行严格的控制。

② 学科门户网站。学科门户网站将学科网络信息根据学科分类法有序地整合起来,用户可以根据学科分类、资源类型等查找和浏览信息。学科门户网站上的信

---

① Linked Data.[EB/OL].[2014-10-8].http://www.w3.org/Design Issues/Linked Data.html.

息是经过筛选和序化组织的,能够保证信息质量。但是学科门户网站的动态性不强,可持续发展性不强,存在信息互操作和长期保存问题。

基于关联数据的学科网络信息主体聚合,即将学科网络信息资源以关联数据的形式发布,将传统的以"文件"为单位组织的信息转换为以"数据"为单位组织的形式,对分散的、异构的学科网络资源信息进行组织整合。这种方法弥补了前几种聚合方法的不足,有效地保证了信息的质量,使不同学科之间的门户网站有较高的互操作性,进而提高用户对学科门户网站的使用效率。

(3) 可行性论证

要搭建学科网络信息主题聚合框架主要需要考虑如下两个问题:

① 模型,即寻找一种可以统一地表示 Web 上不同信息源头的多学科网络信息的数据模型。

② 数据格式的转换工具,即能将不同 Web 信息源、不同数据类型的各学科网络信息数据变换成统一格式的工具。

关联数据(linked data)定义了一种 URI 规范,使用户可以通过 HTTP/URI 机制,直接获得数据资源。其主要以 HTTP、URL、HTML 等 Web 技术为基础,利用 RDF 模型,将网络上的各种异构型学科网络信息数据转化成统一的标准化形式处理,便于多源信息的聚合。关联数据的发布方式主要有三种:① 静态发布,若数据的体量较小,如只有几百条 RDF 三元组的数据量或者更少的情况下,可以采用静态的 RDF 文件发布方式;② 批量存储,若数据的体量较大,则需要将数据放入 RDF 库中存储,并需要选择 Pubby 等服务器作为 Linked Data 服务的前端;③ 调用时生成,即若数据的更新频率很大,则需要引入更新机制,或在请求数据的时候再根据原始数据在线生成(on-the-fly translation)RDF 文件[①];④ 事后转换。

当前关联数据的格式转换工具主要有如下几种:

① D2R。D2R 是德国柏林自由大学(Freie University Berlin)的一个开源项目,它可以将关系型数据库发布为 linked data,主要包括 D2RQ Mapping 语言、D2RQ Engine 以及 D2R Server 等。[②]

---

① 沈志宏,刘筱敏,郭学兵,等.关联数据发布流程与关键问题研究——以科技文献、科学数据的发布为例[J].中国图书馆学报,2013,39(2):53-62.

② D2RQ:Accessing Relational Databases as Virtual RDF Graphs[EB/OL].[2014-10-10]. http://d2rq.org/

② LMF(Linked Media Framework)。LMF 是一种易于配置的服务器应用,使用核心语义 Web 技术提供智能服务。LMF 核心提供了关联数据服务器以及 SPARQL 端点服务。①

③ OAI2LOD Server。它是一种封装组件,功能是将 OAI-PMH 标准的元数据仓库按照关联数据的相关规范进行表示,使得事物和媒介对象可以通过 HTTP URIs 获取并且通过 SPARQL 协议进行查询。②

综上所述,关联数据不仅能够提供一种统一资源描述框架(RDF),同时还有一组数据的格式转换工具,可以为实现学科网络信息聚合提供思路。实际上当前也存在较为广泛的实践和应用,如图书馆领域。2008 年,瑞典国家图书馆将瑞典联合目录(LIBRIS)发布为关联数据;2010 年,IFLA 发布了关联数据与图书馆的专题报告;美国国会图书馆、德国图书馆、OCLC 等书目数据或规范数据也纷纷开放关联数据服务。除此以外,BBC、《纽约时报》等大型媒体公司也发布了关联数据。

10.1.2　学科网络资源主题聚合框架构建

学科网络信息聚合是一个相对复杂的问题,下文将从框架设计以及学科网络资源关联数据发布工作流程两个方面,来介绍基于关联数据的学科网络主题聚合框架的构建思路。

(1) 基于关联数据的学科网络资源主题聚合框架设计

在深入分析关联数据和学科网络信息主题聚合概念和"聚合框架"设计可行性分析的基础上,利用关联数据的原理、技术和方法设计了一个包括底层源数据、数据预处理、关联数据生成和应用服务四个层次的学科网络信息主题聚合框架(如图 10-1 所示)。

源数据。源数据指散布在网络上的各类型学科数据,包括结构化学科数据,如使用二维表存储于各关系型数据库中的专业数据库、学科资源数据库等;半结构化学科数据,如学科门户网站、博客、学术论坛等;非结构化学科数据,如文本、图像、音频、视频、超媒体等。

---

① LMF：Linked Media Framework[EB/OL].[2014-10-10]. http://code.google.com/p/lmf/.
② Haslhofer B, Schandl B. The OAI2LOD server：Exposing OAI-PMH metadata as linked data[EB/OL].[2014-10-10]. http://eprints.cs.univie.ac.at/284/1/lodws2008.pdf.

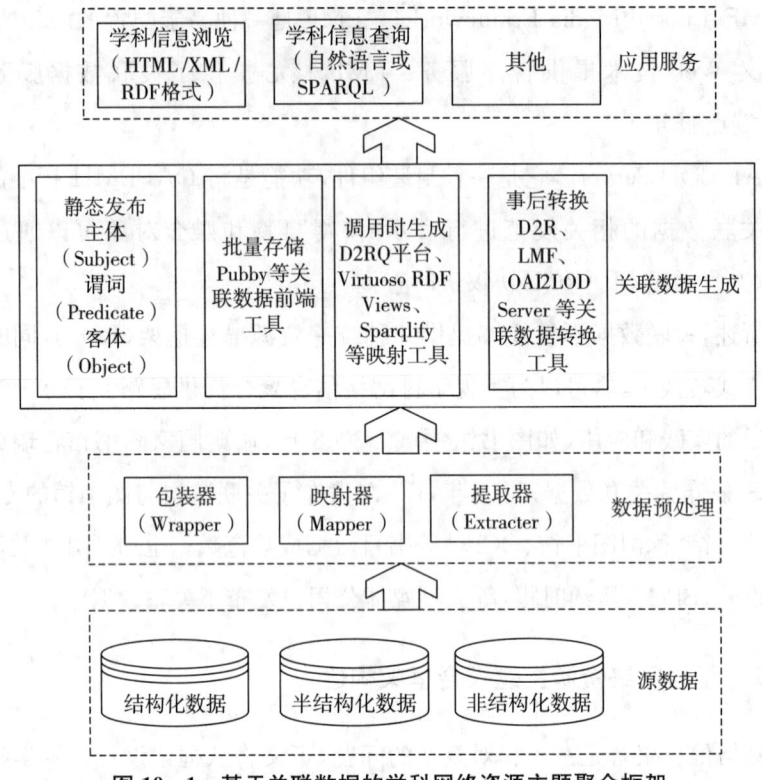

图 10-1　基于关联数据的学科网络资源主题聚合框架

数据预处理。关联数据本身并不具备语义特征,但其能够在数据粒度层面建立关联,因而能够为真正构建语义网提供基础。一般而言,来自不同源头、格式各不相同的学科网络信息数据往往没有统一标准,机器也没有办法直接理解和处理。因此在关联数据生成及发布之前,需要对数据进行预处理。数据预处理常常采用包装器、映射器、提取器等工具从数据源搜集数据,进行结构化处理。其中,包装器会按照学科主题需求抽取学科网络信息数据,采用结构化工具(如表格)的形式表示出来,然后借助源描述语言(SDL)描述数据源,并将散布在网络上各个角落的 HTML、XML 等数据文档转换成关系表的格式。映射器的功能是通过映射描述语言(MDL)定义一组映射规则,实现属性名称和格式的转换,从而可以统一包装器的关系表中那些表述不一致的"模式"和"词汇"。抽取器是从非结构化文本中抽取结构化数据,因此主要用于对非结构化数据进行预处理,抽取器是包装器的一个抽取规则程序,由编程人员用 Junglee 抽取语言描述。[①]

---

① 黄晓斌.网络信息资源开发与管理[M].北京:清华大学出版社,2009:115-116.

关联数据生成。关联数据的生成是指使用关联数据发布或转换工具,在前期数据预处理的基础上,将处理后的数据发布成 RDF 格式关联数据的过程。关联数据的发布方法,如前文所述,主要有静态发布、批量存储、调用时生成以及事后转换四种。①

应用服务。应用服务是指用户可以通过 Web 浏览器来实现对于学科网络信息资源的 HTML、XML 等网页的浏览(面向用户个人),或是使用专门的关联数据浏览器,如 Marble 等,通过 RDF Links 在数据源之间进行浏览(面向机器);采用普通自然语言或者 SPARQL 查询语言对基于关联数据的学科网络信息进行查询。

(2) 学科网络资源关联数据发布工作流程

具体流程如图 10-2 所示:

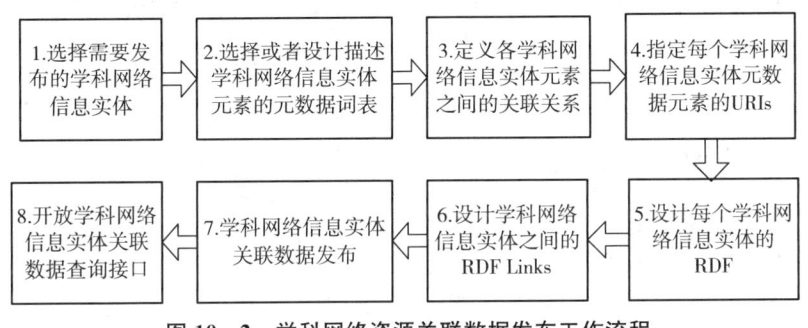

图 10-2 学科网络资源关联数据发布工作流程

① 选择需要发布的学科网络信息实体。学科网络信息实体有很多,一般来说,一个学科门户网站主要有学科论文信息、学科机构网站信息、学科会议信息以及学科社交网络信息等等,学科网络信息关联数据发布的第一步是选择需要发布的学科网络信息实体。

② 选择或者设计描述学科网络信息实体元素的元数据词表。学科网络信息实体的描述通常用元数据词表,这些元数据词表有现成的可以选择,有时候可能还需要自己设计元数据词表。常用的元数据词表主要有:第一,描述学科论文信息实体的元数据集可以选择都柏林核心元素集(Dublin-Core)、PRISM(Publishing Requirements for Industry Standard Metadata 的缩写,工业标准元数据出版需求)等;第二,描述学科人员与学科地址信息的元数据集可以选择规范定义电子名片(Specification Defines Electronic Business Card, vCARD) 和 FOAF 词表(Friend of a Friend,

---

① 夏翠娟,刘炜,赵亮,等.关联数据发布技术及其实现——以 Drupal 为例[J].中国图书馆学报,2012(1):49-57.

FOAF，是一种 XML/RDF 词汇表，它以计算机可读的形式描述，通常可能放在主 Web 页面上的个人信息之类的信息）等；第三，描述学科教育资源的元数据集可以选择学习对象元数据（Learning Object Metadata，LOM）等；第四，描述学科网络信息中的图像、音频、视频等多媒体信息可以选择广播诠释数据字典（Public Broadcasting Metadata Dictionary，PBCore）、多媒体内容描述接口 7（Multimedia Content Description Interface-7，MPEG-7）以及音频文件元数据 ID3V2 等。①

③ 定义各学科网络信息实体元素之间的关联关系。不同的学科网络信息实体有不同的实体元素，实体元素之间的关联关系表示也不同。选择学科论文信息实体，绘制学科论文信息实体元素之间的关联关系示意图（如图 10-3 所示）。其中，选用 DC 元数据集中的"超资源集合（dcterms:isPartOf）"标签描述期刊与学科论文之间的关联关系，选用"收集者（dc:creator）"标签描述学科论文与作者之间的关联关系；选用 vCard 的 ORG、ADR、EMAIL 三个元素分别描述作者与学科机构、作者与电子邮箱以及学科机构与地址之间的关联关系。

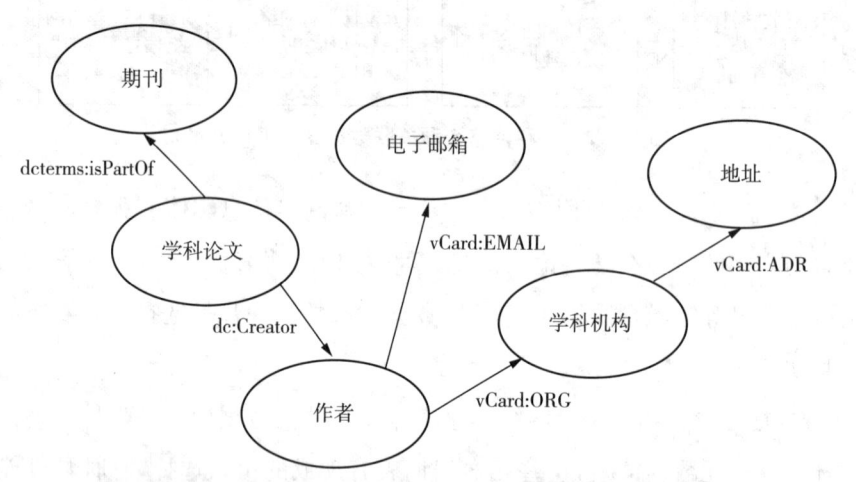

图 10-3 学科论文信息实体元素之间的关联关系示意图

④ 指定每个学科网络信息实体元素的 URI。学科网络信息实体元素的 URI 通常由三部分组成：基地址（BaseURI）＋ 实体类型名称（EntityTypeName）＋ 实体编号（EntityID）。基地址为学科网络信息聚合平台的网址，实体类型名称为学科论文（Paper）、学科机构网站（Organization）、学科会议（Symposium）等，实体编号为该类

---

① Pomerantz J. Metadata[M]. MIT Press，2015.

资源的编号。

⑤ 设计学科网络信息实体的 RDF。使用 RDF 描述工具对各个学科网络信息实体元数据中的每个元素进行描述,形成学科网络信息实体的 RDF 图。

⑥ 设计学科网络信息实体之间的 RDF Links。根据类似图 10-3 的 RDF 关联关系,添加学科网络信息实体之间的 RDF Links。

⑦ 学科网络信息实体关联数据发布。选用 D2R Server 等关联数据发布工具对学科网络信息实体关联数据进行发布,开放每一个学科网络信息实体的访问接口。

⑧ 开放学科网络信息实体关联数据查询接口。开放 HTML、XML 学科网络信息查询接口或者是 SPARQL 查询接口,以便用户使用普通 Web 浏览器或者专门的关联数据浏览器访问学科网络信息。

10.1.3 学科网络资源主题聚合实施关键问题

基于关联数据的学科网络资源主题聚合实施关键问题,主要包括如下几个方面:

(1) 成立学科网络信息关联数据管理中心

基于关联数据的学科网络信息主题聚合是一项复杂的、系统的工程,涉及学科网络信息分类体系的制定、描述学科网络信息实体元数据标准的选择或设计,以及学科网络信息关联数据质量评估问题等等。对于这些工作需要成立专门管理机构来组织、管理和协调,可考虑成立类似"学科网络信息关联数据管理中心"的机构,专门负责关联数据的发布、管理以及维护工作。就我国而言,该机构可以考虑由目前负责我国学科网络信息导航工作的 CALIS 兼任。CALIS 为我国文献信息保障中心,经过多年发展,已经具有多个分中心,体系完整,具备作为管理机构的基本要求。除此以外,CALIS 还负责 MARC 格式的数据发布,有着非常好的基础,有利于学科网络信息分类体系和描述学科网络信息实体元数据标准的制定、实施与维护。

(2) 发布中文编码体系词表的关联数据

目前,虽然有不少以关联数据形式发布的分类体系、主题词表资源,如杜威十进制分类法 DDC、美国国会图书馆主题词表 LCSH 以及日本国立国会图书馆主题词表 NDLSH 等,但是就中文资源而言,可以直接使用的关联数据形式的词表还非常少。需要由专门的管理机构使用简单知识组织系统(SKOS)将中文的编码体系词表——如中国图书馆分类法和汉语主题词表——发布成规范的 Web 可用的关联数据格式,以便在描述学科网络信息资源时有可以直接选择的规范词汇,从而保障学科网络信息关联数据发布的质量与效率。

(3) 遵守关联数据查询的内容协商机制

内容协商机制是指当 Web 服务器需要确定向 HTTP 客户端发送内容所使用的格式时,通过检查客户端所发头信息中"Accept"代码,决定发送内容的偏好格式的机制。若"Accept"为"text/html"或"application/xhtml+xml",则发送普通的 HTML 格式内容;若"Accept"为"application/rdf+xml",则发送 RDF 格式内容。[①] 基于关联数据的学科网络资源主题聚合框架,应该遵守内容协商机制,为用户提供个性化的内容查询服务。

(4) 注意关联数据访问控制问题

关联数据的目标是将当前 Web 上的各种多源异构数据转换为一个相互之间实现关联的全球数据库,这将给用户带来极大便利,但同时也将带来很多安全性问题。当前,在访问用户的身份认证以及关联数据的访问控制方面,还没有推荐的公用标准,用户身份认证工作和访问权限控制工作需要由 Web 服务器实现,这限制了异构数据库系统之间的互操作性。因此,基于关联数据的学科网络资源主题聚合框架,在应用过程中也需要考虑数据访问控制的问题。关联数据对不同级别和不同层次用户的访问权限控制以及身份认证等,都是关联数据标准化中需要进一步加强研究的领域。

(5) 注意关联数据更新同步问题

在学科网络信息环境中,各关联数据发布主体常常会遇到的一个问题是关联数据的更新,如向关联数据中增加新实体以及修改现有实体之间的 RDF Links 等。在操作过程中,有可能会涉及修改或者删除原关联数据的链接,而之前关联到本数据的其他数据,会因为没有及时更新链接,导致用户在访问这些链接时遇到死链接。因此,需要关联数据同步更新机制,提高关联数据的质量,从而减少无效的客户端 HTTP 访问请求,提升用户的使用满意度。

10.2 基于聚类分析的学科网络资源主题聚合

聚类分析是指通过对待分析数据之间相似度的计算与分析,将其划分成事先定

---

① W3C Working Group. Best Practice Recipes for Publishing RDF Vocabularies.[EB/OL]. [2014-10-24].http://www.w3.org/TR/swbp-vocab-pub/

义好的 K 个类别,类别中数据相似程度高,类别之间数据相似程度低。基于聚类分析的学科网络资源主题聚合,则是以聚类技术为基础,将获取的学科网络资源划分到各自主题类别中,从而实现资源的主题聚合。值得一提的是,传统聚类算法主要针对长文本设计,而学科网络资源大多文本长度有限,需要对传统聚合算法进行改进,使之适应学科网络资源的特点。因此本节首先对面向学科网络资源聚合的聚类算法进行分析,然后设计对应的聚合模型,并以图书情报学科为例进行实证研究。

10.2.1 面向学科网络资源聚合的聚类算法

根据侧重点的不同,聚类算法可分为以数据为中心和以描述为中心[①]两类。前者更加注重算法,代表性研究是在 1992 年基于经典聚类算法 K-means 构造的 Scatter/Gather 系统,但该系统存在无法产生重叠类和聚类标签、可理解性较差以及不能很好地适应网络聚类等缺点。后者更加关注聚类结果的描述(聚类标签),典型研究有 1999 年 Zamir 等人提出的后缀树聚类算法(Suffix Tree Clustering,STC)[②③]及 lingo 算法[④]。其基本思想是基于高频短语的共现,算法通过提取信息量大的短语作为聚类依据,最终的标签也从短语中产生。考虑到网络资源除了包含文本内容外,还包含大量标注的标签,因此面向学科网络资源聚合的聚类算法分析将从两方面进行,即传统聚类算法的改进研究与基于标签的聚类算法研究。

(一) 传统聚类算法的改进

传统聚类算法的改进工作是指采用传统的经典聚类方法,如 K 均值(K-means)

[①] Carpineto C, Osiński S, Romano G, et al. A survey of web clustering engines[J]. ACM Computing Surveys (CSUR), 2009, 41(3): 1-38.

[②] Zamir O E.Clustering web documents: A phrase-based method for grouping search engine results[D].University of Washington,1999.

[③] Zamir O, Etzioni O. Web document clustering: A feasibility demonstration[C]// Proceedings of the 21st Annual International ACM SIGIR Conference on Research and Development in Information Retrieval.ACM,1998: 46-54.

[④] Osiński S,Stefanowski J,Weiss D.Lingo: Search results clustering algorithm based on singular value decomposition[M]//Intelligent Information Processing and Web Mining.Springer Berlin Heidelberg,2004: 359-368.

和凝聚层次聚类（AHC）等方法，进行聚类研究。[①] 关于经典聚类方法的主要科学内涵特征、技术能力指标及应用指标的阐述等，请参阅 Xu[②] 以及 Rokach[③] 等的工作成果，此处主要阐述研究者在网络短文本聚类中的相关改进工作。

（1）软聚类

多数聚类算法属于硬聚类，没有办法产生重叠聚类（软聚类），但在实际应用中存在一个网络文档同时包含多个主题的情况。因此，软聚类的实现是经典算法需要改进的问题。

① 相似度阈值。Wang 等[④]在 K-means 算法中设定一个相似度阈值，当计算片段与类簇中心相似度超过该阈值时，则将片段归入该类，从而产生重叠类。Maiti 等[⑤]整合 K-means 算法和分裂式层次算法，利用分裂式层次算法确定初始聚类的中心，随后设定相似度阈值，采用 K-means 算法完成聚类。

② 最小化目标函数。Wang 等[⑥]采用最小化目标函数（公式10-1）在模糊 C 均值（FCM）算法中实现了重叠分类。

$$J_m = \sum_{i=1}^{N}\sum_{j=1}^{C} u_{ij}^m \parallel x_i - v_j \parallel^2, 1 \leqslant m \leqslant \infty \qquad (10-1)$$

式中 m 代表权重指数，m 的值越大则表示模糊划分越显著。u_{ij} 表示片段 i 对类 j 的隶属度。v_j 表示第 j 个类簇的中心。$\parallel x_i - v_j \parallel$ 表示片段 i 和类 j 中心的距离。通过多次迭代优化 u_{ij} 与 v_j（公式10-2和10-3）。

$$u_{ij} = 1/\sum_{k=1}^{c}(\parallel x_i - v_j \parallel / \parallel x_i - v_k \parallel)^{\frac{2}{m-1}} \qquad (10-2)$$

---

① Wang Y, Kitsuregawa M. Use link-based clustering to improve web search results[C]//Proceedings of the Second International Conference on Web Information Systems Engineering, IEEE, 2001, 1: 115-124.

② Xu R, Wunsch D. Survey of clustering algorithms[J]. Neural Networks, IEEE Transactions on, 2005, 16(3): 645-678.

③ Rokach L. A survey of clustering algorithms[M]//Data Mining and Knowledge Discovery Handbook. Springer US, 2010: 269-298.

④ Wang Y, Kitsuregawa M. Use link-based clustering to improve web search results[C]//Proceedings of the Second International Conference on Web Information Systems Engineering, IEEE, 2001, 1: 115-124.

⑤ Maiti S, Samanta D. Clustering web search results to identify information domain[M]//Emerging Trends in Computing and Communication. Springer India, 2014: 291-303.

⑥ Wang F, Lu Y, Zhang F, et al. A new method based on fuzzy c-means algorithm for search results Clustering[M]//Trustworthy Computing and Services. Springer Berlin Heidelberg, 2013: 263-270.

$$v_j = \sum_{i=1}^{N} u_{ij}^m * x_i / \sum_{i=1}^{N} u_{ij}^m \qquad (10-3)$$

直至满足公式(10-4),其中 k 表示迭代次数,ε 为介于 0 到 1 的终止条件。

$$\max_{ij}\{|u_{ij}^{k+1} - u_{ij}^k|\} < \varepsilon \qquad (10-4)$$

(2) 特征选择优化

① 高频短语。以项为特征的聚类效果往往难以满足需求。Zamir[①]经试验证明高频短语比项聚类效果更佳,准确率可以提升 20%。

② 共现信息。Navigelli 等[②③]提出将词义归纳(Word Sense Induction,WSI)算法应用于检索结果聚类中。WSI 即在粗语料中进行词义自动发现,采用基于图的算法在用户查询的共现图中计算出最大生成树,以识别出查询词的语义,然后完成聚类。使用 Google Web1T 语料库进行测试表明,使用该算法聚类的准确率高达 85.24%,而使用 STC 算法聚类的准确率仅为 54.29%。Sha 等[④]的研究思路与 Navigelli[⑤] 有相似之处,即使用片段集中的项 w 为节点集,定义 $S_{ij} = \dfrac{2*(D_i \cap D_j)}{|D_i|+|D_j|}$ 为边 $w_i w_j$ 的标注,定义与 w_i 共现的项的数量作为 w_i 的度(Degree),通过项的度和边的相似性来发现各项之间关系,并进行节点的合并以形成类簇。该算法平均 F 值为 0.7,STC 以及 K-means 算法的平均 F 值则分别在 0.6 和 0.4 左右,表明此种算法更优。

③ 链接信息。当研究信息检索时,各网页之间的链接关系能够为研究者提供有

---

① Zamir O E.Clustering web documents: A phrase-based method for grouping search engine results[D].Washington:University of Washington,1999.

② Di Marco A,Navigli R.Clustering web search results with maximum spanning trees[M]//AI*IA 2011:Artificial Intelligence Around Man and Beyond.Springer Berlin Heidelberg,2011:201-212.

③ Navigli R,Crisafulli G.Inducing word senses to improve web search result clustering[C]//Proceedings of the 2010 Conference on Empirical Methods in Natural Language Processing.Association for Computational Linguistics,2010:116-126.

④ Sha Y,Zhang G,Jiang H.Text clustering algorithm based on lexical graph[C]//Fourth International Conference on Fuzzy Systems and Knowledge Discovery.IEEE,2007,2:277-281.

⑤ Di Marco A,Navigli R.Clustering web search results with maximum spanning trees[M]//AI*IA 2011:Artificial Intelligence Around Man and Beyond.Springer Berlin Heidelberg,2011:201-212.

价值的信息。① Wang 等②将各网页上的出链和入链作为研究对象,以链接的共引和共被引为特征进行聚类,将基于链接的特征应用于传统聚类算法。

④ 外源性知识。Hu 等③使用维基百科与 WordNet 中的背景知识作为外部特征,使用层次化短语作为内部特征,基于此确定聚类中心。实验结果表明改进后的 K-means 算法的 F 值提高了 30.39%,平均准确度提高了 7.83%。

⑤ 多特征融合。张刚等④针对传统的聚类算法难以生成有意义类别标签的问题,设计了将 DF、查询日志、查询词上下文等多个特征融合的类别标签抽取算法,采用基于标签的 GBCA 算法完成聚类。实验结果表明:多特征融合要优于单一特征,而且选用 3 类特征时抽取效果最优。多特征融合的标签抽取效果相对 STC,在 P@3 和 P@5 两个指标上,分别提高了 58.62% 及 42.4%,在 F-Measure 指标上,相对 STC 提高了 0.1 以上。

(3) 聚类数 K 值的优化

① 定阈值。K-means 聚类算法需要预先指定所聚类的数量 K,层次聚类算法也要设定迭代终止的条件。网页内容的差异会使得初始的 K 值很难去确定,K-means 聚类算法的思路是将文档归入离聚类中心距离最近的那个类中,假定为该距离设定一个阈值,当小于该阈值时则产生新类,那么就可以避免 K 值的预先设定。⑤

② 链接信息。夏斌等⑥利用相互链接的信息发现网络中的多个权威网页,并将其作为初始的聚类中心,这样避免了 K 值选择问题,同时也可以提高聚类的准确性。

---

① Husek d,Pokorny J,Rezankova H,et al.Data clustering:From documents to the web[J]. Web Data Management Practices:Emerging Techniques and Technologies,2006(2):1-33.

② Wang Y,Kitsuregawa M.Use link-based clustering to improve web search results[C]// Proceedings of the Second International Conference on Web Information Systems.IEEE,2001,1:115-124.

③ Hu X,Sun N,Zhang C,et al.Exploiting internal and external semantics for the clustering of short texts using world knowledge[C]//Proceedings of the 18th ACM Conference on Information and Knowledge Management.ACM,2009:919-928.

④ 张刚,刘悦,郭嘉丰,等.一种层次化的检索结果聚类方法[J].计算机研究与发展,2008,45(3):542-547.

⑤ Wang Y,Kitsuregawa M.Use link-based clustering to improve web search results[C]// Proceedings of the Second International Conference on Web Information Systems Engineering. IEEE,2001,1:115-124.

⑥ 夏斌,徐彬.基于超链接信息的搜索引擎检索结果聚类方法研究[J].电脑开发与应用,2007,20(5):16-17.

③ 检索结果数量。Cheng 等[①]针对新闻检索的结果聚类特定领域,提出了一种独特的 K 值计算方法(公式 10-5)。其中 N 表示谷歌新闻检索的结果数量,$|C_i|$ 则表示类簇 C_i 中的项的数量。

$$K = N \frac{|U_{i=1}^{N} C_i|}{\sum_{i=1}^{N} C_i} \qquad (10-5)$$

(4) 传统聚类算法改进总结

综上所述,从前文对网络短文本聚类中经典文本聚类算法的改进可以看出以下几点。第一,在算法改进的路径选择上,特征选择优化比较成功,高频短语、共现信息等都取得了较为明显的聚类效果。选取项之外更具备语义的特征会是今后研究的一个重要方向。第二,通过设定相似度阈值、最小化目标函数等方法可以实现软聚类,但阈值的选择,最小化目标函数中 ε 值的最优解确定并不容易。第三,K 值优化研究的技术思路存在比较大的差异,在 Cheng[①]的研究中没有说明公式(5-6)的具体依据,合理性还有待检验。夏斌等在论文中没有进行实验检验,有待进一步验证。设定阈值的思路可理解为将难点进行了转移,虽然不需要确定 K 值,但是合适的阈值大小也不容易设定。在基础的聚类算法研究中,基于聚类有效性函数的解决方法的算法思想简单,但时间复杂度较高,不适合该类数据聚类,基于遗传算法等优化算法的 K 值确定思路值得期待。[②]

(二) 基于标签的聚类算法

基于标签的聚类算法的核心思想是寻找有效的单一特征(即标签),然后根据标签将片段分配到不同的类别中,典型研究是 Zamir 等提出的 STC 算法。[③④] STC 算法利用后缀树发现共现短语作为文本聚类和类别标签的生成依据,把包含同一高频词序列的所有文本划分成一个基类;合并文档集中有大量重叠的基类,直到稳定。

[①] Cheng J, Zhou J, Qiu S. Fine-grained topic detection in news search results[C]// Proceedings of the 27th Annual ACM Symposium on Applied Computing. ACM, 2012: 912-917.

[②] 吴凤慧,成颖,郑彦宁,等.K-means 算法研究综述[J].现代图书情报技术,2011(5): 28-35.

[③] Zamir O E.Clustering web documents: A phrase-based method for grouping search engine results[D].Washington: University of Washington, 1999.

[④] Zamir O, Etzioni O. Web document clustering: A feasibility demonstration[C]// Proceedings of the 21st Annual International ACM SIGIR Conference on Research and Development in Information Retrieval. ACM, 1998: 46-54.

基类的合并计算方法采用二进制相似度算法,即定义基类 B_n 及 B_m,若 $|B_m \cap B_n|/|B_m|>0.5$,且 $|B_m \cap B_n|/|B_n|>0.5$,则判定二者的相似度为1,可以将二者合并。最终聚类结果显示得分较高的前 K 类,类的得分计算方法为 $score(B)=|B|*f(|P|)$,其中 $|B|$ 表示类 B 中的文档数,$|P|$ 表示类 B 的标签短语中有意义项的数量。f 随 $|P|$ 线性增长,若短语长度大于6,则 f 保持不变(公式10-6)。

$$f(|p|) \begin{cases} 0.5, & if\ |p|=1, \\ |p|, & if\ 1<|p|\leqslant 5, \\ 6, & if\ |p|>5. \end{cases} \quad (10-6)$$

STC 算法在提出来之后,在后续的研究与应用中发现存在一些不足之处:后缀树模型是针对英语的模型,因此在中文处理上难以有效地进行关键短语的抽取,而且容易生成无意义的短语;STC 算法主要应用于对于网页片段的聚类,从而导致一些与查询相关,但没有包含高频短语的文档很难出现在类簇中;在构建后缀树时,较长的高质量短语容易被遗漏;后缀树需要占用较大的内存空间;后缀树的基类计分合并方法显得太过简单等。下文将介绍主要的改进方向。

(1) 类计分优化

针对 STC 算法的类中重叠文档重复计分的缺点,Crabtree 等提出 ESTC 算法。该算法把基类 B 中每个文档的得分记为 $s/|B|$,类的总分通过计算所有文档得分的均值得到,以 F 值作为评价的指标,当阈值大于 0.5 时,ESTC 算法比 STC 算法提高了 50%。[1] Zhang 等结合 TF-IDF 以及短语的独立性提出了一种新的常见短语的计分方法,用以提升聚类的准确度,较之 STC 算法,平均准确率提高了 5%。[2]

(2) 类合并优化

Janruang 等[3]改进了 STC 算法的合并运算(公式 10-7),能够找到更加真实的

---

[1] Crabtree D, Gao X, Andreae P. Improving web clustering by cluster selection[C]//Proceedings of the 2005 IEEE/WIC/ACM International Conference on Web Intelligence. IEEE Computer Society, 2005: 172-178.

[2] Zhang W, Xu B, Zhang W, et al. ISTC: A new method for clustering search results[J]. Wuhan University Journal of Natural Sciences, 2008, 13(4): 501-504.

[3] Janruang J, Kreesuradej W. A new web search result clustering based on true common phrase label discovery[C]//Computational Intelligence for Modelling, Control and Automation and International Conference on Intelligent Agents, Web Technologies and Internet Commerce. IEEE, 2006: 242-242.

常用短语标签,进行聚类的平均准确率比 STC 算法高出 10%。其中 A 和 B 是两个基类,$A(d)$ 表示 A 类中的片段,$B(d)$ 表示 B 类中的片段,$\{a_0, a_1, \cdots, a_n\}$ 为出现在 A 类中的标签短语。Maslowska 提出 HSTC 算法,该算法通过计算 $|C_i \cap C_j|/|C_j| \geq \alpha, \alpha \in (0.5;1]$ 发现了各类之间的包含关系,使得最终的聚类导航更加具有层次性。①

$$A \oplus B = \begin{cases} a_0 \quad \oplus \\ a_1 = b_0 \\ a_2 = b_1 \\ \vdots \\ a_n = b_{n-1} \\ \oplus \quad b_n \end{cases} if (A_{(d)} \subseteq B_{(d)} \ or \ B_{(d)} \subseteq A_{(d)}) \qquad (10-7)$$

(3) 候选标签选择

标签是 STC 算法的基础与质量保证。Hu 等②将题名中的项引入聚类标签的选择过程中。骆等③在选择候选标签的时候采用启发式规则,如只包含实词,而不包含停用词和查询词。Zhang④ 等通过比较高频项的上下文,基于项的长度和频率来定义各个项的重要性,结合互信息完成项的选择。

Osinsk⑤ 提出"描述优先"的 Lingo 算法,用以解决类簇中难以获得准确有意义标签的问题。该种算法以优先发现数量有限且有意义的标签为目标,然后将文档分配至标签所对应的类簇。Osinsk 整合了高频短语发现算法和潜在语义标引方法,确保覆盖所有输入,将聚类平均准确率提高到 76%。Zeng 等设计了

---

① Masłowska I. Phrase-based hierarchical clustering of web search results[M]. Springer Berlin Heidelberg, 2003: 555-562.

② Hu X, Sun N, Zhang C, et al. Exploiting internal and external semantics for the clustering of short texts using world knowledge[C]//Proceedings of the 18th ACM Conference on Information and Knowledge Management. ACM, 2009: 919-928.

③ 骆雄武,万小军,杨建武,等.基于后缀树的 Web 检索结果聚类标签生成方法[J].中文信息学报,2009,23(2): 83-88.

④ Zhang D, Dong Y. Semantic, hierarchical, online clustering of web search results[M]//Advanced Web Technologies and Applications. Springer Berlin Heidelberg, 2004: 69-78.

⑤ Osiński S, Stefanowski J, Weiss D. Lingo: Search results clustering algorithm based on singular value decomposition[M]//Intelligent Information Processing and Web Mining. Springer Berlin Heidelberg, 2004: 359-368.

SRC系统[1],尝试利用真实数据集上的训练结果来改进标签选取,将无监督的检索结果聚类问题转换为有监督的突出短语排序问题。SRC系统整合了簇内相似性、项长度n、TF-IDF、类熵以及项独立性等来计算标签权重,权重值由训练文档得到。经实验表明,算法复杂度与文档数呈线性关系,得分最高的10个类覆盖了超过50%的文档。

（4）数据结构优化

张等[2]将PAT-tree与STC进行整合,克服了STC处理中文信息的不足。Wang等[3]将STC以及N-gram相结合提出一种新的后缀树,通过N的设定使得后缀树过滤掉一些较长的项。实验表明10767个STC短语经过3-gram后有5765个保留下来,大大降低了内存空间的消耗,比经典STC算法更快,但该算法发现的标签比经典STC算法要短。Zhang[4]等提出SHOC(Semantic Hierarchical On-line Clustering)算法,采用后缀数组(Suffix Array)来替代后缀树,降低了内存的消耗。

（5）基于语义的优化

STC算法等基于标签的算法非常依赖文档中出现的高频关键项,但是忽略项和项之间可能存在的隐含语义关系。有学者借用潜在语义标引[5]与外部知识源(如维基百科和WordNet等),提出基于语义的聚类算法。

Bellegarda等[6]首先提出基于潜在语义标引(LSI)的聚类方法,它把初始"文档—项"空间转换为维度较低的"主题—项"空间,把主题相似矩阵记录到结果文档中,然后根据K个最大的奇异值,把相应文档分配到最相似的K个主题中。Mecca[7]

---

[1] Zeng H J, He Q C, Chen Z, et al. Learning to cluster web search results[C]//Proceedings of the 27th Annual International ACM SIGIR Conference on Research and Development in Information Retrieval. ACM, 2004: 210.-217.

[2] 张健沛,刘洋,杨静,等.搜索引擎结果聚类算法研究[J].计算机工程,2004,30(5):95-97.

[3] Wang J, Mo Y, Huang B, et al. Web search results clustering based on a novel suffix tree structure[M]//Autonomic and Trusted Computing. Springer Berlin Heidelberg, 2008: 540-554.

[4] Zhang D, Dong Y. Semantic, hierarchical, online clustering of web search results[M]//Advanced Web Technologies and Applications. Springer Berlin Heidelberg, 2004: 69-78.

[5] Osiński S, Stefanowski J, Weiss D. Lingo: Search results clustering algorithm based on singular value decomposition[M]//Intelligent Information Processing and Web Mining. Springer Berlin Heidelberg, 2004: 359-368.

[6] Bellegarda J R, Butzberger J W, Chow Y L, et al. A novel word clustering algorithm based on latent semantic analysis[C]//International Conference on Accoustics, Speech, and Signal Processing. IEEE, 1996, 1: 172-175.

[7] Mecca G, Raunich S, Pappalardo A. A new algorithm for clustering search results[J]. Data & Knowledge Engineering, 2007, 62(3): 504-522.

等提出Dynamic SVD聚类,优化奇异值分解(SVD)中K值的选择,使SVD过程能够在实际的有效时间内完成,实验表明平均F值提高到92.5%。

(6)标签聚类算法总结

STC算法解决了传统聚类算法的诸多问题。第一,算法时间复杂度。STC算法构建后缀树的时间复杂度与句子数呈线性关系,基类的确定和合并也不超过线性时间。在时间复杂度方面,STC算法与经典K均值聚类算法相当,但STC算法中不存在K均值聚类算法中的K值设定问题。第二,软聚类。以STC算法为代表的基于标签的聚类算法,克服了传统聚类算法中普遍存在的硬聚类问题,成功地实现了软聚类,其中STC算法可以将每个片段平均分到2.6个类中。①② 第三,准确率。经典STC算法的聚类准确率较K均值聚类算法提高了30%,改进后的ESTC和HSTC优于经典STC算法,因此有理由认为STC算法族总体上优于以K均值聚类算法为代表的经典算法。第四,效率优先。需要注意的是,O(N)是理想的时间复杂度,但在研究与实际应用中,待聚类集通常较小,因此即使诸如Lingo算法,虽然时间复杂度为较高的$O(N^3)$,不过相对于聚类质量的提高,时间上的略微延迟用户也是可接受的。

(三)面向学科网络资源聚类算法

目前,该类数据聚类还存在一些不足,比如聚类的层次还不够完善、对聚类结果输出缺乏预见性、簇的粒度不均匀、聚类标签和内容的不一致性,也会影响系统的有用性。据此,未来的研究可以集中于以下方面。

(1)提高聚类结果输出有效性

现有研究主要集中于检索算法的改进,对结果输出的表现力关注不够。③ 现有

---

① Zamir O E.Clustering web documents:A phrase-based method for grouping search engine results[D].Washington:University of Washington,1999.

② Zamir O, Etzioni O. Web document clustering:A feasibility demonstration[C]// Proceedings of the 21st Annual International ACM SIGIR Conference on Research and Development in Information Retrieval.ACM,1998:46-54.

③ Janruang J, Kreesuradej W. A new web search result clustering based on true common phrase label discovery[C]//International Conference on Computational Intelligence for Modelling, Control and Automation and International Conference on Intelligent Agents, Web Technologies and Internet Commerce.IEEE,2006:242-242.

的方案有：为类别提供类簇内容的预览[1]；用多文档自动摘要解决表现力问题[2]；Stein 等[3]根据长尾理论对搜索引擎返回文档进行区分，对相关性排序低的尾部文档进行聚类，进而结合相关性高的文档完成结果展示。近期的聚类系统可用性研究也提供了新视角，Carpineto 等[4]为适应移动需求，针对移动端的特点对聚类数、展示结构等方面进行了改进。Giacomo 的研究表明[5]可视化可以为用户带来良好的导航体验，从而表明可视化在该领域的研究与应用将是一个重要方向。

（2）特征选择

首先，片段是特征选择的依据，提高搜索引擎返回的片段质量显然有利于获得更有价值的特征。[6] 其次，形成更有说服力的特征描述。提出的改进方法包括使用超链接[7]、命名实体、多特征融合[8]等。最后，诱导词的应用。Navigli 等[9]利用查询词的共现生成了一系列诱导词，以此提高聚类准确性。聚类也可以和排名列表

---

[1] Osdin R, Ounis I, White R W. Using hierarchical clustering and summarisation approaches for web retrieval：Glasgow at the TREC 2002 Interactive Track[C]//TREC. 2002：1-5.

[2] Harabagiu S, Lacatusu F. Topic themes for multi-document summarization[C]// Proceedings of the 28th Annual International ACM SIGIR Conference on Research and Development in Information Retrieval. ACM, 2005：202-209.

[3] Stein B, Gollub T, Hoppe D. Beyond precision@10：Clustering the long tail of web search results[C]//Proceedings of the 20th ACM International Conference on Information and Knowledge Management. ACM, 2011：2141-2144.

[4] Carpineto C, Mizzaro S, Romano G, et al. Mobile information retrieval with search results clustering：Prototypes and evaluations[J]. Journal of the American Society for Information Science and Technology, 2009, 60(5)：877-895.

[5] Di Giacomo E, Didimo W, Grilli L, et al. Graph visualization techniques for web clustering engines[J]. Visualization and Computer Graphics, IEEE Transactions on, 2007, 13(2)：294-304.

[6] Wang F, Lu Y, Zhang F, et al. A new method based on fuzzy c-means algorithm for search results clustering[M]//Trustworthy Computing and Services. Springer Berlin Heidelberg, 2013：263-270.

[7] Wang Y, Kitsuregawa M. Use link-based clustering to improve web search results[C]// Proceedings of the Second International Conference on Web Information Systems Engineering, IEEE, 2001, 1：115-124.

[8] 张刚, 刘悦, 郭嘉丰, 等. 一种层次化的检索结果聚类方法[J]. 计算机研究与发展, 2008, 45(3)：542-547.

[9] Navigli R, Crisafulli G. Inducing word senses to improve web search result clustering[C]// Proceedings of the 2010 Conference on Empirical Methods in Natural Language Processing. Association for Computational Linguistics, 2010：116-126.

(Ranked List)等结合以提高聚类质量。[①] 在经典文档聚类算法与 STC 算法优化的路径上,有一个共性的方向就是特征选择的优化,基于维基百科以及 WordNet 等外源性知识对于两类算法聚类准确性的改进都有明显的价值。经典文档聚类算法优化研究中的共现信息、链接信息、高频短语、词汇相关度及其融合应用与 STC 算法优化中的候选标签选择也不约而同地走到了一起,表明选择更富语义的特征对于大部分自然语言处理研究具有共性的价值。

(3) 对用户行为研究成果的挖掘

用户行为研究的成果能促进聚类和搜索引擎的结合。Koshman 等[②]基于 Vivisimo 为期两周的日志分析表明:绝大多数的查询仅包括两个项;绝大多数的查询会话仅有一次查询并且短于一分钟;几乎半数的用户仅浏览单一的类簇,极少部分用户会展开类簇树;11.1% 的检索会话是多任务的,其中包括丰富的查询主题。Gong 等[③]基于 Scatter/Gather 系统对检索结果聚类功能进行了有效性评估。这些结合了用户特征研究的启示是,检索结果聚类研究已经利用大量的特征,用户行为特征的充分挖掘显然有利于提高系统的可用性,聚类不仅依赖于检索结果返回的片段,加入用户个性特征时,还可以形成个性化的聚类检索。[④]

(4) 多途径的协同研究

采用单一方法往往难以达到预期的效果[⑤⑥],Maiti 等[⑦]、张等[⑧]的研究表明,将

[①] Leouski A, Allan J. Improving interactive retrieval by combining ranked list and clustering [C]//Proceedings of RIAO. 2000: 665-681.

[②] Koshman S, Spink A, Jansen B J. Web searching on the Vivisimo search engine[J]. Journal of the American Society for Information Science and Technology, 2006, 57(14): 1875-1887.

[③] Gong X, Ke W, Khare R. Studying scatter/gather browsing for web search [C]// Proceedings of the American Society for Information Science and Technology, 2012, 49(1): 1-4.

[④] Cai K, Bu J, Chen C. An efficient user-oriented clustering of web search results[C]//Computational Science-ICCS 2005. Springer Berlin Heidelberg, 2005: 806-809.

[⑤] Wang F, Lu Y, Zhang F, et al. A new method based on fuzzy c-means algorithm for search results clustering[M]//Trustworthy Computing and Services. Springer Berlin Heidelberg, 2013: 263-270.

[⑥] Schockaert S, De Cock M, Cornelis C, et al. Clustering web search results using fuzzy ants [J]. International Journal of Intelligent Systems, 2007, 22(5): 455-474.

[⑦] Maiti S, Samanta D. Clustering web search results to identify information domain[M]//Emerging Trends in Computing and Communication. Springer India, 2014: 291-303.

[⑧] 张刚,刘悦,郭嘉丰,等.一种层次化的检索结果聚类方法[J].计算机研究与发展,2008,45(3): 542-547.

多种特征以及算法协同应用,可以有效地提高聚类的准确率,因此在该领域的研究中应尽可能从多个不同的视角考虑问题。比如 Vadrevu 等[1]对聚类的框架进行了调整,提出了三步聚类过程,分别是离线聚类(Offline Clustering)、增量聚类(Incremental Clustering)以及实时聚类(Realtime Clustering);基于图划分的聚类[2][3]和利用 LSI 改进的聚类算法[4][5]在聚类准确性等方面有所提高。所以结合各种方法之长,对其进行有机整合,是结果聚类研究的又一重要方向。

10.2.2 基于聚类分析的学科网络资源主题聚合模型构建

聚类是资源主题聚合的重要实现方式,下面将以聚类技术为基础,构建学科网络资源的主题聚合模型。该模型主要包含四大模块:数据准备模块、数据提取模块、数据聚合模块、结果验证与解读模块。具体如图 10-4 所示。

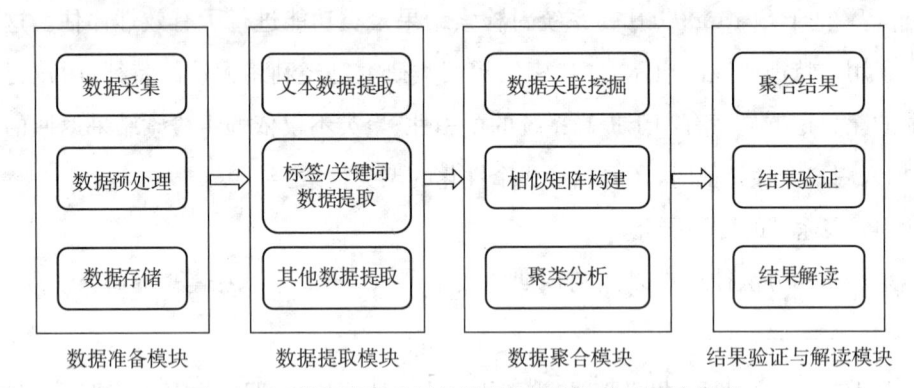

图 10-4 基于聚类分析的学科网络资源主题聚合模型

---

[1] Vadrevu S,Teo C H,Rajan S,et al.Scalable clustering of news search results[C]//Proceedings of the Fourth ACM International Conference on Web Search and Data Mining.ACM,2011:675-684.

[2] Navigli R,Crisafulli G.Inducing word senses to improve web search result clustering[C]//Proceedings of the 2010 Conference on Empirical Methods in Natural Language Processing.Association for Computational Linguistics,2010:116-126.

[3] Sha Y,Zhang G,Jiang H.Text clustering algorithm based on lexical graph[C]//Fourth International Conference on Fuzzy Systems and Knowledge Discovery.IEEE,2007,2:277-281.

[4] Osiński S,Stefanowski J,Weiss D.Lingo:Search results clustering algorithm based on singular value decomposition[M]//Intelligent Information Processing and Web Mining.Springer Berlin Heidelberg,2004:359-368.

[5] Zhang D,Dong Y.Semantic,hierarchical,online clustering of web search results[M]//Advanced Web Technologies and Applications.Springer Berlin Heidelberg,2004:69-78.

(1) 数据准备模块

学科网络资源涉及的数据类型较广,既包括了各类网络社区中的学科资源,也包括数据库中的电子期刊等。针对不同类型的数据需要采用不同的采集方法。例如针对网络社区学科资源,可利用网络爬虫软件(如火车采集器和八爪鱼采集器等)进行数据自动采集。直接采集的资源包含大量异构、垃圾等数据需要对其进行预处理操作,具体操作过程已在前面说明,这里不再赘述。该模块的最后一步是将预处理后结构化数据存储到对应数据库中,以备其他模块调用。

(2) 数据提取模块

该模块的任务是从前一个模块中提出可用于聚类分析的数据,主要包括如下几类:第一类是文本数据,包括网络文本数据与电子期刊正文数据。由于网络文本长度较短,在聚类算法上需要对其做一定改进,使之适合于短文本聚类分析;与之相对,期刊正文长度一般较长,准确提取文本特征是个难点,因此在对该类数据进行聚合分析时较少依赖正文信息,可考虑以期刊论文的关键词为分析对象,参考标签聚类算法思想进行资源聚合分析。第二类是词语数据,针对网络文本主要指标签数据,期刊论文则主要指关键词数据。第三类是可以辅助资源聚类的数据,例如网络文本之间的链接信息、期刊论文的作者数据、论文之间的引用关系等。

(3) 数据聚合模块

以各模块中提取的数据为基础,挖掘数据之间关联,构建对应的相似矩阵,选择一定聚类算法完成资源的聚合分析。其中数据关联挖掘是其关键,针对文本数据的关联发现主要通过文本相似度计算实现,标签或关键词数据的关联则可通过数据之间共现或耦合关系挖掘。另外值得一提的是,可利用上一模块中提取的第三类辅助数据对文本或词语关联进行改进、挖掘,例如利用文本标签调整网络短文本相似度值,利用引证关系调整基于关键词的共词矩阵,使之更符合客观现实。

(4) 结果验证与解读模块

该模块的功能主要是对资源聚类结果进行验证与解读。验证方法可根据具体数据对象设计,结果解读则主要是指对聚合出的类别进行描述。聚类结果解读分为两种:一种是人工分析聚类结果,根据包含资源的特征对类别进行人工描述,适用于本模块的文本聚类结果解读;另一种则是利用定量方法从聚类结果中直接提取词语、句子等用于类别内容描述,该类方法适用于本模块的词语聚合结果解读。

10.3 学科网络资源主题聚合实例

10.3.1 单源数据主题聚合实例

期刊论文既包含学科中原有的知识基础,同时也是记录学科新知识的重要方式,是学科知识的主要载体和来源。本节将基于 CSSCI 期刊论文中所蕴含的知识,利用多层聚类对图书情报学科进行主题聚合,用于呈现如何针对单源数据进行主题聚合。[①]

(一) 数据预处理

CSSCI 全称"中国社会科学引文索引"(Chinese Social Sciences Citation Index),是南京大学社会科学评价中心遴选出 400—500 种我国人文社会科学精品期刊,收录与其相关的论文、关键词、作者、被引文献及其他学科资源等所构成的引文数据库。可以认为,CSSCI 蕴含了我国人文社会科学中最前沿、最完整的学科知识。我们从 CSSCI 中检索出了 2000—2012 年"学科"为"870"(即 LIS)的所有论文及其作者作为数据基础来构建学科知识结构,共计论文 58281 篇,学者 34222 个,关键词 67351 个。然而,直接以原始数据作为实验样本,存在学者重名、非领域性主题、边缘学者以及知识点与学者之间存在偶然性关联等诸多问题。因此,有必要对原始数据进行清洗,以获得较为规范并规模适中的实验样本。CSSCI 数据清洗的思路主要有两个方向。

(1) 学者的重名处理

本实验曾考虑采用"人名+省份(即邮编前两位)"作为区分学者的唯一标记。结果发现大量同一学者出现了多个标记。有的是错误标引造成的,如"武汉大学"(42)学者"邱均平"被 2 次错误标引为"湘潭大学"(43),另 2 次错误标引为"中国社会科学院"(11);也有的是单位跨省变动导致的,如"国家图书馆"(11)学者"索传军",曾长期就职于"郑州大学"(41),"华东师范大学"(31)学者"许鑫"曾在"南京大学"(32)攻读博士学位。本为了消除重名现象而引入地区符号,反而增加了数据的混乱

[①] 王昊,邓三鸿,苏新宁.我国图书情报学科知识结构的建立及其演化分析[J].情报学报,2015,34(2):115-128.

程度，再加上一个学科中的重名学者相对较少的客观因素。最终，我们决定以"人名"作为区分学者的标记，即若经过数据筛选仍然存在重名现象，则将其视为一个学者处理。

(2) 数据的合理性筛选

从关键词、学者以及两者间关联等3个角度，来消除非领域性主题、边缘学者以及偶然性关联对领域知识及其结构生成的影响。① 关键词频率阈值（K）。图10-5显示了不同等级下近10年（0～25分为6等级）及近5年（0～15分为6等级）关键词频次的变化情况。由图可知，当两者等级均为2时，即当K10≥5且K5≥3时，关键词频次的变化开始符合趋势线，其变化呈现出一定的规律，认为满足该条件的关键词被领域认可。② 学者发文阈值（A）。仅以第一作者统计发文量，可得近10年（10～20分为6等级）和近5年（5～10分成6等级）发文量级别与学者数量变化，如图10-6所示。同理，取A10≥10且A5≥6，即唯有10年间发表论文10篇及以上，且最近5年间发表6篇及以上的作者才能入选为CLIS的学者。③ 关键词与学者的关联阈值（W）。学者通过论文发表与关键词之间存在语义关联，其关联强度由学者在论文中的排名及关键词权重所决定；表10-1列出了作者人数及署名顺序与其对论文的贡献度，若假设论文中关键词的权重均为1，那么据此可计算出论文中所有学者与各关键词之间的关联强度，并最终获得学者和关键词之间的总关联系数。该系数反映了学者对相关知识点的掌握和应用程度，但其中可能存在大量的偶然性关联。为此，笔者设定W>0.6，即学者至少在1篇以上多作者论文中以第一作者身份所使用的关键词，与学者之间才存在必然关联。

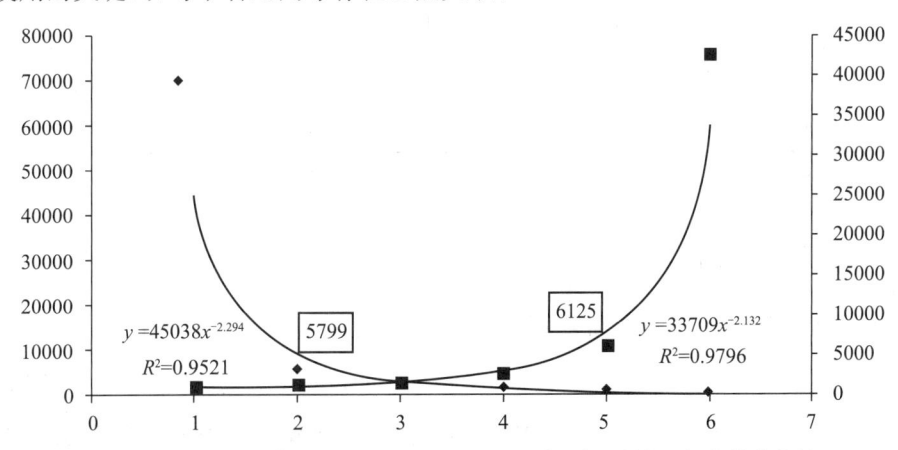

图10-5　不同数量等级下近10年（左）和近5年（右）关键词频次的变化情况

经过数据清洗,最终被 CLIS 认可的有效关键词 3081 个、学科重要学者 575 名,以及两者之间的语义关联 12005 对;从学者和关键词两个角度来筛选数据,同名学者往往因研究主题不同而均入选的概率相对较低。由此获得的<关键词,学者,关联系数>三元组可作为 CLIS 学科知识结构生成的数据基础。

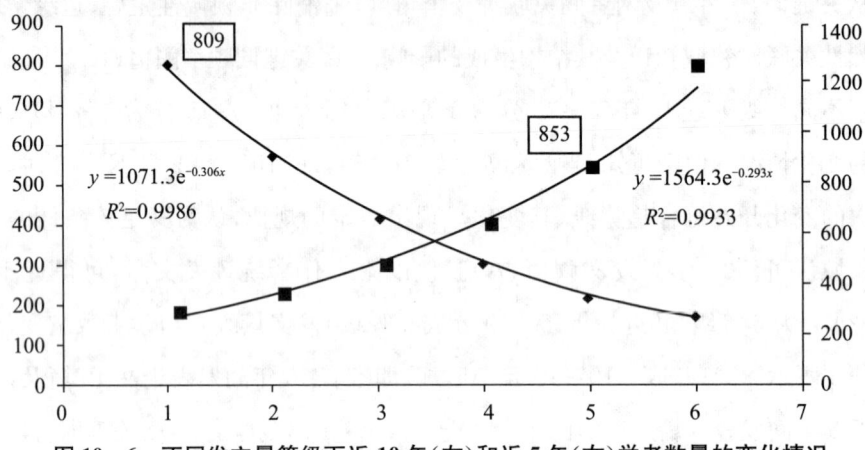

图 10-6　不同发文量等级下近 10 年(左)和近 5 年(右)学者数量的变化情况

表 10-1　作者人数及署名顺序与作者对论文贡献度的对照表

署名顺序＼作者人数	1	2	3	4	5	6
1	1	—	—	—	—	—
2	0.6	0.4	—	—	—	—
3	0.6	0.25	0.15	—	—	—
4	0.6	0.2	0.1	0.1	—	—
5	0.6	0.2	0.1	0.05	0.05	—
6	0.6	0.1	0.1	0.1	0.05	0.05

注:没有考虑通讯作者,第 7 作者及其后不考虑其贡献,论文总贡献为 1。

(二) 基于多层聚类的 CLIS 学科知识结构生成

关键词是粒度最小的学科知识,对关键词进行不同程度的聚合可以生成不同粒度大小的知识点,将所有知识点整合在一起即形成了完整的学科知识结构,整个过程如图 10-7 所示。首先,CLIS 学科内的所有关键词一起构成了最大粒度知识点,记为 CLIS_KS;然后根据对象相似原理,分别将具有较大相似度的关键词聚集在一起,形成若干个簇(类),每个簇即粒度相对较小的学科知识点,记为 C1_KS;接着具有较多关键词或关键词离散程度较大的簇可以进一步聚类,簇内相似程度较大的关键词被进一步聚集在一起,于是 C1 级别的知识点被拆分为粒度更小的知识点 C2_KS;上述过程持续执行,于是大粒度知识点被不断拆分为内聚性更强的低粒度知识点,直到簇内关键词数量减少到指定值或簇内关键词相似程度相当高为止。

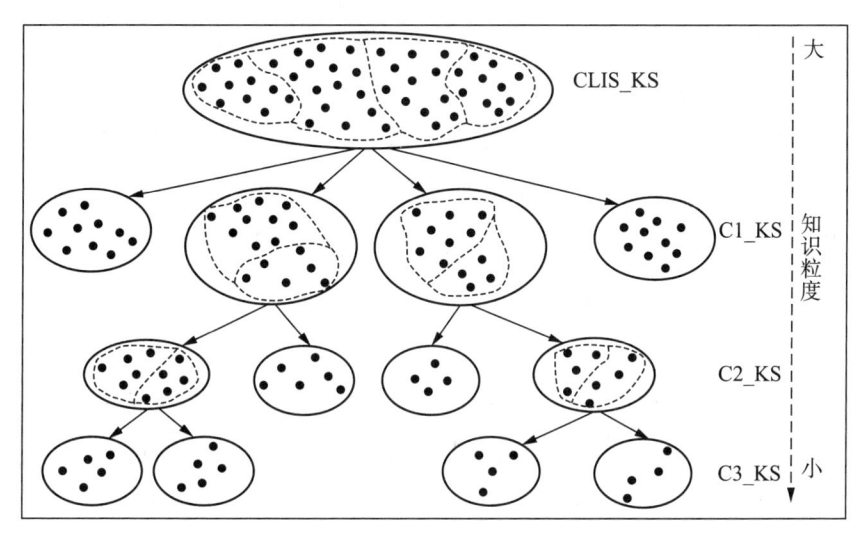

图 10－7　CLIS 学科知识结构的建立过程

根据上述基本思路,笔者采用多层聚类的方法来实现不同粒度知识点的自动生成。在具体操作之前,需要解决若干个问题。① 首先是聚类算法的选择。由于本节面对规模较大的关键词对象,可采用具有较高效率的基于划分的 K-means 聚类算法来实现不同粒度知识点的聚合,再以 HC 对最小的知识集合进行细分以验证知识聚类的效果。② 关键词的向量描述。我们以关键词作为聚类对象,因此需要对关键词进行特征描述。之前在数据清洗中,已然形成<关键词,学者,关联系数>三元组,因此学者可以作为关键词的描述特征,构造关键词—学者矩阵(Keywords-Scholars Matrix,KSM)作为聚类对象,即认为具有相似学者集合的关键词之间存在相似性。③ 各层次类目的设置。聚类是一种无监督的分类方法,类目个数(C_num)以及类目名称(C_name)都需要领域专家在聚类前人为设定。根据 CLIS 的学科特点,设置 C1 层 C_num=10,C2 层则为 5,其后各层均设定为:

$$C\_num = \min\left(5, \text{ceil}\left(\frac{m}{\text{MaxNum}}\right)\right) \quad (10-8)$$

其中,m 为需要聚类的簇中的基本知识点数目,MaxNum 则为允许聚类的最小关键词数,函数 ceil(x) 表示取大于 x 的最小整数,$min(x,y)$ 表示取参数 x,y 中的较小析。④ 多层聚类结束的条件。根据图 10-7 所示,此处采用了多层聚类方式来实现基本知识点的划分和不同粒度知识点的生成,因此需要事先设定聚类算法,结束运行的条件。我们设置了两个参数来控制聚类过程:MaxNum——允许聚类的最小结点数,即若簇中关键词数大于该值,则继续聚类,否则停止,同公式(8);SumD——允许聚类的最小簇内距离,即若簇中各结点距离中心结点的总和大于该值,则继续聚类,否则停止。两条只要满足其中一个,则聚类过程结束。MaxNum 用于防止学科知识点粒度过小导致语义偏差,目的是放大簇间的耦合程度;而 SumD 用于防止关键词结点过于密集导致错误类目生成或聚类现象无法发生,目的是控制簇的内聚程度。这两个参数的取值变化会直接导致 CLIS 学科知识结构的变动。

为了获得 MaxNum 和 SumD 的取值,我们令 MaxNum={5,10,15,20},SumD={2,3,4,5,6},共进行了 20 次实验。根据各层次的类目设置规则,采用 K-means 算法对 KSM 执行多层聚类操作;鉴于 K-means 算法初始中心选择不同可能导致结果的不稳定性,对每次 K-means 聚类均执行 10 次运算,并选择簇内结点与中心结点距离和最小的运算作为聚类结果,最终聚类结果如表 10-2 所示。表中自上而下,允许聚类的条件逐步放宽,由此生成的知识层次结构也发生了微妙的变化。① 生成的簇(Num_c)明显减少,层次结构的总体宽度(MaxWid_H,即结点最多层次上的结点数)也越来越窄;② 很明显,随着簇内允许结点数的不断升高,层次结构的平均最大深度(MaxDep)不断变大,而最小深度(MinDep)也有减少的趋势,其实质就是整个结构被拉长了;③ 允许聚类的条件变宽松了,簇内结点数最大值(MaxWid_C)和最小值(MinWid_C)均呈现出上升趋势,前者变化甚为明显。一般来说,一个合理的类层次结构中,整体的宽度、深度以及簇的大小均要适中。于是,我们选择了比较合理的参数 MaxNum=15,SumD=3,即当簇内结点数大于 15 而且簇内结点与中心点距离和大于 3 时,则继续聚类,以确保簇内结点要么聚集在较小空间内,要么少于 15 个。

表 10-2 MaxNum 和 SumD 参数值的不同组合所生成的 CLIS 知识结构

No.	各层簇数	Max Num	SumD	Max Dep	Min Dep	Max Wid_H	Min Wid_H	Max Wid_C	Min Wid_C	Num_C
1			2	6	3	441	10	20	1	710
2			3	9	3	376	5	24	1	617
3		5	4	7	3	322	9	26	1	557
4			5	7	2	262	3	32	1	494
5			6	6	2	239	5	33	1	471
6			2	8	3	264	2	22	1	506
7			3	7	3	261	4	23	1	471
8		10	4	8	2	226	2	27	1	418
9	$C1=10$		5	7	3	221	4	31	1	387
10	$C2=5$		6	8	3	223	2	33	1	358
11	$C_n=\min(5,$ ceil(m/ MaxNum))		2	8	2	178	2	25	2	347
12			3	8	2	180	4	25	2	335
13		15	4	9	2	187	2	27	2	327
14			5	8	2	183	2	31	2	317
15			6	8	2	189	2	33	1	299
16			2	10	2	152	4	22	1	278
17			3	9	2	147	4	24	2	265
18		20	4	9	2	152	2	27	2	267
19			5	11	2	153	2	33	2	256
20			6	7	2	150	4	34	2	245

以选定的参数再进行 10 次实验,并结合领域专家的意见以及层次结构的宽度、深度、类目数等基本特征,最终选择其中最为合理的聚类结果作为 CLIS 的知识体系结构。其深度为 9,宽度为 178,共计 347 个知识集合,第一层的 10 个知识类目如表 10-3 所示,以簇中出现频率最高的关键词作为其类目名称。从表中可以发现,在 CLIS 知识体系中,①"高校图书馆"及其相关研究是其中最大的类目,有 741 个关键

词来自该大类,比排名第二的"数字图书馆"高出了一倍以上。可见,该类目是目前 CLIS 的主要研究内容。②"情报学"和"文献学"研究规模相对较小,相关关键词少于 200 个,"文献学"作为 CLIS 的一个传统研究方向似乎出现了没落的趋势,而"情报学"则由于"竞争情报""搜索引擎"等方向的兴起,在研究内容上出现了较大的分流。③在 10 个一级类目中,与"图书馆"相关的类目占了 4 个,可见到 2012 年为止,图书馆学的研究依然是 CLIS 知识分布的重点。

表 10 - 3 CLIS 知识体系结构中第一层知识类目

C1_No.	C1_name	基本知识点数
11	C1_高校图书馆	741
12	C1_文献学	195
13	C1_公共图书馆	261
14	C1_竞争情报	316
15	C1_搜索引擎	254
16	C1_传播学	244
17	C1_数字图书馆	356
18	C1_图书馆	298
19	C1_知识管理	282
20	C1_情报学	134

(三) CLIS 学科知识结构的存储与展示

采用 OWL 可以将生成的 CLIS 学科知识体系以本体形式进行文本存储并实现可视化展示。OWL 用于描述 Is_A 关系的标签主要有<Owl:Class>和<Owl:sub-ClassOf>,其基本语法有两种方式:

  <owl:Class rdf:ID="Class Name">Content</owl:Class>   (10 - 9)
  <owl:Class rdf:ID="Subclass Name">
    <rdf S:subClassOf rdf:resource="#Superclass Name"/>   (10 - 10)
    …
  </owl:Class>
  <owl:Class rdf:ID="Subclass Name">
    <rdfs:subClassOf><owl:Class rdf:ID="Superclass Name">Content

$$</owl:Class> \tag{10-11}$$

  </rdfS:subClassOf>

  ...

</owl:Class>

  公式(10-9)和公式(10-10)一起描述了两个类及其父子关系,先定义父类,然后在定义子类的同时指定其父类;而公式(10-11)则将上述两个过程合并为一个,即在定义子类并指明其父类的同时,定义父类。图 10-8 分别采用这两种方式定义了"Ontology"和"Semanticweb"类及其 IS_A 关系,其中左侧采用了第一种方式,而后者采用了第二种方式。

```
<owl:Class rdf:ID=" Ontology "></owl:Class>      <owl:Class rdf:ID="Semantic Web">
<owl:Class rdf:ID=" Semantic Web">                   <rdfs:subClass Of>
    <rdfs:subClassOf rdf:resource="#Ontology            <owl:Class rdf:ID=" Ontology "></owl:Class>
    steel "/>                                         <rdfs:subClassOf>
</owl:Class>                                        </owl:Class>
```

图 10-8　具有上下位关系的知识类"Ontology"和"Semantic Web"的 OWL 编码

  类似的,采用上述 OWL 标签可以将整个 CLIS 知识体系进行编码,最终形成仅包含层次关系的 CLIS 知识本体。图 10-9 列出了 CLIS 知识结构的部分 WOL 编码,主要描述的是一级类目和二级类目之间的上下位关系;图 10-10 则是以 spring 图形的方式显示 CLIS 学科 C3_语义网、C3_图书馆事业和 C3_文献计量学等三级类目中的所有基本知识点,其中以 LIS_KS 作为顶层知识点。

```
79 <owl:Class rdf:ID="C2_文本分类"><rdfs:subClassOf rdf:resource="#C1_搜索引擎"/></owl:Class>
80 <owl:Class rdf:ID="C2_新媒体"><rdfs:subClassOf rdf:resource="#C1_搜索引擎"/></owl:Class>
81 <owl:Class rdf:ID="C2_信息组织"><rdfs:subClassOf rdf:resource="#C1_图书馆"/></owl:Class>
82 <owl:Class rdf:ID="C2_数字化"><rdfs:subClassOf rdf:resource="#C1_图书馆"/></owl:Class>
83 <owl:Class rdf:ID="C2_图书馆"><rdfs:subClassOf rdf:resource="#C1_图书馆"/></owl:Class>
84 <owl:Class rdf:ID="C2_信息服务"><rdfs:subClassOf rdf:resource="#C1_图书馆"/></owl:Class>
85 <owl:Class rdf:ID="C2_信息共享"><rdfs:subClassOf rdf:resource="#C1_图书馆"/></owl:Class>
86 <owl:Class rdf:ID="C2_信息资源"><rdfs:subClassOf rdf:resource="#C1_图书馆"/></owl:Class>
87 <owl:Class rdf:ID="C2_目录学"><rdfs:subClassOf rdf:resource="#C1_文献学"/></owl:Class>
88 <owl:Class rdf:ID="C2_百科全书总目"><rdfs:subClassOf rdf:resource="#C1_文献学"/></owl:Class>
89 <owl:Class rdf:ID="C2_图书馆史"><rdfs:subClassOf rdf:resource="#C1_文献学"/></owl:Class>
90 <owl:Class rdf:ID="C2_文献学"><rdfs:subClassOf rdf:resource="#C1_文献学"/></owl:Class>
91 <owl:Class rdf:ID="C2_典籍"><rdfs:subClassOf rdf:resource="#C1_文献学"/></owl:Class>
92 <owl:Class rdf:ID="C2_电子政务"><rdfs:subClassOf rdf:resource="#C1_知识管理"/></owl:Class>
93 <owl:Class rdf:ID="C2_核心竞争力"><rdfs:subClassOf rdf:resource="#C1_知识管理"/></owl:Class>
94 <owl:Class rdf:ID="C2_以人为本"><rdfs:subClassOf rdf:resource="#C1_知识管理"/></owl:Class>
95 <owl:Class rdf:ID="C2_知识管理"><rdfs:subClassOf rdf:resource="#C1_知识管理"/></owl:Class>
```

图 10-9　CLIS 知识结构的部分 OWL 编码

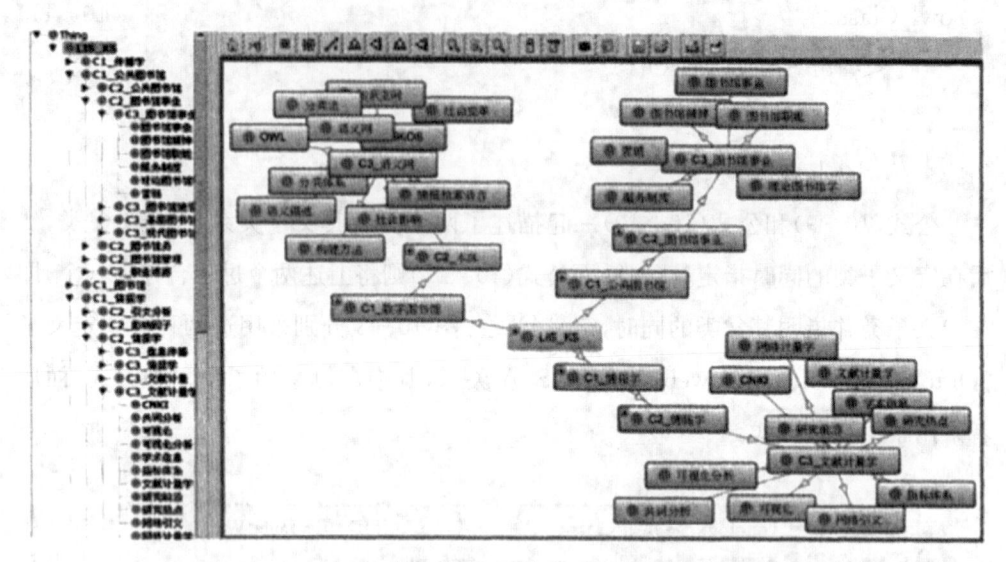

图 10-10　CLIS 中 C3_语义网等类目知识点的可视化展示

（四）CLIS 学科知识结构的验证

CLIS 的知识结构是根据 K 均值聚类算法自动生成的，那么这个结果是否具有合理性呢，下面试图通过对一些特殊类目的内聚和耦合分析来进行局部验证。

(1) 基于 HC 的知识类目内聚性分析

在进行多层聚类时，设置两个参数 SumD=3 和 MaxNum=15 用于控制聚类是否继续。然而在最终生成的 CLIS 知识结构中，我们发现最底层簇内对象最多达到了 25，远远超过 MaxNum 阈值的限制，那该簇聚类结束的原因是簇内对象与簇中心的距离总和（记为 Sum_dis）小于 SumD 阈值；与此相反，在最底层簇中也存在簇内对象数小于 MaxNum，但 Sum_dis 远远大于 SumD 的知识类。将前者记为 A，后者记为 B，那么可以进行合理假设：对于 A，其对象必然聚集在其中心点附近，内聚性较好，簇内对象之间的差异并不明显；而 B 内对象则相对中心点较为分散，直接导致了其距离总和较大，内聚性相对较差。

对于上述两种较为极端的知识类，我们各选择了 2 个案例，并采用 HC 方法对类目中关键词的分布情况和内聚特征进行细化分析，从而实现对假设的验证。

首先 A:簇内对象最多的知识类目分析

A1:LIS_KS>C1_公共图书馆>C2_图书馆管理>C3_读者服务>C4_图书馆建筑>C5_图书馆建筑>C6_图书馆建筑,Sum_dis=2.787157

A2:LIS_KS＞C1_情报学＞C2_情报学＞C3_文献计量＞C4_文献计量＞C5_知识交流,Sum_dis=2.833931

分别对 A1 和 A2 中 25 个关键词所构成的 KSM 进行 HC,结果如图 10－11 中(A1)和(A2)所示。① 在 A1 中,有 11 个对象完全相似,占了总量的一半左右;簇内对象之间的最大差异 MaxDiff 略大于 0.7。② A2 中知识点的分布情况与 A1 非常相似,也有一组共 11 个对象之间的距离为 0;簇内对象间的最大距离也略大于 0.7。③ 由此可知,A1 和 A2 中知识点间的最大差异都很小,甚至大量结点之间无差异,两者的聚类层次性都不明显,这说明对簇内知识点再进行分类的意义并不大,簇内知识点已经保持了较大的内聚性。

其次 B:Sum_dis 最大的知识类目分析

B1:LIS_KS＞C1_图书馆＞C2_信息共享＞C3_知识整合,Sum_dis=8.502761

B2:LIS_KS＞C1_文献学＞C2_四库全书总目＞C3_非物质文化遗产,Sum_dis=7.464072

对 B1 和 B2 中的关键词进行 HCA,结果如图 10－12 中(B1)和(B2)所示。① 在 B1 中,知识点间的 MaxDiff 接近 1.6,几乎是 A1 和 A2 的一倍左右,可见相对于后者,B1 中的知识点被分布在一个较大的空间范围内;15 个知识点被明显分成了 3 组,可见聚类层次性非常清晰。② B2 内知识点的分布情况类似于 B1,其中 5 和 12 以及 2 和 6 完全相似;14 个对象也被明显分成 3 个类;MaxDiff 超过了 1.6,簇内对象之间的离散度比 B1 更大。

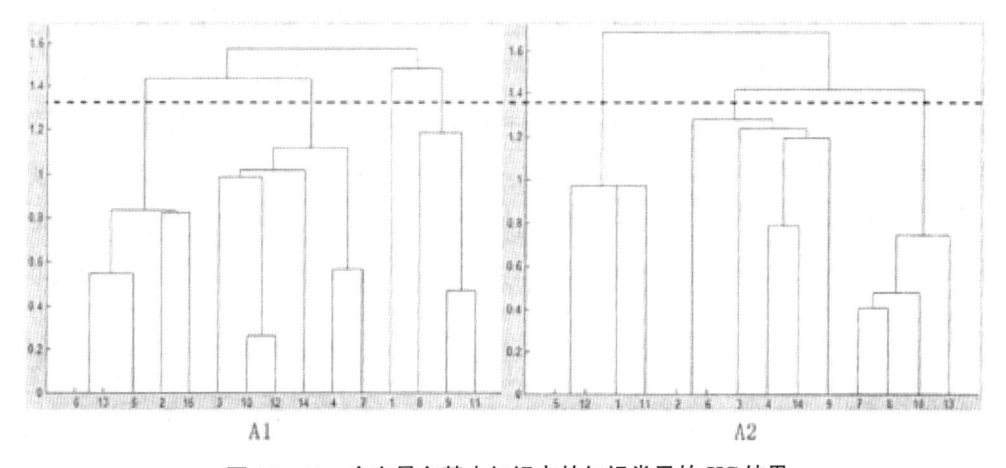

图 10－11　含有最多基本知识点的知识类目的 HC 结果

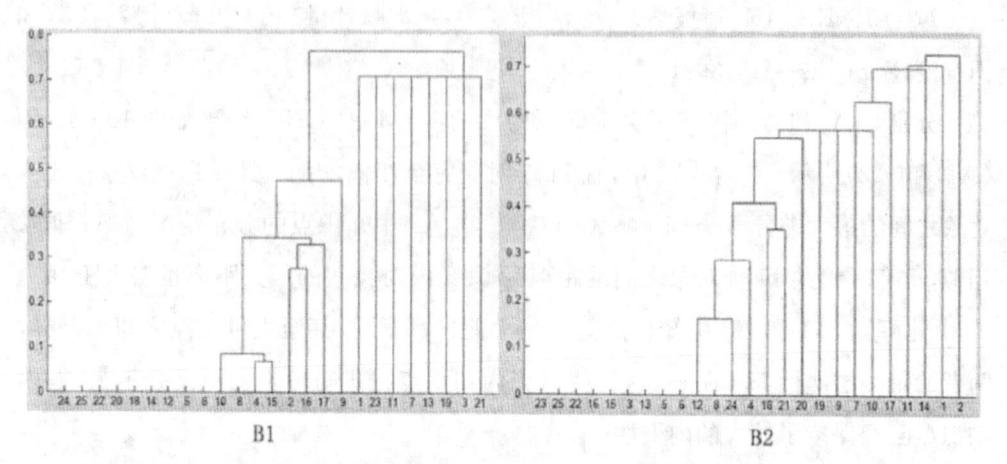

图 10-12 具有最大 Sum_dis 的知识类目的 HC 结果

基于对 4 个底层类目的分析,可以认为本节的假设基本成立:A 类目虽然含有较多的基本知识点,但由于内部对象相似度较大,相互聚集在一个较小的空间范围内,内聚性较强,不具备继续分类的可能;而 B 类目中基本知识点相互之间离散度较大,并且对象的层次性较为清晰,可见簇内对象内聚性相对较差,但由于对象数量少,可以根据实际应用的需要采用更精确的小规模聚类算法,如 HC 等对类目进行细化。综上所述,通过对特殊类目内部分布的微观验证,基于 K 均值聚类算法获得的 CLIS 知识类目,或内聚性强或内含知识点较少,其结构具有一定的合理性。

(2) 基于 MDSA 的知识类目耦合性分析

通过 HC,了解簇内对象之间的相对位置及其内聚程度。那么使用 K-means 聚类获得的 CLIS 知识类目之间是否是相对独立的,即知识类目的耦合性又如何?为此,采用了 DMSA 方法,将不同知识类目中的结点散布于二维平面上,进而根据结点的平面位置分布以及类目之间的耦合性来验证类目划分的合理性。本次实验依然将具有最多对象的类目 A1、A2 和具有最大 Sum_dis 的类目 B1、B2 作为案例。在具体操作之前假设:4 个类目的对象彼此独立,类目之间的耦合性较低,聚类具有较好的类目划分效果;A1 和 A2 中对象层次性较差,而 B1 和 B2 则存在进一步聚类的可能。

对由 A1、A2、B1 和 B2 中基本知识点构成的 KSM(7976) 执行 MDSA 操作,计算出了所有关键词间的两两相对距离,并根据距离进行降维压缩。最终获得:① 信度 Stress=0.10893(大于 10% 为一般可信),效度 RSQ=0.98240(大于 0.6 为有效),可见降维效果较好,但可信度一般;② 从 76 维(关键词对象的描述特征)降至 2 维后关

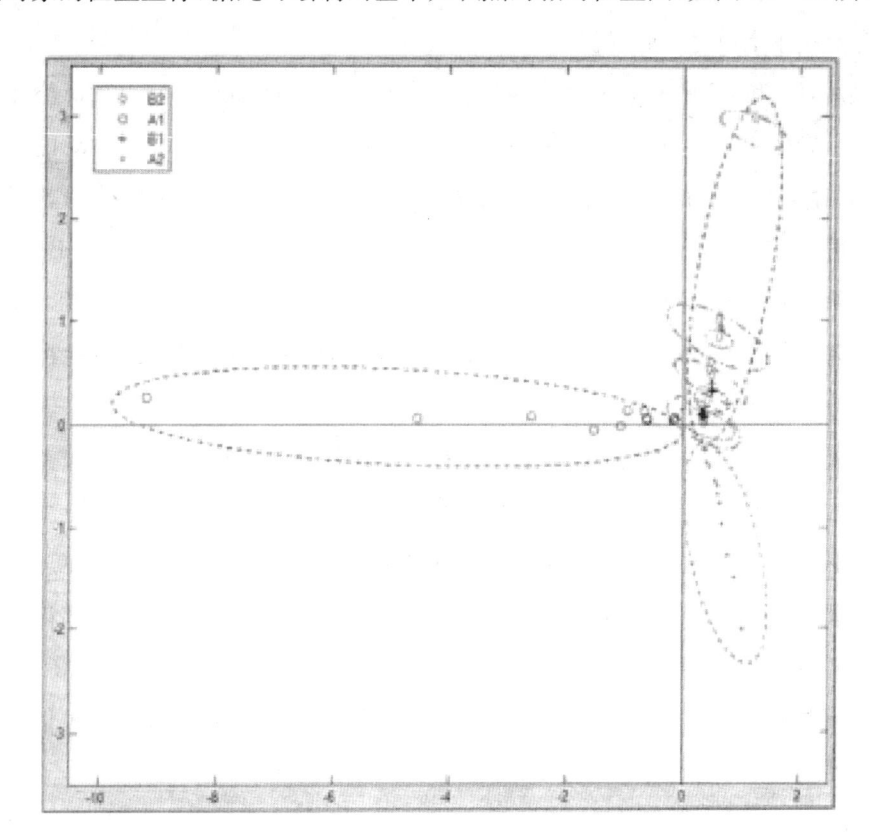

键词对象的位置坐标,据此可绘制出基本知识点的相对位置图,如图10-13所示。

图 10-13　CLIS 中 4 个知识类目的 MDSA 结果

首先,从总体上来看,4类对象被分成了3组,处于第二象限的圆圈为A1,小点A2处于第四象限,而B1(黑色叉)和B2(菱形)则没有被完全分开,全部堆积在了第一象限,但是B1对象多处于B2的间隙中。这说明A1和A2表现出了较强的独立性,相互之间以及与B1和B2都存在较大的差异,总体上看各类目的耦合性较低;降维操作使得对象间关联出现了一定程度的失真,B1和B2在二维平面上合成了1类,区别它们的特征可能在降维过程中丢失了;B1和B2之间的关联较之于A1和A2之间的关联更为紧密,B1来自"C1_图书馆",而B2来自"C1_文献学",图书馆向来都是文献资源的主要收藏地,两者之间在某个维度上存在一定关联。

其次,A1和A2中均有25个对象,但图中显示出来的结点较少,可见有大量的对象被相互覆盖,说明这两个集合的对象相对比较集中,内聚性较高;当然也不排除有个别对象远离集合中心,表现出了较大的差异性,可能是与其他对象相似度较低,也可能是降维失真导致差异性被放大;A1和A2中相异对象之间的相互位置呈现线性增长趋势,对象间层次性不明显,即进一步对其进行划分存在较大困难,也可以说当前分类基本上已经达到最优。

最后,B1 和 B2 中的对象也较为集中,说明基于 K-means 聚类的知识类目划分达到了一定效果,相似对象被聚集在了一起;但是不同于 A1 和 A2 中对象的线性分布,B 中对象则表现出了较为明显的层次性,即其中对象又可以被划分为若干个团体,B1 很明显可被分成 3 个团体,而 B2 则被分成了 4 个子类。可见 B1 和 B2 均存在进一步聚类的空间,可根据应用需要进一步细化。但是需要注意的是,MDSA 是一种通过降维压缩来平面展示对象之间差异的方法,存在一定的失真,不能将其作为进一步分类的依据。

从上述分析可见 4 个类目从总体上来看彼此独立,反映出 CLIS 知识类目间的耦合性较差,CLIS 知识结构具有较强的合理性,但是 B 类目相互间的区分度相对较差;A1 和 A2 中对象集中,内聚性强而层次性差,B1 和 B2 正好相反,存在进一步聚类的可能,这与上节的结论基本一致。可见本节之前的假设成立,CLIS 知识结构的耦合性较低。综上所述,基于 HC 和 MDSA 分析可知,基于本节方法获得的 CLIS 知识类目具有高内聚性、低耦合的特点,说明 CLIS 知识结构具有较强的可信度和合理性。

(五) CLIS 学科知识结构的演化分析

这里构建的 CLIS 知识结构建立在 CSSCI(2003—2012 年)基础上。那么在这 10 年间,CLIS 的知识结构是如何调整的? 本节试图通过 CLIS 知识结构在学科发展演化分析中的具体应用进一步论证其有效性。

仅从知识点的频次变化来探测学科研究的发展。① ① 知识点的频次变化可以从两个角度衡量:一是统计关键词所属知识类目的年度频次变化;二则是以文献为单位,统计其所属知识类目的年度频次状况。关键词和文献数量并不一致,所得结果将会形成偏差,我们以前者作为考察角度探测知识点年度发展轨迹。② 采用的方法是将关键词映射到各级知识类目中,进而统计关键词所属知识类目的年度频次,描绘出其 10 年间的变化轨迹,以分析 CLIS 知识结构的动态演化。

经过计算,筛选出的 3081 个关键词分布在 50493 篇 CSSCI 论文中,而 CLIS 一

---

① 吕红,邱均平.国际图书情报学二十年研究热点变化与研究前沿分析[J].图书馆杂志,2013,32(9):14-20.

级类目的年度分布如图10-14所示,10个一级类目的发展轨迹大体呈现出3种趋势:① 研究规模最大的3个类"C1_高校图书馆""C1_图书馆"和"C1_数字图书馆"在经历了快速发展(2003—2005),一段时间的稳定(2005—2009)后,出现了下降态势(2009—2012),说明这些类目的研究基本上已经过了研究高峰;② 规模次之的3个类"C1_公共图书馆""C1_竞争情报"和"C1_知识管理"在10年间则总体处于稳定的发展状态,但是增长的幅度不大,而且在2010年之后均出现了下调趋势,其发展势头开始明显减弱;③ 研究规模较小的其他4个类则处于明显的上升趋势,特别是"C1_情报学""C1_搜索引擎"和"C1_传播学"类,增长幅度较大,发展势头良好,属于CLIS的新兴研究热点,特别是后两个交叉研究方向的快速发展,说明CLIS与其他学科的知识交流趋于频繁,"C1_文献学"作为传统研究方向稳中带升。

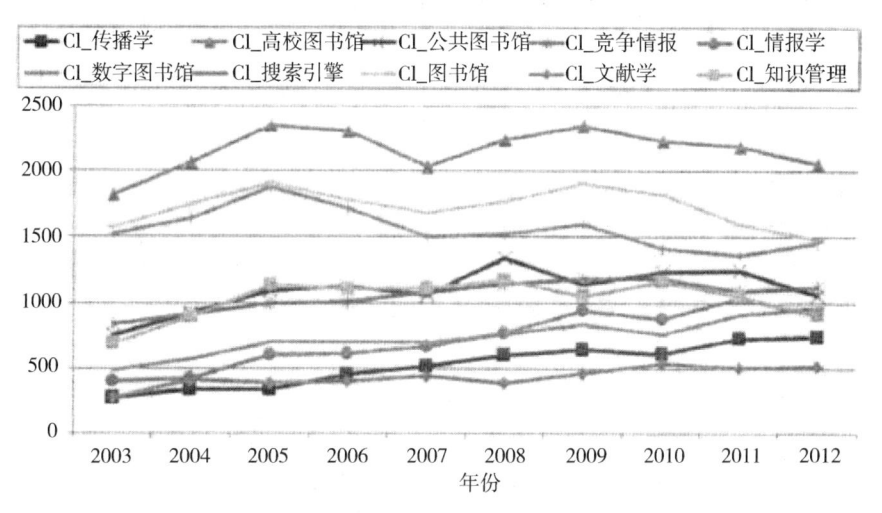

图 10-14 CLIS 一级类目的年度分布

那么,CLIS一级类目的年度变化又是如何造成的呢?可以借助CLIS知识结构进一步探索更小类目甚至基本知识点的演化规律。但鉴于篇幅,这里仅就"C1_数字图书馆"和"C1_情报学"进行分析,其二级类目的年度发展轨迹如图10-15所示。① 很明显,引起"C1_数字图书馆"发展趋势下降的主要原因是"C2_数字图书馆"和"C2_信息检索"研究总量的收缩,而且两者均是在2005年开始出现了迅速下滑,特别是后者,很可能是在2005年前后出现了从"纸质信息检索"到"网络信息检索"的内容调整,导致其研究规模的震动。此外,除"C2_网络信息资源"发展较为稳定外,"C2_本体"和"C2_图书馆学"实际上还是处于稳中上升的趋势,尽管幅度不大,说明"C1_

数字图书馆"中一些研究方向的热度并没有完全减退。② 在"C1_情报学"中，除了"C2_科学评价"的轨迹比较稳定外，其他4个类的研究均处于上升趋势，直接导致该大类的迅速发展；除了最大的"C2_情报学"之外，其他4个二级类目实际上存在很大的交叉，均可归纳为"科学评价与引文分析"研究方向，由此可见该方向目前已经成为情报学领域的研究重点，而且研究热度处于逐年上升趋势。

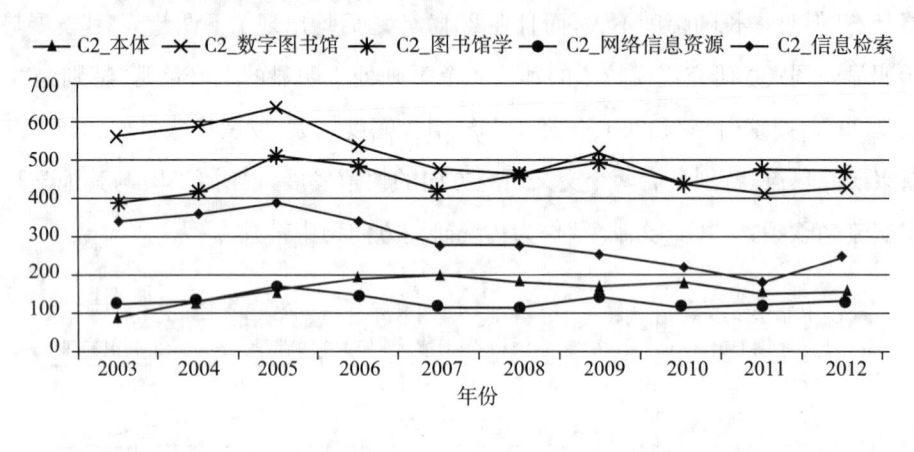

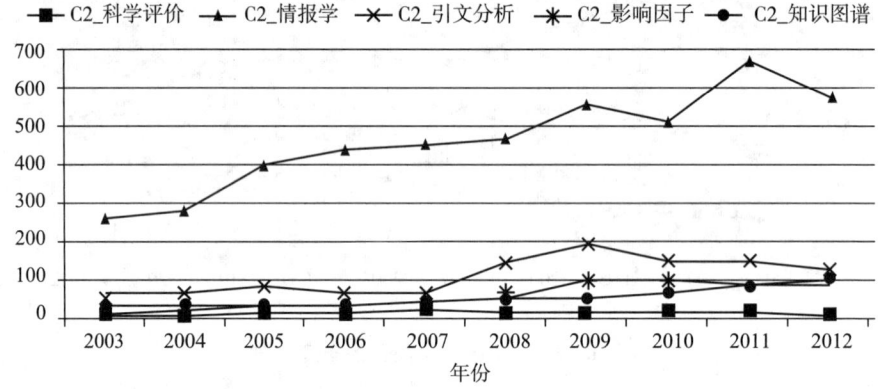

图 10-15 "C1_数字图书馆"和"C1_情报学"二级类目的年度发展轨迹

本章以本体思想作为理论指导，将狭义的学科知识结构理解为学科知识点的层次体系，进而从 CSSCI 期刊论文集合中衍生出 CLIS 的学科知识结构，并对其在 2003—2010 年 10 年间的发展轨迹进行了初步探测。本章构建的 CLIS 知识体系为后期该学科广义知识结构的研究奠定了知识基础。本章虽然通过对知识类目的微观检测和学科发展趋势的宏观分析对 CLIS_KS 进行了合理性和有效性的验证，但在过程中也发现一些问题，有待于今后进一步探讨。① 采用的 K-means 聚类适合文中大规模数据处理，但是其聚类结果的不稳定性也对 CLIS 知识类目生成造成了一定的影响;② 以类目中频次最高的关键词作为类目名称,导致存在大小类同名的现象,这种处理方法值得商榷;③ 鉴于篇幅限制,CLIS 知识结构的应用在文中涉及较少,知识类目演化分析仅采用了传统的频次统计方法,有待于进一步改进和完善。

10.3.2 多源数据主题聚合实例

本实验以新能源汽车领域的技术主题聚合为例,运用本书前述方法展示完整的数据处理和分析过程,以使读者对所述方法有一个更加直观的认识和深刻的理解。实验以专利文献和科学论文为主要数据来源,运用文本挖掘和统计方法,对新能源汽车领域的技术主题进行分析,包括数据预处理、数据融合、主题聚类、主题演化等各个环节。整体实验设计如图 10-16 所示。

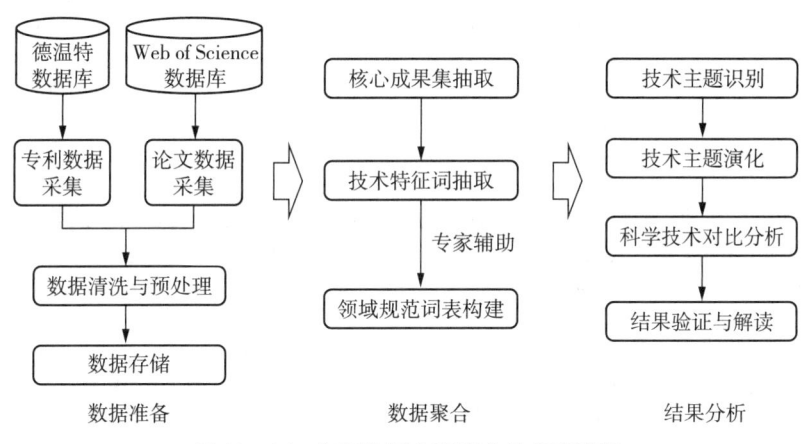

图 10-16 多源数据主题聚合技术路线图

(一) 数据预处理

(1) 数据来源

不同的文献类型表征技术发展的不同阶段,学术论文反映基础研究,专利数据则反映实验发展阶段。① 因此,对论文、专利等进行挖掘分析,可以较早、较客观地识别颠覆性技术,并且这类数据容易获取,在研究中使用最多。为提升技术态势分析的可靠性,本实验基于多源数据开展:首先使用科技成果数据(包括专利数据和论文数据)进行技术主题挖掘分析。新能源汽车领域涉及技术种类较为复杂,给数据检

---

① Martino, J. P. A review of selected recent advances in technological forecasting[J]. Technological Forecasting & Social Change,2003,70(8),719-733.

索带来了一定困难。实验以采集准确率为第一原则,针对新能源汽车的四个主要技术领域制定检索式采集数据。四个技术领域为:混合动力电动汽车(HEV)、纯电动汽车(BEV)、燃料电池电动汽车(FCEV)和常规内燃机汽车(ICEV)。

① 专利数据

实验采用 Bernstadt[①] 提出的检索策略进行专利数据和论文数据的采集,该检索策略已被广泛认可和使用[②③],专利数据检索式如表 10-4。专利数据来自 Derwent 数据库,时间范围为 2001—2020 年,专利数据下载于 2021 年 6 月 10 日,共收集到专利数据 127877 条。

表 10-4 专利数据检索式

技术领域	检索式
HEV-related patents	IP=(B60K-006* OR B60W-020* OR B60L-007/1* OR B60L-007/20) AND TS=(vehicle* OR car OR automobile*) AND TS=("hybrid vehicle*" OR "hybrid electric vehicle*" OR "hybrid propulsion")
BEV-related patents	IP=(B60L-011* OR B60L-003* OR B60L-015* OR B60K-001* OR B60W-010/08 OR B60W-010/24 OR B60W-010/26) AND TS=(vehicle* OR car OR automobile*) AND TS=(("electric vehicle*" OR "electric car" OR "electric automobile*") AND battery)
FCEV-related patents	IP=(B60W-010/28 OR B60L-011/18 OR H01M-008*) AND TS=(vehicle* OR car OR automobile*) AND TS=("fuel cell*")
ICEV-related patents	IP=(F02B* OR F02D* OR F02F* OR F02M* OR F02N* OR F02P*) AND TS=(vehicle* OR car OR automobile*) AND TS=("internal combustion engine" OR "ic engine" OR "diesel engine")

---

① Borgstedt, P., Neyer, B., Schewe, G. Paving the road to electric vehicles-A patent analysis of the automotive supply industry[J]. Journal of Cleaner Production, 2017, 167, 75-87.

② Aaldering, L.J., Leker, J., Song, C.H. Competition or collaboration? -Analysis of technological knowledge ecosystem within the field of alternative powertrain systems: A patent-based approach[J]. Journal of Cleaner Production, 2019, 212, 362-371.

③ Yuan X, Cai Y. Forecasting the development trend of low emission vehicle technologies: Based on patent data[J]. Technological Forecasting and Social Change, 2021, 166: 120651.

② 论文数据

论文数据来自 Web of Science 数据库核心合集,检索式如表 10-5,时间范围为 2001—2020 年,论文数据下载于 2021 年 6 月 13 日,共收集到 86746 条。

表 10-5　论文数据检索式

技术领域	检索式
HEV	TS=("vehicle * " or "car * " or "automobile * ") AND TS=("hybrid vehicle * " or "hybrid electric vehicle * " or "hybrid propulsion")
BEV	TS=("vehicle * " or "car * " or "automobile * ") AND TS=(("electric vehicle * " or "electric car * " or "electric automobile * ") AND "battery")
FCEV	TS=("vehicle * " or "car * " or "automobile * ") AND TS=("fuel cell * ")
ICEV	TS=("vehicle * " or "car * " or "automobile * ") AND TS=("internal combustion engine" or "ic engine" or "diesel engine")

(2) 核心数据集筛选

对原始的专利数据集和论文数据集题名信息进行初步清洗与处理,得到基础数据集。实验采用 LDA (Latent Dirichlet Allocation) 模型进行文本主题抽取,该模型通过无监督方法抽取文本中隐含的主题信息,自 2003 年提出以来,被广泛用于各领域的文本挖掘,获得了较好的效果。模型实质上是利用文本中词项(term)的共现特征来发现文本的主题(topic)结构,对于技术主题抽取这一应用场景来说,具有技术特征的词项选择会对主题聚类结果产生显著影响[1],一些词频高且稳定的词项并不能揭示技术新趋势,但在技术领域发展分析中这些仍是十分重要的技术特征词,会对主题识别与技术趋势分析产生较大影响。

已有研究证明,相比于使用全数据集,使用核心数据集抽取技术特征词有助于提升主题识别的效率和准确性,无论是所生成技术主题的覆盖率还是主题之间的区分度,都表现更好。[2] 在本实验场景下,核心数据集就是指技术价值较高的科技成果,相较于其他成果,这些成果的技术特征更明显,能够很大程度上减少数据噪声,优化技术主题抽取效果。因此,实验首先从专利数据和论文数据中进行核

---

[1] 许海云,王振蒙,胡正银,等. 利用专利文本分析识别技术主题的关键技术研究综述[J]. 情报理论与实践,2016,11(39):131-137.

[2] 李姝影,张鑫,许轶,等. 核心专利集筛选及专利技术主题识别影响[J]. 情报学报,2019, 38(1):17-24.

心成果集抽取。科技成果的技术价值常常以其被引次数衡量,实验也采用基于引用强度的判断标准;为克服引用滞后性(即越早发表的成果,引用率越高),计算全部专利与论文的引用数,选取引用量超过申请或发表同年引用一个标准差的规则进行筛选,获得核心专利集。经筛选共获得核心数据集 56798 条,数据概况如图 10-17 所示。

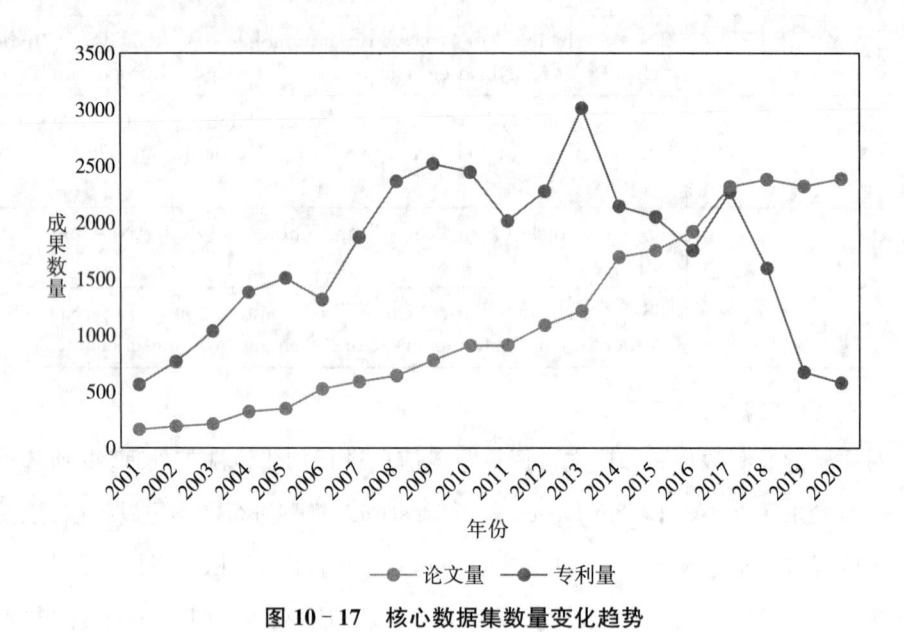

图 10-17 核心数据集数量变化趋势

(二) 基于关联数据的技术主题识别

(1) LDA 主题模型

LDA(Latent Dirichlet Allocation)主题模型,又称"潜在狄利克雷分配模型",是一种常见的主题模型,2003 年由 Blei 等人共同提出。[①] LDA 使用了先验分布,克服了学习过程中的过拟合问题。LDA 主题模型假设:① 主题由词的多项分布表示;② 文档由主题的多项分布表示;③ 主题—词分布和文档—主题分布,两者的先验分布都是狄利克雷分布[②]。借由狄利克雷分布是多项分布的共轭先验分布这一特性,可以通过观测的单词序列,推断出文档—主题分布和主题—词分布,挖掘出隐含的主题层,其生成过程见图 10-18。

---

① Blei, D., Ng, A. Y., Jordan, M. I. Latent Dirichlet Allocation[J]. Journal of Machine Learning Research, 2003(3): 993-1022.

② 李航著. 统计学习方法(第 2 版)[M]. 北京:清华大学出版社, 2019.

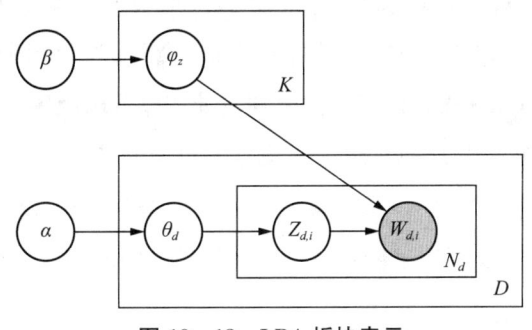

图 10-18 LDA 板块表示

图 10-18 中使用的符号及其含义见表 10-6。

表 10-6 LDA 模型中符号含义

符号	含义
α	整个文档上主题的 Dirichlet 先验分布
β	所有主题上词的 Dirichlet 先验分布
θ_d	文档 d 上主题的多项式分布
φ_z	主题 z 上词的多项式分布
D	文档个数
K	主题个数
$Z_{d,i}$	文档 d 上第 i 个词的主题
N_d	文档 d 中词的个数
$W_{d,i}$	文档 d 上第 i 个词

LDA 模型将代表文本的词频向量（文档—词频矩阵）作为输入，通过迭代，输出推断出的文档—主题分布、主题—词分布，即每个文档由各个主题生成的概率、每个主题包含各个词的概率。图 10-18 中的节点表示随机变量：实心节点表示观测变量，空心节点表示隐变量；有向边表示概率依存的关系；矩形板块表示重复，板块内数字表示重复次数。

(2) 技术主题识别

首先，对获得的专利和论文核心数据集进行文本预处理，步骤包括：提取文献的"标题""发表时间"和"被引次数"字段；分词；去除停用词；构建"文档—词频"矩阵。实验基于以上步骤，且为了提升后续实验的模型效果，进行如下处理：

① 读取原始数据集，保留来自德温特专利数据库的"PN""TI""AB"以及"GA"

字段,分别代表专利数据的唯一标识码、专利标题、专利摘要以及 Derwent 主入藏号;保留来自 WoS 数据的"TI""AB""TC"以及"PY"字段,分别代表文献数据的标题、摘要、Web of Science 核心合集的被引频次计数以及出版年。我们对专利数据的 GA 进行文本切分,提取出 Derwent 主入藏号中包含的专利申请年,作为专利数据的"发表时间"字段,并利用"PN"字段关联欧洲专利局全球专利数据库中的全球专利引用信息,计算出每一项专利的被引频次,作为专利数据的"被引次数"字段。通过上述操作获得原始数据的相关字段信息。

② 使用 R 语言中 stringr、ngram 程序包中的自定义函数对处理后数据集中的标题文本进行 N-gram 算法分析以及停用词删除,并结合领域专家知识提出获得词表中的无意义以及重复词,结合主题建模的结果反馈,将"主题—词分布"中无意义的高频词汇删除,获得用于后续分析的规范化词表。

③ 合并规范化词表中词汇含义相同,但形式不同(单复数、词性等)的词,进一步对规范词表做清洗。

实验将预处理后的核心数据集输入 LDA 主题模型,对标题文本进行主题识别。LDA 主题模型中需要确定最优的主题数,主题数的确定主要有两大类方式:① Blei 等人提出的困惑度(perplexity)的方法,该指标反映了模型的拟合程度,困惑度越小,模型的拟合程度越好,可以通过多次实验找到其极小值的方法来确定主题数目;② 计算"主题相似度"的方式,常见的有计算 Jensen-Shannon 散度(JS 散度)的方法,关等[1]对其做了详细的研究,当主题数接近最优值时,JS 散度较小,反之则较大。本研究采用学者使用较多的困惑度的方式来确定最优主题数。

使用 R 语言中的 topic models 包进行主题建模,主题数目的变化区间为[2,15],计算的结果如图 10-19 所示。从图像可以看出,当主题数目小于 7 时,随着主题数目的增加,困惑度不断减小,拟合效果越来越好;当大于 7 时,困惑度逐渐趋于稳定。因此,本研究确定的最优主题数为 7。设置主题数为 7,对全部核心数据集的标题文本—词频矩阵进行 LDA 主题聚类,获得的每一主题下的头部主题词如图 10-20 所示,颜色区分了不同的主题,大小对应不同词在各主题内出现的概率值。

---

[1] 关鹏,王曰芬. 科技情报分析中 LDA 主题模型最优主题数确定方法研究[J]. 现代图书情报技术,2016(9):42-50.

10 学科网络资源的主题聚合

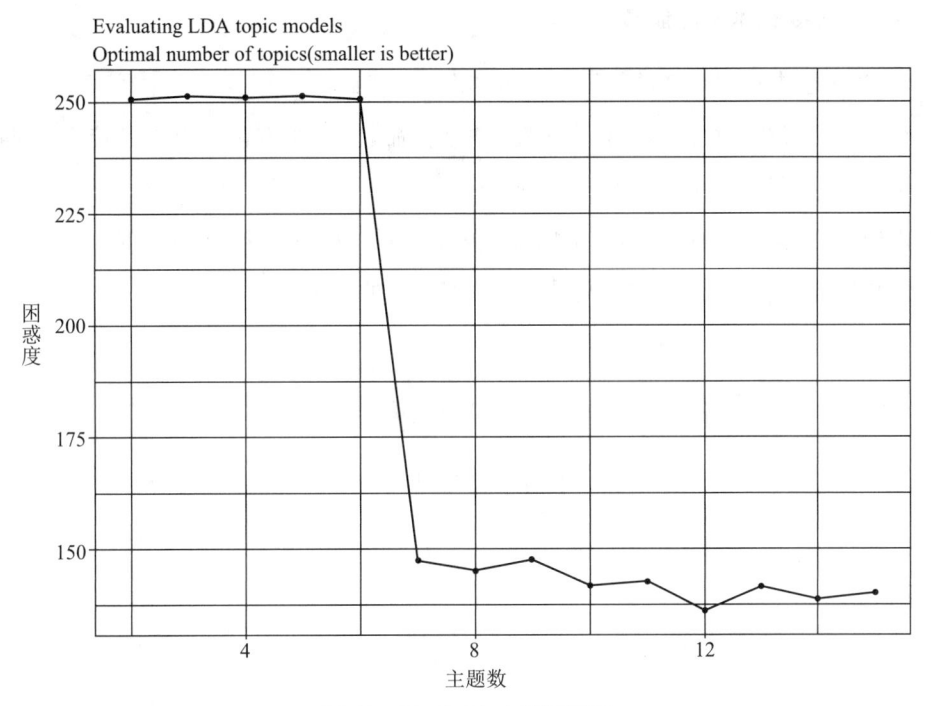

图 10-19 LDA 主题困惑度

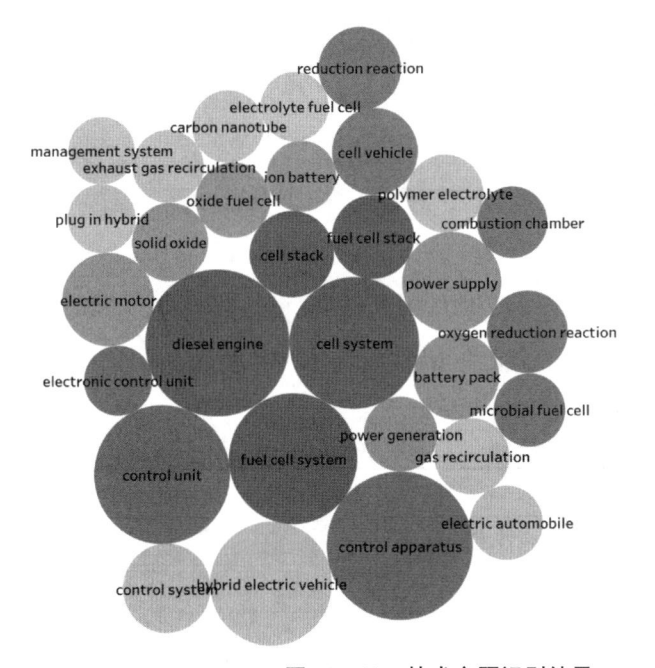

图 10-20 技术主题识别结果

（三）主要技术主题解读

对各主题中概率较高的特征词展示如图 10-21 所示，根据各个主题下的高频特征词，结合专家意见总结各个技术主题，并进行命名，例如主题 1 中概率较高的词是"diesel engine""fuel cell system""heat exchange"，根据词含义的解释，可以将其命名为"柴油机与热交换技术"，结果如表 10-7 所示。可以看出，主题之间存在明显区分度，并且涉及技术较为全面，说明结果具有一定的合理性。

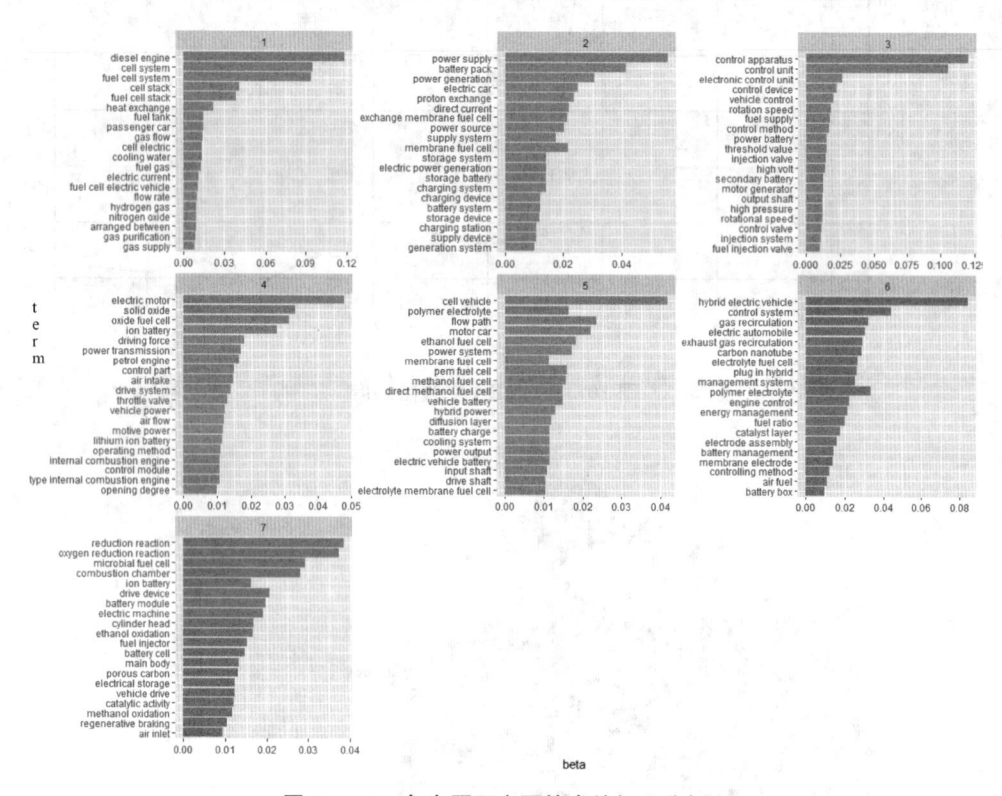

图 10-21 各主题下主要技术特征词分析

表 10-7 主题标注

主题	主题标注
主题一	柴油机与热交换技术
主题二	动力电池技术
主题三	电子控制技术
主题四	固态氧化物燃料电池与锂电池技术
主题五	甲醇、乙醇燃料电池技术

续　表

主题	主题标注
主题六	质子交换膜燃料电池技术
主题七	氧还原反应与微生物燃料电池技术

选取相关度最高的专利或论文作为专利与论文的主题，图 10-22 进一步展示了各主题下最相关专利和论文文献数量的变化趋势。从图中可以看出，新能源领域的科研成果整体持续上升（专利在 2019—2020 年略有下降，是由于专利具有 18 个月的时滞性），研究热度持续不减。但七种主题下的专利数量与论文数量分布有差异，在论文中，关于主题七"氧还原反应与微生物燃料电池技术"的数量最多，而关于主题一"柴油机与热交换技术"的数量少。但直到 2015 年，主题一下的专利数量都是最多的；2015 年后，主题三"电子控制技术"成为最热门的技术主题。这从侧面反映出技术研究与实践应用的区别，燃料电池相对来说出现时间较短，由于其基本无污染、效率高的特性，受到极大的政策支持，基础研究受到创新政策影响较大，更加追逐研究的前瞻性。而新的研究成果真正在工业界规模化应用，受制于时间和资金，转化落地需要较长的时间，从专利成果这一点看，不能及时反映前沿技术特征。

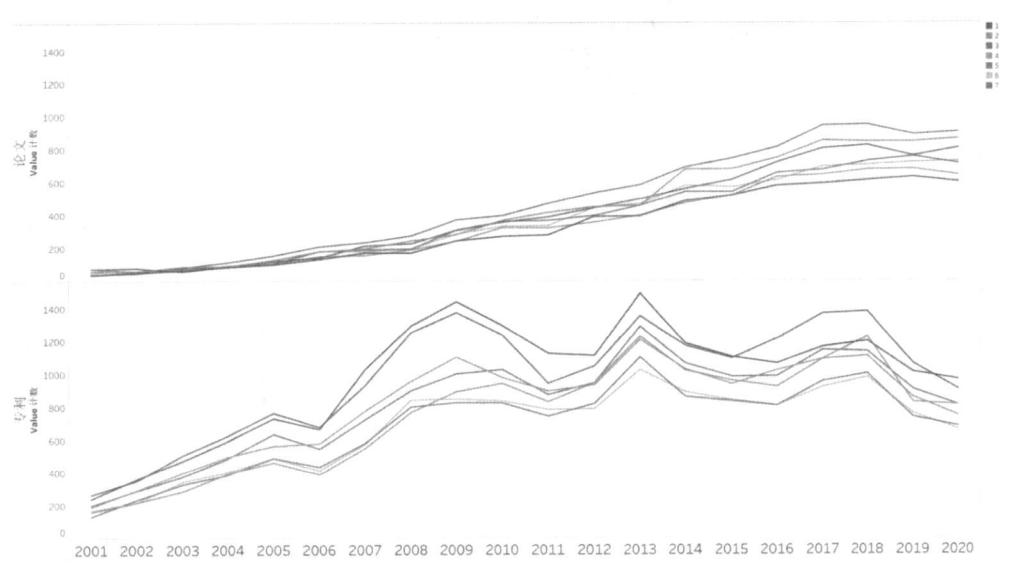

图 10-22　各主题中专利及文献数量变化趋势

此外，在论文文献中，相对来说分布最多的是氧还原反应与微生物燃料电池技术主题、动力电池技术主题以及电子控制技术主题。各主题下的论文数量呈现稳健上升的趋势；在专利文献中，相对来说分布最多的是柴油机与热交换主题和电子控制技术主题。相比论文的稳步增长，专利数量有明显的波动，柴油机与热交换主题的专利数在 2014 年前后的年申请量开始小于电子控制技术主题，在 2009 年、2013 年和 2018 年分别达到了一个峰值。

接着我们对各主题包含的主题词做深入的挖掘和探索，以剖析每一个主题的具体组成，为后续研究提供参考。

（1）主题一：柴油机与热交换技术

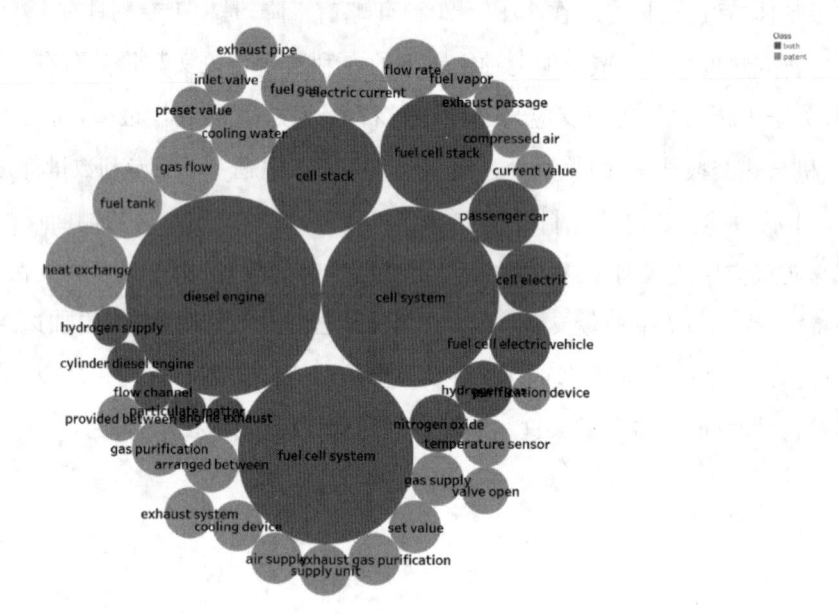

图 10-23 主题一：柴油机与热交换技术

柴油机是以柴油作为燃料的内燃机，1892 年由鲁道夫·狄赛尔（Rudolf Diesel）研发。但经过近两个世纪的发展，现代柴油机已经不再像初期一样笨重、聒噪，而是融合了电控喷射、共轨、涡轮增压中冷等现代技术，在包括汽车在内的多个工业领域被广泛使用，据统计，在欧洲，柴油车销量已占汽车总销量的 40%。热交换器是柴油机运行润滑系统中的重要部件，能够在需要时对机油进行加热，热交换技术则是其中的核心技术。此外，除了传统内燃机，当前火热的混合动力车通常指油电混合动力汽车，即动力源利用传统的内燃机、电动机或发动机改造后采用其他替代燃料。因此，柴油机与热交换技术仍然是新能源汽车研究领域内的一项重要内容，从主题挖掘的结果来看，柴油机与热交换技术主题下还包括一些具体的技术词汇，例如冷却水、燃料气体、气体净化、气体供应、温度传感器、燃油蒸汽、发动机排气管等，并且该主题下的技术特征词多是来自专利和论文的共有词，这也是较为成熟的技术主题的重要特征之一。

(2) 主题二:动力电池技术

图 10-24　主题二:动力电池技术

动力电池技术是新能源汽车亟待解决的核心技术之一,也催生了大量科研成果,无论在科学研究还是实践应用中,都是重要的技术方向。用于电动汽车的动力电池类型各异,如铅酸电池的电极主要由铅及其氧化物构成,由于成本低、性能可靠、技术成熟,是唯一通过 UL 安全认证、可供大批量生产的电动车用电池;但其存在车速及续航的问题。镍氢动力电池具有较好的低温放电特性,且续航长、无污染,应用较为广泛,但对温度较为敏感(在 45℃ 以上性能较差)。锂电池由于正极材料的不同可以分为不同类别,最具代表性的是磷酸铁锂电池和锰酸锂电池。由于具有工作电压高(镍电池的 3 倍)、比能量大(镍氢电池的 3 倍)、体积小、质量轻、循环寿命长、自放电率低、无记忆效应、无污染等诸多优点,锂电池成为当前较受关注的动力。

(3) 主题三:电子控制技术

与传统燃油汽车不同,新能源汽车涉及的电子元件较多,电子控制技术主要就是利用计算机,控制这些电子元件以精确控制新能源汽车运行的技术,具体包括 VCU 系统设计、EPS 系统、电力和电机驱动系统,以及 EMS 系统等。在车辆的动力、效率、控制系统中均有涉及,是新能源汽车安全性、准确性和舒适性的重要保障,

图 10-25　主题三：电子控制技术

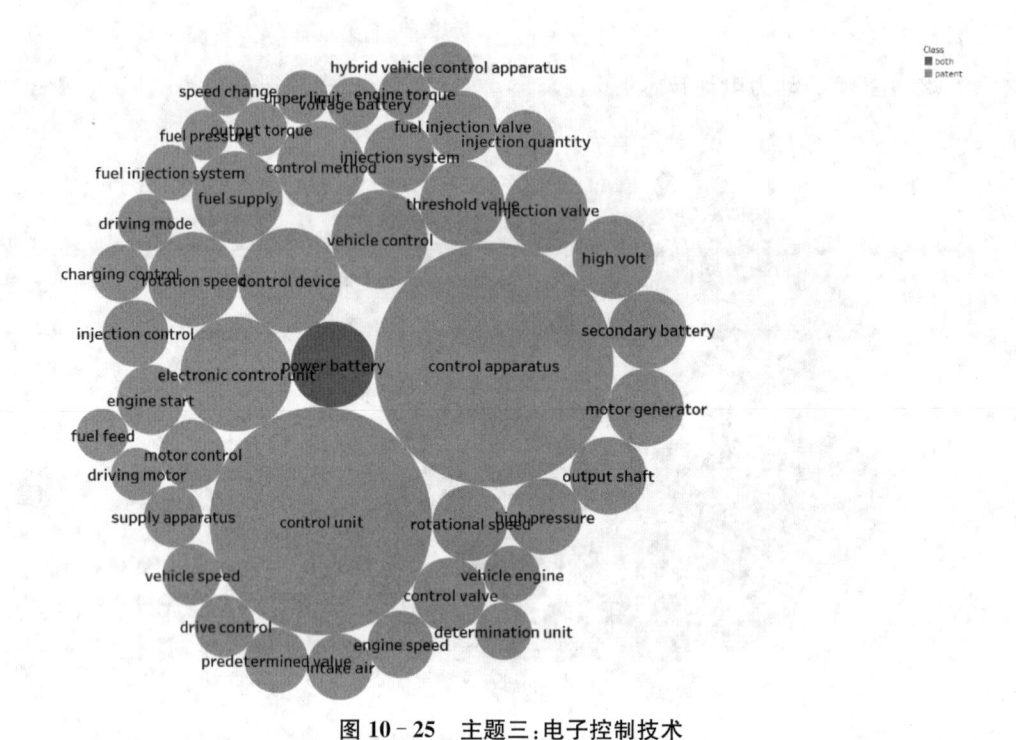

直接关系到其是否可以被用户接受。当前新能源汽车市场存在的高端产品极度匮乏、低端产品严重过剩等问题，很大程度上与电子控制技术无法获得突破有关。因此，当前车企多根据企业自身汽车的情况，全面考虑相关指标，运用电子控制技术改善能量管理系统、制动系统和电机控制系统等。该主题包含电子控制单元、控制方法、控制阀、电机控制、驱动控制、充电控制等技术特征词，主要来自专利文献，反映出其在工业界的重要性。

（4）主题四：固态氧化物燃料电池与锂电池技术

相较于液态电池，固态电池具有更安全、易运输、寿命长的优势，成为重要的发展方向。其中，固态氧化物燃料电池与锂电池技术分别是一次电池、二次电池中具有代表性的固态电池，被广泛研究与共同对比。固体氧化物燃料电池使用生物乙醇代替氢燃料电池中的氢，较好地控制了成本。与锂电池技术相比，固态氧化物燃料电池对温度条件要求较高，工作环境通常在 800～1000 ℃，这也在一定程度上限制了其在汽车生产中的运用。在主题挖掘结果中，与固态氧化物燃料电池和锂电池共同高频出现的主题词还包括电动机、动力传输、进气口、驱动系统、节流阀、电机驱动等，在专利和论文文献中分布也较为均衡。

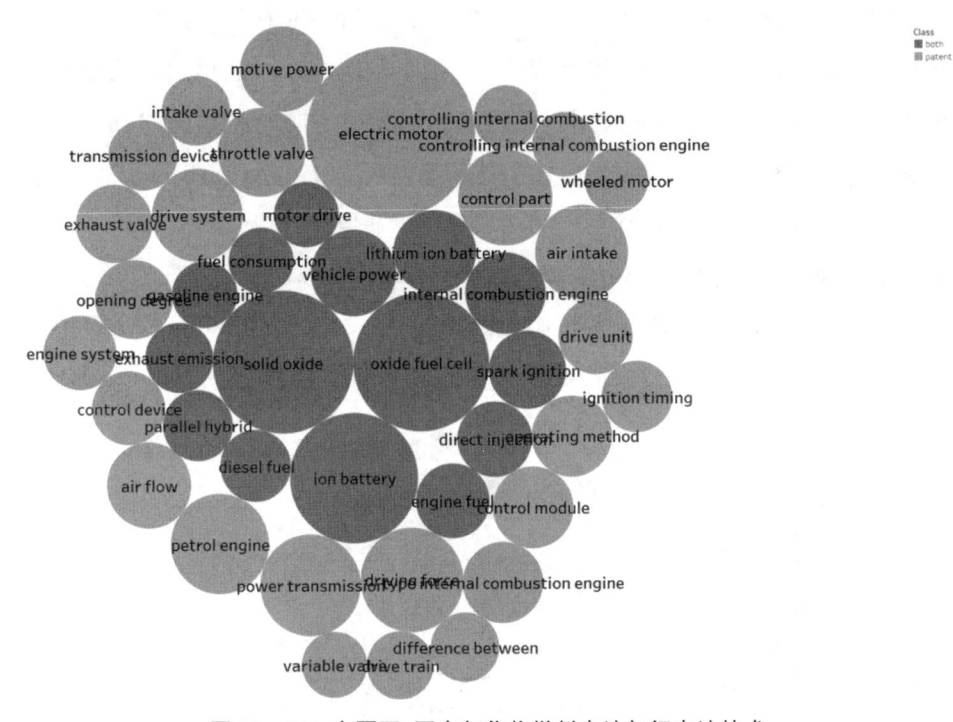

图 10‑26 主题四：固态氧化物燃料电池与锂电池技术

（5）主题五：甲醇、乙醇燃料电池技术

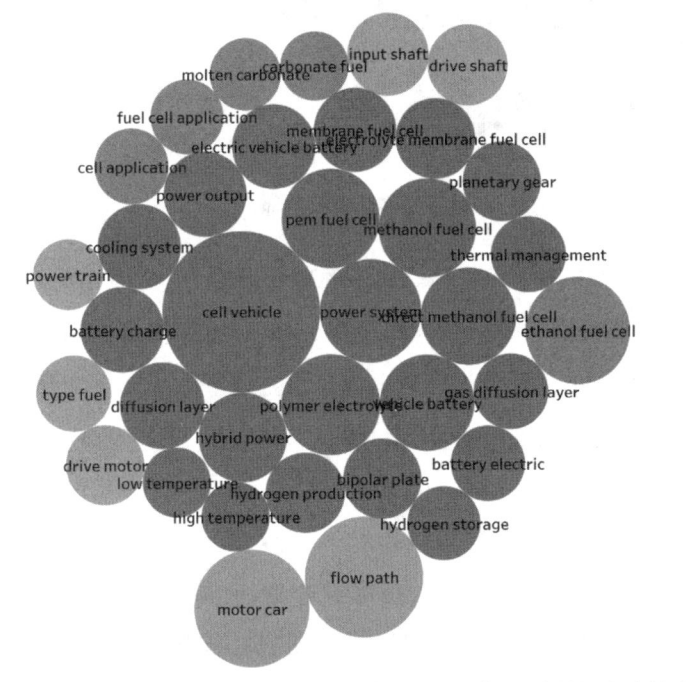

图 10‑27 主题五：甲醇、乙醇燃料电池技术

甲醇、乙醇燃料电池是液态燃料电池的代表,具有易储存推广的优点。而与甲醇燃料电池相比,乙醇燃料电池毒性较低,但同时功率密度也较低,对启动温度的要求较高,在小型汽车上的工业应用仍不现实。作为该主题的高频词,"ethanol fuel cell"是来自论文文献的主题词,同时该主题下还包括了"molten carbonate"等仅来自论文的主题词,这使得该主题作为专利技术和科学研究两个领域融合下的一种主题聚合结果,说明甲醇、乙醇燃料电池技术被科学界与工业界同时关注。

(6) 主题六:质子交换膜燃料电池技术

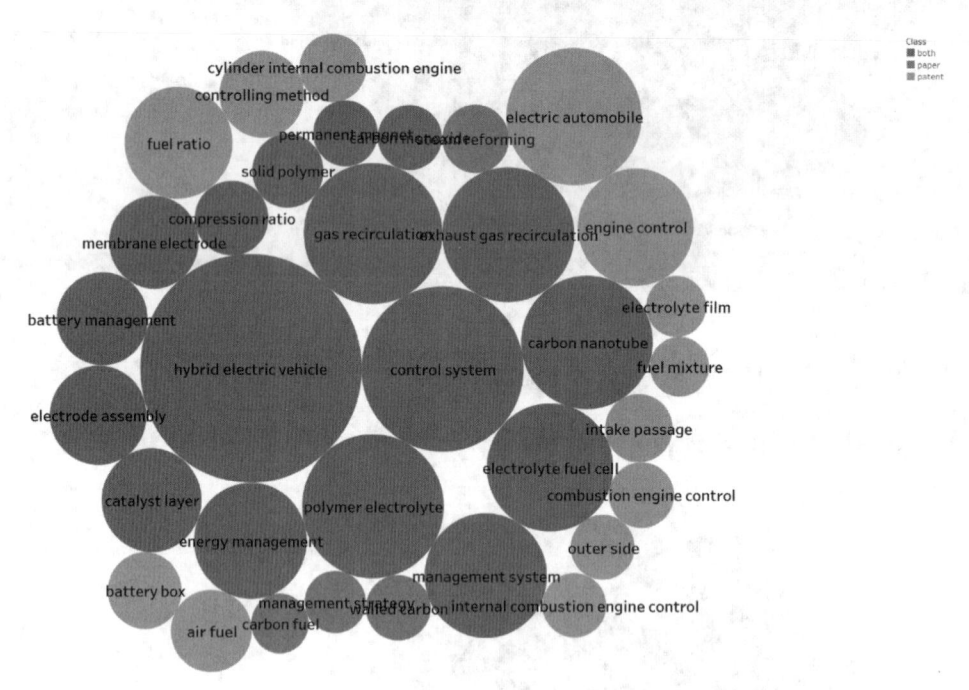

图 10-28　主题六:质子交换膜燃料电池

质子交换膜燃料电池(PEMFC)采用可传导离子的聚合膜作为电解质,所以也叫聚合物电解质燃料电池(PEFC)、同体聚合物燃料电池(SPFC)或固体聚合物电解质燃料电池(SPEFC),其基本组成单元是单体燃料电池。该主题下除了质子交换膜燃料电池的相关技术词汇外,还包括废气再循环、催化剂层、膜电极、蒸汽重整、内燃机控制、电解质膜等相关技术。

(7) 主题七:氧还原反应与微生物燃料电池技术

氧还原反应作为三大基本化学反应之一,在化学电池、金属冶炼、火箭发射等方面广泛使用。该主题下技术特征词,包括燃烧室、多孔碳、催化活性、氧化石墨

图 10-29 主题七：氧还原反应与微生物燃料电池技术

烯等，大多由专利和论文文献共同组成，其中来自论文的主题词占比是七个主题中最高的。

微生物燃料电池是微生物技术与电化学技术的结合产物，可从可生物降解的、还原的化合物中维持能量产生。也有大量研究围绕如何找到合适燃料、如何提高燃烧效率展开，如在碱性条件下的微生物产电机制对燃料电池电能输出的影响等。

（四）技术主题演化分析

在挖掘各主题的内涵之后，用主题分布标识核心数据集中的专利和论文数据，计算每一年的各主题平均强度变化趋势，以此来展示各主题自 2000 年以来的发展趋势，如图 10-30 所示。

在 2000 年—2010 年，"电子控制技术"和"柴油机与热交换技术"是热门研究主题，而"甲醇、乙醇燃料电池技术""动力电池技术"和"质子交换膜燃料电池技术"的研究较少。在 2010 年以后，"电子控制技术"和"柴油机与热交换技术"的主题的占比开始降低，"甲醇、乙醇燃料电池技术""动力电池技术"和"质子交换膜燃料电池技术"主题的占比开始上升。纵观全部二十年主题的演化情况，可以看到，传统内燃机中的关键技术仍是新能源汽车的重要技术基础,尤其是电子控制技术这类通用技术,研究热度并没有明显下滑,但柴油机与热交换技术这一仅与能源动力电池相关的技术自 2007 年以来热度快速下降,被新兴能源如甲醇、乙醇燃料电池以及质子交换膜燃料电池等替代。这也与技术成熟度关系很大,内燃机技术的发展已经较为成熟,尚未突破的技术难题(如能源转化效率等)也较难获得突破,而新兴能源仍处于技术发展初期,可供研究的空间较大。

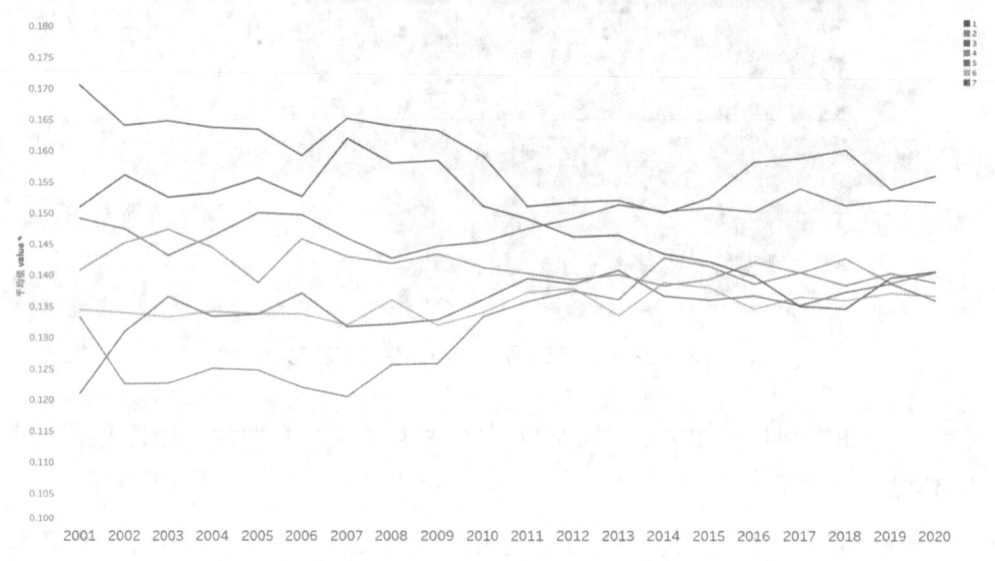

图 10 - 30　技术主题时间演化趋势

对上述的技术主题演化进一步挖掘出专利和论文各自的演化趋势,其中专利可以反映技术应用的演化,论文则反映基础科学研究的演化,如图 10 - 31。图中显示,两者差异较为明显,自 2002 年起基础研究中"氧还原反应与微生物燃料电池技术"的主题热度较高,而"柴油机与热交换技术"的主题强度较低,技术应用中主题热度较高的是"电子控制技术"和"柴油机与热交换技术",其余主题的变化趋势与整体主题演化的趋势相仿。这也与实际情况相符,科学研究具有一定的前瞻性,受国家政策导向的影响较大,研究焦点集中于前沿技术;但受制于安全性、经济性的考虑,一项技术从研究到工业界的落地应用,往往要经历漫长的过程,有时候甚至要经过几十年的时间。此外,从论文和专利两个数据源的对比来看,专利数据对于主题词的贡献较大,原因可能是专利文献的技术特征较强,而科学论文中底层理论等内容占比较高,识别出的技术特征词相对少。

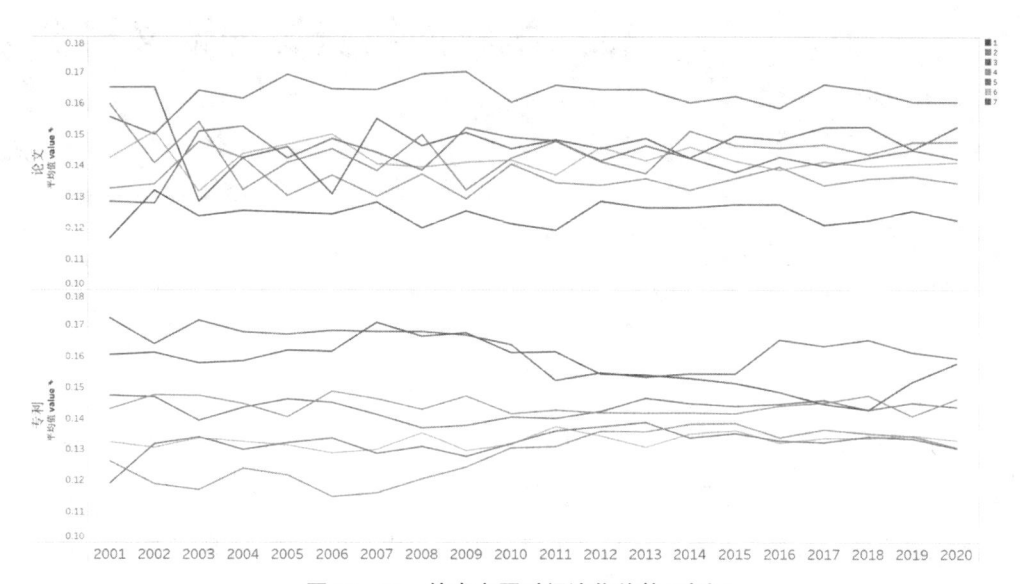

图 10-31　技术主题时间演化趋势（对比）

11 学科网络资源的语义聚合

与学科网络资源主题聚合主要依据资源外部描述不同,学科网络资源语义聚合深入资源内部,通过从内部进行特征的提取,且辅助于一定的外部知识库,对资源开展深入语义的聚合分析。其分析结果更能反映资源内在的关联,实现资源潜在关联发现,为用户提供更准确的聚合结果。考虑到前面已探讨过学科领域本体,本节内容设计如下:首先,进行学科网络资源实体识别与消歧研究;然后,设计基于实体的学科网络资源语义聚合方式;最后,以领域本体为外部知识库进行学科网络资源的语义聚合。

11.1 学科网络资源实体识别与消歧

实体链接的过程是识别出包含知识库(如维基百科、Freebase 等)中实体的文本片段。该过程利用包含在知识库中的实体对非结构化文本进行语义化,从而帮助用户理解网页或其他在线文档中的实体语义内涵,对于自然语言处理中的信息抽取与检索、文本聚类与分类等都有较高应用价值。例如,从查询语句"迈克尔.乔丹篮球"中提取出实体"迈克尔·乔丹",并将其对应于知识库中的 NBA 篮球运动员"迈克尔·杰弗里·乔丹",搜索引擎就可以更好地理解该语句背后的语义,并提供更为准确的检索结果。

实体链接主要包括实体识别与实体消歧两步。实体识别的主要难度在于,实体名称变化较快,全面采集存在一定难度,尤其在社会化媒体服务中(例如推特和微博),这种现象更为明显,实体消歧的难度可归纳为两类,即一词多义的消歧与同义词消歧。例如,在一词多义方面,名词"奥巴马"可能对应多个实体,如安提瓜岛和巴布达的最高点"奥巴马山"和美国第 44 任总统"巴拉克·奥巴马";在同义词方面,实体"巴拉克·奥巴马"可以用多个名字表示,如"奥巴马""巴拉克·奥巴马"与"巴拉克·侯赛因·奥巴马"。

考虑到现有研究中针对长文本的实体识别与消歧成果较多,而学科网络资源中除了长文本外还包含较多短文本,因此本章主要针对网络短文本开展相关研究。设计了一个实体识别与消歧系统,该系统通过发布 Web 服务接收短文本输入,并输出提取出的实体对的评分值(值为 0—1),评分值可用于表征实体对正确匹配的可能性,分值越高,正确率越大。此外,考虑到现有实体消歧的不足,提出利用新的特征进行语义消歧,并在公开可获取的评估服务[①]上评估该方法的有效性。

11.1.1 传统实体识别与消歧研究

一般而言,实体链接过程主要包含两步,即指称识别与实体消歧。根据这两步组织方式的不同,具体的实体链接又可分为三种类型。第一类按照指称识别与实体消歧的顺序开展,将指称识别的结果作为实体消歧的输入,且假设第一步的指称识别结果整体上正确,消歧过程主要在识别出来的候选实体中进行;第二类假设实体指称由一个独立的系统(即 NER)提供,实体链接主要关注实体消歧;第三类与第一类过程大致相同,但是它认为第一步的指称识别可能存在误差,因此在这一阶段需要保证高的召回率,然后再从中找到正确的指称实体对。

针对第一类方法,Bunescu 与 Pasca[②] 从维基百科的页面(例如重定向页面、消歧页面等)中抽取信息用于指称识别,然后利用设计的记分函数与各种特征对每个指称的候选实体进行消歧。

第二类实体链接方法则将其重点放在实体消歧上。Ratinov 等[③] 假设一个文本包含一系列的指称,实体链接的目标就是生成从这一系列指称到维基百科定义页面

---

① Carmel D, Chang M W, Gabrilovich E, et al. ERD'14: Entity recognition and disambiguation challenge[C]//ACM SIGIR Forum,2014,48(2):63-77.

② Bunescu R C, Pasca M. Using Encyclopedic Knowledge for Named Entity Disambiguation[C]//EACL,2006,6:9-16.

③ Ratinov L, Roth D, Downey D, et al. Local and global algorithms for disambiguation to Wikipedia[C]//Proceedings of the 49th Annual Meeting of the Association for Computational Linguistics: Human Language Technologies-Volume 1. Association for Computational Linguistics, 2011:1375-1384.

的映射。Han 等[1]则将实体链接问题看作利用文本中包含的指称与外部知识库对命名指称进行消歧的过程。总之,该类实体链接方法不把指称识别作为考虑范围,而是直接处理语义消歧。

第三类实体链接方法认为指称识别过程可能存在一定错误,因此将指称识别与实体消歧关联起来是必要的。Stern 等[2]在实体链接的指称识别中将所有可能的指称提取出来,并保留其歧义,然后指称与实体匹配时评估所有可能的匹配对。Sil 与 Yates[3]采用传统指称识别方法抽取候选指称,并利用传统实体链接系统为每个候选指称提供实体链接,设计重排序模型进行指称——实体对的选择。

传统实体链接研究对象主要集中在类似于网页的长文本上,随着社会化媒体的发展,近几年针对短文本的研究逐渐增多。TAGME[4]首先针对该领域开展实体链接研究,它在 Milne 与 Witten[5]工作基础上加入了一个投票模式,之后越来越多的学者加入这一领域的研究,研究对象包含一般的短文本、微博文本等。例如 Meij 等[6]尝试通过识别文本中的相关概念并将其链接到维基百科对应的文本中,来提高微博文本的语义性。虽然在一定程度上增强了微博文本的可理解性,但该方法只考虑微博文本与维基百科中实体之间的关联,忽略了文本之间的相似关联。基于此,Liu 等[7]

---

[1] Han X, Sun L, Zhao J. Collective entity linking in web text: A graph-based method[C]// Proceedings of the 34th International ACM SIGIR Conference on Research and Development in Information Retrieval. ACM, 2011: 765-774.

[2] Stern R, Sagot B, Béchet F. A joint named entity recognition and entity linking system[C]//Proceedings of the Workshop on Innovative Hybrid Approaches to the Processing of Textual Data. Association for Computational Linguistics, 2012: 52-60.

[3] Sil A, Yates A. Re-ranking for joint named-entity recognition and linking[C]//Proceedings of the 22nd ACM International Conference on Conference on Information & Knowledge Management. ACM, 2013: 2369-2374.

[4] Ferragina P, Scaiella U. TAGME: On-the-fly annotation of short text fragments (by Wikipedia entities)[C]//Proceedings of the 19th ACM International Conference on Information and Knowledge Management, 2010: 1625-1628.

[5] Milne D, Witten I H. Learning to link with wikipedia[C]//Proceedings of the 17th ACM Conference on Information and Knowledge Management. ACM, 2008: 509-518.

[6] Meij E, Weerkamp W, de Rijke M. Adding semantics to microblog posts[C]//Proceedings of the Fifth ACM International Conference on Web Search and Data Mining. ACM, 2012: 563-572.

[7] Liu X, Li Y, Wu H, et al. Entity Linking for Tweets[C]//Proceedings of the 51th Annual Meeting of the Association for Computational Linguistics. Association for Computational Linguistics, 2013: 1304-1311.

提出了一个更为全面的协同推理模型,该模型融合了三个类型的相似关联,即指称—指称相似关联、实体—实体相似关联、指称—实体相似关联。Guo 等[1]认为指称识别是制约实体链接的关键,提出综合利用一阶、二阶及上下文特征来优化指称识别与消歧过程。

11.1.2　学科网络资源实体识别

在对短文本中指称进行识别之前,需要利用已有知识库构建指称实体词典,然后才能利用该词典进行文档指称的识别。

(1) 指称实体词典构建

此处采用 Bunescu 与 Pasca[2] 提出的利用维基百科丰富的链接结构进行指称实体词典的构建。对于维基百科中每个实体,考虑抽取如下信息作为其指称。

第一,实体标题。实体标题是一种实体指称。例如"巴拉克·奥巴马"是被命名为"巴拉克·奥巴马"的实体的标题,用户通常使用该标题来表示该实体。

第二,消歧页面标题。消歧页面包含所有可能具有同一语义内容的实体,这些实体的统一名称就是消歧页面的标题。例如,标题为"奥巴马"的消歧页面可能包含 17 个相关实体,如巴拉克·奥巴马、奥巴马山等。

第三,重定向页面标题。实体的重定向页面是指那些不包含实际内容,但可链接到其他相关实体的页面。当用户点击重定向页面时,他们真正想看到的是其对应的重定向实体。基于此,重定向页面的标题可以看作实体的别称。例如,"巴拉克·奥巴马"可从重定向页面"奥巴马"定位回来,这就意味着用户在使用实体"奥巴马"时很可能指的是"巴拉克·奥巴马"。

第四,锚文本。维基百科中的文本都包含丰富的链接到其他文本的链接,这些链接与其相关文本构建成指称与实体之间一对一的关联,因此可为维基百科中实体提供多种别名资源。虽然锚文本很多时候与其指向的相关文本内容相同,但由于维基百科信息总量够大,它依然可以为实体提供较多别名信息。

在利用维基百科提取出实体的实体指称后,就可建立实体与指称之间的映射,

---

[1] Guo S, Chang M W, Kiciman E. To Link or Not to Link? A Study on End-to-End Tweet Entity Linking[C]//Proceedings of NAACL-HLT, 2013: 1020-1030.

[2] Bunescu R C, Pasca M. Using Encyclopedic Knowledge for Named entity Disambiguation[C]//EACL, 2006, 6: 9-16.

并基于此构建实体—指称词典,利用该词典,每个指称都能找到对应的实体。

(2) 指称检测过程

指称检测过程主要是将包含在短文本中的指称抽取出来,并将其结果做出实体消歧的输入,我们的检测目标是识别所有可能的实体指称,提高检测结果的召回率。具体过程如图 11-1 所示。

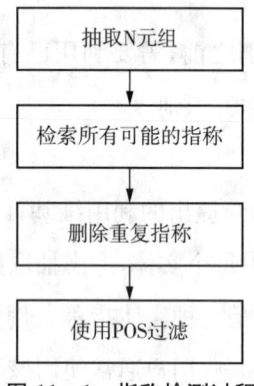

```
┌─────────────────┐
│   抽取N元组     │
└────────┬────────┘
         ↓
┌─────────────────┐
│ 检索所有可能的指称 │
└────────┬────────┘
         ↓
┌─────────────────┐
│   删除重复指称   │
└────────┬────────┘
         ↓
┌─────────────────┐
│   使用POS过滤    │
└─────────────────┘
```

图 11-1 指称检测过程

首先,需要从短文本中抽取所有 N 元组。然后,在指称实体字典中查找 N 元组对应的实体。然而,当两个指称的交集不为空时,这一过程中可能出现一定的重叠问题,特别是当指称由多个单词组成时。例如,对于短文本"Montclair Elementary School",可以检测到四个指称,即"Montclair""School""Elementary School""Montclair Elementary School",且指称"Montclair Elementary School"包含其他三个指称。针对这种情况,我们考虑采取最长匹配策略,即从待分析文本开始选择最长的指称进行匹配,然后再从最长指称的后面开始新的检测。因此在"Montclair Elementary School"例子中,将选择最长"Montclair Elementary School"作为指称匹配结果,并舍弃掉其他检测到的较短指称。

另外,通过观察发现,部分检测出的指称可通过语言学知识进行过滤。一般而言,实体指称由名词组成,可将检测出的非名词指称直接从结果中删除,从而提高检测的准确率,降低实体消歧的时间复杂度。我们选择采用斯坦福大学的 Stanford POStagger[①] 对检测出的指称进行词性标注。例如,对于给定的短文本"Barack Obama Visits Japan",可以检测出指称"visits",该指称可能对应实体"StateVisit"。

---

① http://nlp.stanford.edu/software/tagger.shtml.

但是通过词性标注可知,"Visits"在该短文本中的词性为动词,不是候选指称,可将其删除。

11.1.3 学科网络资源实体消歧

下面将首先对实体消歧的框架进行介绍,然后就其依赖的特征进行分析。

(1) 实体消歧框架

对于给定的短文本 ST,本书设计的系统将输出一系列指称(记为 $\vec{M}=(m_1,m_2,\cdots,m_n)$)及其对应的实体序列(记为 $\vec{E^*}=(e_1^*,e_2^*,\cdots,e_n^*)$)。其计算公式如下所示:

$$\vec{E^*}=argmax_{\forall \vec{E}\in C(\vec{M})}\alpha\cdot\sum_{i=1}^{n}\vec{\alpha}\cdot\vec{f}(m_i,e_i)+$$
$$\beta\cdot\sum_{i\neq j}\vec{b}\cdot\vec{g}(e_i,e_j)+\gamma\cdot\frac{1}{n-1}s(\sum_{k=1,k\neq i}^{n}m_k,e_i) \qquad (11-1)$$

其中,$C(\vec{M})$ 表示针对指称序列 $\vec{M}$ 的潜在实体序列集合;$\vec{E}$ 表示包含 n 个实体的实体序列;$\vec{f}(m_i,e_i)$ 表示指称 m_i 及其候选实体 e_i 之间相似度建模的特征向量;$\vec{\alpha}$ 表示 $\vec{f}(m_i,e_i)$ 的权重向量,且 $a_k\in(0,1),k=1,2,3,4,5,\sum_{k=1}^{5}a_k=1$。$\vec{g}(e_i,e_j)$ 表示两个实体 e_i 与 e_j 之间相似度建模的特征向量;$\vec{b}$ 表示 $\vec{g}(e_i,e_j)$ 的权重向量,且 $b_k\in(0,1),k=1,2,3,4,\sum_{k=1}^{4}b_k=1$;$\vec{s}(\sum_{k=1,k\neq i}^{n}m_k,e_i)$ 表示一个特征向量,用于衡量指称上下文包含的指称与该指称候选实体的一致性。$\alpha,\beta,\gamma\in(0,1)$ 表示由训练数据确定的系统参数,且 $\alpha+\beta+\gamma=1$,该参数用于调整上面三个特征指称集合的比例。

值得一提的是,当短文本 ST 中只包含一个指称或是短文本 ST 就是一个指称时,系统无法利用上下文信息对候选实体进行消歧处理,可考虑以其出现频率为指标进行实体消歧。另外需要注意的是,$C(\vec{M})$ 包含实体指称对应于指称实体词典中所有候选实体。在实体消歧阶段,需要先为检测出的实体确定对应的候选实体,然后将其组合成对应的"指称—实体"对,并对其进行评分,以找到得分最高的"指称—实体"对,完成消歧处理。这一过程中"指称—实体"对的数量将以指数方式增长,为了降低整个过程的时间复杂度,考虑设计阈值,将先验概率最低的候选实体直接删除。

(2) 实体消歧特征

此处选择三种特征用于实体消歧,即与指称—实体相似度相关的局部特征、实体与每个可能的实体序列之间的全局一致性特征、与上下文指称实体相似度相关的全局特征。

首先,是局部特征。

① 先验概率

$$f_1(m_i,e_i) = \frac{count(m_i,e_i)}{\sum_{\forall e_k \in C(m_i)} count(m_i,e_k)} \qquad (11-2)$$

其中,$count(m_i,e)$表示指称m_i与实体e在维基百科中相关的频率。

② 上下文相似度

$$f_2(m_i,e_i) = \frac{\text{Co-occurrence number}}{\text{short text length}} \qquad (11-3)$$

其中,"co-occurrence number"表示词的数量,该词同时出现在包含m_i的短文本与对应实体e_i的维基百科文章中。"short text length"表示包含m_i的短文本的词的数量。

③ 编辑距离相似度

如果等式 equation $Abs(Lenght(m_i)\text{-}Length(e_i))=ED(m_i,e_i)$ 为真,$f_3(m_i,e_i)$值为 1,否则为 0。$Abs(·,·)$表示给定表达式的绝对值,$ED(·,·)$表示给定参数的字符级编辑距离。

④ 指称包含标题

$$f_4(m_i,e_i)\begin{cases}1, \text{if } mi \text{ contains title of } e_i,\\ 0, otherwise.\end{cases} \qquad (11-4)$$

⑤ 标题包含指称

$$f_5(m_i,e_i)\begin{cases}1, \text{if title of } e_i \text{ contains } m_i,\\ 0, otherwise.\end{cases} \qquad (11-5)$$

其次,是与实体相似度相关的全局特征。

① 基于类别的相似度

$$g_1(e_i,e_j) = \frac{|c(e_i) \cap c(e_j)|}{|c(e_i) \cup c(e_j)|} \qquad (11-6)$$

其中,$c(e)$表示与实体e相关的维基百科文章的类别集合。

② 基于入链的相似度

$$g_2(e_i,e_j) = \frac{|il(e_i) \cap il(e_j)|}{|il(e_i) \cup il(e_j)|} \qquad (11-7)$$

其中,$il(e)$表示关联到实体e的维基百科文章的类别集合。

③ 基于出链的相似度

$$g_3(e_i,e_j)=\frac{\mid ol(e_i)\bigcap ol(e_j)\mid}{\mid ol(e_i)\bigcup ol(e_j)\mid} \tag{11-8}$$

其中,$ol(e)$ 表示实体 e 至少链接一次的维基百科文章的类别集合。

④ 相互指向

$$g_4(e_i,e_j)=\begin{cases}0, & \text{if } e_i \nleftrightarrow e_j,\\ 0.5, & \text{if } e_i \rightarrow e_j \text{ or } e_j \rightarrow e_i,\\ 1, & \text{if } e_i \leftrightarrow e_j.\end{cases} \tag{11-9}$$

其中 $e_i \rightarrow e_j$ 表示实体 e_i 指向实体 e_j,其他与之类似。该特征可用于检测两个实体之间是否存在直接关联。

最后,是与上下文指称实体相似度相关的全局特征。

上下文指称实体相似度的定义如下公式所示:

$$s\left(\sum_{k=1,k\neq i}^{n} m_k, e_i\right)=\frac{\sum_{k=1,k\neq i}^{n} contains(e_i,m_k)}{n-1} \tag{11-10}$$

如果指称 m_k 出现在与实体 e_k 相关的维基百科文章中,$contains(e_i,m_k)$ 的值取 1,否则取 0。

11.1.4 基于维基百科的学科网络资源实体识别与消歧实验

以维基百科为知识库构建指称实体词典,参考传统方法进行实体识别,实验对比三类特征语义消歧的优劣。

(1) 实验说明

根据之前的研究成果,我们考虑选择维基百科作为本次实验的知识库,并利用 JWPL[①] 对维基百科的三类页面(即定义页面、消歧页面与重定向页面)进行处理分析,共得到超过四百万个的维基百科页面(包括定义页面、消歧页面与重定向页面三类)作为备用数据。另外,使用 Freebase 到维基百科的映射生成必要输出。如果包含在维基百科中的实体,没有在 Freebase 与维基百科的映射列表中出现,就将其标识为"NIL",即该指称没有对应的实体。

(2) 实验结果与分析

---

① http://code.google.com/p/jwpl/.

为了训练本次实验的模型,首先从维基百科中提取一个标准数据集。其次以维基百科页面为数据源构建包含一个或多个被用户注释过锚文本的随机选择文本片段集合。然后将其作为短文本查询输入系统,其输出结果与维基百科中的注释相对比分析,选择符合两个条件的文本片段,即包含一个到三个锚文本,且第一个锚文本之前与最后一个锚文本之后的一到两个词语包含在上下文中。

本次实验将评估如下几种不同特征设置:第一,使用局部特征;第二,使用局部特征与实体—实体相似度的全局特征;第三,使用上述三类特征。利用在 ERD Challenge 中①设计的 F1 均值作为评论指标,对于每个短文本查询进行一次 F1 值计算,将集合中所有短文本查询的 F1 值的均值作为集合最终的 F1 值,具体计算公式如下所示:

$$Precision_i = \frac{|M \cap M^*|}{|M|}$$

$$Recall_i = \frac{|M \cap M^*|}{|M^*|}$$

$$F1_i = \frac{2PR}{P+R}$$

$$F1 = \frac{\sum_{i=1}^{n} F1_i}{n} \tag{11-11}$$

其中,M 表示对于给定的文本短文本,系统输出的指称—实体对;M^* 表示由 ERD Challenge 标注的标准指称—实体对。

根据上文所述,进行三次实验,得到如表 11-1 所示的实验结果:

表 11-1　基于局部特征的实验结果

Local Features	Expected F1
P.P.	0.5254
+C.S.	0.5214
+E.D.S.	0.5214
+M.C.T.S.	0.5254
+T.C.M.S.	0.5274

---

① Carmel D, Chang M W, Gabrilovich E, et al. ERD'14: Entity recognition and disambiguation challenge[C]//ACM SIGIR Forum. ACM, 2014, 48(2): 63-77.

其中,表11-1的结果为仅使用局部特征,并通过逐步加入新特征来评估每个特征的有效性。其中,P.P.、C.S.、E.D.S.、M.C.T.S.、T.C.M.S.分别表示先验概率、上下文相似度、编辑距离相似度、指称包含标题、标题包含指称。

分析表11-1可知,利用先验概率特征可得到较合理的F1值,但增加上下文相似度与编辑距离相似度时F1值有所下降。指称包含标题与标题包含指称两个特征,对于F1值的影响较小。综合分析可知,指称的上下文信息对于实体消歧没有实际作用。

表11-2为逐步加入实体—实体全局特征后的实验结果。其中,C.B.S.、I.B.S.、O.B.S.、M.R.分别表示基于类别的相似度、基于入链的相似度、基于出链的相似度、相互指向。

分析表11-2可知,基于入链与基于出链的特征对于短文本链接的准确性影响不大,但相互指向特征对于表征候选实体之间的一致性有一定作用。

表11-2 基于局部特征与实体—实体相似度的全局特征的实验结果

实体—实体相似度的全局特征	F1期望值
C.B.S.(基于类别的相似度)	0.5274
C.B.S.+I.B.S.(基于类别的相似度+基于入链的相似度)	0.5274
C.D.S.+O.B.S.(基于类别的相似度+基于出链的相似度)	0.5274
C.B.S.+M.R.(基于类别的相似度+相互指向)	0.5374
C.B.S.+I.B.S.+O.B.S.(基于类别的相似度+基于入链的相似度+基于出链的相似度)	0.5274
C.B.S.+I.B.S.+O.B.S.+M.R.(基于类别的相似度+基于入链的相似度+基于出链的相似度+相互指向)	0.5374

表11-3为加入上下文指称相似度的实验结果。其中,C.M.E.S.表示上下文指称实体相似度。分析表11-3可知,上下文指称特征对于实验结果影响不大。分析其原因,主要是在短文本中上下文指称数量有限,平均检测到的数量为2个到3个,从而导致该特征对实验结果影响较小。

表11-3 基于三类特征的实验结果

加入上下文指称相似度	F1期望值
+上下文指称实体相似度	0.5374

至此,完成了基于维基百科的短文本实体指称识别与消歧实验。在该实验中利

用了本章提出的优化框架,并加入新特征,用于表征候选实体与指称之间的一致性。通过在可公开获取的 Web service 上进行实验分析,其结果表明该方法能提高传统实体链接的有效性。另外值得一提的是,本节实验过程忽略了 Freebase 中丰富的结构信息,因此在未来研究中将考虑利用 Freebase 的别名信息扩展实体指称列表,以期获得更好的实验结果。

11.2 基于本体的学科网络资源语义聚合

图书馆一直以来都是研究者获取学科资源的重要途径,纸质资源与数字资源是其两大重要资源存在形式。随着网络信息技术的发展,数字资源比重逐年增加。另外,社会网络的普及为研究者提供了更为方便快捷的交流平台,通过用户贡献内容方式,平台中包含大量零散的、无序的学科资源。这两类资源共同组成学科网络资源,相较传统学科资源他们具有数量巨大、分布零散、无序程度高等特点,直接利用难度较大。很多学者对馆藏资源使用过程中遇到的问题进行总结,认为"资源孤岛"与"资源超载"是妨碍该类资源有效利用的重要因素[1][2],且这种问题对于社会网络中的学科资源更为突出。因此,如何对学科网络资源进行有效组织,使之有序化、结构化,从而方便学术研究者对其进行检索、查询与利用,是当前图书情报领域的研究重点。

本体是一种利用概念及其关联来揭示领域知识语义背景的技术,其中概念由领域中代表性词语组成,概念关联则可表征概念之间语义关系。近年来,本体技术得到快速发展,出现较多关于领域本体自动与半自动构建、利用本体改进传统文本相似度计算等的研究,相关技术较为成熟。基于此,本章考虑以学科领域本体为知识库,辅助网络资源的聚合。由于本体涉及知识的语义层面,相较于传统基于文献计量、关联数据等的聚合方式,其深度更深,聚合结果更能反映知识之间的语义关联,提高聚合结果的准确性与有效性。

---

[1] Paepcke A, Baldonado M, Chang C C K, et al. Building the InfoBus: A review of technical choices in the Stanford Digital Library Project[J]. IEEE Computer, 2000, 32(2): 80-87.

[2] 何超,张玉峰.基于本体的馆藏数字资源语义聚合与可视化研究[J].情报理论与实践, 2013, 36(10): 73-76.

11.2.1 本体在学科网络资源语义聚合中的作用

目前关于本体定义缺乏统一标准,且在具体学科领域,本体的表达形式有一定区别,例如图书情报领域,本体被描述为由领域内有代表性的概念及其关联组成的结构化领域知识结构体系。由于本体通过概念及其关联来表征领域背景知识,因此将其运用到学科网络资源聚合中,可提高聚合过程与聚合结果的语义程度,提高最终知识服务的有效性与准确性。领域概念与概念间细粒度关联是本体的重要组成部分,因此将从这两点出发,分析本体在学科网络资源语义聚合中的作用。

(1)本体概念集合在学科网络资源语义聚合中的作用

通过上面论述可知,本体概念由领域内有代表性的词语组成,其集合包含领域内大部分知识点。在学科网络资源语义聚合过程中的作用主要表现在如下两点:

第一,辅助数据预处理阶段的领域不相关资源过滤。领域不相关资源是指从网络上抓取的与待分析学科不相关的其他学科的资源。与垃圾资源不同的是,该类资源具有学术价值,只是不包含在待分析学科内,将其识别出来,可降低聚合的时间复杂度且提高结果的准确性。根据前文所述,本书采用类似文本分类的方法进行学科不相关资源过滤,其领域特征词集获取最为关键。总结分析现有领域特征词集构建方法的优劣势,结合本研究特点,考虑从已有的领域词典、背景知识库中直接提取特征词构成特征词集。本体作为一种涉及语义层面的背景知识库,可提供学科领域代表特征词,组成特征词集,辅助学科内外资源的分类。另外,值得一提的是,领域本体中概念大多为学术用语,较为规范,而从网络社区抓取的数据包含大量通用语言,用词随意。为了更好地对该类数据进行学科分类,需要对本体概念进行一定补充与映射。

第二,辅助学科资源结构化表示中的文本分词。资源的结构化表示是聚合分析的基础,本研究利用词袋模型来表征文本资源,该模型通过包含在文本中的词语及其在文本中出现概率进行文本结构化表示,文本分词是其第一步。综合考虑采用中科院的中文分词系统(ICTCLAS)进行文本分词处理,该系统对于一般词语有好的分词效果,对学科领域术语作用有限。但系统提供了一个添加词典的接口,通过该接口可加入领域内专用词语,提高学科资源的分词准确性。因此,考虑从前文构建的领域本体中直接抽取本体概念构成领域语术词典,加入分词系统,实现网络资源的准确分词。

(2) 本体概念间关联在学科网络资源语义聚合中的作用

本体概念关联是指本体概念之间的语义关系,主要包括上下位关联、部分与整体关联、实例关联、属性关联、同义关系等。与共现、耦合等文献计量中关联不同,本体中关联不但可表征概念之间存在语义关系,而且可确定关联类型。在学科网络资源语义聚合中的具体作用是提供更为细粒度的背景知识,提高聚合结果的准确性。传统网络资源聚合,主要利用资源外部属性挖掘资源之间关联,再根据关联强弱进行聚合分析,缺乏深入语义的研究,无法实现资源之间潜在语义关联发现。而深入资源内部的聚合由于缺乏背景知识的支持,容易出现分析维度过高、概念相似度计算不准确等问题,从而影响最后的聚合效果。因此,考虑从外部引入知识库是实现网络资源语义聚合的一种重要途径。常用知识库主要包括领域词典、叙词表、本体、分类词表等。相较于其他知识库,本体可提供更为细粒度的知识关联,例如上下位关联的概念对与实例关联的概念对之间相关程度就可能不一样。另外,与聚合中常用的共现关联不同,本体的关联类型除了可以表征概念之间存在关联外,还可对其关联原因做出解释,有利于聚合结果的解读与资源组织结构设计。

另外值得一提的是,资源语义聚合结果还可对本体的概念及其关联进行补充更新,使之更为全面。领域本体的概念与概念关联获取方式主要包括人工获取、自动获取与半自动获取三种。人工获取容易受专家背景知识限制,而自动与半自动获取对于获取规则或模型要求较高,目前尚未有一个得到广泛认可的获取方法。因此,本体构建是一个不断更新完善的过程,其中概念潜在关联发现尤为重要。资源语义聚合以资源之间语义关联为基础,将资源聚合成不同类别,同一类别之间资源关联强,不同类别之间资源关联较弱。详细分析基于词语粒度的聚合结果可能发现领域概念潜在关联,将其补充到本体中,可提高本体表征领域知识的能力,促进之后资源更为有效地聚合。

11.2.2 基于本体的学科网络资源语义聚合模型

根据上面分析可知,本体可为学科网络资源聚合提供背景知识,从而提高资源语义聚合程度。本章构建了具体的基于本体的学科网络资源语义聚合模型,该模型主要包含四大模块:数据准备模块、本体构建模块、数据聚合模块、结果验证与解读模块,具体如图 11-2 所示。

11 学科网络资源的语义聚合

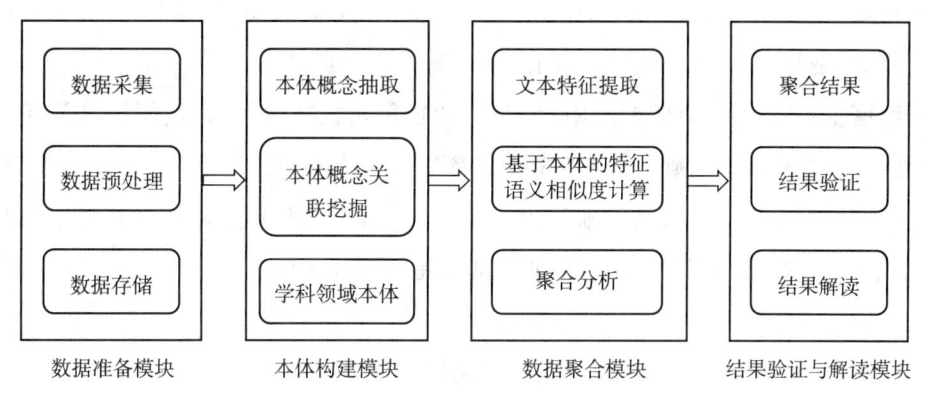

图 11-2 基于本体的学科网络资源语义聚合模型

（1）数据准备模块

数据准备模块的功能与前文其他聚合模型类似，即利用已有软件或本课题开发的数据抓取程序对网络上相关数据进行自动抓取，然后通过预处理将其转换成纯文本文件，存储到对应数据库中。具体过程前文已有详细说明，这里不再赘述。

（2）本体构建模块

本体构建模块的主要任务是提出一个通用的学科领域本体构建流程，主要包括本体概念抽取、本体概念关联挖掘与学科领域本体构建。首先，是本体概念抽取。分析传统基于 C-value 及 TF-IDF 的术语抽取方法的不足，本研究采用基于回归预测模型与条件随机场的术语抽取方法。另外，考虑到学术文献术语存在类型差异，为方便后面分析，将其划分成"任务""方法""工具"与"资源"四种类型。其次，是本体概念关联挖掘。本研究将术语关联挖掘分成两部分，即等级关联抽取与非等级关联抽取。在等级关联抽取过程中综合运用基于外部词库与基于 Web 的等级关系两种抽取方法，非等级关联抽取则通过对表征关联的动词进行分类标注实现。最后，是以抽取出的术语及其关联为基础，通过领域专家人工构建对应的领域本体。

（3）数据聚合模块

数据聚合模块的主要功能是利用本体提供的知识背景对学科网络资源进行语义聚合分析。首先，是文本特征提取。不同数据源文本特征来源有所区别，例如针对网络短文本资源，可利用互信息、TF-IDF 等方法直接从文本中提取文本特征，或利用标签数据表征文本；针对网络文献资源则利用传统的自标引关键词，或是从摘要、文献题目中抽取文本特征。另外值得一提的是，本体中概念由领域内重要知识点组成，因此可以领域本体中概念为背景词典，对待分析文本进行切词，实现更为有效的特征提取。

其次,是基于本体的特征语义相似度计算。这一步是整个模型的核心。传统文本相似度主要通过文本所包含相同特征的比例衡量,忽略近义词之间语义关联,容易导致相似度计算不精确。例如"数据挖掘""聚类分析"与"数字图书馆"三个特征词之间,"聚类分析"是"数据挖掘"中的一种重要方法,其相似度较高,而"数据挖掘"与"数字图书馆"之间相似度相对较低。基于特征词匹配的相关度计算方法,无法识别这种语义关联,引入领域本体后则可通过本体提供的背景知识对其进行衡量。因此,考虑到本体在表征领域知识关联上的优势,本课题以其为基础,辅助文本特征语义相似度计算。具体过程参考文献①的方法,通过特征词对在本体中距离及距离路径中所包含的关系类型衡量,距离越近,相似度越高,且不同关系类型特征词之间语义相似度不同。

最后,是聚合分析。该过程与基于聚类分析的学科网络资源聚合类似,主要包括文本相似矩阵构建与聚类分析。

(4) 结果验证与解读模块

结果验证与解读模块首先是对基于本体的学科网络资源聚合结果进行评估,判断该结果是否符合客观事实。这里值得一提的是,本体所表征的概念关联是客观存在的,即知识点之间固有关联,缺乏基于用户需求或认知习惯的知识关联。聚合结果主要表征的也是资源之间客观关联,而聚合的主要目的是为用户服务,因此可考虑在其聚合结果中融入前文的研究成果,即用户资源获取需求与认知习惯,适时对聚合结果进行调整,使之更好服务于用户的资源检索与查询。该模块另一任务是对聚合结果进行解读。与其他聚合模型一样,解读过程可分为人工解读与自动解读两类,前者需要领域专家的参与,后者需设定具体的解读规则。

11.3 语义出版实例应用

11.3.1 专题数据库的语义化

当前的专题数据库仍然以传统关系型数据库的方式存在,每个专题数据库为了

---

① 唐晓波,肖璐.融合关键词增补与领域本体的共词分析方法研究[J].现代图书情报技术,2013(11):60-67.

更好地应用和宣传,仍然需要针对性地在数据库之上开发一系列用户界面,才能进行服务。因此当前的模式存在成本高、定制化程度高、库与库之间数据不互联、库与外部知识库不互联等问题,很大程度上限制了人文社科专题数据库的广泛应用。本部分基于语义网、自然语言处理、深度学习和知识图谱等多项技术,以语义出版为特色,解决专题数据库的应用和数据语义互联难题。主要包含三个步骤:专题本体的建设、本体映射与语义化标注,以及基于语义的应用。①

在专题数据库的建设阶段,企图在最初约定好本体是非常困难的,会导致效率低和返工。因此我们坚持专题数据库建设的阶段采用自下向上的方式,通过数据处理和专家指定专题的数据字段和体系,并在数据库构建阶段快速更迭,不需要考虑太多严格的限制,根据研究人员自身的背景知识快速形成所需的数据库。数据库建成以后,有了响应的字段和内容,再开始考虑本体的加入,本体是用来连接数据的,可以选用相应领域已经成熟的本体,在此基础上根据领域继续拓展。例如针对大屠杀语料,可以选用schema.org作为基础本体,并在它的Event实体上拓展属性,便于大屠杀事件库的语义化。由于schema.org具备通用性且受到其他库建设人员的广泛使用,研究人员A建立的专题库和研究人员B建立的专题库就能进行关联,即使他们所采用的数据库体系不同。在通过本体来语义化后,相当于自顶向下对数据进行了语义解释。标准化的应用能够在统一的本体体系中快速构建,所设定的应用数据来源通过本体体系去获取和挖掘,能够精准地找到对应的数据,使得应用变得可配置化,降低了语义研究成果的展示和发布的成本。②③

以南京大屠杀语料为例,利用语义化工具开展专题数据库的个性化应用。在上述的专题库建设过程中,遇难者名录为一张单独的数据表,在此情况下,名录的应用例如遇难者画像,需要单独开发对应的页面和后端程序,来保证能获取对应的数据。例如查找姓名时,必须是"被害人姓名"这个字面值,如果另外一个专题库所用的是"遇难者姓名",则两个数据库无法整合。需要整合,需要统一体系。语义出版通过本体等技术解决这个问题,将关系数据库转化为图数据库,通过图模式重新建模,以

---

① Kaplan F. A map for big data research in digital humanities[J]. Frontiers in Digital Humanities, 2015, 2: 1-7.

② 郭晶,王晓阳.国外数字人文研究演进及发展动向——基于哈佛大学图书馆馆藏相关专著的梳理[J].图书与情报,2018(3):63-72.

③ 王晓光,徐雷,李纲.敦煌壁画数字图像语义描述方法研究[J].中国图书馆学报,2014,40(1):50-59.

(人,姓名,姓名字面值),(人,角色,角色字面值)作为表示结构,尽可能复用已经存在的本体,将数据转化为(p003,是,人),(p003,姓名,艾华信),(p003,角色,受害者)等三元组存储,通过语义的查询能够很容易整合不同的库,同时能获取到更精准的资料,例如搜索某个遇难者人名时,能够返回人名在史料中的具体信息,而不是字面上的匹配结果。

11.3.2 深度语料语义出版应用

HisTagger 是一个基于语义的全流程语料出版平台。面向科研语料;以自然语言处理、知识图谱等技术为基础;由数据处理后台、语义处理中台和语义应用前台组成。为科研人员提供深度的语料语义出版功能:① 语料语义资源建设;② 语义分析;③ 语义整合;④ 语义搜索;⑤ 可视化探索。①②

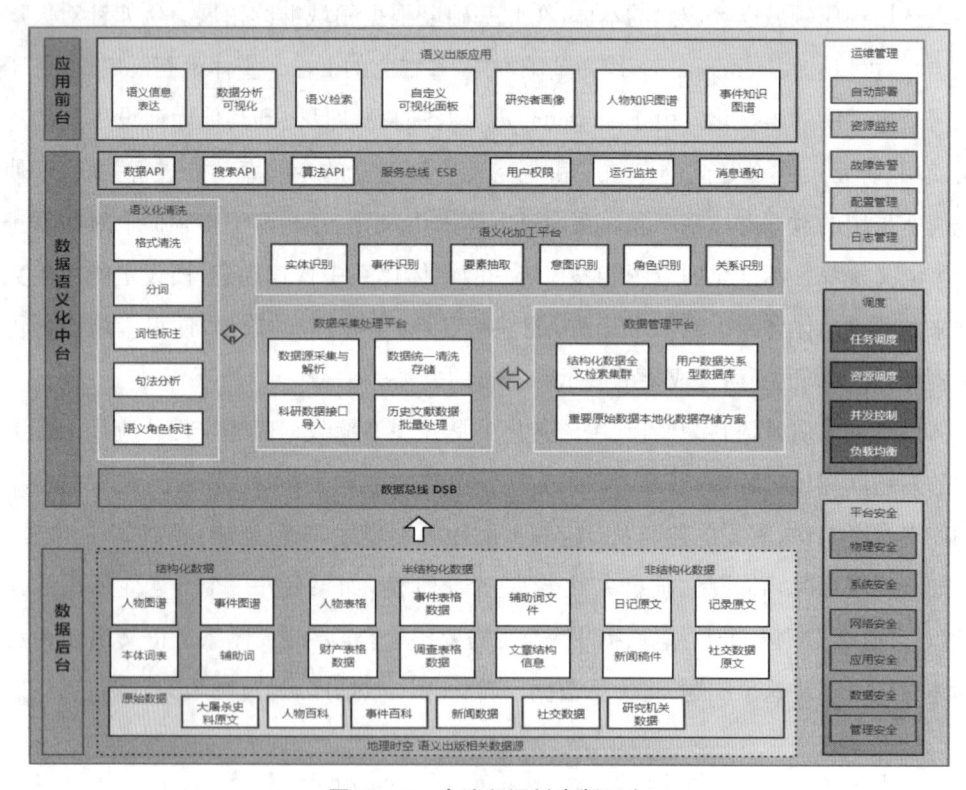

图 11-3 全流程语料出版平台

---

① 徐雷.语义出版应用与研究进展[J].出版科学,2016,24(3):33-39.
② 刘炜,谢蓉,张磊,张永娟.面向人文研究的国家数据基础设施建设[J].中国图书馆学学报,2016,42(5):29-39.

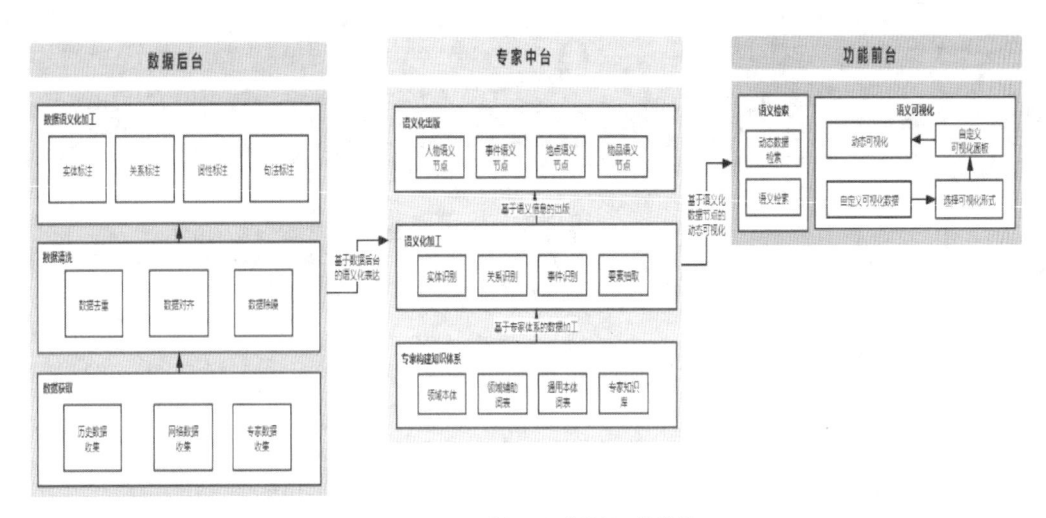

图 11-4　语料语义出版组成模块

（一）数据处理后台

（1）语义化任务管理：支持研究语料上传、发布、管理、语义资源维护以及基础标注等功能。

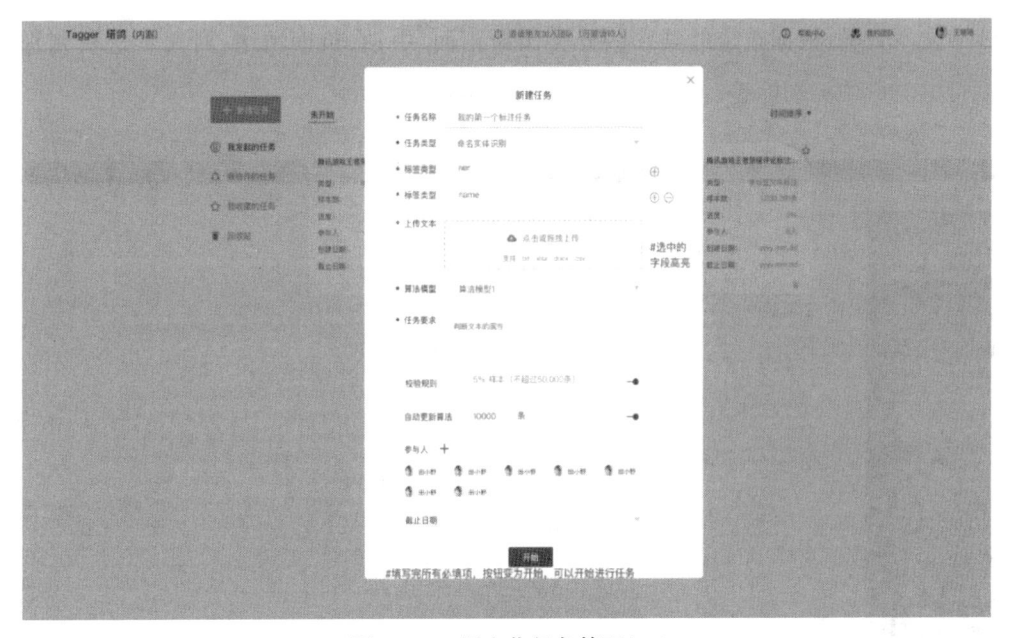

图 11-5　语义化任务管理（一）

图 11-6 语义化任务管理（二）

（2）基础数据标注：数据标注指借助计算机等工具，对各类数据进行分类、画框、注释、标记并打上说明其某种属性的标签。

文本分类：根据给定的某一些分类比如正面、中性、负面情绪，对文本进行判别后打上对应的类别标签。

图 11-7 基础数据标注

序列标注:给文本在一定的位置和一定的条件下根据人类的判断标记某种属性的标签(实体),比如"我爱北京天安门"中天安门是一个地点(position)。

关系标注:发现和分类文本中实体之间的语义关系,这些关系通常是二元关系,例如地理空间关系、时间关系。

(二)语义处理中台

由 Histagger 语义引擎构建的一个大规模语义服务的基础设施,为语料语义化所需的算法模型提供了分步构建和全生命周期的服务,对语义加工进行了服务化,支持语料的本体构建、实体抽取、人物抽取、事件抽取等语义化功能,并提供了简单易用的语义标注平台,便于专家编辑语料知识。

(1) 语义引擎:

语义预处理:主要包括格式清洗、分词、词性标注、句法分析、语义角色标注。

语义抽取:主要包括实体识别、关系识别、实体对齐、事件识别、事件要素抽取。

语义出版:主要包括领域本体对齐、知识三元组存储、语义应用资源整合。

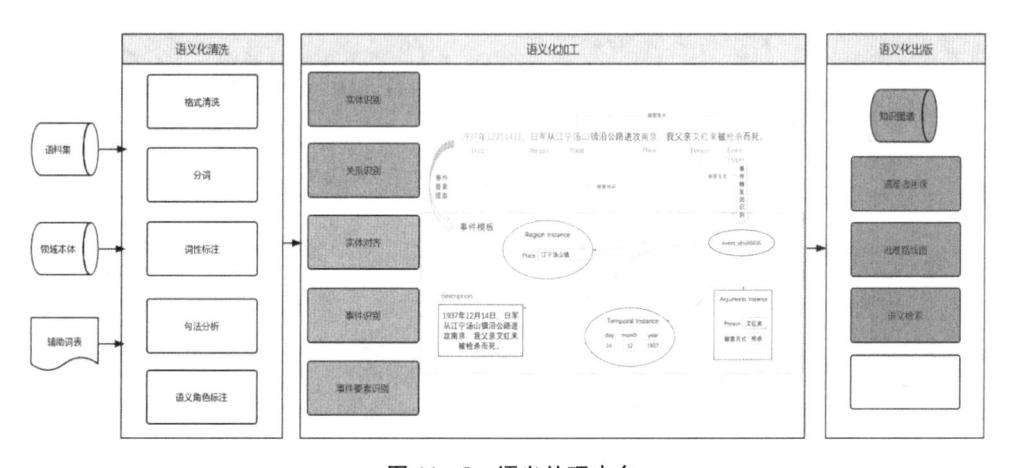

图 11-8 语义处理中台

(2) 本体管理:构建管理语义出版本体体系。主要包括本体导入、本体管理、属性管理、关系管理、实例编辑。

(3) 知识抽取

知识三元组抽取工具:实体或事件标注、关系标注、自动识别、人工审核。

图 11‑9　后台管理系统

图 11‑10　知识抽取

（三）语义应用前台

针对语义化后的语料探索和研究平台，包括语义搜索、语料数据分析、地理时空可视化以及可配置的可视化等功能，提供丰富的可视化工具组件和分析模板，闭环语义化成果的应用。

(1) 语义检索:万维网之父 Tim Berners-Lee 的解释:"语义搜索的本质是通过数学来摆脱当今搜索中使用的猜测和近似,并为词语的含义以及它们如何关联到我们在搜索引擎输入框中所找的东西引进一种清晰的理解方式。"

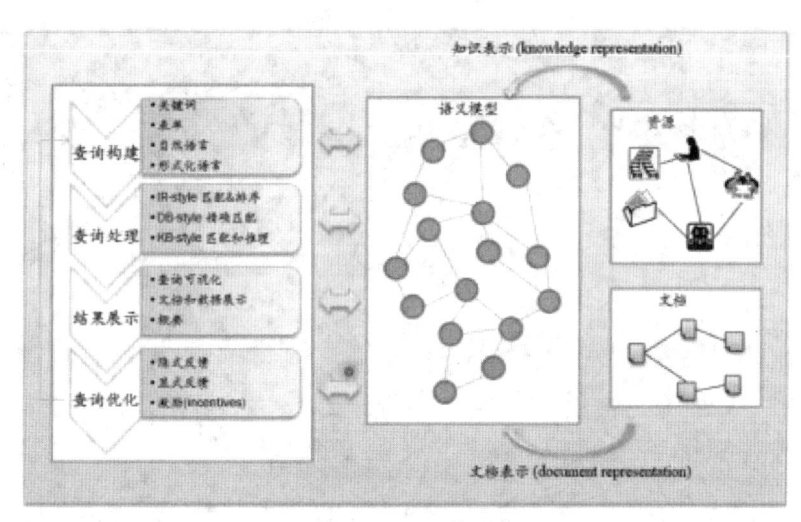

图 11-11 语义检索

(2) 语料语义可视化

① 动态展示:利用关联的语义查询;根据用户查询内容动态,生成可视化面板。

② 创建面板:查询获取数据;选择图表样式;生成可视化面板。

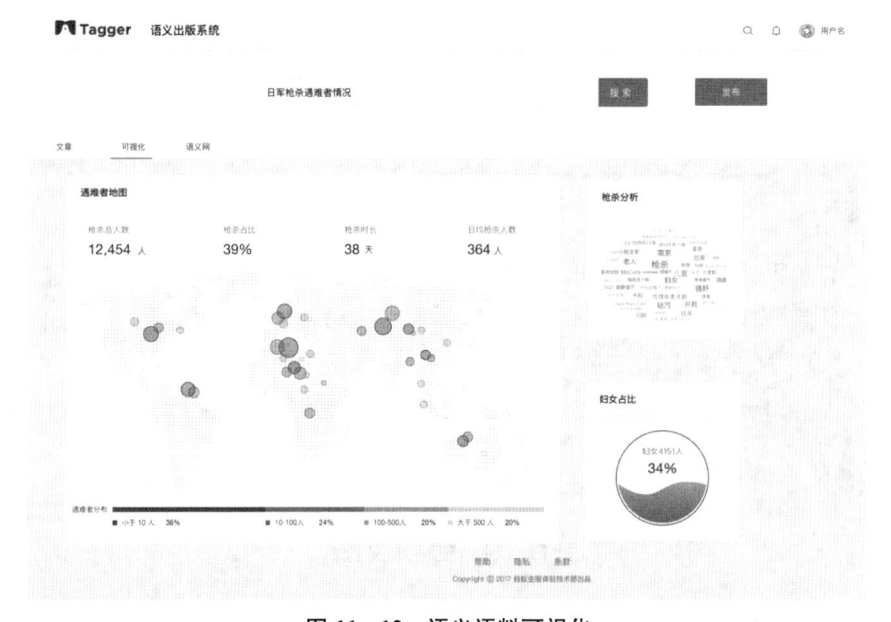

图 11-12 语义语料可视化

11.3.3 语义出版资源聚合成果

(1) 史料内容地理空间可视化

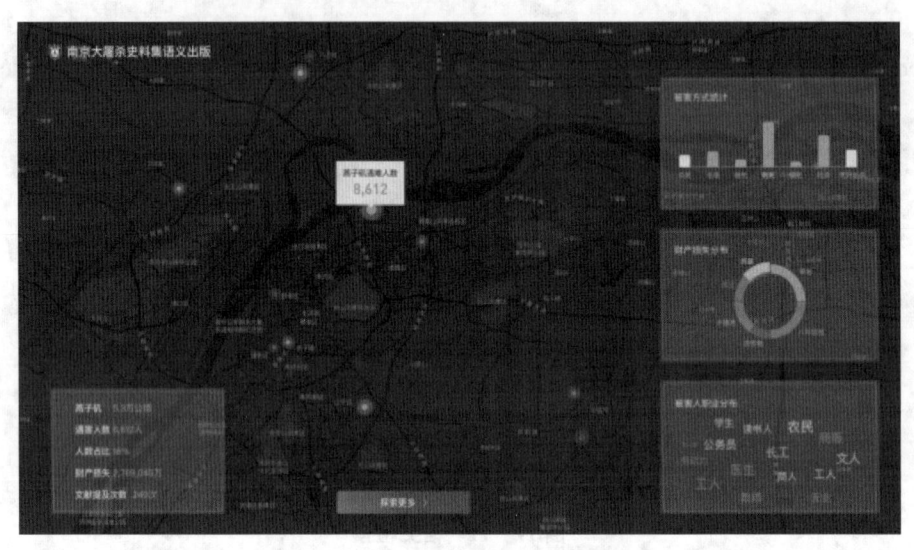

图 11-13 史料内容地理空间可视化

(2) 史料语义整合:整合文献和通用知识图谱

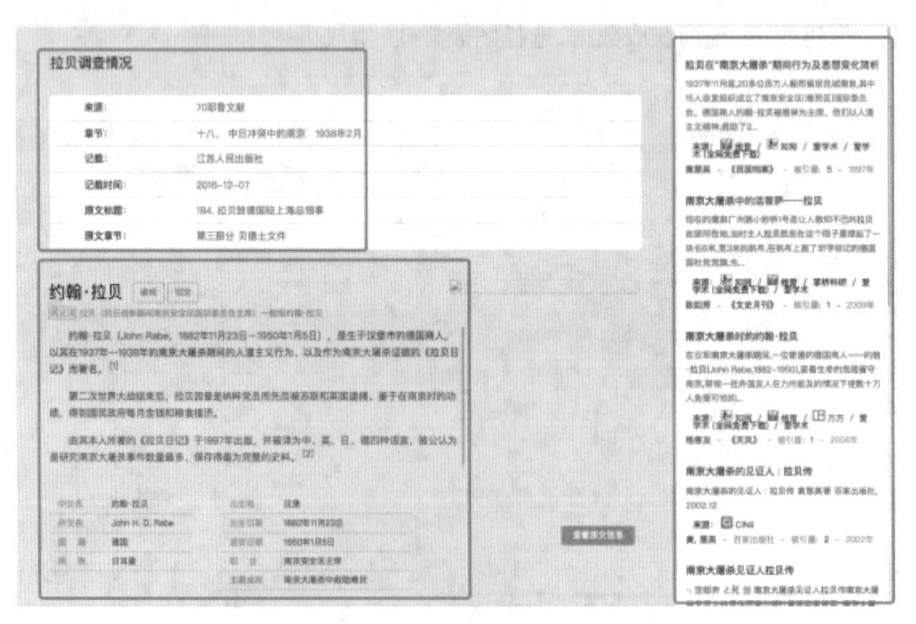

图 11-14 史料语义整合

（3）史料语义搜索、跨库搜索、可视化搜索

语义关注的是能用于搜索的资源的含义（meaning），即语料中实体的内涵，例如"拉贝"，指拉贝这个"人"，而不是字面值。

① 语言学模型，对词语级别的关系建模；术语分类系统、同义词库、人名库、地名库。

② 概念模型，例如通过 is_a 关系解决搜索中的 What 层面的理解。

图 11-15　史料语义搜索

（4）遇难者画像挖掘

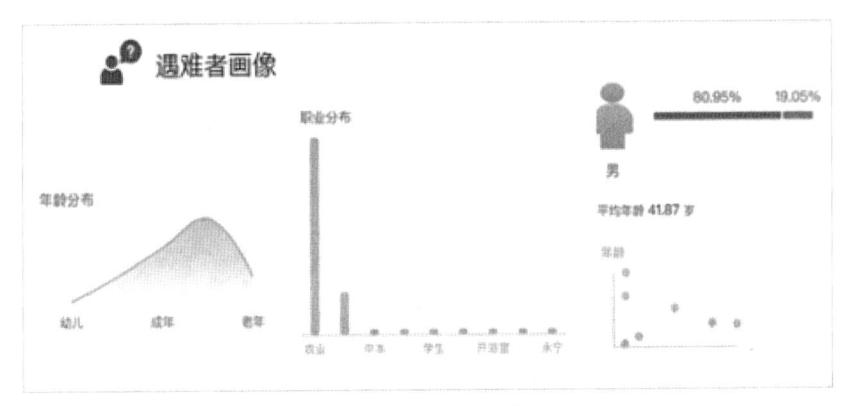

图 11-16　遇难者画像挖掘

(5) 财产损失数据分析挖掘

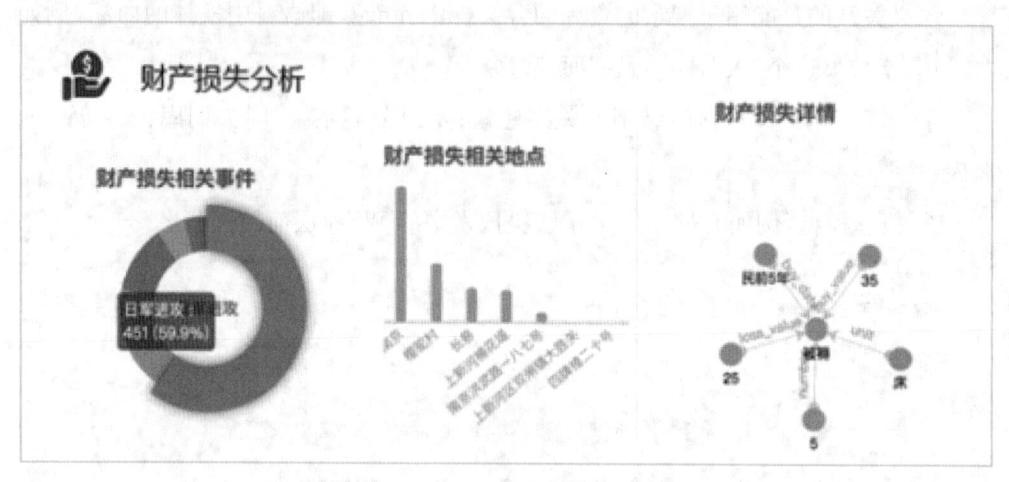

图 11-17　财产损失数据分析挖掘

(6) 逃难者路线

图 11-18　逃难者路线

(7) 人物知识图谱关联

关联了外部的知识,通过通用知识图谱和文献知识图谱关联到语料内的实体,提高语料的深度。

① 人物属性抽取

遇难者本体索引,维度包括性别、职业、被害方式、被害地点等。

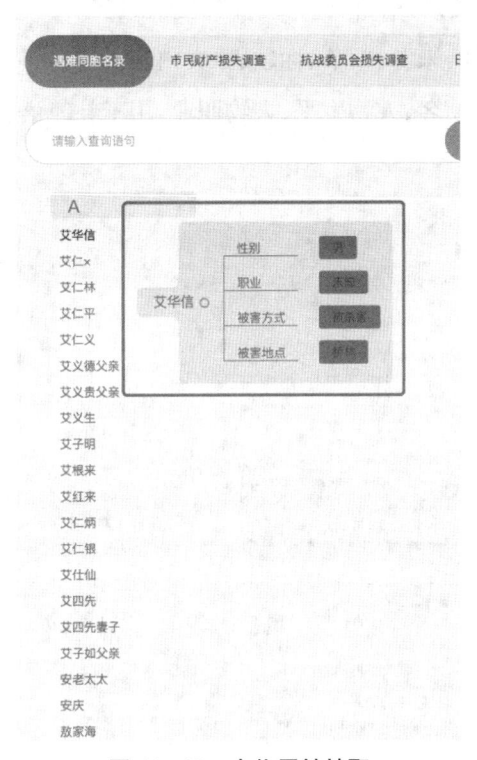

图 11-19 人物属性抽取

② 财产属性知识抽取

财产损失本体索引,维度包括损失价值、损失数量、损失地点、损失事件等。

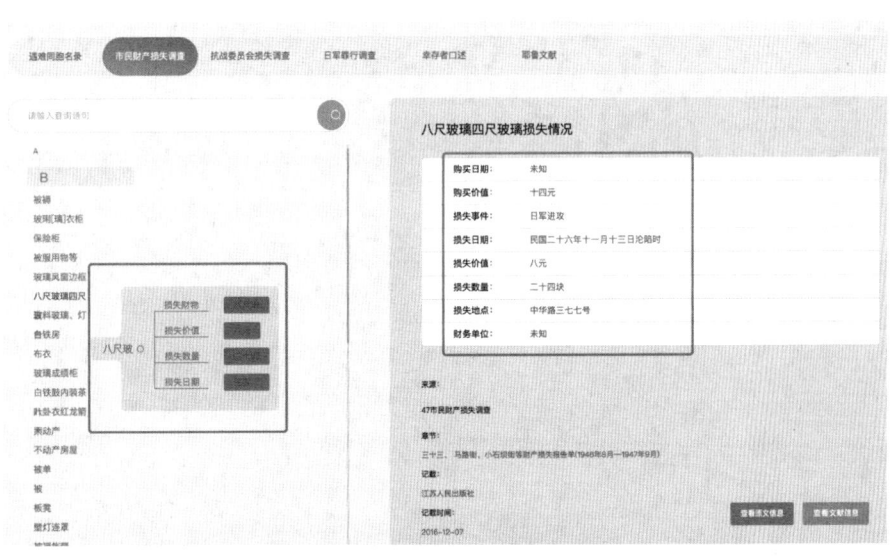

图 11-20 财产属性知识抽取

③ 历史名人关联图谱，语料语义资源的链接和整合

语料中的历史人物：来源、章节、标题、原文内容。

外部知识图谱，人物名、人物生平、人物职业，用于补充语料的不足。

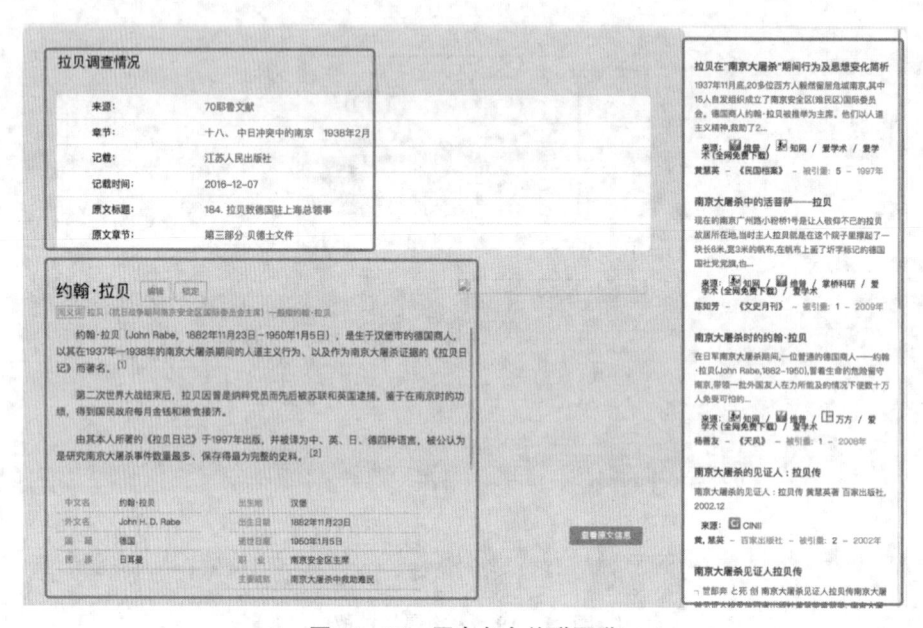

图 11-21　历史名人关联图谱

第六部分　学科网络资源导航机制及可视化

12 网络导航建设现状

网络时代为广大互联网用户带来了前所未有的海量信息资源。与如此规模庞大的信息资源形成鲜明对比的是,互联网用户有限的信息搜寻和获取能力。越来越多的用户在使用网站寻找目标资源时,面临"信息超载"甚至是"信息迷航"等难题。因而,网站经营和设计者采取合理的信息组织架构和导航方式,以减轻用户的认知负担,提升信息搜寻效率的意义重大。

美国数字图书馆联盟(DLF)和图书馆与信息资源联合会(CLIR)连续三年的研究报告中,都将数字学科资源作为研究专题,可见全球对科学信息资源组织和利用的关注程度之高。事实上,不管是传统图书馆时期还是数字图书馆时期,学科服务一直都是图书馆信息服务的一项重要使命,而学科服务实现的核心内容是构建一个快速、高效、方便的学科信息聚合平台。与学科服务密切相关的一个概念是"学科导航",是指按学科门类将学科信息、学科资源等集中在一起,以实现资源的规范搜集、分类、组织和序化整理,并能对导航信息进行多途径内容揭示,方便用户按学科查找相关学科信息和学科资源的系统工具。

12.1 国内学科导航建设现状

目前国内对于学科导航的建设方式主要有联合建设和自主建设两种方式。联合建设的学科导航较有影响的如 CALIS 的"重点学科网络资源导航库";自主建设的学科导航往往是由各个高校的图书馆组织建设的,在搜集网络资源的同时结合图书馆自身的馆藏资源。

CALIS 学科导航库是国内影响最广泛的联合建设学科导航项目,它是国家"九五""十五"重点建设项目之一,1998 年开始由 53 所高校图书馆合作建设,2006 年 6

月投放使用,建成覆盖 11 个学科门类、78 个一级学科、收录 17 万多条数据的网络资源导航数据库系统[①]。CALIS 的建设宗旨是"在教育部领导下,把国家的投资、现代图书馆理念、先进的技术手段、高校丰富的文献资源和人力资源整合起来,建设以中国高等教育数字图书馆为核心的教育文献联合保障体系,实现信息资源共建、共知、共享,以发挥最大的社会效益和经济效益,为中国的高等教育服务"。CALIS 已经从一期发展到三期,提供的服务内容主要包括为各类藏书及书刊流通机构提供检索、套录编目、原始编目、编制规范记录、加载馆藏和下载书目记录等文献信息服务。服务对象已从最初高校图书馆扩展到职业学校及中小学图书馆、公共图书馆、科研院所、情报机构、图书流通机构等。[②] 尽管 CALIS 建设已具有一定的规模和影响力,但不可忽视的是,其在发展过程中仍存在一些问题。在 CALIS 推广的过程中,由于不少图书馆为体现其网络化资源建设水平,重形式轻内容,重外文轻中文,重建设轻维护和更新,缺乏与其他图书馆协调与沟通,一哄而上,重复建设的现象很多,同时由于各学科不规范,分类体系缺乏科学性和系统性,缺乏统一的服务平台,没有专门的软件支持。[③] 周[④]对其资源访问率进行了统计,结果发现访问量在 1—9 次的独立资源占资源总量的 20 % 左右,达 10 次以上的仅占百分之零点几。张等[⑤]建议:CALIS 与有关组织或机构建立资源共建、数据共享的合作模式,解决图书馆员兼职建库、工作量大、更新较慢的问题;对现有收录资源类型重新整合;增加新闻、最新学科站点、学术发展方向等学术指导性类目以及博客等新型学科资源;对核心学术性资源提供全文存档与服务等。

还有一些研究者展开了对我国高校图书馆自建学科导航情况的研究。周[⑥]通过中国大学网获取数据,发现截至调查时间,全国已有 249 家本科院校图书馆建立了学科导航,占全部本科院校图书馆的 36.67%。而后研究者又对这 249 家图书馆的学科导航建设的具体情况进行分析,发现多数院校分布在华北、华东的经济发达省市,其

---

① 孙建军,徐芳.国外网络学科导航比较分析与经验启示[J].图书馆杂志,2014(7):83-89.
② 徐孝娟,赵宇翔,孙建军.行动者网络理论视角下的 CALIS 运行机制[J].情报资料工作,2015,36(5):45-52.
③ 王桂玲.网络资源学科导航与 DC 元数据[J].现代情报,2005,25(8):209-210.
④ 周维彬.学科导航建设模式研究[J].情报资料工作,2010(1):86-88.
⑤ 张西亚,肖小勃,张惠君.从中外网络资源学科导航比较看 CALIS 导航库的完善与发展[J].大学图书馆学报,2008,26(6):98-103.
⑥ 周小莲.我国高校图书馆学科导航建设现状调查研究[J].图书馆建设,2010(6):35-38.

中 133 家图书馆选择自建导航库,且自然科学类导航库明显多于人文社科类,但相比参与 CALIS 重点学科网络资源导航门户建设的成果,研究者认为,自建导航库质量参差不齐且重复建设问题严重。另外,该研究还发现很多学科导航存在网上链挂层级较多、建设与链挂方式较多样等问题,这往往会降低用户的查找效率。罗[①]指出国外的学科导航在链接资源的数量、站内检索设置、用户界面友好度上均优于国内。蔡[②]对包括香港大学、香港科技大学、岭南大学在内的中国香港八所高校图书馆的学科导航建设情况进行调查,从资源收录、学科分类、栏目设置、功能分析、新技术应用等方面进行分析发现,香港高校图书馆的学科导航普遍存在数据有效性高、导航服务重视读者的参与、设有完善的学科馆员制度的优点。相比内地高校图书馆,香港高校图书馆学科导航更以收集馆藏资源为主,如本馆纸质资源、电子数据库。另外,在栏目设置方面,除了电子资源、网络资源外,香港高校图书馆的学科导航还经常设有工具参考书、专业检索术语和写作引用技巧栏目。陈等[③]比较了国内"985 工程"高校图书馆与美国综合性排名前 40 的大学图书馆的学科导航建设情况,与蔡金燕的研究中提到的香港高校图书馆的优势类似,美国的高校图书馆学科导航所提供的资源不仅包括电子资源与网络资源,也包括本馆的纸质资源,而且也具备成熟的学科馆员制度,保证了学科导航建设和维护的质量。除此之外,美国大学图书馆具有较为完善的学科分馆系统,许多高校采用了学科导航软件 LibGuides 进行管理。

12.2 国外学科导航建设现状

12.2.1 国外学科导航系统简介

国外典型的学科导航网站主要有英国的 Intute、美国的 Infomine、澳大利亚的 AARLIN 以及德国的 SSG-FI 等。

(1) 英国的 Intute

---

① 罗佳.国内外图书馆网络学科导航系统建设调查分析[J].情报科学,2010(9):1426-1430.
② 蔡金燕.对香港八所高校图书馆学科导航建设的调查及分析[J].图书馆学研究,2012(8):64-70.
③ 陈定权,郭婵.中美高校图书馆学科导航服务比较研究[J].情报资料工作,2011(1):98-101.

Intute 全称为 Intute：social science，是英国最大的学科信息导航网站。自 1996 年的 Electronic Libraries（eLib）开始，后来由伯明翰大学、布里斯托大学、赫瑞-瓦特大学、曼彻斯特大学、曼彻斯特城市大学、诺丁汉大学、牛津大学等 7 所大学联合创建 Resource Discovery Network（RDN）。RDN 整合了英国社会科学信息门户（SOGIG）、生命科学资源导航（BIOME）、物理科学信息门户（PSIgate）、工程数学计算机信息门户（EEVL）、地理学与环境科学信息门户（GEsource）、人文科学信息门户（Humbul）、艺术与人文信息门户（Artifact）及社会科学门户（Altis）等 8 个非常有名的学科信息资源门户网站。2006 年 7 月，RDN 更名为 Intute。经费原因使英国的 Intute(http://www.intute.ac.uk/)在 2011 年 7 月停止更新，但是目前其资源仍可以访问，并且作为早期的英国学科信息导航，Intute 的代表性非常强。

Intute 主要提供按学科浏览网络资源和检索网络资源两种信息获取途径，前者将网络资源按照学科主题分为 19 个导航链接，后者还提供"高级检索"，可以选定"学科""资源类型""国家""排序""显示"等选项来控制检索的结果，如果遇到问题还可以点击检索界面的"检索帮助"链接获得帮助。"Virtual Training Suite"是 Intute 学科导航网站的特色功能，提供 Intute 本身的培训服务和虚拟培训，由布里斯托大学负责。另外，Intute 还有"All Services"栏目提供该网站全部服务的指南；"Support for"栏目为学生、教职员工、图书馆员、技术人员等提供使用 Intute 的指南。

关于 Intute 的管理，Intute 有一个执行委员会，负责其策略及发展方向以及全部的管理工作，分为科学技术、人文艺术、社会科学、健康与生命科学四个主题小组，每个小组由不同的学校负责，负责本主题的数据建设和维护。由于 Intute 会对网络资源进行评估，有一套包括资源选择评价标准、资源编目的元数据格式、资源的分类标准、资源的管理与维护细则等完整细致的工作规范，因此它提供的网络学科资源质量比较高，受到高校学生、学者、研究人员的欢迎。

（2）美国的 Infomine

Infomine(http://infomine.ucr.edu/)是一个为高校学生、教学科研人员提供网络学科资源的虚拟图书馆。Infomine 起始于 1994 年加利福尼亚大学河湾分校图书馆的项目——iVia 开放资源虚拟图书馆系统。从 1999 年 3 月到 2004 年 6 月，iVia

Project 先后发布了 10 个版本的 iVia 系统软件。2009 年,iVia Project 结束,其源代码可以通过访问 SourceForge.net 获取。iVia 是 Infomine 的平台,它将专家和机器整合在一起,进行资源收集、创建和管理,使之成为图书馆组织网络信息资源、开发网上虚拟图书馆的成功实例。后来陆续有维克森林大学、加州州立大学、底特津梅西大学等大学的图书馆加入 Infomine 项目,目前 Infomine 的成员主要由来自这些大学的人员组成,分为"内容发展团队""编程和系统管理团队""iVia 软件团队"等团队。

与英国的 Intute 一样,Infomine 也提供检索和浏览两种访问网络资源的途径。浏览功能按照生物、农业和医学科学、商业与经济等 9 个学科主题对网络资源进行组织,检索功能还包括高级检索,Infomine 的高级检索功能比较完善,其界面如图 12-1 所示。"检索小贴士"栏目提供检索指南,"新闻"栏目提供 RSS 订阅服务,"数据喷泉"是一个全国网络信息资源共享的项目。另外,Infomine 网站还有"地图""Infomine 博客""资源建议""反馈""邮件通知服务""个性化定制"、"iVia 门户网站软件"等与用户进行互动的功能。

Infomine 提供网络数据库、电子期刊、电子书、电子公告、邮件列表以及图书馆在线分类等有用的网络资源服务。Infomine 的研究和开发的领域主要有两个:web 资源爬行(web crawling)和元数据分配(metadata assignment)。web 资源爬行主要采用一系列类似于蜘蛛爬虫、网络机器人等工具发现新资源;元数据分配是指采用 iVia 软件自动元数据分派功能分配不同的字段内容。

(3) AARLIN

澳大利亚学术与科研图书馆网络(The Australian Academic and Research Libraries Information Network,AARLIN)(http://www.aarlin.edu.au/),始于 1999 年。AARLIN 是一个全国性的学术图书馆网络,目标是提高各大学图书馆的资源共享水平,由澳大利亚大学图书馆理事会(Council of Australian University Librarians,CAUL)和澳大利亚大学信息技术监理会(Council of Australian University Directors of Information Technology,CAUDIT)联合开发,由 9 所大学图书馆与澳大利亚国家图书馆合作。2001 年,CAUL 与 CAUDIT 申请到澳大利亚科研理事会(Australian Research Council,ARC)的资金,开始进行 AARLIN 项目的建设,由 19 所大学图书馆与澳大利亚国家图书馆合作,分两个阶段进行。同年,AARLIN 又从澳大利亚教育、

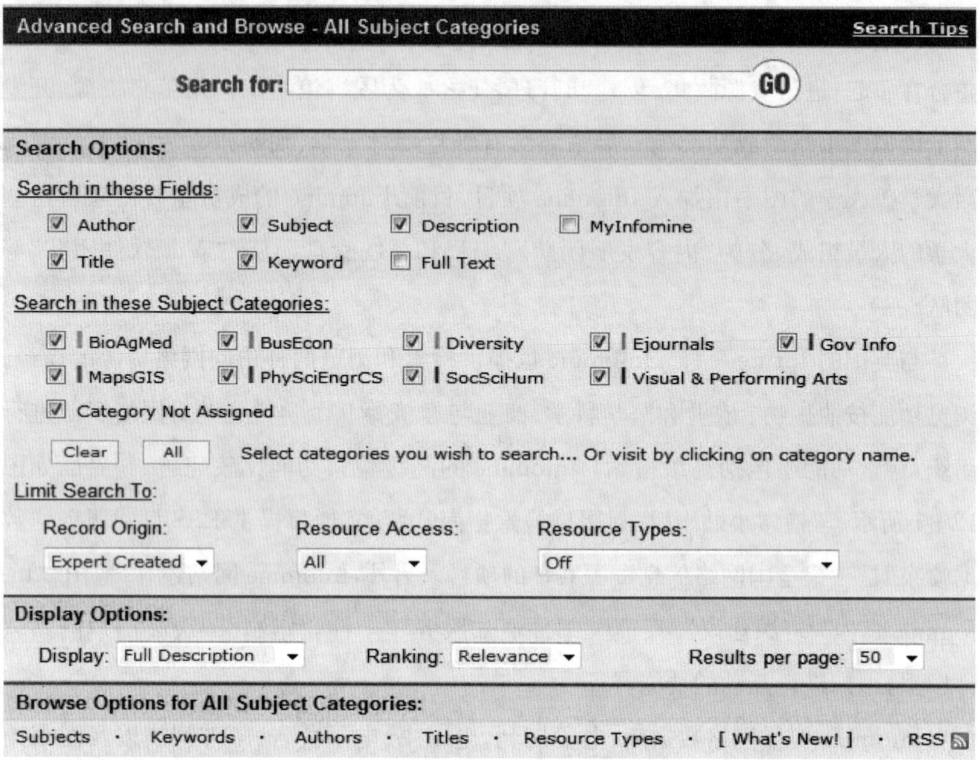

图 12-1 Infomine 的高级检索界面

科学与培训部（Department of Education, Science and Training, DEST）获得 282139 万美元的资助，进一步开发 AARLIN 系统，其成员机构增加到 21 个。

AARLIN 提供文献检索（Document Retrieval）、个性化定制（Customization）、最新文献提醒（Literature Alerts）、定题服务（SDI Service）和上下文相关服务（Context Sensitive Service）等服务。AARLIN 筹划初期在乐卓博大学设立了 AARLIN 项目办公室（AARLIN Office），下设三层管理体系：筹划指导委员会、专家顾问组、特设委员会、任务组或工作组。

(4) 德国的 SSG-FI

SSG-FI（Special Subject Guides/SSG-Fach Information, http://ssgfi.sub.uni-goettingen.de/）是德国下萨克森州（Lower Saxony）图书馆和哥廷根大学图书馆的专业信息计划（SSG-FI）成果之一，始于 1996 年，最开始只有"纯数学和地球科学""地理、地质物理和专题地图"和"英美文化"三个导航。目前，访问 SSG-FI 界面可以看到四个 Guide：数学导航、Geoguide、英美文化以及林业导航，其中英美文化又包括英美文化导航和历史导航。

SSG-FI 网站的学科导航根据学科的不同导航方式有所区别，林业导航和数学导航主要有"学科分类""资源类型"等浏览方式和"搜索引擎"检索方式，检索的时候可以选择"题名""文本""URL"等检索入口。英美语言文学与历史学科信息门户（http://aac.sub.unigoettingen.de/en/-Literature/guide/），提供按主题和资源类型浏览以及检索服务，提供包括语言文学的主题搜索和文学导航与历史的主题搜索和历史导航等服务。英美语言文学学科导航目前提供英国、美国以及凯尔特文学和语言等领域的 107000 本书和 2200 个网站。①

12.2.2 国外网络学科导航比较

有人提出评价网络资源学科导航建设的通行指标有资源收录范围、资源收录类型、资源组织体系、资源描述、检索功能、增值服务、更新与维护、建设模式、数据量等。② 我们认为一个网络学科导航网站的成功与否，与负责建设的机构、经费支持的机构、提供的服务内容、资源覆盖的范围、资源组织的方式以及检索功能的完善程度，有着密切的关系。负责导航网站建设的机构本身水平的高低，直接决定网络学科导航网站的质量；而经费支持机构则关系到网络学科导航网站能否得到持续的支持，实现可持续发展；服务内容则是网络学科导航网站能够为用户提供满意服务的关键；资源描述是否规范，资源组织是否遵守一定的标准、原则与政策以及检索功能是否符合用户的习惯等，则关系到网络学科网站的可用性问题。限于篇幅，我们选择表 12-1 中的这些指标，对英国 Intute、美国的 Infomine、澳大利亚的 AARLIN 以及德国的 SSG-FI 四个网络学科导航网站进行比较分析。

---

① 孙建军，徐芳.国外网络学科导航比较分析与经验启示[J].图书馆杂志，2014(7)：83-89.
② 李黎黎.国内外农业学科信息门户的比较研究[D].北京：中国农业科学院，2007.

表12-1 国外网络学科导航网站比较分析

名称	开始时间	负责机构	经费支持	服务内容	资源范围	资源组织	检索功能	更新情况
英国的Intute	1996年	伯明翰、布里斯托、曼彻斯特、牛津等7所大学	英国信息系统委员会(JISC)	检索、浏览、新增资源、热点专题、推荐资源、博客等20项左右	农业学、食品学、林业学等19个学科	严格的资源筛选标准；完善的分类体系和培训等	"检索""高级检索"两种检索界面	停止更新
美国的Infomine	1994年	加利福尼亚大学河湾分校、维克森林大学、加州州立大学等大学的图书馆	FIPSE(改善继续教育基金会)、IMLS(博物馆和图书馆服务研究所)和加利福尼亚大学河湾分校图书馆	检测、浏览、博客、邮件提醒、PSS等服务	生物、农业学、医学科学等9个学科	web资源爬行(web crawling)和元数据分配(metadata assignment)	"检索""高级检索"两种检索界面；有检索提示	更新
澳大利亚AARLIN	1999年	包括大学图书馆与澳大利亚国家图书馆在内的21个成员	澳大利亚研究理事会(ARC)和澳大利亚国家教育、科研与培训部(DEST)资助	文献检索、个性化定制、最新文献提醒、定题服务和上下文相关服务等	信息资源目录、学科门户、分布式馆藏资源、图书、数据库、全文及图像信息资源等	应用Z39.50、Http、SQL等协议对各种类型的数据库及网站进行并发检索	有	更新
德国的SSG-FI	1996年	下萨克森州图书馆和哥廷根大学图书馆	德意志研究联合会(DFG)	提供按主题和资源类型浏览以及检索服务	数学、地球地理科学、英美历史、英语语言文学、元数据发展、林学等6个学科	按导航和搜索两种方式组织资源	有	更新

资源来源：根据四个网络学科导航网站及相关文献资料整理。

12.3 网络导航类型

12.3.1 基于浏览器的导航

浏览器是指可以显示网页服务器或者文件系统的 HTML 文件,并让用户与这些文件交互。蒂姆·伯纳斯-李(Tim Berners-Lee)是第一个使用超文本来分享信息的人。他于 1990 年发明了首个网页浏览器 World Wide Web。1991 年 3 月,这项发明应用到 CERN 中,作为处理其庞大的电话簿的实用工具。从那时起,浏览器的发展就和网络的发展联系在了一起。在与用户互动的前提下,网页浏览器根据 gopher 和 telnet 协议,允许所有用户轻易地浏览别人所编写的网站。可是,其后加插图像进浏览器的举动,使之成为互联网的"杀手级应用"。

基于浏览器的 Web 浏览机制是利用浏览器自身具有的各种导航工具来实现网络浏览任务,例如大部分浏览器都有"前进""后退""收藏夹""主页"等标签,能实现在网站航行中的一些基本操作,如返回上一个已经查看过的网页,就可以点击"后退"按钮,希望下次再浏览某个网页时就可以利用"收藏夹"功能。故此,可以认为浏览器提供了 Web 导航最基本的工具,不管一个网页是否建立自己的导航系统,都可以利用浏览器本身具备的导航功能来实现简单的导航。尽管浏览器的导航功能简单,但是不容忽视。Catledge 和 Pitkow[1] 在 1995 年的报告显示,最常用的两种导航机制排名第一的是超链接(52%)和后退按钮(41%)。1997 年,Tauscher 和 Greenberg[2] 的报告中发现超链接占 50% 的导航行为,后退按钮占 30% 的导航行为。这些数据都显示,在浏览器中"后退"是使用最频繁的一种导航工具,而其他的一些浏览器导航工具,也有报告[3]显示不超过 3% 的导航使用。

不管何种浏览器,其提供的基本导航作用为对 Web 网页的再访(Revisit),因而

---

[1] Catledge L D, Pitkow J E. Characterizing browsing strategies in the World-Wide Web[J]. Computer Networks and ISDN Systems, 1995, 27(6): 1065-1073.

[2] Tauscher L, Greenberg S. Revisitation patterns in world wide web navigation[C]//Proceedings of the ACM SIGCHI Conference on Human Factors in Computing Systems. ACM, 1997: 399-406.

[3] Milic-Frayling N, Jones R, Rodden K, et al. Smartback: supporting users in back navigation[C]//Proceedings of the 13th International Conference on World Wide Web. ACM, 2004: 63-71.

这是一种非常简单的导航功能,也是学界在研究这种导航机制主要关注的问题。对访问过的网页再次访问是一种较为常见的导航需求,按照网页再访发生的时机,可以分为即时再访和延时再访。"后退"按钮能实现即时再访,"书签"和"历史记录"等则能实现延时再访。在这些浏览器导航工具中,"后退"按钮如前所述使用最频繁,因而也被研究最多。亦有文章[①]探索了"后退"按钮的标准以及提高后退执行效率的方法。

Kellar 等[②]在文章中研究了当任务对话、任务类型和个人不同时,使用浏览器导航工具的不同结果。其研究发现为以下三个。① 提出利用浏览器提供的导航可以分为两类,一类称为新任务导航机制(New Task Session,NTS),指能发起新的任务对话,另一类称为任务内导航机制(Within Task Session,WTS),指仅在一次任务对话内使用导航。前者如书签、Google toolbar、主页按钮、地址栏 URL 选择菜单,以及键入 URL 地址栏;后者如前进按钮、后退按钮、菜单、新窗口、刷新按钮。根据这个分类,通过实验发现尽管 NTS 常被用于新任务中,但是也被应用于任务内导航,且充足的证据显示 WTS 绝大多数只能用于任务内导航。例如,书签和后退菜单都不是经常使用的导航工具,分别为 2.6% 和 0.15%,然而在发起新任务的情景下,书签是第二常用的导航工具(25.3%)。② 将任务类型分为事实查找、信息收集、浏览和交易四种类型。用户总是选择适合任务特点的导航工具,有些导航工具如键入 URL 地址几乎在所有任务类型中常被使用,如果查找信息和收集信息,则 Google toolbar 使用较多,而在浏览和交易中 Google toolbar 使用一般。③ 将用户分为四种类型:键入 URL 地址型、书签型、Google toolbar 型、其他型。每一类型分别在不同的任务情景下有不同的使用习惯,例如倾向于使用 Google toolbar 的用户偏好使用书签。

然而 Web 浏览器的导航效率不高也是个不争的事实,如 Kandogan 和 Shneider-

---

① Moyle M,Cockburn A. The design and evaluation of a flick gesture for 'back' and 'forward' in web browsers[C]//Proceedings of the Fourth Australasian User Interface Conference on User Interfaces 2003-Volume 18. Australian Computer Society,Inc.,2003:39-46.

② Kellar M,Watters C,Shepherd M. The impact of task on the usage of web browser navigation mechanisms[C]//Proceedings of Graphics Interface 2006. Canadian Information Processing Society,2006:235-242.

man[①]在研究浏览器时认为"目前浏览器界面仍很低级的原因在于,没有能更好地支持用户的导航需要,没能为帮助用户再访网页减轻认知负担"。因而,面对用户越来越多样化和复杂化的信息需求,开发新的导航机制、建立新的导航系统成为各界共同的追求。

12.3.2 基于链接的导航

Web世界中各个网页之间都是利用超链接技术相连的,用户访问Web的行为也是追随着链接的指向而移动,超链接一方面把属性相关的信息联系起来,另一方面也能把用户引向目标节点,因而利用链接来实现导航是最原始的导航机制。除了浏览器导航和社会导航外,站点地图,从本质上也是一种链接导航,因为站点地图的构成往往也是基于超链接技术,但是由于其不同的原理,人们更多关注的是其超越一般链接之外的意义,因而单独划分为一类导航机制。在此处所提的导航链接是特指能为用户访问Web起到导航作用的一类链接。

作为网站的建设方,根据一定的规则建立页面之间的链接关系,为用户提供路径指引,而用户在与网站交互过程中,就沿着网站预设的或动态生成的链接关系,实现从出发点到目的地的探索。只要在具有关联的不同文档或者同一文档的不同部分之间建立链接,就意味着可以利用链接来实现相关内容的导航。基于链接的Web导航机制的最大的特点是页面之间的链接关系决定了可能的导航路径。因而,如何优化页面链接结构、如何设计链接外观形式、如何选择链接标签等与链接设计有关的因素,是影响这种导航机制效果的主要因素。主要的导航链接形式有如下几种。

(1) 分类链接。分类是信息组织的基本方式之一,如果根据页面的内容按照学科的分类原则,建立一系列分类链接,用超链接技术来表征网页的下位类或上位类,这就是分类链接。在Web导航链接中,分类链接是数量最多的一种链接,也是最容易被用户理解和使用的一类导航。

(2) 面包屑导航链接。这种导航方式来自著名的童话故事:一对兄妹穿过森林时,不小心迷路了,但是他们发现在沿途走过的地方都撒下了面包屑,让这些面包屑来帮助他们找到回家的路。应用这个故事蕴含的道理,可以设计出一种线性的导航

[①] Kandogan E, Shneiderman B. Elastic windows: A hierarchical multi-window World-Wide Web browser[C]//Proceedings of the 10th Annual ACM Symposium on User Interface Software and Technology. ACM, 1997: 169-177.

链接,这就是面包屑导航。总的来说,面包屑导航的好处是:① 能让用户了解目前访问的网站的位置,以及当前页面在整个网站中的位置;② 能让用户了解网站的架构,了解网站信息组织方式,对所需信息目标位置有一个预测;③ 能让用户不必逐层回退到上一层,而可以快速访问各个层级;④ 有研究也表明面包屑可以增加用户的停留时间,降低跳出率,提高网站的转化率,还可以突出关键字,实现针对搜索引擎的优化。按照不同的原理,有三种常见的面包屑导航:① 基于位置的面包屑导航,这是最常见的面包屑导航,反映出当前页面与整个站点的层次结构;② 基于属性的面包屑导航,常用于电子商务网站,能很好反映页面上的产品具备的其他属性或者类别;③ 基于路径的面包屑导航,这是与童话故事中体现出的导航思想最为接近的一种导航方式,无论页面之间的结构关系如何,这种面包屑导航只是如实记录用户的访问历史,就好像浏览器能前进和后退一样。这种导航方式充其量只是机械式地回到已经访问的网页位置,但对于用户的导航策略的调整功效甚微。

(3) 相关主题链接。Web 页面之间有可能存在内容上的相关性,为用户提供相关主题的链接能引导用户以更快捷的方式查找到信息目标,这也与导航的目标不谋而合,因而也是一种导航链接机制。相关网页之间建立链接,对双方是互惠互利的事情,故在 Web 上应用广泛,但是如何判断网页之间主题是否相关,不同的网站有不同的做法,有的是由网站设计者主观判断哪些可以作为相关主题链接置于本网页上,有的是由网站系统根据一定的自动化工具和算法来推算,例如根据网页中的关键词并结合搜索引擎来确立链接,还有的相关主题链接只是本网站和其他网站的一个友情交换,内容上不一定相关。从导航作用来看,根据关键词确立的相关链接是最具导航效用的,而友情链接则基本上不具有导航效用。

(4) 推荐链接。如果说相关主题链接的主要目的是扩展阅读,补充一些在本网站中没有涉及的内容,而没有考虑到链接目标本身的质量,那么推荐链接则弥补了这方面的不足。推荐链接是依据一定的原则特别选取一些网页作为本网站的链接目标,这些网页或者是本网站所涉及主题领域中的经典成果,或者是最新报道,或者是最受欢迎的、用户访问最多的页面。一个页面的推荐链接数量不会很多,但绝对是经过精心挑选的,能指引用户获得更高质量信息的链接。

12.3.3 基于站点地图的导航

地图是现实物理世界常用到的一种导航策略,也是最能为用户所接受的导航工具。将物理世界中关于地图的思想引入导航中,就成为一种典型的导航机制——站点地图。但是我们要认识到物理空间和信息空间存在明显的不同,有学者[1]认为现实物理空间的移动需要一个实体,要充分利用人类的生理和心理极限来实现,而在信息空间,用户从这一个跳到另一个是轻而易举的。在物理空间的移动往往受到法律法规的限制,而在信息空间很少遇到。

地图能被用于提供导航信息以及告诉人们更多关于环境的细节,帮助人们探索、理解以及在空间中寻找目标。网站中的站点地图同样给出了网站的组织结构和内容概括,而随着超链接技术的应用,站点地图上的链接可以直接指向信息目标页面,因而本质上也是和前文中基于超链接的导航机制一样,区别在于这里的超链接有特殊的作用。网站地图对网站开发方、用户都是有益的,首先能用于规划和发展网站建设,在网站架构中需要搭建网站的基本体系结构,用站点地图的方式可以勾勒网站的未来发展计划,尽管有些页面暂时还没有开发,但是仍可以在站点地图上留出位置。对用户而言,网站地图给出了网站结构的全貌,能有效找到所需信息。

12.3.4 社会导航

在现实世界中,导航是一个和社会人群有关的行为。例如,当一个人在城市里迷路时,他除了利用自身携带的各种导航工具外,还倾向于向路人、交警等社会人群寻找路径。这一基本心理规律带来了一种新的导航机制——社会导航。

Paolucci[2]在研究中给出了社会导航的具体实例和技术,以及一些设计技巧,如在线社区能帮助人们之间加强联系,还有一些策略能帮助人们关注他人正在干什么以及获取他人知识。

社会导航的形式主要有:

第一,一些直接的社会导航能将人们联系起来,实现信息的交流与共享。人们总是在同他人的交流过程中获得对自己有用的个性化信息,从而帮助决策。通过他人的评价能影响对信息源的信任,也能获得关于信息源位置的有价值的信息。在信息空间,利用人与人之间的交流是信息构建的一个重要组成,然而常常被忽视。Web

---

① Benyon D,Turner P D,Turner S D.Designing interactive systems:People,activities,contexts,technologies[J].People Activities Contexts Technologies,2005:396-405.

② Paolucci P.Designing information spaces:The social navigation approach[C]//Springer-Verlag,2003:166-168.

上一些直接的社会导航形式多样,例如"联系网络管理员",实际上就意味着在网络终端有一个真实的角色能帮助导航。

第二,直接导航可以转化为在线社区,围绕着一个特定的主题交流信息。在线社区吸引各种社会人群,讨论各种社会问题,利用电子邮件列表、连线会议、聊天室、信息台、网络日志来形成某些专题领域。

第三种是能起内容过滤及推荐作用的社会导航系统。内容过滤系统能根据关键词匹配准则过滤一些内容不符合的信息,然后应用统计分析方法将信息按照相关性排序提供给用户,用户的兴趣偏好以兴趣文档的方式提供给系统,作为过滤的准则。推荐系统能根据兴趣类似的用户的信息需求为用户提供建议。例如,亚马逊网站能为兴趣类似的顾客提供商品建议,这就是一种社会导航系统。

第四种社会导航是为用户提供一个标签,能观察兴趣类似的其他人对特定信息片段的看法。用户对信息片段的排序被系统收集,以用于聚类和生成个性文档。排序的用户越多,系统划分用户群越准确。排序分为隐性排序和显性排序:根据用户停留时间进行排序为隐性排序;显性排序则是由用户明确打分,如一些电子商务网站要求顾客对商品、交易过程、服务等打分评价。

第五种社会导航形式为强化历史情境。其他用户在过去的行为能为用户在信息空间提供导航。就像在森林中迷路时发现有一个他人留下的路标,就能跟着这个路标找到出路。在 Web 中常被使用的已访问的链接颜色自动改变就是这种导航策略,这种做法已经成为网站设计的规范。

12.4 网络导航设计准则

尽管目前已经诞生多种多样的 Web 导航和可视化工具,相较而言,Web 导航的设计准则却较少被研究。[1] 事实上,在开发 Web 网站时遵照一定的导航设计准则意义重大,因为对于建设中的网站来说,很难找到目标群体进行可用性测试。目前的 Web 导航设计准则主要有两种:顶层的指导原则和底层的详细规则。

美国卫生与福利部(HHS)制定的指导准则"Web Standards and Usability

---

[1] Xu G,Cockburn A,McKenzie B.Lost on the Web:An introduction to Web navigation research[C]//The 4th New Zealand Computer Science Research Students Conference.2001:1-6.

Guidelines",反映了 HHS 将服务创新、基于研究的方法等宗旨应用于设计更易使用的网站。该指导准则分为两个部分:网站标准(Web Standards)和可用性准则(Usability Guidelines)。而网站标准又由 41 个细分准则构成,可用性准则分为 18 个章节。Web Standards and Usability Guidelines 较多关注搜索工具的设计,而针对站点地图的规范较少,如"站点地图适用于网页较多的网站,为网站提供概览。它应该揭示网站的分层结构,可以设计成传统的目录表或简单的索引"[①]。表 12-2 和 12-3 分别展现了网站标准和可用性准则示例。

表 12-2 网站标准——主页链接(Home Page Link)示例

主页链接 文件类型:标准
内容:符合 HHS 要求的网站必须在每一页都内置一个指向网站主页的文本格式的链接。
原因:网站主页被视为 HHS 相关办公室、部门、机构、研究所网页的顶层入口。在网站主页,用户导航进入该网站的不同区域。由于网站主页是整体认识该网站的起点,因而有必要保证用户可以通过"home"键随时回到此处,尤其是当用户已经抵达该网站若干层级页面之后。有些用户并不直接返回主页,而是使用搜索引擎查询主页再返回,因此需要将主页链接清晰的标注,保证用户在访问网站任意位置时都可以轻松返回主页。
要求:主页链接需放置在导航面板的主要区域(或左侧)。所有的子页面必须含有指向主页的链接,且以"home"或"[Site] Home"命名。如果使用图形表示主页链接,则页面上还需附带一个文本链接。如果网站具有独特的标识,那么需使用这个标识链接作为文本链接的补充。

表 12-3 可用性准则——提供导航选项(Provide Navigational Options)示例

提供导航选项
文件类型:标准
主题:导航
准则:不要设计或指引用户进入没有导航选项的页面。
评价:当设计指向新页面的链接时,需保证"Back"按键的可用性,这样即使在新的页面,用户也可以返回到原始页面。无效的导航将导致用户困惑和混乱,进而降低使用满意度和任务完成度。

"UsabilityNet"是由欧盟发起的致力于提高网站可用性和以用户为中心进行设计的项目。《以用户为中心的设计的第一步》("First Steps to User-Centred Design")是该项目完成的一份重要文件,包括以用户为中心的一些设计指导方针以及相关资源。这份文件涵盖以用户为中心的设计周期的所有重要片段:需求和分

---

① Web Standards and Usability Guidelines[EB/OL].[2016-07-18]. http://guidelines.usability.gov/.

析、设计和制作、评价(测试和测量)、应用和管理。以用户为中心的网站设计的核心要义是根据用户的需求评估不断变化的设计。首先应明确网站的经营目的、网站使用的背景和场景,这将有助于优化设计并为评估提供参考点。网站的设计应考虑到网站的写作风格、导航和页面设计的既定准则。而网站的架构和页面设计需要通过最终用户的评估。另外,持续的维护和管理对保证网站的可用性也至关重要。在网站导航设计方面,该文件提出了三个重要元素:帮助用户找到路径、告诉用户期待什么、突出重要的链接。①(见表12-4)

表12-4 帮助导航

帮助用户找到路径
• 通过遵循其他主要网站建立的惯例,满足用户的期望。
• 适当的时候需要像报纸设置头版一样在网站设置主页。
• 为用户显示他们在哪儿、他们可以去哪儿。
• 使用一致的页面布局。
• 最易到达的导航信息页面应包含高密度的可供自我解释的文本链接。
• 尽量减少用户点击的次数,保证用户对他们所在正确导航路径上的信心:越多的点击致使越多的用户流失。
• 如果必要的话,用户不介意使用滚动页面,但要注意某些弹出的小窗口会遮蔽重要的按钮或链接。
• 在每个页面上提供一个本地内容和主页的链接。
• 大型网站可考虑嵌入站内搜索功能,多数用户习惯使用搜索而不是人工对网站进行探索。
• 提供一个简单的界面到搜索引擎,并检查它是否可以提供容易理解的结果。
• 在页面的顶部和底部都设置导航按钮,以最大限度地减少页面滚动的需要。
• 使用有意义的和专门的小写的网址,这样有助于用户输入。
• 在印刷资料中引用的网址应该简短和便于输入,如果需要,尽量使用别名而不是完整的网址。
• 使用可以产生有意义的书签的页面标题。
• 任何页面都有可能是用户通过搜索引擎获得的网站入口,因而应避免出现脱离网站关联的页面。
告诉用户期待什么
• 避免过于简单的菜单:解释每一个链接包含什么,让用户可以一次找到正确的链接。
• 提供链接的标题,通过呈现用户"最近的浏览"来简化导航。

---

① Usability Net[EB/OL]. [2016-07-19]. http://www.usabilitynet.org/tools/webdesign.htm#nav.

续　表
·将指向最后信息的链接路径列出,并用有意义的标题分组。 ·提供站点地图或概览,这将帮助用户了解网站的范围。 ·将网页内容、站内链接和站外链接区别开。 ·任何默认链接颜色和样式的更改都将使用户更难找到链接。 ·提供可以下载的文件大小。
突出重要的链接
·嵌入在文本中的链接的措辞应该能够帮助用户快速了解指向页面的内容。 ·为了留存用户,应区别开站内链接和站外链接。

澳大利亚政府部门和机构已经开发一系列网站和内部网用来提供信息和服务。随着网上可用的信息和服务的数量的增加,良好的信息架构和易用性导航变得越来越重要。基于这个考量,澳大利亚政府信息管理办公室(Australian Government Information Management Office,AGIMO)提出了《更好的实践检查表》("Better Practice Checklists"),用来规范澳大利亚政府网站的设计开发。清单中的项目指出了网站设计时应考虑的种种问题,但这些条目并不强制每个开发者严格执行。它作为一个有效指南来帮助政府相关机构思考如何提升用户对他们的 Web 资源的使用体验以及提高内部网的有效性。《更好的实践检查表》目前包含 13 个部分,其中关于网站导航的内容指出,开发者需要重点关注如下问题[①]:

(1) 保持用户在澳大利亚政府网站中的体验一致性

使用一致的导航元素和法律声明,如主页、关于、联系我们、搜索、隐私声明、版权声明、免责声明;一致的网页内容结构化逻辑方法;一致的网页顶部和底部的导航元素位置。

(2) 确保用户明确他在怎样的一个网站

用户不总是通过主页进入一个网站,可能是从另一个网站或搜索引擎的一个链接进入网站,因而有必要通过品牌图像和导航使用户了解他身处一个怎样的网站。保证政府相关网站里,标识和机构的名称或网站名称出现在同一位置,并添加用于支持的导航,将有助于解决这个问题。

---

① Better Practice Checklists[EB/OL]. [2016-07-18]. http://www.finance.gov.au/agimo-archive/better-practice-checklists/docs/BPC2.pdf.

(3) 确保用户明确他在网站的哪个位置

明确所在网站的位置有助于用户了解他们所阅读的信息的上下文,并在网站上移动。可以通过"面包屑路径"——改变用户在网站上的部分的导航工具的颜色来实现。

(4) 确保用户明确下一步去哪里

用户访问网站通常是为了搜寻一些信息而非一条信息,来回答某个问题或完成某个任务。因而网站导航设计应使用户在获得一个页面后知道下一步应该移向哪里。例如,用户可以移向:更高的网站层次结构,以获得更广阔的视野;更深入的网站以获得更多的细节;寻找站点内或其他网站上的相关信息。

(5) 提供查找信息的几种选项

由于用户在网站中寻找信息的方式不同,网站应该为用户提供多种获取信息的方式,如嵌入式链接、站点地图、字母索引、搜索工具、相关信息链接等。

(6) 在站点中应用一致的导航方式

如果网站使用一致的导航方法、图标、图形并放置于相同位置,将会降低用户的使用难度。确保页面有一个一致的外观和体验将使用户更容易浏览他们访问的每一页,因为用户在这个过程中会"学会"网站是如何运作的。遵循逻辑来呈现网站菜单将提高导航的易用性。网站应该有一个简单的顶层菜单层次结构,由最高级网站页面和服务组成,子菜单也应遵循逻辑,以一致的方式进行分支划分。

(7) 使用文本替代图形作为导航元素

相比文本,图标和图像这样的导航项所花费用户的认知时间较长。使用文本也提高了网站的可访问性,并更容易维护。如果使用图形导航元素,还需添加"Alt"文本。也可以考虑在每个页面上使用相同的图形导航元素,使图形可以存储和容易检索,从而减少下载时间。当在内容中嵌入文本链接时,应确保用户明白它是可点击的。

(8) 有效地描述文本链接

导向内容的文本链接应该被清晰地描述,在多数情况下,文本链接应该与它所指向的内容命名一致。

(9) 避免弹出窗口或新的浏览器窗口

弹出新的浏览器窗口对很多用户来说可能是一种干扰,许多人安装阻止弹出窗口的软件或使用具有该功能的浏览器。

（10）慎用框架

一些网站仍然使用框架作为一种方法来保持导航在用户滚动页面时显示在屏幕上。然而,框架将会使页面很难打印或保存为书签。

（11）确保导航方案和元素是残疾人和来自不同文化和语言背景的用户也可访问

所有的网络资源应该保证能够被残疾人士所使用,网站开发者应确保他们的网站与 WWW 的网页内容可访问性准则相一致。网站开发者也应考虑合适的网站导航设计,以提供给来自不同文化和语言背景的用户公平的访问机会。

尽管以上的 Web 导航设计准则的提出大多建立在大量的研究基础上,但不可忽视的是,学界一直存在对这些准则的批评。比如 Beier 和 Vaughan 就曾指出,顶层的指导原则太过宏观,难以给具体的案例提供有效的启示,而底层的详细规则又太过具体,导致适用面较窄。[①] 正因缺乏针对网站情境的个性化建议,新的更具针对性的导航设计方案也应伴随更多的实践研究而诞生。

12.5　网络导航理论模型

在 Web 导航研究领域,不同学者提出了多个描述用户链接导航行为和优化 Web 导航链接结构的模型,如表 12-5 所示。下面主要介绍几个经典的 Web 导航模型,包括从用户认知角度出发的 SNIF-ACT 模型和 CoLiDeS 模型,描述导航整体过程的 MESA 模型,关注人机交互的 RED 模型、导航行为模型。

表 12-5　导航行为模型的链接特征及其应用领域[②]

模型	用户群	页面范围	网站结构	链接顺序	固定的链接广度
Recommenders	一般用户	封闭	任意结构	任意	否
PageGather	局部用户	封闭	任意结构	任意	否

---

① Beier B, Vaughan M W. The Bull's-Eye: A Framework for Web Application User Interface Design Guidelines[C]//Conference on Human Factors in Computing Systems—Proceedings, 2003: 489-496.

② Hollink V, van Someren M, Wielinga B J. Navigation behavior models for link structure optimization[J]. User Modeling and User-Adapted Interaction, 2007, 17(4): 339-377.

续 表

模型	用户群	页面范围	网站结构	链接顺序	固定的链接广度
MinPath	一般用户	封闭	任意结构	任意	否
Result set clustering	一般用户	开放	层次结构	任意	否
Web Montage	一般用户	开放	任意结构	分类	否
ClickPath	聚类用户	半开放	层次结构	任意	否
Coverage	聚类用户	半开放	层次结构	任意	否
Information foraging	局部用户	开放	任意结构	任意	否
Click-distance	一般用户	封闭	菜单结构	任意	否
HHAI	局部用户	封闭	菜单结构	未定义	否
MESA model	局部用户	封闭	菜单结构	任意	否
Minimal travel cost	局部用户	封闭	菜单结构	任意	否
Expected travel cost	局部用户	封闭	菜单结构	任意	否
Expected accumulated travel	局部用户	封闭	菜单结构	任意	否

12.5.1 信息觅食理论

19世纪70年代,生态学家和人类学家为了研究动物的觅食行为和策略,提出了觅食理论(Foraging Theory)。20世纪后期,生态学家与人类学家发现,人类在互联网上寻找信息的行为和动物寻找食物的行为存在着一些惊人的相似之处。[1] 人类在网络环境下寻找信息的过程中,与动物一样需要不断地改进对信息环境的认知,并且做出正确的信息觅食决策,以便在信息投入(如浏览检索结果、修正检索方式等方面所花费的时间和精力)与信息收益(所获得的信息的价值及其附加值)之间寻求一种平衡,以便提高信息觅食的效率,达到最优化信息觅食的最终目标。20世纪90年代,信息觅食理论的先驱 Pirolli 在其著作《信息觅食》(*Information Foraging*)中正式提出了"信息觅食理论"(Information Foraging Theory)的概念。Pirolli 提出的信息觅食理论认为用户信息行为和动物觅食行为非常相像,用户需要在寻觅信息所花

---

[1] Stephens D W, Krebs J R. Foraging Theory [M]. NJ: Princeton University Press, 1986: 1-262.

费的时间、精力等信息投入与信息能够带来的收益之间,寻求一种最优平衡,而信息环境中的导航、链接说明文字或图片等信息线索(Information Scent)可以提高信息产品的可用性。[1]

信息觅食理论的基础主要有:社会心理学家布伦斯维克的透镜模型(Lens Model)、安德森的归类适应性理论(Adaptationist Theory of Categorization)与记忆适应性理论(Adaptationist Theory of Memory)以及麦克法登的随机效用模型(Random Utility Model)。

(1) 透镜模型。布伦斯维克的"透镜模型"假设人类(human race)的思维特征是通过某些提示性线索(clues)来评估或判断某些事件或者决策的。该模型主要关注人们通常是怎样利用这些提示性的线索,以及这些提示性的线索在人们的整个觅食决策过程中所占的比例,有利于理解人们的评估和判断策略。[2]

(2) 归类适应性理论和记忆适应性理论。安德森的归类适应性理论是一种关注组织是如何利用过去已经观察到的内容来预测尚未观察到的内容的理论[3];而"记忆适应性理论"是一种关注如何在人们已有的信息背景中检索到人们所需要的信息的理论[4]。

(3) 随机效用模型。McFadden 的随机效用模型是一个非常经典的选择理论模型。[5]

信息觅食理论的基本模型主要有 Stephens 和 Krebs 给出的斑块模型(Patch Models)和食谱模型(Diet Models)。[6]

① 斑块模型。"斑块模型"的假设是,将动物生存环境中各种食物资源划分为"斑块"形状,动物将会面临各种食物资源的分布不平衡和如何选择觅食斑块的问

---

[1] Pirolli P.Information Foraging Theory: Adaptive Interaction with Information [M].Oxford:Oxford University Press,2007:1-204.

[2] Brunswik E.Peception and the Representative Design of Psychological Experiments [M].Berkeley,CA:University of California Press,1956.

[3] Anderson J R.The adaptive nature of human categorization [J].Psychological Review,1991,98(3):409-429.

[4] Anderson J R. The Adaptive Character of Thought [M]. NJ: Lawrence Erlbaum Associates,1990.

[5] Mcfadden D.Modeling the Choice of Residential Location[M]//Karlqvist A,et al.Spatial Interaction Theory and Planning Models.Cambridge,MA:Harvard University Press,1978:75-96.

[6] Stephens D W,Krebs J R.Foraging Theory [M].NJ:Princeton University Press,1986:1-262.

题。动物需要考虑两个问题：一是如何选择在不同的"觅食斑块"中觅食的时间；二是怎样在合适的时间内结束当前"觅食斑块"的觅食，以便寻找新的"觅食斑块"。

② 食谱模型。"食谱模型"的构建是用来回答动物如何选择觅食对象问题的。该模型关注的是动物在面对不同环境时应该选择哪些食物资源作为觅食对象更合理、效率更佳。食谱模型假设：动物寻找到猎物的速率是一定的，这个速率与搜索时间有关；寻找猎物和处理猎物（包括追赶）是两个互斥的过程；觅食者对猎物和环境的知识掌握得很充分，这些知识包括分布率、能量值和搜索处理所需的时间等；即猎物的信息掌握得很完备且一旦遇到猎物，立刻就能用于实践。[①]

SNIF-ACT 模型（如图 12-2）产生于信息觅食理论和贝叶斯满意度模型，它为用户如何使用信息线索提供指导。不同于其他模拟用户行为步骤的导航模型，SNIF-ACT 模型的目标是建立一套可以预测用户导航行为的计算机程序。

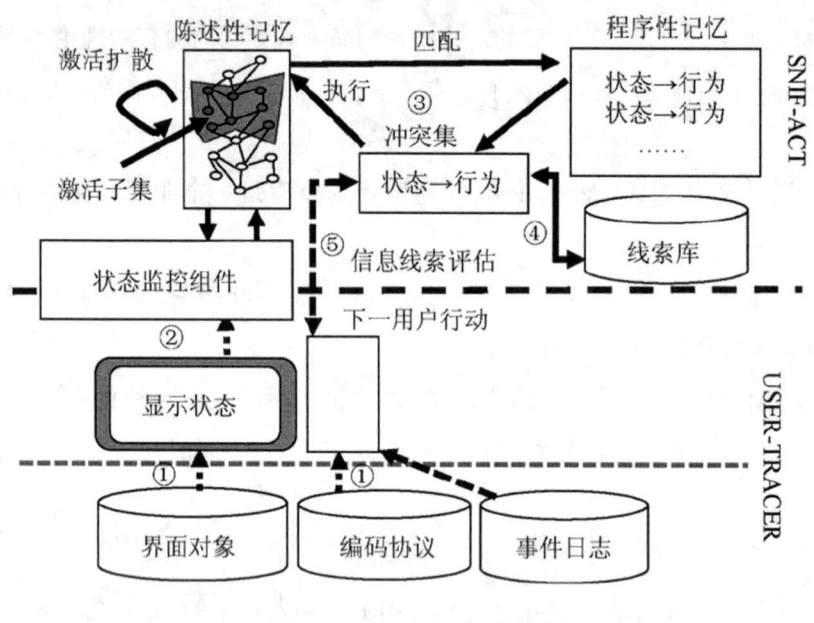

图 12-2　SNIF-ACT 模型[②]

[①] 徐芳,孙建军.信息觅食理论与学科导航网站性能优化[J].情报资料工作,2015(2): 46-51.

[②] 柯青、王秀峰.Web 导航模型综述——信息觅食理论视角[J].现代图书情报技术, 2014(2):32-40.

12.5.2 CoLiDeS 模型

Kitajima 等人[1]提出的 CoLiDeS(Comprehension-based Linked Model of Deliberate Search)是一种典型的用户认知模型,它旨在阐释用户如何理解 Web 内容进而选择导航路径。CoLiDeS 主要基于三个因素——语义相似性(Semantic Similarity)、词频(Frequency)、文本匹配(Literal Matching),来测量网页内容与用户目标内容的相关性。其中,语义相似性的计算一般基于潜在语义分析的方法。

CoLiDeS 使用潜在语义分析的方法是比较链接文本与用户目标的匹配程度,并进行最佳链接的筛选,链接被点击后再进行新一轮的信息线索评价,直到获得目标信息或放弃搜寻。事实上,CoLiDeS 模型是一种在理想环境下的线性导航方式,对于当前网页不匹配情况下的回溯过程只给出了描述而缺乏模拟计算。为了解决上述问题,有学者[2]提出了改进的 CoLiDeS+模型。CoLiDeS+在原有模型的基础上增加了"路径适当"(Path Adequacy)这一概念,用于补充"信息线索"来描述导航路径和用户目标的语义相似性。CoLiDeS+算法描述了用户在 Web 导航中的任务执行过程:反映用户目标的任务描述输入;网页分析;基于信息线索的菜单选择和进入;在新的一页如未能发现目标信息,则循环初始化;通过路径适当这一指标确定新的选择,否则,采取次优选择、改变关注区域并回溯;若当前网页包含目标信息,结束(如图 12-3)。

12.5.3 MESA 模型

Miller 等人[3]于 2004 年提出了 MESA(Method for Evaluating Site Architectures)模型,旨在更好地理解信息架构对 Web 导航的影响。MESA 认为,用户在网站中进行基于链接导航的信息搜寻时,将会遵照如下行动策略。(1)当用户面对一个全新的 Web 页面时,如果该页面是最终页面且包含目标信息,则 MESA 策略停止,否则,用户将对页面上的所有链接进行扫描和评价,并选择导向目标信息的可能

---

[1] Kitajima M, Blackmon M H, Polson P G. A comprehension-based model of Web navigation and its application to Web usability analysis[M]//People and Computers XIV—Usability or Else!. Springer London, 2000: 357-373.

[2] van Oostendorp H, Juvina I. Using a cognitive model to generate web navigation support [J]. International Journal of Human-Computer Studies, 2007, 65(10): 887-897.

[3] Miller C S, Remington R W. Modeling information navigation: Implications for information architecture[J]. Human-Computer Interaction, 2004, 19(3): 225-271.

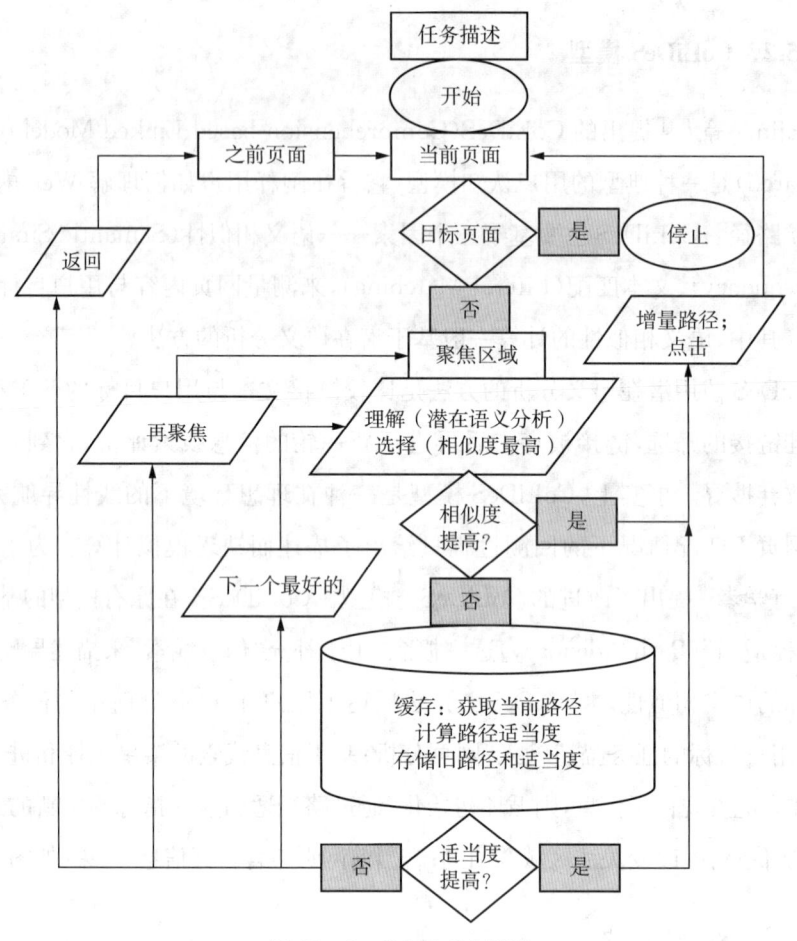

图 12-3 CoLiDeS+模型

性超过一定阈值的链接。新的页面被打开和展示后,新一轮的面向链接的扫描和评价过程将会被重复执行。(2)如果当前页面的链接经评价后没有在可能性阈值之上的,用户将会做出选择黑色按钮(Black Button)的策略,并对新的页面继续展开扫描和评价。

  MESA 描述了一个用户对页面链接指向目标信息的可能性的反复评价过程。然而,在实践中,往往存在大量目标信息的实际位置与用户对链接指向的评估相悖的情况。Miller 等人[①]在最初的研究中认为,用户只有在遍历所有可能性阈值之上的链接后,才会选择黑色按钮,他们将这个策略称为横贯优先策略(Traverse-first

---

  ① Miller C S, Remington R W. A computational model of Web navigation: Exploring interactions between hierarchical depth and link ambiguity[C]//Proceedings of the 6th Conference on Human Factors and the Web,2000:1-7.

Strategy)。然而,在其后的研究中①,他们发现,在实际操作中用户往往倾向于更投机的策略(Opportunistic Strategy),即当可能性较高的链接未能将其导向目标信息时,用户并不急于返回较高的页面层级,而是仍然在较低的页面层级下尝试选择可能性在阈值之下的链接。投机策略优于横贯优先策略之处在于,它保留了上一轮的扫描和评价环节对于父链接的评价,使得用户在对可能性阈值之下的链接进行新一轮评价时所付出的认知努力较少。在链接指向目标信息的可能性极低的情况下,用户才会放弃该策略回到父链接,重新采用横贯优先策略进行评估。Miller等人在研究中给出了基于投机策略的MESA流程图(如图12-4)。

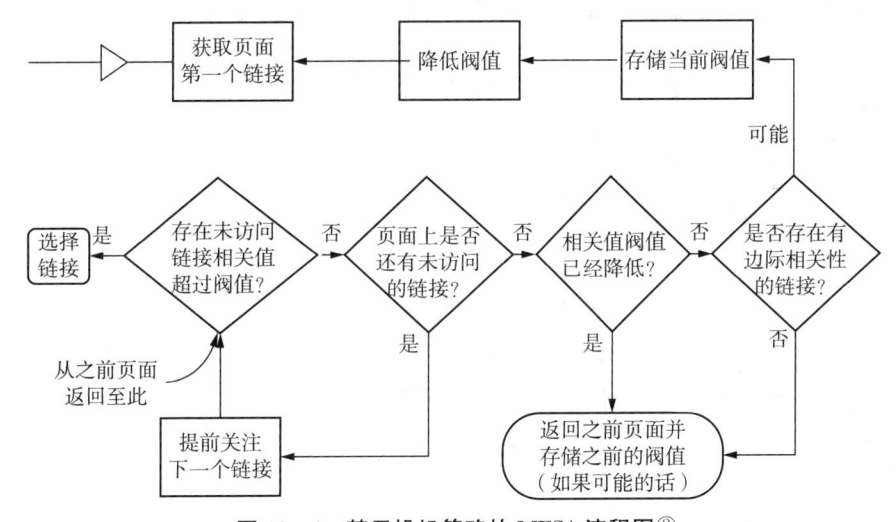

图12-4 基于投机策略的MESA流程图②

在MESA模型描述的过程中,链接指向目标信息的可能性判定方法是决定信息搜寻效率和结果的关键。潜在语义分析(Latent Semantic Analysis,LSA),该方法使用目标文本中共词出现的频率来度量相关性,进而用来解释标签链接指向的内容为目标信息的可能性。LSA还被用来评价用户界面中的标签质量③、发现网站

---

① Miller C S,Remington R W.Modeling an opportunistic strategy for information navigation[C]//Proceedings of the Twenty-Third Conference of the Cognitive Science Society,2001:639-644.

② Miller C S,Remington R W.Modeling information navigation:Implications for information architecture[J].Human-Computer Interaction,2004,19(3):225-271.

③ Soto R. Learning and performing by exploration:Label quality measured by latent semantic analysis[C]//Proceedings of the SIGCHI Conference on Human Factors in Computing Systems.ACM,1999:418-425.

可用性问题[①]等。除此之外,剩余数(Residue)、相关性(Relevance)和信息线索等指标和评价机制也被用于可能性的判定。

12.5.4 RED 模型

RED(Navigation Strategies Recognizer)模型描述了一种基于历史导航行为记录识别用户导航策略的方法,该模型有助于评估网站的可用性和提升人际交互效率。[②] RED 模型由四个特殊代理的行为构成:交互分析代理(Interaction Analyzer Agent)、模式加载代理(Pattern Actuator Agent)、模式产生代理(Pattern Generator Agent)和模式配置界面代理(Pattern Configuration Interface Agent),如图 12-5 所示。

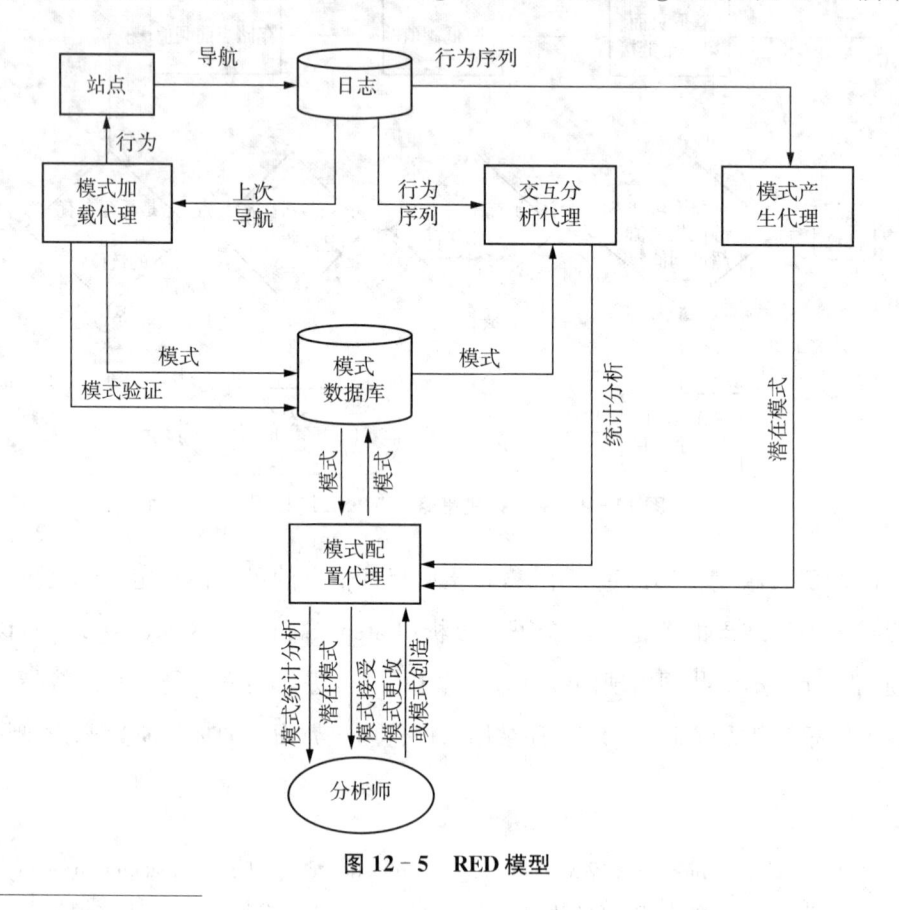

图 12-5 RED 模型

---

① Blackmon M H, Polson P G, Kitajima M, et al. Cognitive walkthrough for the web[C]//Proceedings of the SIGCHI Conference on Human Factors in Computing Systems. ACM, 2002: 463-470.

② Marques E, Garcia A C, Ferraz I. RED: A model to analyze web navigation patterns[C]// Workshop on Behavior-based User Interface Customization (IUI/CADUI 2004), Maderia, Portugal. 2004: 1-4.

(1) 交互分析代理:从导航日志中分析出已知模式库中没有的行为序列,产生一个报告送给模式配置界,后者再加上一些人工分析来决定一个模式是否存在以及是否必须被配置。

(2) 模式加载代理:当用户访问网站页面的最后序列时,该代理将会尽量预测一个模式。当一个模式被识别出来时,模式驱动代理提供一个和模式有关的行为,并在模式数据库中验证该模式。

(3) 模式产生代理:在 Web 日志数据找潜在的序列(有可能包含噪音)。这个序列被送到模式配置界面,后者再加上一些人工分析,来决定是否存在一个模式以及该模式是否要被配置。

(4) 模式配置界面代理:能允许分析器评价模式,决定是否将包括、改变或删除现存的模式。

(5) 模式数据库:是一个包含模式描述、相关意义、描述模式应用的先决条件的应用情境、信托因素以及当用户在网站导航时模式识别出的行动。[①]

12.5.5 导航行为模型

Hollink 等人[②]在综合了包括 MESA 模型在内的二十余种导航模型的基础上,提出了一套可以系统地比较各导航行为模型的通用框架。导航行为模型通过以导航的结构作为输入量、导航的可用性为输出量的函数,预测用户在不同的结构中是如何导航,以及这将如何影响导航的可用性(如图 12-6)。导航的可用性由用户花费在导航方面的时间(称为效率)和找到的目标网页的数量(称为有效性)来共同决定。目标页面的数量,即有效性,取决于用户所选择的网站路径,效率则由用户路径和使用的策略共同决定。借助该方法可以选择最优化网站信息架构的适配模型以及指导之后的链接结构的选择。借助四个实验证明,运用导航行为模型框架提供的模型选择方法,可以很大程度上提升网站信息架构的优化水平。

---

① 王秀峰.Web 导航中用户认知特征及行为研究[D].南京:南京大学,2013.
② Hollink V, van Someren M, Wielinga B J. Navigation behavior models for link structure optimization[J]. User Modeling and User-Adapted Interaction, 2007, 17(4): 339-377.

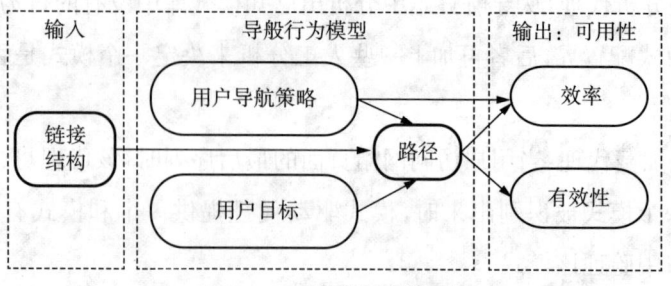

图 12-6　导航行为模型[1]

---

[1] Hollink V, van Someren M, Wielinga B J. Navigation behavior models for link structure optimization[J]. User Modeling and User-Adapted Interaction, 2007, 17(4): 339-377.

13 学科网络导航认知行为特征及影响因素

13.1 网络导航中的用户认知特征

13.1.1 基于问题解决理论的网络导航用户认知特征

问题解决过程(problem-solving)是指在解决一个问题时头脑不能直接获得答案,而需要思考和判断的过程。在问题解决过程中,用户的求解过程往往比结果更有价值。问题求解过程包含着丰富的信息,心理学家对用户做出这个决定的心理机制、错误发生的原因、不同人的不同表现感兴趣。教育学家关心的是通过教育手段能否帮助人们克服困难和解决问题。专家系统设计师关心的是人们是如何完成任务,以及如何建立一个模拟人类解决问题的系统。无论是哪一类群体,他们都希望对问题解决过程进行探索,从而找到能为他所用的信息。在问题解决理论和模式的探讨中,学者们提出了不同问题解决过程的观点。

1910年,杜威提出问题解决的五步法[①]:① 感觉到问题的存在;② 确定问题的性质,并加以界定;③ 提出各种可能的解决方法;④ 考虑到这些解决方法的各种可能的结果;⑤ 试验其中最有可能达到目的的解决方法。

1926年,何克抗提出问题解决四阶段。[②] ① 准备,即搜集信息的阶段。在这一阶段,问题解决者要对问题加以分析,并对问题予以清楚的界定,收集有关的信息和事实;② 沉思,即处于酝酿状态。在这个阶段,要对各种观念加以分类整理。有

[①] 杜威.民主主义与教育[M].王承绪译.北京:人民教育出版社,1990.
[②] 何克抗.创造性思维理论——DC模型的建构与论证[M].北京:北京师范大学出版社,2000.

时,问题解决者精神放松或考虑其他事情,但同时又在下意识地思考该问题;③ 灵感或启迪,即突然涌现出问题解决办法。这里,灵感有些类似于格式塔心理学的顿悟,问题的解决办法有时是出人意料。当然,我们可以看到,这里的"灵感"或"顿悟"是建立在前面两个阶段的基础上的,而不是天赐之物;④ 验证,即检验各种解决办法。

1931年,罗斯曼在考察了许多科学家的发明创造过程后,提出了问题解决六阶段论[1]:① 感到有某种需要,或观察到存在问题;② 系统地陈述问题;③ 对现有的信息进行普查;④ 批判性地考察各种问题解决办法;⑤ 系统地形成各种新观念;⑥ 检验这些新观念,并接受其中经得起检验的新观念。

1972年,Newell 和 Simon 在研究问题解决理论时曾提出了一个被广泛认同的三阶段问题解决模式:确立方向(orientate)、解决(solve)和评价(evaluate)[2]。确立方向阶段指弄清问题状态的一系列行为,从而制定实施策略。如人们会问自己"我现在知道什么呢?给出什么条件呢?问题是什么?以前遇见这类问题吗?"。对这些提问表明对所要解决的问题的理解程度,也是引发怎样解决问题的前提。解决阶段是指问题的具体解决流程,无论是正确的解决方案还是错误的方案,都可能在这一阶段出现。评价阶段是根据问题的描述来检查结果的正确性和合理性。尽管看起来这三个阶段是非常通用的问题解决的三个环节,但是各方面的影响可能带来用户不同的行为。例如,用户对问题的熟悉程度不同带来不同的策略行动。对新手而言,或许因为不熟悉问题,所以不愿采取行动、评价结果。对专家而言,或许能更好地执行这三个阶段的行动,花更多的时间在确立方向阶段,几乎不需要花费精力检查结果。

问题解决理论不仅仅适用于常规意义上的问题,而且适用于生活中各种需要决策和判断的各类型问题。导航作为人类的一种普遍的信息行为,问题解决理论为分析其行为特征提供了一个很好的理论依据。从任务分析来看导航,导航包括不同的活动环节。Benyon(2006)认为导航包括三个相关而不同的活动:对象识别(object identification)理解和对环境对象分类;探索(exploration)找出局部环境并探索与其

---

[1] 贾飞云.化学问题解决教学设计的研究[D].成都:四川师范大学,2006:16.
[2] Newell A,Simon H. Human Problem Solving[M]. NJ:Prentice-Hall.1972.

他环境的关联;路径发现(wayfinding)朝已知目的航行。① 各种导航模型,也描述了导航行为,如 MESA 模型中提出一个完整的网络导航认知模型需要考虑下述活动来支持任务:对一个页面上的链接的视觉扫描;评价链接与用户导航目标的相关性;选择链接;需要返回上一页面时再选择另一链接。这些学者对导航行为的研究适用于用问题解决理论来分析。②

从学者对问题解决模式的认识可以对照用户的导航过程,将用户的导航过程分为四个阶段。

第一阶段:问题确立。导航不同于随意的 Web 页面浏览行为,它总是要伴随要解决的问题的。这些问题可以来自个人的兴趣爱好,也可以来自工作的安排。但无论是何种来源,作为导航行为的发生是首先用户要有一个明确的问题描述。

第二阶段:策略制定。是指用户理解问题之后,制定导航行动策略。在这阶段,可能用户能力有限或者页面没有太多线索提供,用户放弃了该问题,制定策略失败。更多的情形可能是用户会有一个尝试性的策略,会猜想目标信息在哪个链接下,而且由于信息不充分,策略可能不止一个,那么用户就需要制定多个策略。

第三阶段:策略执行。当用户预计制定的策略可能会导向需要的目标或线索时,就会做出相应的行为。这个过程和 MESA 模型中描述的活动流程类似,用户会经历视觉扫描以发现线索、进行相关性判断以确定链接,以及选择链接以进一步导航的行为。在一个导航策略执行周期,这些行动是重复循环发生的。也就是说,当用户到达链接内容页面时,他会继续视觉扫描,以查找下一步线索,直至到达一个他认为可以终止的页面。

第四阶段:结果评价。当用户到达一个他认为可以终止的页面时,他会对页面内容进行审读和评价,以结束本次导航行为。用户结束导航行为的依据可能是三种情形:一是用户肯定他找到他的信息目标,他将终止此次导航行为;二是用户不确定他找到的结果与问题描述是否相符,虽然心存疑问,但也终止此次导航行为;三是用户尝试了若干导航策略后,仍没能解决问题而主动放弃本次任务。最终问题是否得到正确的解决并不直接决定结果评价,这意味着用户对结果的评价是由一开始他对

---

① Benyon D.Navigating information space: Web site design and lessons from the built environment.Psychology Journal,2006,4(1):7-24.

② Miller, C.S., & Remington, R. W. Modeling information navigation: Implications for information architecture[J]. Human-Computer Interaction,2004,19 (3):225-271.

问题的描述决定的,他只是评价本次导航行为找到的信息目标是否符合他认为的问题的要求,而一旦他对问题的描述错误,那么他也会结束本次导航,因为他认为他做出了正确的策略。

基于问题解决理论的四阶段观点是在 Newell & Simon(1972)的三阶段问题解决模式基础上提出的,同时参照了杜威、沃拉斯、罗斯曼等人提出的问题解决模式理论中强调对问题本身的感觉、准备、陈述的观点,再结合在信息行为研究中明确信息需求的独特地位而扩展出第一个阶段——问题确立。

第二、三、四阶段虽然在宏观上是一个线性过程,但是微观这三个过程是反复迭代进行的,即在策略执行中发现本次策略制定不对,那么会返回上一阶段重新制定策略。这一观点也是来源于问题解决理论中的试误理论。试误理论是最早对问题解决进行实验研究的学者桑代克提出的一种较具代表性的问题解决理论。他认为问题解决实际上是一个试误过程,这种观点是建立在动物实验基础上的。他在实验中发现动物是"通过尝试与错误,以及偶然的成功"逐渐学会如何解决逃出箱子的问题的,因此得出这样的结论:问题解决是由刺激情境与适当反应之间形成的联结构成的,这种联结又是通过试误逐渐形成的。而且,桑代克还指出,猫之所以在箱子里做出各种尝试,是因为它们处于饥饿状态。因此,驱力和动机是问题解决的前提条件,正是为了达到某种目的,有机体才会去尝试各种反应,并根据以往的经验来指导行为。

用户网络导航也是一个不断的尝试寻找线索的过程。学者 Pirolli 发现网络用户在积极查找网络信息时,表现出与动物觅食行为类似的特点,因而提出了信息觅食理论。[①] 用户的导航行为是一种以多少带有盲目探索的活动为特征的行为,一种迷惘无望感常常会伴随一些杂乱无章的行为,即便通过尝试与错误找到了正确的信息路径,也不一定理解这种解决办法,甚至不能够告诉别人自己是如何解决的,从而产生迷航现象。如果要再次寻找同一信息目标,一切还须从头开始,尽管所花的时间可能会比以前少些。只有经过多次类似的问题解决过程,用户才逐渐学会在网络空间导航。

根据上述思想,我们构建了用户网络导航过程模型(图 13-1)。该模型以问题

---

① Pirolli P, Card SK. Information foraging in information access environments[C]. In Proceeding of the CHI'95 ACM Conference on Human Factors in Software, New York: ACM, 1995: 51-58.

解决理论为指导,将用户在网络中的导航过程模拟为一个解决信息问题的过程,并通过问题解决模式指出用户导航策略的制定是一个不断试误的行为。接下来我们将通过实验的方法,在网络导航过程模型的基础上探索如下几个问题:

(1) 用户在网络导航过程中存在哪些认知模式?

(2) 用户在网络导航过程各阶段中存在哪些认知特点?

13.1.2 用户认知特征实验设计

(1) 任务设计

恰当的任务设计决定了实验能否准确地追踪思维的认知过程。[①] 不同的学者在研究中将信息任务划分为不同的类型。Qiu[②] 把超文本信息检索系统中的任务分为主题任务和特定任务两种,他认为在完成主题任务时,会产生更多的检索行为,而在完成特定任务时,则会产生更多的分析行为。Xie[③] 将信息检索任务划分为更多的维度,如起源(自生成或分配)、类型(更新信息、寻找特定信息、寻找主题信息、寻找已知信息)、灵活度(非常灵活、灵活、不太灵活),发现不同维度的任务对信息搜索过程和质量的影响不一致。Kim[④] 在研究中采取了较为普遍的任务划分方法,即局部的任务、事实型任务和已知信息任务。其中,事实型任务是用户执行最多的任务类型,指用户在信息需求比较明确的情形下,寻找问题答案的一种行为[⑤]。有研究指出,信息型任务约占全部网络信息检索任务的十分之一。[⑥] 因而,我们采用事实型任务进行实验设计,共设计了 12 个具体的查找任务(如表 13-1)。

[①] 沈超红,罗培.一种有效的数据收集方法——有声思维法[J].管理学报,2011,8(11):1728-1317.

[②] Qiu L.Analytical searching vs.browsing in hypertext information retrieval systems[J].Canadian Journal of Information and Library Science,1993,18(4):1-13.

[③] Xie I.Dimensions of tasks:Influences on information-seeking and retrieving process[J].Journal of Documentation,2009,65(3):339-366.

[④] Kim K S.Information-seeking on the Web:Effects of user and task variables[J].Library & Information Science Research,2001,23(3):233-255.

[⑤] 王秀峰.Web 导航中用户认知特征及行为研究[D].南京:南京大学,2013.

[⑥] Kellar M,Watters C,Shepherd M.A field study characterizing Web-based information-seeking tasks[J].Journal of the American Society for Information Science & Technology,2007,58(7):999-1018.

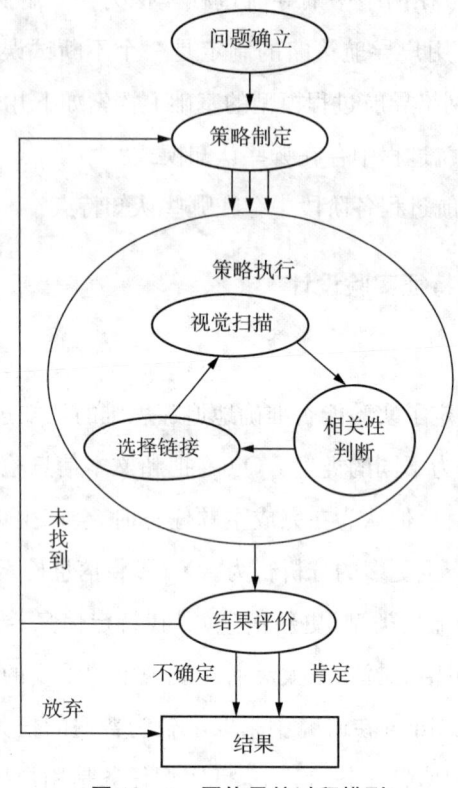

图 13-1 网络导航过程模型

表 13-1 用户导航行为实验任务清单

1. 查找图书情报学科中发表的所有论文中浏览量最高的三篇论文详细信息
2. 查找图书情报界学者毕强发表在网站上的最新的论文题目页面
3. 查找中国科技论文在线的投稿流程页面
4. 查找南京大学优秀学者浏览量排名第一的学者信息的页面
5. 查找研究中国科技论文在线系统的论文
6. 查找《中国科技论文》期刊被数据库收录情况页面
7. 查找南京大学材料科学学科秦亦强教授的个人信息页面
8. 查找年轻学者谷斌发表的题名为《网络环境对传统信息服务的影响及对策》一文
9. 查找基础医学中推荐阅读的最新三篇文章页面
10. 查找《武汉大学学报(人文科学版)》被中国科技论文在线收录情况页面
11. 查找 CERNET 第十七届学术年会的日程安排信息
12. 查找开放存储 OA 仓储目录页面

(2) 实验方法及对象

实验方法采用有声思维法。不同于一般反省性口头报告（Retrospective Protocol），有声思维法是一种即时的语言报告方法，该方法要求参与者在执行任务时用语言表述他们的想法。[1] 采用有声思维法的实验，研究者在开始阶段会进行实验的相关说明，尤其需强调参与者在解决任务的过程中尽量把所有的思考过程以语言的形式呈现出来。为避免对被试产生语言干扰，研究者在最初的任务说明后一般不会参与被试的整个任务解决过程。有声思维法建立于对人机交互过程的实际观察，在解决任务的过程中，被试将会表达"我将要做什么""我遇到了什么困难"以及其他任务相关的问题。研究者将过程呈现的以语言为主的数据进行记录、分析，以了解被试完成任务的思路和认知模式。这个方法可以用来理解用户使用系统时的认知模型，揭示用户使用系统时的困惑和障碍。该方法被使用于知识挖掘、认知科学、行为分析学等多个领域。[2]

在样本量方面，多数学者认为，由于有声思维法采集到的数据量非常丰富，因而过大的样本量被认为是没有必要的。尤其是一个小群体的用户在实验中表现出的问题足够反映出目标人群的共同问题。例如，Nielsen[3] 在其相关著作中指出，5 个人的样本量已可以覆盖 80% 的网站可用性问题，在 Serowik 等人[4]的研究中，25 名被试被招募参与关于福利咨询网站的有声思维实验。为了考察活跃用户使用专业学科导航网站的认知特征，我们选择了 25 名图书情报专业的参与者参加本次实验，分别编号 c1—c25。其中，男性参与者为 12 人（48%），女性参与者为 13 人（52%），约三分之二的被试为本科生，其他全部具有本科以上学历，年龄集中在 18—30 岁（80%），网络使用年限从 2—4 年至 11 年以上不等。

选择教育部科技发展中心主办的科技论文网站——"中国科技论文在线"网站

---

[1] Ericsson K A, Simon H A. Verbal reports as data[J]. Psychological Review, 1980, 87(3): 215.

[2] 沈超红, 罗培. 一种有效的数据收集方法——有声思维法[J]. 管理学报, 2011, 8(11): 1728-1317.

[3] Nielsen J. Designing web usability: The practice of simplicity[M]. New Riders Publishing, 1999.

[4] Serowik K L, Ablondi K, Black A C, et al. Developing a benefits counseling website for Veterans using motivational interviewing techniques[J]. Computers in Human Behavior, 2014, 37: 26-30.

作为实验平台。该网站免去传统的评审、修改、编辑、印刷等出版程序,是一个方便、快捷的交流平台。除首发论文之外,网站还设置了优秀学者、自荐学者、名家推荐、科技期刊、热度视界、专题论文、博士论坛、OA资源平台、高校认可、招聘信息和电子杂志等栏目,提供丰富的学术相关信息与资源。

(3) 实验步骤

邀请被试进入实验室后,实验流程为:

① 向被试介绍实验相关背景,包括实验目的、实验方法和相关设备的操作方法,强调被试在完成任务过程中需大声说出其思维过程,要求被试检查设备的工作情况;

② 向被试发放《用户网站导航行为实验任务书》(任务清单),要求用户访问中国科技论文在线网站完成任务,其间不得借助搜索引擎和该网站提供的搜索功能辅助查找;

③ 全部任务完成后,请被试填写一份简短的调查问卷。

13.1.3 用户导航行为认知特征类型实验结果分析

有声思考法采集到的是原始的言语数据,这是一种非结构化的数据,而分析时需要把这些非结构化的数据进行编码,找出存在的模式。① 我们采用质性分析软件Nvivo来作定性分析,根据指定的认知特征编码手册(如表13-2),最终获得25位被试的编码(如表13-3),参考节点数共1659。

表13-2 认知特征编码手册

树节点	子类	描述	举例
任务认知	信息需求认知	用户对所要解决问题的认识和理解能力	"第一题,查找……" "题目是要查找……"
	任务难度认知	用户意识到本次信息查询任务的复杂程度和难易程度	"这项任务比较麻烦";"有664条记录,太多了,好难找";"第9题比较简单地完成"

---

① 王秀峰.Web导航中用户认知特征及行为研究[D].南京:南京大学,2013.

续　表

树节点	子类	描述	举例
记忆认知	背景知识认知	对所要查找问题的相关领域知识的熟悉,如所在学科、地区、姓氏拼音	"南京大学,选择江苏""姓氏拼音 G""武汉大学学报人文社科版是属于科技期刊下的人文社科类"
	工作记忆认知	重新审读题目,对以前曾访问过的页面的记忆以及对之前曾解决问题的记忆。	"哦,是找基础医学……""这题刚才好像看见过"
导航性认知	主导航目录结构认知	能判断所要找的目标在主导航栏哪个分类目录下	"首先,我觉得可能在优秀学者里找"
	主页导航性认知	认为主页上能提供线索而访问主页	"回到主页"
	其他导航认知	选择网站上除了主导航栏外的其他导航机制	"也可以看看常见问题下面有什么?"
	线索认知	在 Web 页面上发现有价值的线索	在主页在线首发论文中找到图书情报学科
使用体验认知	界面可用性认知	对界面布局、组织结构、内容质量等设计方面的认知	"打开链接后,没有按照固定的次序排列"
	语义理解认知	用户对标签的语义解释以及标签显示的完整性带来的理解误差	年轻学者不一定就不是优秀学者点开图书馆/情报……标签
结果认知	结果失败和不确定性认知	对检索结果的失败认知和不确定认知	这说明在"优秀学者"里找不到毕强这人

表 13 - 3　用户编码汇总

用户编号	自由节点数	参考点数	用户编号	自由节点数	参考点数	用户编号	自由节点数	参考点数
C1	9	75	C8	10	67	C15	8	40
C2	8	61	C9	7	66	C16	6	54
C3	10	91	C10	9	66	C17	10	83
C4	9	78	C11	8	62	C18	6	31
C5	10	78	C12	11	75	C19	10	56
C6	10	71	C13	8	55	C20	10	82
C7	8	57	C14	8	56	C21	10	68

续 表

用户编号	自由节点数	参考点数	用户编号	自由节点数	参考点数	用户编号	自由节点数	参考点数
C22	10	81	C24	9	76			
C23	8	53	C25	10	77			

编码后形成的自由节点表明了用户在导航过程中表现出的认知特征,这些认知特征之间存在一定的关联,可以将其合并为更高层次的认知属性。例如,主导航栏目录结构的认知、主页导航性的认知以及其他导航认知,都是与导航使用有关的特征,因而可以合并为一个树节点。为此,我们对自由节点进行合并,用树节点来代表一个更广泛的概念,概括用户的认知特征。表13-4为合并后的用户导航行为认知特征的频次结果。

表 13-4 用户导航行为认知特征的频次分布

认知特征大类	认知特征子类	实验人数	百分比	发生频次	频次排名	平均每项任务发生频次
任务认知	信息需求认知	25	100%	306	2(高频)	1.09
	任务难度认知	18	72%	42	8(低频)	0.15
导航性认知	主导航栏目录结构认知	25	100%	294	3(高频)	1.04
	主页导航性认知	17	68%	58	7(低频)	0.21
	其他导航认知	16	64%	40	9(低频)	0.14
	线索认知	25	100%	352	1(高频)	1.25
使用体验认知	界面可用性认知	21	84%	73	6(低频)	0.26
	语义理解认知	13	52%	30	11(低频)	0.11
结果认知	结果失败和不确定性认知	25	100%	188	5(中频)	0.67
记忆认知	背景知识认知	25	100%	239	4(中频)	0.85
	工作记忆认知	12	48%	37	10(低频)	0.13

注:根据发生频次,低于150次属于低频,150—250中频,高于250的属于高频。

平均每项任务发生频次的计算公式为:该项认知特征子类发生频次/有效行为次数(282)。

(一) 任务认知

用户在网站中浏览信息是为了解决某一方面的信息需求问题,这称为用户的信息搜寻任务。任务的产生既可以是用户自发而来,例如某用户需要订购火车票,主动在网站上查找火车时刻表;还有些任务是用户被动接受的,例如在本节的实验中,实验者所完成的 12 项任务都是我们设计的,不管用户有没有兴趣和动机,都必须执行任务,但是任务执行成功与否并不作为评价用户能力的指标,用户可以随性选择坚持完成任务还是放弃该任务,这一点在实验中已经和实验者说明。任务认知特征分为两个子类:信息需求认知和任务难度认知。

(1) 信息需求认知

作为用户,由于自身的特性以及环境条件的制约,对信息需求状态的认识和理解不可避免存在主观性。齐虹认为用户的信息需求通常不能很直接、确切地表达出来,因而用户信息需求呈现三个基本状态:客观状态、认知状态和表达状态。[①] 因而,我们将信息需求认知定义为用户信息需求的第二个状态,指用户主观上对所要解决问题的认识和理解能力。在实验中,用户的信息需求不是自发而来,而是被动接受,那么用户对信息需求的认知就表现为实验者对任务的认识和理解与任务设计者(即我们)的客观信息需求是否完全匹配。

从编码结果统计来看,信息需求认知是所有实验者呈现出的一种认知特征(100%),而且往往发生在导航行为的第一个阶段,即问题确立阶段。这个结果不难解释,因为用户首先要知道要查找的是什么问题。

信息需求认知的举例如下:

"第一道题目是查找图书情报学科中发表的所有论文中浏览量最高的三篇论文详细信息",这样的言语信息出现在所有实验者最初的认知情境中。"阅读题目,它是要找研究中国科技论文在线的论文",通过对任务的描述来表明用户理解信息需求。

信息需求认知还在少数实验对象的导航策略改变时表现出来。例如实验对象 C19 在执行任务 T9 时改变了导航策略,"哦,题目中说推荐阅读,那么选择首页上面的名家推荐栏目,在上面找到基础医学"。

信息需求认知的发生频次为高频范围,并且平均每项任务都要发生多于 1 次的信息需求认知,说明这是一种非常常见的认知行为,这也是许多网站和信息系统在设计时强调重视用户需求的原因。

(2) 任务难度认知

---

① 齐虹.用户信息需求立体结构模型探讨[J].档案学通讯,2009,2:32-35.

任务难度认知是用户意识到本次信息查询任务的复杂程度，从编码结果统计来看，不是所有实验者都意识到任务难度（72%）。我们分析了一下，可能实验参加者多为图书情报学背景的本科生、研究生或教师，对他们而言，信息检索技能是一项必备的专业技能，他们从心理角度很愿意应对信息搜寻任务的挑战，因而不觉得这项实验是一项很复杂的任务。

从反馈的结果来看，任务难度认知在策略制定、执行和结果评价阶段都会反映出来，例如以下情景中出现任务难度认知：

① 策略制定阶段。接受信息查找任务后，用户会因为背景知识不足或者对导航栏的目录结构不明，一开始就意识到任务的难度。例如实验人员 C19 在任务 T6 时表现出一开始反复阅读题目，并表达"这个比较麻烦，自然科学？科技论文？这个到哪里找呢？"。

② 在执行过程中，由于查找结果过多而认为任务复杂困难，即当用户查找到的结果记录超过多页时，一页页查找是一件很烦琐的事，所以，用户会特别强调查找的页数，而显示这项任务的复杂性。如"可是江苏有很多大学，难道一页页找？43 页呢？"

③ 查找结果失败后的认知。例如"不好找，这个题放弃"。

编码统计结果还表明任务难度认知行为并不是一个很频繁发生的行为，属于低频范围，平均 7 次任务执行过程中才出现 1 次任务难度认知行为。从该节点的内容来看，任务难度的认知这个特征是一个相对来说内涵丰富的概念，因而给我们以启发，思考是否有必要系统研究任务难度和导航行为的关系。在后文中我们将继续探讨此问题。

（二）导航性认知

导航性认知是指用户认识到网站提供的各种导航机制和导航线索。一般而言，几乎所有的网站都会提供若干形式的导航帮助，而且最主要的导航帮助都出现在每个页面布局中的固定位置。例如本实验选择的中国科技论文在线网站的主页界面，它主要有四种导航机制。第一种是最常见的主导航栏，也就是网站的分类目录。它是一个树形菜单的形式，将整个网站信息分为首发论文、优秀学者、自荐学者等 12 个子栏目，每个栏目下又可分为子栏目。主导航栏在每个 Web 页面上都出现，且位置固定，能减轻用户认知负担以便利用，因而从统计结果也看出被用户使用的频次比较高。第二种导航是左侧的快速链接，它提供了信息速递、关于在线、数据更新等链接。这种快速链接只出现在几个子栏目中,如首发论文、优秀学者,而在博士论坛、高校认可栏目中没有出现。第三种是只在主页上有的,快捷菜单这种导航,只包括首发论文、在线出版、名家精品、科技期刊四个栏目。第四种是网站底端提供的网站地图,这是一种传统的导航机制。但是如前所述,没有任何实验者意识到要使用网站地图,所以在确定的最终编码表中没有将此类导航性认知作为单独节点。

用户的导航性认知在实验中表现为四类:对主导航栏目录结构的认知、对主页导航性的认知、对其他导航机制的认知,以及对页面上查找线索的认知。

(1) 主导航栏目录结构认知

如前所述,主导航栏是用户在本次实验中使用得最频繁的导航机制,这12个分栏目对用户是打开导航路径的12道门户,但是门户之下有什么内容、要找的目标是否在其中,需要用户对主导航栏有很好的认知能力。事实上,主导航栏的分类和子菜单是网站目录结构的一种反映,当用户很清楚或者能很容易推测网站的目录结构时,他将更容易做出导航策略。所以对主导航栏目录结构认知是一种很重要的认知能力。

编码统计结果表显示所有的实验者(100%)呈现出对主导航栏目录结构的认知特征,并且这一认知行为发生的频率属于高频范围,平均每项任务至少发生一次主导航栏目录结构认知行为,有的任务还不止一次让用户呈现对主导航栏目录结构的认知。主导航栏目录结构认知特征从本实验来看主要有以下两个类型。

① 对主导航栏一级栏目的认知,如"我觉得可能在'优秀学者'里找","优秀学者"为实验中所用到的网站的一级栏目。

② 对主导航栏二级栏目的认知,如"先打开优秀学者里的学者浏览"表明实验者意识到优秀学者下的二级栏目"学者浏览"中有要找的目标。

编码统计的结果也和现在流行的网站设计模式中强调主导航栏组织结构的做法相符合,主导航栏是用户使用得较多的一个查询信息的入口,如果主导航栏组织合理、分类科学,与用户的心智模型相匹配,那么用户能迅速判断信息目标在哪里。

(2) 主页导航性的认知

主页上承载着许多有用的信息查找线索,这一点似乎成为很多用户的共识。许多研究用户导航行为的论文将访问主页的次数作为一个导航行为指标。[1] 本实验中

---

[1] Ion Juvina, Herre van Oostendorp. Individual differences and behavioral metrics involved in modeling web navigation[J]. Universal Access in the Information Society, 2006(4):258-269.

中国科技论文在线网站的主页界面如图13-2所示，除了有前面指出的4种导航机制外，在主页的主体内容区还有大量的导航线索。例如在线首发论文中列出了一级学科目录、一周新增论文和一月热门优秀论文，还有各子栏目的最新动态，为用户快速查找一些及时的信息提供了导航。

编码统计结果表明，不是所有实验者都认识到主页对导航的重要性（68%），认知到主页能提供导航线索并且访问主页的发生频次也属于低频范围，大约每5项任务执行过程中有一项产生对主页导航性的认知行为。在用户看来，主页的导航性不如主页上主导航栏的导航性重要，以至于在导航失败时，绝大部分用户没想到返回主页来重新寻找线索。

主页导航性的认知相关表述举例如下：

① 在任务执行开始时，用户选择导航线索时关注了主页上除了一些常规导航之外的主体内容区域（如图13-2所示主体内容区）。例如"打开网站主页，在线首发论文里面发现图书、情报与文献学链接"。

② 在任务执行过程中，当发现导航策略错误而难以进行下去时，用户会选择回到主页（首页）重新来查找，例如"返回首页"。

（3）对其他导航机制认知

除了上述两个使用频率最高的导航机制外，本实验还发现有些实验者选择了其他导航机制。虽然编码手册中没有做出细分，但是因为数量不多，可以从内容上来分析。用户主要使用的是页面左侧的快速链接通道和右侧的快捷菜单，此外还有少数实验者在导航过程中使用了面包屑导航来帮助返回上一链接。

相关表述如下：

① 使用页面左侧的快速链接通道。如"左边有一个高校认可栏，打开，有认可的高校""可以先看左侧关于线下的使用指南，看有没有相关内容""看看常见问题里有没有类似的"。

② 使用页面右侧的快捷菜单。如"点击右侧快捷菜单中的科技期刊，在这里比较容易找到""是在刚才打开的右侧快捷菜单在线出版"。

③ 使用面包屑路径导航。如"再点击面包屑路径中的首页，还是找优秀学者""到路径中的科技期刊去看一下，（返回上一路径）"。

④ 其他位置出现的导航。如"点开OA资源，看到页面下部有个《中国科技论文在线》学报""点击第一篇打开，在右边有'本学科今日推荐'，找前面的3篇""在最下

13 学科网络导航认知行为特征及影响因素

部的友情链接找到'中国学术会议在线'链接"。

从编码统计结果来看,有 64% 的实验者在任务执行中使用了其他导航认知,还有 1/3 的实验者没有使用其他导航方式。而该项认知特征子类发生的频次也属于低频范围,平均约 7 次任务中有一次使用了其他导航认知。由此可知,在导航设计中,除了主导航栏外,其他各种形式的导航也是一个必要选项,但不是影响用户导航行为的重要因素。

图 13-2 主页导航性认知图例

（4）线索认知

对线索做出较多探讨的当属学者 Pirolli 所提出的信息觅食理论。Joseph Lawrance、Rachel Bellamy，Margaret Burnett，Kyle Rector 认为信息觅食理论是利用"片段"和"线索"这些概念，来描述网络用户如何通过点击和他们信息需求最匹配的链接来满足其信息需求的过程，信息的线索来自信息需求的词汇表达与网页中的词汇之间的语义关联，并且认为信息觅食理论为导航工具的设计提供了理论支撑，用户正是基于各种信息线索来进行导航方向的决策。我们认为，线索不同于最终的目标，但它是到达最终目标的各种可能途径。用户到达一个页面后，当已经没有各种明显的导航工具来辅助导航时，他就需要尽力从页面上发现线索，找到与信息需求匹配的一些词汇、字眼和术语，从而确立导航的方向。

在本实验中，编码统计结果表明所有的实验者在任务执行中呈现出对线索认知的特征，而该认知行为的发生频次也居于所有认知行为的首位，平均每项任务都至少有一次线索认知行为，这反映了用户对线索的认知是一项极为频繁的心理行为。

线索认知相关表述为：

① 对下一步访问路径的链接标签的认知。例如"打开网站主页在线首发论文里面，看到'图书馆、情报与文献'，打开网页"，此处"图书馆、情报与文献"成为下一步访问路径的线索；"可以看到快速发表流程里有一个投稿流程，打开进入页面"，投稿流程成为其线索。

② 对结果页面重组线索的认知。例如"在排序那一栏，按照浏览量排序"，浏览量成为其线索；"最新论文，按发表时间点击"，发表时间为线索。

③ 对目标的视觉认知。例如"寻找《武汉大学学报》，找到了"，《武汉大学学报》为要找的目标。

（三）使用体验认知

用户在导航过程中会产生对网站界面的使用体验的主观感觉，这称为使用体验认知。使用体验认知在本次实验中主要表现为界面可用性认知以及语义理解认知。

（1）界面可用性认知

可用性这一术语源于 1980 年中期出现的"对用户友好"的口号，这个口号被转换成人机界面的"可用性"概念。关于可用性的众多定义，最有影响的是 ISO 的标准定义：可用性为产品在特定使用环境下为特定用户用于特定用途时所具有的有效性

(effectiveness)、效率(efficiency)和用户主观满意度(satisfaction)。Web 界面是人机交互的媒介,通过界面,信息的需求方能找到需要的内容,信息的提供方能展示信息,达到传播、沟通、推广的目的。因而界面的可用性是制约信息供需双方彼此目标是否实现的关键因素。

在本实验中,实验者也表现出对网站界面的设计、内容组织和易用性等方面的主观认识。对界面可用性认知相关表述如下:

① 对界面未能提供预期功能的认知。此类可用性问题最多,例如"打开后,没有按照固定的次序排列,我们看信息科学/系统科学下分为很多子类""为什么只能按一个字段来浏览,为什么不是按照字顺排列?""我觉得这个界面不合理,秦亦强教授的没有放在一起"。

② 对界面的设计质量的认知。此类可用性认知也较多,例如"找到中国科技论文,这是他的简介,为什么显示不全,没有简介的页面吗?"表明该用户认为界面存在显示信息不完整的可用性问题。"为什么和常见问题是一样的呢?网站设计有问题""可是按浏览量没有变化",出现网页设计错误的问题。"这个拖动条做得也太隐蔽了"。

③ 对网站使用的易用性认知。"这样很方便查找到信息""但是没有很方便地找到秦亦强教授的个人信息""终于找到了,我的天,这个系统可用性太差了"。

编码统计结果来看,大部分实验者都在任务执行中呈现出对界面可用性的认知(84%),说明对界面可用性的主观认识已经成为用户在导航行为中一个普遍的心理特征。但是该项认知行为的发生频次属于低频范围,平均约 4 项任务中有一项任务发生了此项行为,我们推测可能和任务的复杂性有关。

(2) 语义理解认知

语义理解也是用户使用体验中一个重要的认知特征。因为网站上各种标签的含义是设计者根据自己对信息内容和组织结构理解的结果而设计的,标签的语义是否能被使用者正确理解需要双方有共同的认知模型。因而当用户在导航中认识到网站上所使用的标签的语义与他的理解是否匹配时,他会将这作为一种认知而发声。

语义理解认知往往发生为对任务的语义理解和对界面文字标签的语义理解两种情形,相关表述举例如下:

① 对任务的语义理解。如"年轻学者能算得上优秀吗?""哪有年轻学者选项呢?万一他既是优秀学者又是年轻学者呢?""推荐阅读是什么意思呢?这里没有推荐阅

读啊""OA资源是什么?"

② 对界面文字标签的语义理解。如"难道是快速发表流程吗?"反映用户对界面文字标签"快速发表流程"是否就是发表流程的语义辨析过程。其它类似的还有:"推荐阅读是名家推荐吗?""热度视界是什么"等等。

从编码统计结果来看,约一半(52%)的实验者产生了语义理解认知,而该项认知行为发生的频次是所有11项认知行为发生频次最低的一种,约10项任务中有一项发生语义理解认知。我们推测,这也是一项与任务复杂性有关的认知特征。

(四)结果认知

结果认知是指用户对所找到的结果是否满足其需求目标而从主观上做的判断。结果认知会出现三种情形:

一是用户认为他找到了目标,非常肯定这次导航,因而会终止本次任务。这只是用户主观判断结果,实际上是否符合任务委托者的需求是靠委托者来评价的,也意味着用户认为正确的结果,可能从委托者的角度来看不正确或者不充分。因为用户出现这种认知后,会终止导航行为,所以在本实验中也没有对这类认知编码。

二是用户对结果失败的认知。用户认为他这次制定的导航策略找不到目标,产生这类认知后,用户或者选择修订导航策略,重新来一次导航过程,或者选择放弃该任务。由于这类结果认知会带来用户新的导航行为,因此在本实验中将作为编码的分类。

还有一种是介乎上述之间,用户对结果不确定的认知,即找到了一个页面信息,但是不肯定是否满足信息目标的要求,用户会带着疑惑和不肯定的认知。这类认知产生后,用户也可能是选择结束导航,也可能是选择再次导航直至较为肯定结果。

在本次实验中,主要分析了实验者对结果失败和不确定性的认知特征。

① 对结果失败的认知特征表述。如"也没有找到毕强""看单位,但是可以看到没有按照大学来分类,所以不能在这里找"。

② 对结果不确定的认知特征表述。如"那是不是不是这样找呢?""学术年会?有可能在信息速递里?好像没有……""这中间有个快速发表流程?不知道是不是,再看看""应该这个可以算作投稿流程吧,在个人空间投稿/下载投稿,这个算吗?应该可以吧"。

编码结果显示所有实验者在任务执行中呈现对结果失败和不确定性认知特征,而从发生频次来看,该项认知行为的发生频次属于中频范围,超过一半的任务中都发生了该项心理行为。在任务执行中不具备普遍性,可以推测该认知特征也和任务本身属性有关。

(五) 记忆认知

记忆是人类心智活动的一种,在认知科学中是作为一个重要的认知过程而被定义,代表着一个人对过去活动、感受、经验的印象累积。记忆的三种形式为感官记忆、短期记忆和长期记忆,而对问题解决最主要的还是后两种记忆形式。事实上用户所具备的背景知识实质上是一种长期记忆,短期记忆也叫工作记忆,意味着在人们工作中临时出现在记忆系统中的那部分信息。

(1) 背景知识认知

所谓背景知识是指"特定社群成员因背景或出身相同而具有的信息"[①]。引申到信息科学领域,背景知识指的是信息用户在经验、技能、专业知识等方面所具备的知识。如两位用户都属于信息管理专业的大学生,那么在专业背景知识方面两者相似。在这里背景知识认知指对所要查找问题的相关领域知识的熟悉,如在本实验中表现为实验者知道《武汉大学学报(人文社科版)》属于人文社科类期刊、图书情报及文献学属于管理学科、南京大学属于江苏,以及 OA 是开放存取的简写。一般来说,用户要想成功地在网站上导航到信息,除了具备信息检索方面的知识外还需要具备一定的领域知识。在实验中,我们也发现虽然选择的是图书情报学科的样本人群,信息检索方面的知识都具备,但是仍有些实验者因为不具备任务的背景知识,任务失败。

按体现出的背景知识种类,可将实验者任务执行中的背景知识认知分为以下几类:

① 学科专业领域背景知识,指能够知道目标所属的学科专业,这类发生频次较多。如"发论文里面,看到'图书馆、情报与文献',打开网页""应该属于信息科学/系统科学方面的""这是属于哪个学科呢?难道是交叉学科?不对。还是图书馆/情报学?还是不对""这是理学版,我要找人文科学版,那就在人文社科类"。

---

① Lee, B.P.H. Mutual knowledge, background Knowledge and shared beliefs: Their roles in establishing common ground [J]. Journal of Pragmatics, 2001 (33): 21-44.

② 常识性背景知识,如地理位置、姓氏拼音。如"找到江苏地区,找到南京大学,点击进入""学者浏览,按照姓氏拼音,毕强 B"。在涉及任务中包含此类需求的问题时,用户也会呈现对一些常识性背景知识的认知。

当然,用户的背景知识的内涵不只上述两类,还包括用户对所使用的网站或系统的了解、用户自身具备的计算机知识、上网经验等,它们都是能影响用户导航行为的背景知识。在本实验中,大部分实验者没能通过发声思考方式呈现对这些背景知识的认知,只有一例汇报"这个网站我之前没有用过"。

从编码统计结果来看,所有的实验者呈现出背景知识认知这一认知特征类型(100%),反映背景知识认知与用户导航行为的密切关系。而该项认知行为的发生频次居于中频范围,85%的任务执行中有此类心理活动产生。可以推测,用户背景知识认知也是一个和用户、任务属性有关的因素。

(2) 工作记忆认知

它是指用户重新审读题目、对以前访问的页面的记忆,以及对之前解决问题的记忆。

用户记忆认知在实验中表现出下述类型:

① 在任务执行时,因为不同的人的记忆能力差异,有些实验者需要重新回顾任务的要求,但这只是发生在少数实验者身上。如"哦,这题是找最新的三篇",实质上是对信息需求的再次确认。

② 在任务执行时,回忆以前访问的页面或路径中有可能包含此问题的答案,这是最多的一种记忆认知。如"这个我刚才看到过,在专题论文,第 17 届会议是举办时间"。

③ 只是单纯回忆过去的经历,对本次导航没有实质帮助。如有实验者对任务的重复性的记忆"又是南京大学?""这个点进去和刚才一样,这个页面上有收录情况""第一个问题是直接在首发论文中找到图书情报这个学科,里面有二级学科分类,我点击情报学,按浏览量排名就可以直接找出这题"属于总结性回忆。

从编码统计结果来看,不到一半的实验者(48%)在任务执行中呈现此种认知特征子类型,反映这是一个和用户特征有关的特征,不是所有用户都会产生工作记忆。而该项认知行为的发生频次也仅仅比语义理解认知稍高,属于低频范围。可以推测,用户的导航行为中工作记忆认知也是一个受任务特征、系统特征影响的变量。

我们将上文形成的 11 类认知特征子类作为定性分析的材料来源,用户导航过程中的四个阶段——问题确立、策略制定、策略执行、结果评价,作为自由节点,再次应用 NVIVO 软件的编码功能将其建立编码体系。同样,本次共对 1659 条编码文本进行再编码,得到各认知特征类型总体统计结果如表 13-5 所示。

表 13-5 导航行为各阶段认知特征统计

认知特征类型	导航阶段	参考点	问题确立	策略制定	策略执行	结果评价
背景知识认知	2	239	0.00%	14.35%	0.06%	0.00%
工作记忆认知	4	37	0.18%	0.72%	0.60%	0.72%
结果失败和不确定性认知	3	188	0.00%	0.30%	0.18%	10.85%
界面可用性认知	3	73	0.00%	0.24%	3.19%	0.96%
其他导航认知	2	40	0.00%	2.11%	0.30%	0.00%
任务难度认知	3	42	0.00%	0.78%	1.02%	0.72%
线索认知	2	352	0.00%	0.60%	20.61%	0.00%
信息需求认知	4	306	17.96%	0.12%	0.06%	0.30%
语义理解认知	4	30	0.18%	0.90%	0.24%	0.48%
主导航栏目录结构认知	1	294	0.00%	17.72%	0.00%	0.00%
主页导航性认知	2	58	0.00%	3.13%	0.36%	0.00%
合计	30	1659	18.32%	40.99%	26.64%	14.04%

表 13-5 反映了在统计的 1659 次认知活动中,不同的认知特征在不同的导航过程模型阶段中呈现不同的发生频次(百分比)。在四个导航阶段中,认知行为发生最多的是策略制定阶段,其次依次为策略执行、问题确立和结果评价阶段。在四个阶段都呈现的认知行为特征类型为工作记忆认知、信息需求认知、语义理解认知,反映这三个类型认知特征具有一定的覆盖面。信息需求认知在每一导航阶段中都有发生,这一研究结论也验证了学者们提出的用户的信息需求是一个逐步澄清的过程,是一个反复不断努力直至与客观信息需求相匹配的过程这一观点。工作记忆认知和语义理解认知虽然覆盖面广,但是发生频次不高,因而重要性不显著。

分析每一种认知特征在四个导航阶段的分布特征,可以反映认知特征在导航过程中的结构特征,从纵向角度来深入认识用户的认知行为。从表 13-5 可以清楚看出 11 种认知结构类型在四个导航阶段中发生频次的百分比。

根据表 13-5 中的数据,可以完善前面构建的"基于问题解决理论的导航四阶段过程模型",加入各个阶段主要的认知特征类型,从而形成"基于问题解决理论的导航过程认知结构模型"(如图 13-3)。

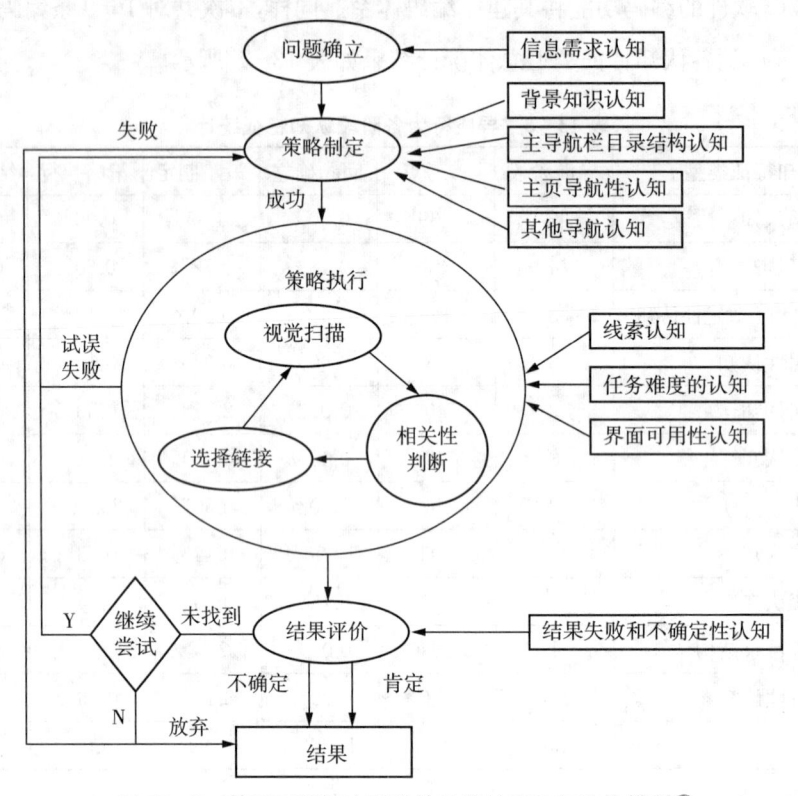

图 13-3 基于问题解决理论的导航过程认知结构模型①

13.1.4 用户认知特征实验原因分析

(一)问题确定阶段认知特征

如前所述,问题确定阶段是指用户发生导航行为时明确描述所要解决的问题的一个行为状态。统计结果显示,在这一阶段用户的认知特征主要有信息需求认知、语义理解认知、工作记忆认知三种类型(如表 13-6)。其中以信息需求认知为最主要的认知特征类型(97.06%)。不难解释这一结果,作为人类的一种基本需求,信息需求是有层次的,Koxhen 将信息需求状态划分为客观状态、认识状态和表达状态三

---

① 柯青,王秀峰,孙建军.基于问题解决理论的导航过程认知特征研究[J].情报学报,2014, 33(1):84-96.

个层次。① 国内学者齐虹也提出用户信息需求三维立体结构:信息需求的认知结构、信息需求的效用结构和信息需求的内容结构。② 因此,信息需求认知是用户导航行为中一种典型的认知特征。在问题确立阶段,用户通过信息需求认知来认识处于客观状态的信息需求,从而确立要求解的问题。

表13-6 问题确立阶段认知特征

导航阶段	认知特征类型	参考点频次	百分比
问题确立	信息需求认知	297	97.06%
	语义理解认知	5	1.64%
	工作记忆认知	4	1.31%

在问题确立阶段也会发生少量的语义理解认知和工作记忆认知。前者主要是用户的背景知识原因对客观的信息需求的理解产生误解、曲解、质疑。从本实验来看,12项任务中对问题产生语义理解认知的主要是"推荐阅读""学术年会""CERNET""OA资源"等术语的理解,既含有对任务的语言表达的认知,又涉及对不熟悉的专业术语的认知。而工作记忆认知发生在问题确立阶段,也不难理解有些用户会将不同的任务关联起来,当面对一条新的任务时,如果和记忆系统中过去执行的任务经历有关,就会产生一个再次回忆的过程。

(二)策略制定阶段认知特征

在导航的四个阶段中,策略制定阶段是用户思维过程最为复杂的一个阶段。正所谓"三思而后行",只有经过缜密的思考、制定科学的谋略,才能起到事半功倍的效果。因而用户在策略制定阶段的认知活动是频繁而多样的,多种认知因素都可能给用户的策略制定带来影响。在本次实验中,统计结果也证实了11个认知特征类型都不同频率地反映在策略制定阶段,我们按照频次高低排列,如表13-7所示,可以看出:

(1) 用户对"主导航栏目录结构认知"是发生最频繁的认知类型,约43.03%。这一结果反映了主导航栏目录结构在用户策略制定中的重要地位,是影响用户导航策略的主要因素。不难理解,用户总是预计能从网站的主导航栏目录结构中找到需求目标的线索,因而会作为首要的导航策略。

---

① 胡昌平.信息服务与用户研究[M].武汉:武汉大学出版社,2008:114.
② 齐虹.用户信息需求立体结构模型探讨[J].档案学通讯,2009,2:32-35.

(2) 位居第二的是"背景知识认知"。它也是用户在制定导航策略时要多次发生的一种认知行为。可以分析,导航策略的制定是一个遵循逻辑思维的过程,它总是基于某种用户已经具备的背景知识来做出合乎科学的判断,而非随意妄为。例如在本实验中,用户会根据姓氏拼音的知识,选择按照姓氏拼音的策略来找学者姓名。

(3) 表中还可看出有些认知行为也与导航策略的制定有关,但是属于低频率行为,主要有:

用户在需要选择其他导航工具时产生的认知,如"主页导航性认知""其他导航认知""线索认知";

用户在对语义理解产生疑惑时产生的认知,如"语义理解认知";

用户因为任务难度的认知而执行放弃的导航策略;

用户受记忆系统的影响产生的认知而影响了导航策略,如"工作记忆认知"。

(4) 值得注意的是,通过对导航策略制定阶段认知特征的统计还可以发现导致用户选择放弃这种策略的主要认知因素。除了(3)中提到的用户因为"任务难度认知"而放弃,还有一些认知因素,如"结果失败和不确定性认知""界面可用性认知",也会导致用户放弃策略制定,虽然发生频率低,但是仍体现出一个共同的结果。

表13-7 策略制定阶段认知特征

导航阶段	认知特征类型	参考点频次	百分比
策略制定	主导航栏目录结构认知	290	43.03%
	背景知识认知	237	35.16%
	主页导航性认知	53	7.86%
	其他导航认知	35	5.19%
	语义理解认知	15	2.23%
	任务难度认知	13	1.93%
	工作记忆认知	12	1.78%
	线索认知	9	1.34%
	结果失败和不确定性认知	4	0.59%
	界面可用性认知	4	0.59%
	信息需求认知	2	0.30%

(三) 策略执行阶段认知特征

策略执行阶段的认知特征也呈现较多的类型,这受策略执行过程中的灵活性和变通性的影响,也符合计划工作中的改变航道的原理。就像现实世界中航海家一样,航海路线制定出来并非一成不变,要根据实际情况调整甚至修订。但是,不同的认知特征类型在策略执行阶段的发生频次不同,见表13-8,出现频次最高的是用户"线索认知",因为用户的策略执行总是伴随着一个又一个的线索被发现,直至找到认可的目标结果。

其次是"界面可用性认知",用户在执行策略的时候出于对界面可用性的敏感度,会产生这一认知类型,也体现出界面可用性是影响用户策略执行过程的一个重要因素。

对策略执行阶段认知特征的类型进行研究,有助于抓住最能影响用户使用体验的关键因素,从而改进网站导航系统在实际使用中存在的问题。一些认知特征类型虽然发生频次较低,但如同蝴蝶效应所描述的一样,一旦忽视了也会产生连锁反应,因而需要予以重视。

表13-8 策略执行阶段认知特征

导航阶段	认知特征类型	参考点频次	百分比
策略执行	线索认知	332	77.21%
	界面可用性认知	53	12.33%
	任务难度认知	17	3.95%
	工作记忆认知	10	2.33%
	主页导航性认知	6	1.40%
	其他导航认知	5	1.16%
	语义理解认知	4	0.93%
	结果失败和不确定性认知	3	0.70%

(4) 结果评价阶段认知特征

统计结果见表13-9,可以看出在结果评价阶段,用户对"结果失败和不确定性认知"是发生最频繁的一种认知特征类型。如前所述,导航行为的第四个阶段并不一定意味着本次信息查寻任务一定结束,而有可能是返回到第二个阶段重新制定策略。在本实验中,如果用户肯定了结果,那么将终止本项任务的执行,所以这一认知类型的研究意义不大。如果用户结果失败或者不确定结果是否符合信息需求时,需要返回策略制定阶段或者选择放弃,这一认知特征对导航过程有影响意义,故作为一种典型的认知特征类型。

表 13-9 结果评价阶段认知特征

导航阶段	认知特征类型	参考点频次	百分比
结果评价	结果失败和不确定性认知	189	77.14%
	界面可用性认知	17	6.94%
	工作记忆认知	12	4.90%
	任务难度认知	12	4.90%
	语义理解认知	8	3.27%
	信息需求认知	5	2.04%
	背景知识认知	2	0.82%

表 13-9 中还反映其他几个认知特征类型也不同频次地出现在结果评价阶段，主要类别分别说明如下：

当用户对结果界面的设计不满意或与预期结果不一致时，产生"界面可用性认知"，如"终于找到了，我的天，这个系统可用性太差了"；

工作记忆即将最终呈现的内容与之前内容进行识别、对比，如"这个点进去和刚才一样，这个页面上有收录情况"；

结合全部工作程序与目标页面对比，识别"任务难度"，如"这题时间虽短，但是不曾见过，这个缩写还是有一定难度"；

页面主要内容的语义理解和主观对客观信息需求，与前者是否相符的判断都呈现在结果页面上，如"按照浏览量排序，不知道是不是就是(题目中要求的)推荐的"。

因为用户多方面因素，即便在同一结果页面中也应依据不同任务重新评价结果页面能不能符合需求目标而产生"信息需求认知"，是对第一阶段中信息需求认知的补充与深化，如"看看专题论文里有没有？名家推荐吗？没有啊，就没有这个信息"。

13.2 网络导航行为影响因素

13.2.1 个体特征因素

以往的研究表明一些个体层面的差异，如性别、专业程度、认知风格都在很大程度上影响用户的导航行为。因而，探究个体特征层面的因素对用户导航行为的影响有助于在导航风格设计上提供决策支持。

随着互联网逐渐成为最主要的信息获取渠道,研究者们认为,线上的科学信息也越来越被学者重视。基于以上背景,Eveland 和 Dunwoody[1] 进行了一项探索性研究,他们对在线科学杂志《为什么文档》《The Why Files》的访问用户进行调查,试图揭示个体对科学网站使用模式的多样性。通过研究 25000 名访问者为期两周的日志数据发现,相比图片型,文本型的导航工具被更多用户点击,其余如词汇表、参考书目和外链接,都较少被用户使用。更重要的是,新手用户(novices)被发现更倾向于使用线性导航,而专家用户(experts)则更多采用非线性导航方式。另一项研究[2]表明,专家用户往往在实际使用网站之前便基于自身的知识进行了搜索策略的规划,而新手用户的 Web 行为更多受网站提供的各种导航服务驱动。Macgregor[3] 认为,相比具有广泛领域知识的专家用户来说,新手用户较难从网站提供的菜单中获得很多导航行为上的启示支持。这两项研究结论在一定程度上解释了新手用户的线性导航行为偏好。

Hölscher 与 Strube[4] 在研究中将专家用户进一步细分为互联网技术(Technical Web Expertise)专家和领域知识(Domain-specific Background Knowledge)专家,之后,他们以实验的方法考察不同知识水平的用户在某经济类专业网站使用上的表现差异。结果显示,具有双重身份的专家用户在搜索实验中表现最佳,领域专家/互联网新手在信息搜寻中严重依赖领域术语而忽略查询格式,领域新手/互联网专家在遇到查询障碍时则更多采用返回上一级菜单的方式,而双重新手在使用网站时遇到的困难最为严重。该研究的发现表明,在网站信息架构设计和导航服务中应充分考虑到专业程度(互联网技术/领域知识)异质性群体的行为差异。

一项研究[5]观察不同类别的计算机经验技能与导航行为模式的关系,并且引入了时间因素。研究者发现,在执行任务早期,用户的文字处理经验、数据库经验、电

---

[1] Eveland W P, Dunwoody S. Users and navigation patterns of a science World Wide Web site for the public[J]. Public Understanding of Science,1998,7(4):285-311.

[2] Navarro-Prieto R, Scaife M, Rogers Y. Cognitive strategies in web searching[C]//Proceedings of the 5th Conference on Human Factors & the Web.1999:43-56.

[3] Macgregor S K. Hypermedia navigation profiles: Cognitive characteristics and information processing strategies[J]. Journal of Educational Computing Research,1999,20(2):189-206.

[4] Hölscher C, Strube G. Web search behavior of Internet experts and newbies[J]. Computer Networks,2000,33(1):337-346.

[5] Reed W M, Oughton J M. Computer experience and interval-based hypermedia navigation[J]. Journal of Research on Computing in Education,1997,30(1):38-52.

子表格经验、超媒体经验与非线性导航行为呈现显著的正相关,而在任务中期,这些因素除超媒体经验之外与非线性导航行为没有显著关系,其中,文字处理经验、数据库经验在任务中期则与线性导航行为负相关。用户的编程经验在任务早期和中期都表现为与线性导航行为正相关。在任务后期,只有计算机使用经验与线性导航行为呈正相关,超媒体经验与线性导航行为呈负相关。这项研究不仅阐释了各种计算机经验技能对用户导航行为的影响,而且揭示了这些作用在时间维度上的动态变化。

一项通过自我报告的研究[1]表明,女性在网络世界的迷失感更强烈。一些研究也证实了 Web 导航行为存在性别差异。Eveland 和 Dunwoody[2] 的研究采用了问卷调查的方法获取了《为什么文档》网站用户的人口统计学特征。他们发现,该科学网站的用户群体存在着显著的教育水平和性别偏差。近 70% 的用户具有大学本科以上学历,69% 的用户为男性,用户群体的平均年龄为 37 岁,且多数为重度互联网用户。有趣的是,研究者通过回归分析发现,女性用户更加关注医药和环境领域,男性用户则多关注高新科技,相比年轻用户,老年用户更加关注医药信息。Michael 和 Oughton[3] 的研究发现,在任务早期,女性更倾向于呈现线性导航行为。Large 等人[4]观察男性和女性在使用协作网络搜寻后总结,男性阅读页面的时间更短,他们往往更频繁浏览不同的页面以及点击不同的超链接。Roy 和 Chi[5] 的研究也得到了类似的结论,即用户在搜索信息的过程中选择的 Web 导航模式呈现出性别差异。男性用户在导航过程中更频繁地跳转各个页面,这使得他们的搜寻范围更加宽广并呈现出非线性的导航轨迹。然而一项针对慕课(MOOCs)的研究[6]得到相反的结论,他们

---

[1] Ford N, Miller D. Gender differences in Internet perceptions and use[C]//Aslib Proceedings. Aslib, 1996, 48(7-8): 183-192.

[2] Eveland W P, Dunwoody S. Users and navigation patterns of a science World Wide Web site for the public[J]. Public Understanding of Science, 1998, 7(4): 285-311.

[3] Michael Reed W, Oughton J M. Computer experience and interval-based hypermedia navigation[J]. Journal of Research on Computing in Education, 1997, 30(1): 38-52.

[4] Large A, Beheshti J, Rahman T. Design criteria for children's Web portals: The users speak out[J]. Journal of the American Society for Information Science and Technology, 2002, 53(2): 79-94.

[5] Roy M, Chi M T H. Gender differences in patterns of searching the web[J]. Journal of Educational Computing Research, 2003, 29(3): 335-348.

[6] Guo P J, Reinecke K. Demographic differences in how students navigate through MOOCs[C]//Proceedings of the First ACM Conference on Learning @ Scale Conference. ACM, 2014: 21-30.

发现女性在课程间的跳转更为频繁,因而可以推测,个体特征如性别对导航行为的影响在不同情境中存在很大差异。

有研究[1]指出,男性和女性在空间能力上存在一定程度上的差别。而空间能力较差的用户被发现在构造和使用空间心智模型上存在困难。[2] 事实上,空间能力将影响用户在大型文件系统中的导航能力。[3] 一项研究显示,相比其他用户,空间能力较强的用户查看内容顶层栏的频率较低,这表明较强的空间能力有助于用户在脑海中进行信息组织的可视化。Chen 和 Rada[4]在针对超文本的导航行为研究中也得到了类似的结论,更多地,他通过元分析发现,使用导航地图将会弥补用户空间能力差异带来的导航效率差距。Chen 和 Czerwinski[5]研究了一个在3D虚拟世界里面的视觉导航应用,发现系统的主导航结构和用户的实际导航步骤的一致性与用户的空间能力显著相关,同时,系统的二级导航结构和用户的实际导航步骤的一致性与用户的空间能力也显著相关。Benyon 和 Murray[6]认为,尽管空间能力的缺失导致了用户在数据库系统中导航行为不尽如人意,但经验的积累可以帮助克服一些困难。

13.2.2 认知特征因素

在体现个体差异的诸多框架中,认知风格被认为是影响用户信息搜寻行为的重要因素之一。认知风格指个体信息加工过程中表现出的个性化和一贯性的偏好方式[7],它既包括个体知觉、记忆、思维等认知过程方面的差异,又包括个体态度、动机等人格形成和认知能力与认知功能方面的差异[8]。认知风格被认为将会影响个体对

---

[1] Galea L A M, Kimura D. Sex differences in route-learning[J]. Personality and Individual Differences, 1993, 14(1): 53-65.

[2] Chen C. Individual differences in a spatial-semantic virtual environment[J]. Journal of the American Society for Information Science, 2000, 51(6): 529-542.

[3] Vicente K J, Williges R C. Accommodating individual differences in searching a hierarchical file system[J]. International Journal of Man-Machine Studies, 1988, 29(6): 647-668.

[4] Chen C, Rada R. Interacting with hypertext: A meta-analysis of experimental studies[J]. Human-Computer Interaction, 1996, 11(2): 125-156.

[5] Chen C, Czerwinski M. Spatial ability and visual navigation: An empirical study[J]. New Review of Hypermedia and Multimedia, 1997, 3(1): 67-89.

[6] Benyon D, Murray D. Adaptive systems: From intelligent tutoring to autonomous agents[J]. Knowledge-Based Systems, 1993, 6(4): 197-219.

[7] 李晶,张侃.认知风格对导航的影响[J].人类工效学,2007,13(1):46-47.

[8] 吴江.基于用户认知风格的知识导航要素使用实证研究[J].情报探索,2015(6):64-69.

于信息的收集、分析、评估和解释。[①]

Ausburn 等人[②]将认知风格分为整体策略和序列策略、收敛思维和发散思维、场独立型和场依存型等。李等人[③]在研究中将与导航行为有关的认知风格分为自我中心和环境中心、场独立型和场依存型、言语序列优势和空间优势三个不同的类型组别,Chen 等人[④]则认为还存在冲动型和反映型的划分。其中,场独立型和场依存型的认知风格由于反映了个体对信息进行重构的能力,被众多学者认为是最重要的影响个体信息处理的认知因素。[⑤]

场依存(Field Dependence)和场独立(Field Independence)的概念起源于 Witkin 和 Asch[⑥] 关于知觉的实验研究。场依存是指人们在加工信息过程中倾向于依赖外在参照物或以外部环境线索为指导,场独立则是指人们倾向于凭借内部感知线索来加工信息。[③]场独立的个体一般将事务和背景脱离开来理解,更加关注细节;场依存的个体往往把控全局而忽略细节,理解认为更加全面。场独立型用户往往具有较强的分析和认知重构能力,他们根据情境的需要积极地再组织信息,基于经验重构结构,在执行任务之前先在头脑中形成模型。场依存型用户倾向于积极地去学习和解决问题,他们希望被引导并依赖于外部参照物。

一些研究表明,场依存的用户在信息搜索时更多使用听觉线索。如 Lee[⑦] 研究在多媒体系统中声音线索的使用有效性,实验发现,提供语音导航元素后,场依存的

[①] Harrison A W,Rainer R K.The influence of individual differences on skill in end-user computing.[J].Journal of Management Information Systems,1992,9(1):93-112.

[②] Ausburn L J,Ausburn F B.Cognitive styles:Some information and implications for instructional design[J].ECTJ,1978,26(4):337-354.

[③] 李晶,张侃.认知风格对导航的影响[J].人类工效学,2007,13(1):46-47.

[④] Chen S Y,Magoulas G D,Dimakopoulos D.A flexible interface design for Web directories to accommodate different cognitive styles.[J].Journal of the American Society for Information Science & Technology,2005,56(1):70-83.

[⑤] Herman G.Weller,Judi Repman,Gene E.Rooze.The relationship of learning,behavior,and cognitive style in hypermedia-based instruction:Implications for design of HBI[J].Computers in the Schools,1995,10(3-4):401-420.

[⑥] Witkin H A,Asch S E.Studies in space orientation:IV.Further experiments on perception of the upright with displaced visual felds[J].Journal of Experimental Psychology,1949,38(6):762-782.

[⑦] Lee C H.The effects of auditory cues in interactive multimedia and cognitive style on reading skills of third graders[J].Unpublished Ed.D.Dissertation,University of Pittsburgh,USA,1994:1-7.

用户表现得更有效率，Marrison 和 Frick[①]的研究报告了类似的结论。

Ford 和 Chen[②]对 65 个研究生进行了一项超媒体教程使用实验，旨在揭示不同认知风格下的导航策略，结果表明，场依存用户倾向于对内容构建面向知识组织的全局地图。Palmquist 和 Kim[③]的研究发现，场依存的用户更乐意遵循网站提供的链接进行导航访问。吴和蔡[④]认为，倾向于场景决策、整体加工、灵活、独立和相对冒险处理问题方式的青少年在进行信息搜索时会选择点击更多的网页内超链接。研究者[⑤]在研究超文本使用时的信息迷航问题时发现，场独立型被试偏离最优路径的量明显少于场依存型被试，被试主观感觉的迷失程度也小于场依存型被试。有针对大学生数字图书馆查询行为进行的调查显示，更多的场独立用户使用图书馆提供的高级检索功能。[⑥]但也有学者[⑦]指出，丰富的导航经验将会弥补认知风格带来的表现差异。

Durfresne 和 Turcotte[⑧]对场独立型和场依存型认知风格在线性和非线性导航中的表现进行了研究，他们开发了一套教程用于指导用户使用 Microsoft EXCEL，该系统是在 HyperCard 环境中使用任务和用户模型在交互过程中给用户反馈和指导。他们共招募了 55 名被试进行导航实验，在任务开始前，先进行了 GEFT 认知风格测

---

① Marrison D L, Frick M J. The effect of agricultural students' learning styles on academic achievement and their perceptions of two methods of instruction[J]. Journal of Agricultural Education, 1994, 35(1): 26-30.

② Ford N, Chen S Y. Individual differences, hypermedia navigation, and learning: an empirical study[J]. Journal of Educational Multimedia and Hypermedia, 2000, 9(4): 281-312.

③ Palmquist R A, Kim K S. Cognitive style and on-line database search experience as predictors of Web search performance[J]. Journal of the American Society for Information Science, 2000, 51(6): 558-566.

④ 吴丹,蔡卫萍.青少年网络信息查询行为影响因素实证分析[J].图书情报工作,2014(19): 61-67.

⑤ 周荣刚,张侃,李怀龙.背景信息导航帮助和认知风格对超文本使用的影响[J].心理科学, 2003,26(4):642-645.

⑥ Frias-Martinez E, Chen S Y, Macredie R D, et al. The role of human factors in stereotyping behavior and perception of digital library users: A robust clustering approach[J]. User Modeling and User-Adapted Interaction, 2007, 17(3): 305-337.

⑦ Kim K S. Information-seeking on the Web: Effects of user and task variables[J]. Library & Information Science Research, 2001, 23(3): 233-255.

⑧ Dufresne A, Turcotte S. Cognitive style and its implications for navigation strategies[J]. Artificial Intelligence in Education: Knowledge and Media in Learning Systems, 1997: 287-293.

试。实验结果表明,场依存型用户使用非线性导航结构的系统完成任务所花费的时间要比使用线性系统花费的时间多。相比场依存型用户,场独立型用户在线性导航系统中使用用户帮助元素更多;相反,在非线性导航中,场依存型用户使用该功能的时间较长。

Ford 和 Chen[1] 还探究了不同认知风格用户在网络学习环境中的信息巡查策略。他们根据不同的模式建立了两个网站导航:一种是基于深度优先策略的信息组织,即将每一个话题描述清楚后再进入下一个话题;一种是基于广度优先策略的信息组织,即先给出一个对于全部材料的概览,再进行细节的介绍。通过对 73 名研究生进行实验后发现,场依存型用户在基于广度优先策略开发的导航中表现良好,而场独立型用户在基于深度优先策略开发的导航中表现更佳。

Chen 和 Magoulas[2] 在人际交互领域重点关注认知风格与 Web 导航。他们的研究发现,首先,场独立型用户倾向于选择设置于同一菜单栏的主类目和子类目,而场依存型用户倾向于选择不在同一菜单栏的主类目和子类目,因而研究者认为,相比场依存型用户,场独立型用户受外部结构和格式的影响较小;其次,场独立型用户喜欢将子类目按照字母顺序排序然后进行查找,而场依存型用户喜欢通过关联关系发现子类目和相关结果,因而研究者认为,场独立型用户采取的是积极的搜寻策略,场依存型用户采用被动的方法定位信息;最后,是否理解网站的标题和副标题,对场独立型用户来说更为重要,他们希望网站导航能尽量精简一级类目,而每一个一级类目可以涵盖尽可能多的子类目,因而研究者认为,场独立型用户更关注信息空间的细节,而场依存型用户则更想优先掌握信息空间的全局。

吴[3]选取了四个典型的网站——读秀、百度百科、豆瓣网、淘宝网——作为研究对象,通过实验的方法探索用户认知风格(场依存和场独立)对知识导航使用效率的影响。实验发现,相比场依存的被试,场独立的被试使用的关键词更广泛,因而查找到的结果尤其是隐性知识更多,研究者建议在导航中增加共现词、相近词的提示或者知识地图等要素,以帮助场依存用户发现隐性知识。在使用百度百科时,场依存

---

[1] Ford N, Chen S Y. Matching/mismatching revisited: An empirical study of learning and teaching styles[J]. British Journal of Educational Technology, 2001, 32(1): 5-22.

[2] Chen S Y, Magoulas G D, Dimakopoulos D. A flexible interface design for web directories to accommodate different cognitive styles[J]. Journal of the American Society for Information Science and Technology, 2005, 56(1): 70-83.

[3] 吴江.基于用户认知风格的知识导航要素使用实证研究[J].情报探索,2015,6:64-69.

的被试被发现更难发现合适的推荐词条,研究者认为在搜索结果下增加显著的提示将起到一定的帮助作用;在使用淘宝网时,场依存的被试更喜欢查看网站提供的"购买了该宝贝的人还买了什么";另外,当网站提供的相关资源较少时,认知风格的差异对导航结果的影响较小。

除此之外,还有一些研究探索了其他认知风格类型对于导航行为的影响。如蒋等人[①]利用眼动实验和问卷调查法探索消费者认知风格和Web页面复杂度偏好之间的关系,发现除了场独立/场依存的风格类型外,序列/整体策略和感觉/直觉的风格划分与电子商务页面的复杂度偏好存在正相关关系,而言语序列优势/视空间优势以及活跃/沉思维度,与页面的复杂度偏好无显著相关。

以上研究均表明,不同的认知风格影响着包括 Web 导航在内的多种基于 Web 的应用的使用行为。这意味着仍有必要进一步研究发现各认知风格组的导航行为偏好,以指导相关 Web 导航的设计工作。

13.2.3 任务特征因素

有效的信息检索首先要根植于对于任务的正确理解。在对一系列关于用户信息行为的研究进行总结后,学者认为[②],用户日常执行的信息搜索任务大致可以归为两类,即特定(Known item)任务和主题(Subject)任务,这个分类对于诸如联机数据库系统、超文本系统等常见的系统类型基本适用。特定任务在某些研究中也被称为封闭性(Closed)任务或事实检索(Act Retrieval),它指可以得到确定性结果的任务;主题任务有时也称开放式(Open)任务,指的是那些目标信息未知或是没有明确边界的任务,对于这类任务构建检索表达式通常比较困难。除此之外,国内心理学学者张智君等[③]还提出存在第三种任务类型,即"关系任务"。他们认为,个体在处理关系任务时,需寻求客体或对象之间关系的信息,并通过比较和综合多个节点的相关信息来解决问题。

---

① 蒋玮,叶俊杰,刘业政.消费者认知风格对 Web 页面复杂度偏好影响的实证研究[J].情报杂志,2011,30(7):178-184.
② Kim K S.Information-seeking on the Web: Effects of user and task variables[J].Library & Information Science Research,2001,23(3):233-255.
③ 张智君,任衍具,宿芳.结构、任务类型和导航对超文本信息搜索的影响[J].心理学报,2004,36(5):534-539.

一项实验①要求七年级的儿童在 Yahooligans! 搜索引擎中完成三类任务：面向事实的查询、面向科研的查询、自生成的查询。实验发现，在完成自生成的查询任务时，儿童表现最佳，而对于面向事实的查询和面向科研的查询，则表现不尽如人意。Hsieh-Yee②在实验研究中设置了两个特定任务和两个主题任务，事实上，在 Alta Vista 上这两个主题任务的目标信息与特定任务类似。实验结果令人惊讶，被试在执行主题任务时表现更佳。有研究者将在超文本系统中的任务类型分为特定任务和关系任务，通过实验发现，对于关系任务来说，被试对于混合结构超文本的搜索表现优于层次结构的超文本，而对特定任务来说，不同的导航方式并未带来显著差异的搜索绩效。Qiu③同样探究了类似的问题，他发现用户在完成主题任务时，经常刷新和跳转页面，而在完成特定任务时，则更多采取分析策略。

在网页检索中，Kim④发现用户完成主题任务所花费的时间更长，他认为这是由于，相比特定任务仅有一条目标信息，用户在完成主题任务时需要搜寻更多条目的信息。有趣的是，在完成主题任务时，专家用户和新手用户的访问路径非常相似，研究者推测这可能是由于"兴趣"这一因素的存在，当用户对某一主题感兴趣时，互联网搜索服务的使用经验对搜索绩效的影响将在一定程度上被消解。而在解决特定任务时，用户更多点击网页中嵌入的链接，这被视为一种线性导航倾向，这一发现与前人⑤的研究结论相悖，Kim 给出的解释是两个研究采用了不同的搜索行为量化手段，考虑到主题任务检索的目标信息要远远多于特定任务检索，我们在量化过程中进行了标准化处理。另外，他还发现，相比特定任务专家，用户在完成主题任务时更频繁地使用跳转工具。尽管任务特征这一变量在该研究的诸多自变量中，对搜索绩效的作用并不突出，但不能否认它确实对用户的导航行为存在影响。Kim 指出，一方面任务特征的具体作用应在不同情境下进一步探索，另一方面，对于任务复杂度

---

① Bilal D. Perspectives on children's navigation of the World Wide Web: does the type of search task make a difference?[J]. Online Information Review, 2002, 26(2): 108-117.

② Hsieh-Yee I. Search tactics of Web users in searching for texts, graphics, known items and subjects: A search simulation study[J]. The Reference Librarian, 1998, 28(60): 61-85.

③ Qiu L. Analytical searching vs. browsing in hypertext information retrieval systems[J]. Canadian Journal of Information and Library Science, 1993, 18(4): 1-13.

④ Bilal D. Perspectives on children's navigation of the World Wide Web: does the type of search task make a difference?[J]. Online Information Review, 2002, 26(2): 108-117.

⑤ Gray S H, Shasha D. To link or not to link? Empirical guidance for the design of nonlinear text systems[J]. Behavior Research Methods, Instruments, & Computers, 1989, 21(2): 326-333.

测量的精准度和可靠性还应提升。

  White 和 Iivonen[1] 研究了特定任务/主题任务和可预测来源/非可预测来源的 2 * 2 任务特征组合,对 Web 用户的搜索策略(直接地址、主题目录和搜索引擎)在搜索初始阶段的选择的影响。尽管参与者都具有较为丰富的使用互联网进行信息搜索的经验,并且在研究中也采取了各种不同的策略去完成任务,但是研究者确实发现,任务相关的特征变量影响了他们在初始阶段的搜索策略选择。总体来看,被试最初的搜索策略由高到低依次是搜索引擎(43%)、直接地址(30%)和主题目录(27%);对于可预测来源的任务,不论是特定任务还是主题任务,被试较多使用直接地址的查找方式,对于不可预测来源的任务,一半以上的被试采用搜索引擎进行查找;对于主题任务/不可预测来源的问题和特定任务/可预测来源的问题,主题目录都是次优被选择的方式,只是在前者中更为显著。如果这个可预测来源的任务恰好也是主题任务,则对于被试来说,次优的策略是搜索引擎;如果它是特定任务,那么次优的策略还包括使用主题目录。总的来说,相较可预测来源/非可预测来源,特定任务/主题任务对用户的搜索策略选择影响较小。White 和 Iivonen 在研究的最后根据发现建立了一个解释任务特征对初始搜索策略影响机理的模型,如图 13-4 所示。

  除任务类型外,任务的复杂度也被视为影响导航行为的重要因素之一。不同的学者对导航任务的复杂性有不同的认识。Wood[2] 认为,任务复杂性是一个与个体单元、单元之间的关联以及单元和相应关联变化的函数。Campbell[3] 认为任务的复杂度存在于三个层次:计算层、算法层与实现层。他指出任务复杂度上升的原因有多种,包括任务可能存在多个结果、通向结果的路径的不确定性和多种可能性等。王[4]指出,在导航结构确定的情形下,用户执行复杂的任务需要更多的时间以及产生更多的错误。当处理复杂度较高的文本任务时,用户需要在头脑中反复保存处理过程中的结果,并不断将新的参考信息与先前的信息进行整合匹配,这很大程度上增

---

[1] White M D, Iivonen M. Questions as a factor in Web search strategy[J]. Information Processing & Management, 2001, 37(5): 721-740.

[2] Wood R E. Task complexity: Definition of the construct[J]. Organizational Behavior and Human Decision Processes, 1986, 37(1): 60-82.

[3] Campbell D J. Task complexity: A review and analysis[J]. Academy of Management Review, 1988, 13(1): 40-52.

[4] 王秀峰. Web 导航中用户认知特征及行为研究[D]. 南京:南京大学, 2013.

加了用户的认知负载。[①] 特别对于新手来说,他不得不尽量多地获得可供参考的信息,并进行更为繁重的信息比对和匹配活动。

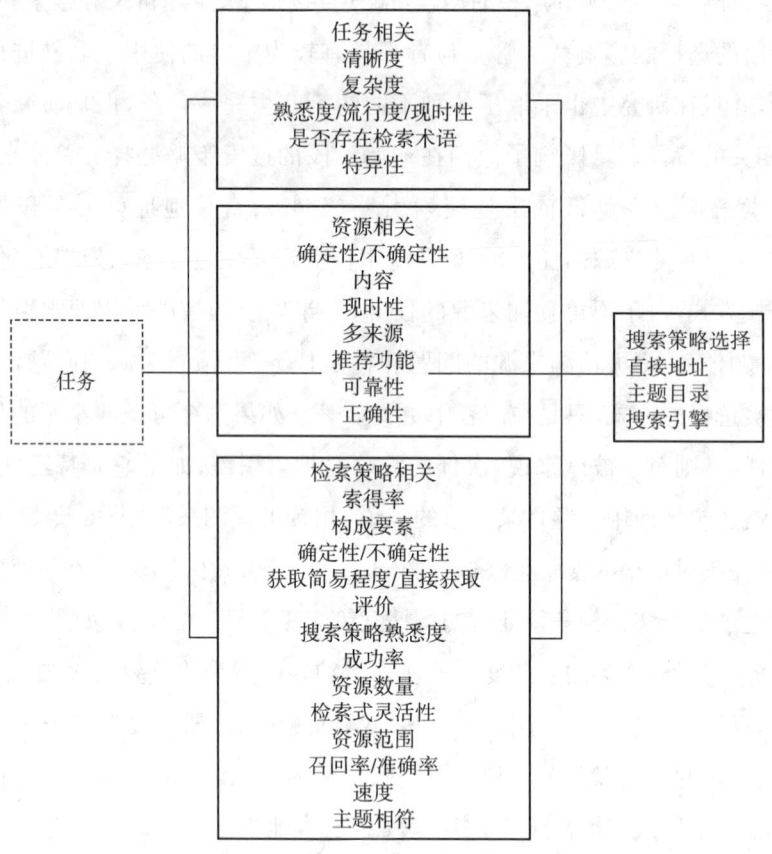

```
任务 ── ┌─────────────────┐
        │ 任务相关          │
        │ 清晰度            │
        │ 复杂度            │
        │ 熟悉度/流行度/现时性 │
        │ 是否存在检索术语    │
        │ 特异性            │
        └─────────────────┘
        ┌─────────────────┐     ┌──────────┐
        │ 资源相关          │     │ 搜索策略选择 │
        │ 确定性/不确定性    │──── │ 直接地址   │
        │ 内容             │     │ 主题目录   │
        │ 现时性            │     │ 搜索引擎   │
        │ 多来源            │     └──────────┘
        │ 推荐功能          │
        │ 可靠性            │
        │ 正确性            │
        └─────────────────┘
        ┌─────────────────┐
        │ 检索策略相关       │
        │ 索得率            │
        │ 构成要素          │
        │ 确定性/不确定性    │
        │ 获取简易程度/直接获取 │
        │ 评价             │
        │ 搜索策略熟悉度     │
        │ 成功率            │
        │ 资源数量          │
        │ 检索式灵活性       │
        │ 资源范围          │
        │ 召回率/准确率      │
        │ 速度             │
        │ 主题相符          │
        └─────────────────┘
```

图 13-4　基于任务的搜索策略选择模型

比如在 Rouet 等人[②]的研究中,被试阅读电脑显示器上的一段文本并回答基于文本的几个问题,卢埃观察到大学生采取"定位—记忆"的策略,他们迅速略读几大段文字,当遇到包含答案信息的段落时会出现较长时间的停顿,当问题较简单时,则采取"修正—整合"的策略,认真阅读文本的几个部分,反复阅读上下文,以建立一个相联系的中心思想。

[①] Sweller J. Cognitive load theory, learning difficulty, and instructional design[J]. Learning and Instruction, 1994, 4(4): 295-312.

[②] Rouet J F, Vidal-Abarca E, Erboul A B, et al. Effects of information search tasks on the comprehension of instructional text[J]. Discourse Processes, 2001, 31(2): 163-186.

有研究[①]表明,用户在 Web 导航过程中,如遇到菜单栏没有与检索任务直接匹配的选项,高中生往往仅关注普通的信息分类栏,而忽略一些有可能指向目标信息的特殊链接。而在本领域的知识经验则可能是促进任务成功完成的因素之一。

Rouet[②] 认为,主题任务为用户带来的困难主要体现在两个方面。一是当完成主题任务时,用户需要进行多轮的检索,这包括对信息的评估、选择、整合等处理,并且这些处理产生的过程信息也需要保存在用户的头脑中,这增加了记忆的负担,可能带来的一个不良的后果是判断的准确性的下降,比如忽略相关主题或选择不相关主题。在实验中,较有经验的被试在执行任务时反复查看问题,以减少认知超载带来的准确性下降。二是 Web 导航的菜单栏里往往没有与主题任务直接映射的选项,用户需要做反复的相关菜单确认,因而信息评估工作将会更加复杂,这同样也会增加认知负载。在实验中,研究者观察到相比特定任务,被试在完成主题任务时花费在问题和菜单栏上的时间更多,对于问题的回顾和查看往往出现在选择菜单时,这反映出被试在做选择时难度较大。另外,他们发现,在解决"厌食症"这类特定任务时,被试经常对文本段落进行回顾,这可能是由于回答这个问题需要更多的专业知识,学生在处理中存在文本和问题的整合障碍。

13.2.4 结构特征因素

在网站中,以超链接组成的虚拟环境联结了用户和计算机之间的交互,并具备区别于一般现实世界的特征。[③] 在这个环境中,用户会经历探索、交流、学习、娱乐等多种类型的活动,如何保证用户在执行这些活动时与系统交互流畅,是导航结构设计需要考虑的一个重要命题。有人曾生动地形容一个结构流畅的网站架构提供给用户的体验,应该像享受一顿"美餐""从开胃菜开始,其次是沙拉,然后是主菜,最后以甜点结尾"[④]。

---

① Rouet J F. Question answering and learning with hypertext[C]//Proceedings of the IFIP TC3/WG3.3 Working Conference on Lessons from Learning. North-Holland Publishing Co., 1993: 39-52.

② Rouet J F. What was I looking for? The influence of task specificity and prior knowledge on students' search strategies in hypertext[J]. Interacting with Computers, 2003, 15(3): 409-428.

③ Hoffman D L, Novak T P. Marketing in hypermedia computer-mediated environments: Conceptual foundations[J]. The Journal of Marketing, 1996: 50-68.

④ Csikszentmihalyi M, Geirland J. Go with the flow[J]. Wired Magazine, 1996, 4(9): 47-49.

Powell[①]认为网站的导航结构有线性、网格、分层、混合分层和纯粹分层几种形式。张等人[②]将常见的超文本导航结构分为层次(Hierarchical)、网状(Network)和混合(Mixed)三类结构,并指出,层次结构的所有节点只能链接到相邻上、下层次的节点,网状结构可以在任何两个节点之间实现跳转,混合结构在层次结构基础上适当添加了交叉链接。赵洋等人[③]在研究中将导航结构分为结构性导航、关联性导航、公用程序导航和语意导航。

现今,大多数 Web 网页提供了多种导航工具供用户组织他们的导航策略。地图、索引和菜单都是常见的导航工具。网站可用性领域的学者[④]认为,网站导航结构的设计应该符合和反映出用户对于网站信息和服务的认知,并且应该由用户在网站上执行的任务类型来决定。

一项研究[⑤]考察了分层、线性和混合结构对于导航绩效的影响。被试被要求先阅读一段文本,接着在文本中寻找 10 个问题的答案,实验显示,在混合结构的导航环境中被试的表现最优,其中,具备相关知识的被试更优于不具备背景知识的用户。也有研究[⑥]发现,使用分层结构的导航要远远优于使用网状结构的导航,尽管不同用户在混合结构导航中表现的搜索绩效不稳定,但也并不逊于使用分层结构的导航。还有研究[⑦]表明,在超文本系统中,导航地图将有效提升检索效率。

多个研究发现,在导航结构中结构的层次性和紧凑性这两个指标也显著影响用

---

① Powell T A.Web design:The complete reference[M].New York,NY:Osborne/McGraw-Hill,2000.

② 张智君,任衍具,宿芳.结构、任务类型和导航对超文本信息搜索的影响[J].心理学报,2004,36(5):534-539.

③ 赵洋,赵树繁,王冬冬.微博网站导航结构设计研究[J].北京邮电大学学报:社会科学版,2012,14(2):17-21.

④ Nielsen J,Levy J.Measuring usability:Preference vs.performance[J].Communications of the ACM,1994,37(4):66-75.

⑤ McDonald S,Stevenson R J.Effects of text structure and prior knowledge of the learner on navigation in hypertext[J].Human Factors:The Journal of the Human Factors and Ergonomics Society,1998,40(1):18-27.

⑥ Mohageg M F.The influence of hypertext linking structures on the efficiency of information retrieval[J].Human Factors:The Journal of the Human Factors and Ergonomics Society,1992,34(3):351-367.

⑦ Chou C,Lin H.The effect of navigation map types and cognitive styles on learners' performance in a computer-networked hypertext learning system[J].Journal of Educational Multimedia and Hypermedia,1998,7:151-176.

户的导航绩效。Botafogo[①]等人的研究指出,紧凑型的导航结构与导航任务完成率存在正相关关系,而层次性的导航结构中执行任务则较易出现失败结果。在紧凑性和层次性两个指标上,Shih 等人[②]也有类似的发现,他们在西班牙展开的一项关于网络课程网站导航使用行为的研究中发现,具有相关工具技术使用经验的用户表现出更多的线性和扩散的导航行为风格,并且在紧凑型的导航环境中,他们的导航风格在不同的导航阶段表现出不同的特点。

很多研究侧重于发现用户的认知类型与导航结构间的关系。如 Ford 和 Chen[③]就发现,场独立型用户喜欢使用索引,而场依存型用户则更偏爱导航地图。场依存型用户,尤其是那些新手用户,更希望 Web 导航的结构良好。[④] 场独立型用户较多使用搜索框、选择菜单和 URL 地址,而场依存型用户更多使用主页键和后退键。[⑤]

---

① Botafogo R A,Rivlin E,Shneiderman B.Structural analysis of hypertexts:Identifying hierarchies and useful metrics[J].ACM Transactions on Information Systems(TOIS),1992,10(2):142-180.

② Shih P C,Mate R,Sánchez F,et al.Quantifying user-navigation patterns:A methodology proposal[C]//Poster Presented at the 28th International Congress of Psychology in Bejing.2004:1-6.

③ Ford N,Chen S Y.Individual differences,hypermedia navigation,and learning:An empirical study[J].Journal of Educational Multimedia and Hypermedia,2000,9(4):281-312.

④ Palmquist R A,Kim K S.Cognitive style and on-line database search experience as predictors of Web search performance[J].Journal of the American Society for Information Science,2000,51(6):558-566.

⑤ Sam H K. Effects of cognitive and problem-solving styles on information seeking behaviour in the www[J]. Journal of Science and Mathematics Education in Southeast Asia,2002,25(2):100-122.

14 学科网络资源导航改进与可视化

14.1 学科网络资源导航

14.1.1 国外学科导航网站的经验及启示

本节基于国内外学科网络资源导航的调研分析与总结。我们结合中国高等教育文献保障系统(CALIS)的建设、运营及维护情况,对我国学科导航网站建设与管理提出以下5个方面的建议。

(1) 遵守"统筹规划,分布实施"原则

学科导航网站的经费问题一直是其建设与运行过程中所面对的难点。英国学科信息导航网站 Intute 就因为经费不足而不再更新。而晚于它建设的澳大利亚学术与科研图书馆网络 AARLIN 因采取"分布实施"已成为澳大利亚最大的学术科研信息网络。AARLIN 项目分阶段开展建设工作:① 试验阶段,基于6所大学设计开发 AARLIN 原型系统并对后期使用情况进行跟踪调研;② 增加学术与科研图书馆(21个),基于第一阶段跟踪结果修改、完善 AARLIN 原型系统。其成功经验充分说明"统筹规划、分布实施"策略的有效性与借鉴价值,事实上,国内"九五""十五"重点规划项目中国高等教育文献保障系统 CALIS 同样借鉴此类方法。CALIS 项目建于1998年,2006年试用,分为文理、工程、农学、医学四个下分子服务中心,包含教育部11个学科门类与78个一级学科,并综合了国内外有关文献数据库,目前共同参建成员已多达500家。基于上述分析可知,学科导航网站建设应坚持贯彻"统筹规划、分布实施"原则。

(2) 重视学科网站导航运行与维护

学科网站导航系统用户使用满意度的衡量指标重点是,内部链接结构有效性与更新及时性,因此,应高度关注学科网站导航平台运行与维护。由调研结果可知,相关学科网站如美国 Infomine、澳大利亚的 AARLIN 等均专门设置了有关运行维护机构。然而,CALIS 网站多年来未更新相关信息,诸如"管理科学与工程"栏目多年来只有 360 条记录,未见更新,较多资源的阅读量与关注量较少,有的几乎无阅读量。由此可见,学科导航网站陈旧的管理运行模式是问题产生的根源。因此,应多学习国外成功经验,重视学科网络资源导航运行维护以及相关管理模式,规范学科网站导航运行与维护。

(3) 制定统一制度与标准规范

学科网站导航建设水平的关键指标是制度和标准的规范性。英国 Intute 网站从开始规划到建成,全程均有与数字资源版权保护、网站运行维护等有关的规范和详细的建设手册;其资源设计均通过严格、规范的领域专家评价选取,有关采集与设计指标包括学科领域、信息类型等众多要素;其类别划分工作也有严格的标准制度与规范。CALIS 在其规划与设计中同样以"追求质量、强调应用、兼顾数量"的原则为指导,但其最终呈现的结果与有关任务目标还存有较大差距。CALIS 存在资源不规范、创新不足、质量较低等数据质量与资源组织方面的问题。[①] 由此可见,设计完善、规范的制度和标准,是确保学科网络资源质量高的关键因素。

(4) 提高学科网站导航技术保障

由相关调研结果可知,国内学科网站导航建设尚处于初级建设阶段,仅对有关学科资源做说明式简介,多采用 URL 网站超链接技术,尚缺乏对学科信息资源的深度挖掘与聚合。在共享网络工作开展过程中,互操作技术(interperability)是一项关键技术,不同网络、系统和程序间可进行协同工作及资源共享。采用简单对象访问协议 SOAP 与轻型目录访问协议 LDAP 进行 AARLIN 系统门户和其他成员单位之间的认证系统研究,支持并发检索、资源推送共享及权限范围内的 IP 登录。[②]

(5) 遵循"以用户为中心"工作原则

通过对国外典型学科网站导航的调研发现,其在学科资源组织、网站导航分类

[①] 汪琴,杨守文,安贺意,等.学科导航门户的可持续发展研究——以 CALIS 学科导航库为例[J].情报理论与实践,2012,35(8):120-124.

[②] 李宝强,祝忠明,吴新年.借鉴 AARLIN 经验设计我国科技型图书馆服务新模式[J].图书馆杂志,2005,24(4):45-48.

体系设计划分、网站信息查询系统设计等方面均加强对用户使用感知的关注。国内CALIS学科导航建设也采用了例如定制服务、收藏信息查询、保存信息查询等个性化信息服务,但尚缺乏用户培训和信息推送等服务,同时,尚缺少相关用户对分类建设的需求调研与重视,仅提供逐页浏览一级学科目录的功能。因此,我国应重视以用户为中心的需求分析,以提高我国网站学科导航建设水平。

14.1.2 学科网络资源导航策略的改进

基于信息觅食理论、设计思维、Infomine 导航模式等探讨相关学科网络资源导航对策改进,从而提高网络导航的利用效率。

(一)基于信息觅食理论的学科网络资源导航策略改进

目前,信息觅食理论与学科导航设计积累了比较丰富的研究成果,其主要围绕在如下几个方面进行研究:(1)信息觅食和网络导航设计①②;(2)信息觅食和网络信息资源服务③④;(3)信息线索和网络信息资源服务⑤⑥。基于国内外有关研究的文献调研得之,信息觅食、信息检索、网络导航已积累一定的研究规模,也有一些较为有创意的新想法、新思路,但依然存在一些不足之处。例如,关注的重点大多是围绕信息觅食理论与信息导航的结合,但是和网络学科导航设计一起探讨的研究尚不完善。

对学科导航网站的相关性能进行优化,是为了通过解释并预测用户将采用何种最优化策略改善自身行为来适应信息环境,从而进行设计信息环境优化,使得广大

---

① Pirolli P L, et, al. Information scent and Web navigation: Theory, models and automated usability evaluation[J]. In Next Wave: NSA's Review of Emerging Technologies, 2006, 15(2): 5-12.

② Enderle W. The integration of internet resources into a library's special subject services—the example of the history guide of the state and University Library of Goettingen[J]. LIBER Quarterly. 2000, 10(3): 342-366.

③ Kwanya T, et, al. Library 2.0 versus other library service models: A critical analysis[J]. Journal of Librarianship and Information Science, 2012, 44(3): 145-162.

④ Neshat N, Dehghani M. Review of the current gap between clients' expectations and perceptions of received service in national library by using gap analysis model[J]. Performance Measurement and Metrics, 2013, 14(1): 45-60.

⑤ 张楠楠. 基于信息线索的用户行为研究[D]. 北京:北京邮电大学,2013.

⑥ 杨阳,张新民. 基于信息线索的认知分析模型[J]. 情报理论与实践,2009(5):9-12,43.

的学科信息用户均能够成为"最佳信息觅食者"。为此,我们设计了基于信息觅食理论的学科导航网站性能优化模型,如图14-1所示。

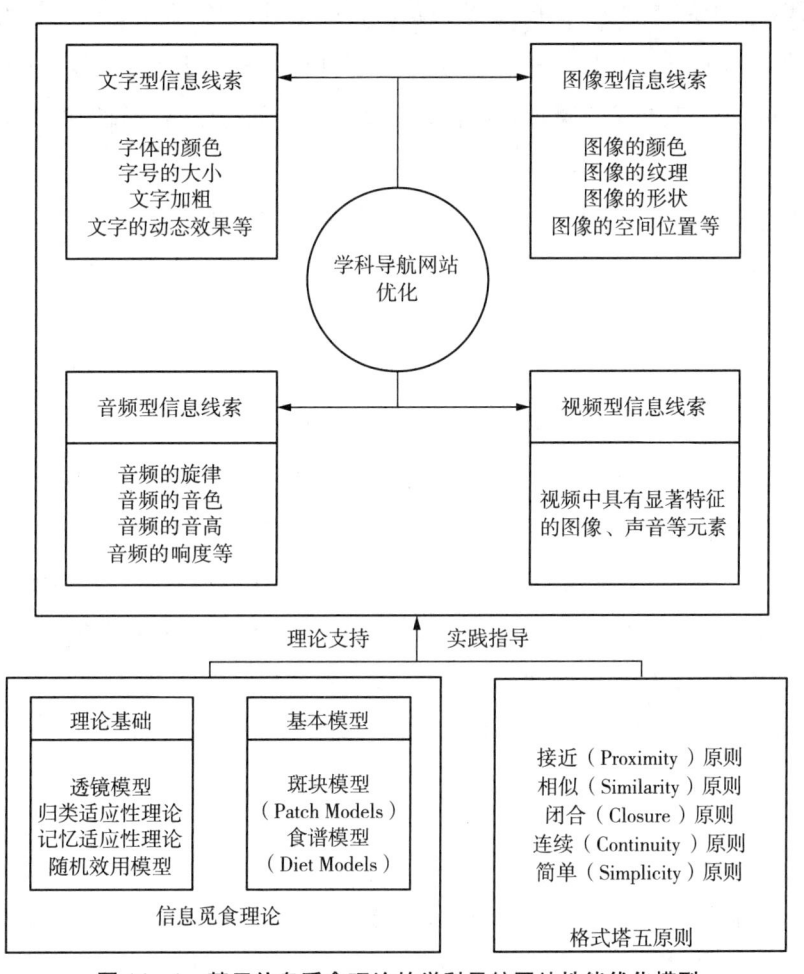

图 14-1 基于信息觅食理论的学科导航网站性能优化模型

图14-1表明,在信息觅食理论指导下,学科导航网站性能优化模型一般都涵盖了三个方面的内容:一是理论层面上的信息觅食相关概念;二是借鉴心理学中的认知理论——格式塔五原则;三是操作层面上针对学科导航网站改进的方法,具体而言,如下所述。

第一部分主要是梳理信息觅食理论中的基础概念和基本模型框架,信息觅食理论作为学科导航网站性能优化的理论基石,以用户真实的信息搜索过程为出发点,为学科导航网站性能的优化提供了方向,唯有掌握厘清理论概念,方能为优化工作保驾护航。

第二部分主要阐述了心理学中著名的认知理论,即格式塔五原则,该原则注重探索用户认知习惯和认知特征,被广泛应用于网页或应用的交互设计中,指导设计师们如何在有限的空间中向用户传达更加丰富的信息,并提升信息的可读性。学科导航网站同样有展示信息、与用户交互信息等功能需求,可以说格式塔五原则的应用是必不可少的,其与信息觅食理论相结合将进一步促进学科导航网站性能优化措施的实行。

第三部分则是关于学科导航网站如何优化的操作性建议,围绕信息觅食理论中的"信息检索"展开方法论指导,主要针对四种信息类型进行归纳总结,包括文字型、图像型、音频型和视频型。依据这些信息各自的特点提出优化建议,具有较高的可行性。

通过整合上述内容,可以提炼总结出此类学科导航网站性能优化模型的基本思路及整体流程:首先将信息觅食理论基础及其相对应的模型作为理论向导,统领整个优化工作的进行,包括如何规划学科导航网站的架构、以何种方式组织描述学科网络信息、怎样阐释"信息线索"这一核心概念以便应用到实践中;其次,融合心理学中的重要理论—格式塔五原则的相关认知规律,为上述三个过程引领优化工作的操作实践过程;最后,从文字、图像、音频和视频四种信息线索出发,分析各自的组织特征,有针对性地提出优化建议,最终实现学科导航网站性能的总体提升。

(二) 基于设计思维的学科网络资源导航策略改进

(1) 设计思维

设计思维本质上是一种强调从人出发的创新模式,最早提出者是创新设计公司IDEO总裁兼首席执行官Brown[①],当时IDEO在产品开发方面需要新战略思想的指导,设计思维应运而生。实践证明,设计思维具有很强的延展性,除产品创新设计之外,它还可以广泛应用于服务、界面、体验甚至是战略的创新设计。实际上设计思维是一种理念,一种思维模式方法(如图14-2)。当我们要进行创新时,设计思维告诉我们人始终是最重要的因素,它强调应注重研究人的行为、探索人的需求和动机,而要实现这些还需要跨领域进行团队协作。[②]

---

① Brown T. Thinking like a designer can transform the way you develop products, services, processes and even strategy[J]. Harvard Business Review, 2008, 6: 1-10.

② Stanford University, Institute of Design. The d. school. [2013-05-02]. http://dschool.Stanford.edu/.

换位思考 → 明确目标 → 构思 → 构造原型 → 测试

图 14-2 利用设计思维解决问题

设计思维中第一步就是换位思考(Empathize),这体现了设计思维中以人为本的本质基础,即以用户为中心,从他们的立场出发,设身处地满足其需求。在该阶段强调换位思考,其必要性在于所有创新设计的最终目的是服务用户,得到用户的认可,若不懂得换位思考,则无法真正理解用户,更别说是进行产品优化了。

第二步需要明确目标(Define)。这一阶段应是第一阶段的过渡深化阶段,要把第一阶段的结论进行逻辑梳理和整合分析,对比挖掘出用户当下最急切的需求,此外针对第一阶段的调研,总结亟待克服的困难及挑战。换言之,这一阶段实际上为后期优化提供一个指示纲领,推进后续工作。

第三步是构思(Ideate)。该阶段主要是创意孵化构想的过程,要求设计者具备发散性思维,无需受到任何局限,从各个角度构思出新颖的、各个种类的创意。

第四步是构造原型(Prototype)。构造原型的目的,是将脑海中的构思迅速地带入现实世界中,以了解该想法的优点与缺点,并改进或搭建更加完美的模型。如何理解原型的含义?首先要明确原型在这里是一个粗略的概念,可能是一个空间、一个物体、一个界面,甚至可能是一个故事板。但有一点必须保证,构造出的原型要能得到一定的反馈,有利于自身对问题的理解和学习,并且需要具备可检验的性质,它可以直观地检验想法是否可行。

第五步是测试(Test)。这一阶段主要是通过测试来检验原型的正确性,测试结果有利于帮助设计者提出优化的解决方案,并且也让我们对用户有更深入的认识。

(2) 设计思维应用于学科导航建设的思考

首先,在学科导航建设领域运用设计思维是否切实可行?回答这个问题需要明确建设学科导航的宗旨,即以最有效的方式为研究者和高校师生提供学科专业信息资源,以便他们及时掌握学科前沿动态及发展态势。尽管如此,在文献调研中,我们发现我国学科导航建设的现状是不尽如人意的,学科导航网站无法满足用户的真实需求,存在诸如缺少统一的标准和规范、资源更新滞后、用户交互性低、功能单一等问题。我们认为,其根源主要还是对用户需求的重视不足。针对目前学科导航建设形势和对设计思维这一概念的深入思考,我们认为两者的结合是具备可行性的,不仅对学科导航建设具有指导价值，对情报学学者自身也有深远的意义。当情报学学者借用设计思维开展学科导航优化工作时，会有如下几点优势。

第一，交叉学科背景。如前文所述，应用设计思维这种模式要求跨领域的团队合作，也就是说团队成员最好是复合型人才，具有双向能力，也就是麦肯锡公司所说的"T型人"。通俗而言，"T型人"可以理解为把团队成员能力分成纵向能力和横向能力。纵向能力是指该成员具备的某项专业技能，这项技能可以为成果做贡献；横向能力指的是团队成员重视协作共享精神，具备一定的跨学科知识。情报学是一门自然科学与社会科学交叉的学科，从事情报学研究的学者很可能来自相异的专业，这一特色满足了设计思维解决问题的要求，相比其他学科具备一定的优越性。

第二，易与用户产生共鸣，换位思考比较简单。学科导航建设者和学科导航使用者身份往往都是统一的，基本都是高校师生或者研究人员。这在观察和理解用户需求方面具有天然的优势，站在用户的立场思考其实也是站在自己作为使用者的立场思考，而且使用场景一般都是自身及自身环境所熟悉的，这可以促使建设者设计出更加符合用户需求的学科导航平台。

第三，具备优秀的数据分析能力。将设计思维应用于学科导航的建设过程中，分析用户行为数据来提炼挖掘用户需求是基本步骤。大数据时代的到来，使得对于数据的整理和分析能力要更进一步。情报学专业研究者符合上述的要求，对其学科研究中利用的各类数据分析软件再熟悉不过，这为用户行为和用户需求的整合分析提供了知识技能储备的基础。

将设计思维应用到学科导航建设中，有利于解决当前存在的问题：

① 以原型检验的方式可以避免某些问题的发生。比如当下有些学科导航平台功能简陋，链挂路径设计不适宜，原型检验可以快速地发现这些问题，从而使建设者在早期就避免这些隐患。实践经验表明，快速建立原型可以有效发现学科导航系统设计与用户需求的对应情况。首先要接触用户，总结用户的使用行为特征，当积累到一定程度时，可能会产生对系统的改进建议，此时就可以利用原型的方法，快速制作新的界面或功能，对一部分用户进行检验，通过这些用户的反馈来进一步完善新的改进建议，从而避免某些问题的发生。原型检验方法在一定程度上促使学科导航建设与用户需求保持相对一致的结果。

② 以人为本，数据为辅。从针对当下学科导航平台的文献调研来看，许多学科导航功能、流程等设计往往只以数据为中心，和实际需求相悖而行。引入设计思维

可以使我们更新这种思维模式,将重心放在用户身上,做到以人为本、从实际情况出发。以数据为辅助,不仅要收集数据,还要借鉴设计思维中的头脑风暴、视觉呈现等方法,以便挖掘出用户的需求,提出对应的解决方法。提高与用户互动的频率,用心体会其潜在需求,也可以让用户参与设计过程,从而建立并完善面向主要用户群的适当标准和规范,建设学科导航必须强调一个原则,即信息服务根植于用户需求,只有满足用户需求的信息服务体系才能称得上是合格的。

③ 降低成本,节省资源。学科导航建设工作周期长,对人力物力财力的消耗也是一个巨大的考验,因此必须谨慎考虑成本问题。如前文所提,设计思维的实现要求跨领域的团队合作,这也意味着团队成员将从不同角度思考问题,极大地减少资源浪费的情况,还能降低重复建设的频次。结合原型检验的便利性,可以在很大程度上避免一次性错误建设导致的巨大开支和重建成本。

其次,设计思维应用于学科导航建设可能遇到的问题,主要包括如下几个方面。

① 跨领域的团队合作。学科导航建设工作荆棘满路,道阻且长,要聚集起一群学科背景相异的专家合作解决建设问题,本身就是一个挑战,需要发起者拥有足够的召集资源,获取学校或政府的大力支持和肯定,突破不同领域专家之间地域和时间的约束;让这些专家在一段较长时间内合作共处也不可避免会产生一些问题,尤其是人文社会科学和自然科学的专家之间的沟通,他们可能各自有迥然不同的思维方式和专业立场,如何在解决问题上达到最后的共识可能存在较大障碍。

② 对设计思维的学习和接受。设计思维最早出现在商业领域,发展时间比较短,情报学学者可能需要一段时间学习来真正理解设计思维的核心内容。特别是很多理工科背景的研究者往往比较依赖数据,忽视现实中用户本身,这容易导致出现用户需求与学科导航建设脱轨的现象。而设计思维与之相反,因而对情报学学科的惯性思维产生一定的挑战。

最后,设计思维应用于学科导航建设的探索性思考。

① 组建并维系团队。设计思维要求跨领域合作,而将它应用于学科导航建设就需要找寻各行各业的研究者,可能会包括设计领域、计算机领域、社会学领域、心理学领域和图书情报学领域的多方学者。这些人员不仅要具备过硬的专业技能,还需对设计思维这一种新兴的创新模式有基本的了解,此外,各成员应具有团队协作意识和较强的沟通能力。除了对团队人员的要求之外,还必须保障整个团队有固定的研究场所,让成员可以面对面进行交流,这样才能让不同思维之间碰撞出火花,激发

灵感。

②研发基本流程。图14-2所示的就是研发基本流程,依据图我们可以看到,在学科导航建设过程中,团队成员应该对学科导航用户进行全面而细致的观察,方式可以是多种多样的,常规的包括问卷调查和实地访谈,还可以借助互联网和多媒体等工具,譬如利用相片、发声调查法、视频记录等,通过直观形象的方式记录用户的一举一动。思考用户使用学科导航的原因、使用学科导航的行为习惯。用户的挑选可以分为极端用户和常规用户,对极端用户的观察是必要的,因为这助于更好地了解可能存在的问题。观察阶段中最重要的是把自己投入用户的角色中去,也就是换位思考。观察一段时间后,便可以进行头脑风暴,让各个专家分别从自己的角度提出问题,经过讨论,基本确定一个最主要的问题,而团队成员在之后的阶段便可以以丰富多样的形式呈现解决问题的思路,比如现场借助白板简单勾勒网站的基本框架,或者用电脑逼真再现用户使用学科导航的具体情景,抑或采用设计思维中原型检验方法(这需要用到原型构造软件,譬如 Axure RP,由美国 Axure Software Solution 公司开发,可以进行快速原型设计,支持用户协作设计和版本控制管理)。通过原型构造的呈现,团队成员可以发表自己的独特见解,帮助原型构造者更全面地理解问题,进而改进解决方法。将设计思维运用于学科导航建设非常注重各领域专家的通力协作,各个成员在全程都要积极发表对问题的看法,研发过程不是一个阶段接替另一个阶段,而是一个反复循环的过程,要不断进行换位思考、明确目标、构思、构造原型及测试这几个步骤,通过这种不断的循环来解决学科导航建设中出现的问题。

学科导航建设归根结底还是要服务于高校师生、科研人员的信息需求,其核心原则必须是以人为本、技术为辅,不能主次颠倒。纵观我国这些年在学科导航建设上的投入,有一定的成就,但也存在很大的改进空间,特别是忽略用户这个问题亟需纠正。为解决这个问题,我们提出应引入设计思维的创新方法,该方法以人为本、重视用户。不过,由于其发展历史较短,将其应用于学科导航建设前例难寻,势必在应用过程中产生困难,如跨领域的团队合作及惯性思维等。学科导航的目的是满足高校师生、研究者等人的信息需求,以此为宗旨,在今后的改进和建设过程中,应当深入了解用户,探索技术与用户两者的平衡,尝试将设计思维这种创新方式应用于学科导航的建设,真正实现学科导航的价值。

(三)基于 Infomine 导航模式的网络科普资源导航策略改进

随着万维网的爆发式发展和网络环境中科普类信息资源的巨大增加,怎样在浩瀚的网络信息资源中搜集到和有效地利用这些网络科普信息资源,成为摆在学者和业界面前一道亟待解决的难题。尽管搜索引擎技术的不断进步帮助用户降低了信息搜寻时间和精力成本,但是海量科普信息资源以及低下的信息检索效率这种不均衡局面,仍然给网络科普信息资源的搜集带来很大挑战。建设高效合理的网络科普信息导航是克服科普信息搜寻困难和提高科普信息服务质量的必由之路。

网络科普信息导航的主体是具有科普意义且可以免费搜集到网络信息资源,其导航建设单位往往是负责科普服务的政府部门、机构或相关单位,通过对科普信息资源进行搜集、获取、整理、归类,并据此建设网络科普信息资源导航工具,从而为相关用户提供所需网络科普信息资源。英国的Intute[①]、澳大利亚的AARLIN[②]、美国的Infomine[③]都是网络科普信息导航中的代表之作。本章通过分析美国Infomine导航的关键特征,并结合我国科普信息资源的利用现状,为我国的网络科普信息导航建设提供有针对性的建议。

(1) 国内网络科普信息资源的利用现状

目前国内网络科普信息资源的数量相当可观。然而,网络科普信息资源没有系统性的管控,网络科普信息资源来源复杂、质量良莠不齐,这使得用户往往无法快速及时地获取相应的科普信息资源。[④] 展开来讲,仍存在以下三个主要问题。

① 网络科普信息资源的数量可观,但是缺少高质量的科普信息资源获取途径。目前国内的各种公益性质、商业性质以及用户个人创建的科普网站数量已非常庞大,网站形式包括机构网站、门户网站、论坛、微博和微信等,这些科普网站囊括了数量繁多的各种网络科普信息资源。但有研究指出,这些网站对用户的吸引力达不到预期。[⑤] 通过对568名用户调查,我们发现,目前获取网络科普信息资源的渠道包括以下四类:第一是网络搜索引擎,第二是对特定科普网站的持续关注,第三是在产生科普信息需求时对特定科普网站的访问,第四是通过社交媒体获取相关科普信息资源。其中,利用网络搜索引擎获取科普信息资源是最受用户欢迎的方式,占比达到

---

① Gerald W, Angela J. Intute: A British online gateway to Slavic and East European resources [J]. Slavic & East European Information Resources, 2009, 10: 267 - 275.
② Gow, Earle. AARLIN: An Australian approach to managing e-collection access[J]. IATUL Annual Conference Proceedings, 2004, 14: 1 - 11.
③ Lord L. Infomine: Scholarly Internet resource collections[J]. Choice, 2006, 43: 76 - 78.
④ 冯雅蕾. 基于网络平台的科普资源的利用与开发研究[D]. 重庆:重庆大学, 2012.
⑤ 汤成霞. 网络科普现状及发展策略[J]. 科协论坛, 2014(11): 20 - 22.

47.15%,而持续关注特定科普网站的用户占比仅有 13.47%。调查发现,现阶段国内科普网站的运营面临四重难题:科普网站的信息资源不够丰富,与用户的互动交流十分缺乏,用户的参与积极性非常低,信息资源内容的生动性、趣味性、权威性、可靠性都有待增强。(如图 14-3 所示)参考借鉴国外有代表性科普网站的运营模式,可以为我们解决以上四个难题提供新的思路。与此同时,web2.0 产品的互动交流多和体验性强等特征使其成为科普网站运营的重要方式,通过采用 web2.0 模式,用户不再仅仅是科普信息资源的接收方,也成为科普信息资源的生产方和重要的信息资源传播者。[①] 用户对搜索引擎的偏爱和依赖也揭示了网络科普信息资源过于分散、缺少有效整合的弊端。用户通过搜索引擎检索功能获取到相关科普信息资源,但这些资源的权威性、可靠性等并不能得到保障,用户的科普信息需求并未得到满足,摆在科普信息工作者和学者面前的首要任务,即构建更加合理有效的网络科普信息资源聚合平台。

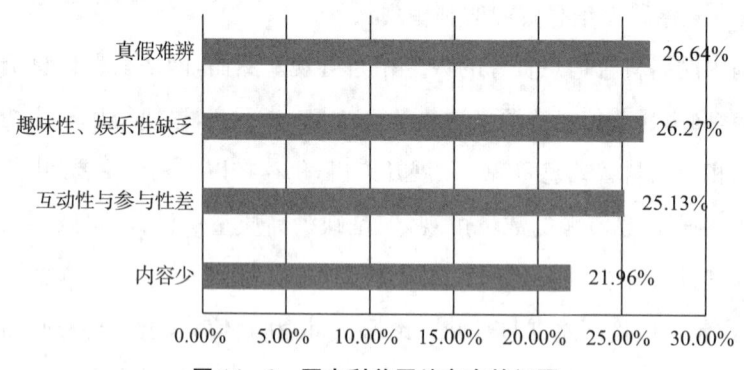

图 14-3 国内科普网站存在的问题

② 网络科普信息资源的聚合问题尚待解决。相较于传统的科普信息资源,网络科普信息资源的来源渠道广泛、数量庞大,若能对这些海量的网络科普信息资源进行有效整合,则能结合用户科普信息需求展开有针对性的科普信息服务。另外,现阶段我国科普网站对科普信息资源的加工整理主要还是停留在文字信息资源以及图像信息资源上,专业科普网站的科普信息资源存在信息形式单一、内容混乱等问题[②];与此同时,现阶段国内的科普信息资源普及程度较低,用户获取科普信息资源

---

① 罗晖,钟琦,胡俊平,等.国外网络科普现状及其借鉴[J].科协论坛,2014(11):18-20.
② 王苏舰,张微,董晓晴,等.我国网络科普信息资源配置与评价研究的基础与现状[J].情报理论与实践,2010,33(6):46-48.

的快捷程度和有效程度有待提高,用户的科普信息需求没有得到满足。展开而言,国内科普网站的分类不够精细,其更新效率远远低于科普信息的更新效率,网站类的链接结构不够完善,仍然存在很多坏链、死链的情况,同时,很多科普网站的信息检索系统建设没有跟上步伐,网站内部的自链和互链不够密切,网页之间的到达率较低,其科普信息资源之间的逻辑结构没有得到完整呈现。根据调研结果,用户对在科普网站获取科普信息资源过程的满意率仅为47.02%,迫切需要提高用户满意率(如图14-4所示)。

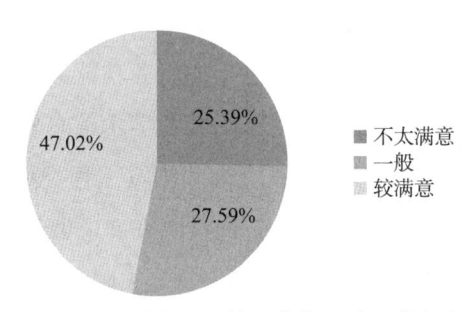

图14-4 科普网站的用户获取过程满意率

③ 网络科普信息资源的管理不够系统,需构建统一标准。统一的网络科普信息资源管理制度和标准是进行科普信息资源有序化管理和提供高质量服务的前提。网络科普信息资源是新生事物,目前政府机构、相关企业单位提出的管理制度和标准形式多样、内容纷繁,各标准设置单位对科普信息资源的分类原则、词条设置原则等看法迥异。网络科普信息资源的导航建设涉及对相关科普信息资源的整理、加工、聚合,需要对整个信息处理过程加以规范,形成系统性流程,需要对整个信息处理过程加以人工干预。目前 EEVL、BIOME 等[1]对科普信息资源类型的划分,以及SOSIG、BIOME 等[2]对科普信息资源的编目著录规范,较为合理,可进行参照。

(2) 美国 Infomine 网络资源导航工具

Infomine 是为高校教师以及科研工作者提供规范网络学术信息资源的导航工

---

[1] Pirolli P,Fu W T,Chi E.Information scent and web navigation:Theory,models and automated usability evaluation[J]. In Next Wave:NSA's Review of Emerging Technologies,2006,15(2):5-12.

[2] Kitajima M,Blackmon M H,Polson P G.A comprehension-based model of Web navigation and its application to Web usability analysis[C].Proceedings of CHI2000,ACM Press,2000,357-373.

具。Infomine 的建设是由加州大学河滨分校牵头实施，其学术信息资源的筛选采用了人工处理和机器参与相结合的方式，这一信息筛选模式有利于实现学术信息资源的规划化处理，提高了学术信息资源的可用性。目前，Infomine 学术信息资源的采集涉及商业信息资源、文化技术类信息资源、宗教性信息资源、理工类信息资源、生物医学类信息资源、农业类信息资源等各大领域，信息资源采集数量已经超过 10 万条，其中专家识别、挑选并予以整理加工的学术信息资源有 5000 条，这些学术信息资源得到了有效的组织整合，形成联系紧密的信息网络结构。Infomine 提供的信息服务不仅包括信息查询和信息阅览，还包括网址地图、网站博客、邮件提醒、个性化定制与反馈等个性化服务。Infomine 的信息查询服务功能强大，不仅提供了很多网站和数据库都提供的查询帮助功能，同时还提供了学术信息资源共享和 RSS 订阅功能，其信息查询方式包括基本查询、高级查询和浏览三种类型。① 基本查询提供的查询途径包括作者、主办方等，用户通过查询这些查询项可获取相关查询结果；② 高级查询，即采用逻辑与、逻辑或、逻辑非等特定符号来限定或扩大查询范围；③ 浏览，即用户采用浏览网页的形式来查询相关信息，这一查询方式适用于没有特定学术信息需求或不能有效表达其信息需求的用户。Infomine 收录的信息资源不仅涉及商业、农业、生物等各大领域，同时也囊括了数量可观的美国各层级的政府信息资源和收费学术信息资源。Infomine 采用的信息分类方式主要是 LCC 分类体系和 LCSH 词表收录数据库。

从合作模式来看，Infomine 采用的是新型合作模式，其中，中心成员承担网站统一的规划设计和制度制定、网站宣传与推广、资金支持和协调工作，而其他组员承担的工作更为独立，主要是为特定领域的学术信息资源提供支撑。

（3）对我国网络科普信息资源导航建设的启示

Infomine 学术信息资源导航建设的成功经验，为我国的网络科普信息资源导航建设提供了重要的参考借鉴启示，具体有以下四点。

第一，网络科普信息资源导航建设需要系统考虑、分步实施。网络科普信息资源导航建设是一个系统工程，不可一蹴而就。在统筹考虑的基础上还需要考虑到导航建设需要雄厚的资金和大量的人力物力支持。

第二，网络科普信息资源导航建设必须制定统一的制度，形成统一的规范和标准。Infomine 在学术信息资源的筛选、编目、查询、分类、网站结构建设等方面，都形成了统一的规章制度和规范。

第三,网络科普信息资源导航建设需要定期维护和更新。网站导航链接的可达和信息资源的及时是使用户满意的关键因素。网站内部死链、坏链的存在会大大降低用户使用网站的积极性。因此,网络科普信息资源导航建设不仅需要关注内容建设,也需要专职工作人员定期维护和更新网站内容。

第四,网络科普信息资源导航应由多单位协调建设。目前,互联网中的科普网站如雨后春笋般爆发式增长,很多科普机构和单位都建设了相应的科普网站。在网络科普信息资源导航建设过程中,应协调好各组成单位的意见,进行统一规划,走协调发展道路,不可各自为政。通过制定协调机制,可以有效加强各层级、各来源的科普单位之间的多方位协调合作,从而更好地为我国的网络科普信息资源建设聚力,实现网络科普信息资源的高效发展。

14.2 学科网络资源可视化

资源的可视化是指利用多种可视化技术对资源进行直观展示,以方便用户的浏览、检索等操作。目前在图书情报领域资源可视化研究主要针对馆藏资源展开,以学科网络资源为对象的相关研究较少,而网络资源的分散性与碎片化使其可视化需求尤为迫切。因此本章将首先对已有馆藏资源可视化研究进行总结分析,在此基础上构建针对学科网络资源的可视化模型,以期为该类资源的可视化提供支持。

14.2.1 学科馆藏资源可视化研究现状

图书馆数字资源的不断丰富与可视化技术的快速发展,推动了学科馆藏资源可视化研究,也极大提高了图书馆资源利用率。邱均平等对可视化技术影响馆藏资源利用过程进行详细分析,认为主要表现在如下几个方面[1]:第一,资源总览的可视化,增加用户对馆藏资源的总体认知。无论实体还是电子图书馆,了解资源总体内容与分布是获取所需资源的第一步,设计良好的资源分布界面可缩短用户总体认知的时间,快速定位所需内容,进入资源查找或检索状态。图14-5是南京大学电子图书馆登录页面,该页面整合了南京大学图书馆纸制图书等实体与电子资源的查询入口以

---

[1] 邱均平,余厚强,吕红,等.国外馆藏资源可视化研究综述[J].情报资料工作,2014,1:12-19.

及相关信息浏览与发布接口等。这种类似于网络导航的组织结构,提高资源总览的可视化程度,积极引导用户进行资源查询;第二,检索过程与结果的可视化,提高资源获取效率。资源检索与获取是图书馆最为重要的功能,伴随资源数量的迅速增长,用户需求与资源目标准确匹配难度增加。一般关键词检索可简化资源查询过程,但用户检索词选择与资源标引术语的语义差异容易影响资源匹配准确性,增加检索时间。关键词集可视化展示是检索过程可视化的重要实现方式,通过可视化表现关键词之间语义关联,提高用户对词语语义内涵及其关联的理解,及时调整检索词,减少资源定位时间。而检索结果的可视化从另一侧面展示检索结果资源之间语义关联,启发用户潜在知识需求发现;第三,知识与资源关联的可视化,可细化知识服务粒度,提升知识服务水平。知识关联为资源聚合提供背景知识库,词语或概念粒度关联是其常见形式,可视化形式呈现则为用户提供词语粒度的知识服务,细化传统资源粒度的服务模式,同时辅助用户检索查询词的确定与调整。而基于聚合分析的资源关联可视化表示,则从语义层面展示资源之间潜在关联,增强检索结果的可读性与关联性,提高图书馆资源服务与个性化服务水平。

图 14-5 南京大学电子图书馆登录页面

可视化技术对于馆藏资源的重要性日益突显,国内外学者对有关馆藏资源的可视化研究做了大量工作。邱等[①]以 Web of Science 数据获取平台,对国外馆藏资源

---

① 邱均平,余厚强,吕红等.国外馆藏资源可视化研究综述[J].情报资料工作,2014,1:12-19.

可视化研究进行总结分析,归纳得到四个研究热点,包括馆藏资源语义关联可视化、馆藏资源深度聚合可视化、开发专业可视化语言及支持新型数据可视化,最后指出可通过对可视化技术与图书情报学方法的综合应用促进该领域的发展。通过对上述文献的总结,结合本课题研究内容,考虑从如下四个方面对国内馆藏资源研究展开可视化分析,即馆藏信息资源可视化表示、馆藏资源的关联挖掘与可视化、馆藏资源的聚合可视化以及馆藏资源的检索可视化。

(1) 馆藏资源可视化表示方面的研究成果较多

莫[1]对可用于数字图书馆的可视化技术,包括基于几何、图标、层次及面向像素的数据可视化技术进行介绍,并详细分析馆藏时间结构模型、馆藏学科分类结构模型及馆藏等级结构模型,在此基础上构建了数字图书馆可视化服务的总体框架。周等[2]认为文献信息可视化包含三层含义,即文献特征描述可视化、检索过程可视化及检索结果可视化,并对其中的文献信息可视化(包含文本信息与语音信息)进行详细论述。其中文本信息可视化方法主要有图符标识法与主题信息可视化等;语音信息可视化则主要采用将语音信息转化为文本信息的方式;考虑到信息可视化过程中需要引入图符库、词库等外部资源,为了提高可视化过程的效率,还需对其进行压缩处理。周[3]在另外一篇论文中对文本信息、语音信息与视频信息的可视化技术进行分析,并将图符法、高维空间描述法、知识组织体系法等可视化方法及一系列数据压缩方法进行综合运用,构建了信息资源可视化模型。陆等[4]对图像信息资源的可视化进行研究,指出解决图像语义鸿沟问题可较大提高图像资源可视化的准确性,基于此考虑在传统图像语义分析过程中加入用户感性认知,提出了针对图像信息资源的多维可视化标注方法,该方法可提高图像资源可视化的效率与准确性。图书馆的数字资源门户为用户一体化检索数字馆藏资源提供方便,但其资源呈现存在较大改进空间,寇等[5]以学科资源门户系统 Metalib/SFX 为例分析了当前高校数字图书馆资

---

[1] 莫耀评.数字图书馆藏资源可视化研究[J].河南图书馆学刊,2015,35(6):80-82.
[2] 周宁,张芳芳,谷宏群.文献资源可视化模型方法初探[J].图书情报知识,2004,1:49-51.
[3] 周宁.信息资源描述与存储的可视化研究[J].情报科学,2004,22(1):9-12,18.
[4] 陆泉,陈静,韩雪.一种图像信息资源的语义多维可视化标注方法[J].信息资源管理学报,2014,3:4-10.
[5] 寇继虹,徐承欢,曹倩,等.高校数字图书馆学术资源门户的可视化构建研究[J].大学图书馆学报,2013,31(2):69-73.

源门户的缺陷,并分析了 The Brain 软件在资源门户可视化过程中的作用与优势。

(2) 关联挖掘过程可视化方面的研究较少,相关研究主要集中在关联表示可视化

刘[1]论述了数字馆藏资源的语义关联可视化的理论,对可用的可视化工具进行详细分析,主要包括语义网络、知识地图与思维导图,并设计了包括资源收集、语义描述、语义分析、语义标注、语义关联、语义关联可视化等过程在内的资源语义关联可视化流程。

(3) 聚合过程与结果的可视化研究成果主要集中在聚合结果的可视化

何超与张玉峰分别利用 Web 链接挖掘[2]与本体[3]辅助馆藏资源语义聚合,并对聚合结果进行可视化研究。前者在聚合模型中融入了可视化展示层,包括分类浏览可视化、网状链接可视化与层次布局可视化;后者则融入了可视化展示模块,包括可视化模型、可视化引擎与可视化工具三部分。张等[4]将层次可视化方法应用于馆藏资源聚合结果中,以 Force-directed 模型为基础,将聚合结果转化成有层次结构、容易理解与识别的聚类主题簇,另外还可对该方法生成的主题簇进行进一步语义挖掘,实现馆藏资源的深度聚合与分析。除此之外,张等[5]对馆藏资源聚合结果可视化的要求进行详细分析,指出可视化内容主要由馆藏资源检索、呈现与统计可视化三部分组成,构建了语义化馆藏资源深度聚合结果可视化模型。模型包含四层,即数据资源层、信息描述层、资源聚合层与应用可视化层。

(4) 检索过程与检索结果的可视化

马[6]对数字图书馆馆藏资源检索中的可视化需求进行探讨,分析该过程中对可

---

[1] 刘学平.馆藏数字资源语义关联可视化实现研究[J].情报科学,2015,33(5):21-27.

[2] 何超,张玉峰.基于 Web 链接挖掘的馆藏资源语义聚合与可视化展示研究[J].情报科学,2015,33(2):115-120.

[3] 何超,张玉峰.基于本体的馆藏数字资源语义聚合与可视化研究[J].情报理论与实践,2013,36(10):73-76.

[4] 张玉峰,何超.馆藏资源聚合结果的层次可视化方法研究[J].情报理论与实践,2013,36(8):41-44.

[5] 张玉峰,曾奕棠.语义环境下馆藏资源深度聚合结果可视化框架研究[J].图书情报知识,2014(5):65-71.

[6] 马雨佳.信息可视化技术在数字图书馆馆藏资源检索中的应用研究[J].图书馆界,2015(4):57-60.

视化技术的要求,并在此基础上构建可视化检索系统。周等[1]认为检索过程可视化由操作方法与操作过程可视化两部分组成;检索结果可视化由命中结果对象显示、命中集合分析与统计可视化三部分组成,其主要实现方法是提供一个可供用户观察与调整检索结果的接口。

14.2.2 学科网络资源可视化模型构建

相较馆藏资源,学科网络资源的数量与碎片化程度更高,系统组织与有效利用的难度更大,基于背景知识的深度聚合是对其语义组织与提高利用率的重要过程。考虑到聚合过程可能涉及多种数据挖掘与分析方法,操作过程与聚合结果的展示较为专业,一般用户理解存在困难,因此需对其可视化展示,提高用户对聚合与检索结果的认知,实现资源的有效利用。

参考吕等[2]针对馆藏资源构建的语义聚合可视化模式,结合学科网络资源聚合与利用过程,得到本课题的学科网络资源可视化模型,具体如图14-6所示。

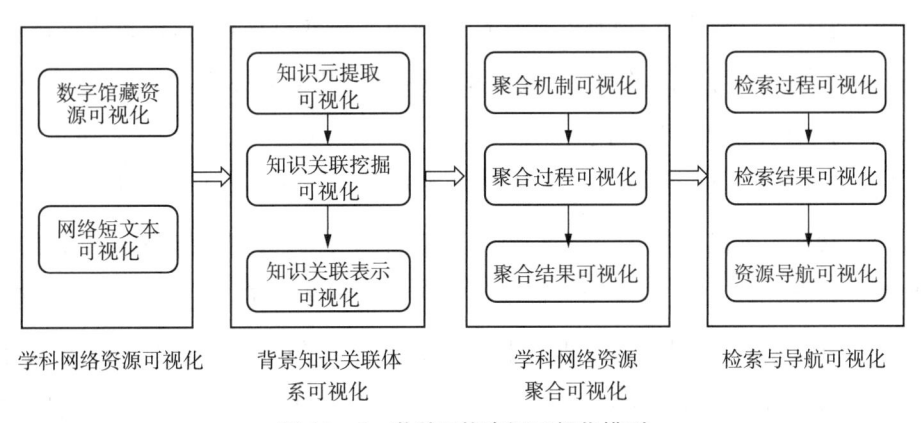

图14-6 学科网络资源可视化模型

(1) 学科网络资源可视化

与馆藏资源可视化类似,该模块主要是对资源本身进行可视化,方便用户能直观、快速地了解资源特点、分布规律及语义内涵。根据学者周宁所述,文本信息可视化方法主要包括如下几种:图符标识法、主题信息的可视化、群集映射法、自组织地

---

[1] 周宁,张芳芳,谷宏群.文献资源可视化模型方法初探[J].图书情报知识,2004,1:49-51.
[2] 吕红,邱均平,李小涛,等.国内馆藏资源可视化研究进展分析[J].情报资料工作,2014,1:20-26.

图算法、科学数据的可视化与经济信息的可视化。

考虑到学科网络资源除了包含数字馆藏资源外,还涉及大量的网络短文本资源,在利用文本信息可视化技术对其进行可视化表示时,应注意到该类资源的特点。例如在主题信息可视化、群集映射法、自组织地图算法中都需要对资源进行关键词抽取,网络短文本长度较短,传统基于分词与词频的方法对其作用有限,可能需要引入一些新的方法,如基于语义分析的文本主题提取、利用标签进行文本表示等。

(2) 背景知识关联体系可视化

背景知识关联体系是学科网络资源深度聚合的基础,可辅助资源细粒度划分与相似度计算等,将其可视化有利于后面聚合人员对知识关联的理解。知识粒度包括词语、句子、段落、文本等,考虑到构建背景知识关联体系的作用,以词语为粒度最为常见,例如领域本体、共词网络等。将词语粒度的知识关联体系可视化的展示提供给用户,可提高用户对领域知识的整体认识,辅助资源检索及检索策略的调整。背景知识关联体系可视化主要包括三部分,即知识元提取可视化、知识关联挖掘可视化与知识关联表示可视化,其中以知识关联表示可视化最为关键。

(3) 学科网络资源聚合可视化

聚合机制、聚合过程以及聚合结果是学科网络资源聚合的三个主体内容。与背景知识关联体系可视化类似,聚合结果可视化是其关键,可视化能提高聚合结果的可理解性,辅助用户或资源管理人员根据需求进行资源的筛选与利用。一般而言,目前大部分聚类、分类器提供分析结果的可视化展示,但不同工具展示的可视化结果的易理解性与可读性有一定区别。例如,利用 SPSS 对关键词进行层次聚类分析,得到如图 14-7 所示结果;利用 Ucinet 对关键词进行社会网络分析,得到如图 14-8 所示结果。观察图 14-7 与图 14-8 可知,图 14-7 的定量表示更强,但图 14-8 直观可读性强,可视化程度更高。

因此,在对聚合结果进行可视化表示时,需要综合考虑用户需求与资源特征,从而确定可视化形式、复杂程度与定量表征程度等内容。另外,为了从多个维度表征聚合结果,也可选择多种可视化表示(例如列表、图形等)对同一结果进行展示。

(4) 检索与导航可视化

学科网络资源的检索与导航可视化包括检索过程可视化以及检索结果可视化

两个部分,其研究方法亦与馆藏资源的可视化方法相似,此处不再赘述。另外资源网络导航一直以来可视化程度较高,这里需要解决的是如何在资源特征与用户需求分析基础上设计出更符合用户认知习惯的导航策略,具体内容在上一节已有论述。主要包括基于信息觅食理论、设计思维与 Infomine 导航模式的学科网络资源导航策略改进研究。

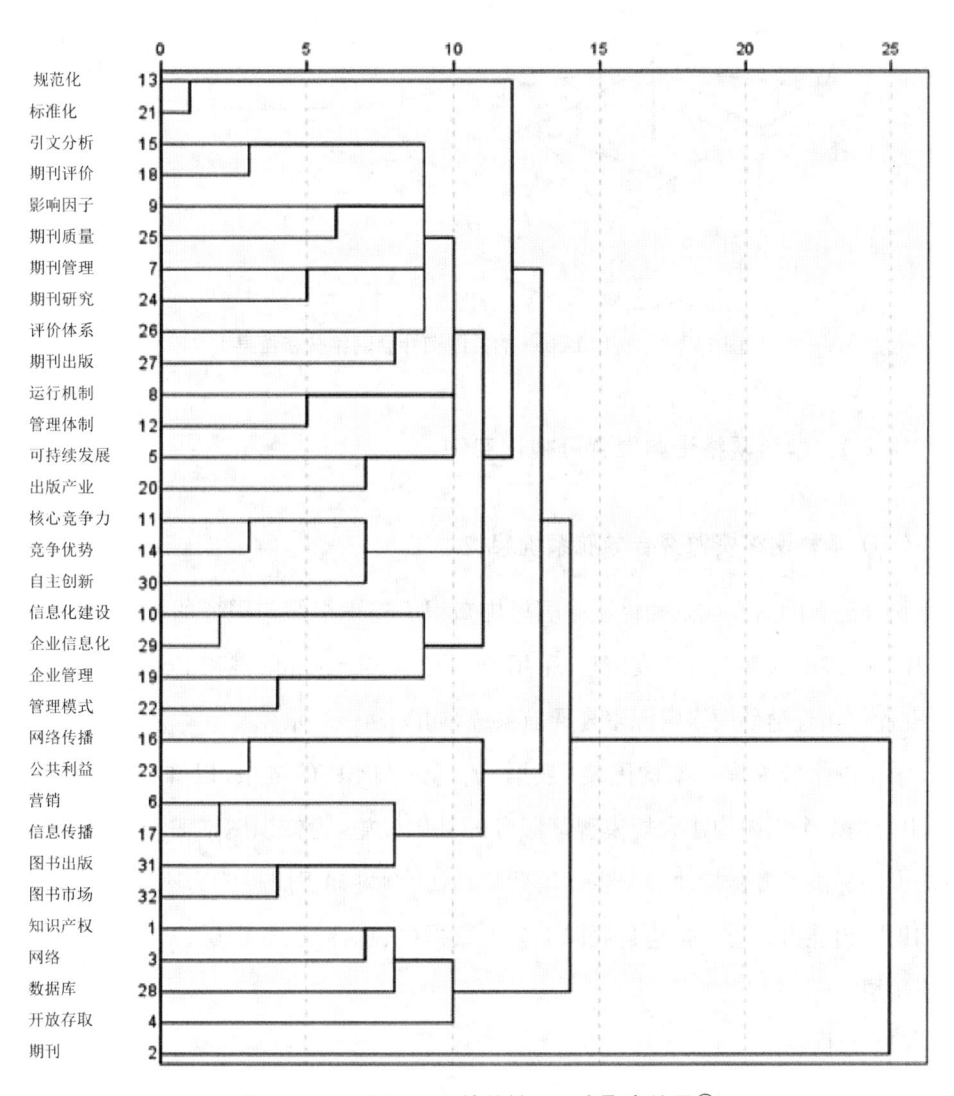

图 14-7　利用 SPSS 的关键词层次聚类结果①

---

① 闵超,孙建军.学科交叉研究热点聚类分析——以国内图书情报学和新闻传播学为例[J]. 图书情报工作,2014,58(1):109-116.

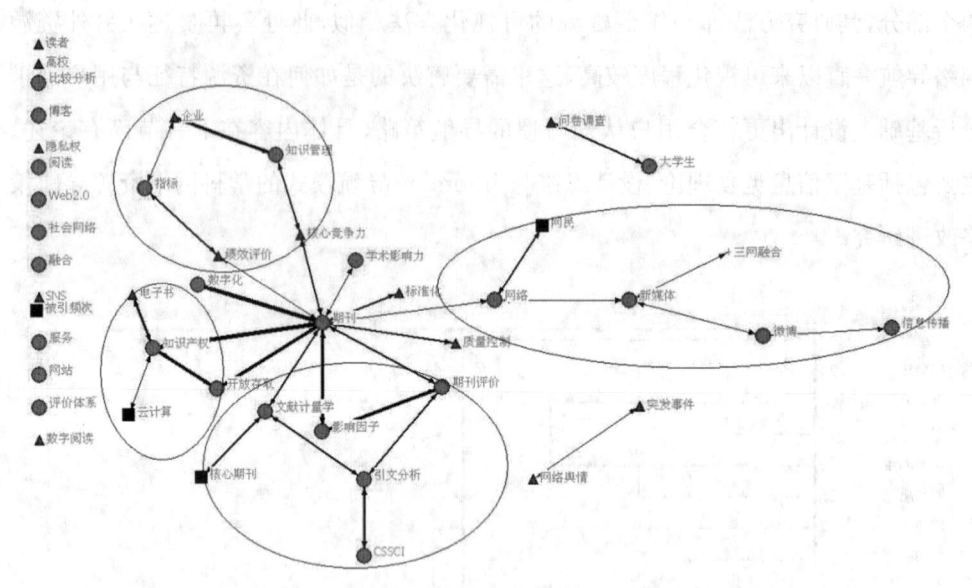

图 14-8 利用 Ucinet 的关键词社会网络分析结果①

14.2.3 学科网络资源聚合可视化实例

（一）学科网络资源聚合导航系统架构

整合已有的研究成果和借鉴中国机构知识库知识组织与服务的成功范例，面向用户需求，遵循软件工程开发流程，采用 Java 语言、Python 语言和 PostgreSQL 数据库，设计并实现学科网络资源聚合导航系统，如图 14-9 所示。

学科网络资源聚合架构围绕"数据—信息—知识"的链条，以知识中台方式构建，中台是一个用来构建大规模智能服务的基础设施，为知识图谱需要的数据和 AI 算法模型提供了分步构建和全生命周期管理，让学科知识服务能力不断下沉为标准的知识图谱能力。总体架构自底向上分为数据层、构建层、知识层、知识聚合服务层和应用层。

（1）数据层

数据层提供了基础数据的集成和存储，包括对结构化数据、半结构化数据和非结构化数据的获取和存储。数据呈现多源异构的状态，难以整合，无法产生规模效

---

① 闵超,孙建军.基于关键词交集的学科交叉研究热点分析——以图书情报学和新闻传播学为例[J].情报杂志,2014,33(5):76-82.

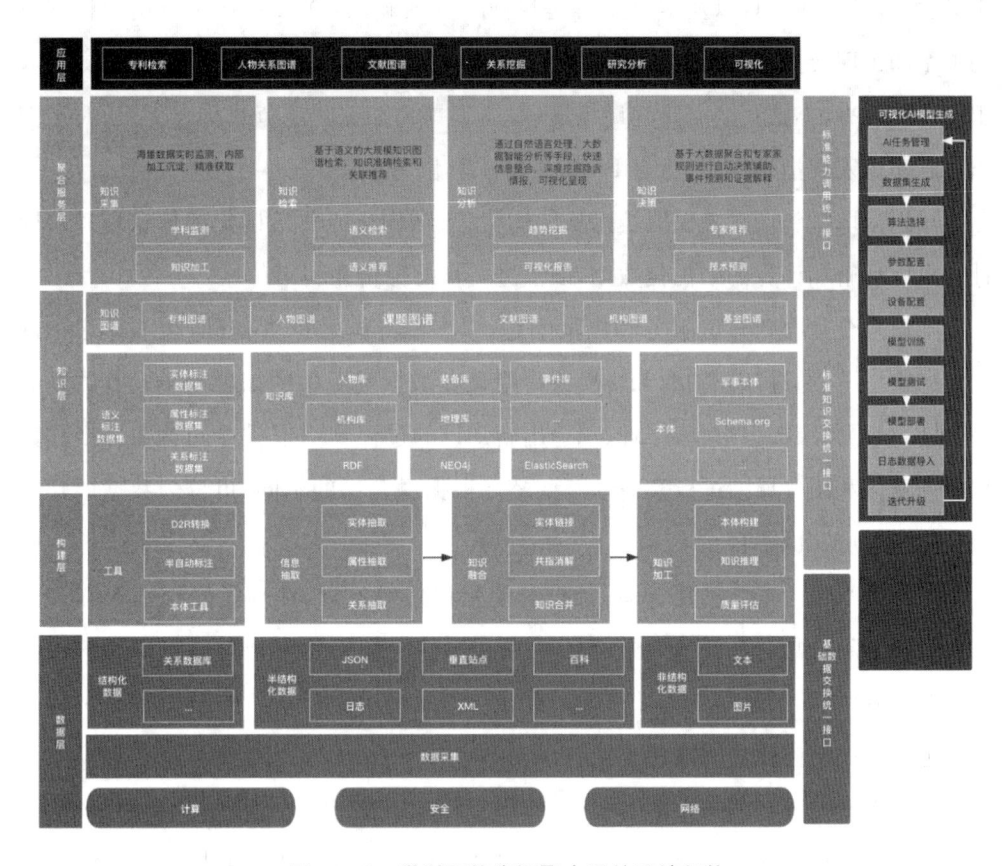

图 14‑9 学科网络资源聚合导航系统架构

应。数据层构建了知识图谱数据基础设施,规范化地对学科数据进行了收集、整理、加工以及存储,并提供了标准的访问接口,以提供数据服务。

(2)构建层

构建层是知识图谱针对原始数据和信息进行知识提取、知识融合以及知识加工的过程,包含构建知识的核心步骤。

工具是试图覆盖从 Schema 构建到构建知识图谱及最后的图谱融合和实体对齐等功能,辅助业务人员构建知识图谱,减轻从业者对图谱业务知识的依赖。但由于知识图谱本身属于人工智能领域较为新兴的技术方向,目前市场上各类知识图谱开发工具的水平参差不齐,尚未形成公认工具链。对于如何构建出完整、易用、高效的知识图谱构建工具,还存在诸多挑战。在学科场景中,应当先构建出关键的工具,根据任务拆分成各个工具模块,不急于构建全流程的构建工具和体系,其中 D2R 转换工具、半自动标注工具以及本体工具是目前不可或缺的,D2R 转换工具用于将现有的关系知识库转换为 RDF,帮助现有数据资产的利用;半自动标注工具用于提高人工标注的效率,丰富算法需要的训练集;本体工具为知识图谱范式构建工具,对于图谱构建起到宏观指导作用,已有 Protégé 等工具作为参考。

知识提取是利用相关提取技术从结构化、半结构化或非结构化的信息资源获取计算机可理解和计算的结构化数据,以供进一步的分析和利用。

知识融合是面向知识服务和决策问题,以多源异构数据为基础,在本体库和规则库的支持下,通过知识抽取和转换获得隐藏在数据资源中的知识因子及其关联关系,进而在语义层次上组合、推理、创造出新知识的过程[①],并且这个过程需要根据数据源的变化和用户反馈进行实时动态调整。根据融合层的不同,可分为数据层知识融合与概念层知识融合。

知识加工包含本体构建、知识推理和质量评估等过程,在经过知识抽取和知识融合后,已经将原始数据提取成实体、关系和属性等知识要素,并且经过了融合、消歧以及对齐,得到了基本的事实表达,通常以三元组形式存在。知识加工是对这些事实进一步的结构化和网络化。

(3) 知识层

知识层可视为知识的存储层,主要针对知识的表示形式进行底层存储方法的设计,以支持对大规模图数据的有效管理和计算。知识存储的对象包括基本属性知识、关联知识、事件知识、时序知识和资源类知识等,存储质量对服务效果有直接的影响。常用存储方法包括:

① 基于表结构的存储。该方法主要运用二维数据表进行数据存储。其优点是简单直接、易于理解,但大量数据存于一张表中将使得表单规模较大,增加操作困难与开销。

② 基于图结构的存储。该方法主要利用图模型对数据进行表示与存储。该方法能直观反映数据结构,方便进行查询、挖掘与推理。目前业界公认的图模型包括属性图、资源描述框架和三元组超图。

(4) 知识聚合服务层

[①] 刘晓娟,李广建,化柏林.知识融合:概念辨析与界说[J].图书情报工作,2016,60(13):13-19+32.

知识聚合服务层以知识采集、知识检索、知识分析和知识决策作为核心能力构建。知识采集针对海量数据实时监测,采集的数据经过加工后沉淀,精准采集所需的信息。知识检索基于语义的大规模知识图谱检索,精准地查询知识,并通过关联算法等进行知识推荐。知识分析通过自然语言处理、大数据智能分析等手段,快速进行信息整合,深度挖掘隐含的知识,生成可视化报告。知识聚合服务层是知识图谱与人工智能算法的结合,根据 4 种知识需求,利用知识图谱数据和相关的算法进行训练,生成模型。以可视化模型生成的方式进行能力构建,包括任务管理、数据集选择、算法选择、参数配置、设备配置、模型训练、模型部署、迭代升级等流程,不断更新和升级知识能力。

(5) 应用层

应用层是对知识图谱数据和能力的组合。基于对复杂网络的大规模计算,计算的结果以应用程序的方式提供给使用者,根据业务需求的不同构建不同的应用。应用主要通过知识查询、知识图谱统计与挖掘、决策模型等方式构建。知识查询是基于知识图谱语义表示和查询理解等技术构建的知识搜索系统,用于精准提供知识服务和检索报告。知识图谱统计与挖掘指利用图论等相关算法实现图谱计算(包括图特征统计、关联分析、时序分析、节点分类、异常检测等)。决策模型从已有知识图谱中预测推理新的关系和信息,适用于弱关系的推理、链接预测、概率推理等,常见方法包括规则推理、机器学习等。输出结果为新节点、新关系、新属性等。

(二) 原型功能介绍

(1) 数据分析中台

① 数据源管理

数据源管理支持多种数据源的介入,包括 PostgreSQL、Presto、MySQL 等多种数据源,使得平台在底层数据聚合层面有丰富的技术支持。用户可以任意添加自己的数据源进行分析、抽取和转换。聚合各种类型的学科知识网络资源,如图 14-10。

② 可视化图表分析

可视化图表分析功能,支持从接入的数据源中抽取数据进行可视化,支持丰富的指标设定和数据查询方法,支持多种统计图表的可视化,包括饼图、树状图、旭日图、分区图、树图等多种可视化组件,如图 14-11 所示。

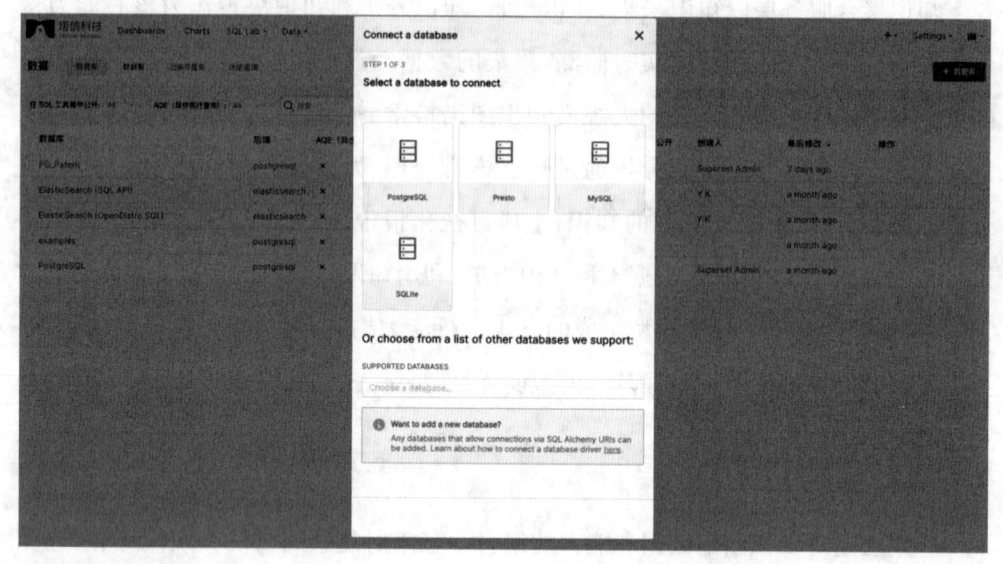

图 14-10 数据源管理

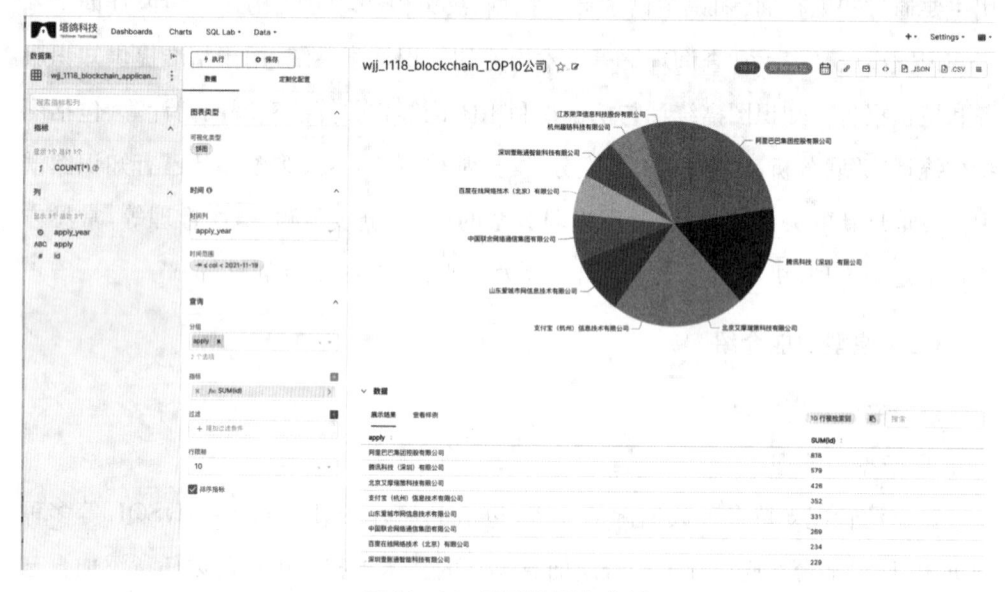

图 14-11 可视化图表分析

③ 可视化看板

支持数据看板的定义排布,支持多种页面元素组建,整合图表、markdown、表格、行、列以及分隔多种布局,帮助可视化报告一站式搭建。实现了聚合可视化的交互图表。可以从分析角度聚合不同的学科知识,形成聚合报告,如图14-12所示。

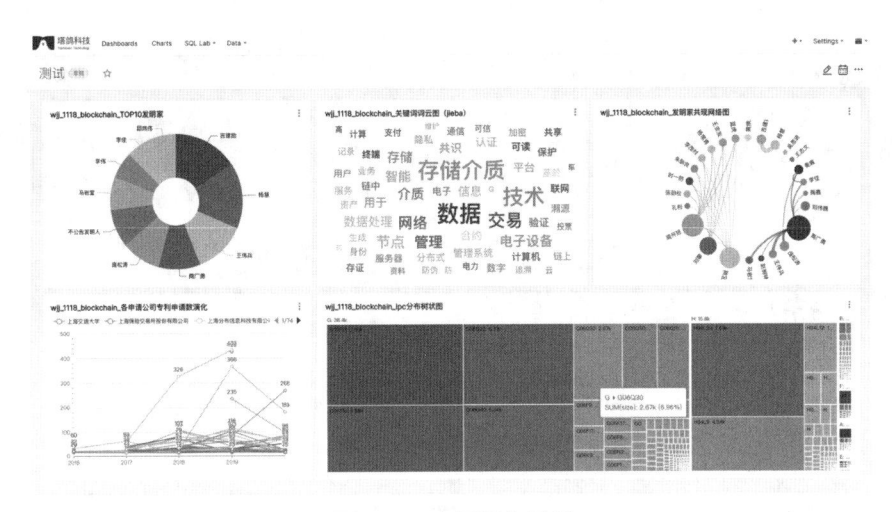

图 14-12　可视化看板

(2) 学科网络资源导航

资源导航页面,根据学科知识聚合,按照专利主题、文献主题等不同的资源知识进行导航,访问获取相关的资源,如图 14-13 和图 14-14 所示。

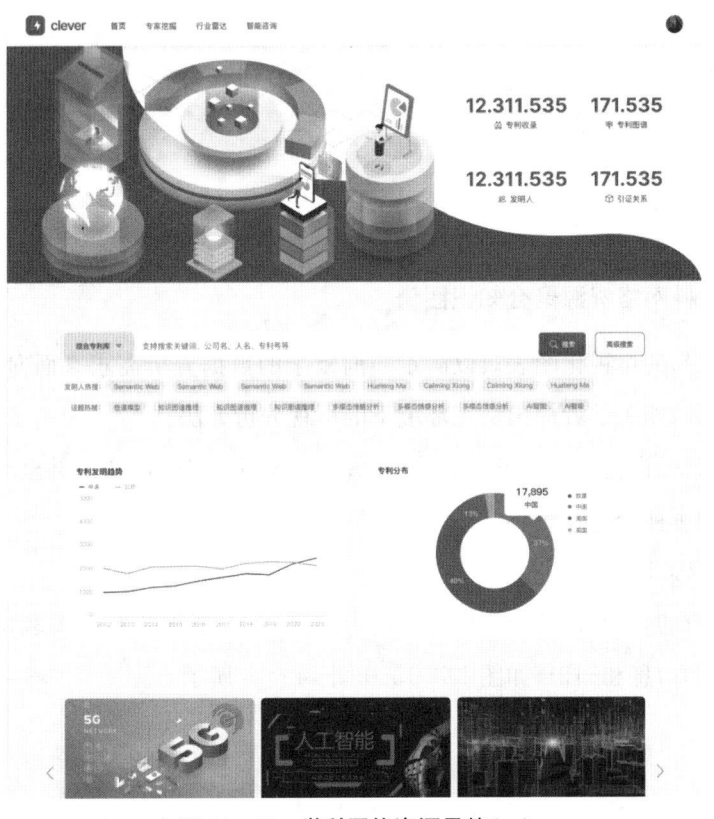

图 14-13　学科网络资源导航(一)

图 14-14　学科网络资源导航(二)

(三) 学科网络资源聚合知识图谱

静态、简易的可视化图表难以满足当前复杂的数据分析需求。面向各种类型的数据分析任务，相关学者提出交互环境下的可视分析方法。

知识图谱可视化分析任务主要分为：知识推理可视分析、知识补全/去噪可视分析、异常检测可视分析。

(1) 知识关联查询

根据用户的查询，自动分析用户查询中的实体，并返回相关的关联实体，通过关联挖掘相关的信息和知识，如图 14-15 和图 14-16 所示。

14 学科网络资源导航改进与可视化

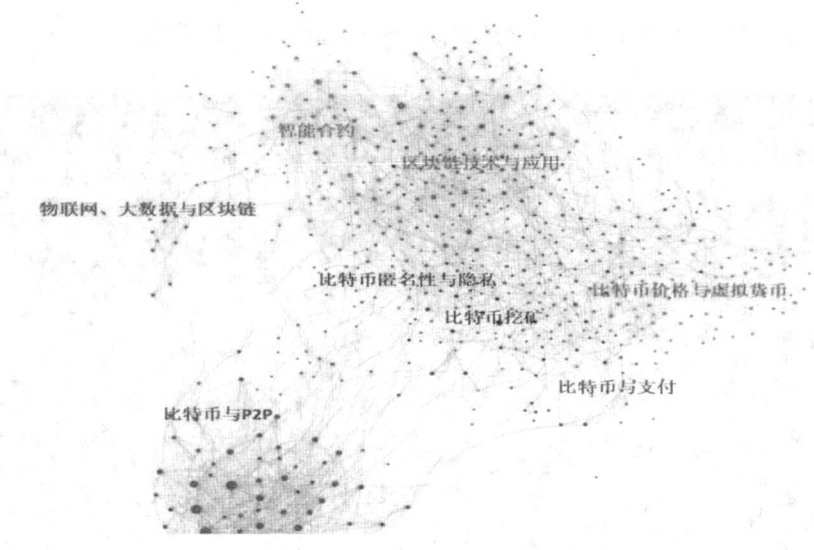

图 14‑15 知识关联查询(一)

图 14‑16 知识关联查询(二)

— 511 —

(2) 复杂网络分析

根据知识的脉络，通过关系进行聚合和展开，如图 14-17 所示。

图 14-17　复杂网络分析

(3) 领域知识图谱

根据学科领域划分的知识查询可视化应用，如图 14-18 所示。

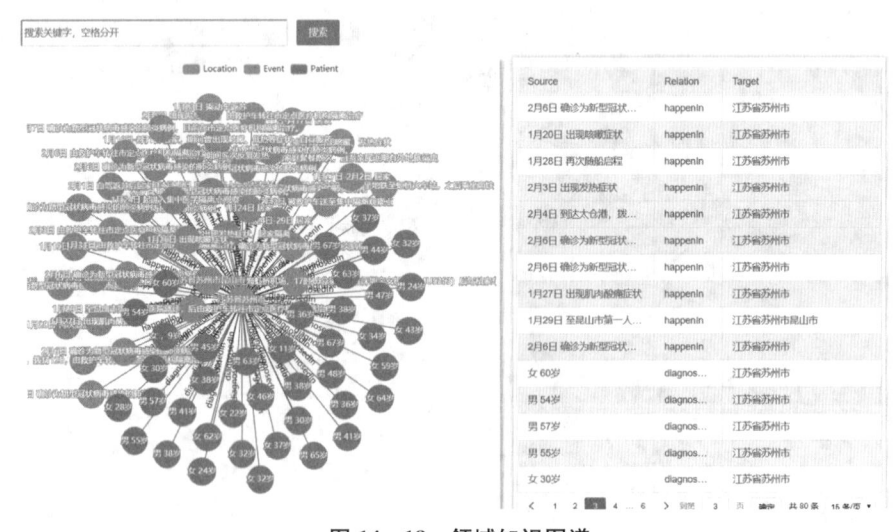

图 14-18　领域知识图谱

参考文献

[1] Aaldering LJ, Leker J, Song CH. Competition or collaboration? —Analysis of technological knowledge ecosystem within the field of alternative powertrain systems: A patent-based approach[J]. Journal of Cleaner Production, 2019, 212, 362-371.

[2] Adamic L A, Adar E. Friends and neighbors on the web[J]. Social Networks, 2003, 25(3): 211-230.

[3] Agrawal R, Gollapudi S, Halverson A, et al. Diversifying search results[C]// Proceedings of the Second ACM International Conference on Web Search and Data Mining. New York: ACM, 2009: 5-14.

[4] Agryzkov T, Curado M, Pedroche F, et al. Extending the adapted PageRank algorithm centrality to multiplex networks with data using the PageRank two-layer approach[J]. Symmetry, 2019, 11(2): 284.

[5] Ahuja J S, Webster J. Perceived disorientation: An examination of a new measure to assess web design effectiveness[J]. Interacting with Computers, 2001, 14(1): 15-29.

[6] Akerkar R, Sajja P. Knowledge-based systems[M]. Jones & Bartlett Publishers, 2010.

[7] Alinjak T, Pavić I, Stojkov M. Improvement of backward/forward sweep power flow method by using modified breadth-first search strategy[J]. IET Generation, Transmission & Distribution, 2017, 11(1): 102-109.

[8] Al-Nabki M W, Fidalgo E, Alegre E, et al. Torank: Identifying the most influential suspicious domains in the tor network[J]. Expert Systems with Appli-

cations,2019,123:212-226.

[9] Amayri O,Bouguila N.Beyond hybrid generative discriminative learning: Spherical data classification[J].Pattern Analysis & Applications,2015,18(1): 113-133.

[10] Amsler R A. Applications of citation-based automatic classification[M]. Linguistics Research Center,University of Texas at Austin,1972.

[11] Anderson J R.The Adaptive Character of Thought [M].NJ: Lawrence Erlbaum Associates,1990.

[12] Anderson J R.The adaptive nature of human categorization [J].Psychological Review,1991,98 (3):409-429.

[13] Angheluta R,Busser RD,Francine Moens M.The use of topic segmentation for automatic summarization [C]//In: Proceedings of the ACL-2002 Post-Conference Workshop on Automatic Summarization.2002:66-70.

[14] Anh N K,Tam N T,Van Linh N.Document clustering using dirichlet process mixture model of von Mises-Fisher distributions[A].In: Proceedings of the Fourth Symposium on Information and Communication Technology[C].New York,USA:ACM,2013:131-138.

[15] Aone C,Okurowski M E,Gorlinsky J.Trainable,scalable summarization using robust NLP and machine learning[C]//Meeting of the Association for Computational Linguistics and,International Conference on Computational Linguistics.Association for Computational Linguistics,1998:62-66.

[16] Athar A. Sentiment analysis of scientific citations [R]. University of Cambridge,Computer Laboratory,2014.

[17] Ausburn L J,Ausburn F B.Cognitive styles: Some information and implications for instructional design[J].ECTJ,1978,26(4):337-354.

[18] Azzam, Saliha, Humphreys, Kevin, Gaizauskas, Robert. Using coreference chains for text summarization[J].Acl Workshop on Coreference & Its Applications,2002:1-8.

[19] Bahdanau D, Cho K, Bengio Y. Neural machine translation by jointly learning to align and translate[J].Computer Science,2014.

[20] Baldwin B, Morton T S. Dynamic coreference-based summarization[C]//Proceedings of the Third Conference on Empirical Methods for Natural Language Processing. 1998: 1-6.

[21] Banerjee A, Ghosh J. Frequency Sensitive Competitive Learning for Clustering on High-dimensional Hyperspheres[A]. In: Proceedings of the 2002 International Joint Conference on Neural Networks[C]. IEEE, 2015: 1590-1595.

[22] Barbosa L, Freire J. Searching for hidden-web databases[C]//WebDB. 2005, 5: 1-6.

[23] Barzilay R, Elhadad M. Using lexical chains for text summarization[J]. Advances in Automatic Text Summarization, 1999: 111-121.

[24] Barzilay R. Lexical chains for summarization[D]. Beer-Sheva: Ben-Gurion University of the Negev, 1997.

[25] Basili R, Moschitti A. A robust model for intelligent text classification[C]// Proceedings of the 13th International Conference on Tools with Artificial Intelligence. IEEE, 2001: 265-272.

[26] Baxendale P B. Machine-made index for technical literature: An experiment [J]. IBM Journal of Research and Development, 1958, 2(4): 354-361.

[27] Beall J. Unethical practices in scholarly, open-access publishing[J]. Journal of Information Ethics, 2013, 22(1): 11.

[28] Bedi P, Thukral A, and Banati H. Focused crawling of tagged web resources using ontology[J]. Computers & Electrical Engineering, 2013, 39(2): 613-628.

[29] Bellegarda J R, Butzberger J W, Chow Y L, et al. A novel word clustering algorithm based on latent semantic analysis[C]//Acoustics, Speech, and Signal Processing, 1996. ICASSP-96. Conference Proceedings., 1996 IEEE International Conference on. IEEE, 1996, 1: 172-175.

[30] Belmonte J, Blumer E, Ricci F, et al. RODIN-An E-Science Tool for Managing Information in the Web of Documents and the Web of Knowledge[C]//International Symposium on Information Management in a Changing World. Springer, Berlin, Heidelberg, 2012: 4-12.

[31] Benyon D, Murray D. Adaptive systems: From intelligent tutoring to autonomous agents[J]. Knowledge-Based Systems, 1993, 6(4): 197-219.

[32] Benyon D, Turner P D, Turner S D. Designing interactive systems: People, activities, contexts, technologies[J]. People Activities Contexts Technologies, 2005: 396-405.

[33] Benyon D. Navigating information space: Web site design and lessons from the built environment. PsychNology Journal, 2006, 4(1): 7-24.

[34] Berland M, Charniak E. Finding parts in very large corpora[C]//Proceedings of the 37th annual meeting of the Association for Computational Linguistics on Computational Linguistics. Association for Computational Linguistics, 1999: 57-64.

[35] Better Practice Checklists[OL]. [2016-07-18]. http://www.finance.gov.au/agimo-archive/better-practice-checklists/docs/BPC2.pdf.

[36] Bhattacherjee A. Understanding information systems continuance: An expectation-confirmation model[J]. MIS quarterly, 2001: 351-370.

[37] Bilal D. Perspectives on children's navigation of the World Wide Web: Does the type of search task make a difference?[J]. Online Information Review, 2002, 26(2): 108-117.

[38] Bizer C, Heath T, Berners-Lee T. Linked data: the story so far[J]. Semantic Services, Interoperability and Web Applications: Emerging Concepts, 2009: 205-227.

[39] Blackmon M H, Polson P G, Kitajima M, et al. Cognitive walkthrough for the web[C]//Proceedings of the SIGCHI Conference on Human Factors in Computing Systems. ACM, 2002: 463-470.

[40] Blei D, Ng A Y, Jordan M I. Latent dirichlet allocation[J]. Journal of Machine Learning Research, 2003(3): 993-1022.

[41] Blitzer J, Dredze M, Pereira F. Biographies, Bollywood, boom-boxes and blenders: Domain adaptation for sentiment classification[C]//ACL. 2007, 7: 440-447.

[42] Blum A, Mitchell T. Combining labeled and unlabeled data with co-training

[C]//Proceedings of the Eleventh Annual Conference on Computational Learning Theory. ACM,1998:92-100.

[43] Boguraev B K, Neff M S. Discourse segmentation in aid of document summarization[C]//Hawaii International Conference on System Sciences. IEEE,2000:3004-3004.

[44] Boguraev B, Kennedy C. Salience-based content characterisation of text documents[J]. Advances in Automatic Text Summarization,1999:99-110.

[45] Bollegala D T, Matsuo Y, Ishizuka M. Relational duality: Unsupervised extraction of semantic relations between entities on the web[C]//Proceedings of the 19th International Conference on World Wide Web. ACM,2010:151-160.

[46] Bollen J, Mao H, Zeng X. Twitter mood predicts the stock market[J]. Journal of Computational Science,2011,2(1):1-8.

[47] Bolshakova E, Loukachevitch N, Nokel M. Topic models can improve domain term extraction[C]//European Conference on Information Retrieval. Springer, Berlin, Heidelberg,2013:684-687.

[48] Bordes A, Usunier N, Garcia-Duran A, et al. Translating embeddings for modeling multi-relational data[C]//Advances in Neural Information Processing Systems. 2013:2787-2795.

[49] Borgstedt P, Neyer B, Schewe G. Paving the road to electric vehicles-A patent analysis of the automotive supply industry[J]. Journal of Cleaner Production, 2017, 167, 75-87.

[50] Borsje J, Hogenboom F, Frasincar F. Semi-automatic financial events discovery based on lexico-semantic patterns[J]. International Journal of Web Engineering and Technology, 2010, 6(2):115-140.

[51] Bosca A, Bonino D, Pellegrino P. OntoSphere: More than a 3D ontology visualization tool[C]//Swap.2005:1-15.

[52] Botafogo R A, Rivlin E, Shneiderman B. Structural analysis of hypertexts: Identifying hierarchies and useful metrics[J]. ACM Transactions on Information Systems (TOIS),1992,10(2):142-180.

[53] Bouguila N, Ziou D. A countably infinite mixture model for clustering and fea-

ture selection[J].Knowledge & Information Systems,2012,33(2):351-370.

[54] Bouma G,Fahmi I,Mur J,et al. Using syntactic knowledge for QA[C]//Workshop of the Cross-Language Evaluation Forum for European Languages. Springer,Berlin,Heidelberg,2006:318-327.

[55] Bourigault D.Surface grammatical analysis for the extraction of terminological noun phrases[C]//Proceedings of the 14th Conference on Computational Linguistics-Volume 3.Association for Computational Linguistics,1992:977-981.

[56] Bouveyron C,Brunet-Saumard C.Model-based clustering of high-dimensional data: A review[J].Computational Statistics & Data Analysis,2014,71(1):52-78.

[57] Breck E,Choi Y,Cardie C.Identifying expressions of opinion in context[C]//IJCAI.2007,(7):2683-2688.

[58] Brin S, Page L. The anatomy of a large-scale hypertextual web search engine [J]. Computer Networks and ISDN Systems, 1998, 30(1-7):107-117.

[59] Brophy J, Bawden D.Is Google enough? Comparison of an Internet search engine with academic library resources[J]. Aslib Proceedings New Information Perspectives,2005, 57(6):498-512.

[60] Brown T.Thinking like a designer can transform the way you develop products,services,processes and even strategy[J].Harvard Business Review,2008,6:1-10.

[61] Brunswik E.Perception and the Representative Design of Psychological Experiments [M].Berkeley,CA: University of California Press,1956.

[62] Bunescu R C,Mooney R J.A shortest path dependency kernel for relation extraction[C]//Proceedings of the Conference on Human Language Technology and Empirical Methods in Natural Language Processing.Association for Computational Linguistics,2005:724-731.

[63] Bunescu R C,Pasca M.Using encyclopedic knowledge for named entity disambiguation[C]//EACL.2006,6:9-16.

[64] Cai K, Bu J, Chen C. An efficient user-oriented clustering of web search results[C]//International Conference on Computational Science. Springer, Ber-

lin, Heidelberg, 2005: 806 - 809.

[65] Cai Y, Cong G, Jia X, et al. Efficient algorithm for computing link-based similarity in real world networks[C]. IEEE International Conference on Data Mining. IEEE Computer Society, 2009:734 - 739.

[66] Campbell D J. Task complexity: A review and analysis[J]. Academy of Management Review, 1988, 13(1): 40 - 52.

[67] Carmel D, Chang M W, Gabrilovich E, et al. ERD'14: Entity recognition and disambiguation challenge[C]//ACM SIGIR Forum. ACM, 2014, 48(2): 63 - 77.

[68] Carpineto C, Osiński S, Romano G, et al. A survey of web clustering engines [J]. ACM Computing Surveys (CSUR), 2009, 41(3): 1 - 38.

[69] Carpineto C, Mizzaro S, Romano G, et al. Mobile information retrieval with search results clustering: Prototypes and evaluations[J]. Journal of the American Society for Information Science and Technology, 2009, 60(5): 877 - 895.

[70] Carpineto C, Osiński S, Romano G, et al. A survey of web clustering engines [J]. New York: ACM Computing Surveys (CSUR), 2009, 41(3): 17.

[71] Carpineto, Claudio, et al. Mobile information retrieval with search results clustering: Prototypes and evaluations[J]. Journal of the American Society for Information Science and Technology, 2009, 60(5): 877 - 895.

[72] Catledge L D, Pitkow J E. Characterizing browsing strategies in the World-Wide Web[J]. Computer Networks and ISDN systems, 1995, 27(6): 1065 - 1073.

[73] Chakrabarti S, Berg M, Dom B. Focused crawling: A new approach to topic-specific Web resource discovery[J]. Computer Networks, 1999, 31(11/16): 1623 - 1640.

[74] Chakrabarti S, Dom B, Indyk P. Enhanced hypertext categorization using hyperlinks[C]. Proceedings of ACM International Conference on Management of Data (SIGMOD - 98). 1998:307 - 318.

[75] Chang Q, Zhou M Q, Geng G H. PageRank and HITS-based web search [J]. Computer Technology Development, 2007, 18(7): 77 - 79.

[76] Chen C,Czerwinski M.Spatial ability and visual navigation: An empirical study[J].New Review of Hypermedia and Multimedia,1997,3(1):67-89.

[77] Chen C,Rada R.Interacting with hypertext: A meta-analysis of experimental studies[J].Human-Computer Interaction,1996,11(2):125-156.

[78] Chen C.Individual differences in a spatial-semantic virtual environment[J]. Journal of the American Society for Information Science,2000,51(6):529-542.

[79] Chen J, Safro I. Algebraic Distance on Graphs[J]. Siam Journal on Scientific Computing, 2011, 33(6):3468-3490.

[80] Chen S Y,Magoulas G D,Dimakopoulos D.A flexible interface design for Web directories to accommodate different cognitive styles.[J].Journal of the American Society for Information Science & Technology,2005,56(1):70-83.

[81] Chen Y N, Huang Y, Kong S Y, et al.Automatic key term extraction from spoken course lectures using branching entropy and prosodic/semantic features [C]//Spoken Language Technology Workshop (SLT).IEEE,2010:265-270.

[82] Chen Y X, Santamaria R, Butz A, et al. Tagclusters: Semantic aggregation of collaborative tags beyond tagclouds[C]//International Symposium on Smart Graphics. Springer, Berlin, Heidelberg, 2009:56-67.

[83] Chen Z, Zhang R, Xu T, et al. Emotional attitudes towards procrastination in people: A large-scale sentiment-focused crawling analysis[J]. Computers in Human Behavior, 2020, 110:106391.

[84] Cheng J, Zhou J, Qiu S. Fine-grained topic detection in news search results [C]//Proceedings of the 27th Annual ACM Symposium on Applied Computing.ACM,2012:912-917.

[85] Cho J, Garcia-Molina H, Page L. Reprint of: Efficient crawling through URL ordering[J]. Computer Networks, 2012, 56(18):3849-3858.

[86] Chou C,Lin H.The Effect of Navigation Map Types and Cognitive Styles on Learners' Performance in a Computer-Networked Hypertext Learning System [J].Journal of Educational Multimedia and Hypermedia,1998,7:151-76.

[87] Chu X, Ilyas I F, Krishnan S, et al. Data cleaning: Overview and emerging

challenges[C]//Proceedings of the 2016 International Conference on Management of Data. 2016: 2201-2206.

[88] Church K W. Word2Vec[J]. Natural Language Engineering, 2017, 23(1): 155-162.

[89] Ciccarese P, Ocana M, Clark T. Open semantic annotation of scientific publications using DOMEO[C]//Journal of Biomedical Semantics. BioMed Central, 2012, 3(1): 1-14.

[90] Ciccarese P, Soiland-Reyes S, Belhajjame K, et al. PAV ontology: Provenance, authoring and versioning[J]. Journal of Biomedical Semantics, 2013, 4(1): 1-22.

[91] Cimiano P, Hartung M, Ratsch E. Finding the appropriate generalization level for binary relations extracted from the Genia corpus[C]//Proceedings of the International Conference on Language Resources and Evaluation (LREC). 2006:1-6.

[92] Cimiano P, Hotho A, Staab S. Learning Concept Hierarchies from Text Corpora using Formal Concept Analysis[J]. Journal of Artificial Intelligence Resource (JAIR), 2005, 24: 305-339.

[93] Cimiano P, Völker J. Text2Onto. Natural language processing and information systems[C]//10th International Conference on Applications of Natural Language to Information Systems, NLDB. 2005: 15-17.

[94] Clancey W J. The epistemology of a rule-based expert system—a framework for explanation[J]. Artificial Intelligence, 1983, 20(3): 215-251.

[95] CNKI, URL[OL].[2020-11-5].https://zh.wikipedia.org/wiki/CNKI.

[96] Cohen J D. Highlights: Language-and domain-independent automatic indexing terms for abstracting[J]. Journal of the American Society for Information Science, 1995, 46(3): 162-174.

[97] Collier N, Nobata C, Tsujii J. Extracting the names of genes and gene products with a hidden Markov model[C]//Proceedings of the 18th Conference on Computational Linguistics-Volume 1. Association for Computational Linguistics, 2000: 201-207.

[98] Connaway LS,Dickey T J,Radford M L.If it is too inconvenient I'm not going after it: Convenience as a critical factor in information-seeking behaviors[J]. Library & Information Science Research,2011,33(3):179-190.

[99] Conrado M S, Pardo T A S, Rezende S O. The main challenge of semi-automatic term extraction methods[M]//Natural Language Processing and Cognitive Science. De Gruyter, 2015: 49-62.

[100] Conrado M S,Pardo T A S,Rezende S O.Exploration of a rich feature set for automatic term extraction[C]//Mexican International Conference on Artificial Intelligence.Springer,Berlin,Heidelberg,2013: 342-354.

[101] Conroy J M, O'leary D P. Text summarization via hidden Markov models [C]//Proceedings of the 24th Annual International ACM SIGIR Conference on Research and Development in Information retrieval. ACM, 2001: 406-407.

[102] Constantin A, Peroni S, Pettifer S, et al. The document components ontology (DoCO)[J]. Semantic Web, 2016, 7(2): 167-181.

[103] Cortes C, Vapnik V. Support-Vector Networks[J]. Machine Learning, 1995, 20(3):273-297.

[104] Correa A S, de Souza R M, da Silva F S C. Towards an automated method to assess data portals in the deep web[J]. Government Information Quarterly, 2019, 36(3): 412-426.

[105] Costa E,Ferreira R,Brito P,et al.A framework for building web mining applications in the world of blogs: A case study in product sentiment analysis [J].Expert Systems with Applications,2012,39(5): 4813-4834.

[106] Costa M, Gomes D, Silva M J. The evolution of web archiving[J]. International Journal on Digital Libraries, 2017, 18(3): 191-205.

[107] Cover T M, Hart P E. Nearest neighbor pattern classification[J]. IEEE Transactions on Information Theory, 1967, 13(1): 21-27.

[108] Cover T M, Thomas J A. Elements of Information Theory, Second Edition [J]. Cognitive Science-A Multidisciplinary Journal, 2005, 3(3):177-212.

[109] Crabtree D,Gao X,Andreae P.Improving web clustering by cluster selection

[C]//Proceedings of the 2005 IEEE/WIC/ACM International Conference on Web Intelligence.IEEE Computer Society,2005:172-178.

[110] Csikszentmihalyi M,Geirland J.Go with the flow[J].Wired Magazine,1996,4(9):47-49.

[111] Cunha I D,Fernández S,Morales P V,et al.A New Hybrid Summarizer Based on Vector Space Model, Statistical Physics and Linguistics[M]//MICAI 2007: Advances in Artificial Intelligence.Springer,Berlin,Heidelberg,2007: 872-882.

[112] Curry E,O'Donnell J,Corry E,et al.Linking building data in the cloud: Integrating cross-domain building data using linked data[J].Advanced Engineering Informatics,2013,27(2):206-219.

[113] d'Aquin M, Schlicht A, Stuckenschmidt H, Sabou M. Criteria and valuation for ontology modularization techniques [M]. Modular Ontologies.Springer, Berlin, Heidelberg, 2009:67-89.

[114] D2RQ: Accessing Relational Databases as Virtual RDF Graphs.[2014-10-10].http://d2rq.org/

[115] Da Silva N F F,Hruschka E R,Hruschka E R.Tweet sentiment analysis with classifier ensembles[J].Decision Support Systems,2014,66:170-179.

[116] Dagan I,Church K.Termight: Identifying and translating technical terminology[C]//Proceedings of the Fourth Conference on Applied Natural Language Processing.Association for Computational Linguistics,1994:34-40.

[117] Daille B.Study and implementation of combined techniques for automatic extraction of terminology[J].The Balancing Act: Combining Symbolic and Statistical Approaches to Language,1996,1:49-66.

[118] De Bra P M E, Post R D J. Information Retrieval in the World-Wide Web: Making client-based searching feasible[J]. Computer Networks and ISDN Systems, 1994, 27(2):183-192.

[119] de Carvalho Moura A M,Cavalcanti M C.A multi-ontology approach to annotate scientific documents based on a modularization technique[J].Journal of Biomedical Informatics,2015,(58):208-219.

[120] De Knijff J, Frasincar F, Hogenboom F. Domain taxonomy learning from text: The subsumption method versus hierarchical clustering[J]. Data & Knowledge Engineering,2013,83: 54-69.

[121] Dell Zhang, Yisheng Dong. Semantic, hierarchical, online clustering of web search results[A]//Xuemin Lin, Hongjun Lu, Yanchun Zhang, et al. Advanced Web Technologies and Applications. Springer, Berlin, Heidelberg, 2004: 69-78.

[122] Dempster A P, Laird N M, Rubin D B. Maximum likelihood from incomplete data via the EM algorithm (with discussion) [J]. Journal of the Royal Statistical Society, y. Series B (Methodological),1977,39(1):1-38.

[123] Desimone R, Duncan J. Neural mechanisms of selective visual attention[J]. Annual Review of Neuroscience,1995,18(18):193-222.

[124] Di Giacomo E, Didimo W, Grilli L, et al. Graph visualization techniques for web clustering engines [J]. Visualization and Computer Graphics, 2007, 13(2):294-304.

[125] Di Iorio A, Nuzzolese A G, Peroni S, et al. Describing bibliographic references in RDF[C]//SePublica. 2014: 1-12.

[126] Di Marco A, Navigli R. Clustering web search results with maximum spanning trees[C]//AI * IA 2011: Artificial Intelligence Around Man and Beyond. Berlin: Springer,2011: 201-212.

[127] Dietz E, Vandic D, Frasincar F. Taxolearn: A semantic approach to domain taxonomy learning[C]//Web Intelligence and Intelligent Agent Technology (WI-IAT),2012 IEEE/WIC/ACM International Conferences on. IEEE,2012, 1: 58-65.

[128] Ding Y, Embley D W, Liddle S W. Automatic creation and simplified querying of semantic web content: An approach based on information-extraction ontologies[C]//Asian Semantic Web Conference. Springer, Berlin, Heidelberg, 2006: 400-414.

[129] Dligach D, Miller T, Lin C, et al. Neural temporal relation extraction[C]. Proceedings of the 15th Conference of the European Chapter of the Associa-

tion for Computational Linguistics: Volume 2, Short Papers. 2017: 746 - 751.

[130] Dooley J M, Farrell K S, Kim T, et al. Developing web archiving metadata best practices to meet user needs[J]. Journal of Western Archives, 2017, 8(2): 1-15.

[131] Dufresne A, Turcotte S. Cognitive style and its implications for navigation strategies[J]. Artificial Intelligence in Education: Knowledge and Media in Learning Systems, 1997: 287-293.

[132] Earl L L. Experiments in automatic extracting and indexing[J]. Information Storage and Retrieval, 1970, 6(4): 313-330.

[133] Edmundson H P. New methods in automatic extracting[J]. Journal of the ACM, 1969, 16(2): 264-285.

[134] Ekman P. All emotions are basic[M]. In the Nature of Emotion: Fundamental Questions, Oxford University Press, 1994: 15-19.

[135] Elankavi R, Kalaiprasath R, Udayakumar D R. A fast clustering algorithm for high-dimensional data[J]. International Journal of Civil Engineering and Technology (IJCIET), 2017, 8(5): 1220-1227.

[136] Elkan C. Clustering documents with an exponential-family approximation of the Dirichlet compound multinomial distribution[A]. In: Proceedings of the 23rd International Conference on Machine Learning[C]. New York, USA, 2006: 289-296.

[137] Elman J L. Finding structure in time[J]. Cognitive Science, 14(2), 179-211.

[138] Elsner M, Charniak E. Coreference-inspired Coherence Modeling[J]. In the Association for Computational Linguistics, 2012: 41-44.

[139] EnderleW. The integration of Internet resources into a library's special subject services-the example of the history guide of the state and University Library of Goettingen[J]. LIBER Quarterly. 2000, 10(3): 342-366.

[140] Enguehard C, Pantera L. Automatic natural acquisition of a terminology[J]. Journal of Quantitative Linguistics, 1995, 2(1): 27-32.

[141] Ericsson K A,Simon H A.Verbal reports as data[J].Psychological Review,1980,87(3):215.

[142] Erkan G,Radev D R.LexRank: Graph-based Lexical Centrality as Salience in Text Summarization[J].Journal of Qiqihar Junior Teachers College,2010,22:2004.

[143] Etzioni O,Cafarella M,Downey D,et al.Web-scale information extraction in knowitall:(preliminary results)[C]//Proceedings of the 13th International Conference on World Wide Web.ACM,2004:100-110.

[144] Eveland W P,Dunwoody S.Users and navigation patterns of a science World Wide Web site for the public[J].Public Understanding of Science,1998,7(4):285-311.

[145] Faloutsos C, McCurley K S, Tomkins A. Fast discovery of connection subgraphs[C].Proceedings of The Tenth ACM SIGKDD International Conference on Knowledge Discovery and Data Mining. ACM, 2004:118-127.

[146] Fan M,Zhao D,Zhou Q,et al.Distant supervision for relation extraction with matrix completion[C]//Proceedings of the 52nd Annual Meeting of the Association for Computational Linguistics.2014,1:839-849.

[147] Fang H,Lu W,Wu F,et al.Topic aspect-oriented summarization via group selection[J].Neurocomputing,2015,149:1613-1619.

[148] Fattah M A,Ren F.GA,MR,FFNN,PNN and GMM based models for automatic text summarization[J].Computer Speech & Language,2009,23(1):126-144.

[149] Fattah M A. A novel statistical feature selection approach for text categorization[J]. Journal of Information Processing Systems, 2017, 13(5):1397-1409.

[150] Fattah M A.A hybrid machine learning model for multi-document summarization[J].Applied Intelligence,2014,40(4):592-600.

[151] Fei Wang,Yueming Lu,Fangwei Zhang,et al.A new method based on fuzzy c-means algorithm for search results clustering[A]//Yuyu Yuan,Xu Wu,Yueming Lu.Trustworthy Computing and Services.Berlin:Springer Berlin

Heidelberg,2013: 263-270.

[152] Fernández-López M. Overview of methodologies for building ontologies[C]//IJCAI99 Workshop on Ontologies and Problem-Solving Methods: Lessons Learned and Future Trends. 1999, 430(4):1-13.

[153] Ferragina P, Scaiella U. Tagme: On-the-fly annotation of short text fragments (by Wikipedia entities)[C]//Proceedings of the 19th ACM International Conference on Information and Knowledge Management. 2010: 1625-1628.

[154] Ferreira R, Cabral L D S, Freitas F, et al. A multi-document summarization system based on statistics and linguistic treatment[J]. Expert Systems with Applications,2014,41(13):5780-5787.

[155] Ford N, Chen S Y. Individual differences, hypermedia navigation, and learning: An empirical study[J]. Journal of Educational Multimedia and Hypermedia,2000,9(4): 281-312.

[156] Ford N, Chen S Y. Matching/mismatching revisited: An empirical study of learning and teaching styles[J]. British Journal of Educational Technology, 2001,32(1): 5-22.

[157] Ford N, Miller D. Gender differences in Internet perceptions and use[C]//Aslib Proceedings. Aslib,1996,48(7-8): 183-192.

[158] Fouss F, Pirotte A, Renders J M, et al. Random-walk computation of similarities between nodes of a graph with application to collaborative recommendation[J]. IEEE Transactions on Knowledge & Data Engineering, 2007, 19(3):355-369.

[159] Frantzi K T, Ananiadou S, Tsujii J. The c-value/nc-value method of automatic recognition for multi-word terms[C]//International Conference on Theory and Practice of Digital Libraries. Springer, Berlin, Heidelberg, 1998: 585-604.

[160] Frantzi K, Ananiadou S. Automatic term recognition using contextual cues [C]//Proceedings of 3rd DELOS Workshop,1997: 1-8.

[161] Frantzi K, Ananiadou S, Mima H. Automatic recognition of multi-word

terms: The c-value/nc-value method[J]. International Journal on Digital Libraries,2000,3(2): 115-130.

[162] Fred A L N,Jain A K.Combining multiple clustering using evidence accumulation[J].Pattern Analysis and Machine Intelligence,2005,27(6): 835-850.

[163] Frias-Martinez E,Chen S Y,Macredie R D,et al.The role of human factors in stereotyping behavior and perception of digital library users: A robust clustering approach[J]. User Modeling and User-Adapted Interaction, 2007, 17(3): 305-337.

[164] Fuentes M,Alfonseca E,Rodríguez H.Support vector machines for query-focused summarization trained and evaluated on pyramid data[C]//Proceedings of the 45th Annual Meeting of the ACL on Interactive Poster and Demonstration Sessions.Association for Computational Linguistics,2007: 57-60.

[165] Fukushima K. Neocognitron: A self-organizing neural network model for a mechanism of pattern recognition unaffected by shift in position[J].Biological Cybernetics, 1980, 36 (4): 193-202.

[166] Galea L A M,Kimura D.Sex differences in route-learning[J].Personality and Individual Differences,1993,14(1): 53-65.

[167] Gangemi A, Peroni S, Shotton D, et al. The publishing workflow ontology (PWO)[J]. Semantic Web, 2017, 8(5): 703-718.

[168] García-Díaz J A, Cánovas-García M, Valencia-García R. Ontology-driven aspect-based sentiment analysis classification: An infodemiological case study regarding infectious diseases in Latin America[J]. Future Generation Computer Systems, 2020, 112: 641-657.

[169] Gelbukh A,Sidorov G,Lavin-Villa E,et al.Automatic term extraction using log-likelihood based comparison with general reference corpus[J]. Natural Language Processing and Information Systems,2010: 248-255.

[170] Gerald W,Angela J.Intute:a british online gateway to slavic and east european resources[J].Slavic & East European Information Resources,2009,10: 267-275.

[171] Getoor L, Segal E, Taskar B, et al. Probabilistic models of text and link

structure for hypertext classification[C]//IJCAI Workshop on Text Learning: Beyond Supervision. 2001: 321-374.

[172] Ghiassi M, Skinner J, Zimbra D. Twitter brand sentiment analysis: A hybrid system using n-gram analysis and dynamic artificial neural network[J]. Expert Systems with Applications, 2013, 40(16): 6266-6282.

[173] Girju R, Badulescu A, Moldovan D. Learning semantic constraints for the automatic discovery of part-whole relations[C]//Proceedings of the 2003 Conference of the North American Chapter of the Association for Computational Linguistics on Human Language Technology-Volume 1. Association for Computational Linguistics, 2003: 1-8.

[174] Giunchiglia F, Zaihrayeu I. Lightweight ontologies[M]//Encyclopedia of Database Systems. Springer US, 2009: 1613-1619.

[175] Goble C, De Roure D, Bechhofer S. Accelerating scientists' knowledge turns[C]//International Joint Conference on Knowledge Discovery, Knowledge Engineering, and Knowledge Management. Springer, Berlin, Heidelberg, 2011: 3-25.

[176] Goldwater, Sharon, Thomas L. Griffiths, and Mark Johnson. A Bayesian framework for word segmentation: Exploring the effects of context[J]. Cognition, 2009, 112: 21-54.

[177] Gonçalves P N, Rino L, Vieira R. Summarizing and referring: Towards cohesive extracts. [C]//ACM Symposium on Document Engineering, Sao Paulo, Brazil, September. 2008: 253-256.

[178] Gong X, Ke W, Khare R. Studying scatter/gather browsing for web search[C]//Proceedings of the American Society for Information Science and Technology, 2012, 49(1): 1-4.

[179] Gong Y, Liu X. Generic text summarization using relevance measure and latent semantic analysis[C]//Proceedings of the 24th Annual International ACM SIGIR Conference on Research and Development in Information Retrieval. ACM, 2001: 19-25.

[180] Gow, Earle. AARLIN: An australian approach to managing e-collection access

[J]. IATUL Annual Conference Proceedings, 2004, 14: 1-11.

[181] Gray S H, Shasha D. To link or not to link? Empirical guidance for the design of nonlinear text systems[J]. Behavior Research Methods, Instruments, & Computers, 1989, 21(2): 326-333.

[182] Gruber A, Weiss Y, Rosen-Zvi M. Hidden topic markov models[C]//International Conference on Artificial Intelligence and Statistics. 2007: 163-170.

[183] Gruber T R. A translation approach to portable ontology specifications[J]. Knowledge Acquisition, 1993, 5(2): 199-220.

[184] Gulla J A, Brasethvik T, Kvarv G S. Association rules and cosine similarities in ontology relationship learning[C]//International Conference on Enterprise Information Systems. Springer, Berlin, Heidelberg, 2008: 201-212.

[185] Guo P J, Reinecke K. Demographic differences in how students navigate through MOOCs[C]//Proceedings of the First ACM Conference on Learning @ Scale Conference. ACM, 2014: 21-30.

[186] Guo S, Chang M W, Kiciman E. To Link or Not to Link? A Study on End-to-End Tweet Entity Linking[C]//Proceedings of NAACL-HLT. 2013: 1020-1030.

[187] Guo Y, Silins I, Stenius U, et al. Active learning-based information structure analysis of full scientific articles and two applications for biomedical literature review[J]. Bioinformatics, 2013, 29(11): 1440-1447.

[188] Han X, Sun L, Zhao J. Collective entity linking in web text: A graph-based method[C]//Proceedings of the 34th International ACM SIGIR Conference on Research and Development in Information Retrieval. ACM, 2011: 765-774.

[189] Harabagiu S, Lacatusu F. Topic themes for multi-document summarization [C]//Proceedings of the 28th Annual International ACM SIGIR Conference on Research and Development in Information Retrieval. New York: ACM, 2005: 202-209.

[190] Harrison A W, Rainer R K. The influence of individual differences on skill in end-user computing.[J]. Journal of Management Information Systems, 1992,

9(1):93-112.

[191] Hasegawa T, Sekine S, Grishman R. Discovering relations among named entities from large corpora[C]//Proceedings of the 42nd Annual Meeting of the Association for Computational Linguistics (ACL-04). 2004:415-422.

[192] Haslhofer B, schandl B. The OAI2LOD Server: Exposing OAI-PMH metadata as linked data.[2014-10-10]. http://eprints.cs.univie.ac.at/284/1/lod-ws2008.pdf

[193] Hatzivassiloglou V, McKeown K R. Predicting the semantic orientation of adjectives[C]//Proceedings of the Eighth Conference on European chapter of the Association for Computational Linguistics. Association for Computational Linguistics,1997:174-181.

[194] Haustein S, Costas R, Larivie're V. (2015). Characterizing social media metrics of scholarly papers:The effect of document properties and collaboration patterns. PLoS ONE,10(3), e0120495.

[195] He Q, Kifer D, Pei J, et al. Citation recommendation without author supervision[C]//Proceedings of the Fourth ACM International Conference on Web Search and Data Mining. ACM,2011:755-764.

[196] He Z, Zhou Z, Gan L, et al. Chinese entity attributes extraction based on bidirectional LSTM networks[J]. International Journal of Computational Science and Engineering, 2019, 18(1):65-71.

[197] Hearst M A. Automatic acquisition of hyponyms from large text corpora[C]//Proceedings of the 14th Conference on Computational Linguistics-Volume 2. Association for Computational Linguistics,1992:539-545.

[198] Heath T, Bizer C. Linked data: Evolving the web into a global data space[J]. Synthesis lectures on the semantic web: Theory and technology,2011,1(1): 1-136.

[199] Hecht-Nielsen R. Kolmogorov's mapping neural network existence theorem [J]. Proceedings of the International Conference on Neural Networks, 1987, 3,11-13.

[200] Hellinger E. Neue Begründung der Theorie quadratischer Formen von un-

endlichvielen Veränderlichen[J].Journal für die reine und angewandte Mathematik,1909,136:210-271.

[201] Henzinger M R. Hyperlink analysis for the Web[J], IEEE Internet Computing, 2001, 5(1):45-50.

[202] Herman G.Weller,Judi Repman,Gene E.Rooze.The relationship of learning, behavior,and cognitive style in hypermedia-based instruction:Implications for design of HBI[J].Computers in the Schools,1995,10(3-4):401-420.

[203] Herring S D. Use of Electronic Resources in Scholarly Electronic Journals: A Citation Analysis[J].College & Research Libraries,2002,63(4):334-340.

[204] Hersovici M, Jacovi M, Maarek Y S, et al. The shark-search algorithm. An application: tailored web site mapping[J]. Computer Networks and ISDN Systems, 1998, 30(1-7):317-326.

[205] Hjelm H,Volk M.Cross-language ontology learning[M]//Ontology Learning and Knowledge Discovery Using the Web: Challenges and Recent Advances. IGI Global,2011:272-297.

[206] Hochreiter S, Schmidhuber J. Long Short-Term Memory[J]. Neural Computation, 1997, 9(8):1735-1780.

[207] Hoffman D L,Novak T P.Marketing in hypermedia computer-mediated environments: Conceptual foundations[J].The Journal of Marketing,1996:50-68.

[208] Hollingsworth B, Lewin I, Tidhar D. Retrieving hierarchical text structure from typeset scientific articles-a prerequisite for e-science text mining[C]// Proceedings of the 4th UK E-Science All Hands Meeting.2005:267-273.

[209] Hollink V,van Someren M,Wielinga B J.Navigation behavior models for link structure optimization[J]. User Modeling and User-Adapted Interaction, 2007,17(4):339-377.

[210] Hölscher C,Strube G.Web search behavior of Internet experts and newbies [J].Computer Networks,2000,33(1):337-346.

[211] Hoogenboom B J,Manske R C.How to write a scientific article[J].International Journal of Sports Physical Therapy,2012,7(5):512-517.

[212] Hopfield J J. Neural networks and physical systems with emergent collective computational abilities. Proceedings of the National Academy of Sciences, 1982,79(8):2554-2558.

[213] Hoxha J,Jiang G,Weng C.Automated learning of domain taxonomies from text using background knowledge[J]. Journal of Biomedical Informatics, 2016,63: 295-306.

[214] Hsieh-Yee I.Search tactics of Web users in searching for texts,graphics, known items and subjects: A search simulation study[J].The Reference Librarian,1998,28(60): 61-85.

[215] http://getutopia.com.

[216] http://purl.org/pav/.

[217] http://wiki.dbpedia.org/.

[218] http://www.keenage.com/.

[219] http://www.mendeley.com.

[220] http://www.openannotation.org/spec/core/.

[221] https://code.google.com/archive/p/annotation-ontology/.

[222] https://doi.org/10.6084/m9.figshare.3443876.

[223] Hu X,Sun N,Zhang C,et al.Exploiting internal and external semantics for the clustering of short texts using world knowledge[C]//Proceedings of the 18th ACM Conference on Information and Knowledge Management.ACM, 2009: 919-928.

[224] Hu X,Tang J,Gao H,et al.Unsupervised sentiment analysis with emotional signals[C]//Proceedings of the 22nd International Conference on World Wide Web.ACM,2013: 607-618.

[225] Zeng H J, He Q C, Chen Z,et al.Learning to cluster web search results [C]//Proceedings of the 27th Annual International ACM SIGIR Conference on Research and Development in Information Retrieval. New York: ACM, 2004: 210-217.

[226] Huang R,Yu G,Wang Z J.Dirichlet process mixture model for document clustering with feature partition[J].IEEE Transactions on Knowledge & Da-

ta Engineering,2012,99(8):1748-1759.

[227] Hubel D H,Wiesel T N.Receptive fields binocular interaction and functional architecture in the cat's visual cortex.Journal of Physiology,1962,160(1):106-154.

[228] Husek d,Pokorny J,Rezankova H,et al.Data clustering:From documents to the web[J].Web Data Management Practices:Emerging Techniques and Technologies,2006(2):1-33.

[229] IMF:Linked Media Framework.[2014-10-10].http://code.google.com/p/lmf/

[230] Inderjit S.Dhillon,Dharmendra S.Modha.Concept decompositions for large sparse text data using clustering[A].In:Machine Learning[C].Springer,2001:143-175.

[231] Ion Juvina, Herre van Oostendorp. Individual differences and behavioral metrics involvedin modeling web navigation[J].Universal Access in the Information Society,2006(4):258-269.

[232] Ittoo A,Bouma G.Term extraction from sparse,ungrammatical domain-specific documents[J].Expert Systems with Applications,2013,40(7):2530-2540.

[233] Izard C E. Emotion theory and research:Highlights, unanswered questions, and emerging issues[J].Annual Review of Psychology,2009,60:1-25.

[234] Jabbar A, Iqbal S, Tamimy M I, et al. Empirical evaluation and study of text stemming algorithms[J]. Artificial Intelligence Review, 2020, 53(8):5559-5588.

[235] Jain A K,Duin R P W,Mao J.Statistical pattern recognition:A review[J]. IEEE Transactions on Pattern Analysis & Machine Intelligence, 2000, 22(1):4-37.

[236] JAIN A, PENNACCHIOTTI M. Open entity extraction from web search query logs[C]//Proceedings of the 23rd International Conference on Computational Linguistics. Stroudsburg, PA:ACL, 2010:510-518.

[237] Janruang J,Kreesuradej W.A new web search result clustering based on true

common phrase label discovery[C]//Computational Intelligence for Modeling, Control and Automation, 2006 and International Conference on Intelligent Agents, Web Technologies and Internet Commerce, International Conference on. New York: IEEE, 2006: 242 - 242.

[238] Jeh G, Widom J. SimRank: A measure of structural-context similarity[C]. Proceedings of the Eighth ACM SIGKDD International Conference on Knowledge Discovery and Data Mining. ACM, 2002:538 - 543.

[239] Ji S, Pan S, Cambria E, et al. A survey on knowledge graphs: Representation, acquisition, and applications[J]. IEEE Transactions on Neural Networks and Learning Systems, 2021:1 - 27.

[240] Jia Cheng, Jingyu Zhou, Shuang Qiu. Fine-grained topic detection in news search results[C]//Proceedings of the 27th Annual ACM Symposium on Applied Computing. New York: ACM, 2012: 912 - 917.

[241] Joachims T. Making Large-Scale Support Vector Machine Learning Practical [J]. Smola (Eds.), Advances in Kernel Methods-Support Vector Learning, 2015:169 - 184.

[242] John G H, Kohavi R, Pfleger K. Irrelevant features and the subset selection problem [M]//Machine Learning Proceedings 1994. Morgan Kaufmann, 1994: 121 - 129.

[243] Jones P A, Paice C D. A 'select and generate' approach to automatic abstracting[M]//14th Information Retrieval Colloquium. Springer, London, 1993.

[244] Jordan M I. 1986. Serial order: A parallel distributed processing approach (Tech. Rep. No. 8604). San Diego: University of California, Institute for Cognitive Science.

[245] Judea A, Schütze H, Brügmann S. Unsupervised training set generation for automatic acquisition of technical terminology in patents[C]//The 25th International Conference on Computational Linguistics (COLING 2014), Dublin, Ireland, 2014: 290 - 300.

[246] Julien C A, Leide J E, Bouthillier F. Controlled user evaluations of information visualization interfaces for text retrieval: Literature review and meta-a-

nalysis[J]. Journal of the American Society for Information Science and Technology, 2008, 59(6): 1012-1024.

[247] Junze Wang, Yijun Mo, Benxiong Huang, et al. Web search results clustering based on a novel suffix tree structure[J]. Autonomic and Trusted Computing, 2008: 540-554.

[248] Justeson J S, Katz S M. Technical terminology: Some linguistic properties and an algorithm for identification in text[J]. Natural Language Engineering, 1995, 1(1): 9-27.

[249] Kagan V, Stevens A, Subrahmanian V S. Using twitter sentiment to forecast the 2013 pakistani election and the 2014 indian election[J]. IEEE Intelligent Systems, 2015, 30(1): 2-5.

[250] Kaikhah K. Automatic text summarization with neural networks[C]//IEEE International Conference on Intelligent Systems, Texas, USA, 2004: 40-44.

[251] Kambhatla N. Combining lexical, syntactic, and semantic features with maximum entropy models for information extraction[C]//Proceedings of the ACL Interactive Poster and Demonstration Sessions, 2004: 178-181.

[252] Kanathey K, Thakur R S, Jaloree S. Ranking of web pages using aggregation of page rank and hits algorithm[J]. International Journal of Advanced Studies in Computers, Science and Engineering, 2018, 7(2): 17-22.

[253] Kandogan E, Shneiderman B. Elastic windows: A hierarchical multi-window World-Wide Web browser[C]//Proceedings of the 10th Annual ACM Symposium on User Interface Software and Technology. ACM, 1997: 169-177.

[254] Kang Y B, Haghigh P D, Burstein F. TaxoFinder: A graph-based approach for taxonomy learning[J]. IEEE Transactions on Knowledge and Data Engineering, 2016, 28(2): 524-536.

[255] Kaplan A M, Haenlein M. Higher education and the digital revolution: About MOOCs, SPOCs, social media, and the Cookie Monster[J]. Business Horizons, 2016, 59(4): 441-450.

[256] Kaplan F. A map for big data research in digital humanities[J]. Frontiers in Digital Humanities, 2015, 2: 1-7.

[257] Kataria S, Mitra P, Caragea C, et al. Context sensitive topic models for author influence in document networks[C]//IJCAI Proceedings-International Joint Conference on Artificial Intelligence. 2011, 22(3): 2274-2281.

[258] Katz M A, Byrne M D. Effects of scent and breadth on use of site-specific search on e-commerce Web sites[J]. ACM Transactions on Computer-Human Interaction (TOCHI), 2003, 10(3): 198-220.

[259] Kavalec M, Svaték V. A study on automated relation labelling in ontology learning[J]. Ontology learning from text: Methods, evaluation and applications, 2005 (123): 44-58.

[260] Kellar M, Watters C, Shepherd M. A field study characterizing Web-based information-seeking tasks[J]. Journal of the American Society for Information Science & Technology, 2007, 58(7): 999-1018.

[261] Kellar M, Watters C, Shepherd M. The impact of task on the usage of web browser navigation mechanisms [C]//Proceedings of Graphics Interface 2006. Canadian Information Processing Society, 2006: 235-242.

[262] Khabsa M, Giles C L. The number of scholarly documents on the public web [J]. PloS one, 2014, 9(5): e93949.

[263] KhapreS B M. Advancement in information foraging theory[J]. Intelligent Information Management, 2012, 4(6): 383-389.

[264] Khayyat Z, Ilyas I F, Jindal A, et al. Bigdansing: A system for big data cleansing[C]//Proceedings of the 2015 ACM SIGMOD International Conference on Management of Data. 2015: 1215-1230.

[265] Khurshid A, Gillman L, Tostevin L. Weirdness Indexing for Logical Document Extrapolation and Retrieval[C]//Proceedings of the Eighth Text Retrieval Conference (TREC-8). 2000.

[266] Kietz J U, Volz R, Maedche A. Extracting a domain-specific ontology from a corporate intranet[C]//Fourth Conference on Computational Natural Language Learning and the Second Learning Language in Logic Workshop. 2000: 1-8.

[267] Kim J S, Choi D O. Mapping Method for Design Digital Content of SCORM

Model-For a Content Design of Mind Humanities[J]. Journal of Korea Entertainment Industry Association,2012,6(1):34-43.

[268] Kim K S.Information-seeking on the Web: Effects of user and task variables [J].Library & Information Science Research,2001,23(3):233-255.

[269] Kim S N,Medelyan O,Kan M Y,et al.Semeval-2010 task 5:Automatic keyphrase extraction from scientific articles[C]//Proceedings of the 5th International Workshop on Semantic Evaluation.Association for Computational Linguistics,2010:21-26.

[270] Kim Y H,Chung Y M.An experimental study on feature selection using Wikipedia for text categorization[J].Journal of the Korean Society for Information Management,2012,29(2):155-171.

[271] Kipf T N,Welling M.Semi-supervised classification with graph convolutional networks[J].arXiv preprint.

[272] Kit C,Liu X.Measuring mono-word termhood by rank difference via corpus comparison[J].Terminology.International Journal of Theoretical and Applied Issues in Specialized Communication,2008,14(2):204-229.

[273] Kitajima M,Blackmon M H,Polson P G.A comprehension-based model of Web navigation and its application to web usability analysis[C].Proceedings of CHI2000,ACM Press,2000,357-373.

[274] Kleinberg J M.Authoritative sources in a hyperlinked environment[J].Journal of the ACM,1999,46(5):604-632.

[275] Klingbiel P H.Machine-aided indexing of technical literature[J].Information Storage and Retrieval,1973,9(2):79-84.

[276] Knowles D A,Ghahramani Z.Pitman-Yor diffusion trees[J].IEEE Transactions on Pattern Analysis & Machine Intelligence,2011,37(2):271-289.

[277] Ko Y,Seo J.An effective sentence-extraction technique using contextual information and statistical approaches for text summarization[J].Pattern Recognition Letters,2008,29(9):1366-1371.

[278] Koshman S,Spink A,Jansen B J.Web searching on the Vivisimo search engine[J].Journal of the American Society for Information Science and Tech-

nology,2006,57(14):1875-1887.

[279] Kousha K, Thelwall M, Rezaie S. Using the Web for research evaluation: The integrated online impact indicator[J]. Journal of Informetrics, 2010, 4(1):124-135.

[280] Kozakov L, Park Y, Fin T, et al. Glossary extraction and utilization in the information search and delivery system for IBM technical support[J]. IBM Systems Journal, 2004, 43(3):546-563.

[281] Kozareva Z, Hovy E. A semi-supervised method to learn and construct taxonomies using the web[C]//Proceedings of the 2010 Conference on Empirical Methods in Natural Language Processing. Association for Computational Linguistics, 2010:1110-1118.

[282] Krause S, Li H, Uszkoreit H, et al. Large-scale learning of relation-extraction rules with distant supervision from the web[J]. The Semantic Web-ISWC 2012:263-278.

[283] Kuang F, Xu W, Zhang S. A novel hybrid KPCA and SVM with GA model for intrusion detection[J]. Applied Soft Computing, 2014, 18(4):178-184.

[284] Kuo J J, Chen H H. Multidocument summary generation: using informative and event words[J]. ACM Transactions on Asian Language Information Processing, 2008, 7(1):1-23.

[285] Kupiec J, Pedersen J, Chen F. A trainable document summarizer[C]//International ACM SIGIR Conference on Research and Development in Information Retrieval. ACM, 1995:68-73.

[286] Kwanya T, et, al. Library 2.0 versus other library service models: A critical analysis[J]. Journal of Librarianship and Information Science, 2012, 44(3):145-162.

[287] Lafferty J, McCallum A, Pereira F C N. Conditional random fields: Probabilistic models for segmenting and labeling sequence data[C]//Proceedings of the Eighteenth International Conference on Machine Learning (ICML-2001),2001:282-289.

[288] Lammich P, Neumann R. A framework for verifying depth-first search algo-

rithms[C]//Proceedings of the 2015 Conference on Certified Programs and Proofs. 2015：137－146.

[289] Large A, Beheshti J, Rahman T. Design criteria for children's Web portals：The users speak out[J]. Journal of the American Society for Information Science and Technology, 2002, 53(2)：79－94.

[290] LeCun Y, Bottou L, Bengio Y, et al. Gradient-based learning applied to document recognition. Proceedings of the IEEE, 1998, 86 (11)：2278－2324.

[291] Lee C H. The effects of auditory cues in interactive multimedia and cognitive style on reading skills of third graders[J]. Unpublished Ed. D. Dissertation, University of Pittsburgh, USA, 1994：1－7.

[292] Lee L, Aw A, Zhang M, et al. Em-based hybrid model for bilingual terminology extraction from comparable corpora[C]//Proceedings of the 23rd International Conference on Computational Linguistics：Posters. Association for Computational Linguistics, 2010：639－646.

[293] Lee T, Wang Z, Wang H, et al. Attribute extraction and scoring：A probabilistic approach[C]//2013 IEEE 29th International Conference on Data Engineering (ICDE). IEEE, 2013：194－205.

[294] Lee, Benny P. H. Mutual knowledge, background knowledge and shared beliefs：Their roles in establishing common ground [J]. Journal of Pragmatics, 2001 (33)：21－44.

[295] Lenat D B. CYC：A large-scale investment in knowledge infrastructure[J]. Communications of the ACM, 1995, 38(11)：33－38.

[296] Leouski A, Allan J. Improving interactive retrieval by combining ranked list and clustering[C]//Proceedings of RIAO. 2000：665－681.

[297] Lewandowski D, Mayr P. Exploring the academic invisible web[J]. Library Hi Tech, 2006, 24 (4), 529－539.

[298] Li C, Xie Y, Luan X, et al. Automatic movie summarization based on the visual-audio features[C]//2014 IEEE 17th International Conference on Computational Science and Engineering (CSE). IEEE, 2015：1758－1761.

[299] Li G, Kou G. Aggregation of information resources on the invisible web

[C]//2009 Second International Workshop on Knowledge Discovery and Data Mining. IEEE,2009:773-776.

[300] Li M,Liang Z.Multinomial mixture model with feature selection for text clustering[J].Knowledge-Based Systems,2008,21(7):704-708.

[301] Li X Q, Jing S K, Yang H C, et al. Ontology-Based Knowledge Modeling for Power Source Subsystem of Satellite Fault Diagnosis[C]//Applied Mechanics and Materials. Trans Tech Publications Ltd, 2014, 456: 220-224.

[302] Li, J., Zha, H. Two-way Poisson mixture models for simultaneous document classification and word clustering[J].Computational Statistics and Data Analysis,2006,50(1): 163-180.

[303] Liang C, Yu Y, Jiang H, et al. BOND: BERT-assisted open-domain named entity recognition with distant supervision[C]//Proceedings of the 26th ACM SIGKDD International Conference on Knowledge Discovery & Data Mining. 2020: 1054-1064.

[304] Liang P, Petrov S, Jordan M I, et al. The infinite PCFG using hierarchical Dirichlet processes[C].In: Proceedings of the 2007 Joint Conference on Empirical Methods in Natural Language Processing and Computational Natural Language Learning[C].Prague,Czech Republic,2007:688-697.

[305] Liao S H. Expert System methodologies and Applications—a decade review from 1995 to 2004[J]. Expert Systems with Applications, 2005, 28(1): 93-103.

[306] Liben-Nowell D, Kleinberg J. The link-prediction problem for social networks[J]. Journal of the American Society for Information Science and Technology, 2007, 58(7): 1019-1031.

[307] Limayem M, Hirt S G, Cheung C M K. How habit limits the predictive power of intention: The case of information systems continuance[J]. MIS Quarterly, 2007: 705-737.

[308] Lin C Y.Rouge: A package for automatic evaluation of summaries[C]//Text Summarization Branches Out: Proceedings of the ACL-04 Workshop.2004: 74-81.

[309] Lin C Y. Training a selection function for extraction[C]//Proceedings of the Eighth International Conference on Information and Knowledge Management. ACM, 1999: 55-62.

[310] Lin Y, Liu Z, Sun M, et al. Learning entity and relation embeddings for knowledge graph completion[C]//Twenty-ninth AAAI Conference on Artificial Intelligence. 2015: 2181-2187.

[311] Linked Data. [OL]. [2014-10-8]. http://www.w3.org/DesignIssues/LinkedData.html

[312] Littman J, Chudnov D, Kerchner D, et al. API-based social media collecting as a form of web archiving[J]. International Journal on Digital Libraries, 2018, 19(1): 21-38.

[313] Liu W J, Du Y J. A novel focused crawler based on cell-like membrane computing optimization algorithm[J]. Neurocomputing, 2014, 123: 266-280.

[314] Liu W, Liu F, Wang D, et al. Extraction of event elements based on event ontology reasoning[C]//Asian Conference on Intelligent Information and Database Systems. Springer, Cham, 2015: 577-586.

[315] Liu X, Zhou Y, Wang Z. Recognition and extraction of named entities in online medical diagnosis data based on a deep neural network[J]. Journal of Visual Communication and Image Representation, 2019, 60: 1-15.

[316] Liu X, Gong Y, Xu W, et al. Document clustering with cluster refinement and model selection capabilities[A]. In: SIGIR 2002: Proceedings of the International ACM SIGIR Conference on Research and Development in Information Retrieval[C]. Tampere, Finland. 2002: 191-198.

[317] Liu X, Li Y, Wu H, et al. Entity Linking for Tweets[C]//Proceedings of the 51th Annual Meeting of the Association for Computational Linguistics. Association for Computational Linguistics. 2013: 1304-1311.

[318] Liu X, Song Y, Liu S, et al. Automatic taxonomy construction from keywords[C]//Proceedings of the 18th ACM SIGKDD International Conference on Knowledge Discovery and Data Mining. ACM, 2012: 1433-1441.

[319] Lloret E, Palomar M. Text summarisation in progress: A literature review

[J]. Artificial Intelligence Review,2012,37(1):1-41.

[320] Longo L,Barrett S,Dondio P.Information Foraging Theory as a Form of Collective Intelligence for Social Search[C].1st International Conference on Computational Collective Intelligence-Semantic Web,Social Networks and Multi-Agent Systems,2009:63-74.

[321] Lopes L,Fernandes P,Vieira R.Domain term relevance through tf-dcf[C]//Proceedings of the 2012 International Conference on Artificial Intelligence (ICAI 2012).2012:1001-1007.

[322] Lopez P,Romary L.HUMB:Automatic key term extraction from scientific articles in GROBID[C]//Proceedings of the 5th International Workshop on Semantic Evaluation.Association for Computational Linguistics,2010:248-251.

[323] Lord L.Infomine:Scholarly Internet resource collections[J].Choice,2006,43:76-78.

[324] Lossio-Ventura J A,Jonquet C,Roche M,et al.Biomedical term extraction:Overview and a new methodology[J].Information Retrieval Journal,2016,19(1-2):59-99.

[325] Lossio-Ventura J A,Jonquet C,Roche M,et al.Yet another ranking function for automatic multiword term extraction[C]//International Conference on Natural Language Processing.Springer International Publishing,2014:52-64.

[326] Lu X,Wang H,Wang J.Internet-based virtual computing environment (iVCE):Concepts and architecture[J].Science in China Series F:Information Sciences,2006,49(6):681-701.

[327] Luhn H P.The automatic creation of literature abstracts[J].IBM Journal of Research and Development,1958,2(2):159-165.

[328] Ma Y,Ba Z,Zhao Y,et al.Understanding and predicting the dissemination of scientific papers on social media:A two-step simultaneous equation modeling-artificial neural network approach[J].Scientometrics,2021:1-35.

[329] Macgregor S K.Hypermedia navigation profiles:Cognitive characteristics and

[329] information processing strategies[J].Journal of Educational Computing Research,1999,20(2):189-206.

[330] MacRoberts M H,MacRoberts B R.The negational reference:Or the art of dissembling[J].Social Studies of Science,1984:91-94.

[331] Madsen R E, Kauchak D, Elkan C. Modeling word burstiness using the Dirichlet distribution.[A].In:Machine Learning,Proceedings of the Twenty-Second International Conference[C].Bonn,Germany,2005:545-552.

[332] Maimunah S,Widyantoro D H,Sastramihardja H S. Co-citation & co-reference concepts to control focused crawler exploration[C]//Proceedings of the 2011 International Conference on Electrical Engineering and Informatics. IEEE,2011:1-7.

[333] Maiti S, Samanta D. Clustering web search results to identify information domain[M]//Emerging Trends in Computing and Communication. Springer, New Delhi, 2014:291-303.

[334] Mani I,Bloedorn E.Machine learning of generic and user-focused summarization[C]//AAAI/IAAI.1998:821-826.

[335] Marciniak M, Mykowiecka A. Terminology extraction from domain texts in polish[M]//Robert B,Lukasz S,Henryk R,et al.Intelligent Tools for Building a Scientific Information Platform. Springer, Berlin, Heidelberg, 2013: 171-185.

[336] Marcu D.Discourse trees are good indicators of importance in text[J].Advances in Automatic Text Summarization,1998:123-136.

[337] Marcu D.From discourse structures to text summaries[C]//Proceedings of the ACL.1997:82-88.

[338] Marinai S.Metadata extraction from PDF papers for digital library ingest [C]//2009 10th International Conference on Document Analysis and Recognition.IEEE,2009:251-255.

[339] Maron M E, Kuhns J L. On relevance, probabilistic indexing and information retrieval[J]. Journal of the ACM, 1960, 7(3):216-244.

[340] Marques E,Garcia A C,Ferraz I.RED:A model to analyze web navigation

patterns[C]//Workshop on Behavior-Based User Interface Customization (IUI/CADUI 2004),Maderia,Portugal.2004:1-4.

[341] Marrison D L,Frick M J.The effect of agricultural students' learning styles on academic achievement and their perceptions of two methods of instruction[J].Journal of Agricultural Education,1994,35(1):26-30.

[342] Martino, J P. A review of selected recent advances in technological forecasting[J].Technological Forecasting & Social Change, 2003, 70(8), 719-733.

[343] Marx M, Fuegi A. Reliance on science: Worldwide front-page patent citations to scientific articles[J]. Strategic Management Journal, 2020, 41(9): 1572-1594.

[344] Masłowska I.Phrase-based hierarchical clustering of web search results[M]. Springer, Berlin, Heidelberg,2003:555-562.

[345] Masumitsu K, Echigo T. Personalized video summarization using importance score[J]. Journal of IEICE, 2001, 84(8): 1848-1855.

[346] McCallum A, Nigam K. A comparison of event models for naive Bayes text classification[C]//AAAI-98 Workshop on Learning for Text Categorization. 1998, 752(1): 41-48.

[347] Mcculloch W S, Pitts W. A logical calculus of the ideas immanent in nervous activity[J]. The Bulletin of Mathematical Biophysics, 1943.

[348] McDonald R, Pereira F. Identifying gene and protein mentions in text using conditional random fields[J]. BMC Bioinformatics, 2005, 6(1): 1-7.

[349] McDonald S,Stevenson R J.Effects of text structure and prior knowledge of the learner on navigation in hypertext[J].Human Factors: The Journal of the Human Factors and Ergonomics Society,1998,40(1):18-27.

[350] Mcfadden D.Modeling the Choice of Residential Location[M]//Karlqvist A, et al,Spatial Interaction Theory and Planning Models.Cambridge,MA: Harvard University Press,1978:75-96.

[351] Mecca G,Raunich S,Pappalardo A.A new algorithm for clustering search results[J].Data & Knowledge Engineering,2007,62(3):504-522.

[352] Medelyan O.Computing lexical chains with graph clustering[C]//ACL 2007,

Proceedings of the, Meeting of the Association for Computational Linguistics, June 23 – 30, 2007, Prague, Czech Republic. 2007: 85 – 90.

[353] Medhat W, Hassan A, Korashy H. Sentiment analysis algorithms and applications: A survey[J]. Ain Shams Engineering Journal, 2014, 5(4): 1093 – 1113.

[354] Meij E, Weerkamp W, de Rijke M. Adding semantics to microblog posts[C]//Proceedings of the Fifth ACM International Conference on Web Search and Data Mining. ACM, 2012: 563 – 572.

[355] Meijer K, Frasincar F, Hogenboom F. A semantic approach for extracting domain taxonomies from text[J]. Decision Support Systems, 2014, 62: 78 – 93.

[356] Mejova Y, Srinivasan P. Exploring feature definition and selection for sentiment classifiers[C]//Fifth International AAAI Conference on Weblogs and Social Media. 2011: 546 – 549.

[357] Mendoza M, Bonilla S, Noguera C, et al. Extractive single-document summarization based on genetic operators and guided local search[J]. Expert Systems with Applications, 2014, 41(9): 4158 – 4169.

[358] Michael Reed W, Oughton J M. Computer experience and interval-based hypermedia navigation[J]. Journal of Research on Computing in Education, 1997, 30(1): 38 – 52.

[359] Mihalcea R, Tarau P. TextRank: Bringing order into texts[C]//Proceedings of the Conference on Empirical Methods in Natural Language Processing, 2004: 404 – 411.

[360] Mihalcea R. Language independent extractive summarization[C]//Proceedings of the ACL 2005 on Interactive Poster and Demonstration Sessions. Association for Computational Linguistics, 2005: 49 – 52.

[361] Milic-Frayling N, Jones R, Rodden K, et al. Smartback: Supporting users in back navigation[C]//Proceedings of the 13th International Conference on World Wide Web. ACM, 2004: 63 – 71.

[362] Miller C S, Remington R W. A computational model of Web navigation: Exploring interactions between hierarchical depth and link ambiguity[C]//Proceedings of the 6th Conference on Human Factors and the Web. 2000: 1 – 7.

[363] Miller C S, Remington R W. Modeling an opportunistic strategy for information navigation[C]//Proceedings of the Twenty-Third Conference of the Cognitive Science Society. 2001: 639-644.

[364] Miller C S, Remington R W. Modeling information navigation: Implications for information architecture[J]. Human-Computer Interaction, 2004, 19(3): 225-271.

[365] Milne D, Witten I H. Learning to link with Wikipedia[C]//Proceedings of the 17th ACM Conference on Information and Knowledge Management. ACM, 2008: 509-518.

[366] Mima H, Ananiadou S, Nenadic G, et al. A methodology for terminology-based knowledge acquisition and integration[C]//Proceedings of the 19th International Conference on Computational Linguistics-Volume 1. Association for Computational Linguistics, 2002: 1-7.

[367] Min B, Grishman R, Wan L, et al. Distant Supervision for Relation Extraction with an Incomplete Knowledge Base[C]//HLT-NAACL. 2013: 777-782.

[368] Mitra M, Buckley C, Salton G, et al. Automatic text structuring and summarization.[J]. Information Processing & Management: An International Journal, 1997, 33(2): 193-207.

[369] Mizumoto K, Yanagimoto H, Yoshioka M. Sentiment analysis of stock market news with semi-supervised learning[C]//Computer and Information Science (ICIS), 2012 IEEE/ACIS 11th International Conference on. IEEE, 2012: 325-328.

[370] Mo J, Yang Q, Zhang N, et al. A review on agro-industrial waste (AIW) derived adsorbents for water and wastewater treatment[J]. Journal of Environmental Management, 2018, 227: 395-405.

[371] Modica G, Gal A, Jamil H M. The use of machine-generated ontologies in dynamic information seeking[C]//Cooperative Information Systems. Springer, Berlin, Heidelberg, 2001: 433-447.

[372] Mohageg M F. The influence of hypertext linking structures on the efficiency of information retrieval[J]. Human Factors: The Journal of the Human Fac-

tors and Ergonomics Society,1992,34(3):351-367.

[373] Montoya F G, Alcayde A, Baños R, et al. A fast method for identifying worldwide scientific collaborations using the Scopus database[J]. Telematics and Informatics, 2018, 35(1):168-185.

[374] Moraes R, Valiati J O F, Neto W P G O. Document-level sentiment classification: An empirical comparison between SVM and ANN[J]. Expert Systems with Applications,2013,40(2):621-633.

[375] Moreno A, Isern D, Fuentes A C L. Ontology-based information extraction of regulatory networks from scientific articles with case studies for escherichia coli[J]. Expert Systems with Applications,2013,40(8):3266-3281.

[376] Mori T. Information gain ratio as term weight: The case of summarization of IR results. [C]//International Conference on Computational Linguistics. 2002:1-7.

[377] Moyle M, Cockburn A. The design and evaluation of a flick gesture for 'back' and 'forward' in web browsers[C]//Proceedings of the Fourth Australasian User Interface Conference on User Interfaces 2003-Volume 18. Australian Computer Society, Inc.,2003:39-46.

[378] Murray G, Renals S, Carletta J, et al. Evaluating automatic summaries of meeting recordings[C]//Proceedings of the ACL 2005 Workshop on Intrinsic and Extrinsic Evaluation Measures for MT and/or Summarization (MTSE). Ann Arbor.2005:33-40.

[379] Nakagawa H, Mori T. Automatic term recognition based on statistics of compound nouns and their components[J]. Terminology,2003,9(2):201-219.

[380] Nardi B A, Schiano D J, Gumbrecht M, et al. Why we blog[J]. Communications of the ACM,2004,47(12):41-46.

[381] Nature Research, Allin K. Open Access: The Future of Academic Publishing-Librarian Opinions, 2017[DS/OL]. figshare, 2018.[2021-11-15]. https://figshare.com/articles/Open_access_the_future_of_academic_publishing_librarian_opinions_2017/5783232.

[382] Nature S, Emery C, Pyne R, et al. The OA Effect: How Does Open Access

Affect the Usage of Scholarly Books? [J/OL]. figshare, 2017. [2021 - 11 - 15]. https://figshare.com/articles/journal_contribution/The_OA_effect_How_does_open_access_affect_the_usage_of_scholarly_books_/5559280/1.

[383] Navarro-Prieto R, Scaife M, Rogers Y. Cognitive strategies in web searching [C]//Proceedings of the 5th Conference on Human Factors & the Web. 1999: 43 - 56.

[384] Navigli R, Crisafulli G. Inducing word senses to improve web search result clustering[C]//Proceedings of the 2010 Conference on Empirical Methods in Natural Language Processing. Association for Computational Linguistics, 2010: 116 - 126.

[385] Nenadic G, Spasic I, Ananiadou S. Automatic discovery of term similarities using pattern mining[C]//COLING - 02 on COMPUTERM 2002: Second International Workshop on Computational Terminology-Volume 14. Association for Computational Linguistics, 2002: 1 - 7.

[386] Nenkova A, Vanderwende L, Mckeown K. A compositional context sensitive multi-document summarizer: Exploring the factors that influence summarization[C]//SIGIR 2006: Proceedings of the International ACM SIGIR Conference on Research and Development in Information Retrieval, Seattle, Washington, USA, August. 2006: 573 - 580.

[387] Neshat N, Dehghani M. Review of the current gap between clients' expectations and perceptions of received service in national library by using gap analysis model[J]. Performance Measurement and Metrics, 2013, 14(1): 45 - 60.

[388] Neto J L, Santos A D, Kaestner C A A, et al. Generating Text Summaries through the Relative Importance of Topics[C]//International Joint Conference Iberamia/sbia. Springer, Berlin Heidelberg, 2000: 300 - 309.

[389] Newell, A., Simon, H. Human Problem Solving[M]. NJ: Prentice-Hall. 1972.

[390] Newman D, Koilada N, Lau J H, et al. Bayesian text segmentation for index term identification and keyphrase extraction[C]//COLING. 2012: 2077 - 2092.

[391] Nguyen T D, Luong M T. WINGNUS: Keyphrase extraction utilizing document logical structure[C]//Proceedings of the 5th International Workshop on Semantic Evaluation. Association for Computational Linguistics, 2010: 166-169.

[392] Nguyen T V T, Moschitti A, Riccardi G. Convolution kernels on constituent, dependency and sequential structures for relation extraction[C]//Proceedings of the 2009 Conference on Empirical Methods in Natural Language Processing: Volume 3. Association for Computational Linguistics, 2009: 1378-1387.

[393] Nguyen T V T, Moschitti A. End-to-end relation extraction using distant supervision from external semantic repositories[C]//Proceedings of the 49th Annual Meeting of the Association for Computational Linguistics: Human Language Technologies: short papers-Volume 2. Association for Computational Linguistics, 2011: 277-282.

[394] Nielsen J, Levy J. Measuring usability: Preference vs. performance[J]. Communications of the ACM, 1994, 37(4): 66-75.

[395] Nielsen J. Designing web usability: The practice of simplicity[M]. New Riders Publishing, 1999.

[396] Nigam K, Mccallum A K, Thrun S, et al. Text classification from labeled and unlabeled documents using EM[J]. Machine Learning, 2000, 39(2-3): 103-134.

[397] Ning H, Wu H, and He Z, et al. Focused crawler URL analysis model based on improved genetic algorithm[J], 2011 IEEE International Conference on Mechatronics and Automation, 2011: 2159-2164.

[398] O'connor J A, Lanyon L E, MacFie H. The influence of strain rate on adaptive bone remodelling[J]. Journal of Biomechanics, 1982, 15(10): 767-781.

[399] Ohsuga S, Yamauchi H. Multi-layer logic—A predicate logic including data structure as knowledge representation language[J]. New Generation Computing, 1985, 3(4): 403-439.

[400] Onishi T, Shiina H. Distributed representation computation using CBOW

model and skip-gram model[C]//2020 9th International Congress on Advanced Applied Informatics (IIAI-AAI). IEEE, 2020: 845 – 846.

[401] Oren E, Möller K, Scerri S, et al. Relatório técnico[J]. DERI Galway, 2006, (9): 62 – 76.

[402] O'Riain S, Curry E, Harth A. XBRL and open data for global financial ecosystems: A linked data approach[J]. International Journal of Accounting Information Systems, 2012, 13(2): 141 – 162.

[403] Orsolini L, Papanti D, Corkery J, et al. An insight into the deep web: Why it matters for addiction psychiatry?[J]. Human Psychopharmacology: Clinical and Experimental, 2017, 32(3): e2573.

[404] Ortega J L. Reliability and accuracy of altmetric providers: A comparison among Altmetric.com, PlumX and Crossref Event Data[J]. Scientometrics, 2018, 116(3): 2123 – 2138.

[405] Osborne F, Peroni S, Motta E. Clustering citation distributions for semantic categorization and citation prediction[J]. Proceedings of the 4th International Conference on Linked Science, Volume 1282, 2014: 24 – 35.

[406] Osborne M. Using maximum entropy for sentence extraction[C]//Proceedings of the ACL – 02 Workshop on Automatic Summarization-Volume 4. Association for Computational Linguistics, 2002: 1 – 8.

[407] Osdin R, Ounis I, White R W. Using Hierarchical Clustering and Summarisation Approaches for Web Retrieval: Glasgow at the TREC 2002 Interactive Track[C]//TREC. 2002: 1 – 5.

[408] Osiński S, Stefanowski J, Weiss D. Lingo: Search results clustering algorithm based on singular value decomposition[M]//Intelligent Information Processing and Web Mining. Springer, Berlin, Heidelberg, 2004: 359 – 368.

[409] Ouyang Y, Li W, Li S, et al. Applying regression models to query-focused multi-document summarization[J]. Information Processing & Management, 2011, 47(2): 227 – 237.

[410] Paepcke A, Baldonado M, Chang C C K, et al. Building the InfoBus: A review of technical choices in the Stanford Digital Library Project[J]. IEEE Comput-

er,2000,32(2):80-87.

[411] Palmquist R A,Kim K S.Cognitive style and on-line database search experience as predictors of Web search performance[J].Journal of the American Society for Information Science,2000,51(6):558-566.

[412] Pang B,Lee L,Vaithyanathan S.Thumbs up?:Sentiment classification using machine learning techniques[C]//Proceedings of the ACL-02 Conference on Empirical Methods in Natural Language Processing-Volume 10.Association for Computational Linguistics,2002:79-86.

[413] Pang B,Lee L.A sentimental education:Sentiment analysis using subjectivity summarization based on minimum cuts[C]//Proceedings of the 42nd Annual Meeting on Association for Computational Linguistics.Association for Computational Linguistics,2004:271-279.

[414] Pantel P,Lin D.A statistical corpus-based term extractor[J].Advances in Artificial Intelligence,2001:36-46.

[415] Pantel P,Pennacchiotti M.Espresso:Leveraging generic patterns for automatically harvesting semantic relations[C]//Proceedings of the 21st International Conference on Computational Linguistics and the 44th Annual Meeting of the Association for Computational Linguistics.Association for Computational Linguistics,2006:113-120.

[416] Paolucci P.Designing information spaces:The social navigation approach [C]//Springer-Verlag,2003:166-168.

[417] Papenbrock T,Ehrlich J,Marten J,et al.Functional dependency discovery:An experimental evaluation of seven algorithms[J].Proceedings of the VLDB Endowment,2015,8(10):1082-1093.

[418] Parent C,Spaccapietra S.An overview of modularity[M]//Modular Ontologies.Springer,Berlin,Heidelberg,2009:5-23.

[419] Peng J,Du Y,Chen Y,et al.Medical ontology learning based on Web resources[C]//2015 12th Web Information System and Application Conference (WISA).IEEE,2015:116-119.

[420] Pennington J,Socher R,Manning C D.Glove:Global vectors for word rep-

resentation[C]//Proceedings of the 2014 Conference on Empirical Methods in Natural Language Processing (EMNLP). 2014: 1532-1543.

[421] Peraketh B, Menzel C P, Mayer R J, et al. Ontology Capture Method (IDEF5)[R]. Knowledge BASED SYSTEMS INC COLLEGE STATION TX, 1994.

[422] Perera C, Zaslavsky A, Christen P, et al. Context aware computing for the Internet of things: A survey[J]. IEEE Communications Surveys & Tutorials, 2013, 16(1): 414-454.

[423] Peroni S, Shotton D, Vitali F. Scholarly publishing and linked data: Describing roles, statuses, temporal and contextual extents[C]//Proceedings of the 8th International Conference on Semantic Systems. 2012: 9-16.

[424] Peroni S, Shotton D. FaBiO and CiTO: Ontologies for describing bibliographic resources and citations[J]. Journal of Web Semantics, 2012, 17: 33-43.

[425] Peroni S. The Semantic Publishing and Referencing Ontologies[M]//Semantic Web Technologies and Legal Scholarly Publishing. Springer International Publishing, 2014: 121-193.

[426] Pilgrim C J. Website navigation tools: A decade of design trends 2002 to 2011 [C]//Proceedings of the Thirteenth Australasian User Interface Conference-Volume 126. Australian Computer Society, Inc., 2012: 3-10.

[427] Pirolli P, Fu W T, Chi E. Information scent and web navigation: Theory, models and automated usability evaluation[J]. In Next Wave: NSA's Review of Emerging Technologies, 2006, 15(2): 5-12.

[428] Pirolli P. Information Foraging Theory: Adaptive Interaction with Information [M]. Oxford: Oxford University Press, 2007: 1-204.

[429] Pirolli P, Card, S K. Information foraging in information access environments[C]. In Proceeding of the CHI'95, ACM Conference on Human Factors in Software, New York: ACM, 1995: 51-58.

[430] Pirolli P L, et, al. Information scent and Web navigation: Theory, models and automated usability evaluation[J]. In Next Wave: NSA's Review of Emer-

ging Technologies,2006,15(2):5-12.

[431] Plutchik R.Emotion: A psychoevolutionary synthesis[M].Harpercollins College Division,1980.

[432] Pomerantz J. Metadata[M]. MIT Press, 2015.

[433] Popov B,Kiryakov A,Ognyanoff D,et al.Towards semantic web information extraction[C]//Human Language Technologies Workshop at the 2nd International Semantic Web Conference (ISWC2003).2003,1-21.

[434] Porcel C, López-Herrera A G, Herrera-Viedma E. A recommender system for research resources based on fuzzy linguistic modeling[J]. Expert Systems with Applications, 2009, 36(3): 5173-5183.

[435] Porter B W, Baress E R, Holte R. Concept learning and heuristic classification in weak theory domains[J]. Artificial Intelligence, 1989, 45(1/2):226-263.

[436] Powell T A. Web design: The complete reference[M]. New York, NY: Osborne/McGraw-Hill,2000.

[437] PQDT [OL]. [2016-07-19]. https://lib.nju.edu.cn+database_article.htm? id=100&fid=94.

[438] Prakash J and Kumar R, Web crawling through shark-search using PageRank[J], Procedia Computer Science, 2015, 48: 210-216.

[439] Pulvermüller F, Mohr B, Schleichert H. Semantic or lexico-syntactic factors: What determines word-class specific activity in the human brain? [J]. Neuroscience Letters, 1999, 275(2): 81-84.

[440] Punuru J,Chen J.Learning non-taxonomical semantic relations from domain texts[J].Journal of Intelligent Information Systems,2012,38(1): 191-207.

[441] Qazvinian V,Radev D R.Identifying non-explicit citing sentences for citation-based summarization[C]//Proceedings of the 48th Annual Meeting of the Association for Computational Linguistics.Association for Computational Linguistics,2010: 555-564.

[442] Qin Y, Zhang Y, Zhang M, et al. Frame-based representation for event detection on Twitter[J]. IEICE Transactions on Information and Systems,

2018,101(4):1180-1188.

[443] Qin Y,Zheng D,Zhao T,et al.Chinese terminology extraction using EM-based transfer learning method[C]//International Conference on Intelligent Text Processing and Computational Linguistics.Springer,Berlin,Heidelberg,2013:139-152.

[444] Qiu L.Analytical Searching vs.Browsing in Hypertext Information Retrieval Systems[J].Canadian Journal of Information and Library Science,1993,18(4):1-13.

[445] Quinlan J R.Discovering rules by induction from large collections of examples[J].In Expect System in the Micro Electronic Age,1979:26-36.

[446] Quinlan J R.C4.5:Programs for Machine Learning[J].Morgan Kauffman,1993:23-30.

[447] Ramezania,M.Feizi-Derakhshi,M.Automated text summarization:An overview.Applied Artificial Intelligence:An International Journal,2014,28(2):178-215.

[448] Ratinov L,Roth D,Downey D,et al.Local and global algorithms for disambiguation to Wikipedia[C]//Proceedings of the 49th Annual Meeting of the Association for Computational Linguistics:Human Language Technologies-Volume 1.Association for Computational Linguistics,2011:1375-1384.

[449] Renear A H,Palmer C L.Strategic reading,ontologies,and the future of scientific publishing[J].Science,2009,(5942):828-832.

[450] Riedel S,Yao L,McCallum A,et al.Relation extraction with matrix factorization and universal schemas[C]//HLT-NAACL.2013:74-84.

[451] Rios-Alvarado A B,Lopez-Arevalo I,Sosa-Sosa V J.Learning concept hierarchies from textual resources for ontologies construction[J].Expert Systems with Applications,2013,40(15):5907-5915.

[452] Rivadeneira W,Bederson B B.A study of search result clustering interfaces:Comparing textual and zoomable user interfaces[J].Studies,2003,21(5):1-8.

[453] Rokach L.A survey of clustering algorithms[M]//Data Mining and Knowl-

edge Discovery Handbook.Springer US,2010: 269-298.

[454] Rouet J F,Vidal-Abarca E,Erboul A B,et al.Effects of information search tasks on the comprehension of instructional text[J].Discourse Processes, 2001,31(2):163-186.

[455] Rouet J F.Question answering and learning with hypertext[C]//Proceedings of the IFIP TC3/WG3.3 Working Conference on Lessons from Learning. North-Holland Publishing Co,1993:39-52.

[456] Rouet J F.What was I looking for? The influence of task specificity and prior knowledge on students' search strategies in hypertext[J].Interacting with Computers,2003,15(3):409-428.

[457] Roy M,Chi M T H.Gender differences in patterns of searching the web[J]. Journal of Educational Computing Research,2003,29(3):335-348.

[458] Rudas I J,Pap E,Fodor J N.Information aggregation in intelligent systems: An application oriented approach [J]. Knowledge-Based Systems, 2013, 38(1):3-13.

[459] RuiXu.Survey of clustering algorithms[J].Neural Networks.New York: IEEE,2005,16(3):645-678.

[460] Ruiz-Calleja A,Vega-Gorgojo G,Asensio-Pérez J I,et al.A Linked Data approach for the discovery of educational ICT tools in the Web of Data[J]. Computers & Education,2012,59(3):952-962.

[461] Rumsey M.Runaway train: Problems of permanence, accessibility, and stability in the use of Web sources in law review citations[J].Law Library Journal,2002,94(1):27-39.

[462] Ruttenberg A, Clark T, Bug W, et al. Advancing translational research with the Semantic Web[J]. BMC Bioinformatics, 2007, 8(3):S2.

[463] Sadat-Moosavi A, Tajeddini O. Accessibility of online resources cited in scholarly LIS journals: A study of Emerald ISI-ranked journals[J].Aslib Proceedings,2012,64(2):178-192.

[464] Salton G, Wong A, Yang C S. A vector space model for automatic indexing [J]. Communications of the ACM, 1975, 18(11): 613-620.

[465] Salton G, Buckley C. Term-weighting approaches in automatic text retrieval[J]. Information Processing & Management: An International Journal, 1988, 24(5): 513-523.

[466] Salton G. A vector space model for automatic indexing[M]. Morgan Kaufmann Publishers Inc. 1997.

[467] Sam H K. Effects of cognitive and problem-solving styles on information seeking behaviour in the www[J]. Journal of Science and Mathematics Education in Southeast Asia, 2002, 25(2): 100-122.

[468] Samar T, Traub M C, van Ossenbruggen J, et al. Comparing topic coverage in breadth-first and depth-first crawls using anchor texts[C]//International Conference on Theory and Practice of Digital Libraries. Springer, Cham, 2016: 133-146.

[469] Sánchez D, Moreno A. Learning non-taxonomic relationships from Web documents for domain ontology construction[J]. Data & Knowledge Engineering, 2008, 64(3): 600-623.

[470] Saravanan M, Ravindran B, Raman S. Improving legal document summarization using graphical models[J]. Frontiers in Artificial Intelligence and Applications, 2006, 152: 51-60.

[471] Schlesinger J D, Okurowski M E, Conroy J M, et al. Understanding machine performance in the context of human performance for multi-document summarization[J]. 2002: 1-7.

[472] Schockaert S, De Cock M, Cornelis C, et al. Clustering Web search results using fuzzy ants[J]. International Journal of Intelligent Systems, 2007, 22(5): 455-474.

[473] Science D, Hahnel M, Fane B, et al. The State of Open Data Report 2018[R/OL]. Digital Science, 2018[2021-11-15]. https://figshare.com/articles/report/The_State_of_Open_Data_Report_2018/7195058/2.

[474] Sclano F, Velardi P. TermExtractor: A Web application to learn the shared terminology of emergent Web communities[C]//IESA. 2007: 287-290.

[475] Serowik K L, Ablondi K, Black A C, et al. Developing a benefits counseling

website for veterans using motivational interviewing techniques[J]. Computers in Human Behavior,2014,37:26-30.

[476] Serra I,Girardi R,Novais P. Evaluating techniques for learning non-taxonomic relationships of ontologies from text[J]. Expert Systems with Applications,2014,41(11):5201-5211.

[477] Serra I,Girardi R,Novais P. The problem of learning non-taxonomic relationships of ontologies from text[J]. Distributed Computing and Artificial Intelligence,2012:485-492.

[478] Settles B. Biomedical named entity recognition using conditional random fields and rich feature sets[C]//Proceedings of the International Joint Workshop on Natural Language Processing in Biomedicine and its Applications. Association for Computational Linguistics,2004:104-107.

[479] Seyfi A, Patel A, and Júnior J C. Empirical evaluation of the link and content-based focused treasure-crawler[J]. Computer Standards and Interfaces, 2016, 44:54-62.

[480] Sha Y,Zhang G,Jiang H. Text Clustering Algorithm Based on Lexical Graph[C]//Fourth International Conference on Fuzzy Systems and Knowledge Discovery. IEEE,2007,2:277-281.

[481] Sha Yun, Guoyun Zhang, Huina Jiang. Text clustering algorithm based on lexical graph[C]//Fourth International Conference on Fuzzy Systems and Knowledge Discovery,2007.FSKD 2007.New York:IEEE,2007,2:277-281.

[482] Shah P K, Perez-Iratxeta C, Bork P, et al. Information extraction from full text scientific articles: Where are the keywords? [J]. BMC Bioinformatics, 2003, 4(1):1-9.

[483] Shamsfard M,Barforoush A A. Learning ontologies from natural language texts[J]. International Journal of Human-Computer Studies,2004,60(1):17-63.

[484] Sharma D K, Khan M A. SAFSB: A self-adaptive focused crawler[C]. In: 1st International Conference on Next Generation Computing Technologies, 2015, p.719-724.

[485] Shen D, Zhang J, Zhou G, et al. Effective adaptation of a hidden Markov model-based named entity recognizer for biomedical domain[C]//Proceedings of the ACL 2003 Workshop on Natural Language Processing in Biomedicine-Volume 13. Association for Computational Linguistics, 2003: 49-56.

[486] Sherman C, Price G. The invisible Web: Uncovering sources search engines can't see[J]. Library Trends, 2003, 21: 282-298.

[487] Shih P C, Mate R, Sánchez F, et al. Quantifying user-navigation patterns: A methodology proposal[C]//Poster presented at the 28th International Congress of Psychology in Bejing. 2004: 1-6.

[488] Shotton D. The five stars of online journal articles: A framework for article evaluation[J]. D-Lib Magazine, 2012, 18(1): 1-2.

[489] Sil A, Yates A. Re-ranking for joint named-entity recognition and linking [C]//Proceedings of the 22nd ACM International Conference on Information & Knowledge Management. ACM, 2013: 2369-2374.

[490] Silva C, Ribeiro B. The importance of stop word removal on recall values in text categorization[C]//Proceedings of the International Joint Conference on Neural Networks. IEEE, 2003, 3: 1661-1666.

[491] Silva N F F D, Coletta L F S, Hruschka E R. A survey and comparative study of Tweet sentiment analysis via semi-supervised learning[J]. ACM Computing Surveys (CSUR), 2016, 49(1): 1-26.

[492] Sinha A, Lobiyal D K. Probabilistic data aggregation in information-based clustered sensor network[J]. Wireless Personal Communications, 2014, 77(2): 1287-1310.

[493] Smola A J, Schölkopf B. A tutorial on support vector regression[J]. Statistics and Computing, 2004, 14(3): 199-222.

[494] Snow R, Jurafsky D, Ng A Y. Learning syntactic patterns for automatic hypernym discovery[C]//Advances in Neural Information Processing Systems. 2005: 1297-1304.

[495] Soto R. Learning and performing by exploration: Label quality measured by latent semantic analysis[C]//Proceedings of the SIGCHI Conference on Hu-

man Factors in Computing Systems. ACM,1999:418-425.

[496] Stanford University, Institute of Design. The d. school [EB/OL]. [2013-05-02]. http://dschool.Stanford.edu/.

[497] Stein B, Gollub T, Hoppe D. Beyond precision@ 10: Clustering the long tail of Web search results[C]//Proceedings of the 20th ACM International Conference on Information and Knowledge Management. New York: ACM, 2011: 2141-2144.

[498] Stephens D W, Krebs J R. Foraging Theory [M]. NJ: Princeton University Press, 1986:1-262.

[499] Stern R, Sagot B, Béchet F. A joint named entity recognition and entity linking system[C]//Proceedings of the Workshop on Innovative Hybrid Approaches to the Processing of Textual Data. Association for Computational Linguistics, 2012: 52-60.

[500] Suchanek F M, Kasneci G, Weikum G. Yago: A core of semantic knowledge [C]//Proceedings of the 16th International Conference on World Wide Web. 2007: 697-706.

[501] Suchanek F M, Ifrim G, Weikum G. Combining linguistic and statistical analysis to extract relations from Web documents[C]//Proceedings of the 12th ACM SIGKDD International Conference on Knowledge Discovery and Data Mining. ACM, 2006: 712-717.

[502] Sun C, Zhao M, Long Y. Learning concepts and taxonomic relations by metric learning for regression[J]. Communications in Statistics-Theory and Methods, 2014, 43(14): 2938-2950.

[503] Surdeanu M, Tibshirani J, Nallapati R, et al. Multi-instance multi-label learning for relation extraction[C]//Proceedings of the 2012 Joint Conference on Empirical Methods in Natural Language Processing and Computational Natural Language Learning. Association for Computational Linguistics, 2012: 455-465.

[504] Sweller J. Cognitive load theory, learning difficulty, and instructional design [J]. Learning and Instruction, 1994, 4(4): 295-312.

[505] Sykora M D,Jackson T,O'Brien A,et al.Emotive ontology: Extracting fine-grained emotions from terse,informal messages[C]//Proceedings of the IADIS International Conference Intelligent Systems and Agents 2013,2013:22-26.

[506] Takeuchi K, Collier N. Bio-medical entity extraction using support vector machines[J]. Artificial Intelligence in Medicine, 2005, 33(2): 125-137.

[507] Tamma V, Blacoe I, Smith B L, et al. SERSE: Searching for digital content in esperonto[C]//International Conference on Knowledge Engineering and Knowledge Management. Springer, Berlin, Heidelberg, 2004: 419-432.

[508] Tang D,Wei F,Yang N,et al.Learning Sentiment-Specific Word Embedding for Twitter Sentiment Classification[C]//ACL (1).2014: 1555-1565.

[509] Tauscher L,Greenberg S.Revisitation patterns in world wide web navigation[C]//Proceedings of the ACM SIGCHI Conference on Human Factors in Computing Systems.ACM,1997: 399-406.

[510] Teng Z, Liu Y, Ren F, et al. Single document summarization based on local topic identification and word frequency [C]//In: MICAI '08: Proceedings of the Seventh Mexican International Conference on Artificial Intelligence. 2008: 37-41.

[511] Teufel S,Siddharthan A,Tidhar D.Automatic classification of citation function[C]//Proceedings of the 2006 Conference on Empirical Methods in Natural Language Processing. Association for Computational Linguistics, 2006: 103-110.

[512] Teufel S.The structure of scientific articles: Applications to citation indexing and summarization[J].Center for the Study of Language and Information-Lecture Notes,2010, 38 (2): 443-445.

[513] Theeuwes J, Burger R.Attentional control during visual search: The effect of irrelevant singletons[J].Journal of Experimental Psychology Human Perception & Performance,1998, 24(5):1342-1353.

[514] Thelwall M,Buckley K,Paltoglou G.Sentiment in Twitter events[J].Journal of the American Society for Information Science and Technology, 2011,

62(2): 406-418.

[515] Thomas L. Griffiths, Zoubin Ghahramani. The Indian buffet process: An introduction and review[J]. Journal of Machine Learning Research, 2011, 12: 1185-1224.

[516] Thompson G, Yiyun Y. Evaluation in the reporting verbs used in academic papers[J]. Applied Linguistics, 1991, 12(4): 365-382.

[517] Thorlund J E, Piet S, Peter I, et al. Characteristics of scientific Web publications: Preliminary data gathering and analysis[J]. Journal of the American Society for Information Science & Technology, 2004, 55(14): 1239-1249.

[518] Tomokiyo T, Hurst M. A language model approach to keyphrase extraction[C]//Proceedings of the ACL 2003 Workshop on Multiword Expressions: Analysis, Acquisition and Treatment-Volume 18. Association for Computational Linguistics, 2003: 33-40.

[519] Tomokiyo T, Hurst M. A language model approach to keyphrase extraction[C]//Proceedings of the ACL 2003 Workshop on Multiword Expressions: Analysis, acquisition and treatment-Volume 18. Association for Computational Linguistics, 2003: 33-40.

[520] Tong H, Faloutsos C, Koren Y. Fast direction-aware proximity for graph mining[C]. Proceedings of the 13th ACM SIGKDD International Conference on Knowledge Discovery and Data Mining. ACM, 2007: 747-756.

[521] Tumasjan A, Sprenger T O, Sandner P G, et al. Predicting elections with Twitter: What 140 characters reveal about political sentiment[J]. ICWSM, 2010, 10: 178-185.

[522] Turney P D. Thumbs up or thumbs down?: Semantic orientation applied to unsupervised classification of reviews[C]//Proceedings of the 40th Annual Meeting on Association for Computational Linguistics. Association for Computational Linguistics, 2002: 417-424.

[523] Usability Net[OL]. [2016-07-19]. http://www.usabilitynet.org/tools/webdesign.htm#nav.

[524] Usama M, Malluhi Q M, Zakaria N, et al. An efficient secure data compres-

sion technique based on chaos and adaptive Huffman coding[J]. Peer-to-Peer Networking and Applications, 2021, 14(5): 2651-2664.

[525] Vadrevu S, Teo C H, Rajan S, et al. Scalable clustering of news search results [C]//Proceedings of the Fourth ACM International Conference on Web Search and Data Mining. New York: ACM, 2011: 675-684.

[526] van Oostendorp H, Juvina I. Using a cognitive model to generate Web navigation support[J]. International Journal of Human-Computer Studies, 2007, 65(10): 887-897.

[527] Velardi P, Faralli S, Navigli R. Ontolearn reloaded: A graph-based algorithm for taxonomy induction[J]. Computational Linguistics, 2013, 39(3): 665-707.

[528] Velardi P, Navigli R, Cuchiarelli A, et al. Evaluation of OntoLearn, a methodology for automatic learning of domain ontologies[J]. Ontology Learning from Text: Methods, Evaluation and Applications, 2005, 92: 1-16.

[529] Verberne S, Sappelli M, Hiemstra D, et al. Evaluation and analysis of term scoring methods for term extraction[J]. Information Retrieval Journal, 2016, 19(5): 510-545.

[530] Vicente K J, Williges R C. Accommodating individual differences in searching a hierarchical file system[J]. International Journal of Man-Machine Studies, 1988, 29(6): 647-668.

[531] Villaverde J, Persson A, Godoy D, et al. Supporting the discovery and labeling of non-taxonomic relationships in ontology learning[J]. Expert Systems with Applications, 2009, 36(7): 10288-10294.

[532] W3C Working Group. Best Practice Recipes for Publishing RDF Vocabularies. [EB/OL].[2014-10-24].http://www.w3.org/TR/swbp-vocab-pub/

[533] Wang F, Lu Y, Zhang F, et al. A new method based on Fuzzy C-Means algorithm for search results clustering [C]//International Conference on Trustworthy Computing and Services. Springer, Berlin, Heidelberg, 2012: 263-270.

[534] Wang J, Mo Y, Huang B, et al. Web search results clustering based on a novel

suffix tree structure[M]//Autonomic and Trusted Computing. Springer, Berlin, Heidelberg,2008: 540-554.

[535] Wang W,Barnaghi P,Bargiela A.Probabilistic topic models for learning terminological ontologies[J].IEEE Transactions on Knowledge and Data Engineering,2010,22(7): 1028-1040.

[536] Wang Y,Kitsuregawa M.Use link-based clustering to improve web search results[C]//Proceedings of the Second International Conference on Web Information Systems Engineering.IEEE,2001,1: 115-124.

[537] Wang Z, Zhang J, Feng J, et al. Knowledge graph embedding by translating on hyperplanes[C]//AAAI. 2014, 14(2014): 1112-1119.

[538] Web Standards and Usability Guidelines[OL]. http://guidelines.usability.gov/,2016-07-18.

[539] Wei P, Liu Y, Zheng N, et al. Semantic propagation network with robust spatial context descriptors for multi-class object labeling[J]. Neural Computing and Applications, 2014, 24(5): 1003-1018.

[540] Wei Y, Chen X, Han Y. Service-Oriented Aggregation of Distributed and Heterogeneous Information Resources[C]//The Seventh International Conference on Grid and Cooperative Computing. IEEE, 2008: 214-220.

[541] Wen B, He K, Wang J. Connecting ontologies: Semantic carrier of requirements for networked software[C]//The Fifth International Conference on Semantics,Knowledge and Grid. IEEE, 2009: 258-261.

[542] White M D,Iivonen M.Questions as a factor in Web search strategy[J].Information Processing & Management,2001,37(5): 721-740.

[543] Wiebe J M,Bruce R F,O'Hara T P.Development and use of a gold-standard data set for subjectivity classifications[C]//Proceedings of the 37th Annual Meeting of the Association for Computational Linguistics on Computational Linguistics.Association for Computational Linguistics,1999: 246-253.

[544] Wilson T,Wiebe J, Hoffmann P.Recognizing contextual polarity in phrase-level sentiment analysis[C]//Proceedings of the Conference on Human Language Technology and Empirical Methods in Natural Language Processing.

Association for Computational Linguistics, 2005: 347-354.

[545] Wilson T, Wiebe J, Hoffmann P. Recognizing contextual polarity: An exploration of features for phrase-level sentiment analysis[J]. Computational Linguistics, 2009, 35(3): 399-433.

[546] Wilson T, Wiebe J, Hwa R. Just how mad are you? Finding strong and weak opinion clauses[C]//AAAI. 2004, 4: 761-769.

[547] Witkin H A, Asch S E. Studies in space orientation: IV. Further experiments on perception of the upright with displaced visual fields[J]. Journal of Experimental Psychology, 1949, 38(6): 762-82.

[548] Wong M K, Abidi S S R, Jonsen I D. A multi-phase correlation search framework for mining non-taxonomic relations from unstructured text[J]. Knowledge and Information Systems, 2014, 38(3): 641-667.

[549] Wong W, Liu W, Bennamoun M. Ontology learning from text: A look back and into the future[J]. ACM Computing Surveys (CSUR), 2012, 44(4): 1-36.

[550] Wong W, Liu W, Bennamoun M. Acquiring semantic relations using the Web for constructing lightweight ontologies[J]. Advances in Knowledge Discovery and Data Mining, 2009: 266-277.

[551] Wood R E. Task complexity: Definition of the construct[J]. Organizational Behavior and Human Decision Processes, 1986, 37(1): 60-82.

[552] Wu H C, Luk R W P, Wong K F, et al. Interpreting tf-idf term weights as making relevance decisions[J]. ACM Transactions on Information Systems (TOIS), 2008, 26(3): 1-37.

[553] Wu J, Williams K M, Chen H H, et al. Citeseerx: AI in a digital library search engine[J]. AI Magazine, 2015, 36(3): 35-48.

[554] Xie C, Wu J. Research of conceptual relation extraction based on improved hierarchical clustering method[J]. Open Electrical & Electronic Engineering Journal, 2014, 8: 355-360.

[555] Xie I. Dimensions of tasks: Influences on information-seeking and retrieving process[J]. Journal of Documentation, 2009, 65(3): 339-366.

[556] Xiong Z, Yang Y, Zhang X, et al. Integrated agent and semantic p2p grid resource discovery model[C]//Eighth ACIS International Conference on Software Engineering, Artificial Intelligence, Networking, and Parallel/Distributed Computing (SNPD 2007). IEEE, 2007, 2: 216-220.

[557] Xu F, Kurz D, Piskorski J, et al. A domain adaptive approach to automatic acquisition of domain relevant terms and their relations with bootstrapping [C]//LREC.2002: 1-7.

[558] Xu G, Cockburn A, McKenzie B. Lost on the Web: An introduction to Web navigation research[C]//The 4th New Zealand Computer Science Research Students Conference.2001:1-6.

[559] Xu R, Wunsch D. Survey of clustering algorithms[J]. IEEE Transactions on Neural Networks,2005,16(3): 645-678.

[560] Xu W, Hoffmann R, Zhao L, et al. Filling knowledge base gaps for distant supervision of relation extraction[C]//ACL (2).2013: 665-670.

[561] Xu X, Lei Y, Li Z. An incorrect data detection method for big data cleaning of machinery condition monitoring[J]. IEEE Transactions on Industrial Electronics, 2019, 67(3): 2326-2336.

[562] Xu Y, Li G, Mou L, et al. Learning non-taxonomic relations on demand for ontology extension[J]. International Journal of Software Engineering and Knowledge Engineering,2014,24(08): 1159-1175.

[563] Yang J F. A novel template reduction K-Nearest neighbor classification method based on weighted distance[J]. Dianzi Yu Xinxi Xuebao/Journal of Electronics & Information Technology,2011,33(10): 2378-2383.

[564] Yang L, Cai X, Zhang Y, et al. Enhancing sentence-level clustering with ranking-based clustering framework for theme-based summarization[J]. Information Sciences,2014,260(1):37-50.

[565] Yang S, Han R, Ding J, et al. The distribution of Web citations[J]. Information Processing & Management, 2012,48(4):779-790.

[566] Yang S, Qiu J, Xiong Z. An empirical study on the utilization of web academic resources in humanities and social sciences based on web citations[J].

Scientometrics,2010,84(1):1-19.

[567] Yang Y,Lu Q,Zhao T.A delimiter-based general approach for Chinese term extraction[J].Journal of the American Society for Information Science and Technology,2010,61(1):111-125.

[568] Yang Y. Feature selection in statistical learning of text categorization[C]// Proceedings of 14th International Conference on Machine Learning. 1997: 412-420.

[569] Yang Y. An Evaluation of Statistical Approaches to Text Categorization[J]. Proc Amia Annu Fall Symp, 1999, 1(1-2):358-362.

[570] Yao D, Bi J, Huang J, et al. A word distributed representation based framework for large-scale short text classification[C]//2015 International Joint Conference on Neural Networks (IJCNN). IEEE, 2015: 1-7.

[571] Yao L, Mao C, Luo Y. Graph convolutional networks for text classification [C]//Proceedings of the AAAI Conference on Artificial Intelligence. 2019, 33(01):7370-7377.

[572] Yao L,Riedel S,McCallum A.Collective cross-document relation extraction without labelled data[C]//Proceedings of the 2010 Conference on Empirical Methods in Natural Language Processing.Association for Computational Linguistics,2010: 1013-1023.

[573] Yeh J Y,Ke H R,Yang W P,et al.Text summarization using a trainable summarizer and latent semantic analysis[J].Information Processing & Management,2005,41(1):75-95.

[574] YitongWang, Kitsuregawa M. Use link-based clustering to improve Web search results[C]//Proceedings of the Second International Conference on Web Information Systems Engineering.New York:IEEE,2001,1:115-124.

[575] Yoon Kim. Convolutional neural networks for sentence classification[J]. CoRR,2014,abs/1408.5882.

[576] Yong J L,Grauman K.Predicting important objects for egocentric video summarization[J]. International Journal of Computer Vision, 2015, 114 (1): 38-55.

[577] Yoshikawa K, Riedel S, Hirao T, et al. Coreference based event-argument relation extraction on biomedical text[J]. Journal of Biomedical Semantics, 2011, 2(5): 1-14.

[578] Young T, Hazarika D, Poria S, et al. Recent trends in deep learning based natural language processing[J]. IEEE Computational Intelligence Magazine, 2018, 13(3): 55-75.

[579] Yu G, Huang R, Wang Z. Document clustering via Dirichlet process mixture model with feature selection[A]. In: Proceedings of the 16th ACM SIGKDD International Conference on Knowledge Discovery and Data Mining[C]. Washington, DC, USA, 2010: 763-772.

[580] Yu H, Hatzivassiloglou V. Towards answering opinion questions: Separating facts from opinions and identifying the polarity of opinion sentences[C]// Proceedings of the 2003 Conference on Empirical Methods in Natural Language Processing. Association for Computational Linguistics, 2003: 129-136.

[581] Yu L, Ren F. A study on cross-language text summarization using supervised methods[C]//2009 International Conference on Natural Language Processing and Knowledge Engineering. IEEE, 2009: 1-7.

[582] Yuan X, Cai Y. Forecasting the development trend of low emission vehicle technologies: Based on patent data. Technological Forecasting and Social Change, 2021, 166: 120651.

[583] Yuanzhe Cai, Hongyan Liu, Jun He, et al. An adaptive method for the efficient similarity calculation[C]. Database Systems for Advanced Applications, International Conference, DASFAA 2009, Brisbane, Australia, April 21-23, 2009. Proceedings. 2009: 339-353.

[584] Zamir O E. Clustering Web documents: A phrase-based method for grouping search engine results[D]. University of Washington, 1999.

[585] Zamir O, Etzioni O. Web document clustering: A feasibility demonstration [C]//Proceedings of the 21st Annual International ACM SIGIR Conference on Research and Development in Information Retrieval. ACM, 1998: 46-54.

[586] Zelenko D, Aone C, Richardella A. Kernel methods for relation extraction

[J]. Journal of Machine Learning Research,2003,3:1083-1106.

[587] Zeng H J,He Q C,Chen Z,et al.Learning to cluster web search results[C]//Proceedings of the 27th Annual International ACM SIGIR Conference on Research and Development in Information Retrieval.ACM,2004:210-217.

[588] Zhai Cheng,Cohen W,Lafferty J.Beyond independent relevance:Methods and evaluation metrics for subtopic retrieval[C]//Proceedings of the 26th Annual International ACM SIGIR Conference on Research and Development in Information Retrieval. New York:ACM,2003:10-17.

[589] Zhang C,Wu D.Bilingual terminology extraction using multi-level termhood[J].The Electronic Library,2012,30(2):295-309.

[590] Zhang D,Dong Y.Semantic,hierarchical,online clustering of Web search results[M]//Advanced Web Technologies and Applications.Springer,Berlin,Heidelberg,2004:69-78.

[591] Zhang D,Xu H,Su Z,et al.Chinese comments sentiment classification based on word2vec and SVM perf[J].Expert Systems with Applications,2015,42(4):1857-1863.

[592] Zhang K,Xie Y,Yang Y,et al.Incorporating conditional random fields and active learning to improve sentiment identification[J].Neural Networks,2014,(58):60-67.

[593] Zhang M,Su J,Wang D,et al.Discovering relations between named entities from a large raw corpus using tree similarity-based clustering[J].Natural Language Processing-IJCNLP 2005:378-389.

[594] Zhang W,Xu B,Zhang W,et al.ISTC:A new method for clustering search results[J].Wuhan University Journal of Natural Sciences,2008,13(4):501-504.

[595] Zhang W,Xu H,Wan W.Weakness finder:Find product weakness from Chinese reviews by using aspects based sentiment analysis[J].Expert Systems with Applications,2012,39(11):10283-10291.

[596] Zhang X,Zhou X,Hu X.Semantic smoothing for model-based document clustering[A]In:International Conference on Data Mining[C].Washington,DC,

USA:IEEE Computer Society,2006:1193-1198.

[597] Zhang, Yin.Scholarly use of Internet-based electronic resources[J]. Journal of the American Society for Information Science & Technology,2013,52(8):628-654.

[598] Zheng S, Jayasumana S, Romera-Paredes B, et al. Conditional random fields as recurrent neural networks[C]//Proceedings of the IEEE International Conference on Computer Vision. 2015:1529-1537.

[599] Zhong, S., Ghosh, J.. Generative model-based document clustering: A comparative study[J]. Knowledge and Information Systems,2005,8(3):374-384.

[600] Zhou G, Qian L, Fan J. Tree kernel-based semantic relation extraction with rich syntactic and semantic information[J]. Information Sciences,2010,180(8):1313-1325.

[601] Zhou P, Zheng S, Xu J, et al. Joint extraction of multiple relations and entities by using a hybrid neural network[M].Chinese Computational Linguistics and Natural Language Processing Based on Naturally Annotated Big Data. Springer, Cham, 2017:135-146.

[602] Zhou S,Chen Q,Wang X.Active deep learning method for semi-supervised sentiment classification[J].Neurocomputing,2013,(120):536-546.

[603] Zhu S, Takigawa I, Zhang S, et al. A probabilistic model for clustering text documents with multiple fields[C]//European Conference on Information Retrieval. Springer, Berlin, Heidelberg, 2007:331-342.

[604] Zimbra D,Ghiassi M,Lee S.Brand-related Twitter sentiment analysis using feature engineering and the dynamic architecture for artificial neural networks[C]//2016 49th Hawaii International Conference on System Sciences (HICSS).IEEE,2016:1930-1938.

[605] [美]曼宁,[美]拉哈万,[德]舒策.信息检索导论[M].北京:人民邮电出版社,2010.

[606] 白海燕,朱礼军.关联数据的自动关联构建研究[J].现代图书情报技术,2010,(2):44-49.

[607] 百度百科.URL[OL].[2015-11-25]. http://baike.baidu.com/link? url＝NG4xhFT2pfse7h2e9ZJsHO9_FEPGReiSm0lydWxSZwOuUfPUo6CFF0nRQR7w1TWARBWeVZBO1XO7FTeFbc-8c.

[608] 百度百科.动态网页[EB/OL]. http://baike.baidu.com/link? url＝YwZ75-EhyD8X-Hclj8ax3ajZ91hHiouT-RQBHqwvmxe65rtMOlg6EawHd3clqQwzYOCLgytp38ShPj97SyuyN2p0E5F2wp2ms_JhbEs5DwSJNFH_PWo46CXDUbH3s6x707Jj5LL60Z40HY82h_62FG2FpztJjr5jrEqBf9Hvg-8Od3KfL8l03_Rp2dEnmalx,2015.

[609] 毕强,刘健.基于领域本体的数字文献资源聚合及服务推荐方法研究[J].情报学报,2017,36(5):452-460.

[610] 毕强,尹长余,滕广青,等.数字资源聚合的理论基础及其方法体系建构[J].情报科学,2015,33(1):9-14,24.

[611] 蔡金燕.对香港八所高校图书馆学科导航建设的调查及分析[J].图书馆学研究,2012(8):64-70.

[612] 蔡箐.学科信息门户及其优化途径[J].中国图书馆学报,2008,34(4):45-50.

[613] 曹树金,李洁娜,王志红.面向网络信息资源聚合搜索的细粒度聚合单元元数据研究[J].中国图书馆学报,2017,43(4):74-92.

[614] 曹树金,李洁娜.我国图书情报领域研究者对网络信息资源的利用分析[J].情报学报,2014,(9):994-1008.

[615] 曹树金,司徒俊峰.论RSS/ATOM内容聚合元数据[J].图书馆论坛,2008,28(6):98-104.

[616] 曹洋,成颖,裴雷.基于机器学习的自动文摘研究综述[J].图书情报工作,2014,58(18):122-130.

[617] 曹洋.基于TextRank算法的单文档自动文摘研究[D].南京:南京大学,2016.

[618] 曾镇,吕学强,李卓.一种面向专利摘要的领域术语抽取方法[J].计算机应用与软件,2016,33(3):48-51.

[619] 陈定权,郭婵.中美高校图书馆学科导航服务比较研究[J].情报资料工作,2011(1):98-101.

[620] 陈刚,刘扬.基于特征序列的语义分类体系的自动构建[J].中文信息学报,2015,29(3):52-57.

[621] 陈果.基于领域概念关联的网络社区知识聚合研究[D].武汉:武汉大学,2015.

[622] 陈红勤.学术隐蔽网络和学术搜索引擎[J].现代情报,2008,28(7):117-119.

[623] 陈凯,朱钰.机器学习及其相关算法综述[J].统计与信息论坛,2007(5):105-112.

[624] 陈鹏.研究人员视角的教育资源网上公开障碍研究——以课件资源为例[J].图书情报工作,2015(2):11-16.

[625] 陈庆平.试论网络信息导航系统的构建[J].情报资料工作,2004(S1):140-141.

[626] 陈涛,夏翠娟,刘炜,等.关联数据的可视化技术研究与实现[J].图书情报工作,2015,59(17):113-119.

[627] 陈欣,孙建军.关于设计思维在学科导航建设中应用可行性的探索性思考[J].情报理论与实践,2015,38(1):93-97.

[628] 陈颖颖,陈秉塬.高校图书馆数据库元数据模型及元数据共享平台设计[J].科学技术与工程,2020,20(36):15000-15007.

[629] 邓胜利.信息聚合服务的发展与演变研究[J].情报资料工作,2012,1:79-83.

[630] 邓箴,包宏.基于条件随机场的中文自动文摘系统[J].西安石油大学学报(自然科学版),2009,1:96-99,102,114.

[631] 丁杰,吕学强,刘克会.基于边界标记集的专利文献术语抽取方法[J].计算机工程与科学,2015,37(8):1591-1598.

[632] 丁敬达,许鑫.学术博客交流特征及启示——基于交流主体、交流客体和交流方式的综合考察与实证分析[J].中国图书馆学报,2015(3):87-98.

[633] 丁敬达,杨思洛.国内图书情报学期刊网络引文的类型、分布与可追溯性分析[J].图书情报工作,2012,56(24):60-64.

[634] 丁敬达.国内档案学期刊网络引文的类型和相关特征分析——以2002—2011年《档案学通讯》《档案学研究》为例[J].档案学通讯,2012(6):8-11.

[635] 丁楠,潘有能.基于关联数据的图书馆信息聚合研究[J].图书与情报,2011(6):50-53.

[636] 董克,程妮,马费成.知识计量聚合及其特征研究[J].情报理论与实践,2016,39(6):47-51.

[637] 董文鸳.深网及其查找途径探析[J].图书与情报,2005,06(6):75-77.

[638] 董洋溢,李伟华,于会.基于混合余弦相似度的中文文本层次关系挖掘[J].计算机应用研究,2017,34(5):1406-1409.

[639] 杜威.民主主义与教育[M].王承绪译.北京:人民教育出版社,1990.

[640] 封富君,姚俊萍,李新社,等.大数据环境下的数据清洗框架研究[J].软件,2017,38(12):193-196.

[641] 冯昌扬,李丹阳,李新来.中国引文索引的研究现状探析[J].图书馆杂志,2020,39(1):67-75.

[642] 冯文炬.学术网络资源的组织与检索浅析[J].电子世界,2012,5:142-145.

[643] 冯雅蕾.基于网络平台的科普资源的利用与开发研究[D].重庆:重庆大学,2012.

[644] 符红光,刘莉,钟秀琴,等.基于WordNet与Wikipedia的平面几何本体的构建[J].电子科技大学学报,2014,43(4):575-580.

[645] 甘春梅,王伟军,田鹏.学术博客知识交流与共享心理诱因研究[J].情报学报,2012,31(3):91-99.

[646] 甘春梅,王伟军.Web 2.0在科学研究中的功能:基于国外典型案例的分析[J].信息资源管理学报,2015,3:4-10.

[647] 甘春梅,王伟军.学术博客的概念、类型与功能[J].信息资源管理学报,2015(1):25-30.

[648] 耿文红,陈晨,张莉,等.数字资源与传统文献元数据整合[J].数字通信世界,2019(1):239.

[649] 龚雪媚,任全娥,汪凌勇.学术网站评价方法研究[J].情报科学,2010,28(12):1866-1870.

[650] 顾东晓,盛东方.图书情报领域学术深网资源利用探究[J].图书与情报,2016,2:101-106,132.

[651] 关鹏,王曰芬.科技情报分析中LDA主题模型最优主题数确定方法研究[J].现代图书情报技术,2016(9):42-50.

[652] 郭晶,王晓阳.国外数字人文研究演进及发展动向——基于哈佛大学图书馆馆藏相关专著的梳理[J].图书与情报,2018,3:63-72.

[653] 郭燕慧,钟义信,马志勇,等.自动文摘综述[J].情报学报,2002,5:582-591.

[654] 韩鹏鸣.国内引文数据库发展现状分析[J].图书情报工作,2012,S2:254-

256.

[655] 郝爽,李国良,冯建华,等.结构化数据清洗技术综述[J].清华大学学报(自然科学版),2018,58(12):1037-1050.

[656] 何超,张玉峰.基于Web链接挖掘的馆藏资源语义聚合与可视化展示研究[J].情报科学,2015,33(2):115-120.

[657] 何超,张玉峰.基于本体的馆藏数字资源语义聚合与可视化研究[J].情报理论与实践,2013,36(10):73-76.

[658] 何克抗.创造性思维理论——DC模型的建构与论证[M].北京:北京师范大学出版社,2000.

[659] 何琳.基于多策略的领域本体术语抽取研究[J].情报学报,2012,31(8):798-804.

[660] 何宇,吕学强,徐丽萍.新能源汽车领域中文术语抽取方法[J].数据分析与知识发现,2016,31(10):88-94.

[661] 何中市,徐浙君.一种新型的文本无监督特征选择方法[J].重庆大学学报(自然科学版),2007,30(6):77-79.

[662] 贺德方,曾建勋.基于语义的馆藏资源深度聚合研究[J].中国图书馆学报,2012,38(4):79-87.

[663] 胡阿沛,张静,刘俊丽.基于改进C—value方法的中文术语抽取[J].现代图书情报技术,2013,2:24-29.

[664] 胡昌斗.网络导航——信息服务的新举措[J].图书馆学刊,2005,6:77-78.

[665] 胡昌平,胡吉明,邓胜利.基于社会化群体作用的信息聚合服务[J].中国图书馆学报,2010,5:51-56.

[666] 胡小琴.基于Hough变换的大数据特征集成冲突检测建模研究[J].太原师范学院学报(自然科学版),2019,18(3):50-55.

[667] 化柏林.针对中文学术文献的情报方法术语抽取[J].现代图书情报技术,2013,6:68-75.

[668] 黄晨,钱龙华,周国栋,等.基于卷积树核的无指导中文实体关系抽取研究[J].中文信息学报,2010,24(4):11-17.

[669] 黄奇奇,邓仲华.高校图书馆网络信息资源利用现状及评价体系研究——以推荐学术站点为例[J].图书馆学研究,2013,22:44-49.

[670] 黄文碧.基于元数据关联的馆藏资源聚合研究[J].情报理论与实践,2015,38(4):74-79.

[671] 黄晓斌.网络信息资源开发与管理.北京:清华大学出版社,2009:115-116.

[672] 季姮,罗振声,万敏,等.基于概念统计和语义层次分析的英文自动文摘研究[J].中文信息学报,2003,17(2):14-20.

[673] 贾飞云.化学问题解决教学设计的研究[D].成都:四川师范大学硕士学位论文,2006:16.

[674] 贾真,何大可,尹红风,等.基于无监督学习的部分—整体关系获取[J].西南交通大学学报,2014,49(4):590-596.

[675] 蒋婷.学科领域本体学习及学术资源语义标注研究[D].南京:南京大学,2017.

[676] 蒋玮,叶俊杰,刘业政.消费者认知风格对Web页面复杂度偏好影响的实证研究[J].情报杂志,2011,30(7):178-184.

[677] 寇继虹,徐承欢,曹倩,等.高校数字图书馆学术资源门户的可视化构建研究[J].大学图书馆学报,2013,31(2):69-73.

[678] 况新华,黄越.文学术语译名的统一规范化思考[J].术语标准化与信息技术,2010,4:26-28.

[679] 李宝强,祝忠明,吴新年.借鉴AARLIN经验设计我国科技型图书馆服务新模式[J].图书馆杂志,2005,24(4):45-48.

[680] 李春秋,李晨英,韩明杰,等.科学网博文中的学术信息资源交流现状分析[J].图书馆论坛,2012,32(2):5-8.

[681] 李纲,毛进.文本图表示模型及其在文本挖掘中的应用[J].情报学报,2013,32(12):1257-1264.

[682] 李纲,王忠义.基于语义的共词分析方法研究[J].情报杂志,2011,30(12):145-149.

[683] 李航著.统计学习方法 第2版[M].北京:清华大学出版社,2019.

[684] 李江华,时鹏,胡长军.一种适用于复合术语的本体概念学习方法[J].计算机科学,2013,40(5):168-172.

[685] 李洁,毕强.数字图书馆资源知识聚合可视化模型构建研究[J].情报学报,2016,35(12):1273-1284.

[686] 李晶,张侃.认知风格对导航的影响[J].人类工效学,2007,13(1):46-47.

[687] 李黎黎.国内外农业学科信息门户的比较研究[D].北京:中国农业科学院,2007.

[688] 李丽双,党延忠,张婧,等.基于条件随机场的汽车领域术语抽取[J].大连理工大学学报,2013,53(2):267-272.

[689] 李丽双,王意文,黄德根.基于信息熵和词频分布变化的术语抽取研究[J].中文信息学报,2015,29(1):82-87.

[690] 李强.基于关联数据的数字图书馆资源聚合及资源服务平台设计研究[J].图书馆理论与实践,2017,7:93-97.

[691] 李姝影,张鑫,许轶,等.核心专利集筛选及专利技术主题识别影响[J].情报学报,2019,38(1):17-24.

[692] 李小滨,徐越.自动文摘系统EAAS[J].软件学报,1991(4):12-18.

[693] 李志义.网络爬虫的优化策略探略[J].现代情报(10):31-35.

[694] 梁蕙玮,萨雷.数字图书馆推广工程面向数字资源整合的元数据仓储构建[J].国家图书馆学刊,2012,5:27-32.

[695] 林海青,楼向英,夏翠娟.图书馆关联数据:机会与挑战[J].中国图书馆学报,2012,1:58-67.

[696] 林毅,宁洪,王挺等.基于元数据的数据整合平台[J].计算机应用,2008,28:209-212.

[697] 柳斌.基于深度学习的中文自动摘要生成[D].南京:南京邮电大学,2019.

[698] 刘柏嵩,高济.通用本体学习框架研究(英文)[J].Journal of Southeast University(English Edition),2006(3):381-384.

[699] 刘欢,张智雄,王宇飞.BERT模型的主要优化改进方法研究综述[J].数据分析与知识发现,2021,5(1):3-15.

[700] 刘剑,唐慧丰,刘伍颖.一种基于统计技术的中文术语抽取方法[J].中国科技术语,2014,16(5):10-14.

[701] 刘健.数字图书馆资源聚合与服务推荐研究[D].吉林:吉林大学,2017.

[702] 刘胜奇,朱东华.TValue术语抽取法[J].情报学报,2013,32(11):1164-1173.

[703] 刘婷婷,朱文东,刘广一.基于深度学习的文本分类研究进展[J].电力信息与通信技术,2018,16(3):1-7.

[704] 刘薇.基于CNKI竞争情报领域文献的网络引文分析(2008—2011年)[J].图

书情报工作网刊,2012(6):19-26.

[705] 刘炜,胡小菁,钱国富,等.RDA 与关联数据[J].中国图书馆学报,2012,1:34-42.

[706] 刘炜,谢蓉,张磊等.面向人文研究的国家数据基础设施建设[J].中国图书馆学报,2016,42(5):29-39.

[707] 刘炜.关联数据:概念、技术及应用展望[J].大学图书馆学报,2011,2:5-12.

[708] 刘晓娟,李广建,化柏林.知识融合:概念辨析与界说[J].图书情报工作,2016,60(13):13-19+32.

[709] 刘学平.馆藏数字资源语义关联可视化实现研究[J].情报科学,2015,33(5):21-27.

[710] 柳翔.关于学科信息门户建设的研究[J].图书馆学刊,2008,30(6):79-81.

[711] 隆多.术语学概论[M].北京:科学出版社,1985.

[712] 楼雯. 馆藏资源语义化理论体系研究[J]. 图书馆学研究,2015,2:35-40.

[713] 陆泉,陈静,韩雪.一种图像信息资源的语义多维可视化标注方法[J].信息资源管理学报,2014,3:4-10.

[714] 路霞,吴鹏,王日芬,等.中文专利数据地址信息清洗框架及实现[J].情报理论与实践,2016,39(4):128-132.

[715] 罗晖,钟琦,胡俊平,等.国外网络科普现状及其借鉴[J].科协论坛,2014,11:18-20.

[716] 罗佳.国内外图书馆网络学科导航系统建设调查分析[J].情报科学,2010,9:1426-1430.

[717] 骆雄武,万小军,杨建武,等.基于后缀树的 Web 检索结果聚类标签生成方法[J].中文信息学报,2009,23(2):83-88.

[718] 吕红,邱均平,李小涛,等.国内馆藏资源可视化研究进展分析[J].情报资料工作,2014,1:20-26.

[719] 吕红,邱均平.国际图书情报学二十年研究热点变化与研究前沿分析[J].图书馆杂志,2013,32(9):14-20.

[720] 吕慧平,陈益君,周敏.中国学科信息门户网站建设的现状与问题探讨[J].现代情报,2006,26(9):137-141.

[721] 马翠嫦,曹树金.网络学术文档细粒度聚合本体构建研究[J].图书情报工作,

2019,63(24):107-118.

[722] 马费成,张婷.获取看不见的网络信息资源的有效途径[J].情报理论与实践,2004,4(4):408-411.

[723] 马费成,赵红斌,万燕玲,等.基于关联数据的网络信息资源集成[J].情报杂志,2011,30(2):167-170,175.

[724] 马景娣.Open Access 中文译名探讨[J].图书馆杂志,2005,10:34-36.

[725] 马雷雷,李宏伟,连世伟,梁汝鹏,陈虎.一种基于本体语义的灾害主题爬虫策略[J].计算机工程,2016,42(11):50-56.

[726] 马雨佳.信息可视化技术在数字图书馆馆藏资源检索中的应用研究[J].图书馆界,2015,4:57-60.

[727] 闵超,孙建军.基于关键词交集的学科交叉研究热点分析——以图书情报学和新闻传播学为例[J].情报杂志,2014,33(5):76-82.

[728] 闵超,孙建军.学科交叉研究热点聚类分析——以国内图书情报学和新闻传播学为例[J].图书情报工作,2014,58(1):109-116.

[729] 莫耀评.数字图书馆馆藏资源可视化研究[J].河南图书馆学刊,2015,35(6):80-82.

[730] 牟佩,刘文娟,梁双双.图书情报学领域网络引文现状分析[J].图书馆论坛,2013,33(3):69-73.

[731] 欧石燕,胡珊,张帅.本体与关联数据驱动的图书馆信息资源语义整合方法及其测评[J].图书情报工作,2014,58(2):5-13.

[732] 潘有能,刘朝霞.基于 WordNet 的关联数据本体映射研究[J].情报杂志,2013,32(2):99-102.

[733] 庞跃霞,曹丽娟,丁申桃.高校图书馆馆藏目录整合方法探讨[J].图书馆杂志,2006,25(4):40-42.

[734] 彭宏胜.基于 Shark-Search 与 OTIE 自适应算法的主题爬虫关键技术研究与实现[D].镇江:江苏大学,2019.

[735] 彭华.隐形网络研究综述[J].图书馆学刊,2007,4(4):122-124.

[736] 齐虹.用户信息需求立体结构模型探讨[J].档案学通讯,2009,2:32-35.

[737] 秦兵,刘安安,刘挺.无指导的中文开放式实体关系抽取[J].计算机研究与发展,2015,52(5):1029-1035.

[738] 秦兵,刘挺,李生.多文档自动文摘综述[J].中文信息学报,2005,19(6):13-20.

[739] 邱均平,董克.引文网络中文献深度聚合方法与实证研究——以WOS数据库中XML研究论文为例[J].中国图书馆学报,2013,2:111-120.

[740] 邱均平,刘国徽.基于共现关系的学科知识深度聚合研究[J].图书馆杂志,2014,6:14-23.

[741] 邱均平,楼雯.基于CSSCI的情报学资源本体构建[J].情报资料工作,2013,3:57-63.

[742] 邱均平,王菲菲.基于共现与耦合的馆藏文献资源深度聚合研究探析[J].中国图书馆学报,2013,3:25-33.

[743] 邱均平,余厚强,吕红等.国外馆藏资源可视化研究综述[J].情报资料工作,2014(1):12-19.

[744] 屈文建,谢冬.网络学术论坛信息可信度的灰度分析[J].图书情报知识,2013(2):112-118.

[745] 瞿辉,邱均平.基于语义化共词分析的馆藏资源聚合研究[J].情报科学,2016,34(2):15-20.

[746] 商宪丽,王学东,张煜轩.基于标签共现的学术博客知识资源聚合研究[J].情报科学,2016,34(5):125-129.

[747] 尚新丽.国外本体构建方法比较分析[J].图书情报工作,2012,56(4):116-119.

[748] 沈超红,罗培.一种有效的数据收集方法——有声思维法[J].管理学报,2011,8(11):1728-1317.

[749] 沈志宏,刘筱敏,郭学兵,等.关联数据发布流程与关键问题研究——以科技文献、科学数据的发布为例[J].中国图书馆学报,2013,39(2):53-62.

[750] 沈志宏,张晓林,黎建辉.OpenCSDB:关联数据在科学数据库中的应用研究[J].中国图书馆学报,2012,38(5):17-26.

[751] 沈洲,王永成,许一震,等.自动文摘系统评价方法的研究与实践[J].情报学报,2001,20(1):66-72.

[752] 盛东方,孟凡赛.我国图书情报研究的网络学术资源利用特征与趋势探究——基于四种权威期刊2010-2014年的引文分析[J].图书与情报,2016(3):94-

101.

[753] 史晶蕊,郑玉明,韩希.人工神经网络在文本分类中的应用[J].计算机应用研究,2005,10:213-216.

[754] 宋歌.图书情报学期刊网络资源利用状况探析[J].图书情报知识,2007,2(2):79-82.

[755] 宋海洋,刘晓然,钱海俊.一种新的主题网络爬虫爬行策略[J].计算机应用与软件,2011,11:264-267.

[756] 宋今,赵东岩.基于语料库与层次词典的自动文摘研究(英文)[J].软件学报,2000,11(3):308-314.

[757] 苏新宁.大数据时代数字图书馆面临的机遇和挑战[J].中国图书馆学报,2015,6:4-12.

[758] 孙红蕾,刘博涵,郑建明.基于关联数据的跨系统区域图书馆联盟资源整合研究[J].图书馆学研究,2017,6:81-86.

[759] 孙嘉伟.基于seq2seq框架文本摘要的研究与实现[D].北京:北方工业大学,2018.

[760] 孙建军,裴雷,蒋婷.面向学科领域的学术文献语义标注框架研究[J].情报学报,2018,37(11):1077-1086.

[761] 孙建军,徐芳.国外网络学科导航比较分析与经验启示[J].图书馆杂志,2014,7:83-89.

[762] 孙天成.基于时空相关性的感知数据清洗研究[D].北京:北京建筑大学,2020.

[763] 汤成霞.网络科普现状及发展策略[J].科协论坛,2014,11:20-22.

[764] 汤青,吕学强,李卓,等.领域本体术语抽取研究[J].现代图书情报技术,2014,30(1):43-50.

[765] 汤青,吕学强,李卓.本体概念间上下位关系抽取研究[J].微电子学与计算机,2014,6:68-71.

[766] 唐晓波,肖璐.融合关键词增补与领域本体的共词分析方法研究[J].现代图书情报技术,2013,11:60-67.

[767] 汪琴,杨守文,安贺意,等.学科导航门户的可持续发展研究——以CALIS学科导航库为例[J].情报理论与实践,2012,35(8):120-124.

[768] 王斌,潘文峰.基于内容的垃圾邮件过滤技术综述[J].中文信息学报,2005,19(5):1-10.

[769] 王超,李书琴,肖红.基于文献的农业领域本体自动构建方法研究[J].计算机应用与软件,2014,31(8):71-74.

[770] 王福,毕强.数字资源组织的柔性化趋势理论体系研究[J].情报资料工作,2016,3:41-45.

[771] 王福.数字图书馆个性化服务要素啮合机理研究[J].图书馆,2016,8:91-94.

[772] 王桂玲.网络资源学科导航与DC元数据[J].现代情报,2005,25,8:209-210.

[773] 王昊,邓三鸿,苏新宁.我国图书情报学科知识结构的建立及其演化分析[J].情报学报,2015,34(2):115-128.

[774] 王昊,苏新宁,朱惠.中文医学专业术语的层次结构生成研究[J].情报学报,2014,33(6):594-604.

[775] 王昊,王密平,苏新宁.面向本体学习的中文专利术语抽取研究[J].情报学报,2016,35(6):573-585.

[776] 王昊,朱惠,邓三鸿.基于形式概念分析的学科术语层次关系构建研究[J].情报学报,2015,34(6):616-627.

[777] 王慧杰.基于信息构建的图书馆网站导航系统调查分析——以"985工程"院校图书馆为例[J].农业图书情报学刊,2015,27(5):94-96.

[778] 王俊华,左万利,彭涛.面向文本的本体学习方法[J].吉林大学学报(工学版),2015,45(1):236-244.

[779] 王磊,顾大权,侯太平,等.基于维基百科的气象本体的自动构建[J].计算机与现代化,2014,6:129-131.

[780] 王苏舰,张微,董晓晴,等.我国网络科普信息资源配置与评价研究的基础与现状[J].情报理论与实践,2010,33(6):46-48.

[781] 王晓光,陈孝禹.语义出版的概念与形式[J].出版发行研究,2011,11:54-58.

[782] 王晓光,徐雷,李纲.敦煌壁画数字图像语义描述方法研究[J].中国图书馆学报,2014,40(1):50-59.

[783] 王秀峰.Web导航中用户认知特征及行为研究[D].南京:南京大学,2013.

[784] 王毅,冯小年,钱铁云,等.基于CNN和LSTM深度网络的伪装用户入侵检测[J].计算机科学与探索,2018,12(4):575-585.

[785] 王云娣.基于网络的社科信息资源分布及检索策略研究[J].中国图书馆学报,2003,29(3):57-61.

[786] 王长有,杨增春.一种基于句子结构特征的领域术语上下位关系获取方法[J].重庆邮电大学学报(自然科学版),2014,26(3):385-389.

[787] 卫宇辉.基于细粒度聚合单元元数据的书目资源聚合研究[J].国家图书馆学刊,2020,29(6):90-101.

[788] 吴丹,蔡卫萍.青少年网络信息查询行为影响因素实证分析[J].图书情报工作,2014,19:61-67.

[789] 吴江.基于用户认知风格的知识导航要素使用实证研究[J].情报探索,2015,6:64-69.

[790] 吴鹏,张叙,路霞.基于模型检测方法的中文专利法律状态数据清洗研究[J].情报理论与实践,2018,41(3):49-56.

[791] 吴淑娟,王宪洪,蒋玲.基于硕博士论文的网络免费学术资源引文分析与研究——以北京地区高校为例[J].大学图书馆学报,2014,32(2):85-91.

[792] 吴夙慧,成颖,郑彦宁,等.K-means算法研究综述[J].现代图书情报技术,2012,5:28-35.

[793] 吴夙慧,成颖,郑彦宁,等.文本聚类中文本表示和相似度计算研究综述[J].情报学报,2012,30(4):622-627.

[794] 吴志祥,王昊,王雪颖,等.基于奇异值分解的专利术语层次关系解析研究[J].情报学报,2017,36(5):473-483.

[795] 夏斌,徐彬.基于超链接信息的搜索引擎检索结果聚类方法研究[J].电脑开发与应用,2007,20(5):16-17.

[796] 夏翠娟,刘炜,赵亮,等.关联数据发布技术及其实现——以Drupal为例[J].中国图书馆学报,2012,1:49-57.

[797] 肖希明,完颜邓邓.基于本体的公共数字文化资源整合语义互操作研究[J].国家图书馆学刊,2015,24(3):43-49.

[798] 谢丽星,周明,孙茂松.基于层次结构的多策略中文微博情感分析和特征抽取[J].中文信息学报,2012,26(1):73-83.

[799] 谢蓉蓉,徐慧,郑帅位,马刚.基于网络爬虫的网页大数据抓取方法仿真[J].计算机仿真,2021,38(6):439-443.

[800] 熊伟,周水庚,关佶红.网状数据分类研究进展[J].模式识别与人工智能,2011,24(4):527-537.

[801] 熊忠阳,史艳,张玉芳.基于信息增益的自适应主题爬行策略[J].计算机应用研究,2012,29(2):501-503.

[802] 徐芳,孙建军.信息觅食理论与学科导航网站性能优化[J].情报资料工作,2015,2:46-51.

[803] 徐佳宁.用Dreamweaver Ultradev构建动态学科导航系统[J].大学图书馆学报,2002,20(3):22-25.

[804] 徐雷.语义出版应用与研究进展[J].出版科学,2016,24(03):33-39.

[805] 徐孝娟,赵宇翔,孙建军.行动者网络理论视角下的CALIS运行机制[J].情报资料工作,2015,36(5):45-52.

[806] 徐子沛.大数据[M].桂林:广西师范大学出版社,2013.

[807] 许海云,王振蒙,胡正银,等.利用专利文本分析识别技术主题的关键技术研究综述[J].情报理论与实践,2016,11(39):131-137.

[808] 许磊,夏翠娟.第三代图书馆服务平台的元数据管理——以FOLIO的Codex方案为例[J].中国图书馆学报,2020,46(1):99-113.

[809] 杨晶晶.基于用户隐性反馈的信息觅食模型研究[D].北京:北京邮电大学,2011.

[810] 杨凯峰,张毅坤,李燕.基于文本频率的特征选择方法[J].计算机工程,2010,36(17):33-35.

[811] 杨频,李涛,赵奎.一种网络舆情的定量分析方法[J].计算机应用研究,2009,26(3):1066-1069.

[812] 杨阳,张新民.基于信息线索的认知分析模型[J].情报理论与实践,2009,5:9-12,43.

[813] 姚晓娜,祝忠明,王思丽.面向地学领域的自动语义标注研究[J].现代图书情报技术,2013,4:48-53.

[814] 叶春峰,张西亚,张惠君,等.国内外网络资源学科导航与信息门户研究分析[J].情报杂志,2004,23,12:58-61.

[815] 游毅,成全.试论基于关联数据的馆藏资源聚合模式[J].情报理论与实践,2013,36(1):109-114.

[816] 于娟,刘强.主题网络爬虫研究综述[J].计算机工程与科学,2015,37(2):231-237.

[817] 于子清.学术网络资源的利用[J].情报探索,2006,1:27-28.

[818] 余雪松.高校开放存取资源共享研究[D].武汉:武汉大学,2019.

[819] 袁琳,何坚石.数字出版环境下的信息资源采集策略研究[J].图书馆理论与实践,2010,4:13-17.

[820] 翟羽佳,王芳.基于文本挖掘的中文领域本体构建方法研究[J].情报科学,2015,6:3-10.

[821] 张刚,刘悦,郭嘉丰,等.一种层次化的检索结果聚类方法[J].计算机研究与发展,2008,45(3):542-547.

[822] 张光明,龚雯莉.从格式塔心理学看平面设计[J].科技信息,2007,15:128.

[823] 张健沛,刘洋,杨静,等.搜索引擎结果聚类算法研究[J].计算机工程,2004,30(5):95-97.

[824] 张晶.基于社会化信息觅食的社会化网络搜索研究[D].北京:北京邮电大学,2013.

[825] 张楠楠.基于信息线索的用户行为研究[D].北京:北京邮电大学,2013.

[826] 张苇如,孙乐,韩先培.基于维基百科和模式聚类的实体关系抽取方法[J].中文信息学报,2012,26(2):75-82.

[827] 张文秀,朱庆华.领域本体的构建方法研究[J].图书与情报,2011,1:16-19,40.

[828] 张西亚,肖小勃,张惠君.从中外网络资源学科导航比较看CALIS导航库的完善与发展[J].大学图书馆学报,2008,26(6):98-103.

[829] 张翔,周明全,李智杰,董丽丽.基于PageRank与Bagging的主题爬虫研究[J].计算机工程与设计,2010,31(14):3309-3312.

[830] 张晓勇,章成志,周清清.基于电商产品评论的产品概念层次体系自动构建研究[J].情报理论与实践,2016,39(6):120-125.

[831] 张尧.激活函数导向的RNN算法优化[D].杭州:浙江大学,2017:11-12.

[832] 张洋,张洁.近年来图书情报期刊引用网络文献的计量分析[J].图书情报工作,2010,54(2):40-44.

[833] 张怡华,王兵.基于联机公共检索目录纵向资源整合方式对比研究[J].成都信

息工程学院学报,2010,25(1):118-122.

[834] 张永福,宋海林,班越,等.融合特征的深度学习遥感图像目标检测模型[J].计算机技术与发展,2021,31(9):48-54.

[835] 张宇,蒋东兴,刘启新.基于元数据的异构数据集整合方案[J].清华大学学报(自然科学版),2009,49(7):1037-1040.

[836] 张玉峰,曾奕棠.语义环境下馆藏资源深度聚合结果可视化框架研究[J].图书情报知识,2014,5:65-71.

[837] 张玉峰,何超.馆藏资源聚合结果的层次可视化方法研究[J].情报理论与实践,2013,36(8):41-44.

[838] 张智君,任衍具,宿芳.结构、任务类型和导航对超文本信息搜索的影响[J].心理学报,2004,36(5):534-539.

[839] 章成志.基于多层术语度的一体化术语抽取研究[J].情报学报,2011,30(3):275-285.

[840] 赵蓉英,柴雯.基于耦合关系的馆藏数字资源语义化深度聚合研究[J].情报资料工作,2015,36(2):52-55.

[841] 赵蓉英,谭洁.基于共词分析的馆藏资源语义聚合研究[J].情报资料工作,2014,4:34-38.

[842] 赵蓉英,王嵩,董克.国内馆藏资源聚合模式研究综述[J].图书情报工作,2014,58(18):138-143.

[843] 赵洋,赵树繁,王冬冬.微博网站导航结构设计研究[J].北京邮电大学学报(社会科学版),2012,14(2):17-21.

[844] 赵玉冬.基于网络学术论坛的学术信息交流研究[J].图书馆学研究,2010,10:40-43.

[845] 赵月琴,范通让.科技创新大数据清洗框架研究[J].河北省科学院学报,2018,35(2):35-42.

[846] 赵悦,富平.数字资源与传统文献元数据整合[J].国家图书馆学刊,2007,2:63-65,75.

[847] 中国互联网络信息中心.第36次中国互联网络发展状况统计报告[EB/OL].[2015-07-23]. http://www.cnnic.net.cn/hlwfzyj/hlwxzbg/hlwtjbg/201507/P020150723549500667087.pdf.

[848] 中国互联网络信息中心.第36次中国互联网络发展状况统计报告[OL].[2015-11-25].http://www.cnnic.net.cn/hlwfzyj/hlwxzbg/hlwtjbg/201507/P020150723549500667087.pdf.

[849] 中国学位论文全文数据库[OL].[2016-07-19].http://c.wanfangdata.com.cn/Thesis.aspx.

[850] 中国优秀博硕士学位论文全文数据库[OL].[2021-05-18].https://kns.cnki.net/kns8?dbcode=CDMD.

[851] 周昆,王钊,于碧辉.基于语义相关度主题爬虫的语料采集方法[J].计算机系统应用,2019,28(5):190-195.

[852] 周浪,张亮,冯冲,等.基于词频分布变化统计的术语抽取方法[J].计算机科学,2009,36(5):177-180.

[853] 周宁,张芳芳,谷宏群.文献资源可视化模型方法初探[J].图书情报知识,2004,1:49-51.

[854] 周宁.信息资源描述与存储的可视化研究[J].情报科学,2004,22(1):9-12,18.

[855] 周荣刚,张侃,李怀龙.背景信息导航帮助和认知风格对超文本使用的影响[J].心理科学,2003,26(4):642-645.

[856] 周维彬.学科导航建设模式研究[J].情报资料工作,2010,1:86-88.

[857] 周小莲.我国高校图书馆学科导航建设现状调查研究[J].图书馆建设,2010,6:35-38.

[858] 朱惠,杨建林,王昊.中文学科术语相关语义关系获取方法研究[J].图书与情报,2017,37(2):125-132.

[859] 朱咫渝,黄春,王晓丹.网络社科资源分布与利用[J].浙江传媒学院学报,2007,14(4):72-73.